西北政法大学商务信用风险研究所创新工程学术出版资助
陕西省企业信用协会专家委员会资助项目

Modern Logistics Management and strategy
Theory · Methods · Mode

现代物流管理与战略
理论·方法·模式

王 静 ◎ 主编

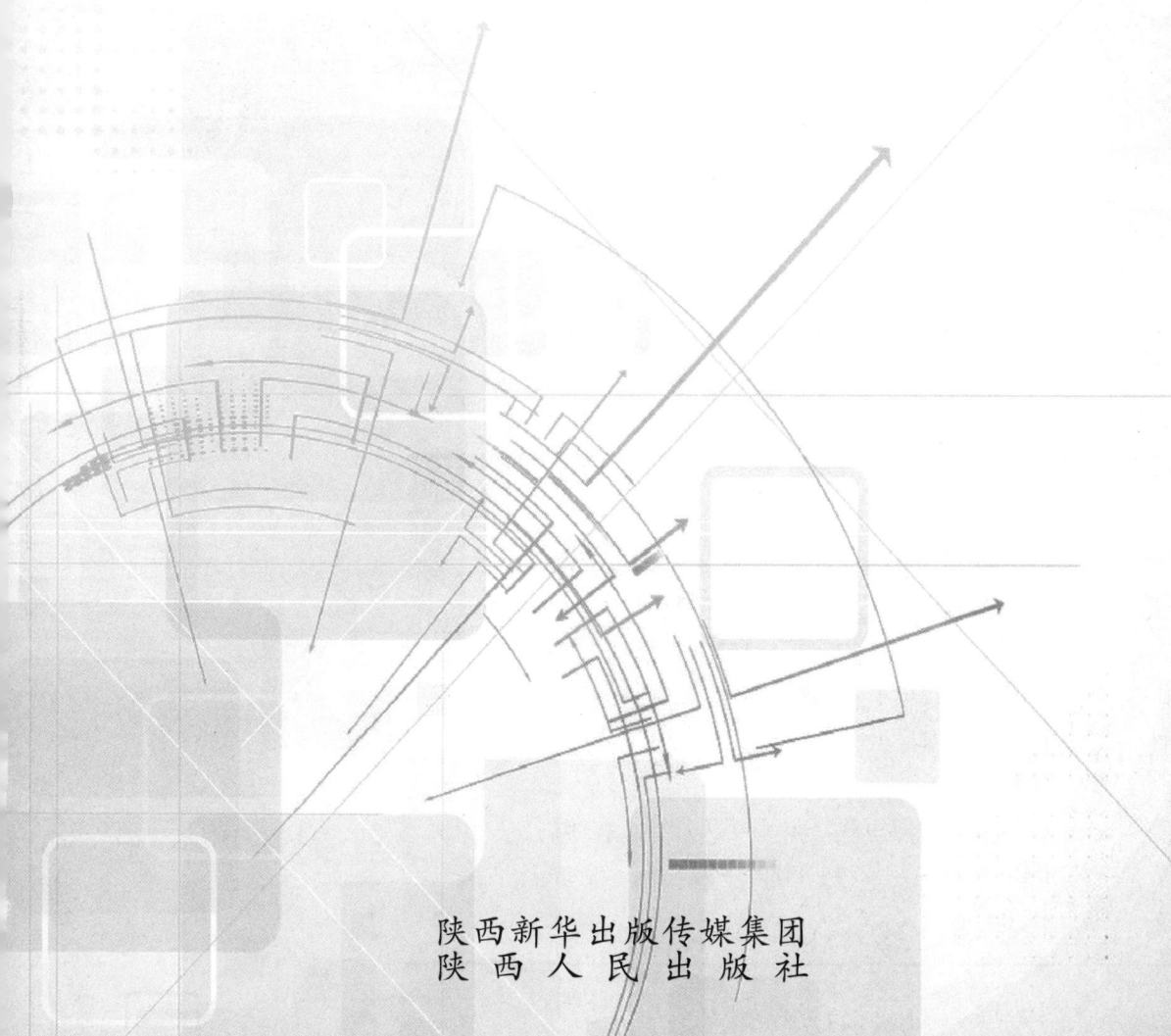

陕西新华出版传媒集团
陕西人民出版社

图书在版编目（CIP）数据

现代物流管理与战略：理论·方法·模式／王静主编．—西安：陕西人民出版社，2016
ISBN 978－7－224－11891－9

Ⅰ.①现… Ⅱ.①王… Ⅲ.①物流—物资管理 Ⅳ.①F252

中国版本图书馆 CIP 数据核字（2016）第 134674 号

现代物流管理与战略
——理论·方法·模式

主　　编	王　静
出版发行	陕西新华出版传媒集团　陕西人民出版社
	（西安北大街 147 号　邮编：710003）

印　　刷	西安市建明工贸有限责任公司
开　　本	787mm×1092mm　16 开　27.25 印张
字　　数	683 千字
版　　次	2016 年 7 月第 1 版　2016 年 7 月第 1 次印刷
书　　号	ISBN 978－7－224－11891－9
定　　价	43.00 元

总　　序

经济全球化环境下企业之间的竞争已经从单个企业之间的基于成本、质量、交期、技术和服务等要素的竞争演变成每个企业所在的供应链之间的基于上述要素的竞争。单个企业在竞争要素上的竞争优势并不表明企业一定具有长期的竞争能力，只有具备供应链整合和运营能力的公司才能真正为消费者增加价值。对物流的高效管理是企业进行供应链整合和运营的一个极为关键的环节，可以说，经济的全球化是建立在世界级企业的物流高效运营的基础上。

目前，企业的物流管理和物流企业的物流实践都在我国得到了快速的发展。但是，总的来说，我国的企业在对物流进行高效管理方面与沃尔玛和UPS为代表的世界级企业还有很大的差距。很多企业还没有从物流的战略高度、供应链系统竞争的角度来考虑企业的运营，同时，缺乏物流管理方面的专业人才，缺乏科学的物流管理知识和技术，也制约着我国企业物流管理的进一步发展。因此，学习借鉴和消化吸收西方发达国家物流管理的先进知识、工具、技术和经验，构建我国企业物流管理战略以及提升企业竞争能力，是我国企业面临的一个重要课题。

现在，企业已经认识到物流在整个企业竞争力中的重要地位，更希望能够通过实施有效的物流管理为提高企业竞争力增添力量。为了满足企业对物流管理人才的需求，在我国国民教育系列的大学的管理学院和工学院几乎都开设了物流管理课程，很多大学还新设置了物流管理本科和研究生专业。图书市场上的物流管理教材琳琅满目，但是大部分都是从"术"的角度来编撰的，而从现代物流战略的高度来进行编写的教材还比较少。本书以通俗易懂的形式来阐述物流战略思想和物流管理知识，不仅对物流管理的很多概念从战略视角进行了审视，而且在具体实践案例的基础上介绍了物流管理的大量工具和方法。

本教材突出了如下几个特色定位。

第一，将国际上先进的物流管理理论与我国有特色的物流管理实践充分结合，在体现中国具体国情和社会现实的基础上，吸收和借鉴国际比较成熟的理论、方法、概念、范式、案例，体现本土化特色，使读者可以在学习、借鉴和研究的基础上发现问题、解决问题，获得理论上的发展与创新。

第二，加强案例分析和配套教学课件建设。物流管理学科是实践性与应用性很强的学科，只有通过对大量典型的、成熟的案例的分析、研讨、模拟训练，才能拓展学生的视野，积累学生的经验，培养学生独立分析问题、解决问题、动手操作的能力。同时，为方便老师教学，教材配有教学课件，免费赠送给相关任课教师。

第三，寻求编写内容上的突破与创新。结合当前已经出版的物流管理专业教材存在的不足之处，结合当前学生在学习和实践中存在的困难、急需解决的问题，积极寻求内容上的突破与创新。

本教材的作者具有比较丰富的教学经验，这部教材是作者在已经试用过多次的讲义的基础上扩充编撰而成的，作者将自己在教学中的心得和成果毫无保留地奉献给读者。本书适用面较广，可以作为物流管理专业的本科生、研究生和MBA的教科书或参考书，也可以作为从事物流管理工作的专业人士的必备参考书。

在本教材的写作过程中参考了大量国内外最新研究和实践成果，作者已尽可能在参考文献中列出，在此对这些物流管理的研究者和实践者表示真诚的感谢。

编撰一部优秀的教材是一项艰巨的工作，由于作者的水平有限，对本教材所涉及的先进企业物流管理理念的理解还不是十分透彻，成功的运作经验还十分有限，因此，本书难免会有疏漏和不妥之处，真诚希望广大读者批评指正、不吝赐教。

前　言

从彼得·德鲁克将其描述为经济的"黑暗大陆"开始，物流已经兴起很多年了。物流最初始于军事后勤，现在已经成为关键性的经营问题之一，对管理者提出了巨大的挑战，同时也吸引了很多优秀的人才。它发展到地位如此重要的今天经历了比较漫长的过程，原因可以归结为两个。首先，物流是跨职能的。过去，它主要依赖于市场营销、财务和公司战略等方面来实现。在组织内部，可以用业务流程来更确切地描述它，既跨越了职能界限，同时又依靠各项职能。其次，物流还超越了组织界限，扩展到供应链。这里，它承担着使不同业务流程的物料流与信息流保持同步的复杂工作。物流的"系统性"实现起来难度极大，而且个体组织仍然认为它们可以通过剥削供应链上的其他成员来使自己的利润最大化，这在短期内常常是可以做到的。但是，某一方面的赢家总会造就其他方面的输家，而输家没有实力投资或者不具备维持供应链长期健康运行所需的能力。因此，物流的兴起取决于组织中跨职能模式的开发以及对供应链中业务流程整合需求的理解。

用崭新的视角来审视现代物流管理与战略的时代已经来临。未来世界的竞争优势将来自比竞争对手更快地响应最终客户的需求。物流在这种响应中扮演着重要的角色，这一角色也正是本书试图阐述的内容。本书有明显的国际视角，在物流全球化的背景下，作者选取了典型国家和地区的案例，探讨了国内外现代物流管理发展动态，强化了第三方物流、供应链管理概念，规范了现代物流相关术语，调整了运作案例与实践模式，注重了中国第三方物流运作成功的经营分析，提供了如"海尔物流——制造业物流典范、沃尔玛物流——零售业物流典范"整合发展而取胜的理念。所有这些对于交通运输合理布局，促进物流合理化，起到了重要作用，也为物流业发展和现代化管理，提供了有效的理论和方法。每章增加了本章学习内容、经典案例、本章小结、本章关键术语、复习思考题。制作了配套的教师使用课件，课件主题突出，更加方便教学。

在本教材中，作者认真听取了学生和评论家的意见，在保持"清晰结构"和"表述方式"这两个重要特征的基础上，又增加了一些新的运作案例与实践模式来说明物流业的发展。同时根据作者的项目研究和合作成果改进了章节结构。为了使现代物流管理与战略之间的联系更加正式化，我们为本书添加了副标题"理论·方法·模式"。

希望本书能够为现代物流管理与战略更加专业化、科学化的发展提供支持，能够鼓励读者挑战现有思想，从而创造一个更富有创新精神的未来。

本书学习方法

本书围绕着一个物流模型分为四篇。第一篇介绍了理论基础：现代物流管理概述、现代物流战略体系；第二篇阐述了运作管理：运输技术与组织管理、仓储技术与质量管理、包装技术与效益管理、装卸搬运技术与管理、配送技术与业务管理、流通加工技术与管理；第三篇主要探讨了运营战略：现代物流成本管理战略、现代物流标准化管理战略、现代物流信息技术管理战略、现代物流的人力资源管理战略、供应链管理与第三方物流战略；第四篇分析了实践模式：基于上述研究，提出了现代物流管理与战略发展趋势，分析了国内外有影响的现代物流管理与战略运作成功的模式典范。

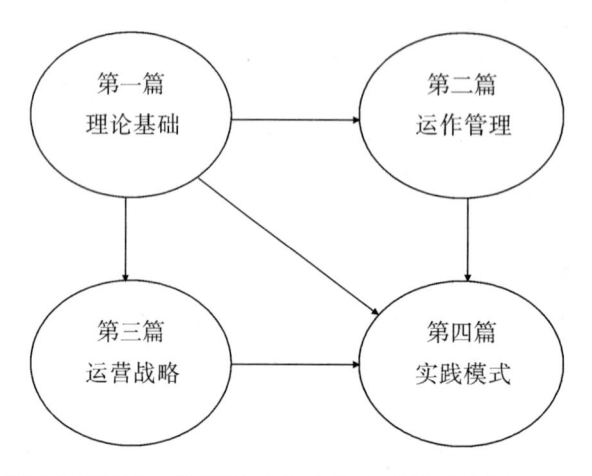

```
        ┌─────────┐      ┌─────────┐
        │  第一篇  │─────→│  第二篇  │
        │ 理论基础 │      │ 运作管理 │
        └────┬────┘      └────┬────┘
             │    ╲            │
             ↓     ╲           ↓
        ┌─────────┐ ╲    ┌─────────┐
        │  第三篇  │──→  │  第四篇  │
        │ 运营战略 │      │ 实践模式 │
        └─────────┘      └─────────┘
```

本书按照逻辑顺序引领读者阅读，使用以下方法使本书前后连贯：

▲ "经典案例"专栏。安排在各章之后，希望通过每个案例后面的问题来引导你的思考，并考虑如何借鉴与运用它们。

▲ "讨论题"专栏。安排在各章的最后，旨在帮助你思考本书提出的问题，有助于评估你对本书中所提出论题的理解。

▲ "实践模式"附录。安排在本书的最后，将发展趋势与模式典范集中起来，有助于你思考这些论题在具体的实际环境中是如何联系在一起的，并且在运用这些论题方面为你提供实践机会。

每章的最后都有一个小结以及本章关键术语，它们将帮助读者检查自己是否已经理解并掌握了该章的要点。如果不能明白小结中列出的要点，则应再次翻阅有关的章节。如果有必要，继续跟踪参考文献和推荐阅读。此外，小结也有助于温习所学内容。

本书学习计划

第一篇　理论基础	
第一章　现代物流管理概述	第二章　现代物流战略体系

第二篇　运作管理	
第三章　运输技术与组织管理	第四章　仓储技术与质量管理
第五章　包装技术与效益管理	第六章　装卸搬运技术与管理
第七章　配送技术与业务管理	第八章　流通加工技术与管理

第三篇　运营战略	
第九章　现代物流成本管理战略	第十章　现代物流标准化管理战略
第十一章　现代物流信息技术管理战略	第十二章　现代物流的人力资源管理战略
第十三章　供应链管理与第三方物流战略	

第四篇　实践模式	
第十四章　现代物流管理与战略发展趋势	第十五章　现代物流管理与战略模式典范

本书由西北政法大学硕士生导师王静副教授主编，全书共有四篇十五章内容（包括附录），可以作为高等院校的教材，如经济学、管理学专业的物流课程教材，开放式教学课程（如 MBA 硕士学位和网络大学的课程）的辅助教材，也可以作为物流工作者的学习参考资料。对于物流和供应链管理课程而言，将本书用作管理教材或者推荐阅读书目也是颇具吸引力的。

本书编写和出版过程中，得到了中国人民大学出版社的大力支持，在此表示感谢。同时对许多相识的和尚未相见的参考文献的作者在此一并表示衷心的感谢。

现代物流学科发展迅速，现代物流业发展呈现多层次性和综合性。由于作者水平有限，书中不足之处在所难免，敬请读者批评指正。

编者

2016 年 5 月

目 录

第一篇 理论基础

第一章 现代物流管理概述 (1)
- 第一节 现代物流管理的概念 (1)
- 第二节 现代物流的基本分类 (8)
- 第三节 现代物流系统的结构 (12)
- 第四节 国内外现代物流管理发展动态 (22)
- 第五节 现代物流管理与战略的研究领域 (32)
- 经典案例1 神龙公司典型的物流系统 (35)
- 经典案例2 第二汽车制造厂的物流系统工程 (38)
- 经典案例3 美国迈阿密的花卉物流系统 (40)
- 本章小结 (42)
- 本章关键术语 (43)
- 复习思考题 (43)

第二章 现代物流战略体系 (44)
- 第一节 经营战略与营销策略概述 (44)
- 第二节 经营战略的制定与实施 (52)
- 第三节 物流市场营销策略的选择 (56)
- 第四节 现代物流战略全局性目标 (67)
- 经典案例1 IKEA（宜家）的理想 (80)
- 经典案例2 巧出奇兵，伊利割出"好玩"大市场 (82)
- 经典案例3 伯灵顿全球货运物流有限公司 (83)
- 本章小结 (85)
- 本章关键术语 (85)
- 复习思考题 (85)

第二篇 运作管理

第三章 运输技术与组织管理 (87)
- 第一节 运输方式的选择 (87)

第二节　运输的合理化 …………………………………………………………（93）
　　第三节　运输模式设计 …………………………………………………………（96）
　　第四节　运输决策 ………………………………………………………………（98）
　　　经典案例1　中储的承诺 ……………………………………………………（105）
　　　经典案例2　佐川急便的运输系统构建与管理 ……………………………（106）
　　　本章小结 ………………………………………………………………………（108）
　　　本章关键术语 …………………………………………………………………（108）
　　　复习思考题 ……………………………………………………………………（108）

第四章　仓储技术与质量管理 ………………………………………………………（109）
　　第一节　储存概述 ………………………………………………………………（109）
　　第二节　仓库管理 ………………………………………………………………（116）
　　第三节　库存控制策略 …………………………………………………………（123）
　　第四节　仓库管理质量指标 ……………………………………………………（128）
　　　经典案例1　北京顺鑫绿色物流 ……………………………………………（129）
　　　本章小结 ………………………………………………………………………（131）
　　　本章关键术语 …………………………………………………………………（132）
　　　复习思考题 ……………………………………………………………………（132）

第五章　包装技术与效益管理 ………………………………………………………（133）
　　第一节　包装的功能与包装材料 ………………………………………………（133）
　　第二节　包装技术和方法 ………………………………………………………（137）
　　第三节　包装机械 ………………………………………………………………（142）
　　第四节　包装管理 ………………………………………………………………（145）
　　　经典案例1　日本的食品包装 ………………………………………………（149）
　　　本章小结 ………………………………………………………………………（150）
　　　本章关键术语 …………………………………………………………………（150）
　　　复习思考题 ……………………………………………………………………（150）

第六章　装卸搬运技术与管理 ………………………………………………………（152）
　　第一节　装卸搬运概述 …………………………………………………………（152）
　　第二节　装卸搬运机械 …………………………………………………………（154）
　　第三节　装卸搬运组织 …………………………………………………………（159）
　　　经典案例1　无锡中储物资公司的装卸搬运 ………………………………（163）
　　　经典案例2　上海联华便利物流中心装卸搬运系统设计 …………………（164）
　　　本章小结 ………………………………………………………………………（164）
　　　本章关键术语 …………………………………………………………………（164）
　　　复习思考题 ……………………………………………………………………（164）

第七章　配送技术与业务管理 (165)

- 第一节　配送概念 (165)
- 第二节　配送业务 (170)
- 第三节　配送管理 (179)
- 经典案例1　澳大利亚Coles Mayer企业对EDI的使用 (183)
- 经典案例2　华联超市物流配送系统 (184)
- 本章小结 (188)
- 本章关键术语 (188)
- 复习思考题 (188)

第八章　流通加工技术与管理 (189)

- 第一节　流通加工概述 (189)
- 第二节　流通加工形式与内容 (191)
- 第三节　流通加工管理 (196)
- 经典案例1　零售业巨人的加工流通中心 (199)
- 本章小结 (199)
- 本章关键术语 (199)
- 复习思考题 (200)

第三篇　运营战略

第九章　现代物流成本管理战略 (201)

- 第一节　物流成本结构 (201)
- 第二节　物流成本管理方法 (206)
- 第三节　基于活动的物流成本分析 (207)
- 第四节　物流总成本控制 (213)
- 第五节　物流绩效评估 (216)
- 经典案例1　纳贝斯克食品集团企业的作业成本核算法 (223)
- 经典案例2　美国施乐公司的物流绩效标杆 (224)
- 本章小结 (225)
- 本章关键术语 (226)
- 复习思考题 (226)

第十章　现代物流标准化管理战略 (227)

- 第一节　物流标准与标准化 (227)
- 第二节　物流标准化的重要性 (237)
- 第三节　物流标准体系表 (244)
- 第四节　物流标准化组织 (252)

经典案例 1　云南白药集团：物按标准"流" ………………………………… (256)
　　本章小结 ……………………………………………………………………… (258)
　　本章关键术语 ………………………………………………………………… (258)
　　复习思考题 …………………………………………………………………… (258)

第十一章　现代物流信息技术管理战略 ………………………………………… (259)
　第一节　现代物流信息技术管理概述 ………………………………………… (259)
　第二节　信息技术的发展及其在现代物流管理中的应用 …………………… (269)
　第三节　基于 EDI 的现代物流信息技术管理战略 …………………………… (278)
　第四节　基于 Internet 的现代物流信息技术管理战略 ……………………… (281)
　第五节　电子商务与现代物流信息技术管理战略 …………………………… (285)
　　经典案例 1　海尔集团对 JIT 物流管理模式的应用 …………………… (293)
　　经典案例 2　UPS 公司——以快速、安全制胜 ………………………… (296)
　　本章小结 ……………………………………………………………………… (297)
　　本章关键术语 ………………………………………………………………… (297)
　　复习思考题 …………………………………………………………………… (297)

第十二章　现代物流的人力资源管理战略 ……………………………………… (299)
　第一节　人力资源管理概述 …………………………………………………… (299)
　第二节　物流人力资源管理模式与组织形式 ………………………………… (309)
　第三节　物流企业人力资源的开发与管理 …………………………………… (317)
　第四节　物流企业的绩酬管理与激励机制 …………………………………… (326)
　　经典案例 1　一份艰难的人力资源计划 ………………………………… (333)
　　经典案例 2　宝钢岗位培训的经验 ……………………………………… (334)
　　本章小结 ……………………………………………………………………… (335)
　　本章关键术语 ………………………………………………………………… (336)
　　复习思考题 …………………………………………………………………… (336)

第十三章　供应链管理与第三方物流战略 ……………………………………… (337)
　第一节　供应链管理和外包 …………………………………………………… (337)
　第二节　第三方物流 …………………………………………………………… (341)
　　经典案例 1　雅芳集团供应链物流管理的突破 ………………………… (350)
　　经典案例 2　联想的供应链整合 ………………………………………… (352)
　　本章小结 ……………………………………………………………………… (353)
　　本章关键术语 ………………………………………………………………… (353)
　　复习思考题 …………………………………………………………………… (353)

第四篇 实践模式

第十四章 现代物流管理与战略发展趋势 (355)
第一节 21世纪物流发展新特点 (355)
第二节 基于能力的物流发展观——物流能力 (359)
第三节 电子商务环境下的物流管理 (366)
第四节 基于时间竞争的供应链物流管理 (372)
经典案例1 青啤集团的现代物流管理 (378)
经典案例2 沃尔玛的供应链制胜：比对手更好地控制成本 (379)
本章小结 (382)
本章关键术语 (382)
复习思考题 (382)

第十五章 现代物流管理与战略模式典范 (383)
附录一：海尔物流——制造业物流典范 (383)
附录二：沃尔玛物流——零售业物流典范 (389)
附录三：德国物流业——物流企业与配送中心 (394)
附录四：国外典型案例——现代物流服务模式 (400)

参考文献及推荐阅读 (406)

第一篇

理论基础

第一章　现代物流管理概述

本章学习内容

> 随着现代信息网络技术的日益完善和世界运输业的自由化，物流得到了迅猛发展。尤其是进入 21 世纪以后，生产高质量的产品已经不再是确保顾客忠诚度的唯一因素，企业必须始终以合理的价格在顾客需要时随时随地为其提供所需产品。面对市场竞争日益激烈、客户需求的不确定性和个性化增加、高新技术迅猛发展、产品寿命周期越来越短和产品结构越来越复杂的环境，企业如何实施好物流管理，已成为企业界和学术界关注的焦点。
>
> 本章正是基于这一背景，首先介绍了物流的起源、物流与现代物流管理的概念、物流管理的发展历程以及供应链环境下的物流管理相关问题，然后依据不同的分类标准对现代物流进行了分类阐述，分析了现代物流系统的结构以及国内外现代物流管理发展的现状，最后说明了本书的主要研究领域。

第一节　现代物流管理的概念

一、物流的起源

一般认为，物流活动是从配送与后勤管理中演变形成的。

1918 年，第一次世界大战，英国犹尼利弗的商人哈姆勋爵成立了一个"即时送货股份有限公司"，公司的宗旨是在全国范围内把商品及时送到批发商、零售商和用户的手中。这一事件被认为是物流活动最早的文献记录。

物流（physical distribution）中的"distribution"一词最早出现于美国。1921 年，阿奇•萧在《市场流通中的若干问题》（Some Problem in Market Distribution）一书中提出"物流是与创造需要不同的一个问题"，并提到"物资经过时间或空间的转移，会产生附加价值"。这里，"market distribution"指的是商流，时间或空间的转移指的是销售过程的物流。

1935 年，美国销售协会对物流进行了定义："物流（physical distribution）是包含于销售之中的物质资料和服务，与从生产地点到消费地点流动过程中伴随的种种活动。"

日本于 1964 年开始使用物流这一术语。在使用物流这个术语以前，日本把与商品实体有关的各项业务，统称为"流通技术"。1956 年，日本生产性本部派出"流通技术专门考察团"，由早稻田大学教授宇野正雄等一行 7 人去美国考察，弄清楚了日本以往叫做"流通技术"的内容，相当于美国叫做"physical distribution"（实物分配）的内容，从此便把流通技术按照美国的简称，叫做"PD"。从而"PD"这个术语得到了广泛的使用。1964 年，日本池田内阁中五年计划制定小组成员平原谈到"PD"这一术语时说，比起来，叫做"PD"不如叫做"物的流通"更好。1965 年，日本在政府文件中正式采用"物的流通"这一术语，简称为"物流"。

1981年，日本综合研究所编著的《物流手册》，对"物流"的表述是："物质资料从供给者向需要者的物理性移动，是创造时间性、空间性价值的经济活动。从物流的范畴来看，包括包装、装卸、保管、库存管理、流通加工、运输、配送等诸种活动。"

我国使用"物流"一词始于1979年。1979年6月，我国物资工作者代表团赴日本参加第三届国际物流会议，回国后，在考察报告中第一次引用和使用"物流"这一术语。但当时有一段小的插曲，商业部提出建立"物流中心"的问题，曾有人认为"物流"一词来自日本，有崇洋之嫌，便改为建立"储运中心"。其实，储存和运输虽是物流的主体，但物流有着更广泛的外延，而且物流是日本引用的汉语，物流作为"物的流通"的简称，提法既科学合理，又确切易懂。因此，不久仍恢复称为"物流中心"。1988年我国台湾地区也开始使用"物流"这一概念。1989年4月，第八届国际物流会议在北京召开，"物流"一词的使用日益普遍。

关于物流活动的内容，王嘉霖等人认为，物流活动可分为以下几种：①企业内物流（微观物流）。指原材料采购、临时性存放工序内、车间内、专业厂内以及它们之间的半成品、成品搬运到成品库的活动过程，仓库作业的入库、验收、存储保管、调拨、发放等。②企业外物流。即分销物流。③社会物流（大物流）。李振认为，物流活动可分为以下几种：①生产物流。指企业生产制造过程中，原材料、在制品、半成品、产品在工厂范围内的流动。生产物流贯穿产品生产工艺流程的全过程。②供应物流。指为保证生产企业的物资供应，通过采购行为使物资从供应单位流转到购物单位所形成的物流。它与生产物流的输入端相连接。③销售物流。指在销售过程中，产品从生产企业到用户之间的物流。

销售物流和供应物流是对同一企业而言的，对不同的企业，供应企业的销售物流即为购货企业的供应物流；此外，还有回收物流和废弃物流。

现在，欧美国家把物流称作logistics多于physical distribution。

第二次世界大战期间，美国在对军火等进行的战时供应中，首先采取了后勤管理（logistics management）这一名词，指对军火的运输、补给、屯驻等进行全面管理。从此，后勤逐渐形成了单独的学科，并不断发展为后勤工程（logistics engineering）、后勤管理（logistics management）和后勤分配（logistics of distribution）。后勤管理的方法后被引入到商业部门，被称为商业后勤（business logistics），定义为"包括原材料的流通、产品分配、运输、购买与库存控制、储存、用户服务等业务活动"，其领域统括原材料物流、生产物流和销售物流。

1986年，美国物流管理协会（National Council of Physical Distribution Management，NCPDM）改名为CLM，即The Council of Logistics Management。将physical distribution改为logistics，其理由是，因为physical distribution的领域较狭窄，logistics的概念则较宽广、连贯，具有整体性。改名后的美国物流管理协会对logistics所做的定义是："以适合于顾客的要求为目的，对原材料、在制品、制成品与其关联的信息，从产业地点到消费地点之间的流通与保管，为求有效率且最大的'对费用的相对效果'而进行计划、执行、控制。"

logistics与physical distribution的不同之处在于，logistics已突破了商品流通的范围，把物流活动扩大到生产领域。物流已不仅仅是从产品出厂开始，而且包括从原材料采购、加工生产到产品销售、售后服务，直到废旧物品回收等整个物理性的流通过程。这是因为，随着生产的发展，社会分工越来越细，大型的制造商往往把成品零部件的生产任务外包给其他专业性制造商，自己只是将这些零部件进行组装，而这些专业性制造商可能位于世界上劳动力比较廉价的地方。在这种情况下，物流不但与流通系统维持密切的关系，同时也与生产系统产生了密切的关系。这样，将物流、商流和生产三个方面联结在一起，就能产生更高的效率和效益。近年来，日本、美国的进口批发及连锁零售业等，运用这种观念积累了不少成功的经验。

1998年，美国物流管理协会又在原有定义的开头加上"物流是供应链过程的一部分"。因此，美国物流管理协会现在对物流的定义为：物流是供应链过程的一部分，是以满足客户需求为目的，以高效和经济的手段来组织产品、服务以及相关信息从供应到消费的运动和存储的计划、执行和控制过程。

以下是国外关于物流（logistics）的一些相关理解和解释。

（1）将物流定义为一种商业活动。这种活动主要是转移及与之相关的支持活动，转移包括空间、时间的转移，仓储与库存、包装与分类等都是转移活动；而运费管理、用户代理、订单跟踪等则是支持活动。

（2）将物流定义为物流渠道（physical channel）和交易渠道（transactional channel）的两维活动的统一（见图1—1）。

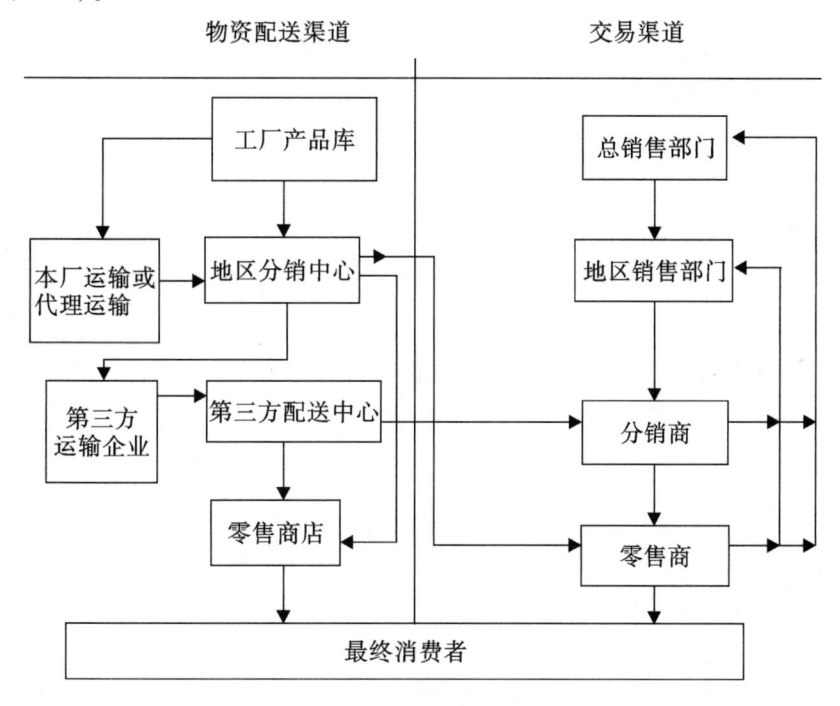

图1—1 物流渠道与交易渠道

（3）物流管理是一个演变的过程，主要包括三个阶段：第一阶段，为20世纪六七十年代的实物配送功能性管理；第二阶段，为20世纪80年代的企业内部的物流功能集成；第三阶段，为20世纪90年代的企业之间的物流外部的集成。

"logistics"一词的出现，是世界经济和科学技术发展的必然结果。当前，物流业正在向全球化、信息化、一体化发展。一个国家的市场开放与发展必然要求物流的开放与发展。随着世界商品市场的形成，从各个市场到最终市场的物流日趋全球化；信息技术的发展，使得信息系统得以贯穿于不同的企业之间，使物流的功能发生了质变，大大提高了物流效率，同时，也为物流一体化创造了条件；一体化则意味着需求、配送和库存管理的一体化。所有这些，已成为国际物流业的发展方向。

二、物流的定义

根据《物流术语》，国家标准将物流定义为：物品从供应地向接收地的实体流动过程，根据实际需要，将运输、储存、装卸、搬运、包装、流通、加工、配送、信息处理等基本功能实施有机结合。

2001年3月，国家经贸委提出的《关于加快我国现代物流发展的若干建议》中对现代物流的定义是：现代物流泛指原材料、产成品从起点到终点及相关信息有效流动的全过程，它将运输、仓储、装卸、加工、整理、配送、信息等方面有机结合，形成完整的供应链，为用户提供多功能、一体化的综合服务。

本书对物流的定义为：物流是供应链的一个组成部分，是对供应链上各种物料（包括原材料、零部件、产成品）、服务及信息从起始点到终点流动过程的计划、组织和控制活动的总称；它充分运用信息技术，将运输、仓储、装卸、加工、整理、配送等有机结合，为供应链管理提供支持，为用户提供一体化的综合服务。

各国对物流的定义虽然表述不同，但是都包含了以下六个方面的基本内容。

（1）物流产生的目的，是为了满足消费者的需求，或为了全面实现某一个战略、目标或任务。换言之，物流管理的目标是为了达到一定的客户服务水平。

（2）物流是一个空间上的物理性移动过程，存在一个起点和一个终点，并且从起点到终点的物理性移动过程包括装卸、运输、供应、仓储、采购等几个基本环节。

（3）物流过程中移动的主体是货物及与之相关的信息。这里，货物包括原材料、零部件、中间过程的库存及产成品，相关信息包括在流通过程中发生的、必需的各种单证、消费者需要的各种信息和物流活动管理者需要的各种信息。

（4）物流是一种管理活动，必须进行恰当的计划、实施与控制，以确保物流过程中各个环节功能最优化，保证物流过程的有效性。

（5）物流管理的分析方法，是将一个企业乃至一个供应链作为一个有机的整体来研究。企业的各个部门之间、供应链上的各企业之间存在着相互影响、相互制约的作用，物流分析的方法，就是充分考虑到这种互动关系，从系统的角度来分析问题。如一个企业的储运部门运作出现问题，其根本原因可能不在该部门内部，而有可能是生产部门或销售部门的问题所造成的，这就为解决问题提供了新的思路和方法。

（6）加强物流管理是对企业或供应链进行整体优化。由于在企业或供应链中存在上述互动关系，物流管理在进行优化时就强调要注意避免局部最优而造成总体次优的情况。典型的例子就是运输与仓储成本的相互关系。过分地强调节约运输成本可能造成库存及仓储成本的增加，特别是目前在企业经营遍及全球、产品生命周期不断缩短的情况下，其导致的结果可能是总成本的增加。

典型的物流系统包括如下活动：

(1) 运输（transportation）；

(2) 存储（warehousing and storage）；

(3) 包装（packaging）；

(4) 物料搬运（material handling）；

(5) 订单处理（order processing）；

（6）预测（forecasting）；

（7）库存控制（inventory control）；

（8）采购（purchasing or procurement）；

（9）零件和服务支持（parts and service support）；

（10）客户服务（customer service）；

（11）退货处理（return goods handling）；

（12）废弃物处理（salvage and scrap disposal）；

（13）工厂和分销中心选址分析（plant and distribution center location analysis）；

（14）其他活动。

三、物流观念和学说

（1）"商物分流"说。这是物流科学赖以存在的先决条件。所谓商物分流，是指流通中两个组成部分——商业流通和实物流通各自按照自己的规律和渠道独立运动。

（2）"黑大陆"学说。著名的管理学权威 P. E. 德鲁克曾经说过："流通是经济领域里的黑暗大陆。"德鲁克泛指的是流通。但是，由于流通领域中物流活动的模糊性尤其突出，是流通领域中人们更认识不清的领域，所以，"黑大陆"学说现在转向主要针对物流而言。

（3）"物流冰山"说。这是日本早稻田大学西泽修教授提出来的。他在专门研究物流成本时发现，现行的财务会计制度和会计核算方法都不可能掌握物流费用的实际情况，因而人们对物流费用的了解是一片空白，甚至有很大的虚假性。他把这种情况比做"物流冰山"，其特点是大部分沉在水面以下的是我们看不到的黑色区域，而我们看到的只不过是物流的一部分。

（4）"第三利润源"说。"第三利润源"说主要出自日本。从历史的发展来看，人类历史上曾经有过两个大量提供利润的领域：一是资源领域，二是人力领域。在这两个利润源潜力越来越小、利润开拓越来越困难的情况下，物流领域的潜力开始被人们重视，按时间序列排为"第三利润源"。

（5）"效益悖反"说。效益悖反是物流领域中很普遍的现象，也是这一领域中内部矛盾的反映和表现。例如，包装问题。包装方面每少花一分钱，这一分钱就必然会转到收益上来，包装越省，利润则越高。但是，一旦商品进入流通之后，如果节省的包装降低了产品的防护效果，造成了大量损失，就会造成储存、装卸、运输功能要素的工作劣化和效益大减。

（6）"成本中心"说。物流在整修企业战略中只对企业营销活动的成本发生影响，物流是企业成本的重要产生点，因而，解决物流的问题，主要不是为搞合理化、现代化，主要不在于支持、保障其他活动，而主要是通过物流管理和物流的一系列活动降低成本。所以，成本中心既是指主要成本的产生点，又是指降低成本的关注点。物流是"降低成本的宝库"等说法正是这种认识的形象表述。

（7）"利润中心"说。物流可以为企业提供大量直接和间接的利润，是形成企业经营利润的主要活动。非但如此，对国民经济而言，物流也是国民经济中创利的主要活动。物流的这一作用，被表述为"第三利润源"。

（8）"服务中心"说。它代表了美国和欧洲一些国家的学者对物流的认识。这种认识认为，物流活动最大的作用，并不在于为企业节约消耗、降低成本或增加利润，而是在于提高企业对用户的服务水平进而提高企业的竞争能力。因此，他们在使用描述物流的词汇上选择了"后勤"一词，特别强调其服务保障的职能。通过物流的服务保障，企业以其整体能力来压缩成本、增加利润。

（9）"战略"说。这是当前非常盛行的说法。学术界和产业界越来越多的人已经逐渐认识到物流更具有战略性，是企业发展的战略而不是一项具体操作性任务。应该说，这种看法把物流放在了很高的位置。企业的战略是什么呢？是企业总体的生存和发展。物流会影响企业总体的生存和发展，而不是在哪个环节做得合理一些和节约多少成本的问题。

四、现代物流管理的内涵及特征

（一）现代物流管理的基本内涵

现代物流管理（modern times Logistics）指的是将信息、运输、仓储、库存、装卸搬运以及包装等物流活动综合起来的一种新型的集成式管理，其任务是尽可能降低物流的总成本，为顾客提供最好的服务。我国许多专家学者则认为："现代"物流是根据客户的需求，以最经济的费用，将物流从供给地向需求地转移的过程。它主要包括运输、储存、加工、包装、装卸、配送和信息处理等活动。

1. 现代物流管理内涵的四个主要方面

（1）现代物流管理是一个计划、组织、协调及控制的过程，突出过程意识。
（2）现代物流管理的客体包括有形产品（商品），无形产品（服务）和相关信息。
（3）现代物流管理系统需要进行管理的两项主要活动是流动和信息。
（4）客户向供货商进行的反向流动也是现代物流管理的一部分。

2. 现代物流管理的主要内容

（1）对物流活动诸要素的管理，包括运输、存储、装卸、配送等环节的管理。
（2）对物流系统诸要素的管理，即对其中人、财、物、设备、方法和信息六大要素管理。
（3）对物流活动中具体职能的管理，包括物流计划、质量、技术、经济等职能的管理等。

（二）现代物流管理的主要特征

现代物流管理主要是以现代信息技术为基础，整合运输、包装、装卸搬运、发货、仓储、流通加工、配送、回收加工及物流信息处理等各种功能而形成的综合性物流活动模式。有如下特征：

1. 反应快速化

物流服务提供者对上游、下游的物流、配送需求的反应速度越来越快，前置时间越来越短，配送间隔越来越短，物流配送速度越来越快，商品周转次数越来越多。

2. 功能集成化

现代物流着重于将物流与供应链的其他环节进行集成，包括：物流渠道与商流渠道的集成、物流渠道之间的集成、物流功能的集成、物流环节与制造环节的集成等。

3. 服务系列化

现代物流强调物流服务功能的恰当定位与完善化、系列化。巨大的现代物流站场，除了传统的储存、运输、包装、流通加工等服务外，现代物流服务在外延上向上扩展至市场调查与预测、采购及订单处理，向下延伸至配送、物流咨询、物流方案的选择与规划、库存控制策略建议、货款回收与结算、教育培训等增值服务；在内涵上则提高了以上服务对决策的支持作用。

4. 作业规范化

现代物流强调功能、作业流程、作业、动作的标准化与程式化，使复杂的作业变成简单的易于推广与考核的动作。物流自动化课方便物流信息的实时采集与追踪，提高整个物流系统的管理和监控水平。

5. 目标系统化

现代物流从系统的角度统筹规划一个公司整体的各种物流活动，处理好物流活动与商流活动及公司目标之间、物流活动与物流活动之间的关系，不求单个活动的最优化，但求整体活动的最优化。

6. 手段现代化

现代物流使用先进的技术、设备与管理为销售提供服务，生产、流通、销售规模越大，标准的现代物流企业和第三方物流范围越广，物流技术、设备及管理越现代化。计算机技术、通讯技术、机电一体化技术、语音识别技术等得到普遍应用。世界上最先进的物流系统运用了GPS（全球卫星定位系统）、卫星通讯、射频识别装置（RF）、机器人，实现了自动化、机械化、无纸化和智能化，如20世纪90年代中期，美国国防部（DOD）为在前南地区执行维和行动的多国部队提供的军事物流后勤系统就采用了这些技术，其技术之复杂与精坚堪称世界之最。

7. 组织网络化

随着生产和流通空间范围的扩大，为了保证对产品促销提供快速、全方位的物流支持，现代物流需要有完善、健全的物流网络体系，网络上点与点之间的物流活动保持系统性、一致性，这样可以保证整个物流网络有最优的库存总水平及库存分布，运输与配送快速、机动，既能铺开又能收拢，形成快速灵活的供应渠道。分散的物流单体只有形成网络才能满足现代生产与流通的需要。

8. 经营市场化

现代物流的具体经营采用市场机制，无论是企业自己组织物流，还是委托社会化物流企业承担物流任务，都以"服务—成本"的最佳配合为总目标，谁能提供最佳的"服务—成本"组合，就找谁服务。国际上既有大量自办物流相当出色的"大而全"、"小而全"的例子，也有大量利用第三方物流企业提供物流服务的例子，比较而言，物流的社会化、专业化已经占到主流，即使是非社会化、非专业化的物流组织也都实行严格的经济核算。

9. 信息电子化

由于计算机信息技术的应用，现代物流过程的可见性（Visibility）明显增加，物流过程中库存积压、延期交货、送货不及时、库存与运输不可控等风险大大降低，从而可以加强供应商、物流商、批发商、零售商在组织物流过程中的协调和配合以及对物流过程的控制。

10. 管理智能化

随着科学的发展技术的发展和应用，物流管理由手工作业到半自动化、自动化，直至智能化，这是一个渐进的发展过程。从这个意义上来说，智能化是自动化的继续和提升，因此可以说，自动化过程中包含更多的机械化成分，而智能化中包含更多的电子化成分，如集成电路、计算机硬件软件等。

（三）物流管理在供应链管理中的地位

一般认为，供应链是物流、信息流、资金流的统一，那么，物流管理很自然地成为供应链管理体系的重要组成部分。物流管理在供应链管理中的重要作用可以通过价值分布来考查。表1—1为供应链的价值分布。不同的行业和产品类型，供应链价值分布不同，但是可以看出，物流价值（采购和分销之和）在各种类型的产品和行业中都占到了整个供应链价值的一半以上，而制造价值不到一半；在易耗消费品和一般工业品中，物流价值所占的比例更大，达80%以上，这充分说明物流管理的价值。供应链是一个价值链的增值过程，有效地管理好物流过程，对于提高供应链的价值增值水平，具有举足轻重的作用。

表1—1 供应链上的价值分布

产品	采购	制造	分销
易耗消费品（如肥皂、香精）	30%～50%	5%～100%	30%～50%
耐用消费品（如轿车、洗衣机）	50%～60%	10%～15%	20%～30%
重工业（如工业设备、飞机）	30%～50%	30%～50%	5%～100%

从传统的观点看，物流对制造企业的生产是一种支持作用，被视为辅助的功能部门。一方面，由于现代企业生产方式的转变，即从大批量生产转向精细的准时化生产，这时的物流，包括采购与供应，都需要跟着转变运作方式，实行准时供应和准时采购等；另一方面，对顾客需求的及时响应，要求企业能以最快的速度将产品送到用户的手中，以提高企业快速响应市场的能力。所有这一切，都要求企业的物流系统具有和制造系统协调运作的能力，以提高供应链的敏捷性和适应性。因此，物流管理不再是传统的、保证生产过程连续性的问题，而是要在供应链管理中发挥重要作用：

（1）创造用户价值，降低用户成本；
（2）协调制造活动，提高企业敏捷性；
（3）提供用户服务，塑造企业形象；
（4）提供信息反馈，协调供需矛盾。

要实现以上几个目标，物流系统应做到准时交货，提高交货的可靠性，提高响应度，降低库存费用等。现代市场环境的不断变化，要求企业加速资金周转，快速传递与反馈市场信息，不断沟通生产与消费的联系，提供低成本的优质产品，生产出满足顾客需求的产品，提高用户满意度。因此，只有建立敏捷而高效的供应链物流系统，才能达到提高企业竞争力的要求。供应链管理是提升21世纪企业核心竞争力的关键，而物流管理又将成为供应链管理的核心能力的主要构成部分。

（四）现代物流管理面临的问题

供应链管理环境下的物流管理和传统企业的物流管理在意义和方法方面有所不同。由于企业经营思想的转变，为保证供应链中企业之间的同步化、并行化运作，实现快速响应市场的能力，物流系统管理将面临一系列的转变。主要需解决以下几个方面的问题：

（1）快速、准时交货的实现问题；
（2）低成本、准时的物资采购供应策略问题；
（3）物流信息的准确输送、及时反馈与共享问题；
（4）物流系统的敏捷性和灵活性问题；
（5）供需协调，供应链实现无缝连接问题。

第二节 现代物流的基本分类

在社会经济领域中，物流活动无处不在，许多有自身特点的领域都有相应的物流活动。虽然物流基本要素都存在，而基本要素是共同的，但是，由于物流对象不同、物流目的不同、物流范围不同，形成了不同类型的物流。既然有不同类型的物流，必然产生与之相适应的分类。目前，在分类标准方面并没有统一的看法。综合已有的论述，本书对物流作出如下分类。

一、宏观物流与微观物流

（一）宏观物流

宏观物流，是指在社会再生产过程中，国民经济各部门之间、区域之间以及国家之间的物流活动。宏观物流又称为社会物流或国民经济物流，具体包括部门物流、区域物流和国际物流。

1. 部门物流

指国民经济各部门之间的物资流转。部门物流反映了国民经济产业结构中的部门结构，是各部门协调发展的重要条件。随着社会生产力的发展和科学技术的进步，社会生产的专业化程度不断提高，部门和企业之间的分工日益细化，这使得国民经济各部门之间、企业之间的物流活动越来越复杂。各个部门在生产上要相互衔接、紧密配合，以实现国民经济顺利运行，就要求投资品生产、消费品生产、中间产品生产以及提供生产和生活服务的部门依据它们在生产和供应上的相互衔接性，形成相互适应、相互促进的物流系统。

2. 区域物流

包括一定区域范围内的物流和不同区域之间的物流。任何生产都是在一定的区域内进行的，由于自然、技术、经济、社会等因素的制约，客观上形成了一定的生产和经济协作区域，这些区域又构成国民经济产业结构的地区和空间布局。经济区域是以城市为中心的，一般来讲，一个城市就是一个经济中心。城市的经济活动以物流为依托，其发展对物流有较强的依赖性，区域内的发展规划，如工厂、仓库、住宅以及道路、桥梁、车站、机场等都要以物流为约束条件。

3. 国际物流

国际物流是国家之间经济交往、贸易活动中的物资流转。国际物流是伴随着国际贸易的发展而发展的。第二次世界大战以后，科学技术的进步与社会化大生产的发展，使得国际分工日益细化，世界经济联系日趋密切，生产国际化已成为世界经济发展的基本趋势。发达国家之间的经济联系全面强化，跨国企业内部的交换成为国际贸易的重要组成部分，国际分工从不同产业部门深入到同一行业不同产品之间，出现了若干国家协作生产的"国际产品"。世界经济的发展变化使国际贸易迅速增长，各国之间的经济发展对国际贸易的依赖性大幅度提高。

（二）微观物流

微观物流是局部范围的物流，又叫做企业物流。它是指企业生产过程中各个阶段物资的流转，具体包括供应物流、生产物流、销售物流、回收物流和废弃物流。

1. 供应物流

指企业供应生产所需原材料、零部件、燃料、辅助材料的物流活动。具体包括采购、运输、装卸、检验、入库等环节。供应物流对企业生产有着直接的影响，生产所需物资供应的时间、数量和质量，在很大程度上决定着企业的生产节奏和生产成本，从而影响企业的经济效益。

2. 生产物流

指伴随着企业生产工艺的物流活动。生产物流一般从企业物资供应仓库开始，按照生产进度和要求，对物资进行分类、装卸搬运，向各个生产环节和作业场所配送。在供应商服务水平较高的情况下，往往是在指定的时间，把指定数量的物资直接送到指定的作业场所，形成生产物流的起点。经过加工制成的半成品进入半成品仓库，或者继续按照生产工艺和流程不断流转，直至成品产出，然后经过检验、分类、包装、装卸、搬运等作业环节，最后进入成品仓库。

3. 销售物流

指伴随企业销售活动，将产品转送给客户的物流活动。具体包括仓储、分类、包装、装卸、运输和售后服务。产品在销售之前，都需要存储起来，货物可以存储在工厂或者附近，也可以在各个销售地点分散存储。按照客户订单或供货合同，对存储的货物进行分类、包装，运达客户指定的地点，并进行必要的服务，是销售物流的全过程。销售物流是企业营销活动的重要组成部分。企业拿到客户订单后开始物流过程，产品送达客户并经过售后服务，伴随商流的物流过程才算结束。

4. 回收物流

指企业在供应、生产、销售过程中产生的可再利用物资的回收活动。具体包括：供应物流过程和销售物流过程中产生的、可再利用的包装物、衬垫物等的回收；生产过程中产生的、可再利用的边角余料的回收；各种报废的生产工具、设备以及失去部分使用价值的辅助材料和低值易耗品的收集、分类、加工，并转化为新的生产要素。可再利用物资的回收物流，不仅有利于降低成本，而且关系企业的生产环境和生产效率。

5. 废弃物流

指企业供应、生产、销售过程中产生的废弃物品的收集、处理和再生等物流活动。在生产过程中，不可避免地会产生废水、废气、废油等各种废弃物，随着工业化的发展，废弃物严重污染环境，危害人类的生活环境和身体健康，在世界各国都成为不可忽视的社会问题。

二、社会物流与企业物流

社会物流属于宏观范畴，包括设备制造、运输、仓储、装饰包装、配送、信息服务等，公共物流和第三方物流贯穿其中。企业物流属于微观物流范畴，包括生产物流、供应物流、销售物流、回收物流和废弃物流等，如图1—2所示。

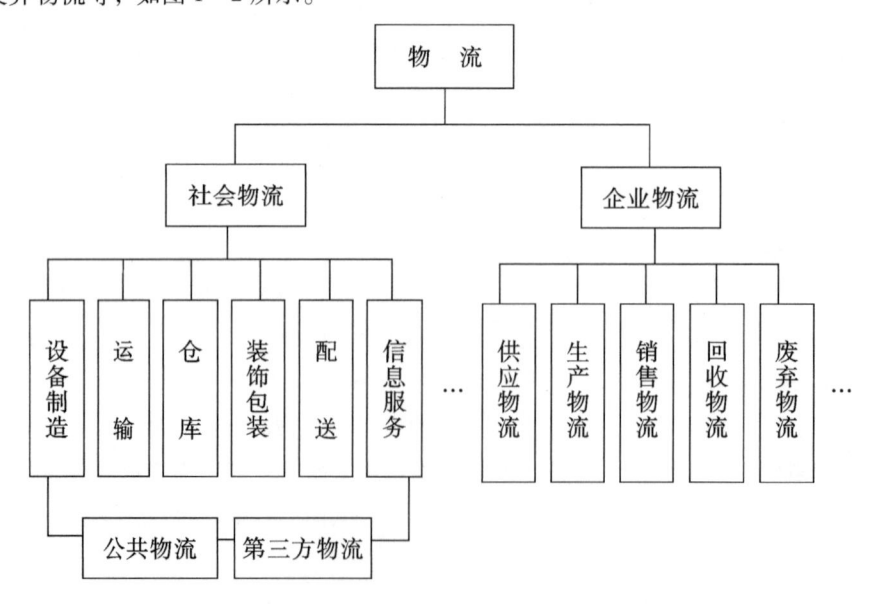

图1—2 物流的分类

社会物流指超越一家一户的、以社会为范畴、以面向社会为目的的物流。这种社会性很强的物流往往是由专门的物流企业、单位所承担的。社会物流的范畴是社会经济的大领域。社会物流主要研究社会再生产过程中发生的各种物流活动，研究国民经济中的宏观物流活动，研究如何形成服务于社会、面向社会又在社会环境中进行的物流活动，研究社会中的物流体系和物流结构及其带来的综合效益等问题。

企业物流是指从企业角度研究与之相关的物流活动，是具体的、微观的物流活动的典型领域。具体的企业物流主要是企业生产物流。企业生产物流是指企业在生产工艺中的物流活动。这种物流活动是与整个生产工艺过程伴生的，实际上已构成了生产工艺过程的一部分。企业生产物流的过程为：原料、零部件、燃料等辅助材料从企业仓库或企业的"门口"开始，进入到生产线的开始端，再进一步随着生产和加工过程一个一个环节地"流"动，在"流"动的过程中，其本身被加工，同时产生一些废料物和边角余料，直到生产加工终结，再"流"至成品仓库，这样便终结了企业生产的整个物流过程。

三、第三方物流与第四方物流

第三方物流（third party logistics，简称3PL或TPL）是指由相对第一方发货人和第二方收货人而言的第三方专业企业来承担企业物流活动的一种物流形态。它通过与第一方或第二方的合作来提供专业化的物流服务；它不拥有商品，不参与商品买卖，而是为顾客提供以合同为约束、以结盟为基础的系列化、个性化、信息化物流代理服务。包括设计物流系统和电子数据交换（EDI）系统，报表管理，货物集运，选择承运人、货代人和海关代理，信息管理，仓储，咨询，运费支付以及谈判等。

第三方物流具有以下特征：①第三方物流是合同导向的一系列服务；②第三方物流是个性化的物流服务；③第三方物流是以现代信息技术为基础的物流服务；④第三方物流与客户之间是长期性的战略合作伙伴关系；⑤第三方物流与客户公平分享收益，共担风险。

第四方物流（fourth party logistics，简称4PL）是指企业货主为解决后勤管理、降低成本而用外购（outsourcing）方式给予第三方物流的下游延伸部分，它扮演着承担、分享协作的作用。由于来自速度、灵活性、全球性等方面的压力增加，第四方物流负责传统的第三方物流之外的职责，即第四方物流负责传统的第三方物流安排之外的功能整合，并分担了更多的操作职责。它专注于供应链的整合，强调分享资源。因此，成功的第四方物流组织是在分享风险与分享回报的原则下成立的，这个组织经常以客户与第四方物流组织合资的形式出现。第四方物流提供的是一种全面的物流解决方案，与客户建立的是长期、稳固的伙伴关系。

四、逆向物流与绿色物流

逆向物流（reverse logistics）这个名词最早是由James R. Stock在1992年提出的。他认为，逆向物流是一种包含了产品退回、物料替代、物品再利用、废弃物处理与再处理、维修与再制造等流程的物流活动。此后，许多学者对逆向物流的定义和内涵都提出了自己的看法。综合这些学者的表述，逆向物流是指为了重新获得产品的使用价值或正确处置废弃产品，将原材料、半成品、制成品等从产品消费点一端（包括最终用户和供应链上客户）返回产品的来源点一端（生产地或供应地）的过程。为了实现逆向物流的目的，必须对退回的物资进行回收、分类、检验、拆卸、再生产及报废处理等活动。在逆向物流中，被回收的物品经过处理和修整，达到完好后也可以返回到正向物流中的任何环节上，并可重新融入正向物流。

绿色物流是指在物流过程中抑制物流对环境造成损害的同时，实现物流环境的净化，使物流资源得到最充分的利用。其目标是将环境管理导入物流业的各个系统，加强对物流业中保管、运输、包装、装卸搬运、流通加工等各个作业环节的环境管理和监督，有效遏止物流业发展造成的环境污染和能源浪费。

具体说来，绿色物流的目标不同于一般的物流活动。一般的物流活动，主要是为了实现物流企业的赢利、满足顾客需求、扩大市场占有率等，这些目标最终均是为了实现某一主体的经济利益。而绿色物流的目标在上述经济利益目标之外，还追求节约资源、保护环境这一既具有经济属性又具有社会属性的目标。从某种程度上来说，经济效益涉及目前和局部的更密切相关的利益，而环境效益则关系更宏观和长远的利益。经济效益与环境效益是对立统一的。后者是前者的自然基础和物质源泉，而前者是后者的经济表现形式。绿色物流是一个多层次的概念，它既包括企业的绿色物流活动，又包括社会对绿色物流活动的管理、规范和控制。从绿色物流活动的范围来看，它既包括各个单项的绿色物流作业（如绿色运输、绿色包装、绿色流通加工等），又包括为实现资源再利用而进行的废弃物循环物流。

第三节　现代物流系统的结构

现代物流是一个庞大的系统，涉及社会经济体系的方方面面，内容十分复杂。其中物资的生产和流通、物流、商流和信息流、物流系统和系统工程等一些基本概念、思路和方法构成了物流系统的重点内容，本节将重点进行阐述与分析。

一、物资的生产与流通

关于物流的概念这里先明确"物"的概念，在掌握"物"的含义前提下，才能有利于对物流概念的理解。

（一）物资的含义

所谓物资泛指能满足人们生产和生活需要的一切有形物质资料的总称。其含义可理解为：首先，物资是客观存在的有形实体物质资料；其次，物资能够满足人们的生产或生活的需要。满足生产需要的物质资料，称为生产资料；满足生活需要的物质资料，称为生活资料，即物资包括生产资料和生活资料两大类。从物资的概念我们可以看出，物资具有两个明显的特征：一是它的物质性，即它们都是客观存在的物质资料，有质量、有体积、有形状、有性质，有些是可以看得见、摸得着的，有些是能够感觉出来的。二是它的效用性，即它们都是对人们有某种有用性，或者对人们生产有用，能够满足人们生产的需要；或者对人们的生活有用，能够满足人民的生活需要。由此来看，如果把物资看成是一个实体的话，则这个物资实体本身应该包含两个部分，一部分是它的物质性实体，一部分是它的效用性实体。前者我们称之为物资的物质实体，后者我们称之为物资的社会实体。物资的物质实体是指物资的客观存在实体，它有形状、有性质、有质量、有体积、看得见、摸得着；能被人们所感知。而物资的效用性主要体现为物资在社会中的价值，包括物资的使用价值，它反映物资的大小；也包括物资在社会中的地位、作用和稀缺程度，例如它的所有权性质、交换价值等，它反映物资的社会地位、经济价值和珍贵程度。即使同样的物质实体也可以具有不同的社会实体。只有把物质实体和社会结合起来，才能够确切地说明这个物资实体。在物资实体的两个组成部分中，物质实体是社会实体的载体，社会实体是物质实体在一定社会中的效用的体现。

（二）物资的分类

物资按效用性分类，可以分成两大类：一类是生产资料，一类是生活资料。生产资料是指专为满足人们生产需要的物质资料。无论是在工业、农业，还是在交通运输业中，人们为了生产，都需要有原料、材料、设备、工具、在制品、半成品等，这些都是生产资料。生活资料是指专为满足人们生活需要的物质资料。人们为了生活，需要衣食住行等生活用品，这些用品都是生活资料。

在物资中，生活资料和生产资料又可以按其性质和用途再分类，例如生产资料又可以分成金属、机电、建材、木材、化工材料、燃料、煤炭、石油、农机等共九大类，这也是我国计划经济时期按经营物资类别而划分的九大公司分别经营的九类生活资料品种。而生活资料又可以按性质用途分成饮料、食品、服装、百货、五金、家电等类别。

物资还可以根据其在生产过程中的地位和作用分成以下两大类：一类是作为劳动手段的物资，包括：生产工具、机械设备、运输工具等。其主要特点是：这类物资全部能够直接作为劳动工具用于生产加工、交通运输等劳动过程。另一类是作为劳动对象的物资，主要包括：

（1）自然物，如矿山、原始森林、农作物、水产资源等。

（2）原料，一般指采掘业和农业产品，如矿石、石油、原木、粮食等。

（3）材料，指经过加工了的原料和材料。根据其在产品加工过程中的地位和作用又分为主要材料（构成产品主体）和辅助材料（如劳动消耗品、照明、取暖、脚手架等劳动条件用品及染料、涂料等产品辅助实体）。

（4）在制品，正在加工或正处在加工地点等待加工的制品。

（5）半成品，完成了相对完整的加工工序的制品，如工件、部件等。

（6）成品，完成了全部加工过程的产品，如材料、工具、机电设备等。

另外，在我国计划经济时期，还长期流行着一种物资概念。这种物资概念是指生产资料，专门把生产资料叫做物资。这是因为我国计划经济时期曾经长期对生产资料实行计划分配，而生活资料实行市场自由流通，二者实行不同的流通方式。这样长期养成了习惯，就把生产资料叫做物资，而把生活资料叫做商品。为了照顾这种实际情况，我们把这种物资概念叫狭义的物资概念，而把上面所说的物资概念叫做广义的物资概念。这样，广义的物资概念既包括生产资料，也包括生活资料，而狭义的物资概念专指生产资料。

（三）物资的流通

物资产生社会价值的另外一个重要的领域就是流通领域。所谓流通就是将生产者手中的物资转移到消费者手中的过程。生产过程产生物资，但是这些物资必须转移到消费者手中，才能变成社会的财富。如果这些产品不能够转移出去，则不但不能变成社会的财富，而且会变成社会的负担。因为它不能够满足消费者的需要，反而占有了生产企业的资金，得不到利润。企业自身也不能够进行再生产。因此必须有一个过程将生产者手中的产品转移到消费者手中，这就是流通过程。具体的流通过程，包括批发、运输、存储、零售等多个环节，最后才能把生产者的产品转移到消费者手中。显然，这种转移，应该是平等合理的，应为各方所接受。那么要实现这种公平合理的转移，流通过程应该如何实现呢？

为实现物资从生产者手中转移到消费者手中的目的，必须具备以下功能：

（1）因为供需之间存在所有权的距离，产品的所有权在生产者而不在消费者，所以流通必须把产品的所有权由生产者手中转移到消费者手中，才能够实现商品的转移。而这必须通过买卖交易、等价交换的方式来实现。买卖交易、等价交换可以克服供需之间所有权的距离。

（2）因为供需之间存在空间距离，流通必须克服供需之间的空间距离，以运输的方式把商品由生产地运到消费地，才有可能把商品由生产者手中转移到消费者手中。

（3）前面两条还不够，因为生产者的生产和消费者的消费，可能在时间上不是同时或同步的，相互之间存在一个时间上的"距离"。生产者彼时生产的产品不一定能够供应到此时的消费者手中。因此，流通过程必须能够克服供需之间的时间距离。而这通常可以用储存的方式实现。用储存的方式将生产者彼时生产的产品储存到此时，以供应此时的消费者，这样就可以达到将生产者手中的商品转移到消费者手中的目的。

以上就是流通过程中为了将生产者手中的产品合理地转移到消费者手中所必须具备的功能。其中，我们把通过买卖等商品交易、等价交换的方式，克服供需之间的所有权距离，将商品的所有权由生产者手中转移到消费者手中的功能，称作创造了商品的所有权效用；把通过运输的方式，克服供需的空间距离，将商品由生产者所在地转移到消费者所在地，从而实现将商品由生产者手中转移到消费者手中的功能，称作创造了商品的空间效用；把通过储存的方式，克服供需之间的时间距离，将生产者彼时生产的产品转移到此时的消费者手中，从而实现将商品由供应者手中转移到消费者手中的功能，称作创造了商品的时间效用。

（四）流通与生产的关系

整个经济的运行，虽然可以分成生产、流通、消费三个流域，但是由于生产和消费是统一的，所以也可以说，整个经济的运行只分成生产和流通两个流域。这两个流域对于国民经济来说，都是非常重要的，缺少了哪一个都不行。只有二者结合起来，协调配合，才能使国民经济顺畅的发展。

生产与流通之间的关系首先是生产决定流通，没有生产就没有流通。因为，没有生产，就没有产品，当然也就不需要流通。无论是流通的品种、流通数量、流通的范围，都取决于生产的品种、数量。因此从这个意义上说，生产是第一位的，生产决定流通。但是，流通反过来又对生产有很大的反作用。这主要表现为以下几个方面：

首先，流通为生产提供原材料、设备和工具，为生产创造必要的物质条件，没有流通，就不可能有原材料的供应，没有机械设备的提供，生产就不能够进行。

其次，流通又为生产推销产品，收回资金和利润，为生产和再生产的顺利进行、为企业的生存与发展提供资金条件。没有流通，产品就不能分销出去，既占用了流动资金，又不能收回成本和利润，不但再生产不能进行，甚至企业的生存都成了问题。这样，流通既在前端为生产提供了原材料、机器设备等物质条件，又在后端为生产分销产品、收回成本和利润，为继续生产提供资金条件。生产的前端后端都离不开流通。因此可以说，流通是生产的前提条件，没有流通也就不可能有生产，企业也就不能生存和发展。

因此生产与流通同等重要，二者必须相互依存，协调配合，才能共生。

由以上分析可知，生产和流通是密切联系的。生产企业由于流通而联系起来。社会上各种各样的企业，既是生产者，又是消费者；既为供给方，又为需求方，互相由流通而连接成一个网络，即生产流通网络（如图1—3所示）。这个生产流通网络最后会将整个社会经济体系中的企业联系起来。没有流通企业就会成为社会经济中的孤岛。只有将生产的岛屿和流通的海洋结合起来，让流通为生产提供活力，让生产为流通提供源泉，二者相互协调、相互配合，才能共生。

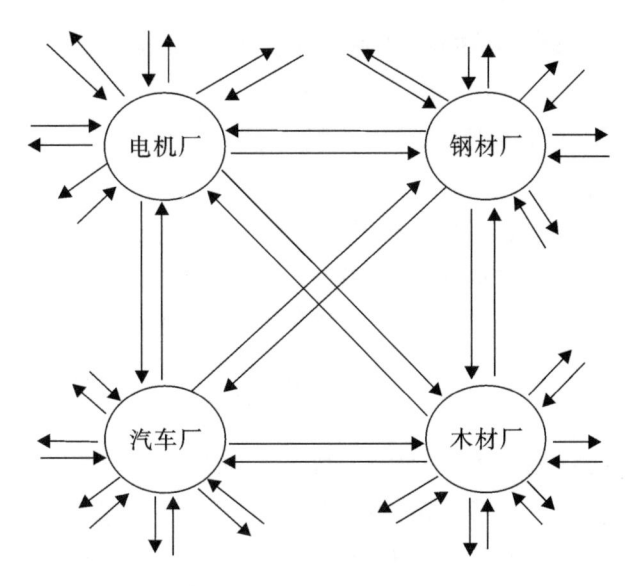

图1—3　生产流通网络图

在生产与流通的基础上，我们可以较深刻地理解物流的概念。因此我们这一节就可以讨论物流的定义了。

二、物流系统与物流系统工程

物流是物资有形或无形地从供应者向需求者进行的物资物质实体的流动。具体的物流活动包括包装、装卸、运输、储存、流通加工和信息等诸项活动。通过物流活动，可以创造物资的空间效用、时间效用，流通加工活动还可以创造物资的形质效用。

由此可知，实际上物流具有的含义既包括了物资的运动状态（运输），也包括了物资的静止状态（储存），还包括了物资的静动状态（包装、装卸、流通加工）。所谓静动状态，就是从宏观上看，它是静的；而从微观上看，它又是动的。所以物资无论处于运动状态，还是静止状态，都是处于物流状态。也就是说，只要是物质存在，它就必然处在物流状态。根据物质不灭定律，社会中的物质只可能转化形式，而不可能消灭。因此，物流也只可能变换形态，而不可能消灭。因此也可以说，物流是普遍的、绝对的。

（一）商流的含义

分销物流活动既然是流通活动的组成部分，除物流以外，还有商流和信息流。我们当然也要同时关注一下商流和信息流的概念和作用。只有把它们结合起来看，才能够更好地了解物流、商流和信息流各自的含义、特点、功能和相互关系，从而才能够对物流的概念和功能有更深刻的理解。

所谓商流，是物资在从供应者向需求者转移时物资社会实体的流动，主要表现为物资与其等价物的交换运动和物资所有权的转移运动。具体的商流活动包括买卖交易活动及商情信息活动。商流活动可以创造物资的所有权效用，其要点如下：

（1）"物资社会实体"，强调物资价值实体的流动。

（2）"从供应者向需求者"强调的是分销领域，也即流通领域。

（3）"从供应者向需求者转移时物资社会实体的流动"，强调物资实体流动，即物流的伴随关系。

（4）"流动"而不是"流通"。

（5）商流主要表现为等价交换和所有权的转移，"具体的商流活动包括买卖交易活动和商情信息活动"。

（6）商流的功能包括"可以创造物资的所有权效用"。

（二）信息流的含义

信息流也是流通的组成部分，它和商流、物流共同构成了流通的"三流"。

流通领域的信息流又称流通信息流。流通信息，是指伴随流通活动而产生并且为流通活动服务的信息，包括由文字、语言、图表、信号等表示的各种文件、票据和情报资料等。流通信息流，是指流通信息的产生、加工、储存和传递等。流通信息流主要由两类构成：一类是商流信息流，一类是物流信息流。

商流信息流是在商流活动中产生的并为商流活动服务的商流信息的产生、制作、加工、储存和传递。例如，商品的销售价格、市场行情、购销洽谈、订货合同、供需情况、销售货款、交易支付、促销活动等都是商流信息。这些信息的产生、制作、加工、储存和传递等，就是商流信息流。

物流信息流是在物流活动中产生的，并为物流活动服务的物流信息的产生、制作、加工、储存和传递。例如，运输方式、运输市场行情、运输价格、交通地理、交通基础设施、仓储设施、库存信息、仓储价格、搬运费用、装卸能力、货主和客户信息等都是物流信息。这些信息的产生、加工、储存和传递等，就是物流信息流。就像一切经济信息一样，流通信息对于流通具有非常重要的作用，这些作用主要表现如下：

（1）反映作用：所有的流通活动，既包括商流活动，也包括物流活动，都是通过信息来描述的。活动的时间、空间、方式、流量、流速、效果等，都是由信息来描述和反映的。人们通过信息来了解具体的商流活动和物流活动，信息描述是否准确、真实，决定了人们对于活动的认识和掌握程度，从而也影响人们对于活动的决策结果。

（2）服务作用：所有流通活动的进行都需要了解市场行情、环境条件、资源分布、工作程序、约束条件等。这些信息为流通活动的进行，起到了服务的作用。没有这些信息的支持，流通活动就不能够顺利有效地进行。

（3）指导作用：流通活动的进行，需要有科学管理方法、技术、标准、指标以及有关方针政策、规章制度作指导，流通活动才能够按照正确、科学的轨道运行。这些信息对于流通活动起着很重要的指导作用。

（4）控制作用：有些信息能够对流通活动起控制作用。这些大多是一些控制信息。例如库存控制中库存警戒点、经济订货批量，商流活动中的订货合同、各种法律法令、规章制度、领导的指令等，都是一些控制信息，它们都对活动的运行起着控制作用。

在激烈竞争的市场环境中，信息的迅速准确的反映和传递，能够导致及时果断的决策，从而能够灵敏地掌握市场变化、抓住机遇、避免风险、保障流通活动高效率的顺利进行，在竞争中取得胜利。

（三）物流和商流的关系

在分别讨论了物流和商流的概念之后，我们再把它们放到流通领域中来看看它们之间的联系和区别，从而认识它们在流通中的地位和作用。

物流和商流之间的联系主要表现在：

（1）它们都属于流通领域，是商品流通的两种不同形式，在功能上互相补充。通常是先发生商流后发生物流，在商流完成以后再进行物流。

（2）它们都是从供应者到需求者的流动，具有相同的出发点和归宿。

物流和商流之间的区别主要表现在：

（1）流动的实体不同：物流是物资的物质实体的流动，商流是物资的社会实体的流动。

（2）功能不同：物流创造物资的空间效用、时间效用、形质效用，而商流创造物资的所有权效用。

（3）物流和商流又是相互独立的，发生的先后和路径都可能互不相同。在特殊情况下，没有物流的商流和没有商流的物流都是可能存在的。

总之，物流和商流既互相区别又互相联系，既分工又合作，既独立又统一，二者和谐地共处于流通过程之中，互补地共同完成流通的功能。

（四）现代物流发展趋势

到了20世纪80年代，相对于60年代的分销物流学而言，物流学大致发生了以下几个方面的变化：

（1）物流所涉及领域逐渐扩大。除了分销物流领域以外，还扩大到了物资购进物流领域、企业内部的生产领域、军事后勤领域，以及政府、事业单位、学校内部物流领域等。

物资购进物流领域，本来有它自己的特点，例如供应商管理、采购的方式、进货的方式、进货路径等。原来在分销物流学时代，没有引起重视。但是到了20世纪80年代，出现了供应链理论，而且形成了一套适合于供应链却与分销物流理论有很大差别的、系统完整的物流理论，把物流学推到了一个更高的水平。

企业内部生产领域，在分销物流学时代，显然没有把企业生产领域看成是一种物流，因此闭口不谈，甚至在物流概念中说到"流通加工"是物流时，也避免涉及生产加工。其实，人们都知道，流通加工是企业的生产加工在流通领域的延伸，同样是改变物资形状、性质的工作。例如钢板裁剪是改变形状，煤土混合压制蜂窝煤等是改变性质，这与生产企业的生产加工没有一点区别。那么，流通加工可以算做物流活动，为什么生产加工就不能够算做物流活动呢。其实企业内部物流，特别是生产物流，内容是极其丰富的。从原材料的购进、储存，到各个车间各个工序之间工件的流动、搬运、储存，到最后装配流水线装配成整机，再存放到成品库，就是一个完整的、复杂的生产物流系统。生产过程也是一个物流过程，生产系统也是一个物流系统。特别是到了20世纪80年代，MRP、JIT技术的采用，更是把企业生产物流学推到了一个比分销物流学更高的水平。

军事后勤物流领域，是最早萌发物流概念的领域。即使在分销物流学时代，虽然没有被重视，没有成为主流学说，但是它们仍然一直在发展。有的是尽量借用分销物流学的一些现成的概念、理论，有的也仍然独立地探索理论方法。这些往往也是原来的分销物流学所包容不了的。

其他如政府机关、医院、学校等事业单位内部和外部都存在有物流问题，同样要用到物流学的理论方法，而这些也是原来的分销物流学所不能完全包容的。因此，也需要进行研讨。

（2）企业物流的集成化。20世纪80年代以来，企业物流的集成化已成为一种趋势。一个企业为了节约成本、提高效率往往把多种物流系统集成起来，统一管理。例如，一般的都把企业购进物流、企业内部的生产物流以及企业的分销物流集成起来。在生产物流中，把生产计划、物料管理搬运系统、储存系统生产运作系统等集成起来。而在生产计划系统中，又把MRP计划系统和JIT计划系统集成，等等。

（3）第三方物流。20世纪80年代以来，出现了物流业务外包和第三方物流，使物流业务集中转向少数专业化的企业，使物流活动集约化、专业化、规模化、高技术化。

（4）供应链。20世纪80年代以来出现了供应链管理理论，使供应链系统中的物流管理出现了许多新的理论、技术和方法，为物流学增添了新的内容。

（5）电子商务物流。20世纪90年代以来，随着信息技术的发展，出现了电子商务，电子商务环境为物流开辟了一个新的更广阔的领域。

（五）物流活动

总的来说，物流可以分成物流作业活动与物流管理活动两大类。物流作业活动又可以分为运输（包括配送）、储存（包括保管）、加工（包括生产加工和流通加工）、包装、装卸（包括搬运）、信息活动共六种，它们分别属于动态和静态两种类型，并且按不同目的实行不同的集成，分别组成不同的集成化的物流活动。物流管理活动包括计划、组织、指挥、协调、控制活动，如图1—4所示。

运输（包括配送）主要是指物资的较大范围的运动形态，主要实现物资空间位置的移动，创造物资的空间效用。运输包括空间运输、铁路运输、水陆运输、航空运输、管道运输等多种运输方式。配送也是一种运输方式，只是它一般在局部范围内，采用以汽车为主的小型运输工具实行多用户的联合送货。

储存（包括保管）主要指物资的静止等待形态，主要实现物资的时间位置的移动，创造物资的时间效用。静止不是目的，而是为了等待未来的使用。因此它都表现为一种生产的准备、销售的准备或者其他用途的准备状态，例如生产过程中的原材料、在制品的储存，流通过程中商品的储存等。储存物资需要有仓库，储存过程中需要有保管，这些都是静止等待状态的物流作业活动。

物流活动
- 物流作业活动
  - 运输（包括配送）
  - 储存（包括保管）
  - 包装
  - 装卸（包括搬运）
  - 加工（包括生产加工和流通加工）、信息处理
- 物流管理活动
  - 计划
  - 组织
  - 指挥
  - 协调
  - 控制

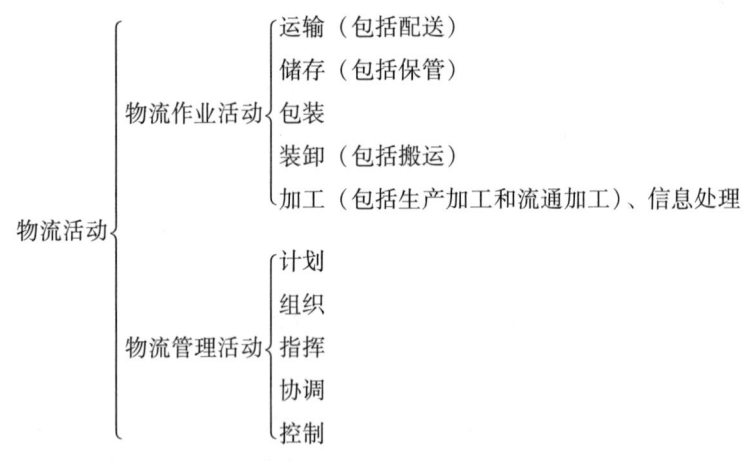

图1—4　物流活动功能构成图

包装、装卸、搬运、加工、信息处理都是静止状态下的物流作业活动。它们的目的都是为了衔接静止和运动两种状态下的物流，是为它们服务的物流活动。运输、储存和加工是物流活动的三大支柱，其他的物流活动都是为它们服务的。包装、装卸、搬运和信息处理是为运输、储存和加工服务的。加工和运输、储存并列起来作为一个支柱，是因为它能独立地创造物流的三大效用之一（形质效用）。包装、装卸、搬运也为生产服务，也是为运输、储存服务。加工分为生产加工和流通加工，加工的目的都是为了创造用户所需要的商品形状、性质，以及提供用户所需要的产品服务的，当然也是为这些产品的运输和储存服务的。

物流管理活动，是对物流作业的管理活动。它也和一般的管理活动一样，具有计划、组织、指挥、协调和控制五大职能，或者说五类活动。这五类活动中，最重要的是计划。计划，就是规划、

策划。它主要在调查研究的基础上，根据科学的原理、原则，经过预测，制定目标、选择方案、制定政策，从而规划和策划整个作业活动的全过程。计划确定以后，再进行组织实施。在实施过程中进行组织、指挥、协调和控制，最后达到实现预定计划的目的。

三、现代物流的系统构成

（一）物流的主要功能

一般地，物流活动有以下三大功能：

（1）克服供需之间物资的空间距离，通过运输、配送等方式，将供应者手中的物资转移到需求者手中，创造物资的空间效用。

（2）克服供需之间物资的时间距离，通过储存、保管等方式，将供应者手中的物资转移到需求者手中，创造物资的时间效用。

（3）克服供需之间物资形状性质的距离，通过加工（包括生产加工和流通加工）的方式，将供应者手中所具有的形状性质的物资改造成具有需求者所需要的形状性质的物资，创造物资的形质效用。

（二）物流系统功能模式

物流系统与一般系统一样，具有输入、输出、处理（转化）、限制（制约）和反馈等功能（图1—5）。

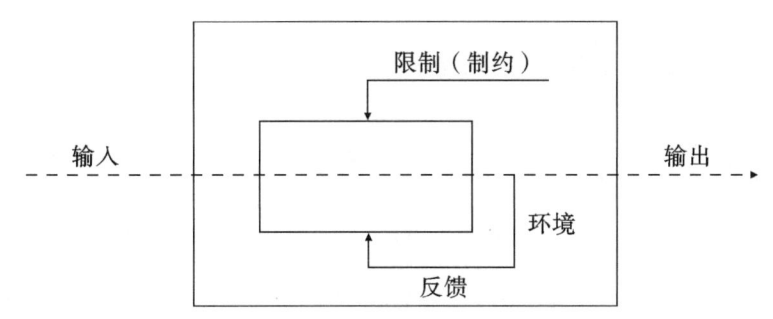

图1—5　一般物流系统功能模式

其具体内容如下：

1. 输入

输入的内容包括有形的和无形的，如各种原材料或产品、商品；生产或销售计划；需求或订货计划；资源、资金、劳力、合同、信息等。即通过提供资源、能源、机具、劳动力和劳动手段等，对某一系统发生的作用，称这一作用为外部环境对物流系统的"输入"。

2. 输出

输出包括各种物品的场所转移；各种报表的传递；各种合同的履行；各种良好优秀服务等。物流系统以其本身所具有的各种手段和功能，在外部环境一定的制约作用下，对环境的输入进行必要的处理（转化），使之成为有用（有价值）的产成品，或位置的转移及提供其他服务等，称为物流系统的"输出"。

3. 处理（或转化）

处理，是指各种生产设备、设施（车间、机器、车辆、库房、货场等）的建设；各物流企业的物流业务活动（运输、储存、包装、装卸搬运等）；各种物流信息的数据处理；各项物流管理工作等。

物流系统本身的转化过程，即从"输入"到"输出"之间所进行的生产、供应、销售和服务等物流业务活动，称为物流系统的处理（或转化）。

4. 限制（或制约）

由于外部环境也因资源条件（包括资金力量、生产能力、仓库容量）、能源限制、需求变化、运输能力（包括政策性波动等）、价格影响、市场调节、技术进步，以及其他各种变化因素的影响，而对物流系统施加一定的约束，称为外部环境对物流系统的限制（或干扰）。

5. 反馈

反馈，主要指信息反馈，如各种物流活动分析、各种统计报表数据、典型调查、工作总结、市场行情信息、国际物流动态等。

物流系统在把"输入"转化为"输出"的过程中，由于受系统内外环境的限制（干扰），不会完全按原来的计划实现，往往使系统的输出未达到预期的目标（当然，也有按计划完成生产或销售物流业务的）。所以，需要把"输出"结果返回给"输入"，称为"信息反馈"。

（三）现代物流系统的构成与功能

从系统角度看，物流是一个大系统，也是一个过程，这个过程是物质资料流动的过程，是信息传递的过程，是满足客户需求的过程，是若干功能协调运作的过程。因此，从物流生产过程和生产活动环节分析，物流系统由以下各部分组成（图1—6）：

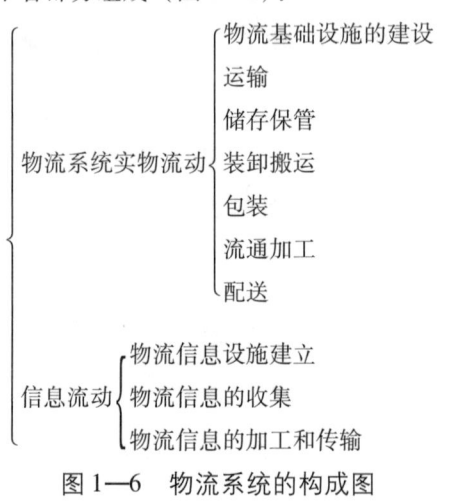

$$\begin{cases} \text{物流系统实物流动} \begin{cases} \text{物流基础设施的建设} \\ \text{运输} \\ \text{储存保管} \\ \text{装卸搬运} \\ \text{包装} \\ \text{流通加工} \\ \text{配送} \end{cases} \\ \text{信息流动} \begin{cases} \text{物流信息设施建立} \\ \text{物流信息的收集} \\ \text{物流信息的加工和传输} \end{cases} \end{cases}$$

图1—6 物流系统的构成图

1. 运输子系统

运输是物流业务的中心活动。运输过程不改变产品的实物形态，也不增加其数量，物流部门通过运输解决物资在生产地点和消费地点之间的空间距离问题，创造商品的空间效用，实现其使用价值，满足社会需要，所以是个极为重要的环节。运输系统设计时，应根据其担负的业务范围、货运量的大小及与其他各子系统的协调关系，考虑以下几方面的问题：①运输方式的选择；②运输路径的确定；③运输工具的配备；④运输计划的制定；⑤运输环节的减少；⑥运输时间的缩短；⑦运输质量的提高；⑧运输费用的节约；⑨作业流程的连续性；⑩服务水平的良好。

2. 储存子系统

储存保管是物流活动的一项重要业务，通过存储保管货物解决生产与消费在时间、数量上的不同步性，以创造物品的时间效用。仓库是物流中心的组成部分，是物流活动的一个基地。对储存系统进行设计时，应根据仓库所处的地理位置、周围环境及物流量的多少、进出库频度，考虑以下几方面的问题：①仓库建设与布局合理；②最大限度地利用仓库容积；③货物堆码、存放的科学性；④有利于在库物品的保养防护；⑤加强入库验收、出库复核；⑥加快出、入库时间；⑦降低保管费用；⑧加强库存管理，合理存储，防止缺货与积压；⑨进出库方便；⑩仓库安全。

3. 装卸搬运子系统

装卸搬运是各项物流过程中不可缺少的一项业务活动。特别在运输和保管工作中，几乎都离不开装卸搬运（有时是同步进行的）。装卸本身虽不产生价值，但在流通过程中，货物装卸好坏对保护货物使用价值和节省物流费用有很大影响。装卸搬运系统的设计，应根据其作业场所、使用机具及物流量的多少，考虑以下几方面的问题：①装卸搬运机械的选择；②装卸搬运机械化程度的确定；③装卸搬运辅助器具的准备；④装卸搬运的省力化；⑤制定装卸搬运作业程序；⑥配合其他子系统协同作业；⑦节约费用；⑧操作安全。

4. 包装子系统

在整个物流过程中，包装也是一个很重要的环节。包装分工业包装和商业包装，以及在运输、配送当中，为了保护商品所进行的拆包再装和包装加固等业务活动。对包装系统进行设计时，应根据不同的商品，采用不同的包装机械、包装技术和方法，并考虑以下几方面的问题：①包装机械的选择；②包装技术的研究；③包装方法的改进；④包装标准化、系列化；⑤节约包装资材；⑥降低包装费用；⑦提高包装质量；⑧方便顾客使用。

5. 配送子系统

配送是物流活动中接触千家万户的重要作业。它和运输的区别在于，运输一般是指远距离、大批量、品类比较复杂，从批发企业或物流中心、配送中心到零售商店和用户的配送服务。配送属于二次运输、终端运输。设计配送系统时，应根据其配送区域、服务对象和物流量的大小，考虑以下几方面的问题：①配送中心地址的选择；②配送中心作业区的合理布置，包括：收货验收区、货物保管区、加工包装区、分货拣选区、备货配送区；③配送车辆的配置；④装卸搬运机械的选用；⑤配送路线的规划；⑥配送作业的合理化；⑦制定配送作业流程；⑧配送及时性；⑨收费便宜；⑩高服务水平。

6. 流通加工子系统

流通加工，主要是指在流通领域中，销售或运输，以及提高物流效率而进行的加工。通过流通加工使物品更加适应消费者的需求，如大包装化为小包装，大件物品改为小件物品等。当然，在生产过程中也有一些外延加工，如钢材、木材等的剪断、切割等。流通加工系统的设计，应根据加工物品、销售对象和运输作业的要求，考虑以下几方面的问题：①加工场所的选定；②加工机械的配置；③加工技术、方法的研究；④制定加工作业流程；⑤加工物料的节约；⑥降低加工费用；⑦提高加工质量；⑧加工产品适销情况的反馈。

7. 物流信息子系统

物流信息系统既是一个独立的子系统，又是为物流总系统服务的一个辅助系统。它的功能贯穿于物流各子系统业务活动之中，物流信息系统支持着物流各项业务活动。通过信息传递，把运输、储存、包装、装卸搬运、配送、流通加工等业务活动联系起来，协调一致，以提高物流整体作业效率，取得最佳的经济效益。当然，物流信息系统又有一些分支系统，如运输信息系统、储存信息系统、销售信息系统等，都分别配合该系统的业务进行活动，发挥其应有的作用。

在设计物流信息系统时，应考虑以下三方面的问题：系统的内容、系统的作用和系统的特点。为了组织好物流，必须采用一系列基础设施、技术装备、操作工艺和管理技术，并不断加以改造更新。也就是物流大系统的环境影响物流信息系统的内容、作用与特点。

第四节　国内外现代物流管理发展动态

一、我国物流发展现状

我国从20世纪70年代末从国外引入"物流"概念，80年代开展物流启蒙和宣传普及，90年代物流起步，21世纪初物流"热"开始升温。根据我国物流现状和目前蓬勃发展的趋势来看，可以说，我国的物流已经从起步阶段转向发展阶段。

（一）现代物流发展的政策环境日趋完善

（1）国家领导人非常重视我国现代物流的发展。如2002年2月25日，江泽民、朱镕基等同志在"国际形势与WTO"专题研究班上的讲话指出，要大力支持和推动集中配送等现代流通方式；同年，吴仪同志在国家经贸委举办的"跨国零售企业采购会"上作了重要讲话；2003年7月15日，吴仪同志在"2003年跨国公司对华投资座谈会上的讲话"着重指出："随着经济全球化和科学技术的发展，物流环境已经成为制约全球特别是高新技术企业国际竞争力的重要因素，尤其是跨国公司，更加注重便捷的现代物流环境。"

（2）国务院有关部门结合各自职能，制定相关政策措施，推动现代物流业的发展。2001年，原国家经贸委会同铁道部、交通部、信息产业部、原外经贸部、民航总局联合发布了《关于加快中国现代物流发展的若干意见》；2002年，原国家经贸委等六部门联合颁布了《关于加快发展我国集装箱运输的若干意见》；2002年，原国家经贸委发布了《关于开展试点外商投资物流企业工作有关问题的通知》；商务部在加强连锁企业内部配送中心建设、促进国际货运代理发展和物流市场有序开放等方面采取了一些措施。

继2004年9月国家发改委联合九部委推出的《关于促进我国现代物流业发展的意见》之后，又一部中国现代物流发展的重要文件——由国家发展和改革委员会编制的、我国第一部国家级的现代物流发展规划《我国现代物流发展规划》，在经过近3年的不断补充、修订、完善和近20稿的反复推敲后，于2005年正式出台。在这份规划中，对我国现代物流发展的指导方针、发展目标、主要发展任务和现代物流发展的重点区域和城市，进行了较为详尽的规划，对于我国现代物流发展的前景具有十分重要的指导和推进意义。

（3）2004年12月11日以后，我国在WTO协议中承诺的涉及物流的大部分领域已经全面放开，中国物流市场更加接近全面开放。这一方面有效支持了我国国内与国际流通领域的进一步活跃和繁荣，促使物流需求更加旺盛，但同时也面临国外企业进入国内物流服务市场所引发的严峻局面。外资企业为这一时机的来临已经苦心经营多年，并已取得了一定的市场基础和运作网络，国外物流企业的进入，将加剧已经趋近白热化的物流服务市场竞争。与此同时，借助CEPA实施和泛珠江三角洲"9+2"协作发展的契机，香港地区的物流企业也将积极赴内地发展，更加全面地进入内地物流服务市场。到目前为止，世界知名的跨国物流企业如马士基、APL、TNT、FEDEX、UPS、DHL等，都已经进入中国市场并获得较快发展。从2005年开始，国外物流企业将发挥自身的资金、技术和人员优势，通过投资的扩大与机构的提升逐步向独资经营迈进，并开始根据需要并购国内物流企业，以加快构筑其在中国的运作网络。

（4）中国标准化协会物流技术标准化工作组的成立，为各部门、各行业和企业提供了一个协调、讨论、研究和协同制定技术标准的平台，标志着我国物流技术标准化工作进入了一个新的发展阶段，将对我国物流业技术发展产生积极的推动和促进作用。

（二）主要经济指标快速增长

1. 物流需求快速增长

国内外物流发展的经验表明，物流发展与一个国家的经济总量成正比，与一个国家的经济发展水平成正比。20世纪90年代以来，我国经济持续快速发展，GDP年均增长率约为10%；2003年GDP年均增长率为8%，经济总量首次超过10万亿人民币，从而构成了强大的物流需求。统计数据表明，自1992年到2004年，反映物流需求规模的全社会物流总额从3.9万亿元上升到38.4万亿元，增长了约8.8倍（见图1—7）。

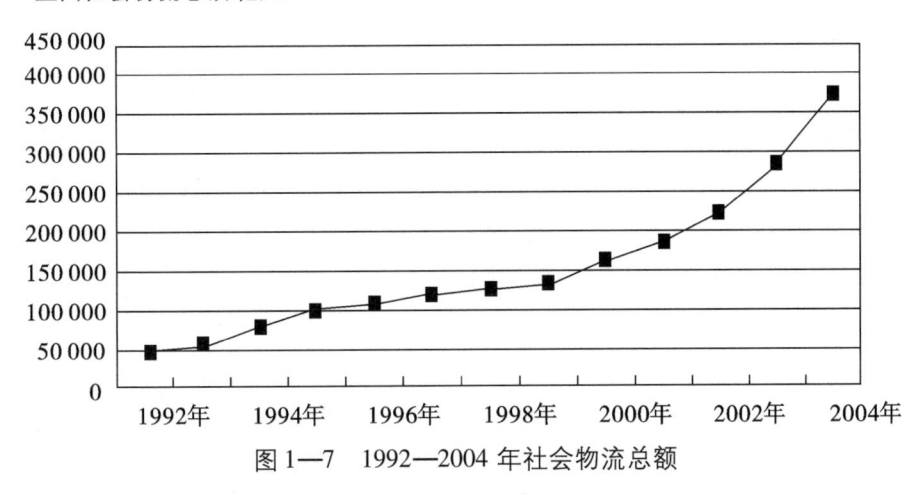

图1—7 1992—2004年社会物流总额

2. 物流需求弹性逐年增高，经济增长越来越依赖于物流的发展

从经济发展与物流需求的关系上看，1991—2002年每亿元GDP带动的物流需求平均为1.73亿元。"八五"期间平均为1.57亿元，"九五"期间上升到1.71亿元，2001年、2002年进一步上升到2.03亿元、2.27亿元（见图1—8）。物流需求弹性系数1991—2002年的平均值为1.4。"八五"期间平均为1.26，"九五"期间平均为1.35。当前约在2左右。这说明我国国民经济每增长1个百分点，将拉动物流货物总额增长2个百分点。这些数据均呈上升趋势，反映出我国的物流需求伴随经济增长是同步发展的，也说明经济发展对物流的依赖程度越来越高。

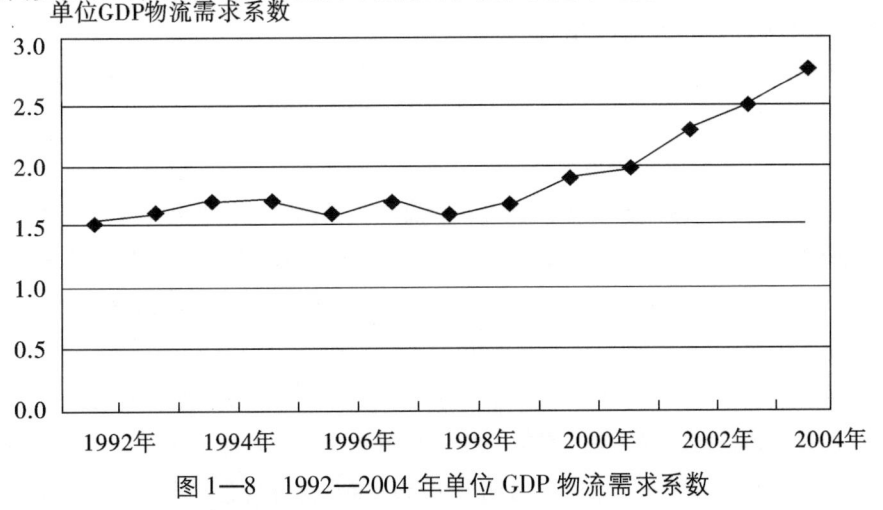

图1—8 1992—2004年单位GDP物流需求系数

3. 物流成本占 GDP 比重逐渐下降，但总体水平依然偏高

从与 GDP 的相关性来看，全社会物流成本与 GDP 呈高度正相关性，相关系数几乎等于 1，二者之间可以建立线性回归模型，用 Y 代表 GDP，用 X 代表全社会物流成本，则有 $Y = 4.945X - 856.4$。该方程的经济意义表明，经济发展水平越高，物流支出也越多，对物流的需求越大。方程中的负截距具有特定的经济含义，表明如果物流支出达不到一定的水平（$X > 173.19$），则不可能有 GDP 产出，由此可见物流在国民经济中的重要地位和作用。

从 1991 年至 2002 年，物流成本占 GDP 的比例缓慢下降，从 24% 下降到 21.5%，2003 年在 21.4% 左右。特别是占社会物流总值的比例下降趋势明显，目前已经由 1991 年的 17.1% 下降到 2002 年的 9.5%，平均每年下降约 0.7 个百分点。其中，运输成本占全社会物流总值的比例下降尤为明显，从 9.5% 下降到 4.6%；其次是保管成本，所占比例从 5.3% 下降到 3.1%。这反映出我国物流业的效率正在逐步提高，但物流成本总体水平仍然偏高，与美国、日本、欧盟国家相比要高出 8~10 个百分点。

（三）物流基础设施建设继续推进

经过多年发展，目前我国已经在交通运输、仓储设施、信息通讯、货物包装与搬运等基础设施建设方面取得了长足的发展，为物流业的发展奠定了必要的物质基础。据统计，1991 年到 2002 年，铁路营运里程从 5.78 万千米上升到 7.19 万千米，增长了 24.4%，年均增长 2%；公路营运里程从 104.1 万千米上升到 176.5 万千米，增长了 69.5%，年均增长约 5.79%；内河航道营运里程从 10.97 万千米上升到 12.16 万千米，增长了 10.8%，年均增长约 1%；民用航空线营运里程从 55.91 万千米上升到 163.77 万千米，增长了近 2 倍，年均增长 16%；输油管道营运里程从 1.62 万千米上升到 2.98 万千米，增长了近 84%，年均增长 7%。在此期间，民用货运汽车拥有量从 398.62 万辆上升到 812.22 万辆，增长了 1 倍多，年均增长 8.6%；铁路货车拥有量从 370054 辆上升到 459017 辆，增长了 24%，年均增长 2%。

2003 年，我国铁路营运里程达 7.3 万千米，比 1978 年增加 41%；公路营运里程达 179.6 万千米，比 1978 年增加 102%，其中高速公路 3 万千米；内河航道营运里程 12.2 万千米。我国还建成了一批铁路、公路站场和货运枢纽，海运和内河港口以及机场。2003 年，沿海港口万吨级及以上深水泊位近 600 个。运输线路和作业设施有了较大的改善。以发展现代物流为核心的物流园区、物流中心、配送中心等大批涌现。

（四）区域物流合作趋势逐渐增强

珠三角、长三角和环渤海地区，是我国最主要的经济发达地区，也是现代物流最为强劲的"增长极"。

1. CEPA 触发珠三角物流新的整合

内地与香港地区和澳门地区相继签署的《关于建立更紧密经贸关系的安排》（简称 CEPA），意味着内地对港澳地区提前实施承诺，也是"大珠三角"物流区域更紧密合作的新机遇。香港作为世界性的物流枢纽，一直是广东省最大的贸易伙伴，香港处理的集装箱有 70% 来自广东省或华南地区，同时，广东省很大一部分贸易业务来自香港。

从目前中国物流市场的构成来看，相当一部分制造业和商业仍在采用自营物流模式来满足自身的经营需要，很大一部分物流需求有待释放，相关物流企业的进入则有助于使这种转变成为现实。香港地区物流企业的服务水平首先会促进内地一部分思维观念较为先进的工商企业释放自营物流，

随着先进企业示范效应的不断扩大，逐渐会有更多的内地工商企业将自营物流外包出去，但香港作为特别行政区，市场供给的扩展能力毕竟有限。因此，从长远来看，CEPA 的开放承诺将为内地物流企业带来更多机遇。

2. "长三角物流圈"被提到议事日程

长三角的崛起，始于轰轰烈烈的浦东开发和开放。良好的工业基础、独特的区位优势和国际都市地位，使上海在长三角区域处于龙头地位。以上海为龙头，由江苏、浙江两省 14 个城市组成的长三角经济圈，以共赢为目标，努力突破行政区划限制，通过区内资源的整合与调配，初步形成了不同城市的定位和分工，区域核心竞争力明显增强。

目前，全球最大的 20 多家班轮企业已进驻上海口岸，境外航运商在上海设立子公司或办事处已达 100 多家、货运代理 2500 多家，跨国企业设立的采购机构达 200 多家。如何促进长三角物流一体化发展，被提到议事日程上。2003 年 8 月，江苏、浙江、上海三地物流主管部门齐聚杭州，召开会议，共同探讨"长三角物流圈"有关事宜。会议决定，建立长三角物流合作联系制度，实现长三角物流区域的突破、行政区域禁锢的突破，打破各种界限与壁垒，实现"无障碍物流"、"无缝隙服务"，促进长三角物流走向全国前列。

3. 环渤海地区物流逐步向"东北亚经济圈"融合

环渤海地区紧邻日韩"东北亚经济圈"，背靠东北和华北广大腹地，有着无可替代的物流优势，这里成为日资和韩资企业登陆中国的首选地。目前，韩国三星电子集团在天津投资设立的企业有 17 家之多。其他知名的日韩企业，如丰田、富士、爱普生、大宇重工等纷纷在环渤海地区落户。在烟台，韩国开办的独资、合资企业达 2500 家。这些企业成为当地物流企业重点开发的客户资源，许多物流项目已实施成功。在天津空港开设国际航班的航空公司有国航、大韩航空、全日空和日航四家。以快递和空运代理起家的大通国际运输有限公司在前三家中的货运量均居第一位。在大通天津企业物流客户中，以韩国三星电子集团为代表的电子类企业占据主流。积极融入东北亚经济圈，在东北亚物流中发挥更大作用，是环渤海物流发展的明显趋势。

二、发达国家物流发展现状

发达国家物流产业发展迅速，已形成了适合本国国情的现代化物流体系，其中美国、日本和欧洲尤为突出。下面分别介绍美国、日本和欧洲物流的发展现状。

（一）美国物流的发展阶段及背景

美国是物流最发达、最先进的国家。从美国物流研究与实践的发展历史来看，大致可分为以下 4 个阶段。

1. 物流观念的萌芽和产生阶段（20 世纪初至 40 年代）

1901 年，J. F. Growell 在美国政府的《工业委员会关于农场产品配送的报告》中首次讨论了影响农产品配送的成本等因素。1916 年，A. W. Shaw 在他的《商业问题的对策》中讨论了物流在流通战略中的作用。同年，L. D. H. Weld 在《农场产品的市场营销》中论述了市场营销时间效用、场所效用、所有权效用的概念和营销渠道的概念，从而肯定了物流在创造产品的市场价值中的时间价值及空间性价值中的重要作用。1922 年，F. H. Clark 在《市场营销原理》中将市场营销定义为影响商品所有权转移的活动和包括物流的活动。1927 年，R. Borsodi 在《配送时代》中首次对目前仍沿用的 logistics 下了定义。说明人们在这一时期对物流的意义有了初步的认识，并随着以农业为主体的经济在向工业化经济发展过程中不断深化,明确了物流在商品流通及市场营销中的地位和作用,但因当时社会生产力发展条件所限,物流仍然被视为市场营销的附属功能。随着第二次世界大战的爆发,美国军事后勤活动为怎样将物资配送集成于一体提供了经验,推动了战后对物流活动的研究以及实业界对物流的重视,使物流得到了长足的发展。1946 年,美国正式成立了全美交通与物流协会(American Society of Traffic and Logistics),这是美国第一个对运输和物流业进行考查和认证的组织。这一时期是美国物流的萌芽和初级发展阶段。

2. 物流管理的实践与推广阶段(20 世纪 50 年代至 70 年代末)

进入 20 世纪 50 年代后,人们对物流的重视程度有了很大提高,物流特别是物流配送得到了快速发展,其背景是现代市场营销观念的形成,彻底改变了企业的经营管理行为,使企业意识到让顾客满意是实现企业利润的唯一手段,为顾客提供服务成为经营管理的核心要素,而物流起到了为顾客提供服务的重要作用。1954 年,在美国波士顿商业委员会所召开的第 26 届流通会议上,P. D. Converse 做了题为"市场营销的另一半"的演讲,其意义在于通过一个商业和教育的领导机构来指出商业界和教育界都需要重视和研究市场营销中物流的重要作用,从而为物流管理学的形成及对物流的研究起到了积极的推动作用。1956 年,H. T. Lewis、J. W. Culliton、J. D. Steel 等人出版了《物流中航空货运的作用》一书,首次介绍了物流总费用分析的概念,指出物流总费用由多个环节的费用组成,它们是相互影响的。如空运虽然成本高,但由于它直接向顾客所在地送货,因而节省了货物存储费用及仓库费用,所以应从物流总成本的基础上评价各种运输方式的优缺点。由于物流管理的最终目的之一是从节省成本出发来提高企业利润,因而,总费用分析的概念对物流管理有着重要的指导意义。20 世纪 60 年代,美国物流得到一定规模的发展。1961 年,E. Smykny、D. Bowersox 和 F. Mossman 合著了《物流管理》一书。这本书从整个系统或企业范围的角度,对物流进行了分析和论述,并讨论了总成本分析的概念。20 世纪 60 年代早期,密歇根州立大学及俄亥俄州立大学为本科生及研究生设置了物流课程,开始了正式针对物流从业者及教育人员的教学计划。1963 年,物流管理委员会(National Council of Physical Distribution,1985 年更名为 Council of Logistics Management)成立。物流管理委员会集中了物流实业界及教育界的专家,通过对话和讨论,推动了对物流过程的研究和理解,促进了物流管理理论的发展,加强了物流界与其他组织的联系与合作。这一时期的最重要研究成果之一是物流总成本分析概念的形成。20 世纪 60 年代后期至 80 年代,关于物流管理的研究和讨论相当活跃,出版了大量物流管理的教材、论文、杂志,召开了大量相关的会议。最早把会计学与物流学联系起来的是 M. S. Chiff,他在 1972 年出版的专著《物流管理中的会计管理和控制》中说明了会计与财务信息对物流活动的极其重要的影响。1976 年,B. J. Lalonde 和 P. H. Zinszer 发表了他们的最新研究成果《客户服务的意义及评估》,首次详细论述了顾客服务的方方面面。1978 年,A. T. Kearney 公司在美国物流管理委员会的资助下,对物流生产率开展研究,发表了《物流生产率的评估》,其研究成果对物流领域产生了久远的影响。上述研究在物流管理研究方面起到了很好的先导作用。

3. 物流管理逐步走向现代化(20 世纪 70 年代末至 80 年代中期)

美国物流业的发展与政府在物流业的相关法规建设方面的不断完善是分不开的,其法规包括经济法规和安全法规两方面内容。到 20 世纪 70 年代末,由于原有的经济法规对非定期的运输业的发展起到了不良的影响,因此政府对一系列运输的经济法规进行了修订,以鼓励承运人在市场上开展自由竞争。

如 1977—1978 年的航空规制缓和条款（Passage of the Airline Deregulation），1980 年提出的有关铁路和汽车运输的条款（Sataggets Rail Act of 1980，Motor Carrier Act of 1980），1984 年的航运条款（Shipping Act of 1984）分别去除或修改了原有的经济法规中在航空、铁路、公路及远洋运输方面不利于市场竞争的因素，在市场准入、运价、运输路线等方面给运输企业以更大的自主权，而对于货主来讲，由于更多的选择机会，使其从承运方面得到的物流效率及服务水平都得到提高，这些都大大促进了运输业的发展。20 世纪 70 年代到 80 年代中期，计算机技术特别是微电脑技术及应用软件的发展为企业提供了有效的辅助管理手段，计算机的普及应用，使 MRP、MRP Ⅱ、DRP、DRP Ⅱ，kanban（看板制）和 Just in Time 等先进的物流管理技术产生并得到不断地完善，在生产调度、存量控制、订单处理等一系列活动中得到应用，从中推动了物流活动一体化的进程。1984 年，G. Sharman 在《哈佛商业评论》上发表了《物流的再认识》（The Rediscovery of Logistics）一文，文章指出，对企业高层管理人员来说，认识到物流在企业中的重要性是很有必要的，应重视物流在企业规划和战略决策中的重要作用。1985 年，W. D. Harries 和 J. R. Stock 在密歇根州立大学的一个市场营销历史研讨会上发表了《市场营销与物流的重组：历史与未来的展望》（The Reintegration of Marketing and Physical Distribution：A Historical and Future Perspective），由过去的工作证明了市场营销与物流活动的重组正在发生，强调了物流在营销中的重要作用以及物流在保证顾客服务水平方面的战略作用，提出了营销与物流一体化的必要性。该文的发表推动了物流供应链过程一体化的研究与实践。这段时期，随着计算机技术、系统分析方法、定量分析技术的发展，以及物流总费用分析概念的逐步形成和在企业中的应用，物流的作用在社会及企业中进一步得到确认。同时，从许多企业的管理实践中发现，在企业的制造、市场及物流三个重要方面，能为企业提高利润的最有效手段是降低物流成本。因此，物流一体化管理是企业保持持续发展的最有效途径。

4. 物流国际化、信息化及迅速发展的阶段（20 世纪 80 年代中期至今）

20 世纪 80 年代以来，随着科技进步和经济发展步伐加快，以及全球经济一体化的深入发展，国际贸易量大大增加。20 世纪 90 年代早期，美国在进出口贸易方面在世界上占据领先地位。另外，为降低成本，不少企业纷纷把加工厂转移到劳动力相对便宜的国家和地区。为了促进产品的销售，诸多企业也热衷于建设自身的全球网络，如可口可乐、百事可乐等都通过遍及全球的物流网络拓展服务范围。沃尔玛（Wal—Mart）和其他的主要零售商建立了其自己的自由贸易区。国际物流量的增加，使物流业在美国占有越来越重要的地位。20 世纪 90 年代以来，第三方物流（TPL）在美国得到迅速发展，整个美国 TPL 的收入从 1994 年的约 160 亿美元增长到 1995 年的 250 亿美元。

近年来，随着美国服务经济（service economy）的发展，美国经济增长的百分比主要归功于提供服务而不是商品制造，使物流对国民经济和企业的发展起到了更重大的作用，也使大多数物流领域围绕着产品有序流动的组织和管理来发展。服务存在于国际、国内市场之中，存在于运输、仓储等物流服务之中。然而，目前服务经济发展的服务不只是货物的流动，可能服务的提供者也是要流动的，或者是被服务者是流动的。过去，物流过程的服务离不开存储，但目前有的服务需求如信息咨询服务是不能被储存的。另外，服务工厂（service factory）概念的产生，企业柔性制造、小批量、多品种的生产方式及顾客对物流业快速反应的要求也对物流业的服务水平提出了更高的要求，这些都促使物流业向信息化、自动化及决策上的智能化（如专家系统的应用）方向发展。为了满足物流国际化、服务形式多样化和快速反应的要求，物流信息系统和电子数据交换（EDI）技术，以及 Internet、条形码、卫星定位系统（GPS）、无线电射频技术在物流领域中得到越来越广泛的应用。

1998年，R. B. Footlik 在《运营、包装和配送》(《Performance Packaging and Distribution》) 一文中指出，过去，配送循环是由物资的流动来左右的，今天，它的推动力是信息的传递。

D. L. Anderson 和 R. G. House 在1991年发表的《90年代的物流》(《Logistics in the 1990s》) 一文中提出，到2000年，将有约2150亿美元花费到信息系统中，而存储费用却是2050亿美元，这种情况表现了物流战略方向的转变，它从原来的资产密集型战略（如许多的仓库极高的存量水平）向着信息密集的控制系统转变。由于信息交换特别是EDI的应用，实现了企业和企业之间、计算机到计算机之间的数据传输，使企业能与所有的合作伙伴，不仅是顾客，而且包括供应商、运输方、公共仓库及其他方面进行信息传递。由于EDI技术应用的飞速发展，除了使企业本身节省大量物流费用、提高竞争能力外，在物流领域也促进了供应链及其管理的理论与实践的发展。物流国际化使企业的物流成本大大提高。据统计，美国国内产品销售的物流费用约占总成本的5%~6%，而国际性产品的物流费用则占总成本的10%~25%。服务多样性及服务水平的高要求，也对物流管理提出了更高的要求。因此，在物流理论和决策方法的研究，如物流总成本分析，供应链管理及一体化，物流服务水平的含义及评估方法，人工智能及专家系统在物流决策中的应用等方面都取得了许多成果。在《美国运输部1997—2000财务年度战略规划》中，美国运输部长R. E. Slater提出，美国应建立一个国际性的以多式联运为主要形式、以智能为特征并将环境包含在内的运输系统，该系统将是世界上最安全、最易得、最经济和最有效的系统。他同时指出，数据及信息的收集和传播、知识的创新和共享对国际运输业的发展是非常重要的。该报告对推动美国运输业和物流业的发展起到了重要的指导作用。

（二）日本物流的发展阶段及背景

日本的物流概念虽然在20世纪50年代才从美国引入，但发展迅速，而且形成了自身独特的管理经验和方法，日本已发展成为现代物流的先进国家。日本物流的发展主要包括以下四个阶段。

1. 物流概念的引入和形成阶段（1953—1963）

1956年，日本开始从美国引入物流概念，在对国内物流状况进行调查研究的基础上，将物流称之为"物的流通"。1964年，日本通产省为了降低产业的总体成本，推动除生产、流通费用之外第三种成本的消减，即搬运、保管、包装等物流的成本。日本还把"物的流通"视为一种包括运输、配送、装卸、仓储、包装、流通加工和信息传递等多种活动的综合行为。在这一时期，日本政府加强了物流设施建设，如1953—1958年交通运输投资占公共投资总额的19.2%，1959—1963年交通运输投资已占公共投资总额的29.5%，从基础设施上为物流发展打下了良好的基础；同时，日本政府比较重视有关车站、码头的装卸运作的研究与实践。

2. 以流通为主导的发展阶段（1963—1973）

20世纪60年代中期至70年代初是日本经济高速增长的时期，商品流通量大大增加。随着这一时期生产技术向机械化、自动化发展以及销售体制的不断扩充，物流发展滞后已成为企业发展的制约因素。因此，日本在这一时期开始进行较大规模的物流设施建设。在日本政府《中期5年经济计划》中，强调要实现物流的近代化。作为具体措施，日本政府开始在全国范围内开展高速道路网、港口设施、流通聚集地等各种基础建设。与此同时，各厂商也开始高度重视物流，并积极投资物流体系的建设。各企业都建立了相应的专业部门，积极推进物流基础建设。这种基础建设的目的在于构筑与大量生产、销售相适应的物流设施，主要采取随营业规模的扩大增设物流中心或确保大量输送手段以充实物流硬件的举措。可以说，这一时期日本厂商的共同战略是增大物流量、扩大物流处理能力，以适应商品流通的需求。另一方面，如果说此前日本的物流是可以用"人工装卸"形容的低级化物流的话，那么，进入近代化的大量生产、大量销售时代，为了解决仓库不足、出入库时间长、货车运输欠缺、大量生产的产品无法顺利流向市场等问题，开始广泛采用叉车等机械化装卸设备和自动化仓库，灵活运用托盘和集装箱，实现货物单元成组装卸。同时，建立物流中心。积极推行物流联网系统，开发VSP、配车系统等物流软件。1970年，日本同时成立了两个最大的物流学术团体："日本物流管理协会"和"日本物的流通协会"。这一时期是日本物流建设大发展的时期，原因在于社会各个方面都对物流的落后及其对经济发展的制约性有着共同的认识。这一阶段的发展直到1973年第一次石油危机爆发才告一段落。

3. 物流合理化阶段（1973—1983）

在这一阶段，日本经济发展迅速，并进入了以消费为主导的时代。虽然物流量大大增加，但由于成本的增加，使企业利润并没有得到期望中的提高。因此，降低经营成本成为经营战略的重要课题，降低物流成本更成为其重要内容，物流合理化与最优化是这一阶段的主要特点。所以说，这一时期是物流合理化的时代。首先，担当物流合理化作用的物流专业部门开始出现在企业管理中，从而真正从系统整体的观点来开展降低物流成本的活动。同时，物流子企业也开始兴起。这一时期的物流合理化主要是改变以往将物流作为商品蓄水地或集散地的观念，从而在经营管理层次上发挥物流的作用。这集中反映在"物流利润源学说"，即物流到目前为止并没有提升到管理范围，从而成为流通过程的"黑暗大陆"，阻碍因素很多，只有去除这些阻碍因素才可能实现成本降低，为利益增加作贡献。也就是说，在企业第一利润源销售额无法实现的情况下，物流成为企业增加利润的唯一来源。很显然，"物流利润源学说"揭示了现代物流的本质，使物流能在战略和管理上统筹企业生产、经营的全过程，并推动物流现代化的发展。

在推进物流合理化的过程中，全国范围内的物流联网也在蓬勃发展。其宗旨在于推进订货、发货等业务的快捷化，以及削减物流人员，降低劳动力成本。特别是以大型量贩店为中心的网上订货、发货系统的应用在这一时期最为活跃。1983年，日本物流企业已经发展到5万多家，从业人员约105万人，货运量达34亿吨，货运周转量达4223亿吨/千米；一般较大的物流企业都在全国各地设有自己的分企业或支社，面向全国乃至国外开展物流业务，如通运公司、两派公司、大和运输等。这样，在日本形成了多渠道、多层次、多形式、工商齐办的现代化物流系统网络。在物流管理政策上，1977年，日本运输省流通对策部公布了《物流成本计算统一标准》，这一政策对于推进企业物流管理有着深远的影响。原因是当时许多企业正热衷于从事物流成本控制研究，各个企业都制订了自己独特的成本控制体系，因而出现了成本概念不一致的状况，各企业所计算出的成本缺乏相互对比的基础。另外，在一般企业中，尽管物流成本的核定是以物流合理化为前提的，但是由于缺乏统一明确的会计成本核算标准和方法，对物流成本的计算是不完全的，进而影响了物流合理化的发展。正是在这种状况下，日本运输省制订了《物流成本计算统一标准》。由于企业和政府的共同努力，使物流管理得到了飞跃性的发展，也使日本迅速成为物流管理的先进国家。在这一时期，日本物流学会成立，同时有关物流的科研工作也得到了较大发展，通过建立专门的物流研究所，召开全国性、地区性或国际性物流会议、物流奖励大会等，宣传物流的重要意义，讨论和解决理论与实践中的问题。

4. 物流现代化阶段（20世纪80年代中期至今）

20世纪80年代以来，日本企业的生产经营发生了重大变革，消费需求差异化的发展，尤其是

20世纪90年代日本泡沫经济的破灭，使以前那种大量生产、大量销售的生产经营体系出现了问题，产品的个性化、多品种和小批量成为新时期的生产经营主流。这使得市场的不透明度增加，在库盘存的观念越来越强，其结果是整个流通体系的物流管理发生了变化，即从集化物流向多频度、少量化、短时化物流发展。在销售竞争不断加剧的情况下，物流服务作为竞争的重要手段在日本得到了高度重视，这表现在20世纪80年代后期日本积极倡导高附加值物流和 Just—In—time 物流等方面。但是，随着物流服务竞争多样化，高昂物流成本已成为这一时期的特征。在日本，有把这一时期称为"物流不景气"时代的说法，即由于经营战略的要求，使物流成本上升、出现赤字。因此，如何克服物流成本上升、提高物流效率，是20世纪90年代日本物流面临的一个最大问题。1997年4月4日，日本政府制定了一个具有重大影响力的《综合物流施策大纲》。该大纲是根据1996年12月17日日本政府《经济构造的变革和创造规划》中有关"物流改革在经济构造中是最为重要的课题之一"而制定的。大纲中指出，到2001年为止，既要达到物流成本的效率比，又要实现不亚于国际水准的物流服务，为此，各相关机要联合起来共同推进物流政策和措施的制定。该大纲是日本物流现代化发展的指南针，对于日本物流管理的发展具有重要历史意义。大纲提出了到2001年日本物流发展的3项基本目标：①在亚太地区实现便利且充满实力的物流服务；②实现对产业竞争不构成阻碍的物流成本；③减轻环境负荷。为实现上述目标，大纲中还制定了实施措施的3项原则，包括：通过相互合作来制定综合措施；为确保适应消费者需求的有效运输体系，以及创造良好的交通环境，由公路、航空、铁路等交通机构合作共同制定综合交通措施；通过竞争促进物流市场活性化。大纲中提出的具体措施有：实现社会资本的合作与集中使用，消除物流瓶颈，建设国际港口、机场及相应的用于疏港疏场的高规格道路，推进主要干线铁路、公路的建设，提高运输能力；建设大都市圈物流中心，在法规和政策上进一步推动物流的效率化；物流系统要实现信息化、标准化；实施无纸贸易；对都市内物流，要建立道路交通的畅通机制，提高汽车装载效率，提高物流服务质量，减轻环境负担；对地域之间的物流，要进一步完善多种方式运输的竞争条件，实现多式联运，促进水路、铁路货运，建立区域性物流中心及道路；对于国际物流，要进一步缩短物流的时间和成本，纠正内外价格差，提高产业地区的竞争力；值得一提的是，大纲中特别提到要建立各机构、各部门合作的政策推进体制，推进各政府机关、地方团体、物流业者和货主联合采取物流现代化措施，形成整体效应。

（三）欧洲物流的发展阶段及背景

欧洲物流发展的鲜明特点是服务和覆盖范围不断扩大，形成了不同的物流发展阶段。

1. 工厂物流（factory logistics）阶段（20世纪50—60年代）

这一时期，欧洲各国为了降低产品成本，开始重视工厂范围内的物流过程中的信息传递，对传统的物料搬运进行变革，对工厂内的物流进行必要的规划，以寻求物流合理化的途径。当时供应链经济（supply chain economics）的主要特点是从订单中获取需求信息，着眼于抓住信息中所提供的机会。供应链管理和运输是从上到下的垂直式一体化，组织机构是典型的"烟囱管式"结构。制造业（工厂）还处于加工车间模式，工厂内的物资由工厂内设置的仓库提供。工厂产品客户的期望是同月供货服务，信息交换通过邮件；产品跟踪采用贴标签的方式；信息处理的软硬件平台是纸带穿孔式的计算机及相应的软件。在这一阶段，储存与运输分离，各自独立经营，是物流发展的初级阶段。

2. 综合物流（integrate logistics）阶段（20世纪70年代）

20世纪70年代是欧洲经济快速发展、商品生产和销售进一步扩大的时期。由于多个工厂联合的企业集团或大企业内部的物流已不能满足企业集团对物流的要求，因此出现了综合物流，即基于工厂集成的物流。这时的供应链经济和供应链管理采用具有竞争机制的分布式模式，组织机构从"烟囱管式"向"矩阵式"变革。这时的制造业已广泛采用成组技术（GT），对物流服务的需求增多，要求也更高。客户的期望已变成同一周供货或服务，服务节奏明显加快。因此，仓库已不再是静止、封闭的储存模式，而是动态的物流配送中心，需求信息不光是看订单，主要是从配送中心的装运情况获取需求信息。供应链经济主要着眼于防止生产和物流的延误而造成经济上的损失。这个时期信息交换采用电话方式，通过产品本身的标记（product tags）来实现对产品的跟踪。进行信息处理的硬件平台是小型计算机，当时还没有功能比较强大的商品化软件问世，一般都是由企业（工厂）自己开发软件。同时，基于工厂集成的物流和工厂内部物流相比，服务面要大得多，因此，物流的来源出现了由承运人提供的新模式，从而为物流成本的降低探索了一条新的途径。

3. 供应链物流（supply chain logistics）阶段（20世纪80年代）

随着经济和流通的发展，不同的企业（厂商、批发业者、零售业者）都在进行各自的物流革新，建立相应的物流系统，其目的是在追求物流系统集成化的过程中，实现物流服务的差别化，发挥各自的优势与特色。由于流通渠道中各经济主体都拥有不同的物流系统，必然会在经济主体的联结点产生矛盾。为了解决这个问题，20世纪80年代，在欧洲开始应用物流供应链概念，发展联盟型或合作型的物流新体系。供应链物流强调，在商品的流通过程中企业间应加强合作，改变原来各企业分散的物流管理方式，通过供应链物流这种合作型（或称共生型）的物流体系来提高物流效率，创造的成果由参与的企业共同分享。为此，欧洲各国出现了半官方的组织协作物流委员会（Corporate Logistics Council）以推动供应链物流的发展。这一时期制造业已采用准时生产（JIT）模式，客户的物流服务已发展到可同一天供货（或服务）。因此，供应链的管理进一步得到加强，实现了供应的合理化，如组织好港、站、库的交叉与衔接、零售商管理控制总库存量、产品物流总量的分配等。在这一时期，物流需求信息可直接从仓库出货点获取，通过传真方式进行信息交换，产品跟踪采用条形码扫描，信息处理的软硬件平台是客户/服务器模式和商品化的软件包，值得一提的是这一时期欧洲第三方物流开始兴起。

4. 全球物流（globalization logistics）阶段（20世纪90年代）

20世纪90年代以来，全球经济一体化的发展趋势十分强劲，欧洲企业纷纷在国外特别是在劳动力比较低廉的亚洲地区建立生产基地，生产零部件，甚至根据市场预测和区位优势分析在国外建立总装厂。由于从国外生产基地直接向需求国发送的商品增加迅速这一趋势大大增加了国与国之间的商品流通量，又由于国际贸易的快速增长，全球物流应运而生。全球物流就是全球消费者（一般指国家）和全球供货源之间的物资流和信息流，这一时期欧洲的供应链着眼于提供产品和物流服务的整体能力。当时欧洲制造业已发展到精益制造（lean manufacturing），客户的物流服务要求及时供货。这一时期物流中心的建设迅速发展，并形成了一批规模很大的物流中心。例如荷兰的鹿特丹港物流中心，石油加工配送量为6500万吨/年，汽车分销量为300万辆/年，橙汁与水果分销量为90万吨/年，已成为欧洲最重要的综合物流中心之一。这一时期的欧洲物流在供应链管理上采用供应链集成的模式，供应方、运输方通过交易寻求合作伙伴。由于主导者和主导权是供应链管理的前提条件，主导权模糊不清，就无法维系整个供应链的运转，建立起强有力的管理组织。因此，20世纪90年代，欧洲提出设立首席物流主管（chief logistics officer）作为供应链管理的主导者，这一时期物流的需求信息直接从顾客消费点获取，信息交换采用EDI，产品跟踪应用射频标识技术，信息处理广泛应用 Internet 和物流服务方提供的软件。这一时期是欧洲实现物流现代化的重要阶段。

5. 电子物流（E-logistics）阶段（20世纪90年代末至今）

目前，基于互联网和电子商务的电子物流正在欧洲兴起，以满足客户越来越苛刻的物流需求。物流采用电子商务服务，它是由供应方提供并实现供应/运输交易的最优化供应链管理的进一步扩展，可实现物流的协同规划、预测和供应。组织机构采用横向供应链管理模式，需求信息直接从顾客消费点获取，采用在运输链上实现组装的方式，使库存量实现最小化，信息交换采用数字编码分类技术和无线因特网，产品跟踪利用激光制导标识技术。从国外物流发展过程中可得到如下启示。①物流和物流业的发展必须在政府的宏观指导下进行。政府对物流发展作出规划和提出实施原则，以指导行业的发展，同时又要制定必要的政策法规对物流进行监控、协调和管理，从而促进市场经济及物流业的发展。从美国、日本、欧洲物流发展的过程中可以清楚地看到政府在上述方面所起到的强有力的作用。如《美国运输部1997—2002财政年度战略规划》已成为美国物流现代化发展的一个指南。日本政府1997年制定的《综合物流施策大纲》成为日本物流现代化发展的指针。欧洲提出首席物流主管模式解决供应链管理中的主导者和主导权问题，强化了政府对物流的管理。②相应的物流管理组织对物流业发展起到了良好的促进作用。它们可以是政府组织的，也可以是民间组织的，如美国成立的国家实物配送管理委员会（后更名为国家物流管理协会）、欧洲成立的协作物流委员会等。③政府重视物流基础设施的规划与建设，采用政府投资和社会集资相结合的方式，有重点地加快物流基础设施建设。例如，日本政府在物流近代化和现代化阶段均在全国范围内开展高速道路网、港口设施、流通聚集地、大都市圈物流中心等物流设施的建设，使日本在较短的时间内就成为物流先进国家。物流业的发展不仅取决于经济的发展水平，而且也取决于科学技术的发展水平，欧洲物流发展的5个阶段充分说明了这一点。例如没有网络和电子信息技术就不可能出现电子物流。

第五节　现代物流管理与战略的研究领域

一、物流在国民经济中的地位与作用

物流的产生和发展是社会再生产的需要，是流通的主要因素。物流在国民经济中占有重要地位，主要表现在以下五方面：

（一）物流是国民经济的动脉系统，它联结社会生产各个部分，使之成为一个有机整体

任何一个社会（或国家）的经济，都是由众多的产业、部门、企业组成的，这些企业又分布在不同的地区、城市和乡村，属于不同的所有者，它们之间相互供应产品，用于对方的生产性消费和职工的生活消费，互相依赖而又互相竞争，形成极其错综复杂的关系。物流就是维系这些复杂关系的纽带。马克思对此曾有过如下一段论述："交换没有造成生产领域之间的差别，而是使不同的生产领域发生关系，并把它们变成社会总生产的多少互相依赖的部门。"[①]"商流"和"物流"一起，把各个生产部门变成社会总生产中互相依赖的部门。

（二）物流是社会再生产不断进行，以创造社会物质财富的前提条件

社会生产的重要特点是它的连续性，这是人类社会得以发展的重要保证。一个社会不能停止消

---

① 资本论．第1卷．北京：人民出版社，1975. 390

费，同样也不能停止生产。而连续不断的再生产总是以获得必要的生产原材料并使之与劳动力结合而开始的。一个企业的生产要不间断地进行，必须保证原料、材料、燃料和工具、设备等生产资料不间断地流入生产企业，经过一定的加工后将产成品又不间断地流出生产企业。同时，在生产企业内部，各种物质资料也需要在各个生产场所和工序间相继传送，使它们经过一步步的深加工后成为价值更高、使用价值更大的新产品。这些厂内物流和厂外物流如果出现故障，生产过程就必然要受到影响，甚至会使生产停滞。

（三）物流是保证商流顺畅进行，实现商品价值和使用价值的物质基础

在商品流通中，物流是伴随着商流而产生的，它又是商流的物质内容和物质基础保障。商流的目的在于变换商品的所有权（包括支配权和使用权），而物流才是商品交换过程所要解决的社会物质变换过程的具体体现。我国著名经济学家于光远同志为祝贺中国物流研究会成立的题词中写道："货币的运动只是实物运动的反映，后者是第一性的……""不仅要研究货币流通，还必须研究物资流通，把这两种流通科学地结合起来。"这些论述十分精辟，充分说明如果没有物流过程，就无法完成商品的流通过程，包含在商品中的价值和使用价值就不能实现。

（四）物流技术的发展是决定商品生产规模和产业结构变化的重要因素

商品生产的发展要求生产社会化、专业化和规范化，但是，没有物流的一定发展，这些要求是难以实现的。物流技术的发展，从根本上改变了产品的生产规模和消费水平，为经济的发展创造了重要的前提条件。而且，随着现代科学技术的发展，物流对生产发展的这种制约作用就越为明显。

（五）物流的改进是提高微观经济效益和宏观经济效益的重要源泉

这不仅由于物流组织的好坏，直接决定着生产过程能否顺利进行，决定着产品的价值和使用价值能否得以实现，而且物流费用已成为生产成本和流通成本的重要组成部分。根据国外资料，英国工厂每年的物流搬运费大约占工厂成本的四分之一。据估计，美国每年支出的包装材料费用就超过110亿美元，通用电气公司的包装材料费用仅次于它的主要原材料铜和钢的支出，他们把包装看成是发展市场的重要工具。总的看来，在日本和欧、美的经济发达国家中，由于劳动生产率的提高和原材料、燃料节约已经取得较大成果，而产品包装、储存、搬运、运输等方面的费用则在生产费用中占越来越大的比重。因此，搞好物流，被称为获取利润的第三源泉。特别是随着科学技术的急速进步，在工业发达国家，通过降低物料消耗而获取利润（即所谓第一利润源泉）和通过节约活动消耗而增加的利润（即所谓第二利润源泉）的潜力已经越来越小，而降低物流费用以取得的利润（即所谓第三利润源泉）的潜力却很大。

二、现代物流管理战略的研究对象

（一）现代物流管理战略的特点

现代物流管理战略是一门新兴学科，是自然科学与社会科学的交叉学科，也称为边缘科学。现代物流管理战略更体现了高科技含量的物流技术，准确迅速的物流信息，高效的物流管理和物流控制，高服务质量和高物流效益。现代物流管理战略的产生和发展是社会化大生产和科学技术迅速发展的必然结果，它具有以下几方面的特点：

（1）是一门综合性的学科。主要表现在：它是自然科学与社会科学，即运输、装卸、包装、保管和加工的技术科学与经济学相结合的交叉科学，其理论与方法是在综合多学科的基本理论的基础上形成的。在进行物流组织管理时，必须进行全面的、综合的分析，既要考虑技术上的可行性、先进性，又要考虑经济效果。因此，物流工作人员必须掌握多方面的科学知识，除了要掌握自然科学、生产和运输等技术知识以及商品学知识外，还要掌握经济管理方面的知识，如对政治经济学、商品流通经济学、财政金融、统计学、经济地理等，都应有较好的理论基础和专业知识。

（2）是一门对物流过程进行系统分析的科学，具有很强的系统性。例如，要优选一个仓库的库址，不仅要考虑地质、场地等条件，还要考虑物资出入库的条件和对流通成本的影响，也要考虑产品的销售半径和用户的经济效益。

（3）是一门在定性分析基础上进行定量分析的科学，要有数量的结论。因此，物流学同数学及电子计算技术有密切的关系。

（4）是一门应用科学，具有很强的实用性。其研究课题、数据与资料来源于生产和流通，其研究成果又直接应用于生产和流通的实践。它直接服务于制定长远发展规划、制定经济发展的方针政策、提高物流技术和改进物流的组织管理。因此，物流学和物资经济学、商业经济学、商品学、施工科学、生产加工工艺学等学科有密切的关系。

（二）现代物流管理战略的主要研究内容

现代物流管理战略主要研究社会经济中（包括生产性企业和非生产性企业）物质资料空间位移过程中的各种技术和经济问题，包括所涉及的运输、包装、储存、流通加工、配送信息等环节中的技术、经济与管理，即在一定社会条件下以系统优化理论为指导，研究物流的技术与经济管理的理论和方法。

现代物流运输要在此基础上寻求物流过程中的合理运输方法，交通运输技术与管理，研究物流之"物"的集散地——各种货运站场的合理布局，以寻求运输与物流的最佳配合，寻求技术与经济的最佳结合，使物流的经济效果最好，从而更好地为国民经济服务。

技术进步是经济发展的重要条件和物质基础。技术一般包括自然技术和社会技术两个组成部分。自然技术是根据生产实践经验和自然科学原理而发展形成的各种工艺操作方法、技能和相应的生产工具及其他物质装备。社会技术是指组织、管理生产和流通的技术。技术进步会促进经济的发展，而经济发展则是技术进步的起因、归宿和基础。

经济发展的需要是推动技术进步的动力，任何一项新技术的产生都是经济上的需要引起的。同时，技术发展是要受经济条件制约的。一项新技术的发展、应用和完善，主要决定于是否具备必要的经济条件，是否具备广泛使用的可能性。这种可能性包括与采用该项技术相适应的物质和经济条件。

为了充分发挥技术进步在物流中的作用，取得尽可能好的经济效果，必须认真研究物流技术与经济的关系，从技术的选择、定型、制造设备到引进技术和推广应用，都有一个使技术与经济最佳结合的问题，以保证取得最好的经济效果。

在一般情况下，技术的发展会带来经济效果的提高。随着技术的进步，人类能够用越来越少的人力、物力消耗获得越来越多的产品和效益，即技术的先进性和它的经济合理性是相一致的。但是，有时在一定的条件下技术和经济又是相互矛盾、相互对立的。因为任何技术的应用都必须受当地当时具体自然条件和社会条件的约束，条件不同，技术带来的经济效果也不同。随着条件的变化，技术的经济效果也会发生变化。技术经济学的主要任务，就是研究技术和经济之间的合理关系，找出它们协调发展的规律，促进技术的发展和经济效果的提高。现代物流学的研究对象就是物流技术、运输技术和经济管理的发展变化规律，其任务就是寻找物流与经济发展的最佳关系，降低运输和物流成本，在降低成本的同时，提高产品的使用价值，提高经济效果，使物流技术和经济发展能互相促进。

现代物流管理战略应用经济分析和现代数学方法，特别的线性规划、运筹学及其分支，如决策论、排队论、模糊数学，以及系统论、信息论、控制论等学科，应用计算机技术，寻求物流过程优化，特别是仓储、运输、配送子系统的过程优化并取得物流大系统优化的理想效果。

【经典案例1】

神龙公司典型的物流系统

神龙公司是东风汽车公司和法国雪铁龙汽车公司合资兴建的大型轿车生产企业。1992年5月18日，神龙公司在武汉市成立。神龙公司下设生产装备部、产品工程部、制造工程部、质量管理部、采购部、市场营销部、财务部、组织系统部、人事部、公共关系部等十个职能部门和武汉、襄樊两个工厂，现有职工4789人。截至1999年底，完成投资100.58亿元，四大生产工艺、八个生产分厂全部建成投产，目前已经形成了年产15万辆整车和20万台发动机的生产能力。

神龙富康轿车的总装配线在武汉，但是，装配所需要的部件和零件则来自襄樊、武汉以及全国各地供应商，包括来自法国的进口部件和零件。例如装配所需要的车桥、发动机、变速箱等是从襄樊运过来的，再加上在武汉生产的车身、车厢，以及从全国各地，包括法国购进来的一些进口零部件分别上线进行装配；最后装配成一台完整的汽车。

生产出来的神龙轿车又要分销到全国各个城市各个地方。神龙公司在全国设立了20个商务代表处，构成了全国的分销网络。神龙公司制订了售后服务的12条承诺。

像神龙公司这样，一车涉及全国，甚至整个世界，是一种典型的物流系统，而且是一种典型的大物流系统。

首先，从职能上看，它是由大范围的购进物流系统，企业的生产物流系统以及末端产品（汽车）在全国范围内的分销物流系统构成的。这每个系统可以成为神龙公司大物流系统的子系统。每个子系统往下又可以分成更小的子系统。例如，购进子系统按空间又可以分成襄樊购进子系统、武汉购进子系统、国内其他地区购进子系统以及法国购进子系统等，每个子系统再往下又可以按功能分成更小的子系统，例如包装、装卸、运输、储存、加工及信息处理子系统等。这些功能子系统还可以按时间、按作业班组等往下再分，最后一直可以分到最基本单元（作业班组、人、车、机械、工序）为止。这样构成一个既相互区别又相互联系、共同协调合作的一个等级层次结构，一个能圆满地完成整个物流任务的有机结合体，这个有机结合体就是物流系统。

物流系统是由多个既相互区别又相互联系的单元结合起来，以物资为工作对象，以完成物资物质实体流动为目的的有机结合体。最基本的物流系统由包装、装卸、运输、储存、加工及信息处理等子系统中的一个或几个有机结合而成。每个子系统又可以往下分成更小的子系统。物流系统本身又处在更大的系统之中，其含义主要体现在以下几个方面。

（1）"多个既相互区别又相互联系的单元"，即有多个单元，它们互相区别又互相联系。这是构成系统的基本的和必要的条件。这里所谓单元，可以是单位组织，可以是空间，可以是职能、功能，可以是时间，也可以是其他因素。它们都是能够独自完成某一个或大或小的功能任务的独立体。大可以大到很大的系统，小可以小到一个人、一台设备、一台车、一项工作。

(2)"以物资为工作对象,以完成物资物质实体流动为目的",这是物流系统的功能或目的。任何系统都有一个特定的功能或者目的,这是构成系统的又一个条件。物流系统既然也是一个系统,当然应有一个特定的功能。物流系统与一般系统的区别,它是以物资为工作对象,以完成物资物质实体流动为目的的系统。这个特定功能强调两层含义:一是以物资作为工作对象,因为物流就是处理物资的;二是强调物资物质实体流动,这是物流的本质含义,是一切物流活动的本质特征。

(3)"有机结合体",这也是一般系统的基本特征和基本条件,物流系统也具有这个基本特征和基本条件。

(4)"最基本的物流系统由包装、装卸、运输、储存、加工及信息处理等子系统中的一个或几个有机地结合而成",这是讲的物流系统的子系统的构成。如前所述,子系统可以按照空间、时间、功能、职能或者其他因素进行划分而构成。包装、装卸、运输、储存、加工及信息处理这些子系统是必须要有的,这是最基本的物流系统的条件。没有这些最基本的物流活动,也就不是物流系统了。但是,这并不是说,任何物流系统必须具备所有这些物流活动的全部,只要有"一个或几个"就可以了,同时,必须是"有机地"结合而成,凑合不行,一般组合也不行,一定要有机地组合成一个"有机结合体",才能够算是一个"系统"。

(5)"每个子系统又可以往下分成更小的子系统",这是说明物流系统的子系统可以往下再分,构成一个等级层次结构。这也是一般系统的最基本特征和条件。可以按空间分,也可以按时间分,也可以按功能分,也可以按其他因素分,分到最基本单元为止。这样构成一个既相互区别又相互联系的多个单元构成的等级层次结构,它就是一个系统。

(6)"物流系统本身又处在更大的系统之中",这是说明物流系统往上可以再合,可以和同等级的其他系统再结合成一个更大的系统。这也是一般系统的基本特征和条件。物流系统也具有这样的特征和条件。物流系统处在这个更大的系统之中,这个更大的系统又是这个物流系统的环境。物流系统必须适应这个环境才能够生存和发展。

神龙公司物流系统的案例是最全面、最典型的,本来以它为例说明是最好的。但由于其太复杂,为简化起见,我们就以一个比较简单,但也比较全面说明物流系统特征的分销物流系统为例来说明一般物流系统的结构、性质和特征。

第三方物流公司由一个物流中心(或储运仓库)和一个信息指挥中心构成。它从生产厂进货,并且通过储运等方式,把货物送到用户或零售店的手中。这个物流系统的目的就是要把生产厂的产品转移到它的客户或零售店,因此它是一个典型的分销物流系统。从这个系统可以看出:

(1)物流系统分为物流作业系统和物流信息系统,二者可以分别独立运行,但又紧密联系,相互依赖,不可分割。物流作业系统的中心在物流中心(或储运仓库,或配送中心);物流信息系统的中心在公司信息中心(或公司)。物流作业系统由运输、储存、包装、装卸、加工五个子系统的一个或几个有机地结合而成,每个子系统又可以按空间和时间分成更小的子系统。

(2)其中运输又可以分为两类:一类是直达运输,二是中转运输。直达运输是指由生产厂直接到用户(或配送中心)的运输,一般是长距离、大批量的快速运输,追求提高运输效率,一般用火车、轮船等大型运输工具。中转运输是指由生产厂经配送中心再到用户或零售店的运输。它的主要方式是配送。

(3)配送是指由配送中心至用户(或零售店)的运输。配送与一般的输送不同,是在局部范围、较近距离、多用户的循环送货。主要追求按时、按量、配套齐全的为需求点及时送货,一般是用汽车等小型运输工具，追求服务好、省车次和环境污染小。

（4）物流信息系统是指各物流网点之间的物流信息的产生、制作、加工、储存和传递而构成的系统。所有的物流网点同时又是物流信息网点，再加上公司或信息中心，就构成了物流信息系统网络。信息的传递是互相的。

（5）物流系统的特点是它的特定功能或系统的目标，即以物资为工作对象，以完成物资物质实体流动为目的。任何一个系统，只要它是以物资为工作对象，以完成物资实体流动为目的，则都是一个物流系统。

（6）物流系统的环境、输入、约束和模式。

物流系统的环境是指物流系统所处的更大的系统。它是物流系统处理的外部条件，是物流系统必须接受的条件。物流系统与其环境之间的相互作用具体表现为物流系统的输入、输出、约束和干扰。

物流系统的输入是指环境对物流系统的输入，它是环境对物流系统的直接的输入，是作为物流系统处理的对象而输入物流系统的。输入的具体内容主要是物资和信息。

物流系统的输出是指物流系统对环境的输出，它是物流系统对环境的直接输出，是物流系统处理结果的输出。输出的具体内容也是物资和信息，但是输出的物资与输入的物资是不同的，是加进了物流服务的物资。

物流系统的约束是指环境对物流系统的输入，它是一种间接的输入，是物流系统处理的外部条件和约束条件，包括物资、信息、能源和政治、经济、文化、地理、气候条件、硬件条件等。它们的具体体现，也是一些物资和信息，但是这些物资是一些其他物资，不是输入和输出的那些物资。

干扰则是一种偶然的因素，是突然发生的、意料之外的事故、灾害、特殊情况等。干扰也是一种约束，只是它是一种意外的约束而已。

物流系统的模式反映了系统和环境之间的关系和相互作用的模式。系统处理、输入、输出和约束，又称系统运行的四要素。

（7）物流系统的目标。

①服务质量好。这里服务好，不是像通常人们所想象的那样只是服务态度热情友好一点，而是包括了很广泛的内容。物流系统本身，全部都是服务。物流系统就是一个服务系统，它的所有活动都是服务活动，为生产服务、为流通服务、为客户服务。而这种服务的核心，就是满足客户的需求。而满足客户的需求表现在各个方面，最主要的是满足客户对所需物资的需求，不缺货。还要保质、保量、及时送货，安全可靠的运输、储存、包装、装卸，做到物流成本低、服务态度好，为客户提供信息支持、技术咨询、技术支持和售后服务等，几乎遍及物流活动各个方面、各个环节。因此，要服务质量好，实际上就是需要物流系统全面做好各个方面的工作。

②节约费用。节约费用是指物流的总费用最节省。物流系统是由多个单元构成的，物流活动又由多个类型、多个环节构成，因此各种物流方式、各个物流环节都会发生物流费用。一个物流系统所有的物流方式、物流环节所发生的物流费用的总和，就是这个物流系统的总费用。整个物流系统的第二个目标，就是要使这个物流总费用最小。

要做到物流总费用最小，则要求整个物流系统要优化，各个单元也要优化，要尽量利用各个物流优化技术，充分利用和努力节约资源，提高工作效率，降低物流成本。

要做到物流总费用最小，还要求整个物流系统各个单元、各个环节都要协调配合，协调可以提高工作效率、降低成本，能够达到"1+1>2"的效果，这样就可以实现总费用最省。

但是在物流系统的实际运行中，这两个目标往往是互相矛盾的：服务水平越高，物流成本也就越高，服务水平高出一定程度以后，随着服务水平继续提高，则会造成物流成本的急剧上升。在这种情况下，要注意学会协调和折中，选取一个既能使总费用较小，又能使服务水平较满意的方案。

以上是关于物流系统的概念、结构、特征、目标、模式等。物流系统是普遍存在的，物流管理学专门研究的就是物流系统。物流管理学研究的基本方法就是系统工程的方法，对物流系统的系统工程方法也就是物流系统工程的方法。

所谓物流系统工程就是综合运用各种知识，设计制造或改造运行物流系统的综合性工程体系。这个概念具有以下含义。

（1）"综合运用各种知识"指系统工程不同于传统工程的地方。传统工程涉及的知识领域比较少、比较专、比较窄，而系统工程涉及的知识领域比较多、比较宽，这是因为系统工程一般是一个人机工程，需要处理人的因素，所以不但需要自然科学知识，而且需要社会科学、管理学、经济学、哲学、心理学、法律学等知识，也就是要综合运用各种知识。

（2）"设计制造或改造运行物流系统"有两层意思：一是物流系统工程工作的对象，是物流系统；二是工作的内容，是设计、制造、改造、运行。这些都是传统的工程的方法。

（3）"综合性工程体系"，强调了综合性，即传统工程手段的综合；强调了是工程体系，这是物流系统工程的工程学性质。

物流系统工程既然是一个系统工程，就应当具备系统工程的基本观点，即系统的观点、整体最优的观点、发展变化的观点、协调配合的观点、适应环境的观点、控制的观点、人是系统主体的观点。物流系统工程的基本思想方法，也就是一般系统工程的基本思想方法。对于一般的物流系统工程，可以运用七个步骤的思想方法，即：摆明问题、指标设计、系统综合、系统分析、系统优化、择优决策、计划实施。即对于任何一个物流系统工程问题，总是先弄清问题，查清原因；然后确定目标，看问题要解决到什么程度；然后为达到这些目标，搜集各种方案；再对这些可行方案进行分析，分别进行调试、完善、优化；最后将优化的可行方案付诸实施，制订实施计划、步骤、方针政策。

对于比较复杂的大型物流系统，则可以用三维结构的思想方法。把整个系统工程分成时间维、逻辑维和知识维。即把整个工程过程分成七个时间阶段，即：规划阶段、拟订方案、分析阶段、实验阶段、调试阶段、运行阶段、更新阶段。每个阶段都实行上述七个步骤，每个步骤都综合运用相应的知识，这样一个一个阶段、一个一个步骤进行，直到最后完成。

【经典案例2】

第二汽车制造厂的物流系统工程

第二汽车制造厂（以下简称二汽）始建于1969年，是依靠我国自己的力量采取"聚宝"方式设计、建设和装备起来的现代化汽车生产企业，也是国家明确重点支持的三大汽车集团之一。

二汽初建时期，从各个部件厂到总装厂的物料搬运系统比较粗糙。在东西长约30km、南北宽约8km的十堰的一条山沟，分布着二汽27个部件厂。总装系统试运行时，由于搬运系统的原因，曾经出现总装厂前面的广场上车辆堵塞、人满为患，急需装配的部件进不来，暂时不需要的部件挤满了车间，影响总装配线顺利运行的混乱局面。

为了改变这种局面，需要改造二汽的物料搬运系统，于是就组织中外专家进行了一次重大的物流系统工程。这个工作的全过程一共分成了7个步骤。

第一阶段，提出问题，包括系统调查，汇集资料，整理资料。即进行系统调查、弄清问题。二汽从原材料到加工成毛坯、半成品、零件，再到装配成整车，生产过程复杂、工序很多，需要进行物料搬运的范围很广，为此先从抓主要问题着手。为弄清主要问题，开了两次调查会，弄清楚了如何减少车次等五个需要解决的问题。在调查的基础上，汇集了资料，例如产品设计图纸、工厂平面图、工厂组成及产品分工图、汽车生产路线示意图、里程表以及物料搬运方面的资料等，并且进行了资料管理。

第二阶段，制定目标，包括建立目标树，选定子目标，建立评价准则。建立目标树时首先把物料搬运系统（A）的目标分成三个子系统目标：对外运输（N）、专业厂之间的运输（O）和专业厂内部运输（P）。决定选定子目标O。而子目标O又可以按各个专业厂的重要程度分成J（总装厂）、K（车桥厂）、L（发动机厂）、M（变速箱厂）等，又选定了子目标J（总装厂），O作为重点，而总装厂与其他厂之间的物料搬运问题J又可以分成G（搬运组织）、H（搬运质量）和I（搬运频次）。这样选定了子目标以后，还要建立起评价方案确定是否达到目标的评价准则。

第三阶段，系统综合，即提出设想，制订能够达到目标的各种方案。例如，对于车身运输的各种方案，是通过专业座谈会的形式提出的。参加会议的有总装厂、车身厂及运输、工厂设计等部门的生产调度、工艺、运输及设计等有关专业人员，一共提出了14种可行方案，最后归纳成10种方案。

第四阶段，系统分析，主要包括建立模型、使用价值分析、经济价值分析。

建立模型：例如将以上车身运送的10个方案建立8个模型。

使用价值分析：首先评定8个评价准则的相对重要性，确定各自的比重因子WF，即权值。用这8个准则去评价各个可行方案。

经济价值分析：计算出每种方案的装卸时间：在路行驶时间、车数、每年折旧费用、每年能源费用、维修费用、人员费用以及每年的总费用（表1）。

表1 各个方案的年总费用表

A	B	C	D	E	F	G	H	I
83	79	57	108	255	528	611	113	52

第五阶段，择优决策，综合考虑使用价值分析和经济价值分析的结果，进行综合价值的分析计算，求出单位使用价值的年总费用。计算过程略，计算结果见表2。

表2 各个方案的单位使用价值的年总费用

A	B	C	D	E	F	G	H	I
198	217	57	267	668	1427	1679	247	166

按单位使用价值的年总费用由小到大的顺序将上述方案排列如下：

C、J、A、B、H、D、E、F、G

所以，C方案最好。

第六阶段，提交成果，提交方案报告和试运行效果。对车身选用半挂车运送。

第七阶段，方案实施。

【经典案例3】

美国迈阿密的花卉物流系统

专业经营新鲜花卉，实际上仅仅经营玫瑰花保鲜物流链配送服务并且获得巨大成功的美国迈阿密"农场直达（Farm Direct）"花卉公司总裁布里恩（Brian）对大家说，"我们没有任何秘密，我们也不需要有关物流的高谈阔论，我们靠的是实干和为鲜花运输不惜日夜操劳，当然我们同时会不断总结经验教训，向一切竞争对手学习，利用一切现代化手段和电子信息技术，把我们运营的花卉物流系统的所有功能发挥到极限。"

每天晚上，几架空运货机满载着从拉丁美洲新收割的玫瑰花，徐徐降落在迈阿密国际机场。经过简短的手续后，鲜花被装载到专程前来接运的集装箱货车或者国内航空班机上，直接运送到国内各地的物流链配送服务站、超级市场和大卖场，再通过它们飞速传送到北美大陆各大城市的鲜花商店、小贩、快递公司和消费者手中。鲜花物流系统的操作过程，听起来挺不错，但是其中的酸甜苦辣，只有布里恩总裁最清楚。这位经过8年的艰苦准备，终于在1998年1月正式开业的鲜花公司老板一直在抱怨花卉货运代理、承运人和飞机场非常缺乏按时保质保量运输鲜花所必需的物流设备和资源，否则他的新鲜玫瑰交易在北美市场可以做得更加红火。因此，他清楚必须重视每一个环节。

布里恩遇到的第一个问题就是怎样把不远万里，来自拉丁美洲农场新收割下来的玫瑰花如同刚从自家后花园花圃中采摘一样迅速地送到北美各大城市的消费者手中。他不止一次发现在这过程中的每一个环节，一旦处理不到位，都可能成为玫瑰花的保鲜"杀手"。

南美洲厄瓜多尔中部科托帕希火山地区地势险要，山高林密，但是常年气候温暖，雨水丰富，是盛产玫瑰花和其他珍贵花卉的好地方。布里恩的"农场直达"花卉公司向北美各大城市配送的玫瑰花就是从坐落在厄瓜多尔中部科托帕希（cotopaxi）山区四周的3家大型农场定点采购的。为了避免在运输过程中重新包装，所有的玫瑰花在科托帕希农场收割后，立即现场包装，每150株玫瑰花包成1盒，然后装入集装箱，运送到厄瓜多尔首都基多（Quito）的国际机场。根据鲜花种植专家测定，玫瑰花从农场收割后，通常可以在正常情况下保鲜14天。最科学的保鲜办法是，收割下来并准备长途运输的玫瑰花应该尽快装入纸盒后立即存储在华氏34度的冷藏集装箱内。在"农场直达"花卉公司的统一安排下，这些集装箱连夜运送到美国迈阿密飞机场，第二天早上，海关当局、检疫所和动植物检验所进行例行检查，然后再把鲜花发往北美各大城市的配送站。按理讲，美国人甚至加拿大人有足够的时间去欣赏来自南美洲厄瓜多尔的玫瑰花了。但是在物流过程中由于遇到种种事先无法估计的不确定因素，总是会出现事与愿违，令人不愉快的事情。首先是在物流过程中的每一个环节上会出现意外"抛锚"。从科托帕希农场运出的新收割的玫瑰花一经包装，必须在晚上8时之前运到基多飞机场，然后飞机必须连夜起飞，直抵迈阿密。在这过程中可能遇到飞机脱班、晚点、飞机舱容不够及装不下全部鲜花集装箱等情况，好不容易运到迈阿密国际机场，可是在机场仓库耽搁了不少时间，冷藏集装箱的温控设备失灵导致箱内温度升到华氏60度，严重影响玫瑰花的保鲜质量。等到迈阿密国际机场的美国海关官员打开集装箱检查的时候，玫瑰花几乎全部腐烂了。如果说玫瑰花还有4天可活，那运气算是不错的了。当航空货机抵达迈阿密飞机场的时候，许多花卉货主又会给新鲜玫瑰花的运输带来麻烦。他们往往忽视这些新采摘的花卉非常娇嫩，必须迅速运到温控仓库里，否则容易发生霉变和腐烂。把鲜花从飞机舱口运送到保温仓库的时间非常关键，但是货主为了节约经费，竟然把鲜花直接装运在敞口的载货汽车上，完全暴露在空气中。即使进入温控仓库，已经怒放的玫瑰花还是不够安全，必须在规定的时间内配送到南部佛罗利达州，从那里用集装箱载货汽车或者短程飞机运送到零售商手中。还有一些花卉批发商，竟然把玫瑰花箱子装在客机的底部货舱内，那里的条件最差，飞机在高空飞行的时候，货舱里气温很低，玫瑰花很容易被冻坏。

目前，"农场直达"花卉公司分别与联邦快件公司和联合包裹服务公司签订有关提供一体化快递服务合同，通过他们的运输服务把鲜花直接运送到美国各地，从而避免以往新鲜玫瑰花搭乘民航飞机，聘用载货汽车公司运送玫瑰花，虽然运费低廉但是事故索赔不断，一体化快递服务给"农场直达"花卉公司带来准时、稳定的物流服务，公司的玫瑰花生意好做多了。当然快递服务的成本挺高，但是在鲜花传送行业中，迄今没有其他替代办法。过去采用民航、集装箱载货汽车运送，一旦抛锚或者发生耽搁，运送的鲜花就彻底完蛋。"农场直达"花卉公司在2001年用FedEx航班运送花卉，98.4%成功，1.6%失败，这个失败比例不大，却对"农场直达"和其他花卉公司是一个不小的损害。一纸盒150株玫瑰花，每株采购价格是25美分，运输价格每株20美分，净成本是每纸盒67.5美元，每纸盒150株玫瑰花批发给花店或者花商是150美元，"农场直达"从中净赚82.5美元，而花店一转手的零售价是650美元，这就是说每损失毁坏一纸盒玫瑰花，仅仅花商就要损失500美元，损失100纸盒玫瑰，花商损失5万美元。

现在，由于花卉运输管理和物流服务稳定可靠，"农场直达"花卉公司可以向消费者承诺：从他们那里批发销售的新鲜玫瑰花在家里放置至少4天而不败。那么，他们是如何全力以赴发展花卉保鲜物流的呢？

"农场直达"的花卉交易，尽管只有一种货物，即玫瑰花，但由于鲜花容易变质、枯萎或者腐烂，对于物流的要求非常苛刻。关键是如何把新鲜花卉运输途中可能遇到的各种障碍和意外风险降低到最低。2001年1月，在"农场直达"花卉公司的牵头并且加盟下，由赫尔曼国际货运代理公司主持，专门成立了迈阿密赫尔曼保鲜物流公司（HPL），专门从事鲜花的进口运输工作。鲜花交易的地区性非常强，从事鲜花交易的公司企业非常多，过去他们都是各干各的，他们个个都是花卉专家，都是交易高手，但是个个都无法面对进口鲜花在运输过程中的易腐变质的问题。因此鲜花进口生意竟然变成碰碰运气的生意。美国每年进口数亿美元的鲜花，唯缺专业化保鲜物流服务，结果鲜花屡屡在运输途中出事，损失巨大，因此潜力巨大的保鲜物流不仅能够减少不必要的运输挫折，而且能够为物流公司带来更多的利润。为了进一步促进"门到门"保鲜运送业务，HPL赫尔曼国际保鲜物流公司在迈阿密国际机场建立一座7万平方米的保鲜仓库，在西雅图国际机场另外又成立专门从事新鲜花卉物流的洲际货运代理公司。开业的第一年，HPL赫尔曼保鲜物流公司的利润达到6千万美元。2002年起，总部仍然设立在美国迈阿密的赫尔曼国际保鲜物流公司分别在智利、澳大利亚、新西兰、危地马拉、哥斯达黎加、萨尔瓦多、洪都拉斯、秘鲁和伦敦设立物流链办事处，把花卉传送业务一下子扩大到海洋水产品传送。更有意思的是，HPL赫尔曼保鲜物流公司准备在2002年下半年在国际传统花卉王国荷兰设立物流办事机构。荷兰的花卉质量优良，但是价格昂贵，拉丁美洲中部国家，如哥伦比亚和厄瓜多尔虽然在农场花卉栽培技术上比荷兰等发达国家落后至少20年，但是出品的花卉质量并不低，迄今哥伦比亚和厄瓜多尔的花卉农场已经各自发展到400多家，产量高而价格低廉得多，具备相当强劲的价格优势和竞争实力，在国际市场上与荷兰花卉王牌抗争。目前美国进口的花卉中有1/3来自于南美洲,而且几乎全部是专机空运。据美国波音航空公司提供的统计资料,2001年该公司经营的从南美洲到美国的北向航线的50余万吨空运货物中,花卉运量占36%。南美洲花卉生产进一步促进花卉国际贸易和花卉国际物流业的发展,给货物空运业带来前所未有的兴旺。据波音航空公司透露,花卉运输带来的收益是该公司经营的南美到美国货物空运航线总收益的1/4。

目前随着经济的全球化发展,消费者越来越喜欢芬芳、鲜艳、美丽的花卉,对于花卉的需求量在逐年增长,不仅在发达国家的城镇街道上到处能见到花圃、花店,而且在发展中国家,如中国的上海和北京的街道上,花店犹如雨后春笋般地涌现。密切注意到这一动向的美国赫尔曼保鲜物流公司正在紧锣密鼓地准备打入潜力巨大和广袤的中国花卉市场,该公司总裁说只要1/10的中国人每周买一株花卉,每一年给美国赫尔曼物流公司,还有出口商、进口商、托运人、承运人带来的就是上亿美元的收益。

经过一年多的市场调查,赫尔曼花卉物流公司发现,无论是花卉种植商还是进口商,大部分只重视低廉运价的传统运输办法搬运鲜花,很少愿意多考虑花卉的保鲜和保值问题,花卉的市场价格居高不下的主要原因就在这里,由此严重妨碍花卉市场的迅速发展。为了进一步拓展花卉的国际市场,让更多的消费者能买到价廉物美的玫瑰花、紫丁香等名贵花卉,降低运价、降低成本是关键。目前赫尔曼花卉保鲜物流公司正在采取如下几个措施:

(1) 大力发展互联网管理经营,充分利用通信技术把拉丁美洲中部国家的花卉农场迅速带入现代化国际电子信息市场,把花卉农场、承运人、进出口商、仓储、集装箱运输、市场和消费者紧密联系在一起,增强相互之间的透明度。例如世界上某一个国家某一座城镇的某一个消费者需要花卉,只要在互联网上发出订购有关花卉的品种、数量和需要的日期等,在规定的时间内就有人把订购的花卉送到消费者的手中。赫尔曼物流公司自己则变成一个中间商,只要守着网站,发出业务指令,安排交通运输,收取利润就可以了。

(2) 寻找降低运输花卉成本的更好办法,目前正在使用新发明的保温时间可以持续96个小时,可以储存在宽体飞机底部货舱内的环保式集装箱专门运输玫瑰等名贵花卉,因为货机底部货舱没有保温设备,运价特别低廉。

(3) 并不是每一种容易变质的物品都必须像玫瑰花那样需要空运,但是为了保值,每一种容易变质的货物都必须要人们花费巨大的精力去呵护。美国芝加哥一所大学的物流专家发明了花卉运输袋,根据他的设计,在运输途中,袋中的花卉一直保持垂直,花卉根茎一直浸泡在袋子底部的营养液中,袋子上部则能通气散热。这种袋子的设计,一开始只不过是为了运输玫瑰花,现在已经扩大到60余种名贵花卉的长途运输。

【讨论题】

1. 请分析美国迈阿密的花卉物流系统的特点。
2. 根据本案例请你分析物流系统特性。

本章小结

现代物流是包括运输、储存、装卸搬运、包装、配送、流通加工、物流信息等子系统的一个功能齐全的大系统,物流业正成为各企业、各地区乃至国家的支柱产业。本章介绍了现代物流的形成与发展的历程;详细阐述了现代物流管理的内涵及主要特征;物流系统的分类;现代物流各子系统的功能及物流系统模式；分析了国内外现代物流管理发展动态；阐述了现代物流管理与战略研究的内容、对象和方法，为系统掌握现代物流论、优化物流运作提供了必需的基础知识。

【本章关键术语】

物流、现代物流管理、供应链、国际物流、第三方物流、逆向物流、绿色物流

【复习思考题】

1. 请阐述物流的起源以及物流、现代物流管理的定义。
2. 国外的物流管理思想是如何形成的？
3. 请分析目前现代物流管理所面临的问题。
4. 物流可以分为哪几类？逆向物流与绿色物流存在哪些关系？
5. 请阐述美国物流的发展阶段及其发展背景。
6. 简述一般物流系统功能模式中每一功能的具体内容。
7. 物流系统由哪些子系统构成？简述各子系统的主要功能。
8. 现代物流管理战略的特点和主要研究内容有哪些？

第二章 现代物流战略体系

本章学习内容

> 从战略上设计和构筑中国现代物流体系，是新世纪赋予我们的一项非常重要和十分迫切的历史任务。作为"未被开垦的黑大陆"和"人力资源之后的第三利润源泉"，现代物流事业的健康发展对于我国在新常态下实现可持续发展模式，有着举足轻重的作用。为了积极和稳妥地发展我国的现代物流业，防范可能出现的资源配置失衡、重复投资严重、体系逻辑混乱和物流运行不畅等多种弊端，首先必须科学地谋划好其宏观体系的战略架构。
>
> 在这一章中，我们主要讨论物流企业经营战略的类型，物流企业经营战略的要素，物流营销策略的基本知识，物流营销环境与营销策略，经营战略分析，经营战略方案设计，经营战略实施及评价与控制，物流市场营销调研与预测，物流市场细分与目标市场选择策略，物流市场营销组合策略与营销理论的发展。

第一节 经营战略与营销策略概述

一、物流企业经营战略的类型

（一）战略的概念和特征

在讨论经营战略的概念前我们不妨先看两个例子：

例1，在我们面对着信息时代的时候，美国人与日本人的做法截然不同：美国人研制互联网，即 Internet 网，日本人研究传真机。传真机传真过来的东西，既不能存，又不能转发，而 Internet 网的数据既可以存，又可以打印，还可以转发给别人，非常方便。由于选择的发展方向不同，结果是美国领先了，而日本落在了后面。

例2，一个是四通，一个是联想。20世纪80年代末90年代初的时候，两个公司的规模差不多。四通研制打字机，打字机的代名词就好像是四通，联想研制PC，现在联想已成为中国一家非常大的公司。四通公司则没有很好发展起来。由此可以看出，一旦方向错了，败局将无法挽回，企业选择方向是至关重要的。

那么，什么是战略呢？目前国内还没有形成统一的看法。但是，几乎每个人对战略都有一个初步的认识，那就是战略是研究企业将来的事情，不是现在的事情。早在1938年，美国学者巴纳德在他的《经理的职能》一书中提到了"战略"这一构思；到了1965年，著名学者安索夫（美国）提出的"产品/市场战略"模型使得战略一词得到广泛应用；1978年，著名学者苏恩提出了"战略三层次"观点；1980年，哈佛商学院的迈克尔·波特（Michael E. Porter）教授从产业组织理论的角度出发，探讨了企业竞争战略的问题，提出产业分析的五种竞争力量的框架（见图2—1），使得战略管理的研究与实践产生了突变。

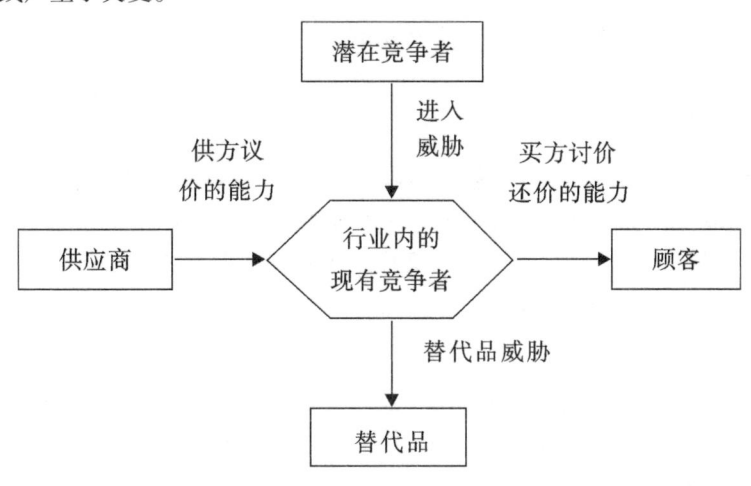

```
                    ┌─────────────┐
                    │  潜在竞争者  │
                    └──────┬──────┘
                       进入│威胁
     供方议价                        买方讨价
     的能力                          还价的能力
┌─────────┐      ┌─────────────┐      ┌─────┐
│ 供应商  │─────▶│  行业内的    │─────▶│顾客 │
└─────────┘      │  现有竞争者  │      └─────┘
                 └──────┬──────┘
                   替代品│威胁
                    ┌───▼───┐
                    │替代品 │
                    └───────┘
```

图 2—1　迈克尔·波特的五力竞争模式

到了 20 世纪 90 年代，以加里·哈墨尔和 C. K. 普拉哈拉德为代表的资源学派提出企业的核心能力是企业战略管理的核心问题这一理论，成为战略管理发展道路上的里程碑。1999 年，英国学者杰森和舒勒的"战略定义"使得人们对战略这一概念的理解到达了一个新的境界，并对企业的变革产生了重大的影响。

> **知识卡**
>
> **竞争战略之父——迈克尔·波特**
>
> 　　迈克尔·波特（Michael E. Porter）于 1947 年生于美国密歇根州的大学城——安娜堡，毕业于普林斯顿大学，后获哈佛大学商学院企业经济学博士学位，32 岁即获哈佛商学院终身教授之职，是当今世界上竞争战略和竞争力方面公认的权威。波特博士获得的崇高地位缘于他所提出的"五种竞争力量""三种竞争战略"。目前，波特博士的课已成了哈佛商学院的必修课之一。

　　杰森和舒勒认为：战略是通过有效地组合企业内部资源，在变化的环境中确定企业的发展方向和经营范围，从而获取竞争优势，以满足市场的需求和企业拥有人的需求。在这个定义中的一些关键词如"发展方向""经营范围""竞争优势""变化的环境"都定义得恰到好处。例如，"发展方向"是研究企业想去哪儿的问题；"经营范围"是研究企业要做什么的问题；"竞争优势"是指你的企业在哪些方面比人家强：是质量好、服务好、还是价格低；而"变化的环境"是指环境富于变化并充满动荡。这就是说你要用长远的眼光考虑战略问题，就如同"做一件正确的事"和"把一件事做正确"是两个不同的概念一样，前者有"战略"的意味并注重长期效果，后者含"战术"的色彩并注重效率的好坏。而能否去"做一件正确的事"则是企业取得成功的必要基础。

　　为此，本章把战略的概念理解为：战略是企业在市场经济条件下，根据企业外部环境、内部条件及可取得资源的情况，为求得企业生存及长期稳定的发展，对企业发展目标、达成目标的途径和手段的全局性谋划。因此，从本质上讲，战略具有以下四个特征：

1. **全局性**

　　战略是以企业全局为对象，根据企业总体发展的需要而规划企业的总体行动，从全局出发实现对局部的指导，使局部得到最优的结果，保证全局目标的实现。在日常的经营管理工作中，企业的每一具体计划，每一具体经营业务，每一具体行动措施，都要围绕企业战略目标并服从战略目标的要求。

2. 长远性

战略的全局性特征在时间概念上的表现就是长远性。它直接关系到企业的未来和发展。面对"变化的环境"企业必须要有超前的战略部署，并通过预测未来的变化趋势来制定现在的策略和措施。因此，真正具有战略眼光的企业家，绝不会片面地追求急功近利，绝不会纠缠于企业的短期行为，而是致力于实现企业的长期战略目标。

3. 关键性

关键性又称为重点针对性，是指把工作的重点和主要资源集中到那些对企业战略目标的实现起决定性作用的因素和环节上，通过确定关键因素建立起"竞争优势"。

4. 权变性

由于战略具有长远性，企业的外部环境又是不断变化的，因此，任何企业在其发展过程中，必须要随环境的变化而变化，并根据实际情况及时变换策略、调整计划、修正战略，把战略贯彻于现实行动中，以不断适应未来的多变性。

> **知识卡**
> 战略类型划分主要目的是要弄清企业实现目标的途径大致有多少种。与其他事物和现象的分类一样，划分的角度标准不同，战略的类型也就不同。

总之，战略要解决的就是去选择做一件正确的事，努力将正确的事做好，并力争永远都做正确的事情，他非常注重从企业资源配置到经营范围决策中来获得综合效果。企业战略对企业的发展方向和趋势进行了长期的规划，从而使得企业在外部环境的变化过程中能够充分发挥其内部的优势，以促进企业保持持久稳定的发展。

（二）物流企业经营战略的类型

"经典"的企业战略分三个层次：第一层次的战略是事业的战略，就是究竟选择什么作为企业的主业，这是企业首要的；第二层次的战略是竞争战略，即企业选定主业后，应该采用什么样的竞争手段来打败竞争对手；第三层次的战略是功能战略，就是为了打败竞争对手实现企业的目标，企业的财务、人力资源、业务流程及企业日常管理应该如何运作。

1. 事业战略

它是企业战略中最高层次的战略。是有关企业全局发展的、整体性的、长期的战略行为。其主要目标是通过建立和经营行为组合实现投资收益的最大化。

2. 竞争战略

又称业务战略或者经营单位战略。它就是经营单位、事业部或者子公司的战略。它是在事业战略的制约下，指导和管理具体经营单位的计划和行为，为企业的整体目标服务。其主要目的是通过集中一个具体的行业，或者一个产品/市场实现利润和市场占有率的最大化。

3. 功能战略

又称职能战略，是企业内部主要职能部门的短期战略计划，使职能部门的管理人员可以更加清楚地认识到本职能部门在实施企业战略中的责任和要求，有效地运用研究开发、营销、生产、财务、人力资源等方面的经营职能，保证实现企业目标。其主要目的是提高工作的有效性和效率。

在上述三个层次的战略中，企业至高无上的战略是选择主业，影响企业成功与否最重要的因素就是对产业的选择。物流企业经营战略属于第二、三层次的战略。

二、物流企业经营战略的要素

物流企业经营战略一般由四种要素构成，即服务（产品）与市场范围、增长向量、竞争优势和协同作用。安索夫（H. I. Ansoff）认为这四种要素可以产生合力，成为企业的共同经营主线。有了这条经营主线，企业内外部的人员都可以充分了解企业经营的方向和产生作用的力量，从而扬长避短，发挥优势。

（一）服务与市场范围

它说明物流企业属于什么特定的服务领域。因为对于物流企业而言，其产品就是物流服务。按照物流企业服务的功能领域可以划分为国际物流服务、区域物流服务和市域物流服务；按照其核心业务能力大致可以分为：综合物流管理服务、商品配送服务、区域性时效性运输服务、快递服务、现代仓储服务、传统物流服务以及其他物流服务。

（二）增长向量

增长向量又可称为成长方向，它说明物流企业从现有服务与市场相结合向未来服务与市场组合移动的方向，即企业经营运行的方向，而不涉及企业目前产品与市场的态势。通过表2—1来说明增长向量。

表2—1　增长向量说明

服务 使命	现有服务	新服务
现有使命	市场渗透	服务创新
新使命	市场开发	多种经营

1. 市场渗透是通过目前的物流服务与市场份额增长达到企业成长的目的。

2. 市场开发是为企业物流服务寻找新的消费群，使物流服务承担新的使命，从此作为企业成长的方向。

3. 服务创新是创造新的物流服务项目，包括一些物流增值服务等，以逐步提升或替代现有的物流服务，从而保持企业成长的态势。

4. 多种经营则独具特色，对于物流企业来讲，它的服务与使命都是新的，换言之，企业步入了一个新的经营领域。

在前三种选择中，其共同经营主线是明晰的和清楚的，或是开发新的市场营销技能，或是开发新产品和新技术，或者两者同时进行。但是在多种经营中，共同经营主线就显得不够清楚了。应当看到，增长向量指出了物流企业在一个行业里的方向，而且指出企业计划跨越行业界限的方向，以这种方式描述共同的经营主线是对以服务与市场范围来描述主线的一种补充。

（三）竞争优势

竞争优势说明了企业所寻求的、表明企业某一服务类型与市场组合的特殊属性，凭借这种属性可以给物流企业带来强有力的竞争地位。一个企业要获得竞争优势，或者寻求兼并，谋求在新的服务领域或原服务领域中获得重要地位；或者企业设置防止竞争对手进入的障碍与壁垒；或者进行新技术开发，产生具有突破性的增值服务，以替代旧服务。图2—2表示了美国战略学家迈克尔·波特（Michael E. Porter）的竞争优势实证研究成果。

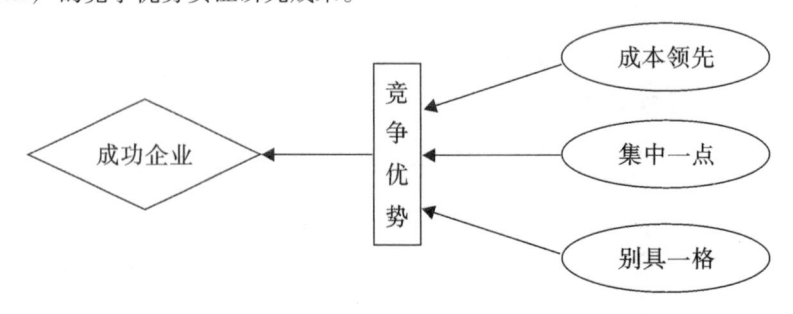

图2—2　竞争优势示意图

（四）协同作用

协同作用指明了一种联合作用的效果。安索夫指出，协同作用涉及企业与其新产品和市场项目相配合所需要的特征。对于物流企业而言，协同作用意味着物流链各环节的协同一致和整体性，也就是追求整体的最优性。这种协同作用通常又被描述为1+1＞2的效果，也就是说企业内各经营单位联合起来所产生的效益要大于各个经营单位各自努力所创造的效益总和，这也是现代物流业发展的共同化趋势的根本原因。作为体现协同作用的一个实例就是第三方物流的兴起。第三方物流通常是指独立于供需双方为客户提供专项或全面的物流系统设计成系统运营的物流服务模式。第三方就是指提供物流交易双方的部分或全部物流功能的外部服务提供者，从某种意义上讲，它是物流专业化的一种形式。第三方物流企业使得物流服务的各个功能环节能够协同工作，从而提高企业的总体获利能力。

协同作用是衡量物流企业新服务与市场项目的一种变量。如果企业的共同经营主线是进攻型的，该项目则应运用于企业最重要的要素，如物流服务网站、物流技术等；如果经营主线是预防型的，该新项目则要提供企业所缺少的关键要素。同时，协同作用在选择多种经营战略上也是一个关键的变量，它可以使各种经营形成一种内在的凝聚力。

以上四个要素是相辅相成、互不排斥的，共同构成了物流企业战略的内核。服务与市场范围指出寻求获利能力的范围；增长向量指出这种范围扩展的方向；竞争优势指出企业最佳机会的特征；而协同作用则挖掘企业总体获利能力的潜力，提高了企业获得成功的能力。

三、物流营销策略的基本知识

（一）物流营销的概念与特点

物流营销就是用物流服务来建立、维持、强化物流活动中的客户关系，并使之商品化，识别不同的物流服务市场，设计营销方案，以顾客的满意为中心来优化物流的作业和管理。

物流营销的特点：

1. 供应商与客户之间相互作用的重点正在从交易转向关系。
2. 物流营销的重点在于有利于客户和客户群实现价值的最大化。
3. 物流营销战略重视与关键市场建立和扩展关系，扩大市场。
4. 物流营销把质量、客户服务和市场营销紧密联系起来。

（二）顾客导向

在企业内部建立有效的关系链需要注意以下几个关键问题：

1. 价值前提，即物流营销的起点应该是对要交付的价值，针对不同的市场细分（甚至是客户细分）进行清晰的定义，并明确它的具体性质。

2. 辨别适当的客户价值群（投其所好）。

3. 设计价值交付体系。

4. 价值交付体系是客户价值链和物流企业价值链之间的坚实纽带。市场分割越来越细致，顾客要求越来越高，于是价值交付体系需要越来越高的灵活性。

5. 管理和保持客户满意度。

6. 物流客户服务的质量由控制交付过程的严格程度来决定。物流营销模式的一个显著特点是它既有"内部市场"（企业的员工）又有"外部市场"（最终客户市场、供应商、人才市场以及各种影响因素）。

（三）物流人员了解市场营销的意义

1. 进一步理解交易过程的管理。为了提高效率，物流人员必须懂得交易过程基础知识，并了解各种行为将如何影响此过程。

2. 增加辨别内部和外部"细分市场"以增强其服务的能力。物流人员能够把他们作为具有可识别的需求和期望的直接顾客。

3. 加强与所有合作伙伴的沟通联系。市场营销人员考虑何种综合沟通机制来调查信息发送者的想法和意图。

（四）通过物流营销创造价值

物流人员如果多在处理以下问题的时候有所创新，就可以创造价值：缩短产品生产周期；减少物流商数量，在全球范围内寻找货源；解决技术问题、协作问题；组建协作小组，完成外部物流工作；制定商品策略、绘制工作流程以及物流系统或流程。

四、物流营销环境与营销策略

（一）物流市场营销环境的含义

物流市场营销环境是指与物流企业的市场营销活动有关的各种外界条件和因素的综合。

对于物流企业而言，其市场营销环境一般可分为宏观环境与微观环境。微观环境是指直接影响物流企业在目标市场上开展营销活动的因素，包括物流企业、供应商、营销中介、竞争者、顾客、社会公众等，这些因素与物流企业紧密相连，直接影响物流企业为顾客服务的能力。宏观环境是指那些给物流企业造成市场机会和环境威胁的主要社会力量，包括政治法律环境、经济环境、社会文化环境、科技环境和自然环境等。宏观环境的变化非物流企业所能控制，它既给企业带来机遇也造成了挑战和威胁，因此，物流企业的一切活动都必须适应环境的变化。

（二）物流市场营销的微观环境分析

1. 物流企业内部环境

每个物流企业都有其发展目标，有其具体明确的经营任务。为了实现其目标或完成工作任务，必须依据自身条件和市场要求开展某些业务活动。物流企业的营销部门在制订和实施营销计划、开展营销活动时必须考虑到与企业其他部门的协调，包括与最高管理层、财务部、供应部、采购部、仓储部、物流中心等的协调，使营销活动得到内部高层和相关部门的大力支持。

2. 供应者

供应者是指物流企业从事物流活动所需各类资源和服务的供应者。它包括为物流企业提供设备、工具、能源及土地和房产的各类供应商；提供信贷资金的各类金融机构以及在各类人才市场上为企业提供人力资源的中介机构等。另外，为物流企业生产经营过程提供各种劳务和服务的机构，如货物运输、设备修理、员工培训、环卫清洁及保安等服务机构，也都构成企业的供应商。供应商对物流企业营销活动的影响主要表现在三个方面，一是供应的可靠性，即资源供应的保证程度，这将直接影响物流企业的服务能力和交货期；二是资源供应的价格及其变动趋势，这将影响到物流企业服务的成本；三是供应资源的质量水平，这将直接影响到物流企业提供的服务质量。因此，物流企业加强与供应商互惠互利，建立彼此间的信任关系，降低营销成本，实现营销目标。若供应商选择不当或出现问题，将给企业的经营带来不可估量的损失。

3. 营销中介

营销中介是指协助物流企业把物品从供应地运送到接受地的活动过程中的所有中介机构，包括各类中间商和营销服务机构；对于物流企业而言，其中间商就是众多的货运代理机构。

> 知识卡
> 营销服务机构
> 主要包括营销、研究机构、广告代理商、CI设计公司、媒体机构及营销咨询公司等，营销中介机构凭借自己的各种关系、经验、专业状况以及活动规模，在为物流提供货源，拓展营销渠道，提供市场调研、咨询、广告宣传、塑造企业形象等方面发挥着重要作用。

4. 客户

客户是物流企业服务的对象，是物流企业一切营销活动的出发点和最终归属。必须坚持以客户为中心，识别当今物流市场上各种客户的特征，以便为客户提供优质、高效、便捷的物流服务。

5. 竞争者

竞争者包括现有的物流企业，从事同类产品及服务的所有企业及潜在的进入者。如在物流市场上，存在三种层次的竞争对手：一是品牌竞争者，他们与本企业以相近的价格为同样的客户群提供相同的物流服务；二是行业竞争者，比如从事保税仓的所有企业，他们会把经营保税业务的企业归入此类竞争者。三是形式竞争者，比如航运企业会把所有从事运输服务的企业归入形式竞争者。分析竞争对手，就是要取长补短争取竞争优势。

6. 社会公众

社会公众主要指对实现物流企业的营销目标能力具有实际的或潜在的影响力的群体。它包括金融公众、媒体公众、政府公众、企业内部公众和一般公众等。物流企业在开展公共关系活动时要注意保持良好的关系，争取他们的理解和信任，争取他们的忠诚度，协调地完成物流营销活动，实现营销目标。

（三）物流市场营销的宏观环境分析

1. 经济环境

经济环境是对物流活动的开展有直接影响的主要环境。

2. 政治法律环境

政治与法律是影响物流企业营销的重要的宏观环境因素。政治因素像一只无形之手，调节着企业营销活动的方向，法律则为物流企业规定商贸活动行为准则。政治与法律相互联系，共同对物流企业的市场营销活动发挥影响和作用。

3. 自然环境

一个国家、一个地区的自然地理环境包括该地的自然资源、地形地貌和气候条件,这些因素都会不同程度地影响物流企业的营销活动,有时这种影响对企业的生存和发展起决定的作用。物流企业要避免由自然地理环境带来的威胁,最大限度利用环境变化可能带来的市场营销机会,就应不断地分析和认识自然地理环境变化的趋势,根据不同的环境情况来设计、生产和销售产品。

4. 技术环境

物流企业要了解技术环境的变化发展对营销的影响,因为新技术是一种"创造性的毁灭力量",技术革命给企业带来机会,同时也带来威胁。随着计算机、互联网等新技术的广泛运用,它们正日益改变企业的商业运作模式和市场营销模式。

5. 社会文化环境

社会文化是指一个社会的民族特征、价值观念、生活方式、风俗习惯、伦理道德、教育水平、语言文字、社会结构等的总和。它主要由两部分组成:一是全体社会成员所共有的基本核心文化;二是随时间变化和外界因素影响而容易改变的社会次文化或亚文化。人类在某种社会中生活,必然会形成某种特定的文化。不同国家、不同地区的人民,不同的社会与文化,代表着不同的生活模式,对同一产品可能持有不同的态度,直接或间接地影响产品的设计、包装、信息的传递方法、产品被接受的程度、分销和推广措施等。社会文化因素通过影响消费者的思想和行为来影响企业的市场营销活动。

因此,物流企业在从事市场营销活动时,应重视对社会文化的调查研究,并做出适宜的营销决策。

(四)营销环境分析与物流营销策略

1. 市场机会与环境威胁

物流企业市场营销人员的主要职责之一是观察企业所处的环境,从中寻找新的机会,并设法避免或减少环境变化给企业造成新的威胁。

市场机会就是企业获利的机会,市场上未满足的需要就是市场机会。物流企业市场营销人员对市场进行调查、分析、评估后,选取对企业市场营销活动有吸引力、企业拥有竞争优势和获得差别利益的市场机会。但市场机会能否成为某个物流企业的营销机会,则取决于是否适合物流企业的目标和现有资源,是否能使企业取长补短、发挥优势、获得差别利益。

环境威胁是不利于物流企业发展的趋势,如果物流企业不及时采取果断的市场营销行为,这种不利趋势将会影响到企业的市场地位。所以要为可能性大,后果严重的威胁制定应变计划以避免遭受损失。

2. 面对机会与威胁的对策

面临客观环境,纯粹的威胁和机会是少有的。通常情况下,营销环境都是机会与威胁并存,利益与风险结合在一起的综合环境,不同的威胁水平和机会水平的不同形成不同类型的典型环境,如图 2—3 所示。

机会水平	大	思想环境	成熟环境
	小	冒险环境	困难环境
		低	高
		威胁水平	

图 2—3 机会/威胁矩阵

3. 策略选择

市场营销者要在认真研究环境的基础上,针对图 2—3 所示不同环境采取不同策略。

（1）面临理想环境应采取的策略。理想环境是企业难得遇上的好环境，这时机会水平大。威胁水平低，利益大于风险，企业必须抓住机遇，开拓经营，创造营销佳绩，千万不能错失良机。

（2）面临冒险环境应采取的策略。这时机会和威胁同在，利益与风险并存，物流企业必须加强调查研究、进行全面分析、发挥专家优势、审慎决策以降低风险争取利益。

（3）面临成熟环境采取的策略。这时机会和威胁水平都比较低，是一种较平稳的环境，一方面要按常规经营、规范管理，以维持正常工作，取得平均利润；另一方面，企业要积聚力量，为进入理想环境或冒险环境做准备。

（4）面临困难环境应采取的策略。这时困难环境是风险大于机会，处境十分困难，企业必须想方设法扭转局面。如果大势已去，则采取果断措施退出，另谋发展。

第二节 经营战略的制定与实施

物流企业经营战略是物流经营者在构建物流系统过程中，通过物流战略设计、战略实施、战略评价与控制等环节，调节物流资源、组织结构等，并且最终实现物流系统宗旨和战略目标等一系列动态过程的总和。制定物流企业经营战略一般包括三大步骤：经营战略分析、经营战略方案设计、经营战略实施及评价与控制。

一、经营战略分析

（一）外部环境分析

这是制定经营战略的第一步，它包括企业微观、中观、宏观环境的分析。其目的是要找出外部环境对企业发展所能提供的机遇及外部环境对企业可能造成的威胁，从而为确定企业经营方向和思想、提出经营目标、制定经营战略打下基础。

（二）内部资源分析

内部资源分析的目的是要明确企业的优势及劣势，即一方面评价企业在经营中已经具备的优势，同时也要找到企业进一步发展的制约因素。明确了企业的优势和劣势，就为企业在长远发展中如何扬长避短指出了战略方向。

二、经营战略方案设计

本步骤包括确定企业的经营方向和范围、战略思想、战略目标、经营战略的设计与选择、职能部门策略等内容。

（一）经营方向和范围

是指企业将在哪些产品、市场和技术领域内经营，它是对外部环境与内部环境进行分析的结果。

（二）战略思想

战略思想是企业正确认识了外部环境与内部资源后，为实现战略目标而在整个生产经营活动中确立的指导思想。它是企业的经营哲学，是企业制定经营战略所依据的信念、价值观和行为准则，也是企业制定经营战略的灵魂。

（三）战略目标

战略目标是企业在一定时期内，按照战略思想，考虑内外条件和可能，沿着经营方向发展所预期达到的理想成果。它是经营战略的基本内容之一。物流战略包括三个目标：成本最小、投资最少和服务改善。

成本最小，是指降低可变成本，主要包括运输和仓储成本，例如物流网络系统的仓库选址、运输方式的选择等；投资最少，是指对物流系统的直接硬件投资最小化从而获得最大的投资回报率；服务改善，是提高竞争力的有效措施。

（四）经营战略的设计与选择

它是根据企业外部环境及内部资源分析的评价结果，按经营方向提出几个可能实现战略目标的战略方案，并对这些方案逐一进行分析评价，选出最好的战略方案。

（五）职能部门策略

根据企业总体战略，企业应制定各部门的具体策略，根据这些策略，职能部门管理人员可以更清楚地认识到本职能部门在实施总体战略中的责任，从而也丰富、完善和发展了企业总体战略。

下面以英国航空公司为例，说明一下战略方案设计中涉及的几个重要的相关概念。

1. 战略思想

"努力成为航空业的最佳、最成功的企业"。

2. 战略目标

全球领导者——"保证在全球航空运输市场占有最大的份额，同时，保证在所有重要的地区市场内占有重要的份额。"；服务与价值观——"在我们所在的每一个细分市场内提供价廉物美的服务。"

3. 战略方案

"我们的具体目标是保持英国航运的增长率，同时在向全球扩张过程中保持优势。""在预测顾客需求与竞争者的行为，并快速做出反应等方面我们力求做得最好。""扣除各种费用后每条航线必须每年要获得超过 20 亿英镑的利润，只有这样才能更好地满足顾客的需求。""在我们的许多市场中竞争都会加剧，我们要获得成功，主要依靠我们严格地控制成本的能力。""我们的战略是在全球范围内通过在有利可图的地方，建立营销联盟或在有足够资本收益率的地方，投资其他航线来扩张我们的核心业务。""保持使我们在竞争中领先的质量、革新和服务等"。

三、经营战略实施及评价与控制

完成了上述步骤后，企业的经营战略即已完成，可以付诸实施了。

（一）经营战略的实施

所谓战略实施就是将战略转化为行动。一个好的战略需要通过有效的执行才能体现出来，而战略的成功执行是战略管理中最为复杂的事情。在战略的实施过程中，几乎会涉及管理中的所有要素，因此，关注企业内部的不同之处并从中入手显得非常必要。

对企业来说，战略实施主要涉及以下一些问题：如何在企业内部各部门和各层次间分配及使用现有的资源；为了实现企业目标，还需要获得哪些外部资源并如何利用；是在各部门间平均分配还是重点支持某些项目；为了实现既定的战略，需要对组织机构作哪些调整；这种调整对各部门和有关人员会产生怎样的影响；他们是支持还是反对这种变革；为了保证目标和任务的完成，管理人员还需要掌握管理组织变革的技术和方法。

具体来说包括：制定年度目标，制定政策，配置资源，调整现行组织结构，企业改组和流程重组，调整奖励和激励计划，减少变革阻力，使管理者适应新的战略，培育支持新战略的企业文化，调整生产作业过程，发展有效的人力资源功能及减少企业规模。当所实施的战略使企业向新的方向发展时，企业管理则必将发生更大的变化。

1. 制定年度目标

年度目标可以指引企业成员的行动、方向和作为他们努力的准则。它通过向利益相关者论证企业活动的合理性而为企业的经营提供依据。年度目标是激励企业员工并使他们加强自我认知的重要动力。它促使管理者和员工努力工作并为企业组织的设计提供了基础。

2. 制定政策

这里的政策是指具体的准则、方法、程序、规则、形式及支持和鼓励为实现既定目标而努力工作的管理活动。

实施企业战略，需要有具体政策来指导日常工作。因为政策能使员工和管理者明白企业期望他们做什么，进而提高了战略被成功实施的可能性；政策为管理控制活动提供了基础，并可协调各组织间的关系，还可减少管理者用于决策的时间；政策明确了谁应该做什么工作；政策将决策权力适当地委派给各个有着自己不同问题的层级。企业战略方向的改变不是自动发生的。

3. 资源配置

资源配置是战略管理中的一项中心活动。所有企业至少要拥有四种可以用于实现预期目标的资源：财力资源、物力资源、人力资源及技术资源。在不进行战略管理的企业中，资源的配置往往取决于政治的或个人的因素。对于战略管理和成功经营来说，必须将资源按年度目标所确定的优先顺序进行配置。

4. 调整组织结构与战略相匹配

战略的变化往往要求组织结构发生相应的变化。其主要原因有两个：第一，组织结构在很大程度上决定了目标和政策是如何制定的；第二个原因是企业的组织结构决定了资源的配置。

当企业改变战略时，其现行结构有可能变得无效。无效组织结构的症状包括：过多的管理层次，过多的人参加过多的会议，过多的精力被用于解决部门间冲突，控制范围过于宽广，有过多的目标未能实现。

因此，战略的变化必将导致组织结构的变化。组织结构的重新设计应该能够促进公司战略的实施。离开了战略或企业存在的理由（任务），组织结构将没有意义。

对特定战略或特定类型的企业来说，不存在一种最理想的组织结构设计。对某一企业适用的组织结构不一定适用于另一家类似的企业，尽管特定产业中成功的企业趋向于采用相类似的组织结构。

5. 战略实施中的人力资源问题

在企业中，战略的实施会对很多管理者和员工构成威胁，新的权力地位关系可以被事先预料和意识到，新的正式与非正式集团会形成，这些集团的价值观、信仰及侧重点在很大程度上是未知的。当管理者和员工在公司中的作用、特权和权力发生变化时，他们可能会做出抵抗性的行动。在战略制定与实施过程中，必须预测、考虑和管理由新战略所导致的社会和政治结构的破坏。也就是说，如果对人力资源问题不能给予足够的重视，设计得再好的战略管理系统也会失败。

因此，人力资源管理者的战略责任就是要在战略制定时，评估各备选战略对人员的使用需求与成本，并为战略的有效实施而制定人员计划。人力资源管理部门必须建立将战略实施业绩与收入明确挂钩的激励制度。

(二) 战略实施的评价与控制

它是要检查战略实施过程中在其达成战略目标上取得了多大的成效。战略实施的评价是对外部环境、内部条件分析及战略方案设计两步骤科学性、正确性的检验。通过对战略实施的评价，就能发现战略设计与战略实施之间的差距，分析产生偏差的原因，提出纠正偏差的具体措施并加以实施，这就是战略实施的控制，其目的在于使企业的战略行动更好地与企业所处环境及企业要达到的目标相协调，使战略目标最终得以实现。

经典案例

青岛海乾物流有限公司的经营战略与运作模式

青岛海乾物流有限公司，自1992年成立以来，海乾物流已经从一个只有几辆车的单一的运输公司，发展成为一家自有大型货运车辆187辆，年运输能力超过2亿吨公里，仓储面积1.5万平方米，车辆运行全程GPS监控，全面实行网络化管理的设施齐全、装备精良、管理先进的以公路运输为主业，集运输、仓储、配送为一体的现代化综合性物流管理公司。

海乾物流的发展，经历了以下三个阶段：

(1) 以优秀的服务质量赢得大型客户的认可。海乾物流，早期作为一家运输公司，首先要解决的是货源问题。社会上的零担货源，零散而不稳定，很难满足公司长期发展的需要，而大型集团公司的货源，充足而集中，但要求运输公司要有一定的实力和信誉。

董事长王竹林坚决地把公司的业务发展方向定为"服务于大型企业"，并认为，必须以优质的服务和良好的信誉赢得客户的认可，于是，经过不懈地努力和进取，抓住开始并不多的每一次机遇，规范经营，用心操作，通过一次次优质高效地完成计划，赢得客户一次次的满意和赞美，使得公司的顾客满意度和美誉度不断提高，从而逐渐得到了客户的认可。

(2) 合理布局，建立高效的物资流通网络。物流业，被誉为现代经济发展的第三大利润源，降低车辆空载率，是挖掘物流业利润潜力的主要措施之一，怎样才能降低空载率，海乾物流的方法就是：在卸货目的地附近寻找回程货源。针对客户来说，发货的地点并不是单一的，而是根据市场的需求，向多个地方都有发货计划，这样，解决车辆回程货源的问题，就需要根据客户发货的去向和运量，选择相应的区域，并在这些区域发展新的客户，使其成为公司车辆运行过程的回程货源基地。随着一个个基地的建立，多个基地和相应的运输线路就会形成一个物流网络，基地之间的关系就是一种互为回程货源的关系，车辆在这个网络中运行，其空载率就可以得到有效的控制（2001年海乾物流的车辆运行空载率为20%以下），从而大幅度降低物流运输成本，使物流公司和客户都会获得更大的利润空间。按照这样的思路，根据物资流通的线路，分别在长春、大连、咸阳、绵阳、深圳、无锡设立了6个办事处或分公司，建立了一个属于自己的辐射全国的物流网络，这个网络的高效运行，不但保证了客户物资流通的实效要求，保障了海乾物流的服务质量，降低了网络运输成本，也增强了海乾物流的市场竞争力。

(3) 基于高效运行的物流网络，利用宽绰的仓储容量，轻松迈入第三方物流。海乾物流，凭借多年与大型企业合作所积累的经验，结合以市场为导向的经营意识，基于业已建立起来的物流网络，利用自己宽绰的仓储容量，深层次服务于客户，轻松进入第三方物流领域。

海乾物流所参与的第三方物流管理，主要是中间产品第三方物流管理。所谓中间产品，就是指为终端产品配套的原材料或零部件。海乾物流作为第三方物流管理商，一方面作为供应商的一个窗口，及时为产品供应商反馈其产品需求商的各种要求和需求信息，协助供应商处理其业务中的各种客户服务事项；另一方面，作为需求商生产链上的一个重要环节，接受需求商的管理，确保与其生产节拍同步，及时将生产所需的物料送达指定位置。这样不仅减少了需求商原材料、零部件管理的各种繁琐的事务性工作，节省其物料储存的仓储空间，实现真正意义上的零库存经营；也减少了供应商为适应需求商的零库存要求而面临的繁重的客户物料配送事务；同时，由于物流管理商专业化的设施和仓储管理、配送经验，又使得物流管理简单化，成本也得到了有效的控制；这种中间产品的第三方物流管理，又给海乾物流提供了很好的回程货源，使得海乾物流的运输资源得到空前的充实和丰富。

青岛海乾物流有限公司，以其卓越的综合优势，良好的服务理念，协调统一的组织管理和团结奋进的团队精神，必将创造辉煌的未来，为我国的物流事业发展做出应有的贡献。

第三节　物流市场营销策略的选择

一、物流市场营销调研与预测

（一）市场调研的内容与分类

物流市场调研是物流营销活动中的一项重要工作，它把消费者、客户、公众和营销者通过信息联系起来，进行识别，判断市场机会和可能出现的问题，制定优化营销组合并评估其效果，帮助物流企业营销管理者制定有效的市场营销计划。

1. 物流调研的内容

物流市场调研不仅包括传统的定量调研，定性调研，媒体和广告调研，用户和供应商调研，更重要的是对顾客满意度调研。

2. 物流市场营销调研项目安排的步骤

在总体方案的设计和策划过程中，要制定整个调研工作完成的期限，以及各个阶段的进程，保证按时完成调研工作。

3. 确定收集何种类型的信息

从资料的来源来看，可将资料分为原始资料（一手资料）和二手资料。一手资料是指经实地考查收集整理得来的资料，二手资料是指别人已经收集并且发布或出版的资料，主要有两个优点：成本低；可以迅速获得。原始资料是那些企业自己收集的资料或者为企业收集的资料。

首先使用二手资料，如二手资料质量不高或不够详细，不符合你的要求，那么再收集原始资料，这个方法具有最佳的成本和效益比。

按照从一般到特别的顺序，将所要的信息依次划分为：宏观经济、行业特点、供应商、内部商、内部信息。

4. 信息收集与分析

（1）正式渠道：诸如报纸和商业杂志等形式的纷繁复杂的信息。

（2）非正式渠道：是物流销售代表定期与用户的沟通。

（3）信息分析：用SWOT方法分析，SWOT分别代表优势（Strengths）、劣势（Weak—nesses）、机会（Opportunities）和威胁（Threats）。这种方法通过回答问题，试图覆盖所有的信息，并将其划分成企业内部因素（优势和劣势）和企业外部因素（机会和威胁）。

5. 市场调研分类

按照不同的标准，可将市场调研分为不同种类（见图2—4）。

6. 调研经费预算

一般来说，市场调研要花费经费，事先必须做好经费预算。在进行预算时，要将可能需要的费用尽可能考虑全面，以免将来出现一些不必要的麻烦而影响调研的进度。

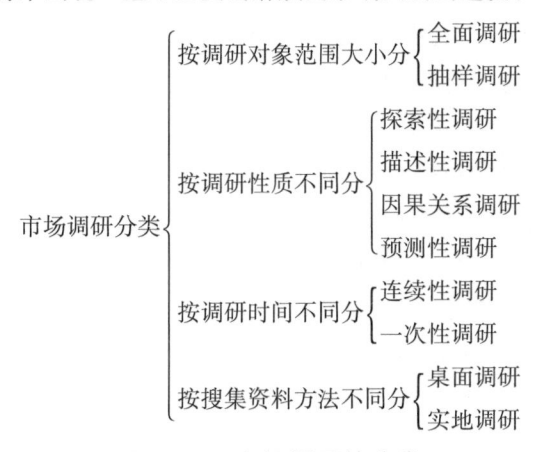

市场调研分类
- 按调研对象范围大小分
  - 全面调研
  - 抽样调研
- 按调研性质不同分
  - 探索性调研
  - 描述性调研
  - 因果关系调研
  - 预测性调研
- 按调研时间不同分
  - 连续性调研
  - 一次性调研
- 按搜集资料方法不同分
  - 桌面调研
  - 实地调研

图2—4　市场调研的分类

（二）物流市场营销调研的方法

物流市场调研的方法，是指市场调研人员在物流市场营销调研过程中所采取的种种具体方法。物流企业市场营销调研的主要方法有询问法、观察法、实验法。

1. 询问法

询问法，是指通过询问的方式向被调查者了解市场的一种方法。询问既可在备有正式问卷的情况下，也可在没有问卷的情况下进行。有正式问卷的询问，调查者通常要设计一种结构严谨的问卷，在询问过程中严格遵循问卷预备的问题顺序提问，这样可以方便今后资料处理。没有问卷的询问，在询问过程中没有标准的询问问题的格式，调查者仅仅按照一些预定的调查目标，自己发挥提出问题进行询问，被调查者回答这些问题，同样有充分的自由。

2. 观察法

观察法，是通过观察被调查者的活动取得第一手资料的一种调查方法。

运用观察法收集资料，调查人员同被调查者不发生接触，而是由调查人员直接或借助仪器把被调查者的活动按实际情况记录下来。这种情况下，被调查者的活动可以不受外在因素的影响，处于自然的活动状态；被调查者不愿意用语言表达的情感或实际感觉，也可以通过观察其实际行为而获得，因而取得的资料会更加反映实际。但是，作为现场观察来说，记录的往往只限于表面的东西，难以了解被调查者内在的思想行为，如人们的动机、态度等是无法通过观察获悉的。而且，在有些情况下，当被调查者意识到自己被观察时，可能会出现不正常的表现，从而导致观察结果失真；在对一些不常发生的行为或持续时间较长的事物观察时，花费时间较长，成本很高。另外，由于调查人员是身临其境地观察，这就要求观察人员有良好的记忆能力、判断能力和敏锐的观察力，同时应具备丰富的经验，把握观察法的要领。

3. 实验法

实验法，是指在市场调查中，通过实验对比来取得市场情况第一手资料的调查方法。它是由市场调查人员在给定的条件下，对市场经济活动的某些内容及其变化加以实际验证，以此衡量其影响效果的方法。

（三）物流营销市场预测的程序与方法

1. 程序

市场预测过程包括归纳、演绎（推断）两个阶段。归纳阶段：从确定预测目标入手，收集有关资料，经过对资料的分析处理、提炼和概括，再用恰当的形式描述预测对象的基本规律。演绎（推断）阶段：利用所归纳的基本演变规律，根据对未来条件的了解和分析，推测出预测对象在未来某个期间的可能水平以及对其进行必要的评价。

2. 预测的方法

（1）德尔菲法。美国兰德公司提出一种向专家进行函询的预测法，称之为德尔菲法。它既可以避免由于专家会议面对面讨论带来的缺陷，又可以避免个人一次性通信的局限。在收到专家的回信后，将他们的意见分类统计、归纳，不带任何倾向地将结果反馈给各位专家，供他们作进一步的分析判断，提出新的估计。如此多次往返，意见渐趋接近，得到较好的预测结果。其缺点是信件往返和整理都需要时间，所以相当费时。

> **知识卡**
> 整个预测过程大致有以下步骤：明确预测目标；搜集资料；分析判断，建立预测模型；做出预测。

（2）订货法。物流企业通过散发订货单或召开订货会等办法来预测市场对某种产品需求情况的一种预测方法。在汇总订货结果时，企业应当根据自己以往的销售情况，对订货量进行必要的修正。为了获得较好的订单返还率，通常对预订货的客户给予一定的优惠。

（3）意见收集法。高级主管的意见：这种方法首先由高级主管根据国内外经济动向和整个市场的大小加以预测，然后估计企业的产品在整个市场中的占有率。推销人员、代理商与经销商的意见：由于物流企业里的推销人员、代理商与经销商最接近顾客，所以此种预测很接近市场状况，更由于此方法的简单，不需具备熟练的技术，所以也是中小企业乐意采用的方法之一。此种预测方法虽然有很大的好处，但也存在很大风险。

二、物流市场细分与目标市场选择策略

（一）物流市场细分的概念、依据和步骤

1. 物流市场细分的概念

所谓物流市场细分，就是根据顾客不同的需求特性或需求差异，把整个市场划分为若干客户群的过程。每个客户群也就是一个子市场，都是由需要与愿望相同或相近的顾客所组成。市场细分后形成的各子市场之间有较大差异，而子市场内部各个体的需求相近或相似。

2. 物流市场细分的原则

（1）可衡量性。是指企业用以细分市场的标准是可以衡量的。

（2）可进入性。是指细分出来的市场，企业能够通过合理的成本和营销组合进入该细分市场。

（3）可盈利性。是指企业进入目标市场后能够获得预期的利润。

（4）稳定性。是指一定时期内，细分市场的标志及细分市场保持相对不变。

3. 物流市场细分的依据

市场细分的依据（或称变量）主要包括地理、人口及心理行为方面等的因素。

（1）地理因素

利用地理因素来划分市场，就是指根据消费者所处的地理位置来划分，主要指地域、省份、城市、国界、乡村等，它的有利之处在于整个市场的范围是相当明确的，而且不同地理位置上的需求是有差异的，对产品的偏好也不一样，如中国南方人比北方人更易接受新产品，对广告敏感。但地理因素是一个静态因素，不能反映需求的变化，而同一地理的消费者，其需求差异也很大，因此，地理因素只能作为一种粗线条的划分方法。

> 专栏
>
> 销售学上有一个普遍遵循的80/20原则，即把80%的产品销售到20%的顾客中，表明企业应该重视这20%的顾客的需求。

（2）人口因素

按人口统计学上的一系列指标来划分市场，包括消费者年龄、性别、家庭规模、收入水平、职业、学历即文化程度，宗教信仰、国籍等，通过这些因素来划分市场。

（3）心理及行为因素

①生活方式，反映心理和行为因素的综合性指标，生活方式不一样，需求、消费价值观和偏好就完全不一样，与生活方式相关的因素对市场细分有很大影响。

②购买动机，根据消费者对商品购买的动机不同来划分市场，如牙膏：洁齿美容；去污性；口味清爽；防病、防龋；保健；实惠；对价格敏感，要求价廉物美。

③用户状况。（针对工业市场）针对用户状况，划分为四类市场：经常使用者、初次使用者、曾经使用者、潜在使用者。

④产品的使用频率和数量。主要根据购买行为的次数和数量来划分，划分的目的是为整个推销策略服务。根据这种标准，将市场细分为大量使用者（主力顾客）、中等程度使用者和少量程度使用者。

⑤品牌的偏好状况。营销学上根据对产品品牌的喜爱程度不同，将市场划分为：

a. 极端偏好：产生强烈的购买动机，对该品牌来说，是品牌忠诚者。

b. 中等程度偏好：优先考虑此品牌，若无，找替代品。

c. 可有可无偏好：渗透市场。

d. 没有偏好：犹豫不定者。

⑥购买时机。营销者把特定时机的市场需求作为服务目标（寒暑假：机票；新学期：文具）。

⑦待购阶段。从不知道，到知之不多，知之甚多，再到购买欲望，最后付诸购买。不同阶段应采取不同的营销方案。

⑧态度。热爱、肯定（团结"进步力量"）、冷淡（争取"中间力量"）、拒绝、敌意（不要费太多努力，或检验出现的原因）。

依据地理、人口、心理因素对市场进行细分，最后反映出的市场是相当明确的，营销的成败取决于变量的选择，实际操作中市场细分相当重要，应在市场调研基础上，对市场进行细分。

任何企业的资源是有限的，如何使用有限的资源进行有效组合，为特定的一类市场细分的客户提供服务，关系到物流企业经营的成败。通过市场细分，物流企业可以认识到每个细分市场上物流需求的差异，物流市场的需求程度以及物流市场的竞争状况。物流市场在我国的发展方兴未艾，需要整合和完善的问题还很多，那些未得到满足或满足程度较低，竞争者未进入或竞争对手很少的市场部分便是客观存在的市场机会。抓住这些市场机会，结合企业资源状况，从中形成并确立适宜自身发展和壮大的目标市场，并以此为出发点设计相应的营销组合策略，就可以夺取竞争优势，在市场上占有较大的份额，为下一步的发展打下良好的基础。

（二）物流目标市场的选择策略和市场定位

1. 物流目标市场选择

物流市场细分可以为物流企业挖掘许多机会，而制定物流市场营销战略首先要确定目标市场。

所谓物流目标市场，是指物流企业经过评价所选中的并致力于开发的那个细分市场，即主要为之服务的市场。

(1) 目标市场的选择过程。这是指物流企业在按各种标准将市场细分后，直到确定目标市场的过程。在这个过程中，要运用"SWOT"等分析方法，对各个细分市场的发展潜力、增长率、竞争状况以及企业所拥有的资源能力，竞争优势等进行评估，选择的过程就是评估的过程，一般来讲，选择时需要依据以下基本条件：要有一定的物流要求规模；有良好的发展前景，保证物流企业的稳定发展；还要有足够的吸引力，比如物流的专业能力，各类辅助手段的完善程度和质量；还必须结合企业的目标与实力来考虑，如果企业在人力、物力、财力等条件上不具备相当的实力，无法取得相当的市场占有率就不应该将其选为最终目标市场。

(2) 目标市场策略的选择模式。在物流企业进行目标市场选择时，可采用以下五种策略，如图2—5所示（M：市场；P：产品或服务）。

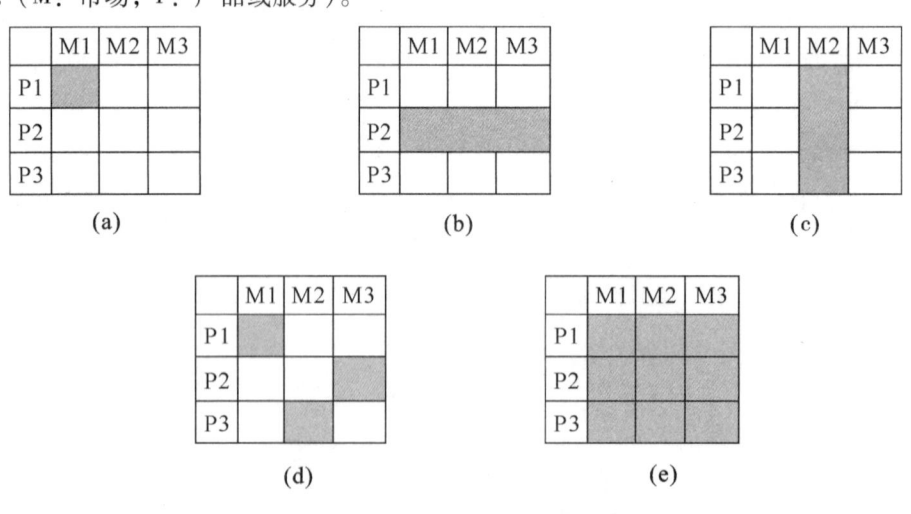

图2—5 目标市场策略选择模式

(a) 产品—市场集中型　(b) 产品专业化型　(c) 市场专业化型　(d) 选择专业化型　(e) 全面进入型

在了解了目标市场的选择策略之后，应当根据所选定的目标市场来采取相应的营销策略，企业根据具体情况进行通盘考虑、权衡利弊，方可作为最佳选择。一般来说，选择必须综合考虑企业资源、物流服务寿命周期、产品性质、市场特点、竞争状况等几个方面的因素。

(3) 目标市场战略主要有三种模式：

> **知识卡**
> 一些企业之所以能采用无差异市场营销战略占有市场，主要在于其具有一些垄断因素：①资金方面的垄断：实力雄厚，调动能力强。②规模垄断：规模大，才能控制整个市场。③技术垄断：拥有专有技术。

①无差异的市场营销战略。市场本身是有差异的，但根据比较大的总体市场的基本情况，不对它进行细分，根据其基本的营销需求，采用单一的市场营销战略（指单一的产品价格，销售渠道）打入这块市场，以获取成功。

产品本身是无差异，营销战略是无差异，产品需求无差异，即"以不变应万变"为基本方法。这种做法比较古老，主要在 20 世纪 50 年代以前，如美国早期的可口可乐公司，福特汽车公司。

优点：最大的优点表现在成本低，假定在市场销售有保证的前提下，就能获取规模经济效益。这种战略的低成本表现在：a. 生产成本：大批量生产、销售，单位成本降低；b. 销售成本：市场不进行细分，营销策略差异性小，市场调研、广告、宣传费、分销和促销成本降低。

缺点：在现代市场格局下，特别是在买方市场形成的情况下，单一策略难以打开市场，单纯地采用无差异市场营销战略难以使企业产品的销路得到畅通保证。

如可口可乐是软饮料之王，主要在于它的配方垄断性。20 世纪 80 年代初期，百事可乐开发出适合年轻人市场的饮料，广告宣传具有进取性，迎合了年轻人。可口可乐和百事可乐的竞争，使得可口可乐改变了市场营销策略。

②差异性的市场营销战略。其基本要点和无差异的市场营销战略完全不同。它是在市场细分化的基本思想指导下产生的，是在 20 世纪 50 年代以后所产生的市场营销战略。根据不同细分市场的特点，推出不同的市场营销策略。

用不同产品、不同价格、不同销售渠道和促销方法，在各个小的市场上获得成功。

优点：a. 能给消费者的需求带来深度满足，从而保证产品的销路；b. 能减少投资风险，把资金分散在各细分市场，如果有一块市场外部环境发生变化，市场消失，影响不会太大；c. 能提高公司或企业的知名度，产品分散在各市场，企业影响扩大，提升了整个企业形象。

如可口可乐公司发现百事可乐成为其重要的竞争对手后，改变配方，并决定采用差异性的营销策略，从古典可乐到新 Coca—Cola，以新的替代古典的。采用新的营销策略，广告宣传，新产品开发，在开发产品过程中，广告定位从"挡不住的感觉"改为"永远的可口可乐"，这个广告主题和它的历史和实力相吻合。

缺点：成本高，因在不同市场上提供的产品或服务有差异，提供的产品或服务的单位成本较高，另外由于在不同的子市场上策略不同，致使销售费用如广告宣传的费用也提高。

③集中性的市场营销战略。首先对整个市场进行细分，在对每个细分市场进行评价时，只选择其中的某一块或几块，而放弃其他细分市场，把资金集中于该块细分市场的市场营销战略。其战略意图是：不想在大的市场上取得小的市场份额，而力求在小的市场上取得大的份额。

优点：a. 适合中小企业开发市场。由于中小企业规模小，资金有限，不可能全方位发展，因此把资金收缩在有限的市场上，建立根据地，再向其他细分市场扩展（星星之火，可以燎原）；b. 能提高某一种产品的知名度。

缺点：投资的风险性比较大，由于把全部资金集中投入到某一细分市场（将所有"鸡蛋"装在一个篮子里），如果外部环境发生变化，一旦该细分市场消失，企业就会陷入困境。

2. 物流市场定位

物流企业在细分市场上确定了所要覆盖的市场面后，还要制定和实施市场定位策略。也就是不管采取何种目标市场策略，都必须进一步考虑在进入一个或多个细分市场中推出具有特色的产品或服务，应当努力使产品或服务在顾客心目中占据特定的位置。通过自身的物流服务创立鲜明个性，塑造与众不同的市场形象，从而更好地抓住客户，赢得客户。物流市场定位要体现：

（1）以"客户为中心"的物流服务精神。
（2）以"降低客户的经营成本"为根本的物流服务目标。
（3）以"伙伴式，双赢策略"为标准的物流服务模式。
（4）以"服务社会，服务国家"为价值取向的物流服务宗旨。

如图2—6是某物流企业按服务质量和价格指标进行定位。

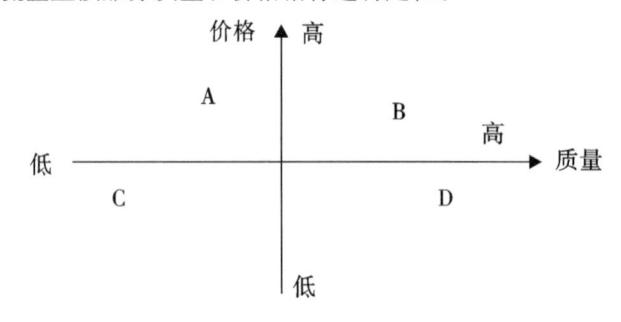

图2—6　按质量和价格指标进行市场定位

物流市场定位的基本方式有：

（1）定在竞争对手的位置或附近位置上。与竞争对手满足需求差不多，即满足同一类顾客时，采用这种模式，但必须有两个条件（以A企业为例）：

①市场必须大到能使A企业和你的企业都能进入——市场规模足够大，即A提供的产品是供不应求的，未被满足的需求很大，市场需求成长率高，如果市场规模小，即进入市场的销售成本提高。

②企业的技术力量不亚于A企业，即整个企业开发新产品的能力、技术是有保证的，达到品位需求。

该种定位模式体现的是价格竞争模式，品牌差不多，市场基本饱和，则价格降低成了最佳选择。实力相当的两家企业若采取这种模式，往往两败俱伤。

（2）定位在空白处。这种定位的意图体现的是非价格竞争方式，是20世纪50年代之后普遍采用的一种竞争模式。

从我国市场现有情况来看，很多企业缺少产品或服务定位的思想，或不能进行科学与正确地定位，经常受短期利益驱动一哄而上，同质的产品或服务造成过度竞争，在宏观和微观上都很不利：①整个国家资源浪费；②企业亏损，投资收不回。

物流企业通过市场细分选择一个或多个物流细分市场作为目标市场，就有可能深入细致地分析研究物流市场的特点，集中人力、物力、财力，有针对性地生产经营运销对路的物流服务，更好地满足目标市场的物流需要；此外，面对某一个或少数几个细分市场，可以及时捕捉需求信息，根据物流需求的变化随时调整市场营销战略和策略，需要说明的是，市场细分只是作为一种策略，蕴含着这样一种思路：物流企业并非一味追求在所有市场上都占有一席之地，而是追求在较小的细分市场上占有较大的市场份额。这种价值取向不仅对大中型企业开发市场具有重要意义，对小型企业的生存与发展也至关重要。

三、物流市场营销组合策略与营销理论的发展

（一）市场营销组合概念

市场营销的核心内容就是市场营销组合，所谓市场营销组合（Marketing mix）就是指企业为追求目标市场预期的营销效果，综合运用企业可以控制的各种市场营销要素，并对之进行最佳组合。经典的营销理论所说的市场营销组合是指有形产品（实体产品）的营销组合，即产品策略（Product）、价格策略（Price）、分销策略（Place）、促销策略（Promotion）的组合，简称4Ps组合。

> **专栏**
>
> 美国服务营销专家布姆斯（B. Booms）和毕纳（M. Bitner）提出7Ps服务营销组合，即在经典营销理论4Ps组合的基础上，增加"人（People）"、"过程（Process）"、"有形展示（Physical Evidence）"三个要素。

（二）物流市场营销组合策略

与物流有关的营销组合因素有产品、价格、渠道、关系和网络等，这几乎包含了所有的市场营销要素。营销活动一方面要解决把握需求、开发市场、综合运用营销战略和战术技巧销售商品的问题，同时又要解决如何高效、低成本的为上述活动提供商品的问题，这就是物流与流通的关系的具体表现，也即现代物流与市场营销之间的接口。营销系统要求物流和配送与价格、促销和生产决策能够吻合。

1. 产品策略

产品是消费者购买的所有属性的总和。虽然物流不创造产品，但是物流担负着在整个供应链中保护产品属性的责任，这就需要包装。包装保护着产品的属性，亦即产品被提交时应该和它被制造出来时一样。运输产品会产生损坏和丢失的风险，它增加了购买者和销售者的费用。因此，保护性包装在把产品运送给消费者的过程中是很重要的。

包装还有为产品提供保护之外的作用。现在的企业在物流过程中都很重视消费包装，以促进产品的销售。消费包装主要是颜色、尺寸、可循环性和可重复利用性等。搬运、运输和装载性也会影响包装决策。总之，包装应保护产品、促进销售、易搬运并使得运输和储藏的费用最小。

2. 价格策略

价格是指顾客为了得到产品或服务而花费的时间、精力和金钱的数量。按照企业的观点，价格是企业通过出售它的产品和服务而收到的金钱的数量。价格应该包含固定价格、可变价格和某些边际收益。现代物流通过它的活动影响着企业掌管的价格、影响着企业的成本构成和边际收益。例如，运输收费就包含在产品的价格中。如果每一次运输装载得更多，那么销售者就会降低单位运输费用。如果承运人提供了数量折扣，或者销售商更有效地利用了他的私人车队，这种情况就会发生。所以只有从营销和物流两个角度综合考虑，才能制定出一个能够满足营销和物流综合需求的定价策略。

3. 分销策略

指物流企业如何选择产品从供应商顺利转移到客户的最佳途径。对于物流企业而言，分销渠道

策略包括了网点设置、运输储存、配送、区域分布、其他合作商的选择等子因素的组合运用。以中远集团为例，它在全球有200多家总代理，在国内有600多个货运网点，营销网络强大。中远集团针对目标客户和自身的市场定位，通过大力拓展直销渠道，达到了更好服务于客户的目的。

4. 促销策略

促销活动也影响物流系统。对广告、公共宣传等促销活动大量投资是对推销人员提高销售量的一种支持。但是，如果物流系统不能及时把产品供应到客户手中，销售量将得不到如期的扩大。所以，需要在物流部门与营销部门之间建立便于信息快速传递的信息系统，不断沟通并协调促销活动的规模与库存、运输、客户服务等物流环节。

总之，现代物流并不是孤立的系统，它与企业的市场营销接口（当然它与企业的所有传统功能接口，包括制造、财务会计等）。市场营销本身就是流通，所以，同物流在流通中的功能一样，现代物流对市场营销活动起着基础性的支持作用，且现代物流进一步提供了企业在销售市场上的竞争优势。

（三）市场营销组合的实践意义

市场营销组合是制定营销战略的基础，更是应付竞争的有力手段，还是协调物流企业内部各部门工作的纽带。因此，物流企业要为客户提供一体化的解决方案，就必须以市场营销组合为核心进行企业的战略计划和工作安排，形成一种相互联系、相互协调的关系，共同促进市场营销组合战略的实施。

（四）市场营销理论的发展

1. 4Cs营销理论

营销理论随着营销实践的发展而发展，市场营销组合的内容在不断创新之中。4Ps（Product；Price；Place；Promotion），即产品、价格、渠道、促销策略自20世纪50年代末由Jerome McCarthy提出以来，对市场营销理论和实践产生了深刻的影响，然而，随着市场竞争日趋激烈，媒介传播速度越来越快，以4Ps理论来指导企业营销实践越来越受到挑战。到20世纪80年代，美国劳特朋针对4Ps存在的问题提出了4Cs营销理论：

（1）瞄准消费者（Consumer）需求。首先要了解、研究、分析消费者的需要与欲求，而不是先考虑企业能生产什么产品。

（2）消费者所愿意支付的成本（Cost）。首先了解消费者满足需要与欲求愿意付出多少钱（成本），而不是先给产品定价，即向消费者要多少钱。

（3）消费者的便利性（Convenience）。首先考虑顾客购物等交易过程如何给顾客方便，而不是先考虑销售渠道的选择和策略。

（4）与消费者沟通（Communication）。以消费者为中心实施营销沟通是十分重要的，通过互动、沟通等方式，将企业内外营销不断进行整合，把顾客和企业双方的利益无形地整合在一起。

4Cs营销理论注重以消费者需求为导向，与市场导向的4Ps相比，4Cs有了很大的进步和发展。但从企业的营销实践和市场发展的趋势看，4Cs依然存在以下不足：

①4Cs是顾客导向，而市场经济要求的是竞争导向，中国的企业营销也已经转向了市场竞争导向阶段。顾客导向与市场竞争导向的本质区别是：前者看到的是新的顾客需求；后者不仅看到了需求，还更多地注意到了竞争对手，冷静分析自身在竞争中的优、劣势并采取相应的策略，在竞争中求发展。

②随着4Cs理论融入营销策略和行为中，经过一个时期的运作与发展，虽然会推动社会营销的发展和进步，但企业营销又会在新的层次上同一化，不同企业至多是程度的差距问题，并不能形成营销个性或营销特色，不能形成营销优势，保证企业顾客份额的稳定性、积累性和发展性。

③4Cs以顾客需求为导向，但顾客需求有个合理性问题。顾客总是希望质量好，价格低，特别是在价格上要求是无界限的。只看到满足顾客需求的一面，企业必然付出更大的成本，久而久之，会影响企业的发展。所以从长远看，企业经营要遵循双赢的原则，这是4Cs需要进一步解决的问题。

④4Cs仍然没有体现既赢得客户，又长期地拥有客户的关系营销思想，没有解决满足顾客需求的操作性问题，如提供集成解决方案、快速反应等。

⑤4Cs总体上虽是4Ps的转化和发展，但被动适应顾客需求的色彩较浓。根据市场的发展，需要从更高层次上以更有效的方式在企业与顾客之间建立起有别于传统的、新型的主动性关系，如互动关系、双赢关系、关联关系等。

2. 4Rs营销理论

针对上述问题，近来，美国DonE. Schultz提出了4Rs（Relate；Reaction；Relationship；Return）即关联、反应、关系、回报营销新理论，阐述了一个全新的营销四要素：

（1）与顾客建立关联。在竞争性市场中，顾客具有动态性。顾客忠诚度是变化的，他们会转移到其他企业。要提高顾客的忠诚度，赢得长期而稳定的市场，重要的营销策略是通过某些有效的方式在业务、需求等方面与顾客建立关联，形成一种互助、互求、互需的关系，把顾客与企业联系在一起，这样就大大减少了顾客流失的可能性。特别是企业对企业的营销与消费市场营销完全不同，更需要靠关联、关系来维系。

（2）提高市场反应速度。在今天的相互影响的市场中，对经营者来说最现实的问题不在于如何控制、制订和实施计划，而在于如何站在顾客的角度及时地倾听顾客的希望、渴望和需求，并及时答复和迅速作出反应，满足顾客的需求。目前多数企业多倾向于说给顾客听，而不是听顾客说，反应迟钝，这是不利于市场发展的。

当代先进企业已从过去推测性商业模式，转移成高度回应需求的商业模式。面对迅速变化的市场，要满足顾客的需求，建立关联关系，企业必须建立快速反应机制，提高反应速度和回应力。这样可最大限度地减少抱怨，稳定客户群，减少客户转移的概率。网络的神奇在于迅速，企业必须把网络作为快速反应的重要工具和手段。在及时反应方面日本企业的做法值得借鉴。日本企业在质量上并不单纯追求至善至美，而是追求面向客户的质量，追求质量价格比。他们并不保证产品不出问题，因为那样成本太高。而是在协调质量与服务关系的基础上建立快速反应机制，提高服务水平，能够对问题快速反应并迅速解决，这是一种企业、顾客双赢的做法。

（3）关系营销越来越重要。在企业与客户的关系发生了本质性变化的市场环境中，抢占市场的关键已转变为与顾客建立长期而稳固的关系，从交易变成责任，从顾客变成忠诚顾客，从管理营销组合变成管理和顾客的互动关系。

与此相适应产生五个转向：①现代市场营销的一个重要思想和发展趋势是从交易营销转向关系营销：不仅强调赢得用户，而且强调长期地拥有用户；②从着眼于短期利益转向重视长期利益；③从单一销售转向建立友好合作关系；④从以产品性能为核心转向以产品或服务给客户带来的利益为核心；⑤从不重视客户服务转向高度承诺。所有这一切其核心是处理好与顾客的关系，把服务、质量和营销有机地结合起来，通过与顾客建立长期稳定的关系实现长期拥有客户的目标。那种认为对顾客需求作出反应、为顾客解答问题、平息顾客的不满，就尽到了责任的意识已经落后了。

必须优先与创造企业 75%～80% 利润的 20%～30% 的那部分重要顾客建立牢固关系。否则把大部分的营销预算花在那些只创造公司 20% 利润的 80% 的顾客身上，不但效率低而且是一种浪费。

沟通是建立关系的重要手段。从经典的 AIDA 模型："注意—兴趣—渴望—行动"来看，营销沟通基本上可完成前三步骤，而且平均每次和顾客接触的花费很低。

（4）回报是营销的源泉。对企业来说，市场营销的真正价值在于其为企业带来短期或长期的收入和利润的能力。一方面，追求回报是营销发展的动力；另一方面，回报是维持市场关系的必要条件。企业要满足客户需求，为客户提供价值，但不能做"仆人"。因此，营销目标必须注重产出，注重企业在营销活动中的回报。一切营销活动都必须以为顾客及股东创造价值为目的。

4Ps、4Cs、4Rs 三者不是取代关系，而是完善、发展的关系。由于企业层次不同，情况千差万别，市场、企业营销还处于发展之中，所以至少在一个时期内，4Ps 还是营销的一个基础框架，4Cs 也是很有价值的理论和思路。因而，两种理论仍具有适用性和可借鉴性。4Rs 不是取代 4Ps、4Cs，而是在 4Ps、4Cs 基础上的创新与发展，所以不可把三者割裂开来甚至对立起来，我们应该在了解、学习和掌握市场营销理论新发展的同时，根据物流企业的实际，把三者结合起来指导营销实践，这样才会取得更好的效果。

典型案例

马士基的客户关系管理（CRM）

全球著名的家居产品供应商瑞典宜家（IKEA）就是物流行业的佼佼者马士基物流极其看重的一个全球协议伙伴。马士基承揽着宜家在全球 29 个国家、2000 多家供应商、164 家专卖店、10000 多种家具材料的物流任务。宜家和马士基有牢不可断的"纽带关系"，因为宜家的"供应商家族"多年前就一直在和马士基合作。两家公司长期的合作以及彼此在生意模式、价值观、商业目的等方面多有相似之处。

1995 年，宜家在中国设立办事机构，那时只是从中国采购少量的原料，并不在中国生产销售。不过，即便当时那么小的物流业务也曾让宜家大皱眉头。宜家对物流服务商要求苛刻：对方必须在透明度、成本、物流能力、效率、质量控制等方面满足其条件；甚至还必须有"环保意识"——选择不污染环境的设备、机器、物流工具和燃料等，而且在运输过程中，还要科学地处理污水和气体排放问题。然而中国的物流公司有几家能这样规范呢？

此时，宜家更加"怀念"马士基。当时，马士基在中国并不能设立物流公司，仅仅在上海注册有一个"马士基有利集运"中国办事处。不过马士基仍然快速部署了宜家中国市场的原料出口物流计划。马士基通过"有利集运"，经香港、新加坡等地为宜家提供物流代理服务。同时，马士基在中国内地的办事处扩充到了 9 个。

1998 年，宜家感觉中国市场大有可为，其亚太战略重心开始向中国转移。同年，宜家在上海开了第一家家居商场，1999 年又在北京开了第二家。随后，宜家风行中国，两年内在中国的销售额涨了 43.6%，全球采购量的 10% 也转移到了中国。这时候，供应商的数量增加，地域分布拓宽，部署了在中国的生产网络和销售网络，使得物流业务量快速膨胀。包括原料采购、原料进口、产品和原料出口、国内运输、仓储、配送等等，这显然需要物流服务者能够对 SC（供应链）做整体计划。

这时候，马士基的办事处显然已经不能满足宜家在中国的需要了。

就在宜家火爆中国的时候，马士基也没有闲着。经过层层努力，终于将"有利集运"注册成了独资公司。权限扩大后，该独资公司接着又在中国沿海城市设立分公司和办事处，迅速扩张网络。2000年4月，有利集运正式改为"马士基物流中国有限公司（独资）"，在13个城市设立了8家分公司和5家办事处，网络由沿海向内陆扩张。有人笑言："马士基的物流服务几乎是随着宜家的扩张而扩张的。只要宜家在新的地区找到供应商，马士基就尽量扩展到那里。"马士基和宜家的物流领域的合作是经典的"点对点"链条关系。这种链条关系并不仅仅是业务需求，更关键的是，他们长期的合作使彼此相互促进。

当然，马士基的"跨国链条"上，不可能只连着宜家一个，这个链条上源源不断地连接着马士基的全球协议伙伴，如耐克、米其林轮胎、阿迪达斯等公司，马士基是追随它们而来。

这种点对点的链条现象在各个行业的跨国公司是普遍存在的，它们显然更愿意携着自己的伙伴来中国开垦，而不是选择中国的小企业。像宜家这样的跨国公司更像是一艘旗舰，在它的"联合舰队"中，当然不希望有破旧的"机帆船"。

第四节　现代物流战略全局性目标

客户服务是物流管理的最终目标，是全局性的战略目标。通过良好的客户服务，可以提高企业的信誉，获得第一手的市场信息和客户需求信息，增强企业的亲和力，并留住客户，使企业获得更大的利润。对于物流管理者来说，客户就是交货的最终目的地。无论交货的目的如何，接受服务的客户是制定物流运作要求的中心和驱动因素。在制定物流战略时，很关键的一点就是企业要充分认识到必须满足客户的需求。所以，了解客户服务的真正含义对物流战略的制定和物流计划的实施都是非常有必要的。

20世纪90年代以来，随着科学技术的进步和经济的不断发展，消费呈现出个性化、多样化的特征。商品在进入成熟期后，顾客对于商品的比较不仅将关注点放在质量方面，而且更侧重于伴随商品购买所获得的服务上。服务在顾客决策中占据着重要的地位。面对激烈的市场竞争，越来越多的企业开始关注客户服务，并主动去靠近顾客，以顾客需求和利益为中心，最大限度地满足顾客要求，客户服务成为企业竞争力的重要表现。作为顾客服务的主要构成部分的物流服务，则成为企业提升竞争力的关键。本节将详细介绍物流服务管理的有关内容，并分析客户服务所包含的几个层次，从而探讨如何设计物流服务来满足客户需求。

一、物流服务管理

现代物流管理活动的实质就是以顾客满意为基础，在权衡服务成本的基础上，向物流需要方有效、迅速地提供产品和服务。物流服务是企业为满足客户（包括内部客户和外部客户）的物流需求，开展一系列物流活动的结果。物流的本质是服务，它本身并不创造商品的形质效用，而是产生空间效用。站在不同的经营实体上，物流服务有着不同的内容和要求。

（1）作为客户服务的一部分的物流服务。从工商企业经营角度看，物流服务是企业物流系统的输出，是保证顾客对商品可得性的过程。企业物流服务属于客户服务的范畴，是客户服务的主要构成部分。在这里，物流服务的内涵包括三个方面（见图2—7）：①拥有顾客所需要的商品（备货保证）；商品具有顾客所期望的质量（品质保证）；③在顾客要求的时间内将所需商品完好地运送到正确的地点（运输保证）。

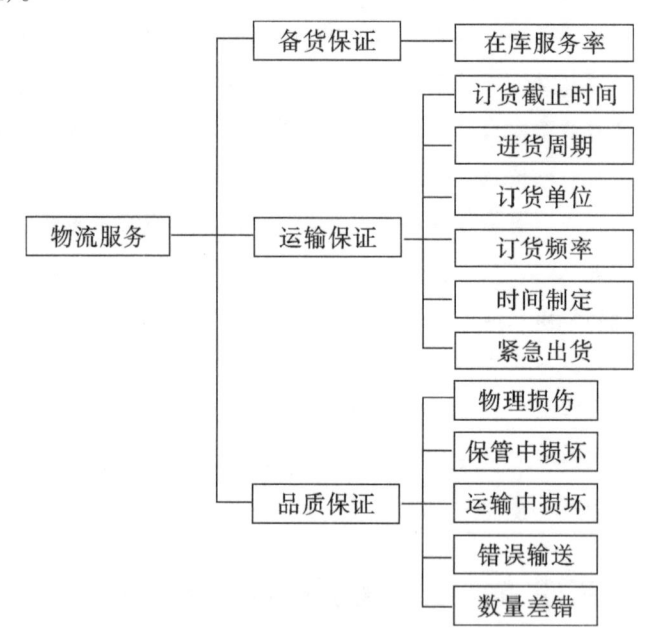

图 2—7 物流服务的构成要素

现代物流对于服务的要求为：将合适的产品，以适当的数量、合适的价格，在合适的时间，送达合适的地点。

(2) 作为物流企业产品的物流服务。从提供物流服务的物流企业的角度看，物流服务就是企业的产品，其产品内容就是物流服务的内容。物流企业的服务要满足货主企业向其客户提供物流服务的需要，无论是在服务能力上，还是在服务质量上都要以货主满意为目标。在服务能力上满足货主需求，主要表现在适量性、多批次、广泛性（场所分散）等方面；在质量上满足货主需求，主要表现在安全、准确、迅速、经济等方面。物流企业的服务市场，来自于工商企业的物流需求。因此，物流企业要提高自身的竞争力，开拓市场，首先要把握工商企业物流需求的内容和特征，将物流服务融入工商企业的物流系统中去，树立以货主为中心的服务理念。

具体来说，为满足货主的要求，物流服务的基本内容应包括运输与配送、仓储、装卸搬运、包装、流通加工等以及与其相联系的物流信息。在这几项内容中，运输、配送与仓储是物流服务的中心内容，其中运输与配送是物流服务体系中所有动态内容的核心，而仓储则是唯一的静态内容。物流服务的装卸搬运、包装、流通加工以及与其相联系的物流信息则是物流的一般内容。它们的有机结合构成了一个完整的物流服务系统。

物流服务主要是围绕着顾客所期望的商品、传递时间，以及质量而展开的，在企业经营中有着相当重要的地位。物流服务的意义主要表现在如下方面。

（一）物流服务是实现企业销售的重要保证

对企业来说，商流和物流是两类性质不同的经济活动。商流实现商品所有权的转移，物流完成商品实体的转移。在商品流通过程中，两者缺一不可。在一般情况下，商流是物流的前提，物流是实现商流的保证，所以物流所提供的创造商品时间效用和空间效用的服务功能是使企业销售得以实现和顺利进行的重要保证。

（二）物流服务是企业竞争的手段

随着经济的发展，企业间的竞争越来越激烈。在激烈的竞争中，产品在质量、价格方面竞争的潜力越来越小，此时物流服务就成为决定企业竞争成败的关键因素。如果企业交货及时、准确、可靠，就可以抢先占据市场，争取到更多的顾客，从而创造竞争优势。特别是企业进入细分市场营销阶段后，市场需求呈现多样化和分散化，企业只有迅速有效地满足各种不同类型、不同层次的市场需求，才能使自己在激烈的竞争和市场变化中求得生存和发展。而差别化经营战略中的一个主要内容是顾客服务上的差异，作为企业发展战略的重要组成部分，物流服务是企业获得竞争优势的手段之一。

（三）物流服务对降低流通成本具有直接影响

科学技术的发展，管理水平的提高，以及企业间竞争的加剧，都使得企业在生产过程中通过降低劳动消耗来降低成本。由于获取利润的途径越来越窄，而在产品的全部成本中，流通成本所占比重日益增大，且流通过程消耗的时间也越来越多。合理的物流服务方式能够提高商品流通效率、降低流通成本，对企业获得新的赢利途径有直接作用。比如，通过实行JIT配送、零库存，实施共同配送等物流服务方式能够有效地降低流通费用，加速资金周转，提高企业的经济效益。

物流服务管理，是指为向企业物流及其顾客提供增值效益，在整个企业范围内所采取的提高物流质量的效果与效率的所有措施。物流服务管理的要点是使物流服务中心运作良好，即按照客户的要求，将商品送到客户的手中，满足客户要求，并提高服务水平、降低物流服务成本。它的主要目的是以适当的成本实现较高水平的物流服务。科学合理的物流服务管理是优质的物流服务得以实施的重要保证。

物流服务管理主要涉及以下几个方面。

1. 确定物流服务要素

物流服务要素是指构成物流服务的各项活动，具体包括订货周期、缺货比率、配送可靠性、特殊服务等。物流服务要素是物流服务的具体化。要开展物流服务，首先必须明确物流服务包括哪些项目内容、活动要素及其相应的指标。

2. 收集物流服务信息

物流服务是提供顾客对物流需求的服务，首先要了解顾客对物流活动的需求，此种信息资源的收集可以采取问卷调查、座谈、访问、客户评议等方式进行，或委托第三方物流企业进行调查。客户需求信息主要包括客户对物流服务的需求度、重要性、满足度以及企业在服务水平方面与标杆企业间的差异等。此外，根据企业竞争的需要，物流服务水平作为企业战略决策的重要对象，必须在对标杆企业服务水平状况有所了解的基础上来确定。因此，除了掌握顾客的需求信息之外，还要掌握标杆企业物流服务水平的信息，如服务项目、服务程度、服务效率及收费标准等。

3. 分析比较，确定物流服务水平

在掌握上述信息资料的基础上，可以采取设计物流服务比较问卷表的方法，分析得出客户的服务需求及与标杆企业在物流服务上的差异，从而为确定企业服务策略提供可靠的依据。分析比较的方法如下。

（1）设计物流服务比较问卷表，表中列出物流服务的项目，对各个项目按评价标准的不同设定不同的分值（见表2—2）。

（2）将调查表发给客户，让客户按照表中内容分别给企业和标杆企业评分。将不同客户的评分加权平均，便可得到本企业和标杆企业在各个项目上的得分，分值的高低即可反映出本企业在该项目上的优劣和同标杆企业间的差异。

表2—2 物流服务比较问卷表

你认为某企业在下列服务指标方面做得如何？请评分，分值1~5,1=很差,2=较差,3=中等,4=较好,5=优秀。					
订货周期	1	2	3	4	5
存货可获得性	1	2	3	4	5
订货数量限制	1	2	3	4	5
配送可靠性	1	2	3	4	5
送货频率	1	2	3	4	5
单据质量	1	2	3	4	5
申述程序	1	2	3	4	5
订单完整性	1	2	3	4	5
技术支持	1	2	3	4	5
订货状况信息	1	2	3	4	5

（3）让客户将表中的每个项目按其重要性排出顺序，并注明他们希望达到的服务水平标准（见表2—3）。

表2—3 顾客对服务的需求

客户希望达到的服务水平			物流服务项目	按重要程度排序		
低	中	高		低	中	高
			订货周期			
			存货可获得性（订货数量的百分比）			
			订货数量限制			
			配送可靠性（及时送货率）			
			送货频率（配送次数/月）			
			单据质量（差错率）			
			申诉/投诉程序			
			订单完整性（送货种类百分比）			
			技术支持（反应时间）			
			订货状况信息			

（4）根据上面得出的各项数据可以做出比较图。从比较图上可以看出，标杆企业与本企业在物流服务上的差别、效果对比一目了然（见图2—8）。经过比较分析，企业可根据顾客的服务需求及自身与标杆企业之间的差距调整物流服务水平，以满足企业竞争和顾客的需要。

对客户的重要程度			物流服务项目	企业的物流服务绩效		
低	中	高		较差	满意	较好
		○	订货周期		●	○
	○		存货可获得性	●	○	
○			订货数量限制		● ○	
	○		配送可靠性		●	○
		○	送货频率		○	●
	○		单据数量	○	●	
○			申诉/投诉程序		●	○
	○		订单完整性		○	●
○			技术支持	●	○	
○			订货状况信息	○	●	

○──○ 标杆企业　　●──● 本企业

图 2—8　服务绩效比较图

4. 进行顾客服务需求分类

不同细分市场中的顾客服务需求是不一致的，此外，顾客思维方式以及行为模式的差异也会呈现出多样化的顾客服务需求。所以，确定物流服务水平时还应该进行顾客服务需求分类，从而确定以什么样的顾客群体的需求为基准制定物流服务战略和核心服务要素。在进行顾客服务需求分类的过程中，应当充分考虑不同顾客群体对企业的贡献度以及顾客的潜在能力；对于重要的顾客群体，应在资源配置和服务满足等方面予以优先考虑。

5. 根据不同的顾客群体制定出相应的物流服务组合战略

进行顾客服务需求分类之后，企业便可针对不同的顾客群体制定出相应的物流服务方针，并根据不同的顾客群体对企业贡献度的大小和重要程度的不同而有所侧重；然后进行物流服务水平设定的成本分析，将该服务水平下的收益与成本相比，分析其对企业盈利的影响；将本企业的物流成本与标杆企业的物流成本相比，分析企业是否具有竞争的优势；在成本分析的基础上，结合对标杆企业服务水平的分析，根据不同的顾客群体制定相应的物流服务组合战略。

6. 物流服务的绩效评价

物流服务组合一经确定，并不是一成不变的，而是要经常检查、随时调整。物流服务水平确定和物流服务实施后的情况如何？给企业带来了哪些效益？企业的销售部门和顾客对企业的物流服务现状是否满意？确定的服务水平是否得以实现？物流成本与以前相比发生了哪些变化？这些都需要通过企业对物流服务的绩效进行评价，得出结论。进行物流服务绩效评价的目的在于不断适应顾客需求及市场竞争的变化，及时制定出最佳的顾客服务组合，以保证物流服务的效率化。

二、客户服务的定义

企业最重要的战略问题是确定如何将各种服务与所期望的形式结合起来，以支持和激励有利可图的交易。因此，了解客户的期望并知道企业在物流服务诸方面（相对于其竞争对手）的绩效，对于实现卓越的服务水平是十分关键的。

尽管绝大多数经理都同意客户服务的重要性，但具体怎么理解客户服务的内涵呢？从理论上讲，客户服务反映了物流系统的产出和企业市场营销组合中的地点要素。如果组织的全部营销努力获得成功，就会产生客户满意。物流系统的每一组成部分都会影响顾客是否在合适的时间、合适的地点、以合适的条件、合适的价格收到合适的产品。因此，客户服务是对物流系统在创造产品的时间效用和空间效用方面的有效性的一种衡量，是物流与市场营销之间的纽带。

有些学者认为，客户服务可以看作是：①一种活动；②绩效水平；③管理理念。把客户服务看作是一种活动，意味着对客户服务要有控制能力；把客户服务看成是绩效水平，是指明客户服务是可以精确衡量的；把客户服务看成是管理理念，则是强化了市场营销中"以客户为核心"这一理念的重要性。所有这三个方面对于了解成功的顾客服务究竟涉及哪些内容是十分重要的。

所以，可以从这三个方面将客户服务定义为：客户服务是发生在购买方、销售方和第三方之间的一个过程；该过程导致交易的产品或服务的价值增值。在交易过程中增加的价值可以是短期的，如单次交易，或者是长期的，如契约关系。因此，从过程角度来看：客户服务是一个以成本有效性方式为供应链提供显著的增值利益的过程。

客户服务一般可以划分为交易前、交易中和交易后三个阶段，每个阶段都包含了不同的服务要素（见图2—9）。

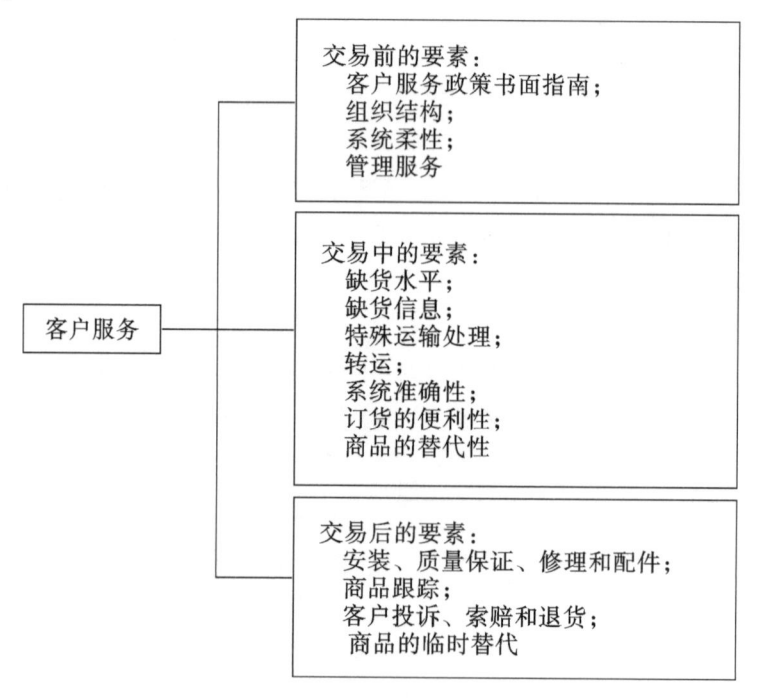

```
客户服务 ┬─ 交易前的要素：
        │    客户服务政策书面指南；
        │    组织结构；
        │    系统柔性；
        │    管理服务
        │
        ├─ 交易中的要素：
        │    缺货水平；
        │    缺货信息；
        │    特殊运输处理；
        │    转运；
        │    系统准确性；
        │    订货的便利性；
        │    商品的替代性
        │
        └─ 交易后的要素：
             安装、质量保证、修理和配件；
             商品跟踪；
             客户投诉、索赔和退货；
             商品的临时替代
```

图2—9 客户服务的要素

（一）交易前要素

客户服务的交易前要素倾向于非日常性、与政策有关，需要投入管理。尽管这些活动没有明确涉及物流，但对产品的销售具有重大的影响。交易前的要素具体包括以下内容。

1. 客户服务政策书面指南

它要求做到：①基于客户需要；②明确规定服务标准；③确定汇报绩效评估结果的人员和对象以及汇报的频率；④可操作或可实施。

2. 组织结构

要选择的组织结构应该有利于那些实施客户服务政策所涉及的职能部门之间的沟通与合作。此外，企业应该为客户提供能够满足他们对信息需要的具体个人姓名和电话号码。那些客户服务管理人员必须具有适当的职责和职权，并且具有某种方式的奖励来刺激他们与企业其他职能部门之间的合作。

3. 系统柔性

系统必须具有对突发事件，如暴风雪、原材料或能源的短缺、罢工等作出有效反应的能力。

4. 管理服务

企业必须设计相关的管理服务来帮助客户改进库存管理、订货或购买的培训手册和研讨会。

（二）交易中要素

客户服务的交易中要素是指那些通常与客户服务相关的活动。主要包括以下内容。

1. 缺货水平

缺货水平是对产品供应情况的一种测度。为了确定问题存在的地方，缺货情况应根据产品和客户进行登记。当缺货出现时，企业可以通过安排合适的替代产品；或当产品已入库时，通过加速发货，来维持与客户的良好关系。

2. 缺货信息

缺货信息是指为客户提供关于库存情况、订单状态、预期发货和交付日期以及延期交货情况的快速和准确的信息的能力。延期交货的能力使企业能够确定和加速那些需要加以立即关注的订单。企业可以利用延期交付的订单数量及其相关的订货周期时间来评估系统的绩效水平。延期交付的能力很重要，因为其他方法可能迫使企业缺货。企业应该按客户和产品类别将延期交付的数量记录下来，从而识别和纠正比较差的系统绩效水平。

3. 特殊运输处理

特殊运输处理是指那些为了缩短正常的订货周期时间而需要得到特殊处理的货物。尽管加急成本要比标准处理的成本高得多，但它可能比失去客户的成本要低。对于管理者来说，决定哪些客户应该得到加急发货以及哪些客户不适合采用加急发货是很重要的。一般说来，是否作特殊处理是根据特定客户对制造商盈利的贡献大小来确定的。

4. 转运

转运是指为避免缺货，产品在地区之间的运输；它通常是根据客户订单的预测来进行的。

5. 系统准确性

系统准确性指的是订货数量、订购产品和发票等方面的准确性。这对于企业和客户两方面都是至关重要的。其中系统出现的误差应该加以记录，作为系统处理订单数的误差百分比。

6. 订货的便利性

订货的便利性是指一个客户在下订单时所经历的困难的程度。由模糊的订单形式或非标准化的术语引起的问题会导致不良的客户关系。对这种问题有一个比较合适的绩效衡量指标，那就是出现与便利性有关问题的订单数与所有订单数之比。这些问题可以通过对客户进行面对面的协商来识别、减少或消除。

7. 商品的替代性

当一个客户原来订购的产品缺货时，如果他能够接受所订购产品被同一种类但不同尺寸的产品或另一种具有同样性能或性能更好的产品所代替，那么供应商就能够提高在特定时期内产品的可获得性。这样，企业可以在保持库存水平不变的情况下通过可替代商品来提高客户服务水平，或是在维持同样的客户服务水平下降低库存水平。

（三）交易后要素

客户服务的交易后要素支持产品的售后服务。具体的交易后要素主要有以下几种。

1. 安装、质量保证、修理和配件

客户服务的这些要素在采购决策中具有很重要的作用。可以将它们作为交易要素进行评估，从而使企业可以做到：①协助确保产品在客户开始使用时其性能与期望的要求相符；②获得零部件和修理人员；③对现场人员的文件支持以及容易获取的零部件的供应；④证实质量保证有效的管理职能。

2. 商品跟踪

商品跟踪是客户服务的必要组成元素。企业通过商品跟踪来发现存在潜在危险的产品，从而进行及时回收，及时改进服务质量。

3. 客户投诉、索赔和退货

不管是由于质量问题还是时间或种类问题，几乎每一个供应商都会有一些退货产品。对这些退货产品进行非日常性处理的成本是很高的。企业政策应规定如何处理索赔、投诉和退货。企业应保留有关索赔、投诉和退货方面的数据，从而为产品开发、市场营销、物流和其他职能部门提供有价值的客户信息。

4. 商品的临时替代

当客户在等待接受采购的物品或等待先前采够的产品被维修时，为客户提供临时性的产品来替代也是非常有必要的。

三、客户服务的三个层次

企业通常用三个层次的服务来满足客户的需求，这三个层次分别是基本的物流服务、使客户满意及实现客户成功。

（一）基本的物流服务

客户服务的第一个层次就是基本的物流服务，这是因为物流的主要价值就是以廉价高效的方式来满足客户需求。企业要取得竞争优势，必须具有向所有客户提供产品可得性、运作绩效以及服务可靠性等方面的能力。

产品的可得性指的是当客户需要产品时，企业具有可向客户提供足够产品的库存能力。它需要考虑三个性能指标：①缺货频率（企业出现缺货而无法满足客户订单的次数）；②订单满足率（发生缺货时满足订单的产品数与订单中总产品数之比）；③发出订货的完成状况（描述这份订单是否完成客户订购的所有产品的状态）。将这三个指标综合起来，就形成了企业满足客户需求的库存战略。它们同时也是评估产品可得性是否与企业基本物流服务计划相结合的基础。

运作绩效与根据客户的订单交付货物所需的时间有关。企业可以从运作速度（指从客户产生需求、下采购订单、产品运送至产品到达客户手中所需时间）、持续性（运行周期按计划规定时间运行完毕的能力）、灵活性（企业应付特殊情况及满足意外客户需求的能力）以及故障的补救等几个方面来衡量运作绩效。

服务可靠性体现了物流的综合特征，关系到企业是否具备实施与交货相关的所有业务活动的能力，同时还涉及企业向客户提供有关物流运作和物流状态等重要信息的问题。除了货物的可得性和运作绩效以外，服务的可靠性还表现为完好无损地到货、结算准确无误、货物准确地运抵目的地、到货货物的数量完全符合订单的要求等。关键的一点是，客户最关心的还是要求供应商按照日常的处理程序来圆满地完成大量细致的业务运作。另外，服务可靠性还包括企业是否有能力、是否愿意向客户提供有关实际运作及订购货物的准确信息。

基本物流服务的最高层次是实现完美订单，也就是实现零缺陷承诺的物流运作。客户所订购的货物要及时、完好地在正确的目的地完全到货，与货物相关的文件也必须做到完整和准确。换句话说，整个订购货物运行周期的实施都必须在零缺陷的情况下完成——产品的可得性和运作绩效必须得以完美体现，并且所有相关的支持性运作也必须完全按照对客户的承诺来完成。虽然一个企业不可能向所有层次的客户都承诺提供这种以零缺陷为基本战略的服务，但是，企业可以有选择地向一些重点客户提供这种优质的、高水平的服务。

显然，要构筑这样的完美订单，企业需要投入相当多的资源。事实上，许多企业都是基于行业平均水平或者是企业的整体市场营销战略来制定各项服务水平的。在对各项服务的内容作出不同水平的承诺时，企业必须对其竞争能力和成本、利润进行仔细分析，从而采取最有效的措施来满足客户需求。然而，即使企业提供了超过行业标准的服务，也不能确保客户对整个行业的服务水平感到满意。

（二）使客户满意

客户服务的第二层次就是使客户满意。客户满意是客户通过对产品或服务的可感知的效果（或结果）与他的期望值相比较，所形成的愉悦或失望的感觉状态。基本物流服务更多关注的是企业的内部运作绩效，而客户满意则强调的是客户、客户期望以及他们对供应商的运作绩效的认同。客户期望不仅包括一般的对物流运作的期望，而且包括对沟通、可信度、反应性、详细了解客户及供应商运作的可靠性和快速反应能力等方面的期望。

1. 可靠性

是指供应商对客户作出的所有承诺的兑现情况。客户是通过基本服务系统的各个方面来判断供应商的服务是否可靠的，如承诺的交货期、数量和质量等。事实上，客户对货损和文件的准确性等方面也有着具体的期望。

2. 快速反应

客户希望供应方的工作人员具备快速提供服务的主观意愿并具有这种能力。它不仅包括快速交货，而且还扩展到快速处理客户查询和解决问题的能力。快速反应是一个以时间为本的客户期望，代表着客户对供应商及时处理所有相关问题的期望。

3. 可接近性

客户希望供应商具有很容易接触、联系的特点。这样的话，客户能够比较容易地向供应商下订单，从供应商处获取库存或订购货物状态信息等。

4. 沟通

客户希望供应商能够及时提供最新信息。客户期望供应商能够主动及时地提供有关订购货物状态的信息（尤其是交货出现问题和产品缺货时）。客户不喜欢出现意外事件，因而他们希望供应商对于类似情况能够做到提前通知。

5. 可信度

客户希望供应商与其沟通所提供的信息真实可信，不希望供应商有目的地误导客户。此外，可信度还包含着对沟通完整性的要求。

6. 安全性

这涉及客户在与供应商打交道过程中感觉到的风险和疑虑。客户是根据对供应商运作绩效的预测来制订自己的运作计划的。例如，客户在对供应商的交货情况进行预测后，冒着风险制订生产计划，在期望供应商按时交货的基础上，安装机器和安排生产线。如果供应商延迟交货或交货不完整，他们就需要变更已制订的计划。与此同时，客户期望他们与供应商的交易是保密的。在供应链安排中，如果与该客户签订了业务协议的供应商同时又服务于该客户的竞争对手，这时安全性显得尤为重要。

7. 礼貌

这关系到供应商的所有联系人是否有礼貌、是否友善和尊重他人。客户可能与企业内的很多人员接触，包括销售代表、客户服务人员以及卡车司机等，其中任何一个人的无礼之举都会将其他所有人的努力工作毁于一旦。

8. 胜任能力

指满足客户需求的能力。由于它涉及与客户的每一次接触，因此任何一个环节的失误都会对全局产生影响。换句话说，在供应商交货时，客户可以对其卡车司机是否具备胜任能力进行判断；在核对订购的货物时，客户可以对其仓库保管人员是否具备胜任能力进行判断；客户也可以在供应商客户服务人员接听电话时对其胜任能力进行判断。同样，任何一个人员的失误都会影响客户对整个企业服务运作的认同。

9. 硬件

这涉及客户对企业的设施、设备及工作人员形象方面的期望。外在的特点也是客户对企业整体运作状况进行衡量的指标之一。

10. 了解客户

一方面供应商要根据客户的共同特点规划客户群体，进行市场细分；另一方面，客户希望供应商能够充分了解他们的特殊性，并且希望供应商有针对性地专门来满足其特殊需求。

如果企业比其他竞争对手更能够在这些方面做到令客户满意，那么企业就能在市场上获得某种竞争优势。但是我们也要看到影响客户满意的制约因素。

第一个制约因素是许多企业会有的一个误解，那就是以为所有的客户得到高水平的服务后就会十分欣喜。事实上，客户可能并不期望供应商提供高水平的服务。如果客户对企业服务水平的期望比较低，那么供应商即使提供中低水平的服务同样可以使客户满意。只有在供应商的绩效低于客户期望值的情况下，客户才会对供应商提供的服务表示不满。同样，即使在令客户满意的同时，供应商提供了比客户期望还要高的服务，也不一定会使客户感到高兴。供应商过多地注重客户期望，反而忽略了客户期望并不等同于客户需要或者客户需求这一事实。

第二个制约因素是已得到满意服务的客户并不一定忠诚于该企业。即使这些客户的期望得到了满足，他们仍然可以选择与企业的竞争对手做生意，因为他们希望竞争对手能够提供同这个企业相同甚至比这个企业更高水平的服务。

第三个制约因素也是企业经常忽略的一个因素，就是企业常常忽略在客户群体和单个客户之间存在的差异。企业往往将客户的期望综合起来，却忘记了一个事实：令一个客户满意并不等同于令另一个客户满意，更不用说使得所有的客户都满意了。

尽管有这么多影响因素，但是确保客户满意的确使企业将更多的精力放在了客户身上，通过满足客户的期望来不断提高自身的绩效。

（三）实现客户成功

客户服务的第三个层次，也就是满足客户需求的最高层次，即实现客户成功。当企业的客户满意计划在谋求满足甚至超越客户的期望时，客户成功平台的运作应该把精力集中在客户的需要或需求上。客户的需求虽然是客户期望的形成基础，但客户期望不等同于客户的需求。通过对以前企业绩效的了解、其他客户的口碑以及与企业本身的接触，客户往往将自己的需求降低到期望的水平，以致有时候企业满足了客户的期望但是仍不能使客户高兴。因此，实现客户成功就需要供应商熟知客户的需要，了解他们的潜在需求，并且协助他们增强竞争力，使其在各自的市场领域内获得更大的成功。客户成功的计划包含了企业对单个客户需求的全面了解，并愿意承诺与客户建立长期的业务关系来获取较高的发展和赢利空间。但这种承诺并不适用于所有潜在的客户。它需要企业通过广泛地与客户接触来了解客户的具体需求、客户内部的业务流程、客户所处的竞争环境以及其他能够使客户在行业竞争领域内获得成功的因素。此外，它还要求企业能充分了解如何利用自身能力来提高客户的运作表现。

从很多方面来看，使客户成功需要物流管理人员具备全面的供应链管理的观念。通常，基本的物流服务和使客户满意都是针对紧接着企业的下一级客户，但是这些客户在各自的运作中怎样为他们自己的客户提供满意的服务则不在企业考虑的范围之内。而使客户成功则需要他们对整个供应链和供应链中各层次的客户有一个全面的了解，以此来制订计划，确保企业使下一级客户能够成功地满足其供应链下游的客户的需求。如果供应链中的所有成员都认同这一观点的话，他们就可以相互协作、相互支持，最终共同取得成功。同样，为了深入了解客户需求和供应商的能力，双方必须进行一些与业务有关的信息交流，否则协同合作关系就无法实现。

为实现客户成功，增值服务是企业物流运作最常采取的一种措施。企业能否获得拓展市场份额的能力，主要取决于企业吸引并留住行业中最成功的客户的能力。而增值服务是企业为了提高效率和效益而开展的独特的活动。它可以实现个性化的物流服务，如提供独特的产品包装、以客户化的装货单元装货、对产品进行标价、提供独特的信息服务、提供由供应商进行库存管理的服务以及进行特殊的运送安排等。增值服务可以直接由与企业有业务关系的参与者来提供，也可以委托专业服务企业来打理。不管企业对具体的增值服务是如何组织和实施的，物流的增值服务都是客户成功计划的一个十分重要的组成部分。

四、物流服务满足客户需求

上面我们曾经提到，客户的需求是各不相同的。因此，只有全面了解单个客户的真正需求，将管理理念放到满足客户需求上，使客户获得真正的成功，才能获取较大的发展空间和赢利空间（见表2—4）。

表2—4 管理理念的发展

理念	工作中心
客户服务	达到内部标准
客户满意	满足客户的期望
客户成功	满足客户的需求

作为企业客户服务一部分的物流服务，最终要通过客户的满意度体现出来。客户对于企业物流服务的评价主要体现在商品的库存保有率、订货周期和配送水平等方面。在市场瞬息万变、产品生

命周期缩短、需求个性化日趋明显的环境下，供应商供货周期的长短直接关系到作为下游企业的零售商经营效益的高低。零售商期望制造商能够对订单作出快速反应，以便在最终消费者最需要的时候提供所需商品，从而把握每一个商机。供货周期的缩短，还有助于需求方降低库存、节约费用支出。同样，对于最终消费者来说，希望能够在零售商那里买到品种齐全的商品，并享受良好的配送等服务。而供货周期、配送服务以及库存保有率，正是构成企业物流服务的主要内容。物流服务是增强商品差异性、提高商品竞争优势的重要因素，它直接影响到企业的整体运作水平，已经成为企业提高市场竞争力的重要手段。企业物流服务水平决定于企业的物流系统，而物流系统工作涉及众多方面，如销售预测、节点网络设计、原材料采购供应、库存管理、运输和配送等。其中每一项工作的质量，都会影响到作为系统输入的物流服务水平的高低。因此，要提高物流服务水平，首先必须提高物流系统中每一项工作的质量。但是，现代企业物流系统已不仅仅是运输、仓储、配送等"物流功能"的集合结果了，它还包括基于采购、生产、销售、物流一体化的信息供应系统。企业除了向市场提供合格的、可以让消费者接受的、具备一定功能的有形商品外，剩下的主要就是物流服务。因此，现代企业物流系统所涉及的工作已远远不是用运输、仓储等活动就可以涵盖的。从一定意义上讲，运输和仓储只是实现物流系统输出的手段和工具。

作为企业经营大系统中的一个分支系统，物流系统的活动目标必须服从于企业经营大系统的总目标，即通过与生产、销售等其他分支系统之间的协调，保证企业经营总目标的实现。因此物流系统的服务水平，不是由物流系统本身决定的，而是由企业经营总目标所决定的。保证具体优势的物流服务水平对一个企业来说是至关重要的，它可以在适当的物流成本下提供最优的物流服务，从而实现企业利益的最大化。物流服务水平不是一成不变的，它应随着市场和企业经营状况的变化作出相应的调整。因此，合理的物流服务水平的确定主要包括以下几个步骤。

（1）对顾客服务进行调查。通过问卷、专访和座谈，收集物流服务信息。了解顾客提出的服务要素是否重要，顾客是否满意，与竞争对手相比自身是否具有优势。

（2）顾客服务水平设定。根据对顾客服务调查所得出的结果，对顾客服务各环节的水平进行界定，初步设立水平标准。

（3）基准成本的感应性试验。基准成本的感应性指顾客水平变化时成本的变化程度。

（4）根据顾客服务水平实施物流服务。

（5）反馈体系的建立。顾客评定是对物流服务质量的基本测量，而顾客一般不愿意主动提供自己对服务质量的评定，因此必须建立服务质量的反馈体系，及时了解顾客对物流服务的反馈，这可以为改进物流服务质量提供帮助。

（6）绩效评价。物流服务水平试行一段时间后，企业有关部门应对实施效果进行评估，检查有没有索赔、延迟、事故、破损等。通过顾客意见了解服务水平是否已经达到标准，成本的合理化达到何种程度，企业利润是否增加，市场是否扩大，等等。

（7）基准与计划的定期检查。物流服务水平不是一个静态的标准，而是一种动态的过程，也就是说，最初顾客物流服务水平一经确定，并不是一成不变的，而是要经常定期核查、变更，以保证物流服务的效率。

（8）标准的修正。对物流服务标准执行情况和效果进行分析，如存在问题，则要对标准进行适当修正。

在确定物流系统所要达到的服务水平的基础上，企业需要制定具体的物流服务方案。物流服务方案是物流服务供应商提出的意在满足内部或外部客户需求的物流服务解决方案。由于是为客户量身定做的，所以物流服务方案各有自己的特点。一般物流服务方案的策划程序如图2—10所示。

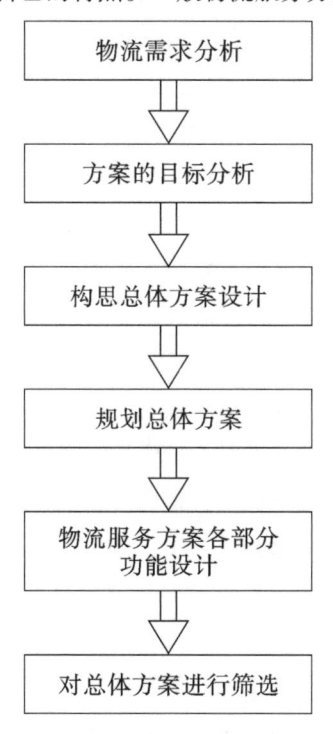

```
物流需求分析
    ↓
方案的目标分析
    ↓
构思总体方案设计
    ↓
规划总体方案
    ↓
物流服务方案各部分
功能设计
    ↓
对总体方案进行筛选
```

图2—10 物流服务方案的策划程序

物流服务方案策划要在物流客户服务方案提案的基础上，全面提出物流客户服务方案的目标和达到目标的条件、方法、前提，然后进行总体规划，作出方案的初步可行性分析，重点在投资效益可行性和技术可行性分析上。可以提出几个不同的方案，经过筛选后，形成总体规划方案。

物流服务方案初步研究的主要内容包括：如何达到物流客户所需的物流服务水平，采用何种物流理念和技术措施，以达到对客户的基本承诺；根据物流客户提出的物流量和服务要求，研究物流服务成本和价格估算；研究物流仓库的地点和选址，确定仓库类型的合理性和大致的库区划分管理措施；研究运输方案和配送方案，确定运输线路、车队的管理模式及运输车辆的控制方法；研究确定服务模式，确定要投入的物流设备、物流设施，以及物流投资预算、效益估算和财务评价；研究物流客户服务方案实施的时间进度安排，等等。通过初步分析研究，客户可以知道方案实施后能否满足目标要求，需要动用多少物流资源、投入多少资金，以及方案在经济上是否合理、在财务上是否有利，是否能够提高物流效率从而带来效益。

在日常的物流活动中，厂商据以建立最基本业务关系的客户服务方案是基本的物流服务，所有的顾客在特定的层次上予以同等对待，以全面保持其忠诚。而增值服务则是为了满足顾客特定需求，由专业服务机构提供的超出基本物流服务的附加服务项目。创新、超出常规、满足客户需要是增值性物流服务的本质特征。增值服务主要是借助完善的信息系统和网络，通过发挥专业物流管理人才的经验和技能来实现的，依托的主要是第三方物流企业的软件基础，因此是技术和知识密集型的服务，可以提供信息效用和风险效用。从增值服务产生的情况来看，它又可分为两部分：一是在物流常规服务的基础上延伸出来的相关服务，二是更高级的增值服务。

（1）从仓储、运输等常规服务的基础上延伸出来的增值服务。这种增值服务主要是将物流的各项基本功能进行延伸，伴随着物流运作过程实施，从而将各环节有机衔接起来，实现便利、高效的物流运作。如仓储服务的延伸有原料质检、库存查询、库存补充以及各种形式的流通加工服务等；运输服务的延伸有选择国际、国内运输方式和运输路线，安排货运计划，为客户选择承运人，确定配载方法，货物运输过程中的监控、跟踪、门到门综合运输，以及报关、代垫运费、运费谈判、货款回收与结算等；配送服务的延伸有集货、分拣包装、配套装配、条码生成、贴标签、自动补货等。这种增值服务需要有协调和利用其他物流企业的资源的能力，以确保企业所承担的货物交付任务能以最合理的方式、以尽可能小的成本来完成。

（2）实现一体化物流和供应链集成的增值服务。第一层次的增值服务实际上是物流功能自身的延伸，而物流一体化的增值服务则是向客户端延伸的服务，通过参与、介入客户的供应链管理及物流系统来提供服务，这种服务能够帮助客户提高其物流管理水平和控制能力，优化客户自身的物流系统，加快响应速度，为企业提供制造、销售及决策等方面的支持。如库存管理与控制、采购与订单处理、市场调研与预测、产品回收、物流信息系统的构建、物流系统的规划与设计、物流系统的诊断与优化、物流咨询及教育培训等。这类服务往往是由第三方物流企业发挥更大的主动性去挖掘客户的潜在需求而开发出来的，需要更多的专业技能与经验，具有更大的创新性和增值性；是高技术、高素质的服务。这种高层次的增值服务需要建立在双方充分信任和合作的基础上。

传统物流区别于现代物流的一个重要特征就是信息技术的加入。在物流服务中，条形码技术、物流管理信息系统、数据库技术、全球定位系统、地理信息技术、互联网技术等得到广泛运用。这些信息技术的加入有效解决了物流服务中出现的信息传递与共享、资源管理与优化配置、在途物资追踪管理等问题，提高了物流服务的能力与质量。信息技术在物流服务中的运用，拓展了物流服务的内涵，提升了物流企业的管理能力。随着信息技术的不断发展，物流服务的信息化趋势已势不可挡。信息技术将在物流服务中扮演重要角色。只有建立起完善的信息网络，并采用先进的信息技术的物流企业才能在高端的物流需求中具备竞争力。

【经典案例1】

IKEA（宜家）的理想

1949年，19岁的英沃尔·坎普雷德制作并邮发了他的第一本家具目录，它展示了本地区生产的家具的特点。四年内，他的家具商店在瑞士的Almbult开业。到1991年8月，IKEA集团在24个国家96个商店的销售额超过了20亿英镑，客户超过1亿。

20世纪60年代IKEA的增长只限于斯堪的那维亚的6个商店。第一次对斯堪的那维亚以外的城市进行零售概念测试是1973年在Zunich附近进行的，选择这个小市场是因为"失败也不会有太大的损失"。而后来的成功使其推进到苏格兰，随后又进入了其他国家。在20世纪80年代的高峰期，IKEA建立了53家商店，进入9个新的国家。通过将顾客的态度从注重造型和设计转向注重功能，从而加速了企业的增长，同时经济衰退也在推波助澜。而在风险很高的国家内，IKEA通过特许证进行经营。

IKEA零售概念的主要特点是越过国界，并对顾客有普遍的吸引力。产品和商店布局的设计都来支持这种吸引力。IKEA的目标是了解顾客的需求，然后将不符合顾客需求的东西从它所提供的产品中移走。顾客来源于各种生活方式，从新成家者到需要更多办公能力的企业人员。但他们都需要风格优美、质量上乘、价格合理，并且容易得到的各类家具。IKEA相信顾客做出购买决定需要时间和信息。所以，印制了200页的产品目录，这些目录是最早的销售手册。得到询问时，销售人员才参与工作，由此减少了所需的销售人员，并保证顾客参与了整个过程。家具产品展列在100间模拟房间内供顾客试用。提供照看小孩的地方，并有咖啡厅，在那儿顾客可以享受到瑞士风味的咖啡和瑞士食品。

大额销售量使IKEA的售价降低了，但其成本下降得更多。IKEA仍雇了20名设计者来设计低成本易制造的产品。在尽可能多的地方使用低成本的材料（塑料和夹板），而传统的材料（松木和亚麻布）用在能看到的地方，以强调斯堪的那维亚风格。从传统供应商中选择最经济的供应商，例如，衬衣制造商生产座套，所有的产品都是平包，这使运输成本降低，并使顾客在家里收到产品。

通过上述做法，IKEA可以提供12000种大小不等的产品，在45个国家有1800家供应商。价格比同类同质的产品低20%~40%。商店能满足家庭的所有需求。

以IKEA进入美国为例，在那里出现了新的发展模式。IKEA开办了一个很小的试验商店，以测试美国人零售的概念，并允许按当地风俗进行改进。然后将其推广到1992年以前最大的商店，它的面积为200000~250000平方英尺，并且这种商店的数目在逐渐增加。IKEA还建立了一个受本地支持的办事处，帮助商店管理人员分析市场，建立存货。商店通常建立在人口中心以外的绿色地带，购物环境良好。木质拼花地板、手工挂钩的形状和风格也很考究，同时将瑞典特色与其他文化（如低领礼服、休闲风格及传统饮食）融合在一起。统计数字表明这是成功的秘诀，这种商店每平方米的收入是行业平均水平的3倍。

IKEA集团为了逃避税收将其总部设在丹麦。安德斯·莫伯格成为总经理．英沃尔·坎普雷德已经退休，作为一名税收流亡者移居到苏格兰。公司的股份由Dutch慈善基金会掌握，没有上市。IKEA的扩张计划设想将15%的内部基金进行再投资，并保持12%的周转目标。IKEA主要有4个职能：开发产品系列、购买、运输服务和零售。安德斯·莫伯格领导批发业务，其中包括决定产品系列、购买和运输服务。到1991年，零售部门为管理全球的业务扩张已建立了地区性结构。

虽然英沃尔·坎普雷德已不再控制IKEA，但他的影响还仍然可见。他说的话常被引用："没有比树立榜样更好的方法了"，"害怕犯错误是改革和进步的敌人"，"什么都已完美的感觉无疑是一服有效的催眠药"。确实，他的哲学和风格仍能在安德斯·莫伯格身上看到，他会穿着不正式的服装来到Nissan Pricmera公司的办公室，像其他职员一样打卡计时。在国外，他乘坐经济舱，住最便宜的旅馆，他希望他的管理人员都像他一样。

尽管IKEA并不总是一次就能做对所有事情，但是它在不断努力地前进着。它的最严重的问题是"缺货"。当在新国家刚建立商店时，由于许多顾客不远千里来购买家具，所以缺货对他们是一个糟糕的消息，当在电话上不能得到信息时更加剧了问题的严重性，这些问题是由低级职员和越来越多的世界资源网络造成的，使其不能快速地存货。另一方面，由于顾客的参与，IKEA认为：商店的业务流程会逐步完善，并能达到顾客的要求。它认为顾客和雇员之间的合作关系会不断增强。

那么未来会怎样呢？IKEA相信东欧和苏联意味着美好的前景，代表着很大的市场潜力。IKEA在这些地区的特殊问题是怎样对待当地供应商并加速其现代化，以及如何处理当地货币的无效。在全球范围内，IKEA面临的挑战在于如何解决"普遍吸引"和"不愿意适应当地市场"的紧张争论。正如一名保险分析家所说："如果你去其他商店，你会看到每个地区的不同家具。在IKEA开设的商店，几乎所有的家具都一样。"

（本实例由Cranfield管理学院的David Cowley提供）

【讨论题】
1. 战略要与企业的经营环境相匹配，试分析一下 IKEA 公司是怎样做的？
2. IKEA 公司所面临的问题是战略性问题吗？为什么？

【经典案例2】

巧出奇兵，伊利割出"好玩"大市场

营销的复杂性、易变性、对抗性和结果的残酷性使得营销运作必须务实和高效。如何撬动庞大的竞争对手，从而达成另外一种可能？如何激发厚重的基本需求，使其成为现实的销售？

在6月12~13日举行的第三届南中国企业培训与发展大会上，北京赞伯营销咨询公司董事长路长全讲述了他如何运用"切割营销"法将对手逼向一侧，以雪糕产品"四个圈"带动连续三年大幅下滑的伊利，使伊利当年利润攀升4倍的故事。

寄人篱下的伊利雪糕

路长全走马上任伊利集团营销副总之时，伊利业绩已连续三年大幅下滑。而和路雪、雀巢等跨国公司一路高歌猛进，尤以和路雪为甚，在中国投放了十万台冰柜，近200亿元的中国冰品市场终端几乎被他们垄断。外忧的同时，伊利还面临内困，公司许多重要人员流失，创办了另一个品牌——蒙牛。

铺设终端时也遇到了难题，现在没有哪一个产品比普通雪糕的分销难度更大了。以广州为例，一般的产品铺6000家终端即可，而雪糕必须铺到20000家才行。短期内购置这么大量的冰柜，公司财力不足。残酷的现实就是：只能在别人的冰柜里卖自己的产品！

路长全最初考虑可否做一个新产品，但企业的回答是"模具是死的"。这样，他只能从老产品着手，如果能够给这些老产品不一样的理由。那么，这个产品就是不一样的新产品了。

怎样从市场的蛋糕上切一块下来呢？调整队伍是否可行？增加产品的促销行不行？这些方法从理论上都可以，但是实际上不可能。做广告企业没有钱，但是如果没有人促销，放在地摊上又没有人要，调整渠道也非常费时。路长全认为，当你遇到死胡同时，就要研究产品，从产品着手。因为人家买的是你的产品。

"好玩"的雪糕

如果按传统的4Ps去运作，胜算的可能性非常小。路长全决定突破传统，进行直接的市场调研，研究目标消费者——孩子。由此，他分析出八种消费者吃雪糕的理由：瞎吃、解渴、好奇、清爽、好玩、美味、营养和随便。调查显示，瞎吃、好奇、好玩占到54%。也就是说，"有趣"是一个被接受的基本面，具体产品是娱乐项目，好吃就变成了好玩。

这是路长全几年前对伊利冰淇淋在营销上最重要的思考。既然有好吃的雪糕，为什么不能有好玩的雪糕呢？把一支普通的雪糕当成一个娱乐项目来营销，不说它怎么好吃、解渴，而把它当作一种好玩的东西。这样一来，雪糕市场就分为了"好吃的"和"好玩的"两块，他做"好玩的"冰淇淋，传统的"好吃的"冰淇淋就没有办法和他竞争了。

雪糕市场就这样被一刀切成了两半。

手起刀落，但切割中存在诸多问题。路长全认为，切割环节应注意名称、包装、广告和渠道整合四要素。

A. 名称——名正言顺事才成

名称是了解陌生事物的通道,名正才能言顺,言顺才能事成。可见,一个响亮、贴切的名称对于产品至关重要。"四个圈"的构思来源于对孩子的观察,路长全发现,孩子都熟悉并喜爱圆的东西。"圆"是深入人类心智最早的概念之一,孩子接触最早、最多的东西是圆的,比如,圆的太阳、圆的眼睛、圆的气球等等。加之"圈"的读音比"圆"响亮,产品又是四层结构,所以起名叫做"四个圈"。起初,有人质疑雪糕是长形的,怎能叫"圈"。后来,因为企业的老总信任,才通过了这个命名。

B. 包装——冲击力比美丽重要

包装也容易存在苍白、科学、美丽、啰嗦但不营销等问题。其实消费者买雪糕时,60%是买第一眼看到的雪糕,尝一下是为了证明他第一眼看到的是正确的。消费者看到第一眼到购买撕开包装大概需要15秒钟时间。

探究了消费者的基本行为动作,就不难得出"视觉冲击力比美丽更重要"的结论。

C. 广告——先做数学再做作文

路长全认为,广告要能引起消费者的心灵的共振,形成消费者对产品的心理渴望,从而推动现实销售,这是对广告效果要求的底线。据此,他推崇激发式广告。比如说15秒的广告,前3秒让你关注这是什么东西,用10秒的时间来感动你,最后你说好吧然后回去试试。

伊利做了这样的广告片,一个小孩听到下课铃声就拼命跑去买"四个圈":别的小孩不明白他为什么这么喜欢吃,这个小孩就说"伊利'四个圈',你吃了就知道",小孩子怎么受得这种诱惑。所以说,广告要先做数学题,后做作文题。数学题做好了,作文题才能不偏离主线。否则,数学题不做或者做的不对,作文做得再精彩也有可能跑题。

D. 产品通道——三级架构定位明确

他认为,一级经销商定位在配送,二级经销商定位在分销,众多终端是陈列。

切割的效果是明显的。

不到1年时间,"四个圈"卖了几亿支,它带动连续三年大幅下滑的伊利大力度崛起,当年翻番,利润攀升4倍。不仅在淡季启动了市场,生产线饱和,而且全年供不应求,伊利紧急增加了三个生产基地。

【讨论题】

1. 从伊利的成功中能得到了哪些启示?

【经典案例3】

伯灵顿全球货运物流有限公司

伯灵顿全球货运物流有限公司(BAX Global)在中国已经"潜行"近10年,逐渐渗透进中国国际货运和供应链管理行业中。从1994年10月进入中国市场以来,10年间,伯灵顿东西南北四处落子布点,如今在上海、北京、厦门、天津、青岛、大连、西安、宁波、苏州等主要物流中心城市都设有代表处,在厦门象屿和上海外高桥保税区分别拥有自己的独资物流公司。今年,伯灵顿在中国来了一个大手笔,它和香港裕利集团共同投资1000万美元,在厦门建了一个完全按照现代化物流模式设计的物流仓库。它由两个层高在12.5米到13米之间的高架仓库叠落而成,可同时容纳16个集装箱车辆的装卸进出。一层8000平方米完全由伯灵顿使用，服务对象是戴尔电脑，二层则可以给一些大跨国公司做国际采购分拨中心。新仓库让伯灵顿可以更好地服务于它在中国不断增长的客户群。在中国，这家在全世界167个国家拥有520多家分支机构的美国公司，依靠强大的服务网络，为众多着眼中国市场的跨国公司提供服务。在世界很多地方，伯灵顿都是这些国际公司的生意伙伴。

虽然名气还不像UPS和联邦快递那样众人皆知，但伯灵顿为客户做采购管理和原材料供应管理方面的专长却不容小觑。有调查表明，包括VMI（供应商管理库存）、实时库存控制和交接运输等内容的增值仓储服务，正在成为全球物流市场中增长最快的领域之一，而这正是伯灵顿的优势所在。已经有越来越多的高科技公司选择把复杂的物流业务外包，凭借运作复杂物流方面的成功经验，像伯灵顿这样的第三方物流（3PL）公司，也就拥有了更大的竞争力。

在通信和IT等高科技行业，VMI正在成为趋势，而伯灵顿是这个领域全球领先的服务商，戴尔、惠普、苹果、摩托罗拉、诺基亚等诸多世界顶级公司都是它的客户。VMI是指把原材料库存从最终用户的手中交还给供应商来管理，从而降低供应链上各方的库存成本和风险。VMI模式的最大特点，是它帮助制造商根据市场——而不是预测的需求——来生产。就像伯灵顿北京办事处北方区总经理张晔北所说的那样："是先知道市场的需求是什么，然后再决定生产什么。"

伯灵顿常常会成为客户VMI项目中的重要组成部分，作为管理VMI仓库的3PL公司，伯灵顿既为买主服务，也为卖主服务。某种意义上，伯灵顿更像是他们之间的桥梁。

一般情况下，VMI仓库都会设在工厂附近，VMI仓库中，除了戴尔，还有伯灵顿的其他客户。因为如果VMI仓库装不满，伯灵顿的运作成本就会成为大问题。而供应商也必须以规模来规避风险，规模太小的供应商几乎没有能力进入VMI，大的供应商一般同时给几家大企业供货，自由调配物料，把风险降到最低。另一个更前沿的做法是，供应商自己也可以采用VMI模式管理更上游的供应商。一些超大的供应商就同时扮演着双重身份，既是大制造商VMI中的一环，同时又有自己的VMI。

伯灵顿的运作优势，在有着全球采购业务的制造商那里能够得到特别充分的发挥。有强大的国际运输网络和IT系统作为支撑，伯灵顿得以将所有处在同一条供应链当中的系统全部开放给它的客户。比如惠普公司的VMI模式，就由伯灵顿在亚太区的5个点同时运作，惠普美国总部随时可以通过系统直接查看这5个点的库存情况。

如果客户从国际货物运输的一开始就能把整个业务流程纳入伯灵顿的系统中，后面的环节就会变得很轻松了。因为整个过程都可以被实时跟踪，客户可以随时看到自己要的货到了哪里，是否已经在飞机上，几点几分会落地，这样它就能预计出大约在什么时候能够用到这批货。这样，伯灵顿的客户甚至能将在途货物作为库存的一部分考虑，从而减少制造工厂的库存。

伯灵顿把IT当作"业务发展的战略工具"，通过开发领先于行业标准的技术平台，使自己能在竞争激烈的市场上提供有别于对手的独特物流服务项目。它的信条是："为了把IT提升为一种战略性的商业工具，我们必须远远超过竞争对手，领先于行业标准。这意味着我们的信息系统必须是最新的，技术平台必须是严格建立在坚实的基础之上的。"

【讨论题】

1. 伯灵顿的竞争优势在哪里？其目标市场是什么？
2. 伯灵顿是如何建立自己的营销渠道的？

本章小结

本章重点介绍战略管理过程中的一些基本概念，使大家对战略、战略层次、战略构成要素及其战略制定的过程有一个直观的认识。

战略要解决的就是去选择做一件正确的事，努力将正确的事做好，并力争永远都做正确的事情，它非常注重从企业资源配置到经营范围决策中来获得综合效果。

"经典"的企业战略分三个层次：第一层次的战略是事业战略，就是究竟选择什么作为公司的主业，这是企业首要的；第二层次的战略是竞争战略，就是公司选定主业后，应该用什么样的竞争手段来打败竞争对手；第三层次的战略是功能战略，就是为了打败竞争对手，实现公司的战略目标，公司在财务、人力资源、业务流程及公司治理等方面应该怎么管理。在这里，企业至高无上的战略就是选择好主业，影响企业成功与否最重要的因素就是对产业的选择。本章研究的是物流企业的战略管理，属于第二层次和第三层次的战略问题。

制定物流企业经营战略一般包含三大步骤：战略分析、战略方案设计、战略实施及评价与控制。学习掌握这部分的内容便于大家直观地了解战略的制定过程。特别是英国航空公司与企业战略相关概念的举例，请同学们认真加以体会。

对于物流企业而言，其市场营销环境一般可分为宏观环境与微观环境，微观环境包括物流企业、供应商、营销中介、竞争者、顾客、社会公众等；宏观环境包括政治法律环境、经济环境、社会文化环境、科技环境和自然环境等。

物流市场调研是市场营销的整个领域中的一个重要元素，它把消费者、客户、公众和营销者通过信息联系起来，进行识别，定义市场机会和可能出现的问题，制定优化营销组合并评估其效果。

市场细分，就是根据顾客不同的需求特性或需求差异，把整个市场划分为若干个子市场的过程。每个子市场也就是一个细分市场，都是由需要与愿望相同的顾客所组成。

目标市场的选择过程，就是指物流企业在按各种标准将市场细分后，直到确定目标市场的过程。

市场营销的核心内容就是市场营销组合，所谓市场营销组合（Marketing mix）就是指企业为追求目标市场预期的营销水平，综合运用企业可以控制的各种市场营销要素，并对之进行最佳组合。

【本章关键术语】

战略、SWOT 分析法、价值链分析法、物流战略

【复习思考题】

1. 什么是战略？
2. 战略的本质特征有哪些？
3. "战略三层次"指的是什么？
4. 简述物流企业经营战略的四种构成要素。
5. 物流市场营销的特点有哪些？
6. 什么是机会/威胁矩阵？
7. 对于战略实施来说，最重要的管理问题是什么？

8. 企业战略实施过程中产生的人力资源问题的原因是什么？
9. 什么是德尔菲法？
10. 物流企业市场营销调研的主要方法有哪些？
11. 物流市场定位的基本方式有哪些？
12. 简述目标市场战略。
13. 简述4Cs营销理论。
14. 简述4Ps、4Cs、4Rs三者的关系。
15. 物流战略在企业竞争战略中处于何种地位？
16. 物流战略规划需要考虑哪些方面的因素？在这些因素中，哪些是决定性的因素？
17. 物流战略联盟需要具备怎样的条件？
18. 客户服务有哪几个层次？为了满足每个层次的需求，物流企业需要提供什么样的服务？

第二篇

运作管理

第三章　运输技术与组织管理

本章学习内容

通过本章学习使学生了解不同的运输方式的基本特点、不合理运输的相关表现、实现运输合理化的基本途径、运输的网络设计、运输决策实务和特种运输的基本操作方法等知识。

运输（transportation）是物流系统中最重要的子系统之一。运输是指通过运输工具和方法使货物在生产地与消费地之间或者是物流据点之间的流动。

运输解决了物资生产与消费在地域上的不同步性的矛盾，具有扩大市场、扩大流通范围、稳定价格、促进社会生产分工等经济功能，对拉动现代生产与消费、发展经济、提高国民生活水平起到积极作用。

第一节　运输方式的选择

运输是对物资进行较长距离的空间移动。运输的两个主要职能是物品位移和物品短期库存。

一、铁路运输

（一）铁路运输的特点

铁路运输具有适应性强、运输能力大、安全程度高、运送速度较快、能耗小、环境污染程度低和运输成本相对较便宜等显著特点。

（二）铁路运输的主要技术设施

铁路运输的各种技术设施是组织运输生产的物质基础。它可分为固定设备和活动设备。固定设备主要包括：线路、车站、通信信号设备、检修设备、给水设备以及电气化铁路的供电设备等。活动设备主要有：机车、客车、货车等。

（三）铁路运输的优缺点

1. 优点

速度快，运输能力大，连续性强，很少受自然条件的限制，安全性高，到发时间的准确性很高，运输的成本低。

2. 缺点

灵活性不高，发车频率较公路低，近距离运输费用较高。铁路运输最适合承担中长距离，且运量大的货运任务。

（四）铁路运输的方式

1. 整车运输

整车运输是指根据被运输物资的数量、形状等，选择合适的车辆，以车厢为单位的运输方式。

2. 零担运输

零担运输亦可称之为小件货物运转。这种运输办法多在因待运量少而不够一个整车装载量时采用。

3. 混装运输

混装运输是一种小件运输的装载情况。一般可以把到达同一地点的若干小件物资分装在一个货车上。不同的物资分装在同一个集装箱中也是一种混装运输方式。

4. 集装箱运输

集装箱运输指采用集装箱专用列车运输物资。

（五）整车、零担和集装箱运输的区别

（1）在数量上，零担运输规定一批货物的重量和体积须不过30吨，一件货物的体积最小不得小于0.02立方米，每批货物不得超过300件。使用集装箱运输的货物重量：每箱不得超过集装箱最大载重量。铁路集装箱最大载重量为：一吨箱810公斤；五吨箱4200公斤。

（2）在货物品类及性质方面，按零担或集装箱运输时有一定的限制：零担运输中有八类货物不能承运；集装箱运输中有三类货物不能装运；而按整车运输时则没有这类限制。

（3）在货物运送的单位上，整车运输以每车为一批，而零担或集装箱运输的货物，则以每张运单为一批。使用集装箱运输货物，铁路按批办理，每批必须使用同一箱型，至少应有一箱，最多不得超过铁路货车一车所能装运的箱数。

（4）在货物运费的核收上，整车货物与零担货物的运价号、运价率都不同。按集装箱运输时，一整车集装箱按货车标重及其适用的整车运价率计费；零担集装箱按货物重量（低于起码重量的按起码重量）及其适用的零担运价率计费。

（六）铁路托运

在铁路运输中，完成向货车上的装货、卸货、收集、发送等工作，是铁路运输部门根据托运人的需要进行的，故称为铁路托运。

（七）不能办理铁路零担托运的货物

（1）需要冷藏、保温或加温运输的货物；

（2）规定限按整车办理的危险货物；

（3）易于污染其他货物的污秽品；

（4）蜜蜂；

（5）不易计算件数的货物；

（6）未装容器的活动物（铁路局规定可按零担运输的除外）；

（7）重量超过2吨、体积超过3立方米或长度超过9米的货物（经发站确认不致影响中转站和到站装卸车作业的除外）。

二、公路运输

（一）公路运输的特点

公路运输具有机动、灵活、可实现门到门运输、货损货差小、安全性高、灵活性强、原始投资少、资金周转快、技术改造容易和适合中短途运输等特点。

（二）公路运输的主要技术设施

公路运输应该具备线路、公路站和各种运输车辆等基本技术设施。

（三）公路运输的优缺点

1. 优点

灵活性强，可以实现门对门的运输，运输速度快，物品损耗少。

2. 缺点

运输能力低，成本高，劳动生产率低，不适合运输大宗物品，长距离运输费用较高。公路运输最适合承担短距离且运量不大的货运任务。

（四）公路运输的方式

1. 多班运输

多班运输是指在一昼夜内车辆工作超过一个工作班以上的运输方式。

2. 定时运输

定时运输多指车辆按运行计划中所拟定的行车时刻表进行工作。

3. 定点运输

定点运输指按发货点相对固定车队，专门完成固定货运任务的运输方式。

4. 直达联运

直达联运指以车站、港口和物资供需单位为中心，按照运输的全过程，把产供销部门，用各种运输工具组成一条龙运输，一直把货物从生产地运到消费地。

5. 零担货物集中运输

零担货物集中运输一般指一次托运量在3吨以下或不满一整车的少量货物的运输方式。

6. 拖挂运输

拖挂运输指利用由牵引车和挂车组成的汽车列车进行运营的一种运输方式。

三、水路运输

（一）水路运输的特点

水路运输具有运输能力大、运输成本低、节省投资、劳动生产率高和航速较低等特点。

（二）水路运输的主要技术设施

水路运输由船舶、航道和港口所组成。下面重点介绍船舶和港口两种技术设施。

1. 船舶

（1）技术指标。船舶的技术指标一般包括船舶的航行性能、船舶的排水量和载重量、船舶的货舱容积和登记吨位以及船舶的装卸性能等指标。

（2）船舶的种类。船舶一般可分为客货船、杂货船、散装船、冷藏船、油船、液化气船、滚装船、载驳船、集装箱船和内河货船等。

2. 港口

港口是海上运输和内陆运输之间的重要联系枢纽。船舶的装卸、修理、货物的集散都要在港口进行。现代化港口应该具备拥有大量的泊位、具有深水航道和深水港区、具有高效率的专业化装卸设备和具有畅通的集疏运设施等条件。

（三）水路运输的优缺点

1. 优点

十分灵活、运输能力大、几乎不受限制、运输成本低和劳动生产率高等是水路运输的显著优点。

2. 缺点

水陆运输受自然条件影响较大，速度慢，时间长。水路运输最适合承担运量大、距离长、对时间要求不太紧、运费负担能力相对较低的任务。

（四）水路运输方式

1. 国际航运

国际航运主要包括班轮运输和租船运输两种运输方式。

2. 航线营运方式

航线营运方式也称航线形式，即在固定的港口之间，为完成一定的运输任务，配备一定数量的船舶并按一定的程序组织船舶运行活动。

3. 航次运营方式

航次运营方式是指船舶的运行没有固定的出发港和目的港，船舶仅为完成某一特定的运输任务按照预先安排的航次计划运行。

4. 顶推（拖带）运营方式

这是一种内河运输方式。

5. 客货船运营形式

这是一种客运和货运同船运输的方式。

6. 多式联运

多式联运是指以集装箱为媒介，把铁路、水路、公路和航空等运输方式有机地结合起来，组成一个连贯的运输系统的运输方式。

四、航空运输

（一）航空运输的特点

航空运输具有高科技、高速度、灵活性、安全性、国际性、建设周期短、回收快等特点。

（二）航空运输的主要技术设施

1. 航空港

航空港又称机场，是航空线的枢纽，它供执行客货运业务和保养维修飞机、起飞、降落使用。航空港按照设备情况可分为基本航空港和中途航空港。

2. 航空线

（1）国际航线。主要根据国家和地区政治、经济和友好往来，通过建立双方的民航协定建立。它是由两个或两个以上的国家共同开辟，主要担负国际间旅客、邮件、货物的运送。

（2）国内航空干线。航空干线的布局首先要为国家的政治、经济服务，其次是根据各种运输方式的合理分工，承担长途和边远地区的客、货运转任务。

（3）国内地方航运线。一般是为省内政治、经济联系服务，主要在一些省区面积大而区内交通不发达的地区和边疆地区。

（三）航空运输的优缺点

1. 优点

速度最快，安全性和准确性最高。

2. 缺点

投资大，成本高，运输能力有限。航空运输最适合承担运量较少、距离长、对时间要求紧、运费负担能力较高的任务。

（四）航空运输的技术指标

1. 航站始发载运比率

航空运输把实际载运量与最大载运能力之比称为航站始发载运比率。它是指某航站出港飞机实际运载与最大运载之比，即：

航站始发载运比率＝实际运载量／最大运载量×100%

2. 航线载运比率

航线载运比率＝实际总周转量／最大周转量×100%

五、管道运输

（一）管道运输的特点

管道运输是借助管道送气体、液体、固体的运输技术。管道运输具有运量大、建设工程比较单一、高度机械化和有利环境保护等特点。

（二）管道运输的优缺点

1. 优点

（1）是一种连续运输技术，每天24小时都可连续不断地运输，效率很高。

（2）管道一般埋在地下，不受地理、气象等外界条件限制，可以穿山过河，跨漠越海，不怕炎热和冰冻。

（3）环境效益好，封闭式地下运输不排放废气粉尘，不产生噪声，减少了环境污染。

（4）投资少，管理方便，运输成本低。据计算，建设一条年运输能力为1500万吨煤的铁路，需投资8.6亿美元，而建设一条年运输能力为4500万吨煤的输送管道只需1.6亿美元；常用的管道运输的管理人员也只有铁路运输的1/7。通常，管道运输的成本只有铁路运输的1/5，公路运输的1/20，航空运输的1/66。

2. 缺点

它是专用的运输方式。

（三）固体物管道运输方式

1. 水力管道运输

运输原理是把需要运送的粉末状或小块状的固体（一般是煤或矿石）浸在水里，依靠管内水流，浮流运行。管道沿线设有压力水泵站，维持管内水压、水速。管道起点设有调度室，控制整个管道运输。终点设有分离站，把所运货物从水中分离出来，并进行入库前的脱水、干燥处理。这种运输方式的缺点是固体货物损耗较大，管道磨损严重，一些不能同水接触的货物受到限制。

2. 水力集装箱管道运输

运输原理同水力管道运输一样。但这种方式预先用装料机把货物装在用铝合金或塑料制成的圆柱形集装箱内，然后让集装箱在水流中运行。管道终点设有接收站，用卸料机把货物从箱内卸出，空箱从另一管道回路送回起点站。此方式的优点是货物和能源消耗以及管道磨损都较小。

3. 气力集装箱管道运输

该运输方式同水力管道运输方式的主要区别是用高压气流代替高压水流，推动集装箱在管内运行。由于气流压力较大，集装箱大小和管道直径配合应适宜，箱体沿管道壁顺气流运行，运输速度可达每小时 20—25 公里。管道两端设有调度室、装卸货站，用电子技术自动控制。气力集装箱管道运输除用来运输矿物、建筑材料外，一些国家还用来运送邮包、信件和垃圾。此方式的主要缺点是动力消耗太大，集装箱耐压技术要求高。

4. 真空管道气压集装箱运输

使用此种方式需在管道两端设立抽气、压气站。原理是抽出集装箱前进方向一端的空气，在集装箱后面送入一定气压的空气，通过一吸一推，使集装箱运行。此方式对箱体和管壁的光滑度、吻合度要求较高，但动力消耗较小。

5. 电力牵引集装箱管道运输

此方式不用水流或气流推动箱体，靠电力传送带或缆索牵引集装箱在管内的水中漂浮前进。由于管道不承受压力，可用廉价材料制作管道。

◆ 相关链接

运输异常情况的处理

在运输过程中，如果出现漏洒现象，应该针对不同物品采取不同措施。

（1）爆炸品：迅速转移至安全场所修理或更换包装，对漏洒的物品及时用水湿润，或洒些锯屑或棉絮等松软物，轻轻收集。

（2）压缩气体或易挥发液体：打开车门、库门，并移到通风场所。液氨漏气可浸入水中，其他剧毒气体应浸入石灰水中。

（3）自燃品或遇水燃烧品：黄磷洒落后要迅速浸入水中，金属钠、钾等必须浸入盛有煤油或无水液体石蜡的铁桶中。

（4）易燃品：将渗漏部位朝上。对漏洒物用干燥的黄沙、干土覆盖后清理。

（5）毒害品：迅速用沙土掩盖，疏散人员，请卫生防疫部门协助处理。

（6）腐蚀品：用沙土覆盖，清扫后用清水冲洗干净。

（7）放射品：迅速远离放射源，保护好现场，请卫生防疫部门指导处理。

六、不同运输方式的比较

各种运输方式的比较如表 3—1 所示。

表 3—1　各种运输方式的比较

运输方式	铁路	公路	水运 内河	水运 海运	航空	管道
线路基建投资	6	4	3	1	2	5
运输工具基建投资	2	5	4	3	6	4
运输能力	3	5	2	1	6	4
最高速度	2	3	5	4	1	—
通用性	2	1	3	3	4	5

运输方式	铁路	公路	水运		航空	管道
			内河	海运		
机动性	3	1	4	5	2	6
运输成本	4	5	3	1	6	3
固定资产效率	4	5	2	1	6	3
劳动生产率	4	5	2	1	6	3
安全性	3	6	4	5	2	1

注：表中数字从小到大表示从优到劣。

第二节 运输的合理化

一、不合理运输的表现形式

（一）对流运输

（1）明显对流运输，即在同一条线路上的对流运输，如图3—1所示。

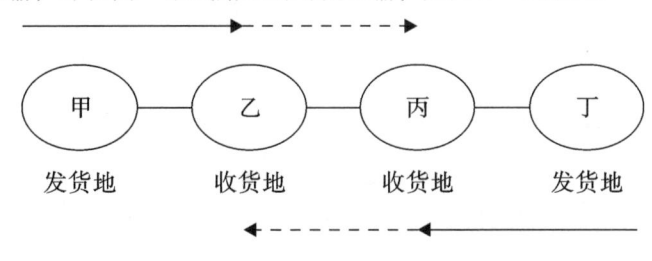

图3—1 明显对流运输

图3—1中，实线箭头是正确运输路线，虚线箭头是不正确路线，即甲从乙到丙和丁从丙到乙的运输是明显的对流运输。

（2）隐含的对流运输如图3—2所示。

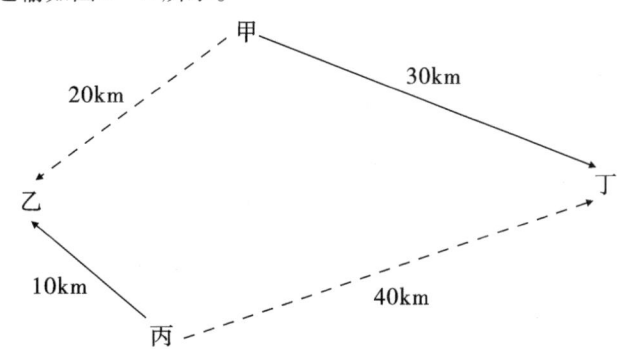

图3—2 隐含的对流运输

图3—2中，实线箭头是正确运输路线，虚线是不正确路线。

图中不合理的运输是甲发50吨货物到乙，丙发50吨货物到丁，总运输量是3000吨公里，正确的运输应该是甲发货50吨到丁，丙发50吨到乙，总运输量是2000吨公里，隐含运输浪费是1000吨公里。

（二）迂回运输

迂回运输如图3—3所示。

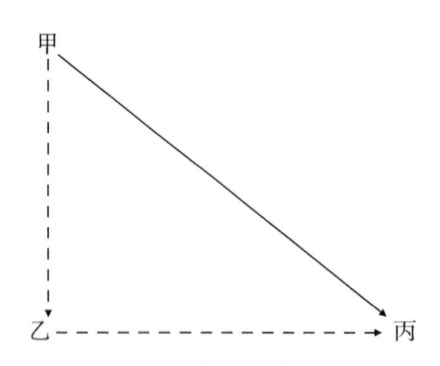

图3—3　迂回运输

图3—3中，实线箭头是正确运输路线，虚线箭头是不正确路线。

（三）倒流运输

倒流运输如图3—4所示。

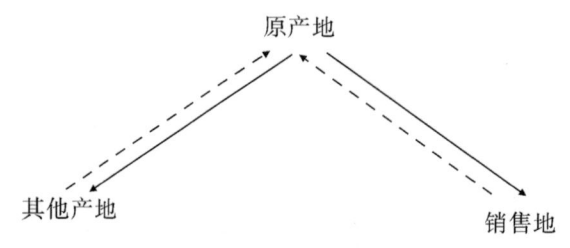

图3—4　倒流运输

图3—4中，实线箭头是正确运输路线，虚线箭头是不正确路线，表示货物从销地向原产地或其他地点向原产地倒流是不合理运输方式。

（四）重复运输

一件货物本可以直达目的地，但因为物流仓库设置不当或计划不周，使之在中途卸下，发生重复运输现象，如图3—5所示。

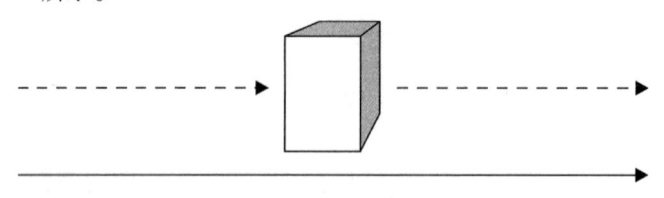

图3—5　重复运输

图3—5中，实线箭头是正确运输路线，虚线箭头是不正确路线。

（五）过远运输

过远运输如图3—6所示。

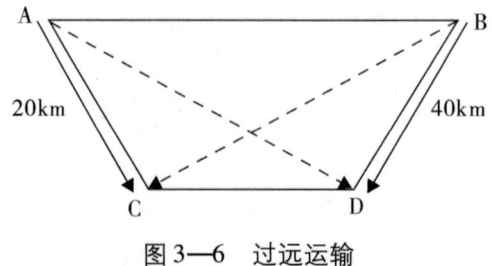

图3—6　过远运输

图3—6中，AD为60km，BC为80km。实线箭头是正确运输路线，虚线箭头是不正确路线。

二、运输合理化

（一）运输合理化的内容

运输合理化包括的内容如图3—7所示。

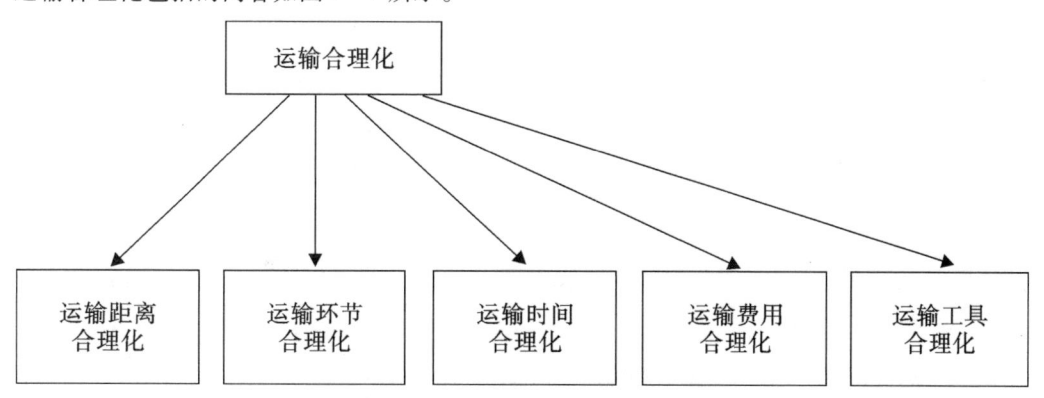

图3—7 运输合理化的内容

（二）运输合理化的途径

1. 提高运输工具的实载率

实载率一是指单车实际载重与运输距离的乘积和标准核定载重与行驶里程之乘积的比率，这在安排单车、单船等运输工具时可以作为判断装载是否合理的重要指标。二是车船的统计指标，即一定时期内车船实际完成的货物周转量（以吨公里计算）占车船标准载重吨位与其行驶距离之乘积的百分比。提高实载率就是要充分利用车船等运输工具的额定能力，减少车船空驶和不满载行驶的时间。具体的方法有：

（1）满载超轴。满载就是充分利用车船的标准装载能力、容积和载重量，多载货，不空驶。该方法最早是在铁路运输部门中使用。

（2）配载运输。铁路运输中使用的整车运输、合装整车、整车分卸、整车零卸等也是提高实载率的重要措施。国内外正在使用的将多家需要的货物和一家需要的多种货物实行配载、配装也是同样的道理。还可以实行轻重商品搭配运输，即将重的货物放在下边，轻的放在上边等方式。

（3）车挂车。在车辆原有动力不变的前提下，合理增加单个挂车的载重量和个数。

2. 减少动力投入

前边讲的满载超轴和车挂车基本上就属于该措施范畴。除此之外，还有以下两种方法：

（1）水运拖排和拖带法。水运拖排是指如竹、木等物资可以利用本身的浮力，不用运输工具的载运方法。采用拖带法可以省去运输工具本身的动力消耗。同时还可以将无动力驳船编成一定队形如"纵列"，用拖轮拖带行驶，这种方法有比船舶载运量大的优点。

（2）顶推法。这是内河货运经常采用的一种方法，即将内河驳船编成一定的队形，由机动船顶推前进的航行方式，其优点是航行阻力小，顶推量大，成本节省。

3. 发展社会化的运输体系

将一家一户分散的运输工具和运力整合成社会化的运输系统，走专业化、一体化、一条龙式的运输模式，可以极大减少空载比率。

4. 开展中短距离铁路与公路分流,"以公代铁"的运输

在公路的经济运输里程内用公路运输,一般为200公里内,当超出200公里时要充分论证,反复比较,充分考虑公路运输的可得性、便利性、门到门和灵活性特征,尽量使用公路取代铁路方式,这样,可以使公路的经济里程延伸到700—1000公里。例如,山西煤炭外运经过认真的技术和经济论证,就用公路代替铁路将煤炭运输到河北、天津和北京等地。

5. 尽量发展直达运输

一般来说,运输中经过的换乘和落地次数越多、经过的环节越多就越不合理。

6. 提倡"四就"直拨运输

物流运输"四就"直拨的具体形式如表3—2所示。

表3—2 物流运输"四就"直拨的具体形式

"四就"直拨主要形式	含义	具体形式
就厂直拨	物流部门从工厂收购产品,在经过验收后,不经过中间环节,直接调拨给销售部门,或直接运输到车站、码头,再运到目的地	厂际直拨;厂店直拨;厂批直拨
就车站直拨	物流部门对外地到达车站的货物,在车站允许的占有货位的时间范围内,直接分拨给销售部门	直接运到销售部门;直接调运到外埠要货单位
就仓库直拨	在货物发货时越过层层调拨,直接从仓库调拨给需求单位	对需要保管的货物就仓库直拨;对需要更新库存的货物就仓库直拨
就车船过载	对外地货物,经过验收后不经车站或码头停放,不入库保管,随即通过其他运输工具换装直接运输到目的地	就火车直装汽车;就船直接装火车或汽车;就大船直接过拨小船

7. 发展特种运输工具和运输技术

使用特种运输工具如专用散装罐车,解决了粉状、液态物质运输中损耗大、安全性差的矛盾。另外,滚装船、袋鼠式车皮、大型半挂车、集装箱等的运用,都是运输技术和工具发展的重要标志。

8. 通过流通加工,实现运输合理化

流通加工的目标就是要解决运输物品的轻泡、杂质、流动等问题。进行适当的加工,可改变运输品形态,使之更加容易装载和运输。如将水产品先进行冷冻处理,将毛蔬菜先进行去毛处理等。

第三节 运输模式设计

一、各种运输模式

(一)直接运输模式

直接运输模式如图3—8所示。

该种运输网络是指货物不经过其他运输环节,直接从供应商处运到零售店的模式。每次运输的

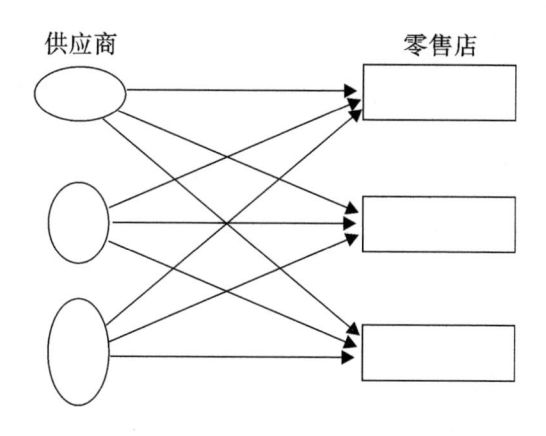

图 3—8　直接运输模式

线路是固定的，运输决策只需要确定运输的数量和运输方式即可。如果零售店的规模比较大，每次的最佳补给量基本上可以与运输车辆的最大载重量相当，所以，该方式基本适合于每次需求量大的用户的运输。

（二）送奶线路模式

是指从一个供应商那里提取货物送到多个零售店时所经过的线路，或者从多个供应商那里分别集中货物后送到一个零售店时所经过的线路。其优点是可以实现多家零售店的货物由一辆车集中运输、分别卸货，满足不同用户的多种需求。送奶线路模式如图 3—9 所示。

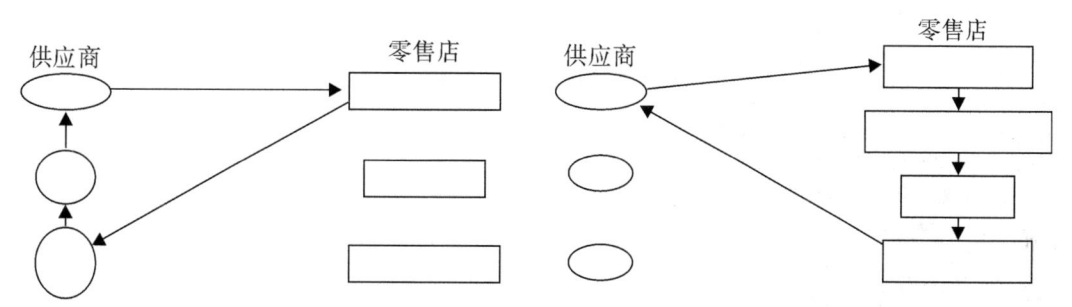

图 3—9　送奶线路模式

（三）通过配送中心送货模式

采用该方式时，一般在每个区域内建立一家配送中心，所有货物在此集结，然后再将其运送到零售店中。此种方式一般适合供应商与零售店之间的距离比较远的运输，这样通过设立区域性配送中心的方式可有助于降低运送成本。通过配送中心送货模式如图 3—10 所示。

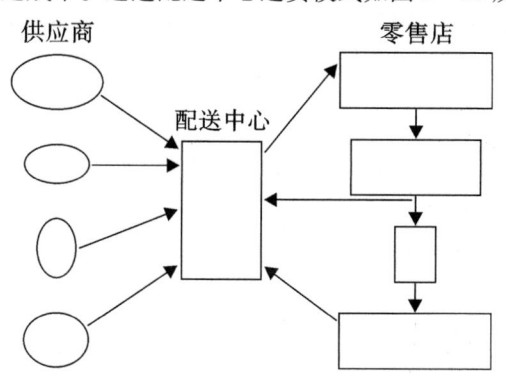

图 3—10　通过配送中心送货模式

（四）利用配送中心使用送奶线路的模式

如果每家商店的进货规模比较小，供应商距离零售店的距离又比较远，则应设立配送中心再利用送奶线路模式就可以实现供应并节约成本。

（五）定制化运输模式

它是上述几种运输模式的综合利用。它综合考虑客户需求、产品性质、运输距离、运输时间、运输费用和需求量等因素，灵活地采用各种运输模式实现和满足客户的需求。

二、运输路径的优化方法

（1）将相互接近的停留点的货物装在一辆车上运送，以便停留点之间的运行距离最小化；

（2）将集聚在一起的停留点安排同一天送货，要避免不是同一天送货的停留点在运行路线上重叠；

（3）运行路线从离仓库最远的停留点开始，送货车辆依次装载邻近这个关键停留点的一些停留点的货物，这辆运货车满载后，再安排另一辆运货车装载另一个最远的停留点的货物；

（4）一辆运货车顺次途经各停留点的路线不应交叉，要成泪滴状；

（5）在多种规格车型的车队中，应优先使用载重量最大的送货车；

（6）提货应混在送货过程中进行，而不要在运行路线结束后再进行；

（7）对偏离集聚停留点路线远的单独的停留点可专门安排车辆送货。

第四节　运输决策

一、运输决策的原则

（1）规模经济

它的特点是随着装运规模的增长，使单位的运输成本下降。

（2）距离经济

它的特点是每单位距离的运输成本随运输距离的增加而减少。

二、运输决策的参与者

运输决策的参与者包括：托运人、收货人、承运人、政府、公众。

三、运输规章

（一）经济规章

为提供可靠的运输服务和助长经济发展，许多国家政府都积极利用经济规章，以确保运输服务的可靠性和稳定性。经济规章主要包括：

（1）准入规章；

（2）运输费率；

（3）服务规范。

（二）安全和服务规章

安全和服务规章往往随着市场的变化要作出相应的调整。政策制定者认为规章管制的成本超过了收益，或是因为最初制定规章的原因已经不复存在，就会放松管制。放松管制体现了自由度的增长，比如说：定价的自由度更大、进入市场的自由度更大和合并的限制减少等。

四、影响运输成本的因素

（一）影响运输成本的因素

影响运输成本的因素包括：距离、装载量、产品密度、空间利用率、搬运的难易、责任、市场。

（二）运输成本的内容

运输成本的内容包括：变动成本（variable）、固定成本（fixed）、联合成本（corn—bined）、公共成本（public）。

（三）定价策略和费率的制定

1. 定价策略

定价策略包括：按服务成本定价、按运输价值定价、综合定价。

2. 费率的制定

费率的制定包括分类费率、特殊费率和合同费率的制定。

五、单一运输方式的选择

（一）影响运输方式选择的因素

1. 货物品种、性质、形状

主要是货物品种、性质、形状与运输方式的匹配问题。

2. 运输期限

运输期限是与交货时间相联系的，首先应认真地调查各种运输方式所需要的具体时间，据此来选择合适的运输工具。各种运输方式按照它的速度编组来安排日期，计算运输时间时，还要加上它的两端及中转作业时间。

3. 运输成本

运输成本因货物种类、重量、容积和运输距离不同而不同。考虑运输成本必须考虑运输费用与其他物流子系统之间存在着互为利弊的关系，应从全局考虑。

4. 运输距离

一般可以按照以下原则确定运输方式：300公里以内用公路运输方式，300—500公里内用铁路运输方式，500公里以上（运输高价值产品时）用航空运输方式，特大宗货物用轮船运输方式。

5. 运输数量

大批量的运输在选择运输工具时首先应考虑将货品运输到离最终消费者比较近的地方。

（二）运输工具的选择

选择运输工具时需要考虑以下几方面的因素。

1. 经济性

运输工具的经济性是由运费、包装费、装卸费、设施费等有关费用合计来表示的。很显然，费用越高，经济性越差。设可供选择的运输工具有火车T、汽车M、轮船V、飞机A，各种运输工具所需要的成本为：C（T）、C（M）、C（V）、C（A），其平均值是：

$$C = \{C(T) + C(M) + C(V) + C(A)\}/4$$

为了更清楚地比较各种运输工具的经济性指标和相互之间的差异性，可以用相对值来表示：

$$F_1(T) = C(T)/C, \quad F_1(M) = C(M)/C$$
$$F_1(V) = C(V)/C, \quad F_1(A) = C(A)/C$$

最终结果看哪个值最小哪种方式就最经济。

2. 迅速性

运输工具的迅速性一般用从发货地到收货地所需要的天数或时间来表示，所需要的时间越长则迅速性越低。设各运输工具所需要的时间为：$H(T)$，$H(M)$，$H(V)$，$H(A)$，其平均值为：

$$H = \{H(T) + H(M) + H(V) + H(A)\}/4$$

各运输工具迅速性的相对值为：

$$F_2(T) = H(T)/H, \quad F_2(M) = H(M)/H$$
$$F_2(V) = H(V)/H, \quad F_2(A) = H(A)/H$$

迅速性的相对值越小越好。

3. 安全性

运输工具的安全性是根据过去一段时间内的货损、货差率来确定的，一般实行计量化比较合适。破损率越高，则安全性越差。设各运输工具的破损率为：$D(T)$，$D(M)$，$D(V)$，$D(A)$。其平均值为：

$$D = \{D(T) + D(M) + D(V) + D(A)\}/4$$

各运输工具安全性的相对值为：

$$F_3(T) = D(T)/D, \quad F_3(M) = D(M)/D$$
$$F_3(V) = D(V)/D, \quad F_3(A) = D(A)/D$$

安全性的相对值越小越好。

4. 便利性

单纯以便利性计量化是比较困难的，理想的办法是具体情况具体分析。以代办货物运输为例，考虑货物运输到代办运点所需要的时间和距离等问题时，通常用代办点的经办时间与货物到代办点所需要的时间差来衡量，可以看出时间差越大，便利性越高（假设代办点的经办时间一定，货物到代办点所需要的时间越少，则说明代办点分布越密集，距离货主越近，货主办理越方便）。设运输工具的时间差是：$V(T)$，$V(M)$，$V(V)$，$V(A)$，则平均值是：

$$V = \{V(T) + V(M) + V(V) + V(A)\}/4$$

各运输工具便利性的相对值为：

$$F_4(T) = V(T)/V, \quad F_4(M) = V(M)/V$$
$$F_4(V) = V(V)/V, \quad F_4(A) = V(A)/V$$

其结果是时间差越大，便利性越高。

根据上面的分析我们可以看出，前三项指标均属于反方向变化的，只有最后一项是正方向变化的，为了便于进行比较，我们可以令前三项指标取负值，后一项指标取正值，这样可以得到统一的评价尺度，从而得出不同运输工具的综合评价值：

$$F(T) = -W_1 C(T)/C - W_2 H(T)/H - W_3 D(T)/D + W_4 V(T)/V$$
$$F(M) = -W_1 C(M)/C - W_2 C(M)/H - W_3 D(M)/D + W_4 V(M)/V$$

$$F(T) = -W_1 C(V)/C - W_2 H(V)/H - W_3 D(V)/D + W_4 V(V)/V$$

$$F(T) = -W_1 C(A)/C - W_2 H(A)/H - W_3 D(A)/D + W_4 V(A)/V$$

其中 W_1，W_2，W_3，W_4 是各种运输工具的权重数。

（三）运输方式选择的量化方法

1. 综合评价法

综合评价法的步骤如下所述：

第一，确定可供选择的运输方式集合。

第二，确定运输方式选择的各评价因素如时间、成本、速度、服务等。

第三，根据各评价因素对运输方式选择所起的作用，对评价因素赋予不同的权重。

第四，定量化每种备选运输方式下的各评价因素值，即根据其重要程度打分。

第五，最终确定每种运输方式的综合评价值。

案例1

假设，某件产品有铁路和公路两种运输方式，货主列出了影响运输方式选择的评价因素，如表3—3所示。

表3—3 影响运输方式选择的评价因素

评价因素	权重	各因素评分	
		铁路运输	公路运输
运输时间	8	7	5
运输时间适应性	5	5	7
运输费用	8	8	4
运输能力	6	6	2
货损货差	7	5	4
用户服务	5	6	9

铁路运输的综合评价值是246分，公路运输的综合评价值是192分，最后选择铁路运输。

2. 成本费用分析法

成本费用分析法的步骤如下所述：

第一，确定可供选择的运输方式集合。

第二，估计每个备选的运输方式广义的运输费用，即指货物从起点到终点间的运输及与这种运输有关的全部活动的总费用。

第三，应用选择的决策规则将货流分派或分配到各备选的运输方式上。货流在各个备选的运输方式间的分配既可以是全有全无分配即货物只能由费用最小的运输方式承运，也可以不是全有全无分配即每个备选的运输方式都承运了不等比例的货物。

六、运价

（一）运价分类

由于货物运输所采用的运输工具、运输范围、运输距离和货物品种等不同，则货物的运价也不同。

1. 按照适用的范围分

（1）普通运价。适宜一般货物的正常运输，是货物运价的基本形式。例如铁路运价适宜全国正式营业的铁路。

（2）特定运价是运价的辅助形式，是对某种货物、某种流向、某一段线路所规定的特殊运价，特定运价是根据运输政策制定的，一般采取比普通运价低或高一定比例。

（3）地方运价。适用于某一地区或某一条线路。

（4）国际联运运价。是国际联运出口、进口或过境的货物，在国内段按照有关规定办理，过境运价则按照国际有关规定办理。

2. 按照货物发送批量、使用的容器分

（1）整车或批运价，按照整车办理运输货物，按整车运价规定的运价率计费。

（2）零担运价是不满车托运的零星货物，按照零担运价规定的运价费率收费，货物按照实际重量计算。

（3）集装箱运价，是专门为集装箱运输所规定的价格。

3. 按照计算方式不同分

（1）分段里程运价。把全部里程划分为许多段，不同的路段按照不同的运价费率计算。

（2）单一里程运价。每一公里的运价率不变。

（3）航线里程运价。航空运输就是采用该计价办法，即同一条航线上的运价相同。

（二）货物运价定价规则

1. 货物运价分号表

对具有相同性质、特点的货物进行分类，然后将运输条件、运输成本大致相同的货物划分为一级，即构成货物运价分号表，铁路运输称其为运价号，水运称其为运价等级。

2. 货物运价率表

货物运价率是由运价基数、各运价号或等级间的增减比例，按照距离区段的划分数量及递增递减比例，整车、零担、集装箱运价的比例等确定的。运价基数是最低运价号的起码计算里程运价率。

3. 货物运价里程表

是计算货物运费的重要依据，即货物从起点到终点的距离。

（三）运费计算

1. 运费计算的要点

（1）根据托运货物的发站和到站，查运价里程表，确定运价里程。铁路运输根据《铁路货物运价里程表》计算，公路运输根据《汽车运价规则》计算。

（2）根据货物名称，在相关的货物运价分号表中查找与货物相对应的运价号，我国铁路运价分号表划分了二三十类，水运货物采用十级运价值，公路运输分普通货物和特殊货物。

（3）根据货物的运价里程和运价号，在货物运价率表中查出适用的发到基价和运行基价即运价率。

2. 运费计算的公式

（1）铁路（整车）的运费计算公式：

铁路整车每吨运价 = 发到基价 + 运行基价 × 运价里程

总运费 = 每吨运价 × 计费重量

（2）零担货物运费 =（10kg 运价 × 计费重量）/10（以 10 公斤为计费单位）

其中，10kg 运价 = 发到基价 + 运行基价 × 运价里程

(3) 集装箱运费 = 每箱运价 × 箱数

其中，每箱运价 = 发到基价 + 运行基价 × 运价里程

(4) 总运费计价方法是：

运费 = 计费重量（t）× 适用的运价率

铁路与水路联运运费计算公式：

运费 = {铁路计费重量（t）× 适用的运价率 + 水路计费重量（t）× 适用的运价率} × (1 − 15%)

案例 2

运费计算

从兰州西站发到银川机器一台，重量为 24 吨，用 50 吨的铁路货车装运，计算其运费。

解：

1. 查从兰州到银川的铁路运价里程是 479 公里。
2. 查货物检查表，机器的运价号是 8 号。（附常见铁路运输货物整车运价号码表如表 3—4 所示）

表 3—4 常见铁路运输货物整车运价号码表

货物品名	运价号
煤	4
化肥	2
钢材	5
原油	7
粮食	2
食用盐	1
白糖	6

3. 查运价率表（见表 3—5），已知运价号是 8 号，发到基价是 10.70 元/吨，运行基价是 0.0490 元/吨公里；

表 3—5 铁路货物运价费率表

办理类别	运价号	发到基价		运行基价	
		单位	标准	单位	标准
整车	1	元/吨	4.60	元/吨公里	0.0210
	2	元/吨	5.20	元/吨公里	0.0239
	3	元/吨	6.00	元/吨公里	0.0273
	4	元/吨	6.80	元/吨公里	0.0311
	5	元/吨	7.60	元/吨公里	0.0348
	6	元/吨	8.50	元/吨公里	0.0390
	7	元/吨	9.60	元/吨公里	0.0437
	8	元/吨	10.70	元/吨公里	0.0490

4. 由于每吨运价 = 发到基价 + 运行基价 × 运价里程

则每吨运价 = 10.7 + 0.0490 × 479 = 34.171 元

按照重量计费 = 34.171×50 = 1708.55 元（24 吨重量按照 50 吨计费）

案例 3

运输方式的确定

某公司需要将 20 台空调从北京大兴运到济南科技开发区，已知两地距离为 550 公里，保险费按照 5‰ 计算，装卸费用包括人工费用和叉车费用，共计 2000.00 元。空调由三部分组成：内机、外机和附件，相关参数见表 3—6。

表 3—6 内机、外机和附件相关参数

名称	重量（千克）	体积（立方毫米）
内机	200	1960×600×1000
外机	65	980×410×715
附件	8	850×435×375

解决方案：

1. 首先根据货物的发送地和接受地，排除水运。空调属非急运物品，也可以排除空运。铁路运输也不适用，最后采用公路运输。

2. 空调属于散件贵重物品，为防雨和防止丢失，应用厢式货车运输。

3. 假定公路运输收费规则如下：密度大于 170 千克/立方米的货物按照 0.65 元/吨公里计算，密度小于 170 千克/立方米的货物按照 60 元/立方米计算，整车运输则以 5 元/公里计算，此外，保险费按照 5‰ 计算。

4. 按照零担运输计算结果如表 3—7 所示。

表 3—7 按照零担运输计算的结果

名称	密度（千克/立方米）	件数	单价	合计费用（元）
内机	170（=170）	20	0.65×0.2×550 或 60×1.176（取最小者）	1411.20
外机	226（>170）	20	0.65×0.065×550	464.75
附件	57.7（<170）	20	60×0.14	168.00
合计			2043.95	

注：

200×20/（1960×600×1000）= 170

65×20/（980×410×715）= 226

8×20/（850×435×375）= 57.7

5. 按照整车运输计算如下：

运费 = 5.00×550 = 2750.00 元

6. 除了运输费以外，我们还需要考虑到装卸费用、保险费用：

保险费用 = 100000×5‰ = 500.00 元（按照保额 10 万元计算）

装卸费用包括人工费用和叉车费用共计 2000.00 元。

由此可得出以下两种方案。

方案一：按照零担运输

为完成此次运输任务总的支出为：

2043.95 + 500.00 + 2000.00 = 4543.95 元，货物可以于 24 小时内到达。

方案二：按照整车运输

总运费 = 运费 + 装卸费用 + 保险费 = 2750.00 + 500.00 + 2000.00 = 5250.00 元。综合两种方案比较得出：应选择零担运输方式运输。

七、运输调度

（一）运输调度概述

在一个存在供求关系的系统中，有若干台车辆、若干个物流中心和客户，要求合理安排车辆的行车路线和出行时间，从而在给定的约束条件下，把货物从物流中心送到客户处，或把客户供应的货物从客户处送到物流中心。

（二）车辆调度问题的提出

车辆调度问题（Vehicle Routing and Scheduling Problem，VRP）包括两部分内容，其一是车辆行车路线的安排，其二是出行时间表安排。如果到达节点的时间是事先规定的，则称该问题是带时间窗要求的运输调度问题；若到达和离开时间没有规定，则称该问题就是一个直接的路线安排的问题。

（三）调度岗位工作职责内容

（1）组织和计划运输生产活动。

（2）监督和领导载运机具作业和安全运行。

（3）了解和分析计划执行过程中各生产要素的变动情况，协调各环节活动并提出调整措施。

（4）进行运输生产活动的统计和业务分析工作。

（四）调度双班运输的组织形式

（1）一车两人：日夜双班。

（2）一车三人：两工一休。

（3）一车两人：日夜双班、分段交班。

（4）一车三人：日夜双班、分段交接。

（5）两车三人：日夜双班，分段交换。

（6）一车两人：轮流驾驶，日夜双班。

【经典案例1】

中储的承诺

为了让客户放心、满意地使用中储的运输和配送服务，中储向客户提出了"配送及时、交接准确、反馈迅速、搬运安全、信誉可靠、网络服务"的承诺。

"配送及时"，即接到配送单后，保证市内当天送达，200公里以内24小时内送达，600公里以内36小时内送达；

"交接准确"，即由专业人员负责交接工作，保证货物和各种票据交接手续简单、准确；

"反馈迅速",即货物经分拣送达后,保证用最快的通讯方式通知顾客确认;

"搬运安全",即实行绿色服务,不污染、不破坏货物包装,保证外包装破损率在1‰以下;

"信誉可靠",即由中储原因发生的货损货差责任事故,中储将按市价全额赔偿,同时客户还可选择是否由中储给货物代上保险;

"网络服务",即中储在沈阳、大连、天津、石家庄、郑州、西安、咸阳、成都、重庆、武汉、衡阳、南京、连云港、上海实现联网改造,以降低空车率。

【讨论题】

1. 根据案例分析物流运输管理的关注点应在什么地方?

【经典案例2】

佐川急便的运输系统构建与管理

佐川急便的运输系统分为五个要素:据点网、收集和递送体系、道路运输网络、信息网和营业驾驶网。

一、据点网

公司将日本全国分为12个区域进行管理。12个区是依据公司的历史传统、各地气候和商业文化圈等设置的,各区内设置有各机构,这样便形成了据点网。

1. 主营店

先在各个区设置几家核心主营店,并以此为中心管理附近小型店。主营店是运输过程中不可缺少的重要基地,较大规模的主营店一般配备100多辆车。主营店设在当地行政、交通和经济发达地区,并通过运输系统连接周围星罗棋布的小型店。

2. 小型店

区域内的一些小店一般根据需要配置几辆到10辆货车,主要是承担本店的送货和提货任务,有时也负责其他店的运输委托业务。

3. 运输中转中心

主要完成货物的分拣、集运功能。由于日本的劳动力成本很贵,所以仓库一般设计成高位立体型的且站台面积很小。中转中心对货物到达后的分类要求很高,并且工作时必须使用EDI、RF和条形码等技术来实施操作。

4. 佐川物资流通中心

其主要功能是受托开展顾客货物的保管、加工、发送等业务,当业务量大时还利用外部仓库设施。其目标就是满足顾客的所有要求。

二、收集和递送体系

1. 收集和递送货物的主角——驾驶员主要从事的工作

(1) 货物的收集、递送、收款和一系列营业活动。

(2) 负责一条线路的客户管理和营业管理。

(3) 负责出发前的车辆运行检查以及运行过程中的检视等。

(4) 协助卸车,遇到特殊情况还可能自己卸车。

(5) 为保证按时运到目的地,还要计算车辆出发时间、收集货物的时间、卸货的时间和回到公司交接的时间，总之，所有的计划均需要自己独立操作完成。

2. 驾驶员一天的基本工作

（1）出发前公司内工作：出勤打卡、装车、运行前检查和运行前打卡。

（2）途中工作：路线上送货、路线上收集货物、客户收款业务和推销业务。

（3）回公司后的工作：回公司打卡、发货工作、账单管理、结款工作、营业工作、客户信息汇总和下班打卡。

3. 驾驶员的运输组织

最小的组织是班，一个班负责6条线路，由班长管理，几个班组成科，科大多以市、区为行政单位划分。

4. 驾驶员的发送工作

首先驾驶员先用PDF（便携式数据末端机）输入货物信息，然后把货物放到传输带上，传输带根据条形码把货物吸进指定的路线通道，货物被装进路线车时也要用PDF输入信息。

三、道路运输网络

运输网络中几种常见的车辆功能如下所述。

1. 直达车

直接连接店与店之间的直达货物，对货物的拖延和损坏少。

2. 过路车

要求路过店（仅一家）位于线路中间的某个理想位置上。

3. 路过数家店的车

从一家店出发，中间按照顺序给店卸货。

4. 集中货物后发的直达车

当自己店内货物不足，不能发直达车时，就先将自己店的货物送到各店，再集中几个店的货物发直达车。

四、信息网

佐川急便建立的信息系统，便于与客户沟通，实现了在全国内的数据快速传递和交换。

1. 连接顾客与公司的各种信息仪器

（1）佐川急便出租给重要客户"飞传V"发货补助系统。

（2）通过有线网由"飞传V"传递送货单，送货单全部使用条形码。

（3）由信息系统打印出来的不干胶胶贴，上面印着运输所需要的所有信息数据。

（4）靠PDF扫描条形码可以收集到货物和顾客的有关数据。

此外还有传统的通信工具如电话机、手机、传真等。

2. 利用信息系统管理业务

（1）利用复写的送货单和PDF计算顾客应收款项。

（2）将应收款数和已经付款数量比较，实施债权管理。

（3）将大量数据按照线路、班、科、店、法人、区域和全国为单位进行统计就成为评价业绩的重要数据。

（4）利用各种数据库，给顾客提高各种服务系统，对顾客关系进行管理。

（5）每天管理超过8000辆车的干线运输系统。

（6）利用劳务管理系统进行管理。

五、营业驾驶网

（1）营业驾驶员的基础统计资料管理。

（2）工作业绩管理。

（3）以驾驶员为首的人才管理。

【讨论题】

1. 佐川急便运输管理的主要工作思路是什么？

本章小结

运输作为物流大系统中重要的子系统，内涵十分丰富。本章介绍了货物运输的五种方式和运营特性，比较了不同的运输方式的优点与缺点。阐述了运输管理、运输合理化的相关内容。分析了从经济性、迅速性、安全性和便利性等四个指标进行衡量运输方式选择的定量方法。详细分析了运输的网络设计、运输决策实务和特种运输的基本操作方法等知识。

【本章关键术语】

运输方式、运输模式、合理运输、运输决策

【复习思考题】

1. 物流运输子系统包括哪些运输方式？
2. 铁路、公路、水运、航空、管道运输各有哪些优点和缺点？其适应范围如何？
3. 随着各种运输方式的发展和经济结构调整，各种运输方式在承担社会运量中的变化趋势如何？
4. 各种运输方式运输组织工作协调的主要内容是什么？
5. 简述做好运输管理工作的意义。
6. 简述运输管理工作的原则。
7. 简述复合运输的内涵及特点。
8. 简述编制运输计划的原则。
9. 运输技术管理主要包括哪些内容？
10. 简述合理运输的内涵。
11. 简述组织合理运输对物流业和国民经济发展的意义。
12. 简述合理运输的组成要素。
13. 简述分区产销平衡运输的实质。
14. 组织合理运输有哪些主要形式？
15. 简述集装箱运输的优越性。
16. 组织集装箱运输主要做好哪些工作？
17. 简述集装化运输的定义。
18. 简述集装化（技术）工具的类型及用途。
19. 组织集装化运输应注意哪些问题？

第四章 仓储技术与质量管理

本章学习内容

了解储存的内涵、各种仓库设施的种类及设置要求、仓库管理质量指标；掌握合理化储存方法及库存控制策略。

仓储管理包含两个概念：一是储存（storing），指物品离开生产过程但尚未进入消费过程的间隔时间内在仓库（本文泛指包括堆场、料库等储存处所，下同）中储存、保养、维护管理；二是库存控制与管理，以备及时供应。"存储"作为物流大系统的一个子系统，是十分重要的环节，具有"物品银行"、"物品转运站"及物品供应的作用。从现代物流的角度研究和经营仓储，要考虑仓储规划与设施，存储技术与方法，物资订购与存储数量的适度性，涉及范围与知识面广泛而有深度。

第一节 储存概述

一、储存的作用

储存（storing），我国 G.B 的表述是：保护、管理、贮藏物品。储存对于调节生产、消费之间的矛盾，促进商品生产和物流发展都有十分重要的意义。

（一）时间效用

储存的目的是为了适应物品生产与消费在数量和时间上的差异。生产与消费不但在距离上存在不一致性，而且在数量上、时间上存在不同步性，因此在流通过程中，产品（包括供应物流中的生产原材料）从生产领域进入消费领域之前，往往要在流通领域中停留一段时间，形成商品储存。同样，在生产过程中，原材料、燃料和工具、设备等生产资料和在制品，在进入直接生产过程之前或在两个工序之间，也有一小段停留时间，形成生产储备。这种储备保障了消费需求的及时性。

（二）"蓄水池"作用

仓库是物流过程中的"蓄水池"。无论生产领域、流通领域，都离不开储存，有亿万吨的商品、物资财富，平时总是处在储存状态，保管在生产或流通各个环节的仓库里，成为大大小小的"蓄水池"，以保证生产和流通的正常运行。

（三）降低物流成本

现代物流中的仓库不仅是"储存和保管物品的场所"，还是促使物品更快、更有效地流动的场所。现代物流要求缩短进货与发货周期，物品停留在仓库的时间很短，甚至可以不停留。进入仓库的货物经过分货、配货或加工后随即出库。物品在仓库中处于运动状态。这样通过储存的合理化，减少储存时间，来降低储存投入，加速资金周转，降低成本。因此，仓储是降低物流成本的重要途径。

（四）保存商品（物品）的使用价值和价值

由于进行科学保管和养护，使商品或产品的使用价值和价值得到完好的保存，也才能实现及时供货的意义。

库存商品看上去好像是静止不变的，但实际上受内因和外因两方面的影响和作用，它每一瞬间都在运动着、变化着。但这种变化是从隐蔽到明显、从量变到质变，所以只有经过一段时间，发展到一定程度才能被发现。

库存商品的变化是有规律的。商品保管就是在认识和掌握库存商品变化规律的基础上，灵活有效地运用这些规律，采取相应的技术和组织措施，削弱和抑制外界因素的影响，最大限度地减缓库存商品的变化，以保存商品的使用价值和价值。

二、保管（storage）的任务

（一）库存商品（物品）的变化及损耗

商品（物品）存储在仓库内，不可能不发生变化。库存商品变化的形式主要有物理变化、化学变化和生物变化等。

所谓物理变化，是指只改变商品本身的外部形态，而不改变其本质，不生成新的物质的变化，如挥发、溶化、熔化、干燥、变形等。

库存商品的化学变化不仅改变物质的外部形态，而且改变物质的性质，并生成新的物质。常见的化学变化主要有化合、水化、分解、水解、氧化、聚合、老化、风化等。

库存商品的生物变化，是指库存商品受到生物和微生物的作用所发生的变化，如虫蛀、鼠咬、霉变、腐朽、腐败等。

库存商品的损耗包括有形损耗与无形损耗。

有形损耗指库存商品不使用而产生的损耗。按其损耗的原因又分为异常损耗和自然损耗。由于非正常原因，如对商品保管不善、装卸搬运不当、管理制度不严所造成的锈蚀、变质、破损、丢失、燃烧等称为异常损耗。而自然损耗，是指商品在储存过程中，由于受自然因素的影响，本身发生物理或化学变化，所造成的不可避免的自然减量，其主要表现为干燥、风化、挥发、黏结、散失、破碎等。

库存商品的自然损耗是不可避免的，但其损耗量应控制在规定的标准之内，若超出规定的标准，则视为不合理的损耗。衡量商品的自然损耗是否合理的标准是自然损耗率。自然损耗率是指在一定时间内和一定条件下，某种商品的损耗量与该商品库存量的百分比。不同商品在不同时间不同条件下的自然损耗率是不同的。

无形损耗指由于更新、更好、更廉价的同类产品进入市场，致使库存商品贬值而产生的损耗。

如机电产品、电子器件由于更新换代比较快，新的产品出现后，库存中同种类原产品就会贬值甚至报废，造成无形损耗。

库存商品的无形损耗所造成的损失是巨大的，从某种意义上讲，减少库存商品的无形损耗比减少其有形损耗更为重要。

（二）库存商品（物品）发生变化的因素

导致库存商品（物品）发生变化、损耗的原因，归纳起来有内因和外因两方面。

1. 内因

库存商品（物品）发生变化、损耗的内因，主要指物品的化学成分、结构形态、物理化学性质、机械及工艺性质等。

物品的化学成分不同，或者相同成分但成分的含量不同，都会影响物品的基本性质及抵抗外因侵蚀的能力。

物品的结构是指其原材料结构，通常分为晶体结构和非晶体结构；物品的形态主要分为固态、液态和气态。不同结构形态的物品，产生的变化形式和程度都不相同。

物品的物理化学性质由其化学成分和结构决定，表现的物理性质如挥发性、吸湿性、水溶性、导热性等；表现的化学性质如结构稳定性、燃烧性、爆炸性、腐蚀性等。

物品的机械性质是指其强度、硬度、韧性、脆性、弹性等；物品的工艺性质是指其加工程度和加工精度。不同机械及工艺性质的物品，其变化程度不同。

2. 外因

库存商品（物品）发生变化、损耗的外因很多，主要指温度、湿度、日光、大气、生物与微生物等。

适当的温度是物品发生物理变化、化学变化和生物变化的必要条件。对于易燃品、自燃品，温度过高容易引起燃烧；含有水分的物质，温度过低则会结冰等。

大气的湿度对物品的变化影响也很大。怕湿的物品受潮，如金属会生锈、水泥会结块硬化等；怕干的物品如果过于干燥会开裂、变形等。

日光实际上是太阳辐射的电磁波，按其波长有紫外线、可见光和红外线之分。紫外线能量最强，它可促使高分子材料老化、褪色等；可见光和红外线能量较弱，能加速物品发生物理化学变化。

大气由干洁空气、水气、固体杂质所组成。空气中的氧气、二氧化碳、二氧化硫等，大气中的水汽、固体杂质等，都对物品有很大危害。

致使物品发生生物变化的生物指白蚁、老鼠、鸟类等，微生物主要有霉菌、木腐菌、酵母菌、细菌等。它们使有机物质发霉、木材及木制品腐朽等。

内因是库存商品发生变化的决定因素，但外因通过内因起作用，作为商品保管工作，就是要采取技术措施，抑制外因，以减少、减缓库存商品（物品）的变化与损耗。

（三）商品（物品）保管的任务

商品保管的基本任务是根据商品本身的特性及其变化规律，合理规划并有效利用现有仓储设施，采取各种行之有效的技术与组织措施，确保库存商品的质量与安全。其具体任务包括以下几个方面：

1. 规划与配备仓储设施

仓储设施主要包括仓库建筑物和有关保管设备。对仓储设施要有全面规划，包括库区的平面布局、仓库建筑物的结构特点和保管设备类型等的确定。

2. 制定商品储存规划

商品储存规划是根据现有仓储设施和储存任务，对各类、各种商品的储存在空间和时间上作出全面安排，如分配保管场所，对保管场所的布置，建立良好的保管秩序等。合理的储存规划是进行科学养护的前提。

3. 提供良好的保管条件

各种商品具有不同的物理化学性质，要求相应的、良好的保管条件和保管环境。即要为商品保管创造一个温度、湿度适宜，有利于防锈、防腐、防霉、防虫、防老化、防火、防爆的小气候。

4. 进行科学的保养与维护

根据不同的库存商品，采取一定的防治措施，抑制其变化，减少损失。如金属涂油防锈，有机物的防霉与救治，仓库害虫的杀灭，以及机电设备的检测与保养等。

5. 掌握库存商品信息

商品保管，除了对商品实体的保管，还要对商品信息进行管理。信息流和物流是密不可分的，信息流贯穿于物流的始终。在商品保管中，实物和信息两者必须一致。库存商品信息管理，主要包括各种原始单据、凭证、报表、技术证件、账卡、图纸、资料的填制、整理、保存、传递、分析和运用。

6. 建立健全必要的规章制度

建立健全有关商品保管的规章制度是做好商品保管的一个重要方面，如岗位责任制、经济责任制、盘点制和奖惩制等。

三、仓库（warehouse）

GB 对仓库的表述：保管、存储物品的建筑物和场所的总称。

仓库是以库房、货场及其他设施、装置为劳动手段，对商品、货物、物资进行收进、整理、储存、保管和分发的场所，在工业中则是指储存各种生产需用的原材料、零部件、设备、机具和半成品、产品的场所。仓库是物流服务的重要设施。

（一）仓库分类

（1）按使用对象及权限分为：自备仓库；营业仓库；公共仓库。

（2）按所属的职能分为：生产仓库；流通仓库。

（3）按结构和构造分为：平房仓库；楼房仓库；高层货架仓库；罐式仓库。

（4）按技术处理方式及保管方式分为：普通仓库；冷藏仓库；恒温仓库；露天仓库；水上仓库；危险品仓库；散装仓库；地下仓库。

（5）特种仓库：移动仓库；保税仓库。

此外，随着计算机和网络技术的发展，出现了虚拟仓库和网络仓库。虚拟仓库（virtual warehouse），指建立在计算机和网络通信基础上，进行物品的存储、保管和远程控制的物流设施，可实现不同状态、时间、空间、货主的有效调度和统一管理。网络仓库（network warehouse）指借助先进通信设备可以随时调动所需物品的若干仓库的总和。

（二）仓库设施

不同功能的仓库需要配备不同的与其功能相适应的设备和设施，此处所述的是一般应具备的基本设施。

1. 计量装置

仓库中使用的计量装置种类很多，主要有：

（1）重量计量设备。如各种磅秤及电子秤等。

（2）流体容积计量设备。如流量计量仪及液面液位计量仪等。

（3）长度计量设备。如检尺器及自动长度计量仪等。

（4）个数计量装置。如自动计数器及自动计数显示装置等。

(5) 综合的多功能计量设备和计量装置等。常用的有如下几种：

①轨道衡。是对地面车辆、铁道车辆载货计重的衡器，常用的有机械式及电子式两类。

②电子秤。是电子衡器之一，按用途不同有吊秤、配料秤、皮带秤、台秤等。在物流领域中，配合起重机具在起吊货物时同时计重的吊钩秤使用较多，在工厂物流中，配料秤使用较多。

③核探测仪（核子秤）。是利用核辐射的射线对物料进行探测，电离室将透过的射线转换为电信号，由计算机进行处理，可以显示、打印，用以计量重量及容积的装置。

④出库数量显示装置。是一种计数的计量装置，安装于多品种、少批量、多批次的拣选式货架上，每当取出一件，相应的显示装置上就显示出数量指示，可观察显示装置确认拣选数量、库存数量，如果和计算机联机，则可由计算机立即汇总、记录。用这种装置可以防止计数的混乱及差错，所以应用很广泛。

2. 货架

货架（goods shelf）是仓库中常用的装置，是专门用于放置成件物品的保管设备。货架是仓库面积的扩大和延伸，与货物直接置于地面存放相比，货架可以成倍或几十倍扩大实际的储存面积。因此，在仓库中采用货架这种设施，可提高仓库存储能力。货架主要有以下类型：

（1）固定式货架：

①通用货架：层架、层格架、抽屉架等；

②专用货架：悬臂架、栅型架、格架等；

③双层棚架：可分为立柱支撑和料架支撑；

④高层货架：可分整体式和分立式。

（2）移动式货架：

①水平直线式移动货架；

②水平旋转式移动架；

③垂直旋转式移动货架。

3. 货棚

GB对货棚的定义是：供存储某些物品的简易建筑物，一般没有或只有部门围壁。

货棚（goods shed）是一种半封闭式的建筑或装置。其造价低、建造方便、建造速度快，适于某些对环境条件要求不高的物资的存放或适于一些物资的临时存放。

货棚按其结构特点和工作方式，主要有以下两类：

（1）固定式货棚。建造成不可移动的半永久性建筑，立柱、棚顶都是不可移动的，进出货从货棚侧部进行。

（2）活动货棚，没有固定的基础和立柱，棚顶及围护结构组成一个圆弧形或Ⅱ字形的整体，围护结构安装滚动或滑动装置，可沿轨道或按一定线路运动。一定尺寸的货棚成为一节，使用时，许多节货棚互相搭接在一起。装货、取货时，只需将货棚移开，就能方便地作业了。作业时可用机械进行货物垂直移动，所以，活动货棚之间的通道可以较窄，货场利用率较高。

4. 线路和站台

货场内的线路、站台是仓库进发货的必经之路，也是仓库运行的基本保证条件。

（1）线路。线路要能满足进出货运量的要求，不造成拥挤阻塞。线路形式主要有两种：

①铁道专用线：简称专用线，由铁路车站引出，直接连接仓库；

②汽车线：和公路干线相接的汽车线路，可以伸入到仓库内部甚至库房中。

（2）站台。是线路与仓库之间用于进出车辆、装卸货物的衔接设施。货运站台主要有两种形式：

①高站台：站台面与车辆内底板等高，便于人工装卸；

②低站台：站台面低于车辆内底板，便于散货卸车。

5. 储存容器

（1）储仓。又称料仓，是专门用于存放粉状、颗粒状、块状等散状非包装物品的刚性容器。它是一种密存形储存设施，全部仓容都可用于储存物资。由于采用全封闭结构，储仓的防护、保护效果非常好。粮食、水泥、化肥等常采用这种储存设施。

（2）储罐。是专门用于存放液体、气体物品的刚性容器。这里所说的储罐也是一种密存形储存设施，全部仓容都可用于储存，储罐大多采用全封闭结构，隔绝效果及防护效果都很好。储罐用于贮存油料、液体化工材料、煤气等。

（三）自动化立体仓库

自动化立体仓库，是当前技术水平较高的形式。自动化立体仓库的主体由货架、巷道式堆垛起重机、入（出）库工作台和自动运进（出）及操作控制系统组成。货架是钢结构或钢筋混凝土结构的建筑物或结构体，货架内是标准尺寸的货位空间，巷道式堆垛起重机穿行于货架之间的巷道中，完成存、取货的工作。管理上采用计算机及条形码技术。

自动化立体仓库大大提高了仓储管理、物资调动和作业的准确率，同时提高了物流速度。大量的管理信息由计算机数据库系统存储，计算机控制自动设备连续作业，并由计算机的逻辑判断进行合理的货位选择，保证了仓储管理的高效率。

自动化立体仓库一般由高层货架、起重运输设备、土建公用设施以及控制和管理设施等部分组成，示意图见图4—1。

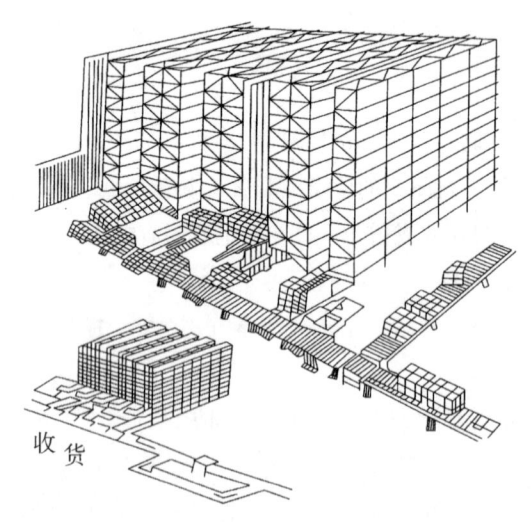

图4—1 自动化立体仓库构成示意图

1. 自动化立体仓库的分类

（1）按照建筑形式分，可分为整体式和分离式。整体式立体仓库高度在12米以上，其仓库货架与仓库建筑物构成一个不可分割的整体，外墙既是货架，又是库房屋顶的支撑，如图4—2（a）所示。分离式立体仓库高度在12米以下，但也有15米的。分离式仓库的货架是独立的，主要用于高度不大或已经有建筑物的情况，如图4—2（b）所示。

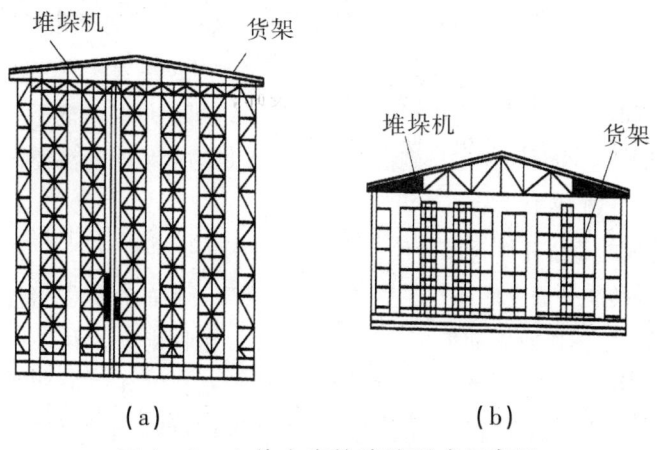

图4—2　立体仓库的建筑形式示意图

（2）按照库房高度分，可分为高层、中层和低层。5米以下为低层，5~12米为中层，12米以上为高层。

（3）按照库存容量分，可分为大、中、小型。库存容量在2000托盘（货箱）以下的为小型，2000~5000托盘的为中型，5000托盘以上的为大型。

（4）按照控制方法分，可分为手动控制、自动控制和遥控。

（5）按照仓库在生产和流通中作用分，可分为单纯储存用的仓库和储存兼选配的仓库。单纯储存用的仓库中的货物在以单元形式的货架上储存一定的时间，需要时便出库，主要应用于生产和储备。储备兼选配的仓库一般用于流通领域中的商品配送。

（6）按照货架的形式分，可分为单元式货架仓库、活动式货架仓库、重力式货架仓库和拣选式货架仓库等。

单元式货架仓库特点是货架沿仓库的宽度方向分成若干排，每两排货架为一组，其间有一条巷道，供堆垛起重机或其他起重机械作业。每排货架沿仓库长度方向分为若干列，沿垂直方向又分为若干层，从而形成大量货格，用以储存货物。活动式货架仓库的货架是可移动的，其货架可在轨道上移动，使仓库面积利用率提高。在重力式货架仓库中，存货通道带有一定的坡度，由入库起重机装入通道的货物单元能够在自重作用下，自动地从入库端向出库端移动，直至通道的出库端或者碰到已有的货物单元停住为止。

2. 自动化立体仓库的优点

自动化立体仓库能得到迅速发展的主要原因，就在于它具有如下优点：

（1）货物存放集中化、立体化、减少占地面积。在地价昂贵的国家和城市里，其效果尤为显著。

（2）仓库作业的机械化和自动化减轻了工人的劳动强度，节约劳力，缩短作业时间。

（3）物品出入库迅速、准确、减少了车辆待装待卸时间，提高了仓库的存储周转能力。

（4）采用电子计算机控制与管理，有利于压缩库存和加速物品的周转，降低了储存费用，从而降低了产品成本。

（5）可以适应特殊环境下的作业，如高温、低温作业，剧毒、放射性和腐蚀性等物资的储存。

（6）提高仓库的安全可靠性，便于进行合理储存和科学的养护，提高保管质量，确保仓库安全。

（7）由于采用计算机管理，加快了处理各种业务活动的速度，缩短了交货时间。

总之，由于自动化立体仓库这一新技术设备的出现，使原来那种固定货位、人工搬运和码放、人工管理、以储存为主的仓储作业，改变为自由选择货位、可按需要实现先进先出的机械化与自动化仓储作业。在储存同时，可以对货物进行必要的拣选、组配，并根据整个企业生产的需要，有计划地将库存物按指定的数量和时间要求送到恰当地点，满足均衡生产的需要，可以说自动化立体仓库的出现使"静态仓库"变成了"动态仓库"。

以 2001 年 5 月建成的北京立体仓库为例，目前该库房面积 5400 平方米，高约 11 米，为钢结构大跨度的独立库房。与传统平面仓库相比，立体仓库对大型货物的存储能力提高 1.6 倍，小件物品的存储能力提升 10 倍。整体作业周期缩短，主要体现在：在收货业务中，占收货总量 35% 左右的厂家自带托盘，货物的接收上架速度由原先的 70 分钟/整车，提升到 45 分钟/整车，效率提升近 40%，整车散装货物的接收上架时间也从 100 分钟缩短至 80 分钟；在发货业务中，基本维持了原有的水平，但效率提高了（以市内配送为例，从交货单生成到货物发运驶离库房，原有时间为 52 分钟，目前日订单量同期比增加 20%、扫描单数增加 60%，并且还呈不断上升的趋势，出货速度与以往基本持平）。另外，由于利用了 RF 手持终端设备，实现了 PN 条形码扫描/粘贴等无纸化操作，物流作业的错误率大大降低。在存储量保持不变的前提下，每月因折旧、租金的微提升增加费用为人民币 7 万元，但随着存储量的提升，每月节省租金约人民币 12 万余元。根据介绍，该立体仓库自接到网上订单后平均备货、出货过程在 15 分钟内都可完成，并在 2 小时内通过"神州特快"送达客户手中。

第二节　仓库管理

一、仓库作业流程

仓库的技术作业过程，大体上可分为收货→保管→发货三个阶段（图4—3）。按其作业顺序可具体分为：物资提运（或接运）、卸车、搬运、检验、入库、保管保养、备货、包装、出库集中、装车、发运等作业环节。按其作业性质可归纳为：货物检验、保管保养、装卸搬运、流通加工、包装和运输等内容。上述作业阶段或作业环节，相互联系相互制约，形成一个完整的仓储作业系统。

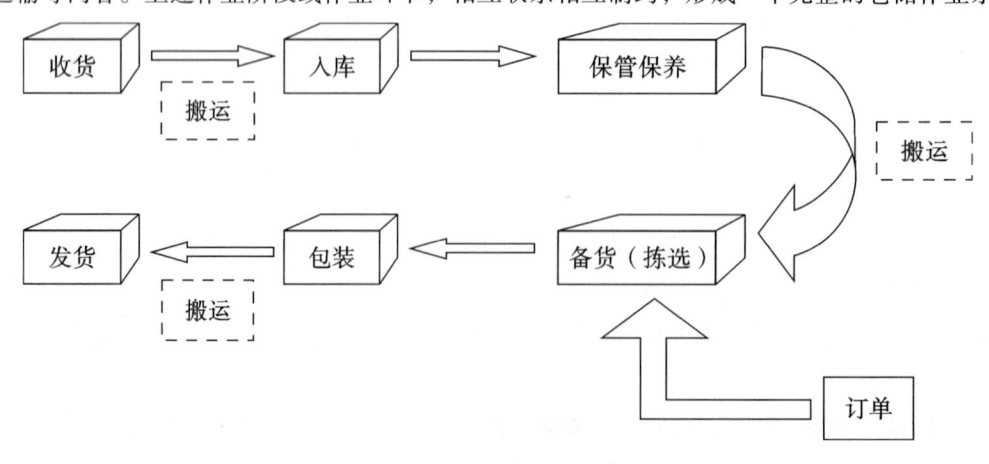

图4—3　仓库作业流程图

科学技术的不断发展，促使仓库机能也不断发展和完善。仓库在各个领域的作用越来越重要。"仓库"和"保管"的含义也正在逐步改变，从而对仓库管理提出了更高的要求：根据生产和流通的客观规律，合理地组织各种物料的储存；准确迅速地组织好产品的入库、出库业务；努力提高仓库的利用率；提高库存物质的保管和养护、维修、配送；确保安全，提高效率；加速周转，提高经济效益。

二、物资维护保养

货物维护保养是通过一定的环境条件及具体技术措施，保持使用价值。维护保养工作主要有以下几项：

1. 创造适合于物资储存的环境条件

（1）温度条件。温度升高会促进各种类型的化学反应，也会影响形态（如软化），造成储存物资的变化。应根据不同物资性质确定不同的限制温度。

（2）湿度条件。各种物资在一定含水率范围内能安全储存，控制储存环境湿度，使物资处于安全水分范围内，起到保护作用。

（3）密封隔离条件。储存物资与其他外界物资的接触，是物资在储存期间劣化的因素之一，有的储存物需要在一定密封条件下才能保证质量。密封也能有效地创造一个适宜的湿度条件，对物资起到保护作用。

2. 对部分所存物资进行个别技术处置

（1）个别物品的封装。需要特殊防护的物资，当环境条件不能满足要求时，可以个别进行封装，为其单独创造条件。

（2）物资表面的喷涂防护。在物资表面涂油及喷施一层隔绝性物质，可以有效将所存物资与环境条件隔离开来，起到维护作用。

（3）物资表面施以化学药剂。化学药剂的种类不同，可以起到防霉、防虫、防鼠作用。

（4）气相防锈保护。在金属表面或四周施以挥发性缓蚀剂，使其在金属制品周围挥发出缓蚀气体，达到防锈目的。

（5）喷水增湿降温。在环境湿度或温度失控状况下，可以小面积个别喷水或浸水，以迅速防止化学反应的激烈进行，达到维护保养目的。

3. 进行救治防护

对已经发生变质损坏的物资，采取各种救治措施，以防止损失的扩大，救治措施有除锈、破损修复、霉变的晾晒等。

三、合理化储存

储存合理化的含义是用最经济的办法实现储存的功能。但是，储存的不合理又往往表现在对储存功能实现的过分强调，因而过分投入储存力量和其他储存劳动，所以，合理储存的实质是在保证储存功能实现的前提下尽量少投入。

（一）储存合理化的主要标志

1. 质量标志

保证被储存物的质量，是完成储存功能的根本要求，只有这样商品的使用价值才能得以最终实现。

2. 数量标志

在保证功能实现前提下有一个合理的数量范围。目前管理科学的方法已能在各种约束条件下，对合理数量范围作出决策。

3. 时间标志

在保证功能实现前提下，寻求一个合理的储存时间，往往用周转速度指标来反映时间标志，如周转天数、周转次数等。

4. 结构标志

从被储物不同品种、不同规格、不同花色的储存数量比例关系对储存合理性的判断。尤其是相关性很强的各种物资之间的比例关系更能反映储存合理与否。

5. 分布标志

指根据不同地区储存的数量与当地需求比来判断对需求的保障程度。

6. 费用标志

仓租费、维护费、保管费、损失费、资金占用利息支出等，都能从实际费用上判断储存合理与否。

（二）储存合理化的实施

ABC 分析法是储存合理化的基础分析方法，在此基础上可以进一步解决各类的结构关系、储存量、重点管理、技术措施等合理化问题。ABC 分析法的应用，在储存管理中比较容易取得以下成效：第一，压缩总库存量；第二，解放被占压的资金；第三，使库存结构合理化；第四，节约管理力量。

1. ABC 分析法的一般步骤

（1）收集数据。按分析对象和分析内容，收集有关数据。例如，要分析产品成本，则应收集产品成本因素、产品成本构成等方面的数据；要分析针对某一系统的价值工程，则应收集系统中各局部功能、各局部成本等数据。

本例（表 4—1、4—2）拟对库存物品的平均资金占用额进行分析，以了解哪些物品占用资金多，以便实行重点管理。应收集的数据为：每种库存物资的平均库存量、每种物资的单价等。

（2）处理数据。对收集来的数据资料进行整理，按要求计算和汇总。本例以平均库存乘以单价，计算各种物品的平均资金占用额。

（3）ABC 分析表。ABC 分析表（表 4—1）栏目构成如下：第一栏为物品名称；第二栏是品目数累计，即每一种物品皆为一个品目数，品目数累计实际就是序号；第三栏是品目数累计百分数，即累计品目数对总品目数的百分比；第四栏为物品单价；第五栏是平均库存；第六栏是第四栏单价乘以第五栏平均库存，为各种物品平均资金占用额；第七栏是平均资金占用额累计；第八栏是平均资金占用额累计百分数；第九栏为分类结果。

表4—1 储存物为36种的ABC分析表

一栏	二栏	三栏	四栏	五栏	六栏	七栏	八栏	九栏
物品名称	品目数累计	品目数累计/%	单价/元·kg	平均库存/kg	平均资金占用额/元	平均资金占用额累计/元	平均资金占用额累计/元	分类结果
××	1	2.78	480	3820	1833600	1833600	60.5	A
××	2	5.55	200	1060	212000	2045600	67.4	A
××	3	8.33	45	3820	181900	2227500	73.3	A
××	4	11.11	35	3020	133700	2351200	77.5	A
××	5	13.89	30.5	3410	104005	2455205	80.9	B
××	6	16.66	46.7	1470	68649	2523854	83.2	B
××	7	19.44	14	4880	68320	2592174	85.5	B
××	8	22.22	13	5220	67060	2660034	87.7	B
××	9	24.99	10.2	4880	49776	2709810	89.4	B
××	10	27.78	38	1060	40280	2750090	90.7	B
××	11	30.55	10.1	3820	38582	2788672	91.9	B
××	12	33.32	7.0	4880	34160	2822032	93.1	B
××	13	36.10	21.5	1470	31605	2854437	略	C
××	14	38.89	25	1060	26500	2880937	略	C
××	15	41.66	5.4	4880	26352	2907289	95.9	C
××	16	44.43	1.9	9760	18544	2925833	略	C
××	17	47.21	1.1	11460	12606	2938436	96.9	C
⋮	⋮	⋮	⋮	⋮	⋮	⋮	⋮	C
××	36	100					100	

制表按下述步骤进行：将第2步已求出的平均资金占用额，以大排队方式，由高至低填入表中第六栏。以此栏为准，将相应物品名称填入第一栏、物品单价填入第四栏、平均库存填入第五栏、在第二栏中按1、2、3、4……编号，则为品目累计。此后，计算品目数累计百分数，填入第三栏；计算平均资金占用额累计，填入第七栏；计算平均资金占用额累计百分数，填入第八栏。

(4) 根据ABC分析表确定分类。按ABC分析表，观察第三栏累计品目百分数和第八栏平均资金占用额累计百分数，将累计品目百分数为5%~15%，而平均资金占用额累计百分数为60%~80%左右的前几个物品，确定为A类；将累计品目百分数为20%~30%，而平均资金占用额累计百分数也为20%~30%的物品，确定为B类；其余为C类，C类情况正和A类相反，其累计品目百分数为60%~80%，而平均资金占用额累计百分数仅为5%~15%。

(5) 绘ABC分析图。以累计品目百分数为横坐标，以累计资金占用额百分数为纵坐标，按ABC分析表第三栏和第八栏所提供的数据，在坐标图上取点，并联结各点曲线，则绘成如图4—4所示的ABC曲线。

按 ABC 分析曲线对应的数据，ABC 分析表确定 A、B、C 三个类别的方法，在图上标明 A、B、C 三类，则制成 ABC 分析图。在管理时，如果认为 ABC 分析图直观性不强，也可绘成如图 4—5 所示的直方图。

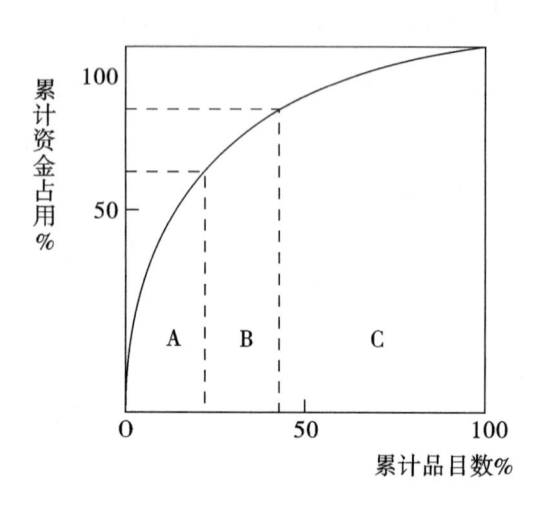

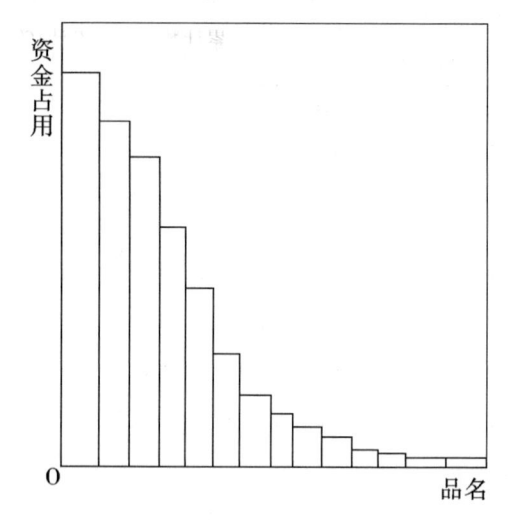

图 4—4　ABC 分析图　　　　图 4—5　直方图

（6）确定重点管理要求。ABC 分析结果，只是理顺了复杂事物，搞清了各局部的地位，明确了重点。但是，ABC 分析主要目的更在于解决困难，因此，在分析的基础上必须提出解决的办法，才真正达到 ABC 分析的目的。目前，许多企业为了应付验收检查，形式上搞了 ABC 分析，虽对了解家底起一些作用，但并未真正掌握这种方法的真谛，未能将分析转化为效益。

按 ABC 分析结果，再权衡管理力量与经济效果，对三类库存物品进行有区别的管理养护，见表 4—2。

表 4—2　重点管理要求

分类结果	储存管理要求	保养防护方法
A 类	精心保管，随时通报。协助货主，压缩库存，要投入较大力量	采取技术措施，加强养护工作，保证质量
B 类	很好保管，按购销情况、出入库频度，适当堆码摆放	进行一般保养，防止物品变坏
C 类	一般保管，有的物品也可库外储存，但要苫垫好	注意养护工作，防水防火等

2. 多重与多标准 ABC 分析

目前，我国对 ABC 分析的原理、方法研究尚不够透彻，在应用上也不甚灵活，有人甚至产生一些误解，认为 ABC 分析只能分成三类，只能按固定模式进行。其实，ABC 分析还有许多灵活、深入的方法。例如：

第一，分层的 ABC 分析。在物品种类较多，无法全部排列于表中，或即使可以排成大表，但必要性不大的情况下，也可以先进行品目的分层，以减少项数，再根据分层结果将 A 类品目逐一列出，进行个别的、重点管理。

以某仓库库存品目 3439 种的 ABC 分析为例，用分层方法进行分层排列的 ABC 分析表，如表 4—3 所示。

表 4—3　分层的 ABC 分析表

按平均资金占用额的分层范围/百元	品目数	品目累计数	品目累计/%	平均资金占用额/百元	平均资金占用额累计	平均资金占用额累计/%	分类结果
>6	260	260	7.5	5800	5800	69	A
5~6	86	346	9.9	500	6300	75	A
4~5	55	401	11.7	2500	6550	78	B
3~4	95	496	14.4	340	6890	82	B
2~3	170	666	19.4	420	7310	87	B
1~2	352	1018	29.6	410	7720	92	B
<1	2421	3439	100	670	8390	100	C

第二，多种分类方法。除了按计算结果分成 ABC 三类外，在运用中也常根据对象事物的特点，采取分成三和六类以上的方法。如分成五类、十类等。

以上方法都是一般 ABC 分析方法的简单延伸，在实际工作中常常遇到更复杂的情况，例如，分类要满足这样的实际要求不止一个目标，而是多个目标，只按库存金额这一个目标进行单重分类并不能解决其他管理问题。在这种情况下可以应用多标准分析，在品目太多时也可进行多重多标准 ABC 分析。

(1) 多重 ABC 分析。多重 ABC 分析是在第一次 ABC 分析基础上，再进行一次 ABC 分析。

仍以表 4—3 的分析为例，分层的 ABC 分析中 A 类的品目种类有 346 种，对于管理工作来讲，这仍然是一个庞大的数字，在这 346 种物品的集合中，仍然会遵循"关键的少数和一般的多数"的规律，因此，可以对这一集合群再做一次 ABC 分析（二重分析）。其结果，原 A 类中又划分出 A、B、C 三类，分别冠以 A—A、A—B、A—C，以使管理者了解 A—A 为重中之重，在管理上确定对应的有效管理方法。同样，在 B 类中如果也需进行分析的话，可按同样道理，划分出 B—A、B—B、B—C 三类。C 类本来属于"一般多数"，在管理上往往不需细化，所以一般而言，C 类不再进行二重分析，但是如果管理者认为有必要进行这一分析，则也可分成 C—A、C—B、C—C 三类。

于是，按二重 ABC 分析，实际形成了七类或九类的分类：

七类分类：A—A、A—B、A—C、B—A、B—B、B—C、C。

九类分类：A—A、A—B、A—C、B—A、B—B、B—C、C—A、C—B、C—C。

在品目种类非常多的情况下，还可以进行第三重、第四重分类。

(2) 多标准 ABC 分类。在实际工作中，管理目标往往不是一个，例如，一般管理，往往看重物品价值，按价值进行分类，但是，单价高的物品，可能数量并不大，因此按总价值为目标的分类就会有不同分类结果。还有更复杂的情况，在一个企业中，有的人关心价值；有的人或部门关心各种物品的供货保证程度，物品价值可能不高，但一旦出现供应的中断会带来巨大损失，他们希望能按这种供应保证程度或供应中断的风险大小进行 ABC 分析，以正确地确定不同的管理方法；企业中的仓库管理人员还可能关注保管的难易程度或物品在仓库中可能损坏的程度，希望以此为目标进行分类，以分别制定管理办法。

不同的要求形成了不同的标准，如果分别按不同的标准分类，可能是同一集合的物品，有若干不同的分类结果，这无疑会造成分类的混乱，反而会增加管理难度，违背了分类的初衷。多目标分析分类方法，就是针对这种情况的分类方法。

多标准ABC分类的基本原理可以双标准ABC分类为代表，其具体做法是：

①数列排列法。以表4—4所举36种物品分类为例，由于这一数列较大，在本书中不易表达，所以，此处将其缩合，即减少一半数量，序号1、2合为一种，3、4合为一种，依次类推，数列元素由36个缩减为18个，并分别以1~18编号，根据表4—4以价值为标准的分类结果，形成以下数列相应的分类（表4—4）。

表4—4 单标准数列分类

物品编号	1	2	3	4	5	6	7	8	9	10	11	12	13	14	15	16	17	18
分类（价值标准）	A	A	B	B	B	B	C	C	C	C	C	C	C	C	C	C	C	C

再按另一个标准对这18种物品进行ABC分析，如供应保证程度，并比较两个目标的轻重，以确定两个标准的优先序号（此外假定价值分类程度重要），仍以数列形式排列见表4—5。

表4—5 双标准数列分类

物品编号	1	2	3	4	5	6	7	8	9	10	11	12	13	14	15	16	17	18
物品价值	A	A	B	B	B	B	C	C	C	C	C	C	C	C	C	C	C	C
保证程度分类	B	B	A	C	B	C	A	B	C	C	C	C	C	C	C	C	C	C
组合结果	AB	AB	BA	BC	BB	BC	CA	CB	CC	CC	CC	CC	CC	CC	CC	CC	CC	CC

双标准分类结果使物品重要性程度的组合结果出现新情况，需对分类结果进行调整，其中编号9~18的物品分类位置没有变化，皆为CC类，编号1~8的物品中，1、2两序号为AB类，仍居最重要地位，3~8编号中，第三号BA的地位为冠，也确认为原序号，在4~8五种物品中比较，CB（第8号）显然位置最低，排于第8位，其次是BC（第4号及第6号），结合后的重要程度显然要低于第5号BB、第7号CA，因而其排序后降至第6、7位。最后只剩下BB及CA的比较（第5号及第7号），两者的组合等级相近，关键要通过判断两个目标轻重，特别强调哪一个目标来最终确认其位置。假如价值目标重要性很高，则BB居于CA之前，假如保证程度标准与价值相差无几，也可将CA居于BB之前。两种物品序号相连，总的管理重点地位是相同的，具体管理措施可分别制定。调整后的组合分类前八种物品排序见表4—6。

表4—6 组合分类结果

物品组合后编号	①	②	③	④	⑤	⑥	⑦	⑧
物品原编号	1	2	3	5	7	4	6	8
组合分类结果	AB	AB	BA	BB	CA	BC	BC	CB

②坐标法。将横坐标与纵坐标分别表示不同标准的分类，其中，纵坐标较横坐标有较重要地位，其分类写于前，横坐标分类写于后，形成图4—6的坐标图，将表4—5的分类结果填于坐标图中，便可清晰地看出组合分类的结果。

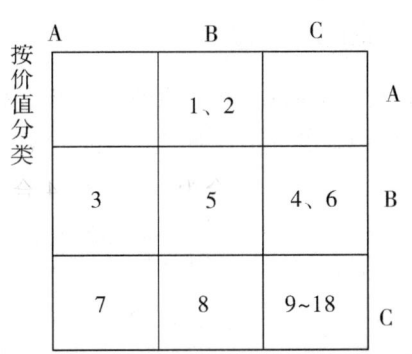

```
        A      B      C
按
价                          A
值           1、2
分
类
        3      5     4、6    B

        7      8    9~18    C
                                按保证程度分类
```

图 4—6 坐标法双标准分类

用三向坐标体系，根据上述原理也可作出三标准分类。用数列方式也可以作出三标准以上的多标准分类。多标准分类会出现很复杂的分类情况，人工操作难度过大。因此，多标准分类结果可以形成物品的分类编码，采用光电识别或计算机识别方式进行更精细的管理。

③多标准的模糊分类。多标准分类就是对那些不明晰的物品（如表4—5中前8种）应由专家进行一对一的强制性对比，排出重要性顺序。再根据A、B、C三类所占的比例关系圈定出A、B、C三类，这可以解决标准多、分类难度大、类别过多的弊病，把复杂的问题简化。

表4—7为按多标准强制对比方法确定组合分类的简化了的例子。在强制对比时，专家们必须根据多标准，在两个对比元素中比较出一个较另一个重要，并以重要一方计1分，次要一方计0分列于此表，按统计的分值大小排列出重要性顺序，再按比例数决定A、B、C三类。

表4—7 模糊方法的多标准强制对比分类

物品名称	A B C D E F G H	得 分	排 序	分类结果
A		6	②	A
B		5	③	B
C		3	⑤	B
D		7	①	A
E		1	⑦	C
F		2	⑥	C
G		1	⑧	C
H		4	④	B

第三节 库存控制策略

把库存量控制到最佳数量，尽量少用人力、物力、财力把库存管理好，获取最大的供给保障，是很多企业、很多经济学家追求的目标，甚至是企业之间竞争生存的重要一环。

一、库存控制系统要素

1. 需求

存储是为了满足未来的需求，随着需求的被满足，存储量就减少，需求可能是间断的，也可能是连续发生的。需求可以是确定型的,也可以是随机型的。

2. 补充

由于需求的发生,库存物不断减少,为保证以后的需求,必须及时补充库存物品。补充相当于存储系统的输入。

3. 费用分析

在存储论中,一个存储策略,通常是指决定在什么时候对存储系统进行补充以及补充多少库存量。在众多的存储策略中,评价一项策略的优劣时,常用的标准是该策略所耗用的平均费用。

存储模型中经常考虑的费用是订货费、生产费、存储费和缺货损失费。

4. 存贮策略

确定补充量以及补充时机的办法称为存贮策略。最常见的存储策略形式有如下三种:

(1) t_0 循环策略。每隔一个循环时间补充量 Q。

(2) (s, S) 型策略。即经常检查库存量 x,当 $x > s$ 时不补充,当 $x \leq s$ 时补充。补充量 Q = S - x (即把库存量提高到 S)。这里的 s 是应达到的最低库存量,S 是最大库存量。

(3) (t, s, S) 型混合策略。每经过时间 t 检查库存量 x,当 $x > s$ 时不补充,当 $x \leq s$ 时,补充存储量使之达到 S。

根据问题的实际背景和采取的策略形式,存贮总是可以分成不同的类型。按照存贮模型中量和期的参数性质,可分为确定型存贮模型和随机型存贮模型两大类。

二、确定型存储模型

这里所讨论的存储模型中的量和期的参数都是确定性的,而且一种存储物的量和期与另一种存储物的量和期不发生相互影响关系。下面分别介绍不同情况下的确定型存储模型。

(一) 瞬时进货,不许短缺

此类确定型存储模型又称经济订购批量(economic order quantity,EOQ),即通过平衡采购进货成本和保管仓储成本核算,以实现总库存最低的最佳订货量。

1. 假设条件

(1) 当存储降至零时,立即补充。

(2) 需求是连续均匀的,设需求速度 R 为常数,则 t 时间内的需求量为 R t。

(3) 每次订购费不变,单位存储费不变。

(4) 每次订购量相同。

2. 存储状态图

存储状态变化情况如图 4—7 所示。

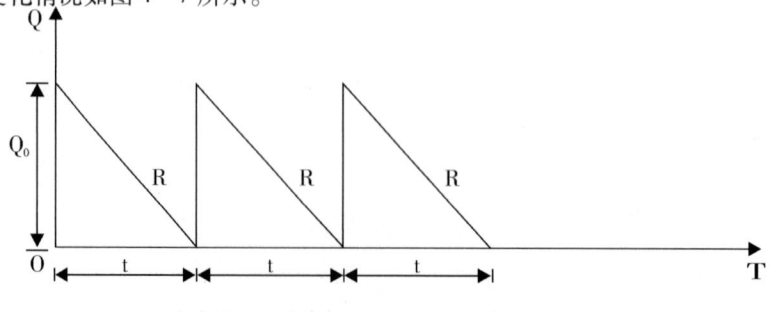

图 4—7 E.O.Q 模型的存储状态图

3. 建立模型

由图4—7可知，在 t 时间内补充一次存储，订购量 Q 必须满足这一时间期内的需求，故得 Q = Rt，一次订购费为 c_3，货物单价为 K，则订货费为 $c_3 + KRt$。单位时间内的订货费为：

$$c_3/t + KR$$

已知需求速度 R 为常数，存储量由时刻零的 Q 线性降至时刻 t 的零，故在 t 内的存储量为一个三角形的面积：$Qt/2 = Rt^2/2$。单位时间内的存储量为 $Rt/2$，单位时间内的存储费用为 $c_1Rt/2$。故得 t 时间内总的平均费用为：

$$c(t) = c_1Rt/2 + c_3/t + KR$$

这里的 t 为所求的存储策略变量。根据微积分求最小值的方法，可求出一阶导数并令其等于零，得：

$$\frac{dc(t)}{dt} = \frac{1}{2}c_1R - \frac{c_3}{t^2} = 0$$

解上述方程可得：

$$t_0 = \sqrt{\frac{2c_3}{c_1R}} \tag{4—1}$$

即每隔 t_0 时间订货一次，可使 c(t) 达到最小。其订购量为：

$$Q_0 = Rt_0 = \sqrt{\frac{2c_3}{c_1R}} \cdot R = \sqrt{\frac{2c_3R}{c_1}} \tag{4—2}$$

由于货物单价 K 与 Q_0、t_0 无关，在费用函数中可以略去 KR 这项费用。故可得：

$$c(t) = \frac{c_3}{t} + \frac{1}{2}c_1Rt \tag{4—3}$$

将 t_0 代入式（4—3），可得：

$$c(t_0) = c_3\sqrt{\frac{c_1R}{2c_3}} + \frac{1}{2}c_1R\sqrt{\frac{2c_3}{c_1R}} = \sqrt{2c_1c_3R} \tag{4—4}$$

若将上述费用函数用曲线表示，同样可以得到与式（4—1）、（4—2）、（4—4）一致的结果，如图4—8所示。

订货费用曲线 c_3/t，存储费用线 $c_1Rt/2$，总费用曲线为：

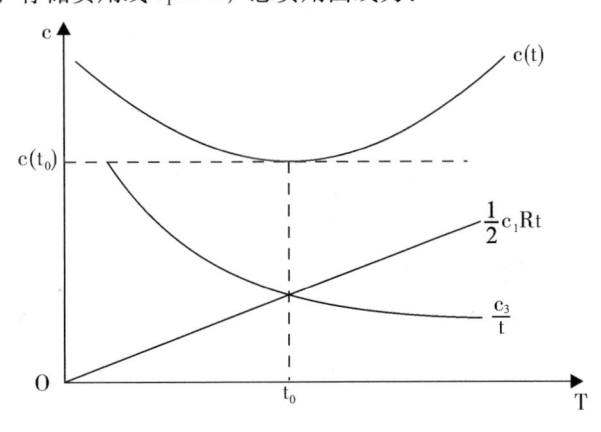

图4—8 费用函数曲线

$$c(t) = c_3/t + c_1Rt/2$$

图4—8中，c(t) 曲线的最低点 c(t_0) 对应的横坐标 t_0 正好与订购费用曲线和存储费用曲线

的交点对应的横坐标一致。即有：
$$c_3/t_0 = c_1 R t_0 /2$$
解出：
$$t_0 = \sqrt{\frac{2c_3}{c_1 R}} \tag{4—5}$$

$$Q_0 = \sqrt{\frac{2c_3 R}{c_1}} \tag{4—6}$$

$$c(t_0) = \sqrt{2c_1 c_3 R} \tag{4—7}$$

例4—1 某单位每月需要某一产品200件，每批订购费为20元。若每次货物到达后先存入仓库，每月每件要付出0.8元的存贮费。试计算其经济订购批量。

解：已知 R = 200 件/月，c_3 = 20 元/批，c_1 = 0.8 元/月·件。

根据上述模型，易算出：

最佳订购周期：
$$t_0 = \sqrt{\frac{2c_3}{c_1 R}} = \sqrt{\frac{2 \times 20}{0.8 \times 200}} = \frac{1}{2}（月）$$

最佳订购批量：
$$Q_0 = R t_0 = \frac{1}{2} \times 200 = 200（件）$$

平均最小费用：
$$c(t_0) = \sqrt{2c_1 c_3 R} = \sqrt{2 \times 0.8 \times 20 \times 200} = 800（元/月）$$

即在一个月内订购两次，每次订购量为100件，在不致中断需求的前提下，每月付出的最小费用为80元。

例4—2 接例4—1，若每月需量提高到800件，其他条件不变。试问最佳订购量是否也提高到400件（即原来的4倍）？

解：R = 800 件/月，其他条件与例4—1相同。

求得：
$$t_0 = \sqrt{\frac{2c_3}{c_1 R}} = \sqrt{\frac{2 \times 20}{0.8 \times 800}} = \frac{1}{4}（月）$$

$$Q_0 = R t_0 = 800 \times \frac{1}{4} = 200（件）$$

$$c(t_0) = \sqrt{2c_1 c_3 R} = \sqrt{2 \times 0.8 \times 20 \times 800} = 160（元/月）$$

显而易见，需求速度与订购量并不是同倍增长的。这说明了建立储存模型的重要性。

（二）逐渐补充库存，不允许短缺

该模型〔本文称模型（二）〕假定库存的补充是逐渐进行的，而不是瞬时完成的，其他条件同模型（一）。

1. 存储状态图

（1）一定时间 t_p 内生产批量Q，单位时间内的产量即生产速率以P表示；

（2）需求速度为R，由于不允许缺货，故P＞R。存储状态变化如图4—9所示。

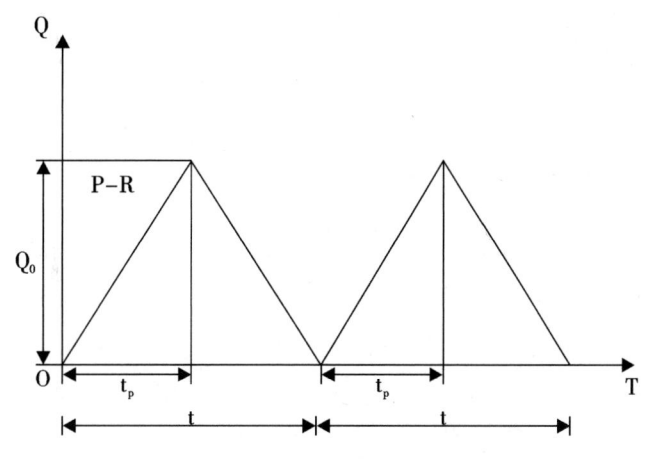

图 4—9 模型（二）存储状态图

2. 建立存储模型

在上述假定下，t_p 时间段内每单位时间生产了 P 件产品，提取了 R 件产品，所以单位时间内净增存储量为 P－R。到 t_p 终止时，储存量为（P—R）t_p。由前面模型（一）假定，有：

$$P \cdot t_p = Q = R \cdot t$$

则：

$$t_p = Rt/P$$

故时间段 t 内平均存储量为：

$$\frac{1}{2}(P-R)t_p = \frac{1}{2} \cdot \frac{P-R}{P} \cdot Rt$$

相应的单位时间存储费为：

$$\frac{1}{2} \cdot c_1 \cdot \frac{P-R}{P} \cdot Rt$$

而单位时间平均总费用为：

$$c(t) = \frac{1}{2} \cdot \frac{P-R}{P} \cdot c_1 \cdot Rt + \frac{c_3}{t}$$

令：

$$\frac{dc}{dt} = 0$$

得最佳生产循环时间：

$$t_0 = \sqrt{\frac{2c_3 P}{c_1(P-R)R}} = \sqrt{\frac{2c_3}{c_1 R}} \cdot \sqrt{\frac{P}{P-R}} \qquad (4-8)$$

最佳生产批量：

$$Q_0 = Rt_0 \sqrt{\frac{2c_3 P}{c_1(P-R)R}} = \sqrt{\frac{2c_3 R}{c_1}} \cdot \sqrt{\frac{R}{P-R}} \qquad (4-9)$$

最佳生产时间：

$$t_p = \frac{Rt_0}{P} = \sqrt{\frac{2c_3 R}{c_1(P-R)P}} = \sqrt{\frac{2c_3 R}{c_1}} \cdot \sqrt{\frac{1}{P(P-R)}} \qquad (4-10)$$

最小平均费用：

$$c(t_0) = \frac{1}{2} \cdot \frac{P-R}{P} \cdot c_1 \cdot Rt_0 + \frac{c_3}{t_0} = \sqrt{\frac{2c_1 c_3 P(P-R)}{P}} = \sqrt{2c_1 c_3 R} \cdot \sqrt{\frac{P-R}{P}} \quad (4-11)$$

易见，当 $P \to \infty$（即 $t_p \to 0$ 时，亦即生产可在极短时间内完成），

$$\sqrt{\frac{R}{P-R}} \to 1, \quad \sqrt{\frac{P-R}{P}} \to 1$$

即式（4—1）、（4—2）、（4—4）与式（4—8）、（4—9）、（4—11）相同。

例4—3　某装配车间每月需零件800件，该零件由厂内生产，生产率为每月1600件，每批生产准备费为200元，每月每件零件存储费为1元。试求最小费用与经济批量。

解：该问题符合模型（二）的假定条件，因此可直接运用式（4—9）至式（4—11）。

已知 $c_3 = 200$ 元，$c_1 = 1$ 元，$P = 1600$ 件/月，$R = 800$ 件/月，故：

$$Q_0 = \sqrt{\frac{2c_3 R}{c_1}} \cdot \sqrt{\frac{P}{P-R}} = \sqrt{\frac{2 \times 200 \times 800}{1}} \times \sqrt{\frac{1600}{1600-800}} = 800 \text{（件）}$$

$$c(t_0) = \sqrt{2c_1 c_3 R} \cdot \sqrt{\frac{P-R}{P}} = \sqrt{2 \times 1 \times 200 \times 800} \times \sqrt{\frac{1600-800}{1600}} = 400 \text{（元）}$$

$$t_0 = Q_0 / R = 800 \div 800 = 1 \text{（月）}$$

$$t_p = Q_0 / P = 800 \div 1600 = \frac{1}{2} \text{（月）}$$

即每次经济批量为800件，这800件只需在0.5个月中生产，相隔0.5个月后，进行第二批量的生产。所以周期为1个月。最大存储水平为 $(P-R) \cdot t_p = (1600-800) \times \frac{1}{2} = 400$（件），最小费用400元/月。

第四节　仓库管理质量指标

仓库管理质量指标以及仓库资源利用指标很多，以下所列十一项为常用指标。

1. 仓库吞吐能力实现率（T）

$$T = \frac{\text{期内实际吞吐量}}{\text{仓库设计吞吐量}} \times 100\%$$

2. 商品收发正确率（S）

$$S = \frac{\text{某批吞吐量—出现差错总量}}{\text{同批吞吐量}} \times 100\%$$

3. 商品完好率（$W_库$）

$$W_库 = \frac{\text{某批商品库存量—出现缺损商品量}}{\text{某批商品库存量}} \times 100\%$$

4. 库存商品缺损率（$Q_库$）

$$Q_库 = \frac{\text{某批商品缺损量}}{\text{该批商品总量}} \times 100\%$$

也可以"货损货差赔偿费率（$C_库$）"表示：

$$C_库 = \frac{\text{货损货差赔偿费总额}}{\text{同期业务收入总额}} \times 100\%$$

以上是以用户为对象，确定每批商品的质量指标。如果是对仓库总工作质量评定，其指标的计

算,应将"某批次"的数量改换为"期内"的数量。

5. 仓库面积利用率（M）

$$M_{总} = \frac{库房货棚货场占地面积之和}{仓库总面积} \times 100\%$$

$$M_{库} = \frac{库房内存储商品面积}{库房有效面积} \times 100\%$$

6. 仓容利用率（R）

$$R = \frac{仓库商品实际数量或容积}{仓库应存数量或容积} \times 100\%$$

7. 设备完好率（$W_{设}$）

$$W_{设} = \frac{期内设备完好台数}{同期设备总台数} \times 100\%$$

8. 设备利用率（L）

$$L = \frac{全部设备实际工作时数}{设备工作总能力（时数）} \times 100\%$$

9. 仓储吨成本（$C_{仓}$）

$$C_{仓} = \frac{仓储费用}{库存量} （元/吨）$$

10. 地产利用率（A）

$$A = \frac{仓库建筑面积}{地产面积} \times 100\%$$

11. 转运频率（P）

$$P = \frac{每年运出量}{平均库存} \times 100\%$$

平均库存是指库存年初数与年末库存数的平均值。即:

$$平均库存 = \frac{库存年初数 + 库存年末数}{2}$$

【经典案例1】

北京顺鑫绿色物流

北京顺鑫绿色物流有限责任公司成立于2003年9月,是由北京顺鑫农业股份有限公司（简称"顺鑫农业"）投资兴建的物流配送企业,如图4—10所示,公司注册资本8000万元,总资产2亿元,建有21340平方米的货架式仓储配送中心。

北京顺鑫绿色物流有限责任公司位于北京顺义区金马工业区,占地面积190亩,毗邻北京空港物流基地,紧依首都国际机场,距北京市区20公里,周边由机场高速、六环路、顺平路、京承高速、101国道组成了纵横交错、四通八达的交通网络。

公司以"配送健康新生活"为经营理念,以完善投资方商业物流配送体系为目标,着力发展商品仓储配送业务,最终发展成为规模较大的、专业性强的物流企业,为客户提供全方位、高效率、一体化的第三方物流服务。

1. 仓储规模

图4—10　北京顺鑫绿色物流有限责任公司

　　建有21340平方米的货架式仓储配送中心，如图4—11所示，其中一层15000平方米为托盘货架区，二层6340平方米为拆零分拣区。建成后可实现80亿元的商品仓储配送能力。立体托盘货架系统，可容纳近万个仓位，实现商品分类、分区存放；高1.2米的出入库站台，配有升降平台，加长雨搭，这些都为商品出入库提供了便利。多种规格的运输车辆，可提供常温、冷藏、冷冻多温层配送；10兆的局域网以及网络安全措施的应用，实现数据大量、快速、准确、安全的传输。

图4—11　货架式仓储配送中心

2. 硬件设施

　　采用托盘式货架，如图4—12所示，共计9860个仓位；无线手持终端（RF）30余台；采用多种搬运、拣选设备，共计几十余辆；运输车辆十余辆；宽敞明亮的办公环境；办公全部电子化、无纸化；完善、安全的通信网络。

图4—12　托盘式货架

3. 信息系统

　　主要信息系统有：供应链系统SCM、分销管理系统SRM、仓储管理信息系统WMS、电子标签拣选系统 DPS；系统采用 B/S 架构，Java 语言开发，具有很高的稳定性和可扩充性；系统实现和条码数据采集设备的接口，方便地和客户的系统完成数据交换；客户可以通过系统及时地了解商品出入库、调拨、盘点及库存信息，以及商品的条码信息等；系统支持网上下订单；网上库存、信用额度、统计及分析性报表等业务数据的查询；支持客户及供应方厨上对账功能；支持多种商品进货上架策略及相关法则，确定最优的商品摆放；支持多种商品配送出库方式及策略，实现最优的商品管理；系统结合了先进的物流设备（RF、ASRS 等）大大提高了库内作业的工作效率；系统提供自动排派车功能，依据客户送货地基本资料的设定，自动将单据初步排定车辆；支持多种促销方式，系统提供信用额度管控功能。

4. 提供的物流服务

公司以优化客户产品供应链为指导，以快捷、安全、可靠、节省为原则，为客户量身定制服务方案，对物流运作实施动态跟踪，统一调度与监控，24 小时全天候服务，为客户提供配送线路最优、库存水平最佳、货物配装最合理、物流成本最低、安全性能最高的优质服务，图 4—13 为物流中心的平面位置图。

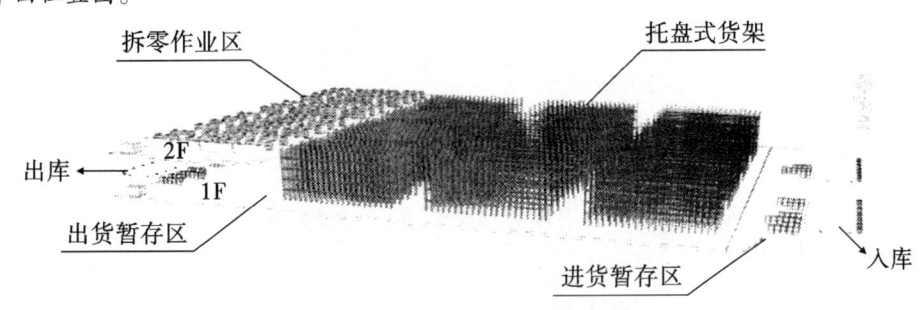

图 4—13　物流中心的平面位置图

5. 物流服务案例

顺鑫物流为北京零售业的带头企业——华普超市提供全面的物流服务。顺鑫物流于 2006 年 11 月开始为华普超市开始运作物流配送项目。顺鑫物流负责华普超市北京市以及周边地区所有门店的订单处理、库存管理和所有的区域性配送。

有 2128 个供应商将商品送到顺鑫物流的配送中心，然后由顺鑫物流配送到华普各家门店超市。同时顺鑫物流还提供直流配送服务，当商品运输到顺鑫物流的配送中心，根据不同门店的订单被分拣后，商品被送到各门店，这种操作模式帮助华普减少库存占压，提高了商品的库存周转率。通过 KAPS（分销和供应链管理系统）对订单进行管理。

顺鑫物流为华普超市管理着超过 60000 个品种的商品。通过 WMS（库存管理系统）将商品分类分区进行管理，配合仓库内立体托盘货架，将商品分仓位存放，系统与实货的一一对应，保证库存管理的准确性。

【讨论题】

1. 北京顺鑫物流的优势是什么？
2. 北京顺鑫物流能为客户提供哪些物流服务？

本章小结

为了保证物流的不间断、延续性，仓储就成为物流大系统中一个必不可少的环节。本章在介绍储存的概念、作用、仓库设备、作业流程等知识的基础上又详细阐述了合理化储存、仓库管理质量的各项指标；深入分析了库存控制的要素和确定型存储模型，介绍了储存合理化的基础分析方法 ABC 分析法及其实施步骤，讲述了世界著名的经济订购批量模型及算例，为从现代物流的角度研究和经营仓储提供了基础理论知识。

【本章关键术语】

合理化储存、ABC 分析法、定量订购法、商品编码、储位管理

【复习思考题】

1. 仓储有哪些作用？
2. 仓库中主要有哪些计量装置？
3. 货架主要有哪些类型？
4. 简述仓库作业流程。
5. 简述自动化立体仓库的优点。
6. 适合物资储存的环境条件有哪些？
7. 物资储存合理化的主要标志有哪些？
8. 简述 ABC 分析法的步骤。
9. 某单位采用无安全库存量的存储策略。每年使用某种零件 20 万件，每件每年的保管费为 4 元，每次订购费为 80 元。试问：（1）经济订购批量为多少？（2）如每次订购费为 1 元，每次应订购多少件？
10. 简述仓库管理质量指标中，仓库吞吐能力实现率、商品收发正确率、商品完好率、库存商品缺损率、仓库面积利用率、仓容利用率、设备完好率、设备利用率、仓储吨成本等指标的定义和算法。

第五章　包装技术与效益管理

本章学习内容

> 了解各种包装材料及包装容器的特点、不同包装技法的适用范围及包装管理内容；掌握包装和包装机械的功能、分类及包装机械的发展趋势以及包装标准化的具体内容。
>
> 包装（packaging）是物流系统中的一个子系统。产品生产过程的最后一道工序是包装，它是实现商品价值的重要手段之一，也是产品在流通过程中必须采用的技术措施。包装技术和管理内容十分丰富，涉及材料、机械、工艺和管理多个学科。

第一节　包装的功能与包装材料

一、包装的功能

我国的国家标准《包装通用术语》（GB 4122—83）中包装（packaging）的定义是"为在流通过程中保护产品，方便储运，促进销售，按一定技术方法而采用的容器、材料及辅助物等的总体名称"，也指"为了达到上述目的而采用的容器、材料和辅助的过程中施加一定技术方法等的操作活动"。

包装的功能是指包装与产品组合时所具有的功能与作用。在商品的生产、流通和消费的各个领域，包装的功能有以下几个方面：

1. 保护功能

科学的包装可以保护商品在流通过程、储运过程中的完整性和不受损伤，这也是包装的基本功能。如防止物品破损、变形，防止物品发生化学变化，防止有害生物如鼠咬、虫蛀等；同时也防止危害性内装物对接触的人、生物和环境造成伤害或污染。

2. 便利功能

包装的便利功能指便于装卸、储存和销售，同时也便于消费者使用。

"包装"将商品按一定的数量（或重量）、形状、尺寸规格进行包装，并根据商品的性质，恰当地使用包装材料和容器，便于商品计量与清点，有利于合理地使用各种运输工具，提高运输、装卸和堆码效率，提高仓容利用率和储存效率，加速商品流转，降低产品的流通费用，提高商品在流通过程中的经济效益。

以满足消费者需求为主要目的的包装，有绘图、商标和用途用法说明等，便于消费者辨认、了解商品的成分、性质、用途和使用方法，对消费者起指导作用；同时包装有大小、单件、多件、各种规格配套组合之分，便于消费者携带、保存和使用。

3. 促销功能

良好的包装，能给人以美的享受，起到诱导和激发消费者的购买欲望的作用。因此，包装在购买者与商品之间起着联结（媒介）作用；起着宣传、美化、促进销售商品的作用。

二、包装分类

包装类型很多，按不同包装目的、包装形态、包装方法、包装材料及使用次数可作如下分类：

1. 按包装目的分类

可分为运输包装和销售包装两大类。

（1）运输包装（transport package）。运输包装以满足运输、储存、装卸的需要为主要目的，具有保障产品的安全，方便运输、储存、装卸，加速交接、点验等作用。运输包装又称工业包装、外包装，它以保护功能为主，也具有便利功能。

（2）销售包装（promotion package）。销售包装以销售为主要目的，与内装物一起到达，具有保护、美化、宣传商品的作用，对商品起促销作用。

2. 按形态不同分类

可分为个包装、内包装、外包装三大类。

3. 按包装方法分类

可分为缓冲包装、防锈包装、真空包装、充气包装、灭菌包装、贴体包装、组合包装等几大类。

4. 按包装材料分类

可分为纸类包装、塑料类包装、金属类包装、玻璃和陶瓷类包装、木材和复合材料类包装等五大类。

5. 按包装使用次数分类

可分为一次性包装（如纸盒、塑料袋）、复用性包装（如能直接消毒、灭菌再使用的玻璃瓶，或回收再复制的，如金属、玻璃容器等）两大类。

此外，还有托盘包装（pallet packaging）、集合包装（assembly packaging）等。

我国GB将托盘包装定义为：以托盘为承载物，将包装件或产品堆码在托盘上，通过捆扎、裹包或胶粘等方法加以固定，形成一个搬运单元，以便用机械设备搬运。

集装箱包装是将一定数量的包装件或产品，装入具有一定规格、强度符合长期周转使用的重大包装容器内，形成一个合适的包装技术。

托盘包装、集合包装通过将包装件或产品集合成较大的搬运单元，便于实现产品的装卸、运输的机械化和自动化，加速了产品的流通，为实现"门"到"门"运输创造了条件。

三、包装材料

常用的包装材料有纸、塑料、木材、金属、玻璃等。使用最为广泛的是纸及各种纸制品，其次是木材、塑料材料。随着社会经济发展和国内外对环境保护日益重视，以纸代木、以纸代塑提倡绿色包装已势在必行。纸质包装逐步向中高档、低量化生产发展。

（一）包装用纸和纸制品

纸和纸板具有很多优良性能。如适宜的坚牢度、耐冲击性、耐摩擦性、易于消毒、易于成型、经济、重量轻、便于加工等。

1. 常用的包装用纸

（1）普通纸张。如牛皮纸、纸袋纸、中性包装纸、玻璃纸、羊皮纸等。

(2) 特种纸张。如高级伸缩纸、湿强纸、保光泽纸、防油脂纸、袋泡茶滤纸等。

(3) 装潢用纸。如胶版纸、铜版纸、压花纸、表面涂层纸等。

(4) 二次加工纸。如石蜡纸、沥青纸、防锈纸、真空镀铝纸等。

2. 常用的包装用纸板

(1) 普通纸板。如箱纸板等。

(2) 二次加工纸板。如瓦楞纸板等。

（二）塑料

塑料具有机械性能好，阻隔性好，化学稳定性好，加工成型简单，透明性好等优良性能。常用的塑料包装材料有以下几种：

1. 聚乙烯塑料（PE）

按其密度分高、中、低三种。聚乙烯塑料已被广泛用来制造各种瓶、软管、壶、薄膜和黏合剂等。若加入发泡剂，还可以制成聚乙烯泡沫塑料。

2. 聚氯乙烯塑料（PVC）

聚氯乙烯是由单体氯乙烯加聚而成的高分子聚合物。聚氯乙烯的可塑性强，具有良好的装饰和印刷性能。聚氯乙烯是用途非常广泛的通用热塑性材料，不仅可以制作软的、硬的包装容器，而且还可以制作聚氯乙烯薄膜，更适合制作各种薄膜包装制品。

3. 聚丙烯塑料（PP）

聚丙烯是从丙烯为单体聚合而成的高分子化合物。聚丙烯和聚乙烯一样，属韧性塑料。聚丙烯塑料可用于吹塑和真空成型制造瓶子、器皿、包装薄膜以及打包带与纺织袋。双向拉伸聚丙烯薄膜可用来代替玻璃纸包装食品，成本低于玻璃纸。

4. 聚苯乙烯塑料（PS）

聚苯乙烯塑料由乙烯加聚而成。在常温下，聚苯乙烯高聚物为无定形的玻璃态物质。聚苯乙烯可用作盛食品或盛装酸、碱的容器。聚苯乙烯泡沫塑料常用作仪器、仪表、电视机和高级电器产品的缓冲包装材料。

5. 聚酯（PET）

聚酯薄膜是一种无色透明又有光泽的薄膜，它和其他薄膜比较，有着较好的韧性与弹性。聚酯薄膜的主要缺点是不耐碱，热封性和防止紫外线透过性较差。聚酯包装用薄膜，一般不使用单层薄膜，而是与聚乙烯、聚丙烯等热合性能较好的树脂共聚，或涂层复合薄膜，以便用于制作冷冻食品及需加热杀菌包装的材料。

（三）木材及木制品

木材是一种优良的包装材料，长期用于制作运输包装，有被取代的趋势，但仍在一定范围内使用。木材的种类繁多，其用途也各不相同，包装用木材一般分为天然木材和人造板材两大类。人造板材又有胶合板、纤维板等。

木材常用于那些批量小，或体积小、重量大，或体积大、重量大的产品，制作小批量、强度高的包装。

（四）金属材料

包装所用的金属材料主要有钢材和铝材，其形态为薄板和金属箔，前者为刚性材料，后者为软性材料。金属材料具有较强的塑性与韧性，光滑，延伸率均匀，有良好的机械强度和抗冲击力，不易破损。但金属材料具有导电、导热性，价格较高的缺点。

钢材中常用的有薄钢板（俗称"黑铁皮"）和镀锡低碳薄钢板（俗称"马口铁"）。薄钢板主要用于制作桶状容器。镀锡低碳薄钢板，是在薄钢板的两面镀上耐腐蚀的锡层而成，并且基本无毒、无害，主要用于食品包装。

铝材有纯铝板、合金铝板和铝箔。纯铝板用作制桶，具有重量轻、耐腐蚀性强的特点，一般用于盛装酒类。合金铝板作包装材料时要求其表面不能有粗槽、斑瘪、粗细划痕、裂缝、气泡和凹陷等质量缺陷。铝箔多用于复合软包装、硬包装及包装衬里等，也常用于食品、卷烟、药品、化妆品与化学品的包装，特别是广泛用于现代方便食品的包装。铝箔还可与上胶层复合（纸与铝箔胶粘），可用作包装标签、包裹或包装。铝箔最大的缺点是不耐酸、不耐强碱、撕裂强度较低。

（五）玻璃

玻璃材料可用于运输包装和销售包装。用作运输包装时，主要是存装化工产品如强酸类；其次是玻璃纤维复合袋，存装化工产品和矿物粉料。用作销售包装时，主要是玻璃瓶和玻璃罐，用来存装酒、饮料、其他食品、药品、化学试剂、化妆品和文化用品等。

（六）复合材料

将几种材料复合在一起，使其兼具有不同材料的优良性能，正在被广泛地采用。现在使用较多的是薄膜复合材料。主要有纸基复合材料、塑料基复合材料、金属基复合材料等。

四、包装容器

包装容器是包装材料和造型结合的产物。现代运输包装容器有包装袋、包装盒、包装箱、包装瓶、包装罐五大类。

1. 包装袋（packaging bag）

包装袋按盛装重量分有：①集装袋，盛装重量在1吨以上，一般用聚酯纤维编织而成，顶部一般装有金属吊架或吊环，便于起重机吊装、搬运，卸货时可打开袋底的卸货孔，即行卸货，非常方便。②一般运输包装袋，盛装重量为50~100千克，大部分是由植物纤维或合成树脂纤维编织而成，或者由几层挠性材料构成的多层材料包装袋。③小型包装袋，也称普通包装袋，盛装重量较少，根据需要可用单层材料、多层同质材料或者多层不同材料复合而成。

2. 包装盒（packaging box）

包装盒是一种刚性或半刚性容器，呈规则几何形状，有关闭装置。包装盒通常用纸板、金属、硬质塑料以及复合材料制成。包装盒可以是外形固定的，在使用过程中不能折叠变形；也可以是折叠式，在未盛装物品时，可折叠存放。

3. 包装箱（packaging case）

包装箱是刚性或半刚性容器，一般呈长方体箱型，内部容积较大，其材料通常用纸板、木材、金属、硬质塑料或复合材料等制成。

包装箱的种类很多，常用的有如下几种，可根据实际需要合理地加以选用。

（1）瓦楞纸箱。是采用具有空心结构的瓦楞纸板，经成型工序制成的包装容器。按外形结构分，瓦楞纸箱大体有折叠式、固定式和异型类。瓦楞纸箱的应用范围广泛，几乎包括所有的日用消费品，如水果蔬菜、加工食品、针棉织品、玻璃陶瓷、化妆品、医药药品等各种日常用品，以及自行车、家用电器、精美家具等。

（2）木箱。木箱作为传统的运输包装容器，虽在很多情况下，已逐渐被瓦楞纸箱所取代，但木箱与瓦楞纸箱相比，仍在某些方面有其优越性和不可取代性。常见的有木板箱、框板箱和框架箱三种。

（3）托盘集合包装。是为了满足装卸与搬运作业机械化的要求，把若干件货物集中在一起，堆叠在运载托盘上，构成一件大型货物的包装形式。托盘集合包装是在任何时候都可以转入运动的准备状态，使静态的货物转变成动态的货物。它既是更高层次的包装容器，又是运输工具。托盘按其结构形式，可分为平板式托盘、箱式托盘、立柱式托盘。

（4）集装箱。是密封性好的大型铁制包装箱。集装箱属于大型集合包装，既是运输工具，又是包装容器。它更适合于现代化物流。

（5）塑料箱。塑料箱自重轻，耐蚀性好，可装载多种商品和反复使用，适合短途运输。一些产销挂钩、快进快出的商品都可采用，例如饮料、肉食、豆制品、牛奶、糕点、禽蛋等食品。

4. 包装瓶（packaging bottle）

包装瓶主要包装液体和粉状货物。包装瓶的包装量一般不大，适合美化装潢，主要做商业包装、内包装。包装瓶的材料要有较高的抗变能力，刚性、韧性要求也较高。包装瓶按外形可分为圆瓶、方瓶、高瓶、矮瓶、异形瓶等若干种。瓶口与瓶盖的封盖方式有螺纹式、凸耳式、齿冠式、包封式等。

5. 包装罐（筒）（packaging tin）

包装罐的罐身各处横截面形状大致相同，罐颈短，罐颈内径比罐身内颈稍小或无罐颈的一种包装容器，是刚性包装的一种。要求包装材料强度较高，罐体抗变形能力强。通常带有可密封的罐盖。包装罐是典型的运输包装，适合包装液体、粉状及颗粒状物品。也可做外包装、商业包装、内包装。

包装罐（筒）按容量分有小型包装罐、中型包装罐和集装罐三种；按制造材料分有金属罐和非金属罐两类。

第二节　包装技术和方法

包装作业时所采用的技术和方法简称包装技法，对任何包装件操作时都有技术问题和方法问题，通过包装技法，才能将运输包装体和产品（包括小包装）形成一个有机的整体。

一、一般包装技法

1. 对内装物的合理置放、固定和加固

在包装容器中装进形状各异的产品（固体），必须要合理置放、固定和加固。置放、固定和加固得巧妙，就能缩小体积、节省材料、减少损失。

2. 对松泡产品进行压缩体积

对于松泡产品如羽绒服、枕芯、絮被、毛线等，包装时占用容器的容积太大，会增大运输、储存费用，所以对松泡产品需要压缩体积。其中有效的方法是真空包装，它可大大缩小松泡产品的体积，缩小率可达50%~85%。

3. 合理选择外包装形状尺寸

在外包装形状尺寸的选择中，要避免过高、过扁、过大、过重等。过高会重心不稳，不易堆垛；过扁则标志刷字和辨认困难；过大则内装量太多，不易销售，且给流通带来困难；过重则纸箱易破损。

4. 合理选择内包装（盒）形状尺寸

内包装（盒）一般属于销售包装。在选择其形状尺寸时，要与外包装（箱）形态尺寸相配合，内包装（盒）的底面尺寸必须与包装模数协调，而且高度也应与外包装高度相匹配。

5. 包装外的捆扎

包装外捆扎对运输包装功能起着重要作用。捆扎的直接目的是将单个物件或数个物件捆紧，以便于运输、储存和装卸。而捆扎的功用远多于此，如能防止失窃，压缩容积，加固容器等。

二、特殊包装技法

（一）缓冲包装

缓冲包装主要是利用缓冲材料的缓冲作用，减少或避免被包装物品在装卸搬运、运输过程中受外界的冲击力、振动力等作用而造成损伤和损失。

对包装件来说，缓冲材料包括容器材料、固定材料、连接材料、封接材料等，主要指容器和产品之间的固定材料，但也不能忽视其他材料的缓冲作用。

各种物品因材质和结构不同，承受振动力、冲击力的能力也不一样。通常把物品承受外力的能力称为耐冲击度或易损性，它用物品能承受的最大冲击加速度的能力 G 值表示。G 值又称 G 因数，它是物品允许的最大冲击加速度与重力加速度之比。物品的 G 值小于等于 40 者为 A 级，耐冲击度最弱；物品的 G 值为 41～90 者为 B 级，耐冲击度较好；物品的 G 值大于 90 者为 C 级，耐冲击度最好。

缓冲包装的设计，要合理地选定缓冲材料并确定其衬垫厚度。

缓冲包装方法一般分为全面缓冲、部分缓冲和悬浮式缓冲三类。

1. 全面缓冲

全面缓冲，是指产品或内包装的整个表面都用缓冲材料衬垫的包装方法（图 5—1）。

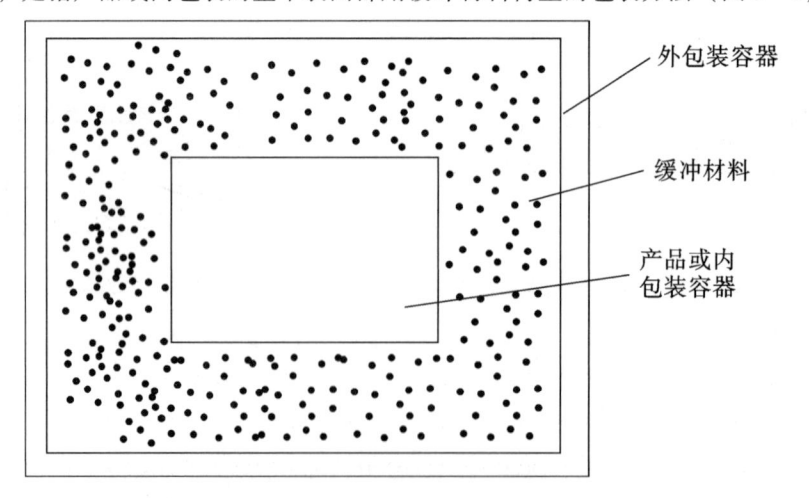

图 5—1 全面缓冲包装

2. 部分缓冲

部分缓冲，是指仅在产品或内包装的拐角或局部地方使用缓冲材料衬垫。通常对整体性好的或有包装容器的产品特别适用。既能得到较好的效果，又能降低包装成本。

部分缓冲可以有天地盖、左右盖、四棱衬垫、八角衬垫（图5—2）和侧衬垫（图5—3）几种。

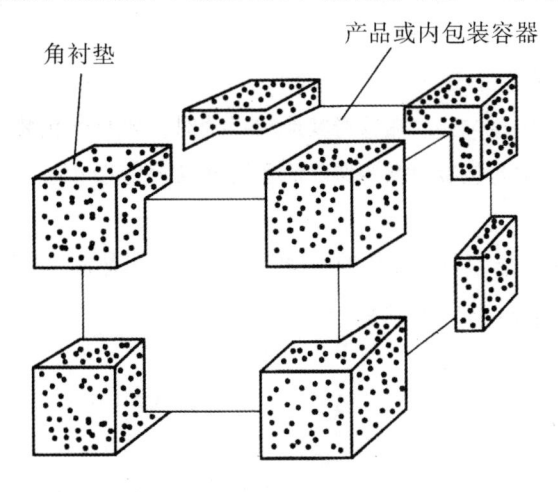

图5—2　角衬垫包装

3. 悬浮式缓冲

悬浮式缓冲指先将产品置于纸盒中，产品与纸盒间各方面均用柔软的泡沫塑料衬垫妥当，盒外用帆布包封或装入胶合板箱，然后用弹簧张吊在外包装箱内，使其悬浮吊起。这样通过弹簧和泡沫塑料同时起缓冲作用（图5—4）。这种方法适用于极易受损，且要求确保安全的产品，如精密机电设备、仪器、仪表等。

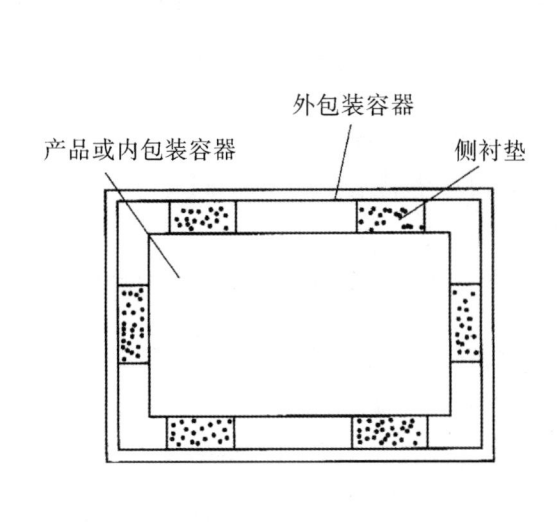

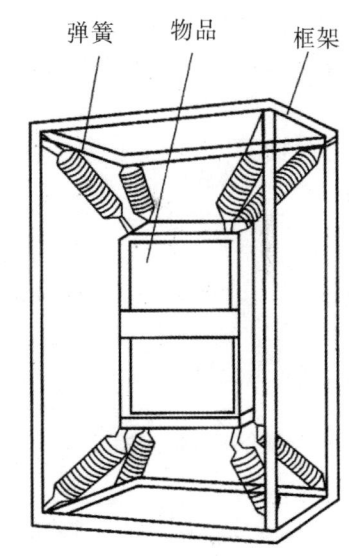

图5—3　侧衬垫包装　　图5—4　悬浮式缓冲包装

（二）防潮包装

防潮包装技法就是采用防潮材料对产品进行包封，以防止包装内部水分的增加，达到抑制微生物的生长和繁殖，延长内装物的储存期。采取的基本措施是以防潮性能良好的密闭容器或薄膜包装材料将已干燥的物品密闭起来，以隔绝外部空气中潮气变化对内装物的影响。防潮包装常用的包装容器有陶瓷容器、金属罐、玻璃瓶等。它们的防潮性能良好，但又有质硬体重、易破损、装运和使用不便等缺点。因而目前较多地采用聚乙烯和聚丙烯等包装材料制成的容器进行包装。

可选用的防潮包装类型见表5—1。

表5—1 防潮包装类型

类型序号	名　　称	方　　法
1	刚性容器密封包装	采用透湿度为零的金属和非金属的刚性容器，将干燥的被包装物置于其内，再将容器口焊封或用盖密封
1.1	加干燥剂的密封包装	将干燥的被包装物，连同适量干燥剂置于刚性容器内，再将容器口焊封或用盖密封
1.2	不加干燥剂的真空包装	将干燥的被包装物，装入气密性的刚性容器内，抽出包装体内残留潮湿空气，并加以密封，防止潮湿空气及凝露对内装物的侵蚀影响
1.3	不加干燥剂的充气包装	将干燥的被包装物装入气密性的刚性容器内，抽出包装体内残留潮湿空气，再充入干燥清洁的空气或惰性气体（如氮气），并加以密封以避免潮湿空气对内装物的影响
2	柔性材料容器加干燥剂密封包装	采用低透湿度的柔性材料制成容器，将干燥的被包装物和适量干燥剂置于其中，然后将容器密封使包装内残留的潮气为干燥剂所吸收，从而保护内装物免受潮气影响
2.1	单层薄膜加干燥剂密封包装	采用的低透湿度的柔性材料为单一薄膜，然后加干燥剂并密封
2.2	复合薄膜加干燥剂密封包装	采用的低透湿度的柔性材料为复合薄膜，然后加干燥剂并密封
2.3	多层密封包装	采用塑料薄膜加干燥剂包装后再用蜡纸包装浸蜡，以提高防潮性或进行其他再次包装
3	复合薄膜真空包装	将干燥的产品装入透气性、防潮性较好的复合薄膜内，然后将容器空气抽出并加以密封，使内装物与外界大气层隔绝
4	复合薄膜充气包装	将干燥的产品装入透气性、防潮性较好的复合薄膜制成的软容器内，再将其内存空气抽出并置换入等量干燥清洁的空气或氮气，或二氧化碳气体，然后给予密封
5	热收缩薄膜包装	采用热收缩薄膜，将干燥产品包装起来，然后通过热空气加热，使薄膜收缩，从而使包装体内部空气压力稍高于外部大气压，外部潮湿大气不易渗入其内部，减少外界潮湿大气的侵蚀作用

（三）防锈包装

防锈包装技法是在运输储存金属制品与零部件时，为防止因锈蚀而降低价值或性能所采用的包装技术和方法。其目的是：消除和减少致锈的各种因素，采取适当的防锈处理。防锈包装方法见表5—2。

表5—2 防锈包装方法

代号	名 称	方 法
M-1	一般防潮、防水包装	制品经清洗、干燥后，直接采用防潮、防水材料进行包装
M-2		
M-2-1	防锈油脂的包装	制品直接涂覆硬膜防锈油脂，不需采用内包装
M-2-2	涂覆防锈油脂	制品涂防锈油脂后，采用耐油性、无腐蚀内包装材料包装
M-2-3	涂防锈油脂，包覆防锈纸 涂防锈油脂，塑料袋包装	制品涂防锈油脂后，装入塑料薄膜制作的袋中，根据需要用粘胶带密封或热压焊封
M-2-4	涂防锈油脂，铝塑薄膜包装	制品涂防锈油脂后，装入铝塑料薄膜制作的容器中，热压焊封
M-3	气相防锈材料包装	
M-3-1	气相缓蚀剂包装	按制品的防锈要求，用粉剂、片剂或丸剂状气相缓蚀剂，散布或装入干净布袋或盒内；气相缓蚀剂用量每立方米包装空间不少于30g，其离制品的防锈面不超过300mm
M-3-2	气相防锈纸包装	制品的形状比较简单且容易包扎时，用标准方法包封后套塑料袋或容器密封；气相防锈纸包封制品时，要求接触或接近金属表面；离金属表面超过300mm的部位，应与气相缓蚀剂并用；气相防锈纸与气相防锈油并用时根据需要在气相防锈纸外包覆耐油性包装材料，但具有耐油的气相防锈纸除外；形状复杂的大件制品，用气相缓蚀剂溶剂或悬浊液涂刷或喷涂后，再用气相防锈纸等材料包封
M-3-3	气相塑料薄膜包装	制品要求包装外观透明时，采用气相防锈塑料薄膜袋热压焊封；涂布的气相防锈塑料薄膜，涂覆面应朝袋内，吹塑的气相防锈塑料薄膜可直接使用
M-4	密封容器包装	
M-4-1	金属刚性容器密封包装	制品涂防锈油脂后，用防锈耐油性包装材料包扎和充填缓冲材料；装入金属刚性容器密封，需要时可减压处理
M-4-2	非金属刚性容器密封包装	采用防潮包装材料制作的容器，将防锈后的制品装入，热压焊封或用其他方法密封
M-4-3	刚性容器中防锈油浸泡的包装	制品装入刚性容器（金属或非金属）中，用防锈油完全浸渍，然后进行密封
M-5	密封系统的防锈包装	制品内腔密封系统刷涂、喷涂或注入气相防锈油
M-6	可剥性塑料包装	
M-6-1	涂覆热浸型可剥性塑料包装	制品长期封存或防止机械碰伤，采用浸涂热浸型可剥性塑料包装；需要时，在制品外包扎无腐蚀的纤维织物（布）或铝箔后，再涂覆热浸型可剥性塑料
M-6-2	涂覆溶剂型可剥性塑料包装	制品的孔穴处填无腐蚀性材料后，在室温下一次涂覆或多次涂覆溶剂型可剥性塑料；多次涂覆时，每次涂覆后必须待溶剂完全挥发后，再进行下次涂覆

141

代号	名 称	方 法
M-7	贴体包装	制品进行防锈后，使用硝基纤维、醋酸纤维、乙基丁基纤维或其他塑料膜片作透明包装，真空成型
M-8	充氮包装	制品装入密封性良好的金属容器、非金属容器或透湿度小、气密性好、无腐蚀性的包装材料制作的袋中，充氮密封包装；制品可密封内腔，经清洗干燥后直接充氮密封
M-9 M-9-1	干燥空气封存包装 刚性容器干燥空气封存	制品进行防腐、锈后，放入防潮包装材料制作的容器中，并在容器中放入细孔硅胶，然后密封；金属刚性容器按M-4-1方法进行，非金属刚性容器按M-4-2方法进行
M-9-2	套封包装	制品进行防腐、锈后，需要时进行包扎和缓冲，与干燥剂一并放入铝箔复合材料包装容器中密封；必要时可施行内部减压和充氮

（四）防霉腐包装

产品的发霉、腐烂变质是由霉菌引起的。霉菌从产品中吸取营养物质，产生生物酶，使产品变糟、牢度降低；有的产品长霉影响外观，还会引起机械、电子、仪器、仪表的机能故障；对有的金属产品还能引起腐蚀的加快。因此必须采取防霉包装。

为防止霉菌侵袭而采取的包装方法称为防霉腐包装。防霉腐包装方法的实质是劣化某一环境因素，以达到抑制或杀灭微生物，防止内装物霉变、腐烂，保护物品质量的目的。

防霉腐包装技法大致有防潮包装（上述）和耐低温包装两类。

耐低温包装一般是用耐冷耐潮的包装材料制成。使包装件能较长时间地存放在低温条件下，包装材料也不会变质，以抑制包装中微生物的生理活动，保护内装物不霉腐。如鲜肉、鲜鱼、鲜蛋、水果和蔬菜等要较长期储存，都必须采用耐低温包装。

防霉腐包装可根据具体物品采用密封包装和非密封包装。密封包装又可分为如下四种：抽真空置惰性气体密封包装、干燥空气封存包装、防氧封存、挥发性防霉剂防霉。非密封包装可采用产品经有效处理和包装箱开通风窗两种技法。

第三节　包装机械

一、包装机械的概念

（一）包装机械定义

包装机械就是完成全部或部分包装过程的机器。包装过程包括充填、裹包、封口等主要包装工序，以及与其相关的前后工序，如清洗、堆码和拆卸等。此外还包括盖印、计量等附属设备。真空包装机、贴体包装机、液体灌装包装机、粉末包装机等都属于包装机械。

（二）包装机械的作用

1. 提高劳动生产率

用机械包装代替手工包装，大大提高了劳动生产率。

2. 确保包装质量

机械包装使产品不与人体直接接触，保证了诸如食品、药品的清洁卫生及金属制品防锈蚀的可靠性。机械包装计量准确，包装紧密，外形整齐美观，包装质量稳定。

3. 降低劳动强度，改善劳动条件

机械包装使包装工人从繁重的体力劳动中解放出来，降低了劳动强度，改善了劳动条件。

4. 降低包装成本，减少流通费用

包装规格化、标准化，能适应于集装箱、托盘、火车、轮船等各种运输条件和装卸方法。有些松泡商品，例如棉花、羽毛和某些服装、针棉织品等，经采用压缩包装机预压包装可以大大缩小包装件的体积，节省包装材料，降低了包装成本；在运输时也缩小了运输空间，节省了运输费用；在储存时节省了仓容，减少了保管费用，还增加了仓库的储存量。

二、包装机械的分类

目前对包装机械的分类方法很多，常用的分类方法是按包装工序来进行分类。包装工序有裹包、灌装、充填等，完成这些包装工序的包装机械称为包装主机。另外还有完成洗涤、烘干、检测、输送和堆垛工作的辅助包装机械。

1. 裹包包装机械

裹包包装机械用于包装块状产品，按照裹包的不同工艺可分为扭结式包装机、端折式包装机、枕式包装机、信封式包装机、拉伸式包装机等。

2. 充填包装机械

充填包装机械用于包装粉状、颗粒状的固态物品。充填包装机械包括直接充填包装机和制袋充填包装机两类。直接充填包装机是利用预先成型的纸袋或塑料袋进行充填，也可直接充填于其他容器。制袋充填包装机是既要完成袋容器的成型，又要完成将产品充填入容器内两道工序的包装机械。

3. 灌装包装机械

灌装包装机械用于包装流体和半流体物品。按照灌装产品的工艺可分为常压灌装机、真空灌装机、加压灌装机等。灌装包装机械通常与封口机、贴标机等连结起来成为一条机械化灌装流水线。

4. 封口机械

封口机械用于各种包装容器的封口。按封口的不同工艺又可分为玻璃罐加盖机械（压盖、旋盖等）、布袋口缝纫机械、封箱机械、塑料袋和纸袋的各种封口机械。

5. 贴标机械

贴标机械是用于将商标纸或标签粘贴于包装件上的机械。

6. 捆扎机械

捆扎机械有带状捆扎机、线状或绳状捆扎材料的结扎机等。

7. 热成型包装机械

热成型包装机械按加工工艺的不同分为袍罩包装机和贴体包装机。

8. 真空包装机械

真空包装机械按其抽真空后能否充入不活泼气体而分成真空包装机和充气包装机两种。

9. 收缩包装机械

收缩包装机械除了有可作单件产品或多件产品的销售包装的小型收缩包装机，还有可用于将托盘包装在内的运输包装的大型收缩包装机。

10. 其他包装机械

除以上几类包装机械外，还有洗瓶和烘干机，包装材料和规格的检测机、盖印机、计量机等，这些单机一般和其他包装机联合成包装机组。

三、常用包装机械

1. 制袋充填封口包装机

制袋充填封口包装机的主要工序有包装袋成型、充填、封口、切断等。它所采用的包装材料主要是薄膜制品，如塑料薄膜、纸、铝箔和复合薄膜等。

2. 热成型包装机械

热成型包装机根据包装容器成型工艺的不同分为泡罩包装机与贴体包装机。

泡罩包装是目前应用最广泛的一种包装。它是将产品封合在预成型的泡罩与底板之间的一种包装方法。

贴体包装与泡罩包装类同，两者的区别是贴体包装的产品作为成型模，泡罩包装由专用模具来成型。贴体包装可使产品固定不动，使产品质量在流通过程中不因相互碰撞而受损。

3. 收缩包装机械

收缩包装机就是用经过拉伸定向的热收缩薄膜包装物品（或内包装件），然后对薄膜进行适当的加热处理，使薄膜收缩而紧裹物品（或内包装件）的包装机械，收缩薄膜由上下两个卷筒张紧，产品由机器部件推向薄膜，薄膜包裹产品后，由封口部件将薄膜的三面封合，随后由输送带输送，通过加热装置，紧裹产品，冷却形成收缩包装件。

四、包装机械发展趋势

（一）国外包装机械发展趋势

目前，包装和食品机械水平高、发展快速的国家主要是美国、德国、日本、意大利和英国。而德国的包装机械在设计、制造及技术性能等方面更是处于领先地位。随着人们对产品需求多样性的提高、产品生命周期的缩短，包装机械呈以下几种发展趋势：

1. 工艺流程自动化程度越来越高

为了提高生产率、提高设备的柔性和灵活性、以机械手代替人工完成复杂的包装动作，在包装生产线中广泛使用电子设备，实现自动化控制技术。

2. 为了适应产品多样性变化，设备的柔性和灵活性不断增加

为适应竞争需要，产品更新换代的周期越来越短，而包装机械初期投入大，其寿命远大于产品的寿命周期，因此某些包装机械只能以柔性和灵活性来适应产品的变化。

3. 成套供应能力强

一个供货商可以为用户提供工程设计、安装、调试一整套服务，最后交用户验收。

4. 包装机械设计普遍使用仿真设计技术

采用计算机仿真技术后，大大缩短了包装机械的设计周期和新产品开发周期，能够快速做出反应增加市场竞争力。

另外，20世纪80年代末开发的冷杀菌技术在国外已开始应用。冷杀菌又称为物理杀菌，是为了保持食品功能成分的生理活性及保持食品色、香、味及营养成分在食品包装机械的设计制造上的崭新科技。

（二）我国包装机械发展趋势

我国包装机械产品发展趋势主要体现在以下几个方面：

1. 啤酒、饮料罐装成套设备

重点开发适用于年产 10 万吨以上规模的大型啤酒、饮料罐装成套设备，包括装箱、卸箱杀菌、贴标、原位清洗等功能。

2. 袋成型、充填、封口设备

采用先进技术，发展系列化产品及配套装置，提高运行速度，解决适应性、配套性和可靠性问题。同时开发可适用于单膜和复合膜两用的包装机。

3. 称重式填充设备

发展各种形式的称量填充设备，着力提高速度和精度以及稳定性和可靠性，并与自动包装设备配套。

4. 裹包设备

除塑料薄膜裹包设备外要开发折纸裹包设备。大力发展与裹包设备配套的各种辅助装置，以扩大主机功能应用面。

5. 捆扎包装设备

重点发展多种形式的捆扎机械，推动果蔬、日用百货、工业材料包装机械自动化水平的提高。重点开发台式和大型塑料带捆扎设备、小型纸带捆扎设备及捆扎钢材等重物的自动连续捆扎机。

6. 无菌包装设备

要缩短与国际先进水平的差距，提高速度，完善性能。发展大袋无菌包装设备和杯式无菌包装设备，研制半液体无菌包装设备，使无菌包装设备产品系列化。

7. 真空、换气包装设备

发展适用于袋容量较大的连续或半连续真空包装设备，开发可将所需气体按比例充入袋内的高速换气包装设备。

8. 瓦楞纸板（箱）生产设备

发展幅宽 2 米以上的高速成套设备。拓展计算机技术的应用深度和广度，在中轻型设备上注重成套性，提高可靠性。

9. 制罐设备

发展复合罐、异型罐和喷雾罐等多种系列制罐成套设备及相应的制罐生产线。研制无汞焊接和专用电环保包装机械，开发各种小包装用纸袋生产设备、以纸基材为容器的包装设备，以适应环境保护的要求。

由于我国包装机械行业水平还不够高，特别是我国加入 WTO 后面临着更激烈的市场竞争。国内企业面对国外品牌强劲冲击应该采取积极对策，制定相应的措施快速发展包装机械工业，以提高生产率和产品多样化，更好地满足市场需求。通过制定 2010 年我国包装机械产品发展计划，促进我国包装工业发展，增强其竞争力。

第四节　包装管理

包装管理是随着经济发展而出现的一种经济管理。正如一切经济管理都具有两重性一样，包装管理也具有两重性：一方面表现为与生产力、生产技术、社会生产相联系的一般属性；另一方面则表现为与生产关系、社会制度相联系的特殊属性。包装管理的目的是使包装满足商品在流通领域有效、协调流转的需要，并且创造最佳的经济效益。

包装管理往往因企业性质及其规模大小等条件不同，管理的侧重面也不一样。一般说来，以生产为主的生产企业，包装管理的重点应放在生产作业的连续性和便利性方面；以销售为主的商业企业，包装管理的重点则应放在包装单位、包装形体、包装装潢设计方面，使之获得最佳销售效果；物流运输、物资部门包装管理的重点是研究包装的强度、外径尺寸、包装材料、标志等，为科学合理地进行储存、运输、装卸提供有利条件，以减少流通费用。

包装管理是经济管理的一个部分，其重要内容之一是经济效益问题。经济效益取决于经济状况、科学技术、组织管理、自然条件、经济核算、政治工作等多种因素，因此这些都是包装管理研究的重要内容。

一、包装的组织管理

包装的管理机构是国家领导企业的一种组织形式，是工商企业为做好包装工作，实行经济、技术两方面的有效管理而建立的，它的规模和职责范围，视包装业务的繁简而定。

国家一级的包装机构是包装总公司，其任务是对全国包装企业、事业单位进行统筹规划，把发展包装材料和包装加工工业列入国民经济计划，进一步搞好地区之间和部门之间的联合，加强科学研究和人才培养。各部、各省、市、自治区成立分公司，其主要任务是根据国家有关的方针、政策制定本地区产品包装工作的方针、政策、规划及其管理办法和规章制度，领导本地区产品包装的改革和开展包装标准化工作，整顿产品包装质量，鉴定各类包装的性能，提出改进和提高产品包装质量的措施，确定本地区包装加工工业的规模和数量，协调工商，确定包装对口定点供应关系，配合工商行政管理部门监督包装加工企业，严禁粗制滥造，影响包装质量，推动产品包装工作。各企业内部还有包装管理机构，负责本部门的包装管理工作。

二、包装的计划管理

产品包装的计划管理要在国家计划指导下，建立健全计划管理机构和制度，根据国家的方针政策和计划，组织产品包装的各个工作部门编制有关计划。

产品包装的计划工作和其他计划工作一样包含着比例、平衡、速度三个要素和数量、质量、实物、货币四大指标。但产品包装工作不是一个独立的经济系统，而是体现在各个环节和部门，所以产品包装的计划应和其他各项计划配合制定。

产品包装计划工作的比例关系主要有两方面：一方面是根据商品性质、销售对象和运输路程远近来确定包装费用占商品价值的比例；另一方面根据各地商品包装实际使用包装材料的数量和种类来确定包装材料的生产与包装加工工业的规模、布局以及和其他部门的比例关系。如果包装材料与包装加工比例失调，就会出现包装材料供不应求或过剩，或者出现包装加工不能满足包装需要的现象。

综合平衡是编制计划的基本方法。产品包装计划的平衡工作，主要是指商品生产与包装物的供应、包装生产与包装材料的供应、产品包装的供应与社会需要之间的平衡。要达到包装与产、供、销的平衡，包装数量要"以产定包装"，根据销售计划制订生产计划，再根据生产计划制定包装计划。包装质量要求根据产品流通条件和市场的需要来制定相应的包装质量。包装材料供应要"以包装定供应"，根据产品包装所需要达到的质量要求来确定包装材料的种类，从而保证包装质量。

在计划工作中比例平衡是手段，速度才是计划工作的目的，因此在确定包装工作计划的每项目标时，都要规定达到目标的时间。

检查计划是计划管理的一个环节。检查计划是否符合实际，以便及时提出修改意见；检查计划指标的完成情况。

包装计划的指标，根据指标的性质和表现形式可分为数量指标、质量指标、实物指标和货币指标。

数量指标直接表示事物规模的大小或数量的多少，如包装数量、包装材料供应量、包装物料回收量等。这类指标一般用绝对数表示。

质量指标是从数量上反映经济管理水平和生产技术水平的高低，如包装材料耗用定额、包装成本、包装物料回收利用率等。这类指标一般用相对数表示。

实物指标反映产品的使用价值，主要指包装材料的种类、包装规格、体积、重量等，用相应的计算单位来表示。

货币指标是指包装成本、包装物料回收节约金额等，用货币计量。

计划指标是编制计划和检查计划的依据，评价企业的管理水平必须把上述四个指标综合起来分析。

包装的各项计划指标实现的好坏，对企业主要经济指标有直接的影响，如包装质量直接影响产品质量，包装成本影响产品成本，包装物料的回收影响企业的利润等。

三、包装的费用管理

包装费用是指产品在运输保管过程中，为保护产品的使用价值进行包装所花费的必要费用。如果包装费用超过生产费用，这样的包装即使能够保护产品的使用价值，一般也是不可取的。一个最佳的包装设计，应该是用最少的费用获得最大的经济效益。因此加强包装的费用管理，实行经济核算，降低包装成本是很重要的。

（一）包装费用管理的内容

1. 购进包装物的费用核算

购进包装物的费用核算有单独购进、随货购进两种情况。随货购进的包装物又有单独计价和不单独计价两种费用核算方法。单独购进的包装物要按品种计入包装物的进价成本。随货购进单独计价的包装物，应根据发货票所列的产品价格、包装物的价格分别列账。对随货购进单独计价的包装物应视同产品，作为库存产品的增加额。

2. 包装物修理、报废和出售的核算

包装经过各流通环节会受到不同程度的损坏，需要及时修理加固，修理加固所需费用在包装费项列支。如包装损坏程度已不能修复使用时，则要申请报废。包装物的出售有单独出售和随货出售两种形式，分别进行费用核算。

对能够再次使用的包装容器要进行回收复用。对可留用的要加固、修补以作备用，不能用的要主动联系收购单位及时出售，做到物尽其用，增加收益。对加固整理复用的包装物要严格执行包装质量标准。为了扩大包装的回收复用，各级物资流通部门必须贯彻旧包装回收复用的奖励办法，以促进包装的回收复用。

（二）降低包装费用的方法

1. 用价值分析法降低包装费用

价值分析法就是在广泛搜集具有同样功能的包装材料或包装容器中，分别核算它们的成本，研究运用更为廉价的材料、容器及包装工艺，在保持同样包装功能的前提下进行包装。这种分析方法采用的是比较法，因此也称为比较分析法。

通过比较分析，可以发现包装工作中容易疏忽的问题和漏洞，一般可以降低15%左右的包装费用。

2. 采用机械化包装降低包装费用

在劳动力不足、劳动费用高的情况下，广泛采用机械化包装代替手工包装，可以提高包装工作效率，降低包装费用。

3. 通过包装标准化降低包装费用

实现包装标准化，保证包装质量，并使包装的外径尺寸与运输工具和装卸机械相配合，方便产品堆码、装卸、储存，降低产品的运输费、装卸费和管理费，同时更有利于机械化生产，节省包装材料。

4. 实行预算控制降低包装费用

通过编制预算控制包装费用，降低包装费用。实行预算控制，首先要编制包装费用预算，包括直接包装材料费、直接包装人工费、间接包装费的预算编制。直接包装材料费的预算编制，其包装材料的价格要按三个因素来计算：对今后价格的判断；必须当年购进的包装材料数量；必须当年购进的包装材料总额。直接包装人工费的预算编制，根据包装一个单位所需的平均标准时间计算包装费用。间接包装费的预算编制，要求对直接材料费和直接人工费以外的包装（间接包装费）有一恰当估计。

四、包装标准化的管理

包装标准化的管理对提高包装质量，降低包装成本，保护内装产品的固有性质，减少其在流通过程中的破损，节约运力，增加经济效益，方便销售，增强产品的竞争能力等方面都起着重要的作用，因此加强包装标准化管理是提高经济效益的一项重要措施。

包装标准就是对包装标志，包装所用的材料规格、质量，包装的技术要求，包装件的试验方法等的技术规定。

包装标准体系主要包括包装相关标准、综合基础包装标准、包装专业基础标准和产品包装标准等四大类。

（1）包装相关标准主要包括集装箱、托盘、运输、储存条件的有关标准。

（2）综合基础包装标准包括标准化工作导则、包装标志、包装通用术语、包装尺寸系列、运输包装件基本试验方法、包装技术与方法、包装管理等方面的标准。这是包装工业基础性的通用标准。

（3）包装专业基础标准包括包装材料、包装容器和包装机械标准。是指包装工业产品的技术要求和规定，如《普通食品包装纸》、《纸袋纸》、《高压聚乙烯重包装袋》、《塑料打包带》等。

（4）产品包装标准是指对产品包装的技术要求或规定。包括建材、机械、轻工、电子、仪器仪表、电工、食品、农畜水产品、化工、医疗器械、中药材、西药、邮政和军工等14大类，每大类产品中又有许多种类的具体标准。例如,《日用安全火柴》产品质量规定,每盒应有商标和制造厂名,每十盒为一包,每一百包为一件,每件对包装必须严格牢固。又如《洗衣粉包装箱》、《针织内衣包装与标志》、《铝及铝合金加工产品的包装、标志、运输和贮存的规定》等单独制定的包装标准。

包装标准化是指对产品包装的类型、规格、容量、使用的包装材料、包装容器的结构造型、印刷标志及产品的盛放、衬垫、封装方式、名词术语、检验要求等加以统一规定,并贯彻实施。其中主要的是统一材料、统一规格、统一容量、统一标记和统一封装方法。

产品包装的质量必须用它的各项标准来衡量。产品没有包装,不能进入流通领域,有了包装而无标准就无法鉴别包装质量的优劣。

实现包装标准化,减少包装规格型号,同类产品可以通用,在包装生产过程中,减少了机器更换规格尺寸和印刷标志的时间,提高工效,节约工时费用。促进商品包装的回收复用,减少包装费用。而且对于保护产品质量,提高运输工具的装载量,加速物流都具有十分重要的意义。为此对已经制定包装标准的,要坚持采用标准包装,对尚未制定标准的,要积极配合生产部门研究制定包装标准,加速包装标准化的进程。

【经典案例1】

日本的食品包装

在日本,经营食品的商人已放弃塑料包装,在食品界掀起"绿色"革命,取得了较大的成效。他们认为,食品包装已不只是要好看和实用,照顾环境需要也成为包装业的重要课题。现在的日本商人在给食品包装时尽量采用不污染环境的原料,用纸袋包装取代塑料容器,这也减少了将用过后的包装收集到工厂再循环所面对的成本和技术困难,绿色包装设计在这方面发挥了很大作用。不少设计师进行了有益的设计并取得了令人可喜的成就,他们主要进行了三方面的改革。

1. 节省材料

(1) 日本味之素公司设计推出的包装,可以说丝毫没有显现其耀人的光辉,而只是用白色单瓦楞纸做成最节省的包装,标贴印刷也是朴实无华。

(2) 日本90%的牛奶都是以有折痕线条的包装出售,这本身就是很好的教育,使小孩自小便接触和使用有环保作用的"绿色"产品。这种容易压扁的包装不但生产成本较低,而且能够减少占用空间,方便送去再循环并减少运输成本。还有日本常见的饮料Yakltt健康饮品也使用一种底部可以撕开的杯形容器。在撕开底部后,人们能够轻易地把容器压扁,方便送去再循环。日本东京每年都举行包装设计比赛,一个叫做Ecopac的获奖饮料包装,曾广泛使用。它的包装由100%再循环的纸板盒和盒子内用盛饮料的袋子组成,也就是所谓的衬袋盒(Bag in Car/Box)设计,主要目的就是要让人们能够较轻易地把纸盒和袋子分开,送去再循环时就较容易处理。在日本市面上的饮料、酒类大多数采用这类包装。

以上"绿色"包装,它们大多数能减少再循环时的困难,更重要的是它们有利于维护人体的健康。尽管用纸包装取代了塑料容器,但是包装产生的废物仍是一个不容忽视的问题。若以重量来计算,它们占废物总量的20%~30%,若以体积来计算,占总废物的50%~60%,针对这一情况,日本专家指出:许多没有包装必要的食品,完全可以放弃包装。以蔬菜、水果为例,日本连锁店商会的调查显示,除了番茄、桃、草莓外,90%的蔬菜、水果都不需要销售包装,这样有助于保持蔬菜、水果的营养与新鲜。这些"绿色"包装是值得我们借鉴的。

2. 向安全材料方向发展的包装设计

日本三得利公司用作赠送顾客的礼品啤酒包装，其包装盒是用麦壳经加工以后精制而成的。用这种材料的包装，废弃后可自行分化，成为一种肥料，形成一种资源。这个包装的设计师进行了生态学及循环工艺的研究，形成了资源→加工→销售→使用→废弃→回收的模式，从而完成良性循环。再生纸作为一种安全材料在包装设计中占有特殊地位。1991年日本包装设计协会展专门辟出一个部分，介绍和展出这方面的成果，设计师设计出一种貌不惊人的白色礼品纸袋，在纸的制造过程中已将树木的种子加入其中，使其废弃后，除了纸本身分解外，里面的种子便有机会生根发芽，甚至长大。这种包装设计方案的提出无疑有益于保护生态环境，并将循环工艺的意义推向了一个新的领域。

3. 向着方便回收方向发展的包装设计

本着保护环境的目的，必须在包装设计时采用适当的形式，用适当的形式和构造来鼓励、方便消费者进行废弃包装的回收。日本三得利公司推出的啤酒易拉罐包装，喝完以后只要按其罐体形态提示的方向，左右扭曲便可缩小体积，方便回收。在日本，各城镇街头设置了250万台罐装饮料售货机，一年要出售350亿瓶罐装饮料，有关部门对这些出售以后的废弃包装回收做了巨大的努力，为达到此目的的包装设计也应运而生。目前空铁皮罐回收率已达到45.7%，空铝罐回收率已达到43.5%，但同美国1990年时的空铝罐回收率63.6%相比仍有较大差距。为此，日本政府采用奖励空罐回收的方法，各销售店也经常向消费者提供简便的工具和方法，促使回收工作的开展，最大限度地保证这些废弃包装不会对环境造成污染。味之素株式会社推出的食用油的包装，当内部油用完以后，只要上下用力压缩，就可使包装缩小体积，达到方便回收的效果。

【讨论题】

1. 本案例介绍的包装体现了什么理念？
2. 结合案例总结一下实现绿色包装的具体做法。

本章小结

为了保证产品在流通、储存过程中不受损伤并且便于使用和促进销售，产品包装就成为物流过程中又一重要环节。本章从包装的功能、作用、材料、容器、托盘包装、集合包装、运输包装、销售包装等方面进行了介绍，并且详细阐述了如捆扎、加固、压缩等一般包装技法和缓冲、防潮、防锈、防霉等几种特殊的包装技法，进而根据包装的要求分析了包装机械发展趋势和包装标准化等包装管理的相关内容。

【本章关键术语】

包装技法、包装机械、价值分析法、包装标准化、包装的计划管理

【复习思考题】

1. 包装主要有哪些作用？
2. 按包装目的分类包装分哪几类？
3. 常用的包装材料有哪些？

4. 简述常用包装塑料的适用性。
5. 常用的金属包装材料主要有哪些?
6. 常用的包装容器有哪些?
7. 简述一般包装技法的基本内容。
8. 简述特殊包装技法的种类及各自的作用。
9. 简述包装机械的作用。
10. 简述各类包装机械的功能。
11. 为什么要对包装进行组织管理?
12. 简述包装标准化管理的作用。

第六章 装卸搬运技术与管理

本章学习内容

通过本章学习使学生掌握装卸搬运分类、作业方法、作业组织和作业机械。

在同一地域（地点）范围内（如工厂、车站、机场、码头、货场、仓库内部等），以改变"物"的存放地点或支承状态为目的的活动称为装卸（loading and unloading），搬运一般是在区域范围（通常指在某一个物流结点，如仓库、车站或码头等）物品所发生的短距离、以水平方向为主的位移。由于这两种物流活动一般都紧密连接，在作业与设备上也难分割，故两者常统称装卸搬运。习惯上，也以"装卸"或"搬运"代替"装卸搬运"的内涵，一般在强调改变存放状态的作业时，使用"装卸"一词；在强调空间位置改变时，用"搬运"一词。

第一节 装卸搬运概述

一、装卸搬运的概念

装卸是指物品在指定地点以人力或机械装入或卸下物资的活动，是以垂直移动为主的物流作业。搬运是指在同一场所内，对物品进行以水平移动为主的物流作业。有时在特定场合，单称"装卸"或单称"搬运"也包含了"装卸搬运"的完整含义。在习惯使用中，物流领域（如铁路运输）常将装卸搬运这一整体活动称作"货物装卸"，在生产领域中常将这一整体活动称作"物料搬运"。

二、装卸搬运的分类

（一）按装卸搬运施行的物流设施、设备对象分类

以此可分为仓库装卸、铁路装卸、港口装卸、汽车装卸等。

仓库装卸配合出库、入库、维护保养等活动进行，并且以堆垛、上架、取货等操作为主。

铁路装卸是对火车车皮的装进及卸出，特点是一次作业就实现一车皮的装进或卸出，很少有像仓库装卸时出现整装零卸或零装整卸的情况。

港口装卸包括码头前沿的装船卸船，也包括后方支持性装卸搬运，有的港口装卸还采用小船在码头与大船之间"过驳"的办法，因而其装卸的流程较为复杂，往往经过几次的装卸及搬运作业才能最后实现船与陆地之间货物过渡的目的。

汽车装卸一般一次装卸批量不大，由于汽车具有灵活性，可以减少或根本减去搬运活动，而直接、单纯利用装卸作业达到车与物流设施之间货物过渡的目的。

（二）按装卸搬运的机械及机械作业方式分类

以此可分成使用吊车的"吊上吊下"方式、使用叉车的"叉上叉下"方式、使用半挂车或叉车

的"滚上滚下"方式、"移上移下"方式及"散装散卸"方式等。

1. "吊上吊下"方式

采用各种起重机械从货物上部起吊，依靠起吊装置的垂直移动实现装卸，并在吊车运行的范围内或回转的范围内实现搬运或依靠搬运车辆实现小搬运。由于吊起及放下属于垂直运动，这种装卸方式属垂直装卸。

2. "叉上叉下"方式

采用叉车从货物底部托起货物，并依靠叉车的运动进行货物位移，搬运完全靠叉车本身，货物可不经中途落地直接放置到目的处。这种方式垂直运动不大而主要是水平运动，属水平装卸方式。

3. "滚上滚下"方式

主要指港口装卸的一种水平装卸方式。利用叉车或半挂车、汽车承载货物，连同车辆一起开上船，到达目的地后再从船上开下，称"滚上滚下"方式。利用叉车的滚上滚下方式，在船上卸货后，叉车必须离船；利用半挂车、平车或汽车，则拖车将半挂车、平车拖拉至船上后，拖车开下离船而载货车辆连同货物一起运到目的地，再原车开下或拖车上船拖拉半挂车、平车开下。

滚上滚下方式需要有专门的船舶，对码头也有不同要求，这种专门的船舶称"滚装船"。

4. "移上移下"方式

是在两车之间（如火车及汽车）进行靠接，然后利用各种方式，不使货物垂直运动，而靠水平移动从一个车辆上推移到另一车辆上，称移上移下方式。移上移下方式需要使两种车辆水平靠接，因此，对站台或车辆货台须进行改造，并配合移动工具实现这种装卸。

5. "散装散卸"方式

对散装物进行装卸，一般从装点直到卸点，中间不再落地，这是集装卸与搬运于一体的装卸方式。

（三）按被装物的主要运动形式分类

以此可分垂直装卸、水平装卸两种形式。

（四）按装卸搬运对象分类

1. 单件作业法

单件作业法是指单件逐件装卸搬运的方法，这是人力作业阶段的主要方法。目前对长大笨重、形状特殊、会增加危险的货物，仍采取单件作业法。

2. 集装作业法

集装作业法是指先将货物集零为整，再进行装卸搬运的方法。有集装箱作业法、托盘作业法、货捆作业法、滑板作业法、网装作业法及挂车作业法等。

3. 散装作业法

散装作业法是针对煤炭、矿石、粮食、化肥等块粒、粉状物资，采用重力法、倾翻法、机械法、气力输送法等进行装卸。

（五）按装卸搬运的作业特点分类

以此可分成连续作业与间歇作业两类。

连续作业主要是同种大批量散装或小件杂货通过连续输送机械，连续不断地进行作业，中间无停顿，货物无间隔。在货物量较大、对象固定、货物对象不易形成大包装的情况下适合采取这一方式。

间歇作业有较强的机动性，装卸地点可在较大范围内变动，主要适用于货流不固定的各种货物，尤其适用于包装货物、大件货物，散粒货物也可采取此种方式。

三、搬运方法

（一）人力搬运

分为直接采用人力负重搬运和采用人力设备搬运。直接采用人力负重搬运只适用于堆码、拆码、上架、装拆箱、打码成组等作业，或者应急作业。人力负重能力小、人体容易受伤害、作业不稳定、计量不准、持续时间极短，因而效率低、容易产生差损，正常的作业安排不应依赖人力负重搬运作业。

人力设备搬运则是较为常见的方法，如使用手推车、人力拖车、手动提升机等。采用人力设备搬运应当注意控制搬运距离，不能进行长距离搬运；每次搬运负荷控制在适当的范围，如手推车不得超过500公斤；搬运线路地面应平坦，避免在坡度大的场地进行。

（二）叉车搬运

叉车搬运是仓库近距离搬运的主要方法，它直接利用叉车的水平移动能力进行搬运。叉车搬运有直接对大型货物搬运和利用货板、托盘打码搬运。由于叉车具有提升能力，能直接进行装卸车、搬运、堆垛、上架作业。叉车自重量小，作业较不稳定，容易发生货物滑落，尤其是在地面不平坦及转弯作业时，更不稳定。

（三）拖车搬运

即利用机动拖车和平板车相结合的搬运，一般适用于较远距离、地面不平坦的场地搬运。拖车搬运量较大，可适用于任何货物，包括集装箱的搬运。但拖车搬运需要装卸车作业，只有在两端直接装卸作业时才有效率。

（四）输送带搬运

即利用输送带将货物从装卸场传输到仓库的搬运方法，可以实现不间断搬运，是效率较高的搬运方式，且搬运质量最佳。现今的散装货物库场搬运基本上都使用输送带搬运。输送带是自动化仓库的最重要的设备。由于输送带固定安装，只能在特定的场合使用。输送带的一次载货量较小，不适合搬运重大件货物。

第二节　装卸搬运机械

装卸搬运机械是物流系统中使用频度最高、使用数量最多的一类机械设备。装卸搬运机械所装卸搬运的货物，来源广、种类多，外形和特点各不相同，如箱装货物、袋装货物、桶装货物、散货、易燃易爆及剧毒品等。为了适应各类货物的装卸搬运和满足装卸搬运过程中各个不同流通作业环节的不同要求，各种装卸搬运机械应运而生。

一、装卸搬运机械的分类

目前，装卸搬运机械的机型和种类已达数千种，而且各国仍在不断研制新机种、新机型。装卸搬运机械种类很多，分类方法也很多，为了运用和管理方便，常按以下几种方法进行分类。

（一）按主要作用进行分类

按作用分类，装卸搬运机械可分为两类，即起重搬运设备和输送设备。其中起重搬运设备包括起重机、叉车等，输送设备包括卡车、牵引车、连续输送机、推车等。

（二）按作业性质进行分类

按作业性质的不同，可分为装卸机械、搬运机械及装卸搬运机械三类。有些装卸搬运机械性能比较单一，只满足装卸或搬运一个功能，这种单一作业功能的机械结构简单，专业化作业能力较强，因而作业效率高，成本低，但使用上有局限。单一装卸功能的机械有手动葫芦、固定式起重机等；单一搬运功能的机械主要有各种搬运车、带式输送机等。装卸、搬运两种功能兼有的机械可将两种作业操作合二为一，因而有较好的效果。这种机械有叉车、跨运车、车站用的龙门起重机、气力装卸输送机械等。

（三）按装卸搬运货物的种类进行分类

按装卸搬运货物的种类进行分类，装卸搬运机械可分为以下四大类。

1. 长大笨重货物的装卸搬运机械

长大笨重货物通常指大型机电设备、各种钢材、大型钢梁、原木、混凝土构件等，具有长、大、重结构和形状复杂的特点。这类货物的装卸搬运作业通常采用轨行式起重机和自行式起重机两种。轨行式起重机有龙门起重机、桥式起重机、轨道起重机；自行式起重机有汽车起重机、轮轨起重机和履带起重机等。在长大笨重货物运量较大并且货流稳定的仓库，一般配备轨行式起重机，在运量不大或作业地点经常变化时，一般配备自行式起重机。

2. 散装货物的装卸搬运机械

散装货物通常是指成堆搬运不计件的货物，如煤、焦炭、沙子、白灰、矿石等。散装货物一般采用抓斗起重机、装卸机、链斗装车机和输送车等进行机械装车。机械卸车主要用链斗式卸车机、螺旋式卸车机和抓斗起重机等。散装货物搬运主要用输送机。

3. 成件包装货物的装卸搬运机械

成件包装货物一般是指怕湿、怕晒，需要在仓库内存放并且多用棚车装运的货物。该类货物一般采用叉车，并配以托盘进行装卸搬运作业，还可以使用牵引车和挂车、带式输送机等解决成件包装货物的搬运问题。

4. 集装箱货物装卸搬运机械

1吨集装箱一般选用1吨内燃叉车或电瓶叉车作业，5吨及以上集装箱采用龙门起重机或旋转起重机进行装卸作业，还可采用叉车、集装箱跨车、集装箱牵引车、集装箱搬运车等。

二、装卸搬运机械的特点

为了顺利完成装卸搬运任务，装卸搬运机械必须适应装卸搬运作业要求。装卸搬运作业要求装卸搬运机械结构简单牢固、作业稳定、造价低廉、易于维修保养、操作灵活方便、生产效率高、安全可靠，能最大限度地发挥其工作能力。

装卸搬运机械性能和作业效率对整个物流的作业效率影响很大，其主要特点如下所述。

（一）适应性强

由于装卸搬运作业受货物种类、作业时间、作业环境等影响较大，装卸搬运活动各具特点，因而要求装卸搬运机械具有较强的适应性，能在各种环境下正常工作。

（二）工作能力强

装卸搬运机械起重能力大、起重范围广、生产效率高，具有很强的装卸搬运作业能力。

（三）机动性较差

大部分装卸搬运机械都在设施内完成装卸搬运任务，只有个别种类装卸搬运机械可在设施外作业。

三、装卸搬运机械的选择

（一）装卸搬运机械的选择原则

物料搬运设备类型如图6—1所示。

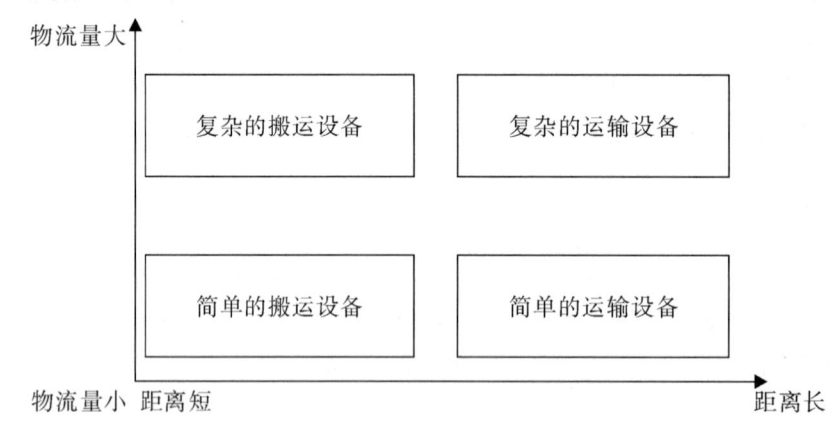

图6—1　物料搬运设备类型

为完成某项工作而选择恰当的机械或机械系统是件复杂的工作，通常可以从以下几个方面进行考虑：

（1）明确是否确实需要进行这个搬运步骤。

（2）要有长远发展的眼光。随意地布置一台运输机械或增添一排货架可能会解决目前问题，但也许会导致将来有更大的麻烦，因此制定机械选择计划时要考虑长远发展的需要。

（3）牢记系统化的观念。为装卸搬运所选用的机械不仅仅局限于某一角落，它要在整个物流系统的总目标下发挥作用，即使是一辆单独的叉车或一台单独的输送机，也是整个物料搬运系统中的一个组成部分。

（4）遵循简化原则，选用合适的规格型号。为完成某种轻量级工作而购买价格昂贵的重量级设备，或选用使用寿命不长的设备都是不恰当的。在可能的条件下应尽可能利用重力输送的长处，应尽可能采用标准设备，而不采用价格昂贵的非标准设备。同时在增加投资前一定要确信现有设备已得到了充分利用。

（5）进行多方案的比较。只依靠一家设备商去选择完成某项搬运工作的机械设备与搬运方法是不可取的，而应该想到可能会有更好、更低廉的设备与搬运方法。

（二）装卸搬运机械的选择方法

根据机械设备的技术指标、物料特点及运行成本、使用方便等因素选择设备系列型号，甚至品牌。在选型时要注意以下几点。

1. 设备的技术性能

即设备能否胜任工作及设备的灵活性要求等。

2. 设备的可靠性

即在规定时间内能够工作而不出现故障，或出现一般性故障能立即修复且安全可靠。

3. 工作环境的相适应性

工作场合是露天还是室内，是否有振动、是否有化学污染及其他特定环境要求。

4. 经济因素

包括投资水平、投资回收期及性能价格比。

5. 可操作性和使用性

考虑操作是否易于掌握以及培训的复杂度如何等。

6. 能耗因素

设备的能耗应符合燃烧与电力供应情况。

7. 备件及维修因素

设备备件应齐全，维修应方便、可行。

四、几种主要的装卸搬运机械

（一）起重机

起重机是起重机械的统称。按照起重机械所具有的结构、动作繁简程度及工作性质和用途的不同，可把起重机械归纳为三大类。

1. 简单起重机械

简单起重机械一般只作升降运动或一个直线方向移动，只需要具备一个运动机构，而且大多数是手动的，如绞车、葫芦等。

2. 通用起重机械

通用起重机械除需要一个升降机构外，还要有作水平方向直线运动或旋转运动的机构。该类机械主要用电力驱动，也有用其他动力驱动的。这类起重机械有通用桥式起重机、龙门式起重机、固定旋转式起重机和行动旋转式起重机（如汽车起重机）等。

3. 特种起重机械

特种起重机械需要具备两个以上机构的多动作起重机械，专用于某些专业性的工作，构造比较复杂。这类起重机械有冶金专用起重机、建筑专用起重机和港口专用起重机等。

由于各类型起重机结构特点、起重量、起升高度、速度和工作级别等不同，因而适用范围也不同。在物料搬运中，主要根据以下参数进行起重机类型、型号的选择：

（1）所需起重物品的重量、形态、外形尺寸等；

（2）工作场地的条件（长、宽、高，室内或室外等）；

（3）工作级别（工作频繁程度、负荷情况）的要求；

（4）每小时的生产效率要求。

根据上述要求，首先选择起重机的类型，然后再决定选用这一类型起重机中的某个型号。

（二）连续输送机

连续输送机的特点是在工作时连续不断地沿同一方向输送散料或重量不大的单件物品，装卸过程无须停车，因此生产效率很高。在流水作业生产线上，连续输送机已成为整个工艺过程中最重要的环节之一，其优点是生产效率高、设备简单、操作简便。其缺点是一定类型的连续输送机只适合输送一定种类的物品（散料或重量不大的成件物品），不适合搬运很热的物料或形状不规则的单元物料；只能布置在物料的输送线上，而且只能沿着一定线路定向输送，因而在使用上有一定的局限性。

根据构造的特点，连续输送机可分为两大类：一类是带有挠性牵引件的连续输送机，如轴带式输送机、链板输送机、刮板输送机、埋刮板输送机、小车输送机、悬挂输送机及斗式提升机；另一类是没有挠性牵引件的输送机，如螺旋输送机、振动输送机、辊道输送机及气力输送机等。在选择连续输送机时，应根据物料的物理特性来进行。

1. 辊道输送机

辊道输送机由一系列排列规则的水平辊子组成。包装件、托盘等成件物料在辊道上输送，辊道可以有动力，也可以无动力。用人工推送物料时设备应有一定的倾斜度，依靠物料重力输送（注意防止碰撞）。若输送距离较长则可分成几段。

2. 皮带输送机

皮带输送机主要用来搬运成件、散装物料或供总装用的部件，也可进行挑选、分类、检验、包装、贴标签等作业。一般倾角大于160°（要设置挡板）。

3. 链条输送机

链条运输机适用于运送单元物体，特别适用于矩形条板箱或纸板箱。在水平、倾斜或复合平面的装置中均有多种形式和广泛的应用范围。当装置较大时须设小型挡板，以防后滑。

4. 悬挂式输送机（架空链式输送机）

悬挂式输送机能在三维空间中使用，可运送各种类型的物料。其运送范围很宽，能适应各种尺寸的物件，并具有不同的输送能力。还可以采用各种附件，如钩盘、斗、桶等，其使用范围几乎不受限制。另外，链条的全部长度均可利用，而大多数其他形式的输送机均有一定生产回程。

（三）叉车

叉车又名铲车、装卸车，是一种能把水平运输和垂直升降有效结合起来的装卸机械，有装卸、起重及运输等方面的综合功能，具有工作效率高、操作使用方便、机动灵活等优点。叉车的标准化和通用性也很高，被广泛应用于车间、仓库、建筑工地、货场、车站、机场和码头，可对成件、成箱货物进行装卸、堆垛，还能进行短途搬运、牵引和吊装工作。

叉车种类很多，结构特点和功能也各不一样，因此在使用时，应根据物料的重量、状态、外形尺寸及叉车的操作空间、动力、驱动方式进行合理选择。同时，使用叉车时应考虑选择适当的托盘配合使用。

（四）起重电梯

电梯是一种依靠轿厢沿着垂直方向运送人员或货物的间歇性运动的主要起升机械。按运行速度可分为低速电梯、快速电梯、高速电梯和超高速电梯等；按电动机电源可分为交流电梯和直流电梯；按操纵方式可分为有司机操纵电梯和无司机操纵电梯。

首先要根据服务对象选择类型，再根据速度要求、起升高度、操作方式等选择起重电梯型号。

（五）小型搬运车

小型搬运车有手推车、手动托盘搬运车和手动叉车等。

1. 手推车

手推车是一种以人力为主、在路面上水平输送物料的搬运车。其特点是轻巧灵活、易操作、回转半径小。广泛应用于工厂、车间、仓库、站台、货场等处，是短距离输送轻型物料的一种方便而经济的输送工具。由于输送物料的种类、性质、重量、形状、行走道路条件不同，手推车的构造形式是多样的。

2. 手动托盘搬运车

手动托盘搬运车是用来搬运装载于托盘（托架）上集装单元货物的搬运机械。当货叉插入托盘（托架）后，上下摇动手柄，使液压千斤顶提升货叉，托盘（托架）随之离地；当物品搬运到目的地后，踩动踏板，货叉落下，放下托盘（托架）即完成搬运工作。手动托盘搬运车操作灵活、轻便，适合于短距离的水平搬运。

3. 手动叉车

手动叉车是一种利用人力提升货叉的装卸、堆垛、搬运的多用车。它操作灵活、轻便，用途广泛。

（六）无人搬运车及工业机器人

1. 无人搬运车

无人搬运车就是无人驾驶自动搬运车，它可以自动导向、自动认址、自动程序动作，具有灵活性强、自动化程度高、可节省大量劳动力等优点。无人搬运车适用于有噪声、空气污染、放射性等元素危害人体健康的地方及通道狭窄、光线较暗等不适合驾驶车辆的场所，它日益引起人们的关注并得到广泛应用。

2. 工业机器人

工业机器人是一种能自动定位控制、可重复编程，具有多功能、多自由度的操作机。能运送材料、零件或操持工具，用以完成各种作业。目前已广泛应用于产业部门，其中用得最多的是汽车工业和电子工业。从作业内容看，以工作堆垛、包装、机床上下料、电焊、弧焊及喷漆最为普遍。

（七）其他机械

（1）托盘码垛机，即将物品装上托盘的机械。
（2）托盘卸垛机，即从托盘卸货的机械。
（3）台式升降机，即使货台升降的装置。
（4）跳板，即将货物列车或载重汽车的车厢与站台连接起来的方便货物装卸的板。
（5）跳板调平器，即将跳板加以固定，能够用油压或弹簧进行调节的装置。

第三节 装卸搬运组织

一、装卸搬运的发展过程

从技术发展的角度看，企业物料装卸搬运的发展过程主要经历了以下几个阶段：

（1）手工物料搬运。
（2）机械化物料搬运。
（3）自动化物料搬运，如自动化仓库或自动存取系统、自动导向小车、电眼及条形码、机器人等的使用。
（4）集成化物料搬运系统，即通过计算机使若干自动化搬运设备协调动作组成一个集成系统并能与生产系统相协调，取得更好的效益。
（5）智能型物料搬运系统，该系统能将计划自动分解成人员、物料需求计划并对物料搬运进行规划和实施。

以智能、集成、信息为基础的物料搬运系统将是今后发展的趋势。

二、"六不改善法"

日本物流界从工业工程的观点出发，总结出改善物流作业效率的"六不改善法"，具体内容如下：

（1）不让等——闲置时间为零。即通过正确安排作业流程和作业量使作业人员和作业机械能连续工作，不发生闲置现象。

（2）不让碰——与物品接触为零。即通过利用机械化、自动化物流设备进行物流装卸、搬运、分拣等作业，使作业人员在从事物流装卸、搬运、分拣等作业时尽量不直接接触物品，以减轻劳动强度。

（3）不让动——缩短移动距离和次数。即通过优化仓库内的物品放置位置和采用自动化搬运工具，减少物品和人员的移动距离和次数。

（4）不让想——操作简便。即按照专业化（Specialization）、简单化（Simplification）和标准化（Standardization）原则进行分解作业活动和作业流程，并应用计算机等现代化手段，使物流作业的操作简便化。

（5）不让找——整理整顿。即通过作业现场管理，使作业现场的工具和物品放置在一目了然的地方。

（6）不让写——无纸化。即通过应用条形码技术、信息技术等，使作业记录自动化。

目前，工业工程技术越来越重视研究人和作业环境的协调问题，设计一个工作人员工作舒适且作业效率高、经济性好的物流作业系统是工业工程研究的中心课题。

三、装卸搬运的合理化

如何使装卸搬运合理化是物流企业为提高效率、降低成本、改善服务和提高经济效益所应认真研究的问题。促使装卸搬运的合理化是一项复杂的系统工程，涉及诸多方面，但一般而言，应遵循以下原则。

（一）提高机械化水平的原则

对于劳动强度大、工作条件差、搬运装卸频繁、动作重复的环节，应尽可能采用有效的机械化作业方式。如采用自动化立体仓库可以将人力作业降低到最低程度，而使机械化、自动化水平得到很大提高。

（二）减少无效作业的原则

当按一定的操作过程完成货物的装卸搬运时，要完成许多作业。作业即产生费用，因此，应避免无效作业，可采取多种措施，如减少作业环节、使搬运距离尽可能缩短等。

（三）扩大产品单元的原则

为了提高搬运、装卸和堆存效率，提高机械化、自动化程度和管理水平，应根据设备能力，尽可能扩大货物的物流单元，如采用托盘、货箱等。目前发展较快的集装箱单元就是一种标准化的大单元装载货物的容器。

（四）提高搬运活性指数的原则

移动货物时的搬运活性指数大小反映出物流的合理化程度。从物流的合理化角度看，应尽可能使货物处于搬运活性指数高的状态。

（五）利用重力和减少附加重量的原则

在货物搬运、装卸和堆存时，应尽可能利用货物的自重，以节省能量和投资。如利用地形差进行装货，采用重力式货架堆货等。在保证货物搬运、装卸和堆存安全的前提下，应尽可能减少附加工具的自重和货物的包装物重量。

（六）各环节均衡、协调的原则

装卸搬运作业是各作业线环节的有机组成，只有各环节相互协调，才能使整条作业线产生预期的效果。应使装卸搬运各环节的生产效率协调一致、相互适应，因为个别薄弱环节的生产能力决定了整个装卸搬运作业的综合能力。因此，要针对薄弱环节，采取措施、提高能力，使装卸搬运系统的综合效率最高。

（七）系统效率最大化原则

在货物的流通过程中，应力求改善包装、装卸、运输、保管等各物流要素的效率。由于各物流要素间存在着效益背反的关系，如果分别独自进行，则物流系统总体效率不一定能够提高，因此，要从物流全局的观点来研究问题。

四、装卸工艺设计与组织

装卸工艺设计是指对一次或者同一种类型的装卸作业过程中设备、人员、线路的计划安排，这种安排包括数量和操作方法的确定。装卸组织则是包括装卸工艺设计和工艺实施的过程。良好的工艺设计是物流作业高效率、有秩序、充分利用人力、设备资源的保证，同时也是降低作业成本，防止作业事故的经营管理和安全管理的条件。

（一）设备确定

装卸工艺设计是在现有的条件下合理组织生产的过程，因而只能是在现有的设备的基础上精心组织，合理利用。当然这种现有条件包括对可利用的社会资源的使用。在工艺设计前首先要充分掌握装卸搬运作业可使用的设备情况，包括作业设备的数量、作业能力、工况、所处位置等，以便调度；同时还需要掌握作业对象如包装、规格、单重、作业位置等的情况。

1. 合理使用设备

各种作业设备都具有各自的作业特性和作业能力，合理地使用能使设备发挥最佳的功用和保证作业安全。作业设备间的合理配合也是设备使用的重要考虑因素，严密的配合才能保证作业的顺畅和发挥每一台设备的作用。

设备的选用原则是：使用标准化的设备；设备功能与货物特性、搬运要求匹配；搬运设备的载重量最接近被搬运货物的重量；使用适合场地作业的设备。

2. 合理安排设备数量

作业时应充分利用设备，但在一个作业现场，设备太多也会相互阻碍，反而降低效率。在设备不多的场地，同一设备同时进行多项作业（间隙作业），是一种充分利用设备、提高整体效率的较好安排。

确定装卸搬运设备台数的公式为：

$$Z = Q/M$$

式中：Z——所需设备台数（台）；

Q——装卸搬运作业量（t）；
M——所使用设备的生产定额（台）。

（二）人员安排

人员的安排是装卸工艺组织的重要方面。装卸搬运作业的人力工种有：设备操作、辅助设备作业、打码作业、人力装卸搬运作业。

(1) 设备操作人员应与设备为一体，根据设备操作的需要确定人员。当然可以采用换班的停工不停机方式运行设备，这就需要相应的几套操作人员。设备操作人员必须具有设备操作的资格。

(2) 辅助设备作业则是根据设备作业的需要，一对设备作业进行挂钩、脱钩、扶持、定位等人力作业，人数因不同设备有不同要求，但要基本稳定地与设备配套。

(3) 打码作业是为设备作业服务的人力作业，一般一个打码组由3~5名工人组成，一个作业点设一个打码组，作业效率很高的龙门吊等可以安排2~3个打码组。

(4) 人力装卸搬运作业是需要较多工人的人力作业，作业效率极低。只有在特殊环境下，如偶尔的作业、设备损坏时的应急、冷库内的作业等，才使用这种方式，其余作业尽可能采用机械作业。

（三）作业线路安排

作业线路应符合以下要求：

(1) 应该尽可能使作业线路最短。

(2) 选择的作业线路应能保证搬运设备的顺畅运行、道路平坦。

(3) 作业线路尽可能没有大幅度、大角度转向。

(4) 同时进行的不同作业的作业线路不交叉，都保持同一方向运行。

(5) 作业线路不穿越其他正在进行的作业现场。

搬运线路可分为直达型、渠道型和中心型。

1. 直达型

直达型是指物料经由最近路线到达目的地。在直达型线路上，各种物料从起点到终点经过的路线最短。当物流量大、距离短或距离中等时，一般采用这种形式是最经济的，尤其当物料有一定的特殊性而时间又较紧迫时则更为有利。

2. 渠道型

渠道型是指一些物料在预定路线上移动，同来自不同地点的其他物料一起运到同一个终点。当物流量为中等或少量，而距离为中等或较长时，采用这种形式是经济的，尤其当布局不合理时则更为有利。

3. 中心型

中心型是指各种物料从起点移动到一个中心分拣处或分发地区，然后再运往终点。当物流量小而距离中等或较远时，这种形式是非常经济的，尤其当场地外形基本上是正方形的且管理水平较高时更为有利。

（四）装卸搬运作业的劳动组织

物料装卸搬运作业的劳动组织是指按照一定的原则，将有关的人员和设备以一定的方式组合起来形成的一个有机整体。装卸搬运作业的劳动组织大致可分为两种基本形式，即工序制劳动组织形式和包干制劳动组织形式。

1. 工序制劳动组织形式

工序制劳动组织形式，是指按作业内容或工序，将有关人员和设备分别组合成装卸、搬运、检验、堆垛、整理等作业班组，由这些班组共同组成一条作业线，共同完成各种装卸搬运作业。

工序制劳动组织按作业内容划分班组，每个作业班组的作业专业化，任务单一，有利于作业人员掌握作业技术，容易提高作业的熟练程度，因此对提高作业质量、确保作业安全、提高劳动生产率是有益的。同时，每个作业班组由于作业内容比较固定，可配备比较专用的设备，能提高设备的利用率，便于对设备进行管理。由于设备能得到充分利用，因此能提高作业效率和机械化水平。每个班组按作业内容配备人员和设备，人员与设备之间比例协调，更适应作业内容的要求。但是，由于工序制劳动组织的一条作业线由几个班组共同完成，工序间的衔接容易出现不紧密、不协调的现象。同时，当装卸搬运作业量不均衡或各工序作业进度不一致时，其综合作业能力容易被最薄弱的作业环节所影响。

2. 包干制劳动组织形式

包干制劳动组织形式，是指将分工不同的各种人员和功能不同的设备共同组合成一个班组，对装卸搬运活动的全过程承包到底，全面负责。

包干制劳动组织形式由于是一个班组承担各种装卸作业内容，对整套作业线自始至终，一包到底，因而责任明确，便于对作业班组的业绩进行考核。同时，由于一条作业线由班组长统一指挥，各作业工序间能够实现较好地配合与协调，便于提高作业的连续性。当作业量出现不均衡时，包干制劳动组织适应性较强，可及时进行调整且可以集中人力作业，同时可对工序上的人力、物力、设备资源调配，确保关键工序顺利进行，有利于提高综合作业能力。但是，由于每个作业班组的人员和设备是固定配属，当作业内容不同时，人员与设备的比例关系不一定合适。同时，在一个作业班组配置几个工种的人员和多种机械设备，不利于实现专业化，对提高人员的技术熟练程度和劳动生产率不利。

上述两种劳动组织形式各有优缺点，究竟采用哪种形式，应根据装卸作业的具体情况而定。一般来说，对于规模比较大的装卸作业部门，由于人员多、设备齐全、任务量大，可采用工序制劳动组织形式，否则应采取包干制劳动组织形式。

【经典案例1】

无锡中储物资公司的装卸搬运

在无锡中储物资公司与张家港浦项不锈钢有限公司的合作中，无锡中储为保证货物在运输途中的安全，通过一系列科学的装卸搬运措施和方法，千方百计地使客户满意：

1. 车辆配备足够数量的"井"字形木架底座；
2. 卷板装入汽车后，加固并遮盖防雨篷布；
3. 装卸时使用软索，落地时上盖下垫；
4. 卷板被装火车时，车皮地板上铺满草垫，并按张家港图纸规定方式装车；
5. 卷板与车皮间使用8号铁丝捆绑牢固，卷板与铁丝的接触部位全部使用橡皮垫加以保护。

无锡中储保证了货物运输安全，并真正做到了让客户满意。

【讨论题】

1. "物流装卸搬运的科学化，一方面体现在装卸搬运的理念上，另一方面则体现在装卸搬运的技术和操作方法上"，根据本案例进行分析，你是否同意该观点？为什么？

【经典案例2】

上海联华便利物流中心装卸搬运系统设计

上海联华便利物流中心面积8000平方米,由4层楼的复式结构组成。为实现货物的装卸搬运,配置的主要装卸搬运机械是:电动叉车8辆、手动托盘搬运车20辆、垂直升降机2台、笼车1000辆、辊道输送机5条、数字拣选设备2400套。

在装卸搬运时,其操作流程如下:将来货卸下后,把其装在托盘上,由手动叉车将货物搬运至入库运载处,入库运载装置上升,将货物送上入库输送带。当接到向第一层搬运指示的托盘在经过升降机平台时,不再需要上下搬运,而直接经过一层的入库输送带自动分配到一层入库区等待入库;接到向第二至四层搬运指示的托盘,由托盘垂直升降机自动输送到所需要的楼层,当升降机到达指定楼层时,由各层的入库输送带自动搬运货物到入库区;货物下平台时,由叉车从输送带上取下托盘入库。出库时,根据订单进行拣选配货,拣选后的出库货物用笼车装载,由各层平台通过笼车垂直输送机送到一层的出货区,装入相应的运输车上。

【讨论题】

1. 请分析先进的装卸搬运系统与物流效率的关系。

本章小结

装卸搬运是物流系统中重要的子系统之一,是各种运输方式和物流各阶段得以连接的桥梁。本章介绍了装卸搬运的意义、作用、特点、分类和装卸搬运机械,并详细阐述了装卸搬运的方法和原则以及散装和特种物品的、集装箱的装卸和搬运方法。

【本章关键术语】

装卸搬运、装卸搬运原则、装卸搬运合理化、装卸工艺设计

【复习思考题】

1. 简述装卸搬运在物流中的作用和意义。
2. 叉车主要有哪几类?
3. 吊车主要有哪几类?
4. 输送机主要有哪几类?
5. 简述主要的装卸作业方法。
6. 装卸搬运工作应遵循什么原则?
7. 如何实现装卸搬运的合理化?
8. 什么是"物"的装卸搬运活性指数?
9. 对集装箱进行装卸的前提条件是什么?
10. 集装箱装卸前的一般注意事项有哪些?
11. 集装箱着地的注意事项有哪些?
12. 集装箱移动位置时的注意事项有哪些?

第七章 配送技术与业务管理

本章学习内容

> 了解不同配送方式的特点、配送中心的种类及其作业流程；掌握配送的特点，配送业务与管理内容，配送路线选择的原则及方法和配送的评价指标体系。
>
> 货物配送是社会化大生产和商品经济高度发展条件下的一种先进的流通方式。配送（distribution）是按用户的订货要求，在物流据点进行分货、配货等工作，并将配好的货物按时送达指定的地点和收货人的物流活动。

第一节 配送概念

一、配送的特点

配送的概念既不同于运输，也不同于旧式送货，而有着物流大系统所赋有的特点。我国 GB 定义为：配送指在经济合理区域范围内，根据客户要求，对物品进行拣选、加工、包装、分割、组配等作业，并按时送达指定地点的物流活动。

从美国及日本等较早开展配送业务的国家看，配送有以下几个特点：

（1）配送是从物流据点至用户的一种特殊送货形式。在整个输送过程中是处于"二次输送"、"支线输送"、"终端输送"的位置，配送是"中转"型送货，其起止点是物流据点至用户。通常是短距离的货物移动。

（2）从事送货的是专职流通企业（配送中心），用户（企业）需要什么配送什么，而不是生产企业（送货）生产什么送什么。

（3）配送不是单纯的运输或输送，而是运输与其他活动共同构成的组合体。配送要组织物资订货、签约、进货、分拣、包装、配装等及时对物资分配、供应处理活动。

（4）配送是以供给者送货到户式的服务性供应。从服务方式来讲，是一种"门到门"的服务，可以将货物从物流据点一直送到用户的仓库、营业所、车间乃至生产线的起点或个体消费者手中。

（5）配送是在全面配货基础上，完全按用户要求，包括种类、品种搭配、数量、时间等方面所进行的运送。因此，除了各种"运"与"送"的活动外，还要从事大量分货、配货、配装等工作，是"配"和"送"的有机结合形式。

说配送是现代方式，是因为它有不同于旧式送货的现代特征，具体表现在：

第一，配送不单是送货，在活动内容中还有"分货"、"配货"、"配装"等项工作，这是难度较大的工作，要圆满实现它，必须有发达的商品经济和现代的交通运输工具与经营管理水平。在商品经济不发达的国家及历史阶段，很难按用户要求实现配货，更难于实现大范围的高效率的配货。因此，旧式送货和配送存在着时代的差别。

第二，配送是送货、分货、配货等活动的有机结合体，同时还和订货系统紧密相联，这就必须依赖现代情报信息的作用，使配送系统得以建立和完善，变成为一种现代化方式，这是过去的送货形式不能比拟的。

第三，配送的全过程有现代化技术和装备的保证，因而使配送在规模、水平、效率、速度、质量等方面远远超过旧的送货形式。这些活动中，大量采用各种运输设备及识码、拣选等机电装备，很像在工业生产中广泛应用的流水线，使流通工作的一部分工厂化。所以，配送也是技术进步的一种产物。

第四，过去的送货形式只是推销的一种手段，目的仅在于多销售一些东西。配送则是一种专业化的流通分工方式，是大生产、专业化分工在流通领域的反映。因此，如果说一般送货是一种服务方式的话，配送则是一种物流体制形式。

二、配送的意义和作用

配送是物流的基本功能之一，也是物流服务水平体现的重要环节和窗口。它直接影响着市场需求量和市场占有率（图7—1，图7—2）。

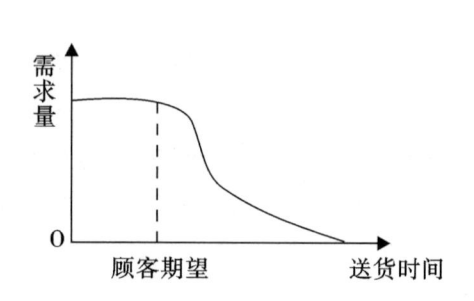

图7—1　极限送货时间对需求量的影响　　图7—2　送货时间与市场占有率的关系

配送的意义和作用具体表现在如下五个方面：

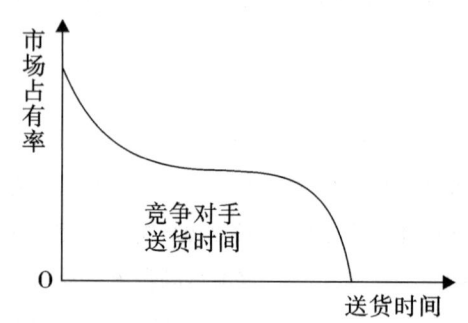

1. 完善了输送及整个物流系统

第二次世界大战之后，由于大吨位、高效率运输工具的出现，使干线运输无论在铁路、海运或公路方面都达到了较高水平，长距离、大批量的运输实现了低成本化。但是，在干线运输之后，往往还要辅以支线转运或小搬运，这种支线运输及小搬运成了物流过程中的一个薄弱环节。这个环节与干线运输相比有着不同的要求和特点，如要求灵活性、适应性、服务性，致使运力往往不能充分利用、成本过高等总是难以解决。采用配送方式，从范围来讲将支线运输及小搬运统一起来，使输送过程得以优化和完善。

2. 提高了末端物流的经济效益

配送通过将用户所需的各种商品配备好，集中起来向用户发货，以及将多个用户的小批量商品集中起来进行一次发货等方式，提高了末端物流的经济效益。

3. 通过集中库存使企业实现低库存或"零库存"

实现了高水平的配送之后，尤其是采取定时配送方式之后，生产企业可以依靠配送中心的准时配送而不需保持自己的库存或者只需保持少量安全储备，这就可以实现生产企业"零库存"，同时解放出大量储备资金，从而改善企业的财务状况。实行集中库存，库存的总量远低于各企业分散库存的总量，同时加强了调节能力，提高了社会经济效益。此外，采用集中库存还可利用规模经济的优势，使单位存货成本下降。

4. 简化手续，方便用户

采用配送方式，用户只需向一处订购，或和一个进货单位联系就可订购到以往需去许多地方才能订到的货物，接货手续也可简化。因而大大减轻了用户订购工作量，也节省了开支。

5. 提高了供应保证程度

由生产企业自己保持库存，维持生产，供应保证程度很难提高（受到库存费用的制约），采取配送方式，配送中心可以比任何单独企业的储备量更大，因而对每个企业而言，由于缺货而影响生产的风险便相对减小。

现代配送是实现资源最终配置的经济活动。其结果，不但为物流配送企业创造了经济价值，更重要的是有效配置和利用了社会资源，同时也是挖掘"第三利润源泉"的重要条件。

三、配送方式

配送有多种方式，按其组织方式、配送对象特性不同可有如下分类。

（一）按配送组织者不同分类

1. 商店配送

组织者是商业或物资的门市网点，这些网点主要承担商品的零售，规模一般不大，但经营品种较齐全。除日常零售业务外，还可根据用户的要求将商店经营的品种配齐，或代用户外订外购一部分本商店平时不经营的商品，和商店经营的品种一起配齐送给用户。这种配送组织者实力有限，往往只是小量、零星商品的配送。所配送的商品种类繁多，用户需用量不大，有些商品只是偶尔需要，很难与大配送中心建立计划配送关系，所以利用小零售网点从事此项工作。商业及物资零售网点数量较多，配送半径较短，所以比较灵活机动，可承担生产企业非主要生产物资的配送，对消费者个人的配送，这种配送是配送中心配送的辅助及补充形式。

2. 配送中心配送

组织者是专职从事配送的配送中心。规模较大，按配送需要储存各种商品，储存量比较大。配送中心专业性强，和用户有固定的配送关系，一般实行计划配送，需配送的商品有一定的库存量，一般情况很少超越自己经营范围。配送中心的设施及工艺流程是根据配送需要专门设计的，所以配送能力强，配送距离较远，配送品种多，配送数量大。可以承担工业企业生产用主要物资的配送及向配送商店实行补充性配送等。配送中心配送是配送的主要形式。

（二）按配送商品种类及数量不同分类

1. 单（少）品种大批量配送

工业企业需要量较大的商品，单独一个品种或几个品种就可达到较大输送量，实行整车运输，这种商品往往不需要再与其他商品搭配，可由专业性很强的配送中心实行配送。由于配送量大，可使车辆满载并使用大吨位车辆；配送中心内部设置、组织、计划等工作也较简单，因而配送成本较低。此外，可以从生产企业将这种商品直接运抵用户，通过库存控制且不致使用户库存效益下降，采用这种直送方式往往有更好的企业效益。

2. 多品种、少批量配送

现代企业生产除了需要少数几种主要物资外，从种类数来看，处于B、C类的物资品种数远高于A类主要物资，B、C类的品种数多，但单种需要量不大，若采取直送或大批量配送方式，由于一次进货批量大，必然造成用户库存增大等问题，类似情况也存在于向零售商店补充一般生活消费品的配送，所以这些情况适合采用多品种、少批量配送。

多品种、少批量配送是按用户要求，将所需的各种物品（每种需要量不大）配备齐全，凑整装车后由配送据点送达用户。这种配送配货作业水平要求高，配送中心设备较复杂，配货配送计划难度大，要有高水平的组织工作保证和配合。在配送方式中，这是一种高水平、高技术的方式。

配送的特殊作用，主要反映在多品种、少批量的配送中，这种方式也正符合现代"消费多样化"、"要求多样化"的新观念，所以，是许多发达国家推崇的方式。

3. 配套成套配送

按企业生产需要，尤其是装配型企业生产需要，将生产每一台件所需全部零部件配齐，按生产节奏定时送达生产企业，生产企业随即可将此成套零部件送入生产线装配产品。这种配送方式，配送企业承担了生产企业大部分供应工作，使生产企业专注于生产，与多品种、少批量配送效果相同。

（三）按配送时间及数量分类

1. 定时配送

定时配送指按规定时间间隔进行配送，如数天或数小时一次等，每次配送的品种及数量可按计划执行，也可在配送之前以商定的联络方式（如电话、计算机终端输入等）通知配送品种及数量。这种方式由于时间固定，易于安排工作计划、易于计划使用车辆，对用户来讲，也易于安排接货力量（如人员、设备等）。但是，备货的要求下达较晚，配货、配装难度较大，在要求配送数量变化较大时，也会使配送运力安排出现困难。

2. 定量配送

定量配送指按规定的批量在一个指定的时间范围中进行配送。这种方式数量固定，备货工作较为简单，可以按托盘、集装箱及车辆的装载能力规定配送的定量，能有效利用托盘、集装箱等集装方式，也可做到整车配送，配送效率较高。由于时间不严格限定，可以将不同用户所需物品凑整后配送，运力利用也较好。对用户来讲，每次接货都处理同等数量的货物，有利于人力、物力的准备。

3. 定时定量配送

定时定量配送指按照规定配送时间和配送数量进行配送。这种方式兼有定时、定量两种方式的优点，但要求高，特殊性强，计划难度大，适合采用的对象不多。

4. 定时、定路线配送

定时、定路线配送指在规定的运行路线上制定到达时间表，按运行时间表进行配送，用户可按规定路线及规定时间接货和提出配送要求。采用这种方式有利于计划安排车辆及驾驶人员。在配送用户较多的地区，也可免去过分复杂的配送要求所造成的配送组织工作及车辆安排的困难。对用户来讲，既可在一定路线、一定时间进行选择，又可有计划安排接货力量。但这种方式的应用领域也是有限的。

5. 即时配送

即时配送指完全按用户要求的时间和数量进行配送的方式。这种方式是以某天的任务为目标，在充分掌握了这一天需要配送的地点、需要量及种类的前提下，及时安排最优的配送路线并安排相应的配送车辆，实行配送。这种配送可以避免上述两种方式不足，做到每天配送都能实现最优的安排，因而是水平较高的方式。

为了使即时配送方式能有计划指导，可以在期初按预测的结果制订计划，以便统筹安排一个时期的任务，并准备相应的力量，实际的配送实施计划则可在配送前一两天，根据任务书做出。

（四）其他配送方式

1. 共同配送

GB 对共同配送（joint distribution）的定义是：由多个企业联合组织实施的配送活动。

几个配送中心联合起来，共同制订计划，共同对某一地区用户进行配送，具体执行时共同使用配送车辆，这种方式称共同配送。在用户不多的地区，各企业单独配送因车辆不满载等原因会造成经济效果不好，如果将配送企业的用户集中到一起，就能更有效地实行配送。共同配送的收益可按一定比例由各配送企业分成。

2. 加工配送

在配送中心按用户的配送要求进行必要的加工，这种将流通加工和配送一体化，使加工更有针对性，配送服务更趋完善的形式，称加工配送。

四、推行配送的必要备件

配送是一种现代化的物资流通方式，具有很多优点，但配送的实施是一项比较复杂的工作，它要求具备一定的条件，主要包括以下几方面：

1. 应有稳定的资源保障

货物配送是根据配送协议按照用户的要求进行的。应做到按用户需要的货物品种、数量、规格，在指定的时间及时送到指定的地点（收货人）。这就必须有充足和稳定的货源做基础。因为若货源得不到保障，就无货可配，也无货可送，这样会影响用户的生产，甚至会造成停工待料（或脱销），给用户造成经济损失。如果出现这种情况，配送就无法再进行下去。所以承担货物配送的流通企业，必须多渠道取得稳定的资源，以满足用户的要求。

2. 应有足够的资金

实施货物配送，不能缺少资金。在商品交换过程中，买方只有支付货币才能取得物资。流通企业为保证配送的顺利进行，必须建立一定的物资储备，有相当多的库存。这部分储备资金必须得到保障。所以物流企业必须从多方面以多种形式筹措资金，以保证配送活动的顺利进行。

3. 应有齐备的配送设施和设备

货物配送是一种综合物流活动，需要齐备、先进的物流设施和设备作为配送手段，这是保证配送得以顺利进行的物质技术条件。配送一般在配送中心或仓库进行，需要有足够的场地和各种仓库建筑物，同时要配备计量、检验、保管、流通加工、分拣、装卸搬运、运输、信息处理等设备。其中特别是对运输设备，在车型、载重量、载重总吨位等方面有更高的要求。

4. 应有高效的信息系统

货物配送活动离不开信息。配送中心必须随时掌握市场供求情况，进行物资资源和用户需求预测，编制配送计划，进行订货、进货、存货、配货等信息处理，以及对经济活动、配送计划执行情况进行分析，合理确定配送范围，合理选择配送路径等。以上信息的收集和处理，都应通过计算机信息系统来实现。

5. 应有一支高素质的职工队伍

实施货物配送，上述条件不可缺少，但最根本的条件还是人。资源要靠人去组织，资金要靠人去筹措，物流技术装备靠人去配备和使用，配送信息系统也要靠人去建立和开发。货物配送不但对配送人员在数量和构成上有一定的要求，而且对人员的思想品德素质、技术素质、管理素质、文化素质等都有较高的要求。如果没有一支结构合理、素质高的职工队伍，货物优质配送就没有保障。

第二节 配送业务

配送业务主要包括配货、分货、配装与送货，这些作业通常在配送中心完成。当然，为了保障用户所需物资及时送达，配送中心通常都有相应的设施如汽车、仓库（下游的配送中心也可不设仓库）等，所以做好仓库管理，适当存储与保管（详见第4章），也是重要的工作之一。

一、配送中心概述

配送中心（distribution center，DC）是从事配送业务的物流场所或组织，它应基本符合下列要求：主要为特定的客户服务；配送功能健全；完善的信息网络；辐射范围相对（干线运输）较小；多品种、小批量；以配送为主，储存为辅。

（一）配送中心的基本功能

功能与作业有密切的联系，配送中心的基本功能与作业有以下几个方面：

1. 备货

备货是配送的准备工作或基础工作，备货工作包括筹集货源、订货或购货、集货、进货及有关的质量检验、结算、交接等。配送的优势之一，就是可以集中客户的需求进行一定规模的备货。备货是决定配送成败的初期工作，如果备货成本太高，会大大降低配送效益。

2. 储存

配送中心通常都自有仓库，配送中的储存有储备及暂存两种形态。其中，配送储备是按一定时期的配送经营要求，形成配送的资源保证。这种类型的储备数量较大，储备结构也较完善，视货源及到货情况，可以有计划地确定周转储备及保险储备结构与数量。而配送暂存则是具体执行日配送时，按分拣配货要求，在理货场地所做的少量储存准备。另外，还有另一种形式的暂存，即分拣、配货之后，形成的发送货物的暂存，这个暂存主要是调节配货与送货的节奏，暂存时间不长。

3. 分拣及配货

分拣及配货是配送不同于其他物流形式的有特点的功能作业，也是配送成败的一项重要支持性工作。分拣及配货是完善送货、支持送货准备性工作，是不同配送企业在送货时进行竞争和提高自身经济效益的必然延伸，所以，也可以说是送货向高级形式发展的必然要求。有了分拣及配货，就会大大提高送货服务水平，所以，分拣及配货是决定整个配送系统水平的关键要素。

4. 配装

在单个客户配送数量不能达到车辆的有效载运负荷时，就存在如何集中不同客户的配送物品，进行搭配装载以充分利用运能、运力的问题，这就需要配装。和一般送货不同之处在于：通过配装送货，可以大大提高送货水平及降低送货成本。

5. 配送运输

由于配送用户多，一般城市交通路线又较复杂，如何组合成最佳路线；如何使配装和路线有效搭配等，是配送运输的特点，也是难度较大的工作。

6. 送达服务

配好的货运输到客户还不算配送工作的终结，这是因为货物送达和客户接货如果衔接不好，将降低甚至丧失配送效果。因此，要圆满地实现运到之货的移交，有效地、方便地处理相关手续并完成结算，还应做好配送计划通知、卸货地点、卸货方式的组织与服务。

7. 配送加工

配送加工是流通加工的一种（详见第 8 章），在配送中，这一功能要素不具有普遍性，但往往通过配送加工，可以大大提高客户的满意程度。配送加工一般只取决于客户要求，其加工的目的较为单一。

（二）配送中心主要类别

配送中心是基于物流合理化和拓展市场的需要而发展起来的，也是物流领域中社会分工、专业分工进一步细化而产生的。在配送实践中，形成了各种各样的配送中心，主要类型有如下十类：

1. 专业配送中心

专业配送中心又有两个含义：一是配送对象、配送技术属于某一专业范畴，综合该专业的多种物资进行配送，如多数制造业的销售配送中心；二是以配送为专业化职能，基本不从事经营的服务型配送中心。

2. 柔性配送中心

柔性配送中心即不是向固定化、专业化方向发展，而是强调市场适应性。它能根据市场和客户的需求变化而随时变化，对客户要求有很强适应性，不一定固定供需关系，而是不断向发展配送客户甚至改变配送客户的（有利）方向发展。

3. 供应配送中心

供应配送中心指专门为某个或某些客户（如生产制造厂、联营商店、联合公司）组织供应的配送中心。比如，为大型连锁超市组织供应的配送中心、为零件加工厂送货至制造装配厂的零件配送中心等，都属于供应型配送中心。

4. 销售配送中心

销售配送中心指以销售经营为目的，以配送为手段的配送中心，其类型又有以下几种：

（1）生产企业为销售本厂产品而建立的配送中心。优点是可以直接面向市场，了解需求，以及时的反馈信息指导生产。

（2）流通企业建立的配送中心。流通企业将建立配送中心作为经营的一种方式以扩大销售。我国目前拟建的配送中心大多属于这种类型，国外的例子也不少。

（3）流通企业和生产企业联合的协作型配送中心。

5. 城市配送中心

城市配送中心指以城市作为配送区域范围的配送中心。由于在城市范围内生产与消费较为集中，物流量大，且汽车运输发达，这种配送中心可直接配送到最终客户。所以，这种配送中心往往和零售经营相结合。

6. 区域配送中心

区域配送中心指有较强的辐射能力和库存准备，向省（州）际、全国乃至国际范围的客户配送货物的配送中心。这种配送中心通常规模较大，客户较多，配送批量也较大，经营不一，既可以配送给下一级的配送中心，也可以配送给商店、批发商和企业客户。或许还从事零星的配送，但不是主体形式。

7. 储存型配送中心

储存型配送中心指有很强储存功能的配送中心。一般来说，为了确保用户和下游配送中心的货源，这类储存型配送中心起到蓄水池作用。

8. 流通型配送中心

流通型配送中心指基本上没有长期储存功能，仅以暂存或随进随出方式进行配货、送货的配送中心。这种配送中心的典型方式是：大量货物整体购进并按一定批量送出，采用大型分货机，进货时直接进入分货机传送带，分送到各客户货位或直接分送到配送用汽车上，货物在配送中心里仅稍做停滞。

9. 加工配送中心

具有加工职能的配送中心。

10. 其他配送中心

（1）依配送中心的拥有者分，有制造商型配送中心、零售商型配送中心、批发商型配送中心和转运型配送中心等。

（2）按配送货物种类分，有食品配送中心、日用品配送中心、医药品配送中心、化妆品配送中心、家电产品配送中心、电子产品配送中心、书籍产品配送中心、服饰产品配送中心和汽车零件配送中心等。

（三）配送中心的作业流程

配送中心的作业流程依据各自运营特点的不同、经营的产品种类不同、产品物流特性不同，有着各自不同的作业过程。但一般来说，配送中心都包括下述的几种物流作业过程：订货、到货接受、验货与拒收、分拣之订单汇总、存储、加工、拣选、包装、装托盘、组配、装车和送货。此外与之相对应的还有信息流程（如票据、单证及其他相关信息流程）和资金流程（如货款、运费和杂费的结算流程）。详见图7—3。

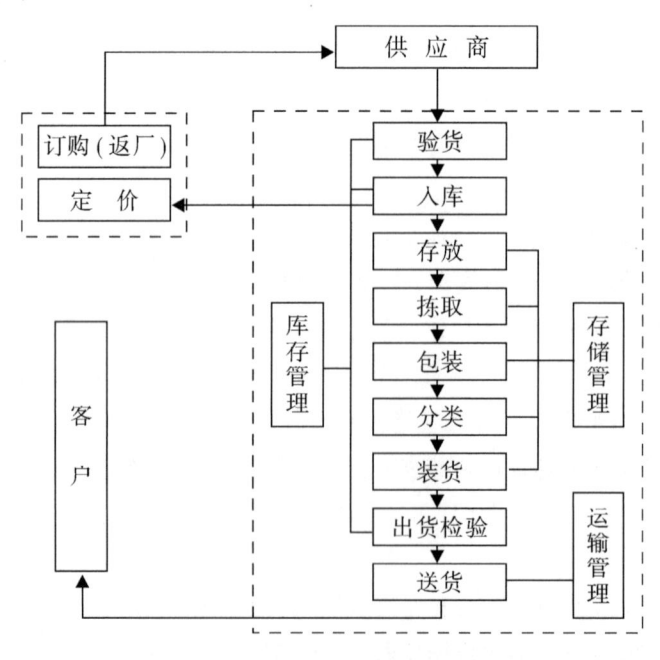

图7—3 配送中心一般作业流程

二、配送的工作步骤

1. 制定配送计划

配送是一种物流业务组织形式,而商流是其拟定配送计划的主要依据。可以说,商流提出了何时、何地、向何处送货的要求,而配送则据此在恰当安排运力、路线、运量的基础上完成此项任务。配送计划的制订是既经济又有效地完成任务的主要工作。配送计划的制订应有以下几项依据:

（1）订货合同副本,由此确定用户的送达地、接货人、接货方式,用户订货的品种、规格、数量,送货时间及送接货的其他要求。

（2）所需配送的各种货物的性能、运输要求,以决定车辆种类及运搬方式。

（3）分日、分时的运力配置情况。

（4）交通条件、道路水平。

（5）各配送点所存货物品种、规格、数量情况等。

在充分掌握了上述必需的信息资料之后,可以利用计算机,按固定的程序,输入上述数据。计算机利用配送计划的专用软件,自动处理数据后输出配送计划表,或由计算机直接向具体执行部门下达指令。

在不具备上述手段的条件下,可以利用人力按下述步骤编制配送计划:

（1）按日汇总各用户需要物资的品种、规格、数量,并详细弄清各用户的地址,可用地图标明,也可在表格中列出。

（2）计算各用户运货所需的时间,以确定起运的提前期,如果运距不长,则可不必考虑提前期。

（3）确定每日应从每个配送点发运物资的品种、规格、数量。此项工作可采用图上或表上作业法完成,也可通过计算,以吨公里数最低或总运距最小为目标函数,求解最优配送计划。

（4）按计划的要求选择和确定配送手段。

（5）以表格形式拟出详细配送计划,审批执行。

2. 下达配送计划

配送计划确定后,将到货时间、到货的品种、规格、数量通知用户和配送点,以使用户按计划准备接货,使配送点按计划发货。

3. 按配送计划确定物资需要量

各配送点按配送计划,审定库存物资的配送保证能力,对数量、种类不足的物资,组织进货。

4. 配送点下达配送任务

配送点向运输部门、仓储部门、分货包装及财务部门下达配送任务,各部门完成配送准备。

5. 配送发运

配货部门按要求将各用户所需的各种货物进行分货及配货,然后再进行适当的包装并详细标明用户名称、地址、配达时间、货物明细。按计划将各用户货物组合,装车,并将发货明细交司机或随车送货人。

6. 配达

车辆按指定的路线运达用户,并由用户在回执上签字。

配送工作完成后,通知财务部门结算。

三、配货及配装方法

(一) 配货作业方法

配货作业是将保管中的物资，按发货要求分拣出来，放到发货场所指定的位置。配货作业设备可采用全机械化的分拣、配货设备，也可采用手工分拣，用搬运车运到发货货位的半机械化方法。

配货作业一般有播种方式和摘果方式两种基本方法。

1. 播种方式

播种方式是将需要配送的数量较多的同种物资集中搬运到发货场所，然后将每一用户所需的数量取出，分放到每一用户对应的货位处，直至配货完毕。在货物以较易于移动形式保管（例如处于集装保管状态或在台车上存放），且需要量较大，基本可以将集中保管的物资在配货时用尽时，可采用此种方式。

2. 摘果方式

摘果方式又称挑选方式，搬运车辆巡回于保管场所，按配送要求从每个货位或货架上挑选出物资，巡回完毕也完成了一次配货作业。将配好的货物放置到发货场所指定位置，或直接发货后，再进行下一次的配货。一般一次为一个用户配货，如果车辆容纳得下，也可为两个以上的用户配货。在保管的货物不易移动或每一用户需要品种多而每种数量较小时，应采用摘果方式。

为了提高效率、降低成本，也可以两种方式混用，但应该制定最优的配合方式，一般先采用摘果方式配货，然后采用播种方式。

(二) 车载货物的配装

配送的主要特点之一是所送货物一般品种多，但每种货物的数量不大，总数量较大（单品种、大数量的物资，往往干线直送），常常需要安排许多车辆才能满足对用户的配送。因此，充分利用车辆的容积和载重量，做到满载满装，是降低成本的重要手段。

所运货物种类繁杂，不仅表现在包装形态、储运性能不一，而且表现在容重方面，往往相差甚远。容重大的货物往往是达到了载重量，但容积空余甚大；容重小的货物则相反，看起来装得满满的，但实际上并未达到车辆标载重量，两者实际上都形成了浪费。所以，实行轻重配装容重大小不同的货物搭配装车，就可以不但在载重方面达到满载，而且可充分利用车辆的有效容积，取得最优效果。

简单的配装可用手工计算。例如，需配送两种货物，货物 A，容重 $A_{容}$，单件货物体积 $A_{体}$；货物 B，容重 $B_{容}$，单件货物体积 $B_{体}$；车辆载重 K 吨，车辆最大容积 V m³，计算最佳配装方案。

设：有效容积为 $V \times 90\%$ m³（考虑到 A、B 尺寸的组合不能全等车辆内部尺寸，以及装车后可能存在的无效空间而定）。

在既满载又满容的前提下，货物 A 装入数为 x，货物 B 装入数为 y，则：

$$\begin{cases} x \times A_{体} + y \times B_{体} = V \times 90\% \\ x \times A_{体} \times A_{容} + y \times B_{体} \times B_{容} = K \end{cases} \tag{7—1}$$

所求得 x、y 之值即为配装数值。

在配装货种较多，车辆种类又较多的情况下，每次采用手工计算会有很大困难，可以采用以下两种方法解决：

(1) 利用计算机，先将常配送货物的数据、车辆的数据输入计算机存储，将上述计算程序编制软件，每次只要输入需配送的各种货物参数，计算机则自动输出配装结果。

（2）在不可能利用计算机时，可以从多种配装货物中选出容重最大、最小的两种利用手算配装，其他货物再选容重最大及最小的两种手算配装，依此类推，可求出配装结果。

在实际工作中常常不可能每次都求出配装的最优解，所以，寻求最优解的近似解，将问题简单化，节约计算力量和时间，简化配装要求，加快装车速度，也可以获得综合的效果。解决配装最简单的方法是先安排车辆装运容重大及小的两种货物，在装车时可先将高容重的装在下部，然后堆放低容重货物，按计划或按经验配装，所余容重居中的货物不再考虑配装而直接装车。

应当注意，配装只是配送时要考虑的一个方面，如果货物性质及装运方面有特殊要求之处，就不能单从配装的满载满容角度来考虑和决定问题。此外，还需顾及到分次序向用户卸货问题，应当是将后卸货物装在车厢内部，先到达用户的货物装在易卸易取的边部，否则会迟误整个配送速度，加大卸车费用，这也是不可取的。

（三）配送路线的确定原则

配送路线合理与否对配送速度、成本、效益影响颇大，因此，采用科学的合理的方法确定配送路线是配送活动中非常重要的一项工作。确定配送路线可以采取各种数学方法以及在数学方法基础上发展和演变出来的经验方法。无论采用何种方法，首先应建立试图达到的目标，再考虑实现此目标的各种限制因素，在有约束的条件下寻找最佳方案，实现试图达到的目标。

1. 确定目标

目标的选择根据配送的具体要求，配送中心的水平、实力及客观条件而定，可以有以下几种选择：

（1）效益最高。在选择效益为目标时，一般是以企业当前的效益为主要考虑因素，同时兼顾长远的效益。效益是企业整体经营活动的综合体现，但可以用利润来表示，因此，在计算时是以利润的数值最大化为目标值的。

由于效益是综合的反映，在拟定数学模型时，很难与配送路线之间建立函数关系，一般很少采用这一目标。

（2）成本最低。计算成本比较困难，但成本和配送路线之间有密切关系，在成本对最终效益起决定作用时，选择成本最低为目标实际上就是选择了效益为目标，但却有所简化，比较实用，因此是可以采用的。

（3）路程最短。如果成本和路程相关性较强，而和其他因素是微相关时，可以采取路程最短的目标，这可以大大简化计算，而且也可以避免许多不易计算的影响因素。需要注意的是，有时候路程最短并不见得成本就最低，如果道路条件、道路收费影响了成本，单以最短路程为最优解则不合适了。

（4）吨公里最低。吨公里最低是长途运输时常作为目标选择的，在多个发货站和多个收货站的条件下，而又是在整车发到的情况下，选择吨公里最低为目标是可以取得满意结果的。在配送路线选择中一般情况是不适用的，但在采取共同配送方式时，也可用吨公里最低为目标。

（5）准时性最高。准时性是配送中重要的服务指标，以准时性为目标确定配送路线就是要将各用户的时间要求和路线先后到达的安排协调起来，这样有时难以顾及成本问题，甚至需要牺牲成本来满足准时性要求。当然，在这种情况下成本也不能失控，应有一定限制。

（6）运力利用最合理。在运力非常紧张，运力与成本或效益又有一定相关关系时，为节约运力,充分运用现有运力,而不需外租车辆或新购车辆,此时也可以运力安排为目标,确定配送路线。

(7) 劳动消耗最低。以油耗最低、司机人数最少、司机工作时间最短等劳动消耗为目标确定配送路线也有所应用,这主要是在特殊情况下(如供油异常紧张、油价非常高、意外事故引起人员减员、某些因素限制了配送司机人数等)必须选择的目标。

2. 确定配送路线的约束条件

以上目标在实现时都受到许多条件的约束,必须在满足这些约束条件的前提下取得成本最低或吨公里最小的结果。一般的配送,约束条件有以下几项:

(1) 满足所有收货人对货物品种、规格、数量的要求。
(2) 满足收货人对货物发到时间范围的要求。
(3) 在交通管制允许通行的时间(如城区公路白天不允许货车通行)中进行配送。
(4) 各配送路线的货物量不得超过车辆容积及载重量的限制。
(5) 在配送中心现有运力允许的范围之中。

(四) 确定配送路线的方法

1. 方案评价法

当对配送路线的影响因素较多,难以用某种确定的数学关系表达时,或难以以某种单项依据评定时,可以采取对配送路线方案进行综合评定的方法。综合评定方案以确定最优方案的步骤如下:

(1) 拟定配送路线方案。首先以某一项较为突出和明确的要求作为依据,例如,以某几个点的配送准时性,或司机习惯行驶路线等拟定出几个不同方案,方案要求提出路线发、经地点及车型等具体参数。

(2) 对各方案引发的数据进行计算。如配送距离、配送成本、配送行车时间等数据计算,并作为评价依据。

(3) 确定评价项目。决定从哪几方面对各方案进行评价,如动用车辆数、司机数、油耗、总成本、行车难易、准时性及装卸车难易等方面,都可做评价依据。

(4) 对方案进行综合评价。

2. 数学计算法

可以利用经济数学模型进行数量分析。例如,可以应用线性规划的数学模型求解最佳方案。

3. 节约里程法

在实际工作中有时只需求近似解,不一定求得最优解,在这种情况下可采用节约里程法。

四、节约里程法简介

1. 节约里程法基本原理

1964年克拉克(Clarke)、怀特(Wright)发表了制定配送计划的节约法论文,提出了如何从许多条可供选择的路径中,选出最佳配送路径的方法。这种方法的基本原理是几何学中三角形一边之长必定小于另外两边之和。见图7—4。

由配送中心P向两个用户A、B送货,P至A、B的最短距离分别为l_1和l_2,A、B间的最短距离为l_3。用户A、B对货物的需求量分别为q_1和q_2。

若用两辆汽车分别对A、B两个用户所需货物,各自往返送货时,汽车直行总里程为:

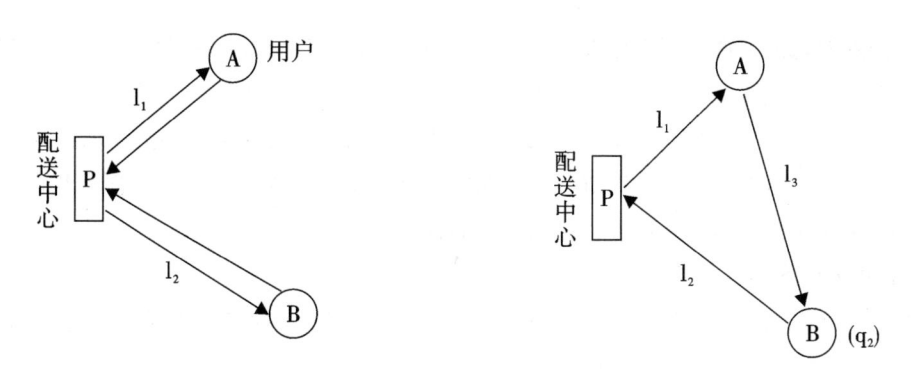

图 7—4　往返发货与巡回发货车辆行走距离

$$l = 2(l_1 + l_2)$$

如果改为由一辆汽车向 A、B 两个用户巡回送货（设 $q_1 + q_2 <$ 汽车标重载重量），则汽车走行里程为：

$$l = l_1 + l_2 + l_3$$

后一种送货方案比前一种送货方案节约的汽车走行里程为：

$$\triangle l = [2(l_1 + l_2)] - (l_1 + l_2 + l_3) = l_1 + l_2 - l_3$$

如果从图形上看，它等于三角形的两个邻边之和减去对边的差。

如果在配送中心 P 的供货范围内还存在着第 3，4，5，…，n 个用户，在汽车载重量允许的情况下，可将它们按节约量的大小依次连入巡回路线，直至汽车满载为止。余下的用户用同样的方法确定巡回路线，另外派车。

2. 节约里程法应用案例

如图 7—5 所示，由配送中心 P 向 A~I 等 9 个用户配送货物。图中连线上的数字表示两点间里程（km）。图中靠近各用户括号内的数字，表示各用户对货物的需求量（t）。配送中心备有 2t 和 4t 载重量的汽车，且汽车一次巡回走行里程不能超过 35km，设送到时间均符合用户要求，求该配送中心的最优送货方案。

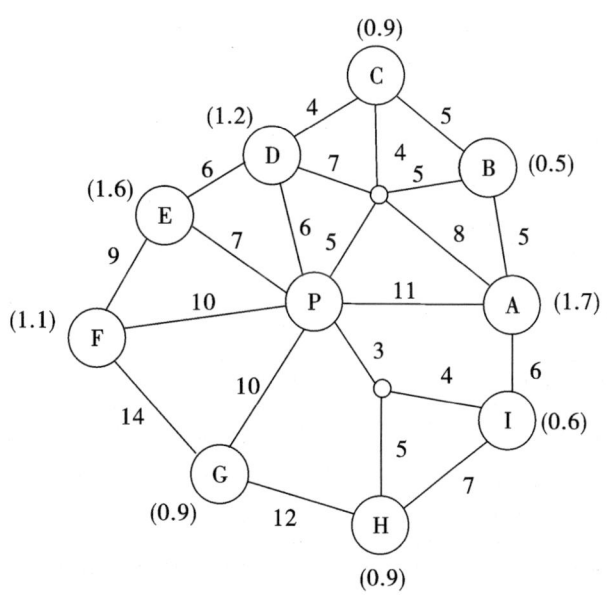

图 7—5　某配送中心配送网络图

现利用渐近解题法求解，其步骤如下：

（1）首先计算配送中心至各用户以及各用户之间的最短距离，并列表（见表7—1）。

表7—1 最短距离表

	P	A	B	C	D	E	F	G	H	I
P		11	10	9	6	7	10	10	8	7
A			5	10	14	18	21	21	13	6
B				5	9	15	20	20	18	11
C					4	10	19	19	17	16
D						6	15	16	14	13
E							9	17	15	14
F								14	18	17
G									12	17
H										7
I										

（2）由上述最短距离表，计算出由配送中心P到各用户之间的节约里程，并编制成表7—2。

表7—2 节约里程表

	A	B	C	D	E	F	G	H	I
A		16	10	3	0	0	0	6	12
B			14	7	2	0	0	0	6
C				11	6	0	0	0	0
D					7	1	0	0	0
E						8	0	0	0
F							6	0	0
G								6	0
H									8
I									

计算结果有正有负，节约里程为负数时，无实际意义，在表内写0。

（3）根据节约里程表中节约里程多少的顺序，由大到小排列，编制节约里程顺序表，见表7—3。以便尽量使节约里程最多的点组合装车配送。

表7—3 节约里程排序表

顺位号	里程	节约里程	顺位号	里程	节约里程	顺位号	里程	节约里程
1	A—B	16	6	H—I	8	10	F—G	6
2	B—C	14	8	B—D	7	10	G—H	6
3	A—I	12	8	D—E	7	15	A—D	3
4	C—D	11	10	A—H	6	16	B—E	2
5	A—C	10	10	B—I	6	17	D—F	1
6	E—F	8	10	C—E	6			

（4）根据节约里程排序表和配车（车辆的载重与容积，本例忽略容积因素）、车辆行驶里程等约束条件，渐近绘出图7—6所示的配送路径。

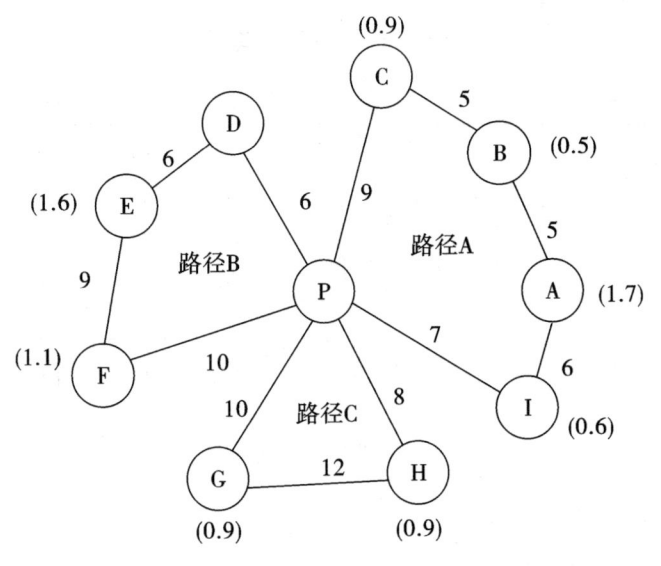

图7—6　确定的配送路径、汽车运距与载重量示意图

注：路径A：4t车，走行32km，载重量3.7t；
　　路径B：4t车，走行31km，载重量3.9t；
　　路径C：2t车，走行30km，载重量1.8t。
　　总共走行里程93km，共节约里程63km。

从图中可看出，依次确定的A、B、C三条路径均符合配送中心的约束条件。需要2t汽车1辆、4t汽车2辆，总走行里程为93km。若简单地每个用户派一辆汽车送货，需要2t汽车9辆，走行总里程156km。通过比较可以看出，利用节约里程法制定配送方案确定送货路径，具有明显的效果。当配送点（用户）很多时，编制程序可由电子计算机来完成。

第三节　配送管理

配送管理内容很多，其根本是根据用户需求信息，将物品（货物）准确、准时地送到用户指定的地点，为此要做好仓库库存管理，用户需求信息管理、配货、分货、配装、运送作业管理等。一个现代化的配送中心应该有一个较为完善的信息系统、有具体的考核技术经济指标、有提高物流配送经济效益的措施。

一、配送中心管理内容

图7—7中表示了配送中心管理的一般内容。建设一个企业资源规划（ERP），在主控仓储管理系统（WMS）下，有采购管理、库存管理、销售管理、入库管理、储位管理、出库管理等子系统，将订货、到货接收、验货与拒收、分拣、订单汇总、存储、加工、拣选、包装、装托盘、组配、装车、送货等作业纳入系统管理之内，并具备可跟踪性、可控制性和可协调性。

当然，作为配送中心的全部管理，还有财务管理，如货款、运费和杂费的结算管理等。

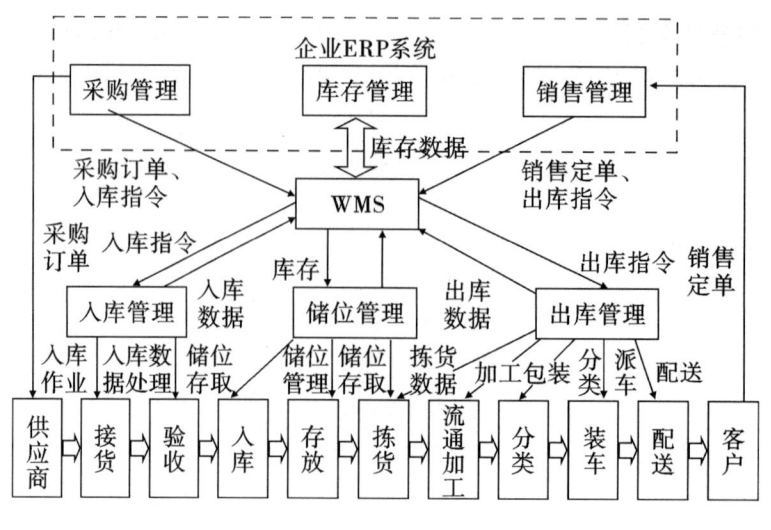

图7—7 配送中心管理一般内容

二、配送的技术经济指标

配送的技术经济指标评价是配送目标管理的主要内容。

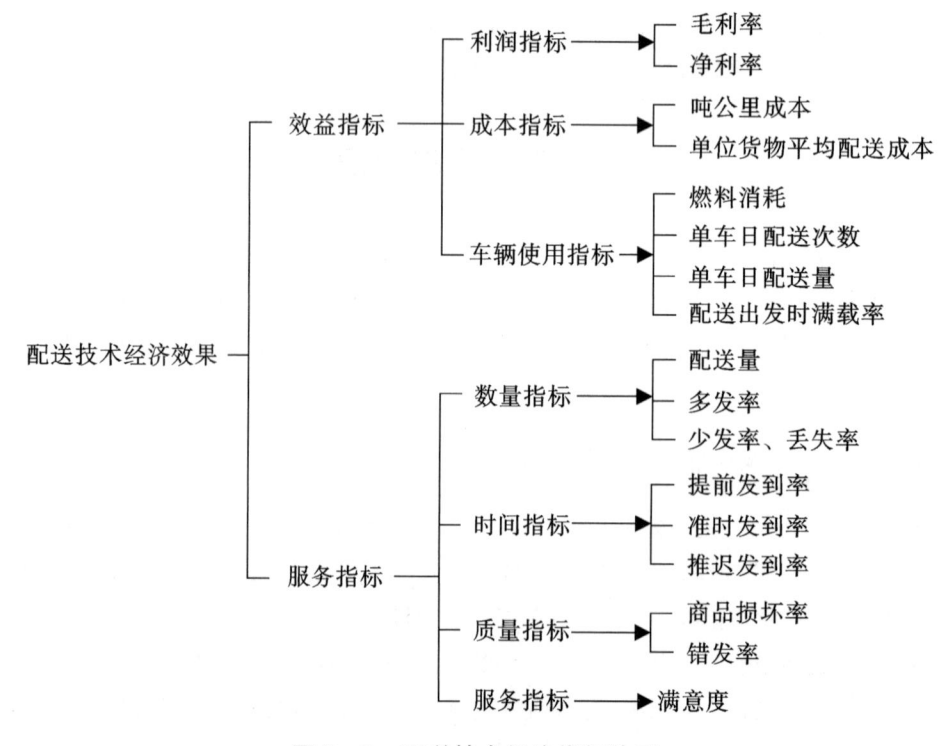

（一）配送技术经济指标体系

配送技术经济指标分为效益指标和服务指标两类。效益指标是可以用价值及数量来衡量判断的指标；服务指标则是无法直接用价值衡量的指标，但是却能产生社会效益、造成社会影响，这对于服务性强的配送来讲尤为重要。服务指标与效益指标有时可能出现矛盾，在这种情况下应当从长远利益和社会效益出发，牺牲一些暂时利益，而以保证服务为主要出发点。配送的技术经济指标体系见图7—8。

图7—8 配送技术经济指标体系

（二）物流服务质量指标

如下所列质量指标有些也适用于运输、配送和运输服务质量考核，都可以按需要选用。

1. 服务水平指标（F）

$$F = \frac{满足要求次数}{用户要求次数}$$

或以缺货率（Q）表示：

$$Q = \frac{缺货次数}{用户要求次数} \times 100\%$$

2. 满足程度指标（M）

$$M = \frac{满足要求次数}{用户要求次数} \times 100\%$$

3. 交货水平指标（$J_水$）

$$J_水 = \frac{按次货期交货次数}{总交货次数}$$

4. 交货期质量指标（$J_天$）

以实际交货与规定交货期相差日为提前交货，负号为延迟交货。

$$J_天 = 规定交货期 - 实际交货期$$

5. 商品完好率指标（W）

$$W = \frac{交货时完好商品量}{物流商品总量} \times 100\%$$

或以缺损率（Q）表示：

$$Q = \frac{缺损商品量}{物流商品总量} \times 100\%$$

也可以"货损货差赔偿费率"（P）表示：

$$P = \frac{货损货差赔偿费总额}{同期业务收入总额} \times 100\%$$

6. 物流吨费用指标（C）

$$C = \frac{物流费用}{物流总量} （元/t）$$

7. 正点运输率（Z）

$$Z = \frac{正点运输次数}{运输总次数} \times 100\%$$

8. 满载率，用装载率表示（$M_运$）

$$M_运 = \frac{车辆实际装载量}{车辆装载能力} \times 100\%$$

9. 运力利用率（Y）

$$Y = \frac{实际吨公里数}{运力往返运输总能力（t/km）} \times 100\%$$

三、配送和直送的评价

配送与直送各有其适应性，正确确定配送还是直送，也是配送管理的重要内容之一。正确对其作出评价，可以避免送货的盲目性。

配送是生产、需要之间设置的中间环节，与直送相比，多种类、每种小批量的货物采用配送方式，可以高效率、低成本一次送到用户。如果采取直送，不同产点的小批量、多种类货物就必然要进行多次直送，表面看来虽然少了中间环节，但是在运送上"大马拉小车"，势必接货上频数高而繁杂。因此，直送或配送都有各自的优势领域，其效益存在一个分歧点，在管理中，必须依据事物的性质决定分歧点，再作出配送或直送的决策，如图7—9所示。

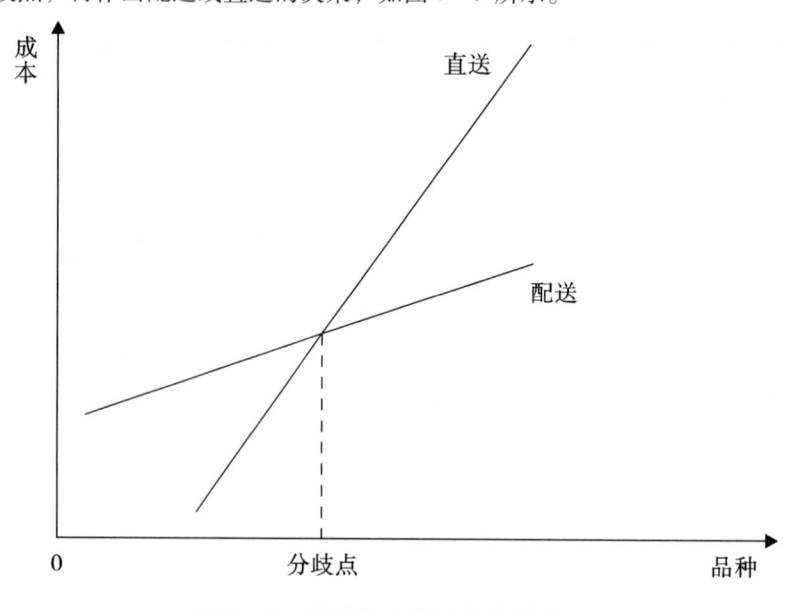

图7—9　配送与直送比较分界点图

配送或直送的最终选择，是以降低物流费用为标准。在无法用成本或费用作出全面计算以兹比较的情况下，可以采用打分综合评价方法作出决策。

四、提高配送经济效益的途径

1. 恰当设置配送中心

配送中心的数量及地理位置是决定能否取得高效益的前提条件。上述配送路线的选择、直送或配送的决定都是在配送中心数量、位置已确定的前提下作出的，固然，在满足这一前提条件的要求下，可以选择出最优路线及最好的送货方式，但是，如果前提条件本身有缺陷，则很难弥补。恰当设置配送中心是取得效益的基础，在此前提条件下，准确地选择配送路线，恰当地决定配送或直送，就能实现系统的、总体的最优。

2. 加强配送的计划性

在配送活动中，临时配送，紧急配送或无计划的随时配送是大幅度降低配送经济效益的主要因素。临时配送是因为事前计划不善，未能考虑正确的配装方式及恰当的配送路线，到了临近配送截止日期，则必须安排专车、单线进行配送，车辆不易满载，浪费里程也多；紧急配送指一般紧急订货需要而言，往往只要求按时送到货物，来不及认真安排车辆配装及配送路线，从而造成载重及里程的浪费，一般说来，为保证服务，不能拒绝紧急配送，但是，如果能认真核查并有调剂准备的余地，紧急配送也可纳入计划轨道而保证其效益；随时配送是指对配送要求不作计划安排，有一笔送一次，不能保证配装及选择路线的优化，会造成较大浪费。

3. 实行共同配送

以提高经济效益为目标，几个企业联合集小量为大量共同利用同一配送设施或配送车辆的配送方式，称共同配送。尤其当单独配送的配送量较小，车辆不能满载，也难于确定最优路线时，采取共同配送方式可大大降低成本，提高效益。共同配送是横向经济联合的一种形式，可以采取经济联合的办法共同建立配送中心，共同使用配送设备，或共同组织配送。组织共同配送的关键，是合理分摊成本及合理分配收益。

4. 加强信息系统的建设

信息系统包括管理信息系统（MIS）和决策支持系统（DSS）。根据本企业业务发展需要与财力的可能，建立和建设可靠的信息系统，是现代物流配送中心提高管理水平和经济效益的有效途径。

【经典案例1】

澳大利亚 Coles Mayer 企业对 EDI 的使用

EDI（电子数据交换）在现代物流订单处理运作中占有重要的地位。EDI 作为整体物流的一个组成部分，贯穿于信息流、物流和资金流之中，在信息的及时、准确传递中发挥了重要的作用。这里以澳大利亚 Coles Mayer 企业为例，说明 EDI 在物流运作中的应用。

每个供应商按照一定的规则（Australia Product Number，APN）将产品资料输入电脑，作为档案，产生初始数据。客户通过供应商提供的 RFI（request for information）进入 PSC（price sales catalogue）进行货品信息查询，如 APN 编码、产品说明、颜色、单价、最小订购量、尺寸、重量或者商品的特殊属性等，如图 7—10 所示。

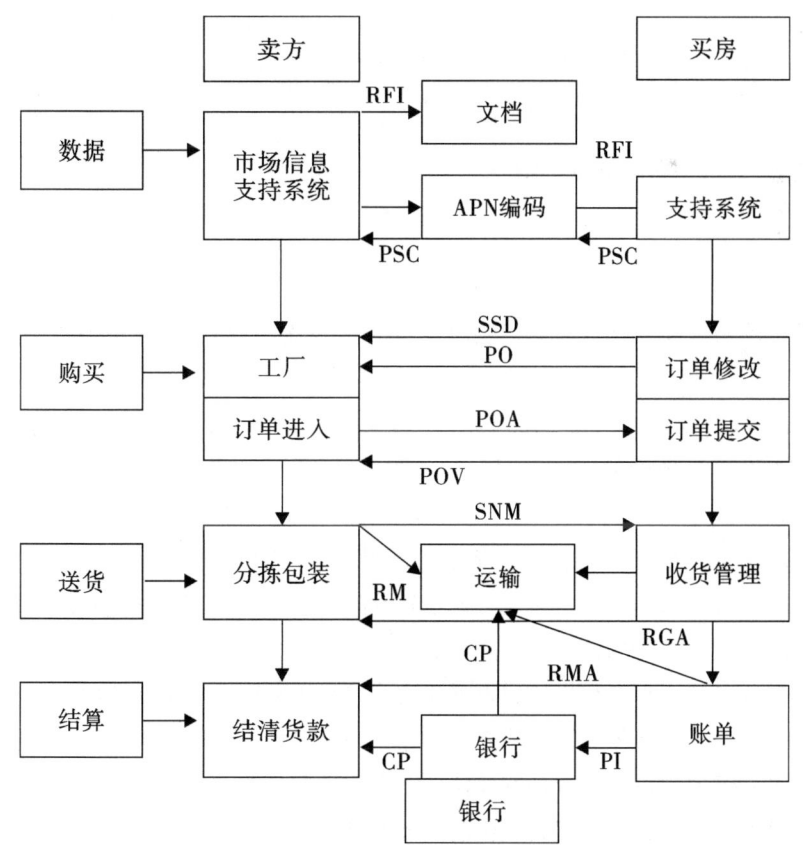

图 7—10 EDI 系统运行图

客户可以通过EDI直接下订单（purchase order，PO），包括编码、数量、价格、指定送货地点、送货日期、时间等。供应商根据客户订单，向客户发出确认函（purchase order acknowledgment，POA）。事后还可以提供任意一方对订单修改的功能（purchase order variation，POV），最后，客户以供应商所确认的信息送出SSD（sales and stock status data），完成下单作业。

供应商收到订单或者仓储物流企业传送订单资料后，仓库根据订单完成拣货工作，并将所订购产品包装好，贴上特殊条码128，将信息传回供应商，同时传送给送货企业。供应商收到发货通知后，立即通知客户（ship note manifest，SNM），包括订单资料、条形码标签资料等。

客户收到货物时，首先确认货物，并将确认信息传递给供应商和送货企业（receipt of goods advice，RGA），然后按照付款条件（买方付运费情况下）将付款信息传送给供应商和送货企业（remittance，RMA）。同时将付款通知（payment instruction，PI）传送给买方银行，授权银行进行买方付款，银行进行付款确认后通知供应商或者送货企业（confirming payment，CP），完成交易。

【经典案例2】

华联超市物流配送系统

1993年1月到2003年1月，华联超市成立已届10年。10年来，华联超市从最初只有6家门店发展到今天拥有17家子企业和1000多家连锁网点，从最初年销售额只有8700万元到2002年预计销售规模可实现150亿，从最初年利润亏损500万元到利润额平均每年递增30%……华联超市走过的是一条超常规的发展之路，是一条低成本的扩张之路。华联超市如此强劲的发展势头应当归功于其良好的物流配送系统。该物流配送系统是支撑这种超常发展的重要因素。

连锁超市的成功，关键在于连锁经营方式实行的统一采购、统一配送、统一价格、统一品牌效应，并具有实现这一职能的高效的商品配送中心，从而从根本上实现决策权向连锁超市总部集中、物流活动向商品配送中心集中，达到集中采购、统一物流，集中集团的优势，将单个门店的各种资源优势加以统一利用，用于连锁经营活动。图7—11为配送中心功能示意图。

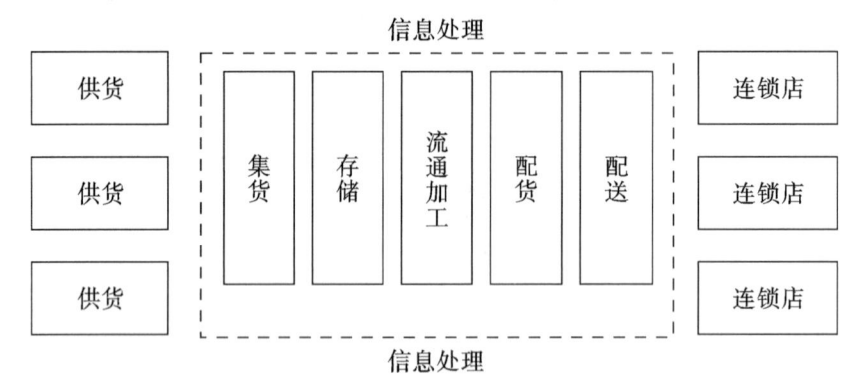

图7—11 华联超市物流配送中心功能示意图

从连锁经营的精髓来看，必须实行商品供应的配送中心化，也就是说，有了配送中心，才可能实现统一采购、集中库存、统一配送、各店分销的连锁经营方式，才可能实现直接的产销衔接，增强企业对市场信息需求的反馈能力，实现在商品配送中心内统一结算和商品信息自动化处理，实现物流、财务乃至整个连锁企业的管理科学化，从而促进生产、满足消费、降低生产资源配置的成本，以使企业享受较高的价格折扣，降低流通成本和销售价格。由于将商品集中保管、流通加工，按各门店的需求配货，统一配送，实现了"最少环节、最短运距、最低费用、最高效率"，从而大大提高经济效益。同时，通过统一进货严把质量关，杜绝假冒伪劣商品，提高连锁超市企业的信誉。

华联超市在超常规发展的过程中，非常注重配送中心的建设和配送体系的构筑。华联超市认为，物流系统构筑的目的，就是提供能使门店或客户满意的物流服务。而影响顾客满意度的物流范围项目有：商品结构与库存服务，配送过程如何确保商品质量，门店紧急追加减货的弹性，根据实际情况确定配送时间安排，缺品率控制，退货问题，流通加工中的拆零工作，配送中心的服务半径，废弃物的处理与回收，建立客户服务窗口等十个方面。图7—12和图7—13分别是没有配送中心和建立配送中心后的配送活动。

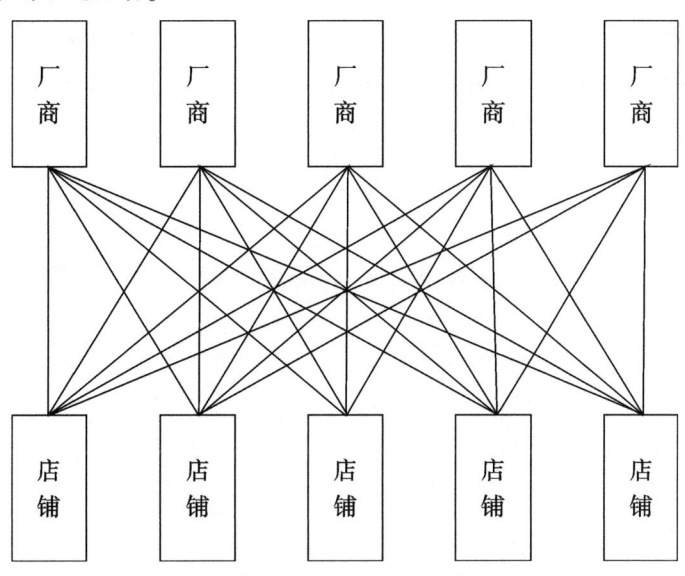

图7—12 没有配送中心情况下的配送活动

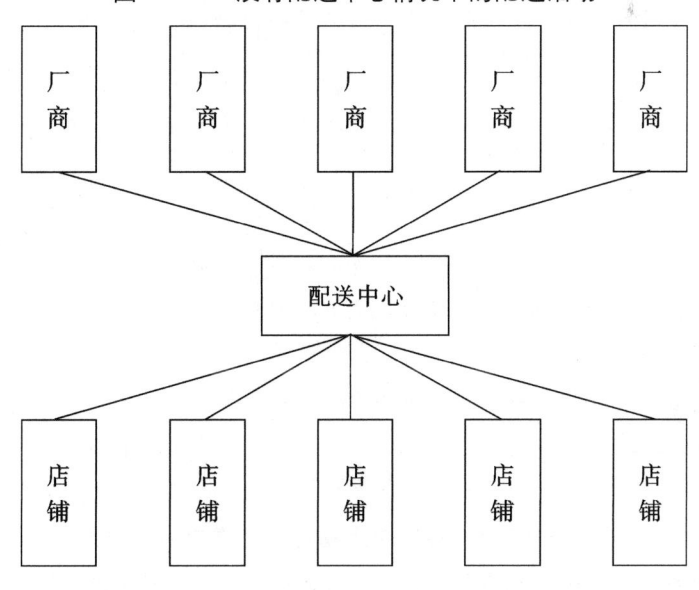

图7—13 建立配送中心后的配送活动

本着让客户与门店满意的宗旨，华联超市做了大量工作，如采用机械化作业与合理规划，减少搬运次数、商品保管与防止配送中的损伤；通过计算机控制等手段控制商品保质期；通过调查，制定门店追加减货条件，增加配送系统"紧急加减货物功能"；根据商场销售实绩、门店的要货截止时间、门店的交通状况、门店的规模大小以及节假日等来确定配送时间；采用"电子标签拆零商品拣选设备"，进一步扩大拆零商品的品种数（增加到4000种），提高拆零商品的拣选速度和准确率，以满足加盟店的需要；以配送中心最佳服务半径250km为基础，研究如何构筑华联超市配送网络体系，等等。

合理规划物流配送的流程是构筑配送体系的重要前提。华联超市根据经营商品进销的不同情况和商品的ABC分析，按以下三种类型的物流来运作。

（1）储存型物流。这类商品进销频繁，整批采购、保管，经过拣选、配货、分拣，配送到门店。

（2）中转型物流（即越库配送）。这类商品通过计算机网络系统，汇总各商场门店的订货信息，然后整批采购，不经储存，直接在配送中心进行拣选、组配和分拣，再配送到门店。

（3）直送型物流。这类商品不经过配送中心，由供货商直接组织货源送往超市门店，而配货、配送信息由配送中心集中处理。

近年来，华联超市已从延伸江苏、浙江两省发展到向全国辐射，因此，华联将配送中心的建设放在首位。2000年8月，华联超市新建的现代化配送中心正式启动。该配送中心位于上海市普陀区桃浦镇一棵树7号地块。配送中心基地紧贴外环线，直连沪嘉、沪宁、沪杭高速公路，南临沪宁铁路南翔编组站，可直接通向市区，向外辐射的能力很强。

新建的桃浦配送中心，其主体建筑物是高站台、大跨度的单层物流建筑。为了充分利用理货场上方的空间，配送中心的局部为两层钢筋混凝土框架结构的建筑物。新建配送中心的基地面积为28041m²，总建筑面积达20000m²。商品总库存能力为90万箱，日均吞吐能力为14万箱。配送中心基地内部的环状主干道路宽20m，实行"单向行驶、分门进出"。配送中心南北两侧，建有4米宽的装卸平台；平台高出室外道路1m。当厢式载货汽车尾部停靠站台时，车厢抱垫板与站台面基本上处于同一平面，将商品装卸作业变成水平移动，大大减少了装卸作业环节和劳动强度。站台作业线总长270m，可停靠80辆载货汽车同时作业。站台上方装有悬挑8m的钢结构雨篷，保证配送中心可以24小时全天候作业。配送中心的中央空间采用金属网架结构，上盖镶嵌统长型采光带的彩钢夹芯保温板屋面，白天（包括阴雨天）库内作业不需人工照明。采用绿色非金属耐磨地面，装卸搬运作业时不起灰，确保了食品卫生安全。华联超市新建的配送中心具有较高的技术含量，具体表现在如下方面。

（1）仓储立体化。配送中心采用高层立体货架和拆零商品拣选货架相结合的仓储系统，大大提高了仓库的空间利用率。在整托盘或整箱商品存货区，下面两层为配货区，存放整箱发货、周转快的商品，上面三层为储存区；拆零商品配货区，在拆零货架上放置2500种已打开运输包装纸箱的商品，供拆零商品拣选用；十部货架作为拆零商品的库存区。

（2）装卸搬运机械化。采用前移式蓄电池叉车、电动搬运车、电动拣选车和托盘，实现装卸搬运作业机械化。

（3）拆零商品配货电子化。近年来，连锁超市对商品的"拆零"作业需求越来越强烈，国外同行业配送中心拣货、拆零的劳动力已占整个配送中心劳动力的70%。华联超市的配送中心拆零商品的配货作业采用电子标签拣选系统，使用了电子标签设备。只要把门店的订单输入电脑，存放各种拆零商品的相应货格的货位指示灯和品种显示器便立刻显示出需拣选商品在货架上的具体位置以及所需数量；作业人员便可以从货格里取出商品，放入拣货周转箱，然后按动按钮，货位指示灯和品种显示器熄灭，订单商品配齐后即进入理货环节；电子标签拣货系统自动引导拣货人员进行作业，任何人不需特别训练,就能立即上岗工作,可大大提高商品处理速度,减轻作业强度,大幅降低差错率。

(4) 物流功能条码化与配送过程无纸化。采用无线通信的电脑终端,开发了条形码技术,从收货验货、入库到拆零、配货,全面实现条码化、无纸化。

(5) 组织好"越库中转型物流"、"直送型物流"和"配送中心内的储存型物流",完善"虚拟配送中心"技术在连锁超市商品配送体系中的应用。

(6) 建立自动补货系统(ECR)。华联超市与上海捷强集团企业以及宝洁企业建立了自动补货系统,将"连锁超市补货"转变为"供货商补货"。这样做可以把流通业者与制造业者紧密结合;双方不只是追求自己企业的效率化,而是把注意力放在"整体"供货系统的共同效率化上,因此得以削减整体成本、库存与有形的资产投资,并使消费者得以选择高品质、高新鲜度的商品。通过供应商和零售商的共同努力,双方共同成为市场的赢家。ECR 力求将消费者、供应商和零售商拴在一根线上,结成利益共同体。图 7—14 为华联超市配送中心信息流程图,图 7—15 为华联超市配送中心 ECR 示意图。

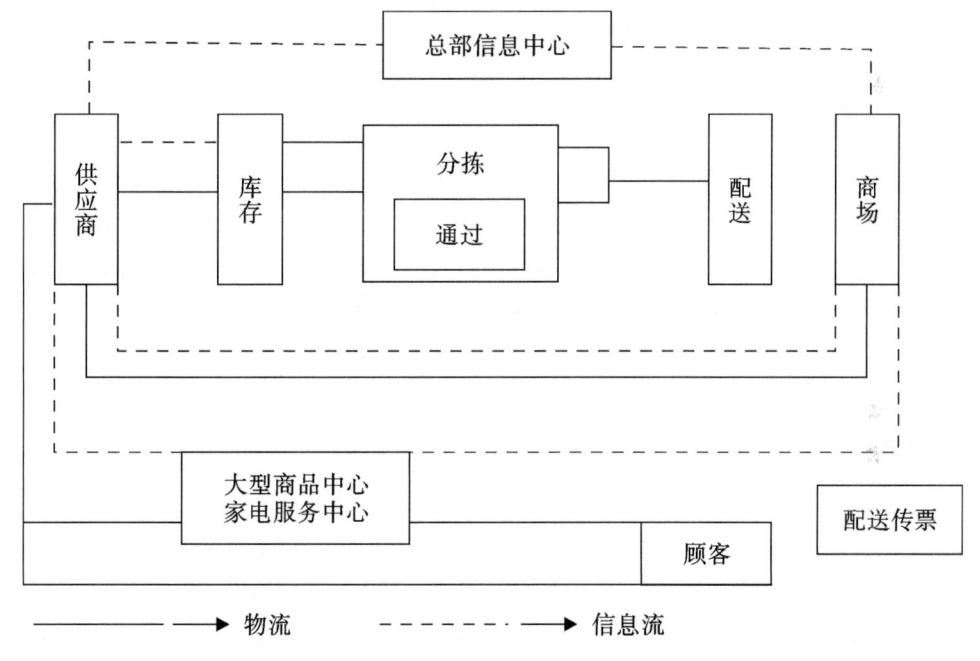

图 7—14 华联超市配送中心信息流程图

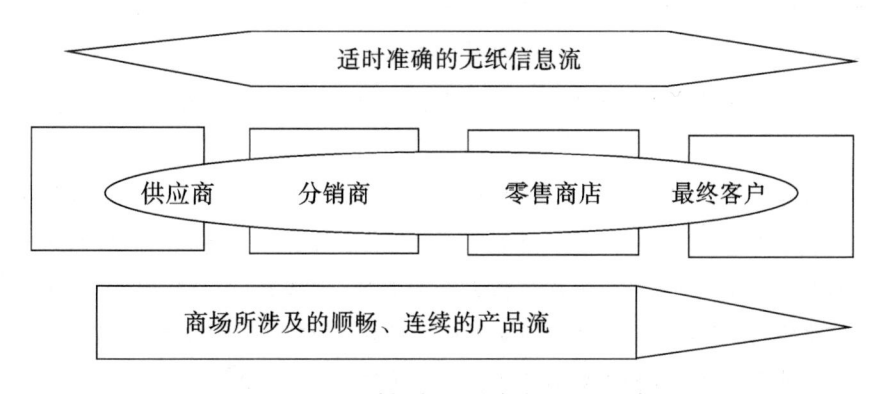

图 7—15 华联超市配送中心 ECR 示意图

【讨论题】

1. 华联超市建立配送中心的必要性？
2. 为了有效运行配送系统，华联超市采用了哪些新技术和方法？
3. 华联超市在装卸搬运方面如何运作从而提高了物流配送速度？

本章小结

随着社会化大生产和商品经济高度发展产生了一种先进的流通方式——货物配送。配送不但为物流企业创造了经济价值，更重要的是实现了社会资源的有效配置和利用。本章介绍了配送的特点、意义和作用，配送方式、配送中心的功能、种类及作业流程；详细阐述了配送的工作步骤、配送管理的内容、技术经济评价指标体系和提高配送经济效益的途径。特别是从配货、配装、配送路线确定等方面系统分析了配送的方法，并以节约里程法为例说明配送路线选择方法。

【本章关键术语】

配送、配送中心、配装方法、播种方式、摘果方式、节约里程法

【复习思考题】

1. 简述配送的概念和性质。
2. 简述配送与运输的区别。
3. 简述配送对物流系统和社会经济发展的作用。
4. 按配送商品种类和数量分，配送有哪些形式？各自的优缺点是什么？
5. 按配送组织者的不同，配送有哪些形式？各自的优缺点是什么？
6. 按配送时间及数量分，配送有哪些形式？各自的优缺点是什么？
7. 推行配送需具备哪些条件？
8. 简述配送中心的功能与作用。
9. 配送的工作步骤有哪些？
10. 配装车载货物应注意哪些问题？
11. 确定配送路线应遵循哪些原则？
12. 选择确定配送路线常用的方法有哪些？
13. 简述节约里程法的原理和算法。

第八章 流通加工技术与管理

本章学习内容

> 应了解流通加工的作用、形式；掌握各种流通加工的内容与方法、合理化途径及流通加工的两类技术经济指标。
>
> 流通加工（distribution processing），是指在物品从生产领域向消费领域流动过程中，为了满足消费者多样化需求和促进销售、维护产品质量、提高物流效率，对物品进行的加工作业的总称。

第一节　流通加工概述

一、流通加工产生的原因

我国 GB 定义：流通加工是物品在从生产地到使用地的过程中，根据需要施加包装、分割、计量、分拣、组装、价格贴付、商品检验等简单作业的总称。

流通加工的出现，反映了物流理论的发展，反映了人们对物流、生产分工与观念的变革，它是大生产发展的必然和必须。流通加工产生的背景及观念变化反映在以下几方面：

1. 与现代生产方式有关

现代生产发展趋势之一是生产规模大型化、专业化。依靠单品种、大批量的生产方法，降低生产成本，获取较高的经济效益。这样就出现了生产相对集中的趋势，这种规模大型化、专业化程度越高，生产相对集中的程度也越高。生产的集中化进一步引起产需之间的分离。即生产与消费不在同一个地点，有一定空间距离；生产及消费在时间上不能同步，存在着一定的"时间差异"；生产者及消费者并不处于一个封闭圈内，某些人生产的产品供给成千上万人消费，而某些人消费的产品又来自许多生产者。弥补上述分离的手段则是运输、储藏及交易。近年来，人们进一步认识到，现代生产引起的产需分离并不局限于上述三个方面，还有一种重大的分离就是生产及需求在产品功能上的分离。大生产的特点之一便是"少品种、大批量、专业化"，产品的功能（规格、品种、性能）往往不能和消费需要密切衔接。弥补这一分离的方法，就是流通加工。所以，流通加工的诞生，是现代生产发展的一种必然结果。

2. 与消费的个性化有关

消费的个性化和产品的标准化之间存在着矛盾，使本来就存在的产需分离变得更严重。本来，弥补这种分离可以采取增加一道生产工序或消费单位加工改制的方法，但在个性化问题十分突出之后，采取上述弥补措施将会使生产及生产管理复杂性和难度增加，按个性化生产的产品也难以组织高效率、大批量流通。所以，在出现了消费个性化的新形势及新观念之后，为流通加工开辟了道路。

3. 与人们对流通作用的观念转变有关

在生产不太复杂，生产规模不大时，所有的加工、制造几乎全部集中于生产及再生产过程中，而流通过程只是实现商品价值及使用价值的转移而已。

在社会生产向大规模、专业化生产转变之后，社会生产越来越复杂，生产的标准化和消费的个性化出现，生产过程中的加工制造则常常满足不了消费的要求，由于流通的复杂化，生产过程中的加工制造也常常不能满足流通的要求。于是，部分加工活动开始由生产及再生产过程向流通过程转移，在流通过程中形成了某些加工活动，这就是流通加工。

流通加工的出现使流通过程明显地具有了某种"生产性"，改革了长期以来形成的"价值及使用价值转移"的旧观念，这就从理论上明确了"流通过程是可以主动创造价值的"，而不单是被动地"保持"和"转移"价值的过程。因此，人们必须研究流通过程中孕育着多少创造价值的潜在能力，这就有可能通过努力在流通过程中进一步提高商品的价值和使用价值，同时以很少的代价实现这一目标。这样，就引起了流通过程从观念到方法的巨大变化，流通加工则适应这种变化而诞生。

4. 效益观念的树立也是促使流通加工形式得以发展的重要原因

20世纪60年代后，效益问题逐渐引起人们的重视。过去人们盲目追求高技术，引起了燃料、材料投入的大幅度上升，结果新技术、新设备是采用了，但往往是得不偿失。70年代初，第一次石油危机的发生证实了效益的重要性，使人们牢牢树立了效益观念，流通加工可以以少量的投入获得很大的效果，是高效益的加工方式，自然得以促进和发展。

所以，流通加工从技术来讲，可能不如生产技术复杂，但这种方式是现代观念的反映，在现代的社会再生产过程中起着重要作用。

二、流通加工的作用

（一）流通加工与生产型加工的差别

流通加工和一般的生产型加工在加工方法、加工组织、生产管理方面并无显著区别，但在加工对象、加工程度方面差别较大，其差别主要为：

1. 流通加工的对象是进入流通过程的商品，具有商品的属性，以此来区别多环节生产加工中的一环。生产加工对象不是最终产品，而是零配件、半成品，并使物品发生物理、化学变化。

2. 流通加工过程大多是简单加工，而不是复杂加工，一般来讲，如果必须进行复杂加工才能形成人们所需的产品，那么，就需要由生产加工来完成，生产过程理应完成大部分加工活动，流通加工对生产加工是一种辅助及补充。流通加工绝不是对生产加工的取消或代替。

3. 从价值观点看，生产加工的目的在于创造价值及使用价值，而流通加工则在于完善其使用价值，并在不做大改变情况下提高价值。

4. 流通加工的组织者是从事流通工作的人员，能密切结合流通的需要进行加工活动，从加工单位来看，流通加工由商业或物资流通企业完成，而生产加工则由生产企业完成。

（二）流通加工的作用

流通加工的作用有以下几方面：

1. 提高加工材料利用率

利用流通加工环节进行集中下料，可将生产厂直接运来的简单规格产品，按使用部门的要求下料。集中下料可以优材优用、小材大用、合理套裁，取得很好的技术经济效果。北京、济南、丹东等城市对平板玻璃进行流通加工（集中裁制、开片供应），玻璃利用率从60%左右提高到85.95%。

2. 方便用户

用量小或临时需要的使用单位，缺乏进行高效率初级加工的能力，依靠流通加工可使使用单位省去进行初级加工的设备及人力，从而方便了用户。目前发展较快的初级加工有：将水泥加工成生混凝土，将原木或板方材加工成门窗、冷拉钢筋及冲制异型零件和钢板打孔等。

3. 提高加工效率及设备利用率

建立集中加工点，可以采用效率高、技术先进、加工量大的专门机具和设备。这样做可提高加工质量，提高设备利用率，提高加工效率，从而降低加工费用及原材料成本。例如，一般的使用部门在对钢板下料时，采用气割的方法，留出较大的加工余量，出材率低，加工质量也不好。集中加工后，利用高效率的剪切设备，在一定程度上防止了上述缺点。

4. 充分发挥各种输送方式的优势

流通加工环节将实物的流通分成两个阶段。一般说来，从生产厂到流通加工点这段输送距离长，而从流通加工点到消费环节这段距离短。第一阶段是在数量有限的生产厂与流通加工点之间进行定点、直达、大批量的远距离输送，因此，可以采用船舶、火车等大量输送的手段；第二阶段则是利用汽车和其他小型车辆来输送经过流通加工后的多规格、小批量、多用户的产品。这样可以充分发挥各种输送手段的优势，加快输送速度，节省运力运费。

5. 改变功能，提高收益

在流通过程中可以进行一些改变产品某些功能的简单加工。其目的除上述几点外，还在于提高产品销售的经济效益。例如，内地的许多制成品（如洋娃娃玩具、时装、轻工纺织产品、工艺美术品等）在深圳进行简单的装潢加工，改变了产品外观功能，仅此一项，就可使产品售价提高20%以上。所以，在物流领域中，流通加工可以成为高附加值的活动。这种高附加值的形成，主要着眼于满足用户的需要，提高服务功能而取得的，是贯彻物流战略思想的表现，是一种低投入、高产出的加工形式。

第二节　流通加工形式与内容

一、流通加工的形式

按加工目的的不同，有以下基本的流通加工形式：

1. 为弥补生产领域加工不足的深加工

有许多产品在生产领域的加工只能到一定程度，这是由于存在许多限制因素限制了生产领域不能完全实现终极的加工。例如，钢铁厂的大规模生产只能按标准规定的规格生产，以使产品有较强的通用性，使生产能有较高的效率和效益。

2. 为满足需求多样化进行的服务性加工

需求存在着多样化和多变化两个特点，为满足这种要求，经常是用户自己设置加工环节。

3. 为保护产品所进行的加工

在物流过程中，直到用户投入使用前都存在对产品的保护问题，防止产品在运输、储存、装卸、搬运、包装等过程中遭到损失，保障使用价值能顺利实现。

4. 为提高物流效率，方便物流的加工

有一些产品本身的形态使之难以进行物流操作，进行流通加工，可以使物流各环节易于操作。

5. 为促进销售的流通加工

流通加工可以从若干方面起到促进销售的作用。如将零配件组装成用具、车辆以便于直接销售；将蔬菜、肉类洗净切块以满足消费者要求等。这种流通加工可能是不改变"物"的本体，只进行简单改装的加工，也有许多是组装、分块等深加工。

6. 为提高加工效率的流通加工

许多生产企业的初级加工由于数量有限加工效率不高，也难以投入先进科学技术。流通加工以集中加工的形式，克服了单个企业加工效率不高的弊病。以一家流通加工企业代替了若干生产企业的初级加工工序，促使生产水平有一个发展。

7. 为提高原材料利用率的流通加工

流通加工利用其综合性强、用户多的特点，可以实行合理规划、合理套裁、集中下料的办法，这就能有效提高原材料利用率，减少损失浪费。

8. 衔接不同运输方式，使物流合理化的流通加工

在干线运输及支线运输的结点，设置流通加工环节，可以有效解决大批量、低成本、长距离干线运输与多品种、少批量、多批次末端运输之间的衔接问题，在流通加工点与大生产企业间形成大批量、定点运输的渠道，又以流通加工中心为核心，组织对多用户的配送。也可在流通加工点将运输包装转换为销售包装，从而有效衔接不同目的的运输方式。

9. 以提高经济效益，追求企业利润为目的的流通加工

流通加工的一系列优点，可以形成一种"利润中心"的经营形态，这种类型的流通加工是经营的一环，在满足生产和消费的基础上取得利润，同时在市场和利润引导下使流通加工在各个领域中能有效地发展。

10. 生产—流通一体化的流通加工形式

依靠生产企业与流通企业的联合，或者生产企业涉足流通，或者流通企业涉足生产，形成的对生产与流通加工进行合理分工、合理规划、合理组织，统筹进行生产与流通加工的安排，这就是生产—流通一体化的流通加工形式。这种形式可以促成产品结构及产业结构的调整，充分发挥企业集团的经济技术优势，是目前流通加工领域的新形式。

二、各种流通加工内容与方法

（一）输送水泥的熟料在使用地磨制水泥的流通加工

在需要长途调入水泥的地区，变调入成品水泥为调进熟料这种半成品，在该地区的流通加工据点（粉碎工厂）粉碎，并根据当地资源和需要掺入混合材料及外加剂，制成不同品种及标号的水泥，供应当地用户，这是水泥流通加工的重要形式之一。在国外，采用这种物流形式已有一定的比重。

在需要经过长距离输送供应的情况下，以熟料形态代替传统的粉状水泥，有很多优点：

（1）可以大大降低运费、节省运力。调运普通水泥和矿渣水泥约有30%以上的运力消耗在运输矿渣及其他各种加入物上。在我国水泥需用量较大的地区，工业基础大都较好，当地又有大量工业废渣，如果在使用地区对熟料进行粉碎，可以根据当地的资源条件选择混合材料的种类，这样就节

约了消耗在混合材料上的运力和运费。

（2）可按照当地的实际需要，大量掺加混合材料，生产廉价的低标号水泥，发展低标号水泥的品种，在现有生产能力的基础上，更大限度地满足需要。我国大、中型水泥厂生产的水泥，平均标号逐年提高，但是目前我国使用水泥的部门，大量需要较低标号的水泥，而大部分施工部门没有在现场加入混合材料来降低水泥标号的技术力量和设备，因此，不得已使用标号较高的水泥，造成很大浪费。如果以熟料为长距离输送的形态，在使用地区加工粉碎，就可以按实际需要生产各种标号的水泥，减少水泥长距离输送的数量。

（3）容易以较低的成本实现大批量、高效率的输送。从国家的整体利益来看，利用率比较低的输送方式显然不是发展方向。如果采用输送熟料的形式，可以充分利用站、场、仓库现有的装卸设备，又可以利用普通车皮装运，比之以散装水泥方式，更具有好的技术经济效果，更适合于我国的国情。

（4）可以大大降低水泥的输送损失。水泥的水硬性在充分磨细之后才表现出来，而未磨细的熟料，抗潮湿的稳定性很强。输送熟料，可以基本防止由于受潮而造成的损失。此外，颗粒状熟料不像粉状水泥那样易于散失。

（5）能更好地衔接产需，方便用户。采用长途输送熟料的方式，水泥厂就可以和有限的熟料粉碎工厂之间形成固定的直达渠道，能实现经济效果较好的物流。用户也可以不出本地区，直接向当地的熟料粉碎工厂订货，因而更容易沟通产需关系，具有明显的优越性。这对于加强计划性、简化手续、保证供应等方面都有利。

（二）集中搅拌供应商品混凝土

以往习惯上以粉状水泥供给用户，由用户在建筑工地现制现拌混凝土使用。而现在将粉状水泥输送到使用地区的流通加工据点（集中搅拌混凝土工厂或称生混凝土工厂），在那里搅拌成生混凝土，然后供给各个工地或小型构件厂使用。这是水泥流通加工的另一种重要方式。它具有很好的技术经济效果，因此，受到许多工业发达国家的重视。这种流通加工的形式有以下优点：

（1）把水泥的使用从小规模的分散形态，改变为大规模的集中加工形态，可充分应用现代化的科学技术，组织现代化的大生产；可以发挥现代设备和现代管理方法的优势，大幅度地提高生产效率和混凝土质量。

集中搅拌可以采取准确的计量手段和最佳的工艺；可以综合考虑添加剂、混合材料的影响，根据不同需要，大量使用混合材料，拌制不同性能的混凝土；能有效控制骨料质量和混凝土的离散程度，可以在提高混凝土质量、节约水泥、提高生产率等方面获益，具有大生产的一切优点。

（2）在相等的生产能力下，集中搅拌的设备在吨位、设备投资、管理费用、人力及电力消耗等方面较分散搅拌，都能大幅度降低。由于生产量大，可以采取措施回收使用废水，防止各分散搅拌点排放洗机废水的污染，有利于环境保护。由于设备固定不动，还可以避免因经常拆建所造成的设备损坏，延长设备的寿命。

（3）采用集中搅拌的流通加工方式，可以使水泥的物流更加合理。在集中搅拌站（厂）与水泥厂（或水泥库）之间，可以形成固定的供应渠道，这些渠道的数目大大少于分散使用水泥的渠道数目，在这些有限的供应渠道之间，就容易采用高效率、大批量的输送形态，有利于提高水泥的散装率。在集中搅拌场所内，还可以附设熟料粉碎设备，直接使用熟料，实现熟料粉碎及拌制生混凝土两种流通加工形式的结合。

另外，采用集中搅拌混凝土的方式，也有利于新技术的推广应用；大大简化了工地材料的管理，节约施工用地等。

（三）钢板剪板及下料加工

热连轧钢板和钢带、热轧厚钢板等板材最大交货长度常可达 7~12m，有的是成卷交货，对于使用钢板的用户来说，大、中型企业由于消耗量大，可设专门的剪板及下料加工设备，按生产需要剪板、下料。但对于使用量不大的企业和多数中、小型企业来讲，单独设置剪板、下料的设备，设备闲置时间长、人员浪费大、不容易采用先进方法。钢板的剪板及下料加工可以有效地解决上述弊病。

剪板加工是在固定地点设置剪板机，下料加工是设置各种切割设备，将大规格钢板裁小，或切裁成毛坯，便利用户。

钢板剪板及下料的流通加工有如下几项优点：

（1）由于可以选择加工方式，加工后钢材的晶相组织较少发生变化，可保证原来的交货状态，有利于进行高质量加工。

（2）加工精度高，可减少废料、边角料，也可减少再进行精加工的切削量，既可提高再加工效率，又有利于减少消耗。

（3）由于集中加工可保证批量及生产的连续性，又可以专门研究此项技术并采用先进设备，从而大幅度提高效率和降低成本。

（4）使用户能简化生产环节，提高生产水平。

圆钢、型钢、线材的集中下料和线材冷拉加工与钢板的流通加工类似。

（四）木材的流通加工

1. 磨制木屑压缩输送

这是一种为了提高流通（运输）效益的加工方法。木材容量小，往往使车船满装不能满载，同时，装车、捆扎也比较困难。从林区外送的原木中，有相当一部分是造纸材料，美国采取在林木生产地就地将原木磨成木屑，然后采取压缩方法，使之成为容重较大、容易装运的形状，然后运至靠近消费地的造纸厂，取得了较好的效果。采取这种办法比直接运送原木节约一半的运费。

2. 集中开木下料

在流通加工点将原木锯裁成各种规格的锯材，同时将碎木、碎屑集中加工成各种规格板，甚至还可进行打眼、凿孔等初级加工。用户直接使用原木，不但加工复杂、加工场地大、设备多，更严重的是资源浪费大，木材平均利用率不到 50%，平均出材率不到 40%。实行集中下料，按用户要求供应规格下料，可以使原木利用率提高到 95%，出材率提高到 72% 左右，有相当大的经济效果。

（五）煤炭及其他燃料的流通加工

1. 除矸加工

除矸加工是以提高煤炭纯度为目的的加工形式。矸石有一定发热量，煤炭混入一些矸石是允许的，也是较经济的。但在运力十分紧张的地区，要求充分利用运力，多运"纯物质"，少运矸石，在这种情况下，可以采用除矸的流通加工排除矸石。

2. 为管道输送煤浆进行的加工

煤炭的运输主要采用容器载运方法，但这种运输方法的弊端是运输中损失浪费较大，又容易发生火灾。采用管道运输，是近代兴起的一种先进技术，目前，某些发达国家已开始投入运行。有些企业内部也采用这一方法进行燃料输送。

在流通的起始环节将煤炭磨成细粉，再用水调和成浆状，使之具备了流动性，可以像其他液体一样进行管道输送。这种方式输送连续、稳定而且快速，是一种经济的运输方法。

3. 配煤加工

在使用地区设置集中加工点，将各种煤及一些其他发热物质，按不同配方进行掺配加工，生产出各种不同发热量的燃料，称作配煤加工。这种加工方式可以按需要发热量生产和供应燃料，防止热能浪费或者发热量过小的情况出现。工业用煤经过配煤加工，还可以起到便于计量控制、稳定生产过程的作用，在经济及技术上都有价值。

4. 天然气、石油气的液化加工

由于气体输送、保存都比较困难，天然气及石油气往往只好就地使用，如果有过剩往往就地燃烧掉，造成浪费和污染。天然气、石油气的输送可以采用管道，但因投资大、输送距离有限，也受到制约。在产出地将天然气或石油气压缩到临界压力之上，使之由气体变成液体，可以用容器装运，使用时机动性也较强。这是目前采用较多的形式。

（六）平板玻璃的流通加工

平板玻璃的"集中套裁，开片供应"是重要的流通加工方式。这种方式是在城镇中设立若干个玻璃套裁中心，按用户提供的图纸，统一开片，供应用户成品。在此基础上，可以逐渐形成从工厂到套裁中心的稳定的、高效率、大规模的平板玻璃"干线输送"，以及从套裁中心到用户的小批量、多户头的"二次输送"的现代物流模式。这种方式的好处是：

（1）平板玻璃的利用率可由不实行套裁时的62%~65%，提高到90%以上。

（2）可以促进平板玻璃包装方式的改革。从工厂向套裁中心运输平板玻璃，如果形成固定渠道，便可以大规模集装，这样，节约了大量包装用木材，同时防止了流通中的大量破损。

（3）套裁中心按需要裁制，有利于玻璃生产厂简化规格，搞单品种大批量生产。这不但能提高工厂生产率，而且简化了工厂切裁、包装等工序，使工厂集中力量解决生产问题。此外，现场切裁玻璃劳动强度大，废料也难于处理，搞集中套裁，可以广泛采用专用设备进行裁制，废玻璃相对减少，并且易于集中处理。

（七）生鲜食品的流通加工

1. 冷冻加工

冷冻加工指为解决鲜肉、鲜鱼在流通中保鲜及搬运装卸的问题，采取低温冻结方式的加工。这种方式也用于某些液体商品、药品等。

2. 分选加工

农副产品离散情况较多，为获得一定规格的产品，采取人工或机械分选的方式加工，称分选加工。这种方式广泛用于果类、瓜类、谷物、棉毛原料等。

3. 精制加工

精制加工主要用于农、牧、副、渔等产品。精制加工是在产地或销售地设置加工点，去除无用部分，甚至可以进行切分、洗净、分装等加工。这种加工不但大大方便了购买者，而且可对加工的淘汰物进行综合利用。比如，鱼类的精制加工所剔除的内脏可以制某些药物或饲料，鱼鳞可以制高级黏合剂，头尾可以制鱼粉等；蔬菜的加工剩余物可以制饲料、肥料等。

4. 分装加工

许多生鲜食品零售起点量较小，而为保证高效输送，出厂包装可较大，也有一些是采用集装运输方式运达销售地区，这样，为了便于销售，在销售地区按所要求的零售起点量进行新的包装，即大包装改小、散装改小包装、运输包装改销售包装，这种方式称为分装加工。

（八）机械产品及零配件的流通加工

1. 组装加工

自行车及机电设备储运困难较大，主要是不易进行包装，如进行防护包装，包装成本过高，并且运输装载困难，装载效率低，流通效益损失严重。但装配较简单，装配技术要求不高，主要功能已在生产中形成，装配后不需进行复杂检测及调试，所以，为解决储运问题，降低储运费用，以半成品（部件）高容量包装出厂；在消费地拆箱组装。组装一般由流通部门进行，组装之后随即进行销售。这种流通加工方式近年来已在我国广泛采用。

2. 石棉橡胶板的开张成型加工

石棉橡胶板是机械装备、热力装备、化工装备中经常使用的一种密封材料，单张厚度3mm左右，单张尺寸有的达4m，在储运过程中极易发生折角等损失。此外，许多用户所需的垫塞圈，规格比较单一，不可能安排不同尺寸垫圈的套裁，利用率也很低。石棉橡胶板开张成型加工，是按用户所需垫塞物体尺寸裁制，不但方便用户使用及储运，而且可以安排套裁，提高利用率，减少边角余料损失，降低成本。这种流通加工套裁的地点，一般设在使用地区，由供应部门组织。

第三节　流通加工管理

一、流通加工的生产管理

在物流系统和社会生产系统中，经过可行性研究确定设置流通加工中心后，则组织与管理流通加工生产是运作成败的关键。流通加工的生产管理与运输、存储等方法有较大区别，而与生产组织和管理有许多相似之处。流通加工的组织和安排的特殊性，在于内容及项目很多，而不同的加工项目有不同的加工工艺。一般而言，都有如劳动力、设备、动力、财务、物资等方面的管理。对于套裁型流通加工其最具特殊性的生产管理是出材率的管理。这种主要流通加工形式的优势在于利用率高、出材率高，从而获取效益。为提高出材率，需要加强消耗定额的审定及管理，并应采取科学方法，进行套裁的规划及计算。

二、流通加工的质量管理

流通加工的质量管理，主要是对加工产品的质量控制。由于加工成品一般是国家质量标准上没有的品种规格，因此，进行这种质量控制的依据，主要是用户要求。各用户要求不一，质量宽严程度也不一，流通加工据点必须能进行灵活的柔性生产才能满足质量要求。

此外，全面质量管理中采取的工序控制、产品质量监测、各种质量控制图表等，也是流通加工质量管理的有效方法。

三、流通加工合理化组织

流通加工合理化（rationalization of distribution、processing）的含义是实现流通加工的最优配置，在满足社会需求这一前提的同时，合理组织流通加工生产，并综合考虑运输与加工、加工与配送、加工与商流的有机结合，以达到最佳的加工效益。

（一）实现流通加工合理化的途径

1. 加工和合理运输结合

在干、支线运输转运点，设置流通加工，既充分利用了干、支线转换本来就必须停顿的环节，又可以大大提高运输效率及运输转载水平。

2. 加工和配送结合

将流通加工设置在配送点中，一方面按用户和配送的需要进行加工，另一方面加工又是配送业务流程中分货、拣货、配货之一环，加工后的产品直接进入配货作业，这就无须单独设置一个加工中心环节，使流通加工有别于独立的生产，而使流通加工与中转流通紧密地结合起来。同时，配送之前有加工，可使配送服务水平大大提高。这是当前对流通加工作合理选择的重要形式，如煤炭、水泥等产品的流通中已表现得较为突出。

3. 加工和配套结合

在流通中往往有"配套"需求，而配套的主体来自各个生产单位，但全部依靠现有的生产单位有时无法实现完全配套，如进行适当流通加工，可以有效促成配套，大大提高流通的桥梁与纽带作用。

4. 加工和商流相结合

通过加工有效促进销售，使商流合理化，也是流通加工合理化的考虑方向之一。

5. 加工和节约相结合

节约能源、节约设备、节约人力、节约耗费是流通加工合理化考虑的重要因素，也是目前我国设置流通加工，考虑其合理化较普遍的形式。

对于流通加工合理化的最终判断，是看其是否能实现社会和企业本身的效益，而且是否取得了最优效益。对流通加工企业而言，与一般生产企业一个重要的不同之处是，流通加工企业更应树立以社会效益为第一观念，只有这样才有生存价值和发展空间。

（二）不合理流通加工的几种主要形式

流通加工是在流通领域中对生产的辅助性加工，从某种意义上讲，它有效地补充和完善了生产产品的使用价值。但是，设计不当，会对生产加工和流通加工产生负效应，所以应尽量避免不合理的流通加工。

不合理的流通加工主要表现在以下方面：

1. 流通加工地点设置的不合理

流通加工布局是否合理是流通加工能否有效的根本性因素。

（1）一般而言，为衔接少品种、大批量生产与多样化需求的流通加工，加工地应该设置在需求地区，才有利于实现大批量的干线运输与多品种末端配送的物流优势。

如果将流通加工地设置在生产地区，其不合理之处在于：

①多样化需求要求的产品多品种、小批量，由产地向需求地的长距离运输会出现体积、重量增加的不合理。

②在生产地增加了一个流通加工环节，同时增加了近距离运输、装卸、储存等一系列物流活动。在这种情况下，不如由原生产单位完成这种加工而无需另外设置专门的流通加工环节，社会效益与企业效益会更好。

（2）一般而言，为方便物流的流通加工应设在产出地。如果将其设置在消费地，则不但不能解决物流问题，又在流通中增加了一个中转环节，因而也是不合理的。

（3）即使是产地或需求地设置流通加工的选择是正确的，还有流通加工在小地域范围内的正确选址问题，如果处理不善，仍然会出现不合理。这种不合理主要表现在交通不便，流通加工与生产企业或客户之间距离较远，流通加工点的投资过高（如受选址的地价影响），加工点周围社会、环境条件不良等。

2. 流通加工作用不大，形成多余环节

有的流通加工过于简单，或对生产及消费者作用都不大，甚至有时流通加工盲目，同样未能解决品种、规格、质量、包装等问题，相反却实际增加了环节与成本，这也是流通加工设置（无论设置在何地）不合理而容易被忽视的一种形式。

3. 流通加工方式选择不当

流通加工方式包括流通加工对象、流通加工工艺、流通加工技术和流通加工程度等。流通加工方式的确定，实际上是与生产加工的合理分工。分工不合理，本来应由生产加工完成的，却错误地由流通加工完成，都会造成不合理。

流通加工不是对生产加工的代替，而是一种补充。所以，一般而言，如果工艺复杂，技术装备要求较高，或加工可以由生产过程延续或轻易解决者，都应由生产加工完成。如果流通加工方式选择不当，就会出现与生产加工争夺市场、争夺利益的恶果。

4. 流通加工成本过高，效益不好

流通加工之所以能够有生命力，重要优势之一是有较大的产出投入比，因而有效起着补充完善的作用。如果流通加工成本过高，则不能实现以较低投入实现更高使用价值的目的。除了一些必需的、从政策要求进行的加工外，都应看成是不合理的流通加工。

四、流通加工的技术经济指标

衡量流通加工的可行性，对流通加工环节进行有效的管理，可考虑采用以下两类指标：

1. 流通加工建设项目可行性指标

流通加工仅是一种补充性加工，规模、投资都必须远低于一般生产性企业。其投资特点是：投资额较低、投资时间短、建设周期短、投资回收速度快且投资收益较大。因此，投资可行性可采用静态分析法。

2. 流通加工环节日常管理指标

由于流通加工的特殊性，不能全部搬用考核一般企业的指标。例如，八项技术经济指标中，对流通加工较为重要的是劳动生产率、成本及利润指标，此外，还有反映流通加工特殊性的指标：

（1）增值指标。反映经流通加工后单位产品的增值程度，以百分率表示。计算公式如下：

$$增值率 = \frac{产品加工后价值 - 产品加工前价值}{产品加工前价值} \times 100\%$$

增值率指标可以帮助管理人员判断投产后流通加工环节的价值变化情况，并以此观察该流通加工的寿命周期位置，为决策人提供是否继续实行流通加工的依据。

（2）品种规格增加额及增加率。反映某些流通加工方式在满足用户、衔接产需方面的成就，增加额以加工后品种、规格数量与加工前之差决定。计算公式如下：

$$品种规格增加率 = \frac{品种规格增加额}{加工前品种规格} \times 100\%$$

（3）资源增加量指标。反映某些类型流通加工在增加材料利用率、出材率方面的效果指标。这个指标不但可提供证实流通加工的重要性数据，而且可具体用于计算微观及宏观经济效益。其具体指标分新增出材率和新增利用率两项，计算公式如下：

$$新增出材率 = 加工后出材率 - 原出材率$$
$$新增利用率 = 加工后利用率 - 原利用率$$

【经典案例1】

零售业巨人的加工流通中心

零售业巨人"佳世客"（JUSCO）公司，又称"吉之岛"，是销售额居日本第三位的大企业。佳世客的物流系统，是由物流管理系统（软件）和物流基础设施（硬件）两大部分组成的，其功能主要有配送与中转功能、仓储功能、加工功能等。

佳世客从高速增长时期就建立了统一为店铺加工、供应食品的加工流通中心。其目的是为了减少每一个店铺的加工设备投资，提高商品加工的效率，如各种肉类、水产、熟食等食品都由这些加工中心统一加工、包装、标价、分货和配送。

佳世客直接和间接经营的综合超市店铺有258家。这些店铺分布在全国各地，大部分集中在首都圈、中部地区（名古屋周围地区）和京畿地区（大阪、京都地区）。各地店铺经营的食品，如蔬菜、肉类、豆腐等基本上是就地进货，服装、百货、家用电器等商品的供货单位大约80%集中在上述三个地区。佳世客的物流系统目前拥有6个具有加工、仓储功能的流通加工中心，在发展超市连锁经营的时候，一般在拥有三四个店铺时就要考虑建立具有配送功能的物流中心。当拥有30个店铺时，就要考虑建立加工流通中心。

佳世客在流通加工中心中，将采购来的蔬菜、肉等通过精选、清洗、剪切、烹饪等程序，实现了对商品的加工，不仅满足了消费者的需求，并且大大提高了商品的附加值，为企业带来增值效益。

【讨论题】
1. 作为连锁零售企业，佳世客为什么要建立物流系统？
2. 佳世客建立的加工流通中心有哪些功能？

本章小结

流通加工是一种低投入、高产出的高附加值活动，能够为企业带来更多的经济效益。本章介绍了流通加工产生的原因、作用、10种常见的流通加工形式；详细阐述了如输送水泥的熟料在使用地磨制水泥等8种典型的流通加工方法以及流通加工的生产、质量、管理的相关内容、主要的技术经济指标；在此基础上分析了4种不合理形式以及实现流通加工合理化的5个途径。

【本章关键术语】

生产型加工、流通加工的生产管理、流通加工的质量管理、流通加工合理化

【复习思考题】

1. 流通加工与生产加工的区别是什么?
2. 流通加工的作用是什么?
3. 流通加工的形式主要有哪些?
4. 输送水泥熟料在使用地磨制水泥的流通加工方法,相对输送成品水泥的方法而言,其优点是什么?
5. 流通加工"钢板剪板及下料"的意义有哪些?
6. 实现流通加工合理化的主要途径有哪些?
7. 通常哪些情况的流通加工认为是不合理的?
8. 流通加工的技术指标有哪些?如何计算?

第三篇
运营战略

第九章 现代物流成本管理战略

本章学习内容

本章集中讨论物流成本的结构体系，以及进行物流成本分析和控制的物流管理基本问题。然而，由于没有对企业产品/服务及其客户赢利能力的准确衡量，管理者只是盲目地经营企业。证据表明，在很多企业中，所需的成本数据是无法得到的。因此站在企业整体及供应链的角度，通过企业对渠道联盟的业绩来衡量和控制物流绩效、监督物流资源的配置情况是非常必要的，而且这也是目前世界级的企业通常采取的方法。本章最后讨论了物流绩效评估。

第一节 物流成本结构

物流成本是由支持物流过程的活动所驱使或造成的。主要的成本类别包括客户服务成本、运输成本、仓储成本、订单处理成本、信息成本、库存运营成本和批量成本等（见图9—1）。

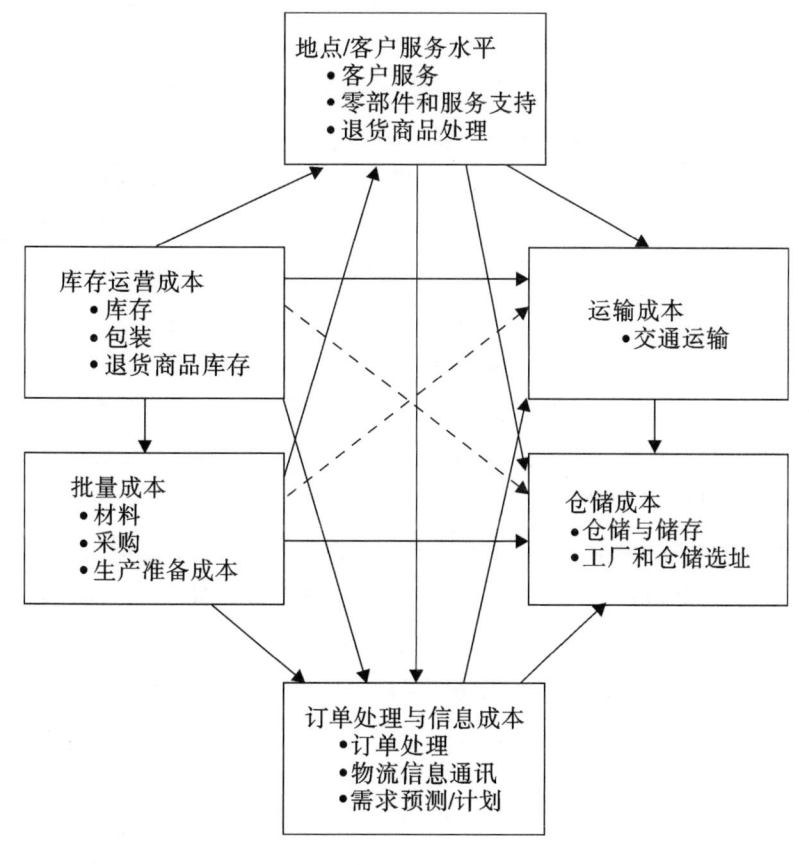

图9—1 物流成本图

一、运输成本

物流涉及产品（原材料、部件、供应产品和最终产品）从始发地运往目的地的全过程。除非所生产的产品运到了消费地点，否则，对潜在客户而言，产品没有任何价值。运输就是实现这种转移的活动。

运输创造了价值或者空间效用。在货物被消费前，通过存储和保管货物，增加了货物的时间效用，而由于运输决定了货物从一个地点运往另一个地点的速度和一致性，运输也可以创造时间效用。这些因素被称为运输时间和服务的一致性。如果产品不能及时发送到消费者的手中，就会形成很大的负面效应，如销售量降低、客户不满意和生产线的停顿等。大多数物流管理者都明白由于产品发送延迟可能造成的问题。UPS、联邦快递、DHL、陆路快运企业以及其他24小时承运企业之所以取得成功，其原因正是由于它们能够通过快速和一致的产品交付，提高产品对客户的时间和空间效用。

实际上，在美国，运输费用大约占国内生产总值（GDP）的6%。

1999年，美国的运输成本大约为5540亿美元。由于有关运输经济管制的解除、新技术的引入以及大量前沿实践和管理理念的应用，自1980年或1981年起，运输费用的增长开始趋缓。

（一）成本的影响因素：产品因素和市场因素

这些因素决定了承运人在两类定价策略（服务成本定价策略和服务价值定价策略）之间选择哪类策略。一个相关的问题是确定销售条款。

1. 产品因素

产品特性可以在很大程度上影响运输成本及定价策略。企业可以利用这些因素，对不同货物确定不同的运输费率。这些因素包括：①密度；②装载能力；③搬运难易性；④可靠性。

密度，是指货物的质量/体积比。类似钢、罐装食品、建筑类产品及纸张等货物，一定体积的货物，质量较大，也即密度较大；相反，电子产品、服装、行李和玩具等具有较小的密度（也即一定体积的货物，质量较轻）。通常情况下，密度低的货物，也即具有较小的质量/体积比的货物，单位质量的运输成本也较低。

装载性能，又称为空间利用率，是指货物利用运输工具空间的程度。例如，谷物、矿石和散装石油具有良好的装载性能，因为这些货物可以完全填满运输工具（如火车车厢、货车车厢、管道等）。其他货物，如车辆、机械、牲畜和人，都不具有良好的装载性能。货物的装载性能是由其大小、形状和弹性等物理特性决定的。

与装载性能相关的是货物搬运的难易程度。搬运难度较高的货物，运输成本通常较高，产品大小或形状一致的货物（如纸箱、罐头、筒）或可以用专门搬运设备处理的产品，搬运费用较低，因此，运输成本也较低。

对容易损坏或者容易被盗的、单位价值高的货物而言，可靠性是非常重要的一个指标。货物运输时，需要承运人提供的可靠性越大（例如，计算机、珠宝及家用娱乐产品等货物的运输），货物运输价格就越高。

2. 市场因素

除了产品特性以外，市场因素同样也会对运输成本造成较大的影响。最明显的市场因素有：①同一运输模式和不同运输模式间的竞争程度；②市场位置（如产品运输距离）；③政府管制的特点和程度；④市场中货运的均衡性或不均衡性；⑤产品流动的季节性；⑥产品运输的国际性。这些因素交互作用，影响运输成本与定价。

（二）运输成本结构

运输成本结构主要是承运人应该考虑的问题，但了解运输成本结构有助于价格谈判，故对企业物流管理人员而言，也是非常重要的。

1. 变动成本

变动成本是与每一次运送直接相关的运送费用，包括劳动成本、燃料费用、维修保养费用等，通常以一种可预计的、与某种层次的活动有关的形式而发生变化。

一般而言，运输费率的制定至少必须保证能够弥补变动成本。

2. 固定成本

固定成本是指在短期内虽不发生变化，但又必须得到补偿的那些费用。这类固定成本包括不受装运量直接影响的费用。对运输企业而言，固定成本包括站点、信息系统及车辆成本等。

3. 联合成本

联合成本是指决定提供某种特定的运输服务而产生的不可避免的费用。例如，当承运人决定把货物从 A 地运往 B 地时，意味着这项决定中已产生了从地点 B 到地点 A 的回程运输的联合成本。于是，这种联合成本要么必须由地点 A 至地点 B 的运输补偿，要么必须找一位有回程的托运人以得到补偿。

4. 公共成本

公共成本是承运人代表所有的托运人或某个分市场的托运人支付的费用。公共成本，诸如端点站、路桥费用或管理部门收取的费用，通常是按照装运量分摊给托运人。

二、仓储成本

仓储成本是由仓储和储存活动以及工厂与仓库的选址过程造成的，包括由于仓库数量和位置的变化而引起的所有成本。有时仓储成本被很不合理地划归到存货成本中。应该分清仓储成本和存货成本。大多数仓储成本并不随存货水平的变动而变动，而是随存储地点的多少而变动。划分仓储成本和存货成本可以更好地辨清成本标志，有利于企业作出正确决策。例如，一家生产销售成品药同时兼营包装物的企业，拥有若干由企业自行管理的温控仓库。温控仓库是专为成品药设计建造的，所需要的安全性和库房管理作业的准确性远远超出另一项产品——包装物。为充分利用仓库设施，企业鼓励非药品部门将其产品存放于这些仓库中。仓库运营成本基本固定，尽管搬运产品的数量增加时需要额外雇员和支付额外的加班费，但由于仓库的构建与运营成本较高，几乎可以对其忽略不计。

企业策略是按使用的各部门在仓库中使用的空间比重分摊成本。用于储存成品药的仓库，其高昂的成本，使企业成本分摊远远超过为一般商品提供仓储的公共仓库收取的费率。某部门物流经理发现，如果使用公共仓库，可以以更低廉的成本达到类似的服务水平。鉴于此，他将产品从本企业仓库中运出，存入该地区的公共仓库中。尽管企业配送中心搬运和储存的产品量明显减少，但由于固定成本占据极大比重，结果，几近相等的成本分摊给了更少的其他使用企业仓库的部门。这引发其他部门也同样换用公共仓库以寻求各自较低的成本。其结果是企业仓储成本更加高了。企业仓储成本基本固定，不管仓库空间利用如何，该成本都不会有太大变动。非成品药部门转而利用公共仓库时，企业还得继续为自营的仓库支付大致相等的总费用，而且还要支付额外的公共仓库使用费。事实上，物流成本计算体系使得各部门物流经理以一种有损企业利益、增加企业成本的方式来工作。这一例子进一步说明了理解成本特性的重要性。要区分开仓储成本和存货成本，这有助于企业作出正确决策。

三、库存运营成本

库存的概念和运输的概念相对应，库存是以改变"物"的时间状态为目的的活动，以克服产需之间的时间差异而获得更好的效用。

库存成本管理的任务是用最低的费用在适当的时间和适当的地点取得适当数量的存货。在许多企业中，库存成本是物流总成本的一个重要组成部分。物流成本的高低常常取决于库存管理成本的大小，而且企业物流系统保持的库存水平对企业生产或客户服务水平起着重要作用。

库存成本主要包括：库存持有成本，订货或生产准备成本，缺货成本和在途库存有成本等。

（一）库存持有成本

库存持有成本是指为保持适当的库存而发生的成本，它可以分为固定成本和变动成本。固定成本与一定限度内的库存数量无关，如库存设备折旧、库存设备维护费用、仓库职工工资等；变动成本与库存数量的多少相关，如库存占用资金的利息费用、库存物品的毁损和变质损失、保险费用、装卸搬运费用、挑选整理费用等。变动成本主要包括资金占用成本、库存维护成本、库存运作成本、库存风险成本等。

1. 资金占用成本

资金占用成本也称为利息费用或机会成本，是库存成本的隐含费用。资金占用成本反映失去的赢利能力。如果资金投入其他方面，就会要求取得投资回报，因此资金占用成本就是这种尚未获得的回报的费用。为了核算上的方便，一般情况下，资金占用成本指占用资金所支付的银行利息。资金占用成本是库存持有成本的一个重要组成部分，通常用持有库存的货币价值的百分比表示。也有用企业新投资最低回报率来计算资金占用成本的。因为，从投资的角度来说，库存决策与做广告、建新厂、增加机器设备等投资决策是一样的。

2. 库存维护成本

库存维护成本主要包括与仓库有关的租赁、取暖、照明、设备折旧、保险费用和税金等费用。库存维护成本随企业采取的库存方式的不同而有不同的变化。如果企业利用自有仓库，则大部分库存维护成本是固定的；如果企业利用公共仓库，则有关存储的所有成本将直接随库存数量的变化而变化。在作库存决策时，这些成本都要考虑。

另外，根据产品的价值和类型，如果产品丢失或损坏的风险高，则需要较高的保险费用。同时，许多国家将库存列入应税财产，高水平库存导致高税费。保险费用和税金将随着产品的不同而有很大变化，在计算库存维护成本时，必须予以考虑。

3. 库存运作成本

库存运作成本主要与商品的出入仓库有关，即通常所说的装卸搬运成本。

4. 库存风险成本

作为库存持有成本的最后一个主要组成部分的库存风险成本，反映了一种非常情况发生的可能性，即由于企业无法控制的原因，造成的库存商品贬值、损坏、丢失、变质等损失。

（二）订货成本或生产准备成本

订货成本是指企业向外部供应商发出采购订单的成本，生产准备成本是指企业内部为生产准备的成本。

1. 订货成本

订货成本是指企业为了实现一次订货而进行的各种活动的费用，包括处理订货的差旅费、办公费等支出。订货成本中有一部分与订货次数无关，如常设机构的基本开支等，称为订货的固定成本；另一部分与订货的次数有关，如差旅费、通信费等，称为订货的变动成本。具体来讲，订货成本包括与下列活动相关的费用：①检查存货；②编制并提出订货申请；③对多个供应商进行调查比较，选择最合适的供应商；④填写并发出订单；⑤填写并核对收货单；⑥验收发来的货物；⑦筹集资金并进行付款。这些成本很容易被忽视，但在考虑涉及订货、收货的全部活动时，这些成本很重要。

2. 生产准备成本

生产准备成本是指当库存的某些产品不由外部供应商而是由企业自己生产时，企业为生产一批货物而进行准备的成本。其中，更换模具、增添某些专用设备等属于固定成本，与生产产品的数量有关的费用如材料费、加工费、人工费等属于变动成本。

3. 库存持有成本与订货成本的关系

订货成本与库存持有成本随着订货次数或订货规模的变化呈反方向变化。起初，随着订货批量的增加，订货成本的下降比持有成本的增加要快，即订货成本的边际节约额比持有成本的边际增加额要多，使得总成本下降。当订货批量增加到某一临界点时，订货成本的边际节约额与持有成本的边际增加额相等，这时总成本最小。此后，随着订货批量的不断增加，订货成本的边际节约额比持有成本的边际增加额要小，导致总成本不断增加。由此可见，总成本呈U形变化。

（三）缺货成本

库存策略中的另一项主要成本是缺货成本，是指由于库存供应中断而造成的损失，包括原材料供应中断造成的停工损失、产成品库存缺货造成的延迟发货损失和丧失销售机会的损失（还包括商誉损失）。如果生产企业以紧急采购代用材料来解决库存材料的中断之急，那么缺货成本表现为紧急额外购入（紧急采购成本大于正常采购成本部分）。当一种产品缺货时，客户就会购买竞争对手的产品，这就会使企业产生直接利润损失。如果失去客户，还可能为企业造成间接或长期成本。在供应物流方面，原材料、半成品或零部件的缺货，意味着机器空闲甚至停产。

（四）在途库存持有成本

在途库存持有成本不像前面讨论的成本那么明显，然而在某些情况下，企业必须考虑这项成本。如果企业以目的地交货价销售商品，就意味着企业要负责将商品运达客户，当客户收到订货商品时，商品的所有权才转移。从理财的角度来看，商品仍是销售方的库存。因为这种在途商品在交给客户之前仍然属于企业所有，运货方式及所需的时间是储存成本的一部分，企业应该对运输成本与在途存货持有成本进行分析。

在这里，一个重要的问题是如何计算在途库存持有成本。前面讨论过库存持有成本的四个方面，即资金占用成本、库存维护成本、库存运作成本、库存风险成本。这些成本对于在途存货来说有所变化。

在途库存的资金占用成本一般等于仓库中库存的资金占用成本。

由于运输服务具有短暂性，货物过时或变质的风险要小一些，因此库存风险成本较小。

一般来说，在途库存持有成本要比仓库持有成本小。在实际中，需要对每一项成本进行仔细分析，才能准确计算出实际成本。

四、信息处理成本

订单处理和信息成本与诸如处理客户订单、配送信息和需求预测等活动相关。对订单处理和信息系统进行投资，对支持良好的客户服务水平和控制成本极为重要。订单处理成本包括订单发送成本、订单录入成本。订单核实、订单处理以及相关的内部和外部成本，比如通知运输商改善信息系统，包括电子数据交换、卫星数据传输以及发货与销售的条形编码和扫描技术。另外，复杂的信息技术也有了快速发展，如决策支持系统、人工智能、互联网接入和专家系统等。

订单处理和信息成本包括发行订单与结算订单的成本、相关处理成本、相关信息交流成本等。这仅仅包括随决策变动发生变化的成本。在订单处理和信息成本中，固定成本所占比重较大，相对一些先进的通信系统而言，人工环节越多，信息传递速度就越慢，而且缺乏稳定性。管理者对这些成本进行估计的较好方法是订单处理部门总成本在过去两年中的变动额（调整通货膨胀）除以订单处理数目的变动值。其他方法还有机械型时间与动作研究、回归分析等。在衡量各种订单处理方法的成本时，必须联系固定成本和可变成本来分析。

第二节　物流成本管理方法

物流成本是指产品在空间和静止过程中所耗费的各种活劳动和物化劳动的货币表现。具体地说，它是产品在实物运动过程中，如包装、装卸、运输、存储、流通加工等各种活动中所支出的人力、财力和物力的总和。

物流成本管理是通过成本去管理物流，即管理的对象是物流而不是成本，物流成本管理可以说是以成本为手段的物流管理方法。这是因为：①成本能真实地反映物流活动的实态；②成本可以成为评价所有活动的共同尺度。就第一点而言，一旦用成本去掌握物流活动，物流活动方法上的差别就会以成本差别的形式明显地表现出来。就第二点而言，用成本这个统一尺度来评价各种活动，可以把性质不同的活动放到同一场合进行比较、分析，评价优劣。因此，把物流活动转换成物流成本来管理，是有效管理物流的一种新思路。

物流成本管理的方法有如下三种。

一、物流成本横向管理法

物流成本横向管理即对物流成本进行预测和编制计划。物流成本预测是在编制物流计划之前进行的。它是对本年度物流成本进行分析，在充分挖掘降低物流成本的潜力的基础上，寻求降低物流成本的有关技术经济措施，以保证物流成本计划的先进性和可靠性。物流成本计划按时间标准进行划分，可分为短期计划（半年或一年）、中期计划和长期计划。

二、物流成本纵向管理法

物流成本纵向管理即对物流过程的优化管理。物流过程是一个创造时间性价值和空间性价值的经济活动过程。为使其能提供最佳的价值效能，就必须保证物流各个环节的合理化和物流过程的迅速、通畅。物流系统是一个庞大而复杂的系统，要对它进行优化，需要借助于先进的管理方法和管理手段。

1. 用线性规划、非线性规划制订最优运输计划，实现物品运输优化

物流过程中遇到最多的是运输问题。例如，某产品现由某几个企业生产，又需供应某几个客户，怎样才能使企业生产的产品运到客户所在地时达到总运费最小的目标？假定这种产品在企业中的生产成本为已知，从某企业到消费者所在地的单位运费和运输距离，以及各企业的生产能力和消费量都已确定，则可用线性规划来解决；如企业的生产量发生变化，生产费用函数是非线性的，就应使用非线性规划来解决。对属于线性规划类型的运输问题，常用的方法有单纯型法和表上作业法。

2. 运用系统分析技术，选择货物最佳的配比和配送线路，实现货物配送优化

配送线路是指各送货车辆向各个客户送货时所要经过的路线，它的合理与否，对配送速度、车辆的利用效率和配送费用都有直接影响。目前较成熟的优化配送线路的方法是节约法，也称节约里程法。

3. 运用存储论确定经济、合理的库存量，实现物资存储优化

存储是物流系统的中心环节。物资从生产到客户之间需要经过几个阶段，几乎在每一个阶段都需要存储，究竟在每个阶段库存量保持多少为合理？为了保证供给，需隔多长时间补充库存？一次进货多少才能达到费用最省的目的？这些都是确定库存量的问题，也都可以在存储论中找到解决的方法。其中应用较广泛的方法是经济订购批量模型，即 EOQ 模型。

4. 运用模拟技术对整个物流系统进行研究，实现物流系统的最优化

例如克莱顿·希尔模型，它是一种采用逐次逼近法的模拟模型。这个方法提出了物流系统的三项目标：最高的服务水平、最小的物流费用、最快的信息反馈等。在模拟过程中采用逐次逼近的方法来求解下列决策变量：流通中心数目、对客户的服务水平、流通中心收发货时间的长短、库存分布、系统整体的优化等。

三、计算机管理系统

计算机管理系统将物流成本的横向与纵向连接起来，形成一个不断优化的物流系统的循环。通过一次次循环、计算、评价，使整个系统在不断地优化，最终找出使其总成本最低的最佳方案。

第三节　基于活动的物流成本分析

一、传统成本分析存在的问题

长期以来，在物流企业的实际运作中，物流成本分析一直是困扰物流管理者的一个难题，物流企业传统的成本分析方法是按投入要素如设备设施折旧、人工费用（工资）、燃料费、动力费等进行会计核算。传统的成本分析方法最明显的不足有如下几点。

1. 物流会计核算的范围、内容不全面，只涉及部分物流费用

目前，企业日常物流会计核算的范围着重于采购物流、销售物流环节，忽视了其他物流环节的

核算。按照现代物流的内涵，物流应包括供应物流、生产物流、企业内部物流、销售物流、逆向物流等。与此相对应的物流费用包括供应物流费、生产物流费、企业内部物流费、逆向物流费等。从核算内容看，相当一部分企业只把支付给外部运输、库存企业的费用列入专项成本，而企业内部发生的物流费用，由于常常和企业的生产费用、销售费用、管理费用等混在一起，因而容易被忽视，甚至没被列入成本核算。其结果导致物流成本被低估或变模糊，影响了会计信息的真实性，不利于相关利益者和企业内部管理者进行决策。

2. 物流会计信息的披露与其他成本费用的披露混杂

从物流会计信息的披露看，由于物流活动贯穿于企业经营活动的始终，因而对于相关物流费用的核算基本上被并入产品成本核算之中，与其他成本费用混合计入相关科目。例如，对于因取得存货而发生的运输费、装卸费、包装费、库存费，运输途中的合理损耗，以及入库前的挑选整理费等，作为存货的实际成本核算，进而作为销售成本的一部分从总销售收入中扣除以得到总利润。物流会计信息与其他信息的混杂，致使有关物流的数据信息需从相关会计信息中归纳，过程复杂且数据的时效性差，不利于物流管理和绩效的评价。

3. 容易忽略机会成本

物流成本分析应该是对物流的经济性分析，应分析物流的经济成本（机会成本）而不是会计成本，因为物流管理者更关心的是资源的利用效率，会计成本仅仅是显性成本。在具体的核算方法上，经济成本和会计成本会有不同的结果。如设备设施的折旧，经济成本是按设备的实际磨损率来计算的，而会计成本则是按规定的年限进行分配。

4. 无法针对客户进行成本分析，尤其是一些综合性的物流中心

由于物流作业是混合进行的，传统的会计成本核算方法将作业费用按客户进行分摊，对具体客户无法进行赢利性分析，客观上可能会造成物流中心为某些客户提供服务时并没有赢利甚至亏损。换句话说，就是很难测算出具体某一个客户或某一类产品的物流成本。物流作业多是混合作业，一台叉车的折旧费用如何分派到不同客户的成本中去？有一种做法是按当月的作业量，根据不同权重在所有客户间进行分配。然而，每个月的作业总量是变化的，这样做就会出现客户的单位成本每个月都不相同的现象。

传统的成本计算法造成了所谓的"物流费用冰山说"。一般情况下，企业会计科目中，只把支付给外部运输、仓库企业的费用列入成本。实际上，这些费用在整个物流费用中犹如冰山一角，因为企业利用自己的车辆运输货物、利用自己的库房保管货物以及由自己的工人进行包装、装卸等费用都没列入物流费用科目内。传统的会计方法没有显示出各项物流费用，在确认、分类、分析和控制物流成本上都存在许多缺陷。

在现代的生产特点下，传统物流成本计算法提供的物流成本往往会失真，不利于进行科学的物流控制。现代生产特点是生产经营活动复杂，产品品种结构多样，产品生产工艺多变，经常需要予以调整，使过去费用较少的订货作业、物料搬运、物流信息系统的维护等与产量无关的物流费用大大增加，投入的资源也随之成倍增加。基于这种无意识的假定，在成本计算中普遍采用与产量相关联的分摊基础——直接工时、机器小时、材料耗用额等。这就是"数量基础成本计算"的由来。这种计算方法使许多物流活动产生的费用处于失控状态，造成了大量的浪费和物流服务水平的下降。这种危机在传统制造企业中的表现尚不明显，在科学技术迅速发展的今天，在先进制造企业中却有可能是致命的。

传统的会计实践通常并不能提供足够的物流量度。①传统会计方法不能满足物流一体化的要求。物流活动及其发生的许多费用常常是跨部门发生的，而传统的会计是将各种物流活动费用与其他活动费用混在一起，归集为诸如工资、租金、折旧等形态，这种归集方法不能确认运作的责任。②传统会计科目的费用分配率存在问题。将传统成本会计的各项费用剥离出物流费用，通常是按物流功能进行的，在分配物流成本中很难为个别活动所细分。比如人工费分配率，由于每个人花费在物流活动上的精力很难确定和估计，传统会计方法不能对物流和供应链改造工程活动进行物流成本核算。

二、ABC 成本分析原理

作业成本法（activity—based costing，ABC），也称为作业成本会计或作业成本核算制度。它是以成本动因理论为基础，通过对作业进行动态追踪，反映、计量作业和成本对象的成本，评价作业绩效和资源利用情况的方法。

作业成本法的理论基础是所谓的成本因素理论，即间接制造成本的发生是企业产品生产所必需的各种作业所驱动的结果，其发生额的多少与产品产量无关，而只与驱动其发生的作业数量相关，成本驱动因素是分配成本的标准。例如，各种产品的生产批次驱动生产计划制订、产品检验、材料管理和设备调试等成本的发生，接收货物的订单驱动收货部门成本的发生，发送货物的订单驱动发货部门的成本的发生，以及采购供应、客户的订单驱动与原材料库存、在制品和库存成品有关的成本的发生。

作业成本法的基本原理是，根据"作业耗用资源，产品耗用作业，生产导致作业的产生，作业导致成本的发生"的指导思想，以作业为成本计算对象，首先依据资源动因将资源的成本追踪到作业，形成作业成本，再依据作业动因将作业的成本追踪到产品，最终形成产品的成本。其原理如图 9—2 所示。

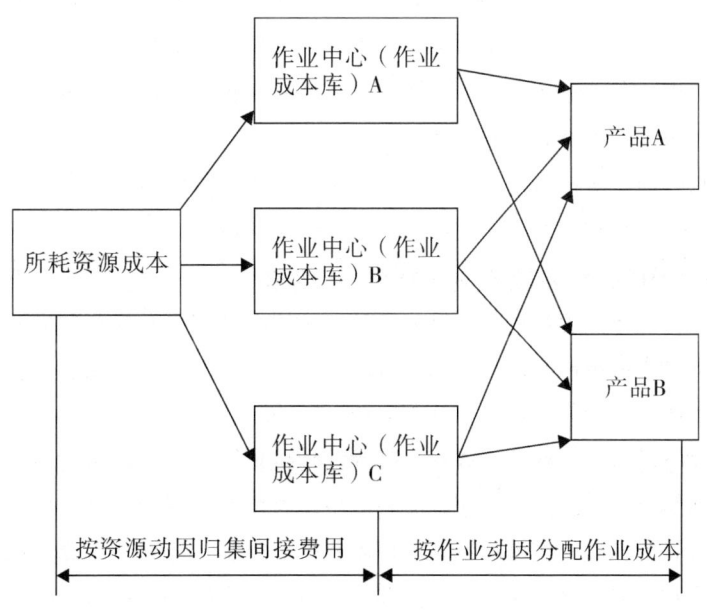

图 9—2 作业成本法的基本原理

作业成本法不仅是一种成本计算方法，而且是成本计算与成本控制的有机结合。作业成本法的核算程序如下。

（一）确认各项作业的成本动因

成本动因的确认是否客观合理，是实施成本作业法有无成效的关键。因此，成本动因的确认与筛选，应由有关技术人员、成本会计核算人员和管理人员等共同分析讨论。

在确定成本动因时，应遵循以下三个原则：

1. 确定的成本动因应简单明了，能从现有资料中直接分辨出来；

2. 在选择成本动因时，为避免作业成本计算过于复杂，应筛选出具有代表性和重要影响的成本动因；

3. 选择信息容易获得的成本动因，以降低获取信息的成本。

（二）对作业进行筛选整合，建立作业中心及作业成本库

首先对各项作业进行确认。确认的方法主要有业务职能活动分解法、过程定位法、价值链分析法和作业流程图分析法等。业务职能活动分解法是将企业各业务职能部门的活动进行分解，确定每一个部门应完成的作业有几种、有多少人参与该项作业以及作业耗费的资源等。作业流程图分析法，是通过绘制作业流程图来描述企业各部门的作业以及它们之间的相互联系，以便确定完成特定业务所要求的各项作业、各项作业所需要的人员以及所要消耗的时间。

在确认作业的基础上，对作业进行筛选和整合。在一个企业内部，其作业数量的多少取决于其经营的复杂程度，生产经营的规模与范围越大，复杂程度越高；则成本产生的作业量也就越多。事实上，如果列示全部的作业数量，有可能过于烦琐和复杂，并增加信息采集成本。因此有必要对这些作业做必要的筛选与整合，确保最后可以设计出特定而有效的作业中心。

作业筛选与整合的原则如下：

1. 重要性原则：从成本管理角度分析每项作业的重要性，以便评价其是否值得单独列示为一个独立的作业中心。对于非重要的作业，可与其他作业合并为一个作业中心。

2. 相关性原则。从成本动因角度分析和确认作业的相关性，以便评价各项作业的成本性质是否同质，从而考虑其是否可能被合并为同一个作业中心。

在确认作业中心之后，应按每个作业中心设置相应的作业成本库，以便归集各作业中心的作业成本。

（三）依据资源动因，将各项作业所耗费的资源追踪到各作业中心，形成作业成本库

在对企业作业和资源动因进行全面分析的基础上，依据各项资源耗费结果、资源动因及作业之间的相关性，将当期发生的生产费用按不同作业中心进行归集，即按各作业中心归集作业成本，并计算全部成本库中的成本总和。

（四）根据产品对作业的消耗，将成本分配给最终产品，计算产品成本

当成本归集到各项作业中心的作业成本库后，应按作业动因及作业成本额计算出作业成本的分配率，并按不同产品所消耗的作业量的多少分配作业成本，最终计算出产品应承担的作业成本。

某项作业成本分配率的计算公式为

某项作业成本分配率 = 该作业中心作业成本总额/该中心的成本动因量化总和

某产品应承担的某项作业成本分配额的计算公式为

某产品应承担的某项作业成本分配额 = 该产品消耗某作业量总和 × 该项作业成本分配率

下面按照作业成本法核算程序举例说明。

某企业的生产部门生产甲和乙两种产品。

（1）该企业根据管理与核算上的需要，对资源动因进行确认和合并。确认合并后，共有6项，即材料移动、订单数量、准备次数、维修次数、质检数量及直接工时。将全部活动分解与合并为6个活动中心，即材料采购活动中心、材料处理活动中心、设备维修活动中心、质量检验活动中心、生产准备活动中心和动力与折旧活动中心，并按各活动中心建立活动成本库。

（2）对于直接生产费用及直接材料费、直接人工费，不需计入各活动成本库，可直接按产品进行归集，计入产品成本。产品甲和产品乙当月产量及各项直接生产费用、共同耗用的制造费用如表9—1所示。

表9—1　产品甲和产品乙当月产量及耗用成本表

项　　目	产品甲	产品乙
当月产量/件	400000	200000
直接材料费用/元	380000	420000
直接人工费用/元	106000	168000
直接人工工时/小时	400000	600000
共同耗用的制造费用/元	1864000	

（3）该生产部门的全部制造费用（包括间接费用），均按资源动因归集到各活动成本库，其结果如表9—2所示。

表9—2　制造费用按资源动因归集

活动中心 活动成本库	资源动因	资源动因数量 统计结果	活动成本费用 归集情况/元
材料处理	材料搬运/次	2500	414000
材料采购	订单数量/个	7500	320000
生产准备	准备次数/次	800	160000
设备维修	维修小时/小时	20000	310000
质量检验	检验次数/次	4000	240000
动力与折旧	直接工时/工时	200000	420000
制造费用总额			1864000

（4）在费用归集和成本动因分析的基础上，将各活动成本库中的成本按相应的活动动因分配到各产品中去。

产品甲与乙的活动动因数量统计情况如表9—3所示。根据表9—3所示的活动动因数量统计分析结果，可将制造费用在产品甲与产品乙之间进行分配。活动动因比率的计算如表9—4所示，根据计算出的活动动因比率分配活动成本。活动成本的分配过程与结果如表9—5所示。

211

表9—3 产品甲与产品乙活动动因数量统计

活动中心 活动成本库	活动动因	活动动因数量统计结果 合计	产品甲	产品乙
材料处理	材料搬运/次	2500	2000	500
材料采购	订单数量/个	7500	5000	2500
生产准备	准备次数/次	800	550	250
设备维修	维修小时/小时	20000	12500	7500
质量检验	检验次数/次	4000	3000	1000
动力与折旧	直接工时/工时	200000	120000	80000

表9—4 活动动因比率计算表

活动中心 活动成本库	活动动因	A—活动动因数量统计结果	B—活动成本总额/元	活动动因比率 B/A
材料处理	材料搬运/次	2500	414000	165.6
材料采购	订单数量/个	7500	320000	42.7
生产准备	准备次数/次	800	160000	200
设备维修	维修小时/小时	20000	310000	15.5
质量检验	检验次数/次	4000	240000	60
动力与折旧	直接工时/工时	200000	420000	2.1

表9—5 活动成本的分配过程与结果

活动中心 活动成本库	活动动因比率	产品甲 活动数量	分配额	产品乙 活动数量	分配额	活动成本合计
材料处理	165.6	2000	331200	500	82800	414000
材料采购	42.7	5000	213333	2500	106667	320000
生产准备	200	550	110000	250	50000	160000
设备维修	15.5	12500	193750	7500	116250	310000
质量检验	60	3000	180000	1000	60000	240000
动力与折旧	2.1	120000	252000	80000	168000	420000
合计	—		1280283	—	583717	1864000

（5）计算产品成本。将按产品甲与产品乙所归集的直接材料费用、直接人工费用和制造费用进行汇总，分别计算产品甲与产品乙的总成本与单位成本，如表9—6所示。

表9—6 产品成本汇总表

成本项目	产品甲（产量400000件） 总成本/元	单位成本/（元/件）	产品乙（产量200000件） 总成本/元	单位成本/（元/件）
直接材料费用	380000	0.95	420000	2.1
直接人工费用	106000	0.27	168000	0.84
制造费用	1280283	3.20	583717	2.92
合计	1766283	4.42	1171717	5.86

第四节　物流总成本控制

一、物流总成本控制概述

成本控制是指根据成本预测、成本决算和成本预算所提供的实际数据，对生产经营过程中所发生的各种资源的耗费及相应的降低成本措施的执行，进行指导、监督、调节和干预，以保证目标成本和成本预算任务的实现。物流成本的形成机制如图9—3所示。

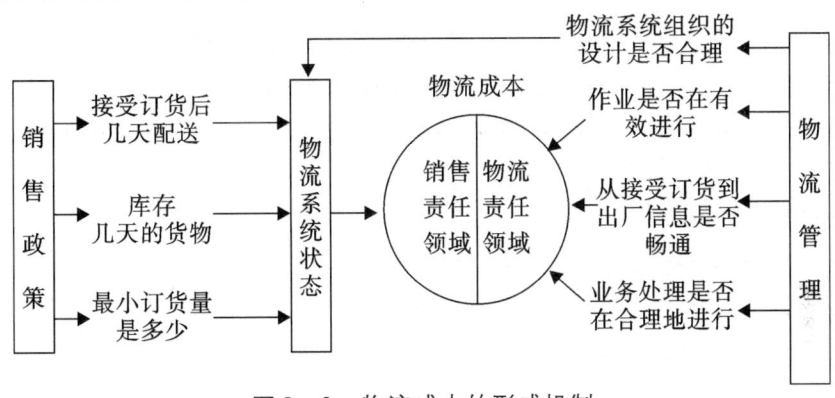

图9—3　物流成本的形成机制

（一）物流成本局部控制的基本内容

1. 运输费用的控制

货物运输费用是运输物料、商品所消耗作业的费用。运输费用占物流总成本的比重较大，据日本通产省对六大类商品物流费用的统计调查表明，运输费用占物流总成本的40%左右，是影响物流成本的重要因素。运输费用控制的关键点主要在运输方式、运输价格、运输时间、运输的准确性、运输的安全可靠性以及运输批量水平等方面，控制方式通常是加强运输的服务方式与价格的权衡，从而选择最佳的运输服务方式。

2. 装卸搬运费用的控制

装卸搬运费用是物品在装卸搬运过程中支出费用的总和。装卸搬运活动是衔接物流各个环节活动正常进行的关键，渗透到物流的各个领域。控制装卸搬运费用的关键点在于管理好储存物料与商品，减少装卸搬运过程中商品的损耗率、装卸时间、装卸搬运次数等。控制方式主要有：合理选择装卸搬运设备，防止机械设备无效作业，合理规划装卸方式和装卸作业过程，如减少装卸次数、缩短操作距离、提高被装卸物品纯度等。

3. 储存费用的控制

储存费用是指货物在储存过程中所需要的费用。储存费用控制的关键点在于简化出入库手续、有效利用仓库和缩短储存时间等。控制方式主要是强化库存各种费用的核算和管理。

4. 包装费用的控制

包装起保护商品、方便储运、促进销售的作用。据统计，多数物品的包装费用占物流总成本的10%左右，有些商品特别是生活消费品，包装费用可高达50%。包装费用控制的关键点是包装的标准化率和运输时包装材料的耗费。控制方式主要有：选择包装材料时要进行经济效益分析，运用价值分析的方法优化包装功能/成本，开展包装的回收和旧包装的再利用等，努力实现包装尺寸的标

213

准化、包装作业的机械化，有条件时组织散装物流。

5. 加工费用的控制

商品进入流通领域以后，按照客户的要求进行一定的加工活动，称为流通加工，由此而支付的费用为流通加工费用。不同的企业流通加工费用是有所不同的。首先应选择反映流通加工特征的经济指标，如流通加工的速度等，观察、测算这些指标，对标准值与观察值的差异，必要时进行适当的控制。控制方式主要有：合理确定流通加工的方式，合理确定加工能力和改进流通加工方面的生产管理。

企业物流成本局部控制方式的选择有赖于企业物流的运作模式。如果企业各部门之间的联系不紧密，物流费用的控制效果就不会令人满意。只有按照物流系统化的思想，规划和实施物流各环节的费用控制策略，方可避免仅满足于降低局部费用而忽视物流系统的观念给企业带来的实质性的成本效应。因此，企业物流管理者必须协调各个部门，在符合经济性原则和因地制宜原则的前提下努力实现企业物流过程的综合控制。

（二）物流成本综合控制

物流成本综合控制包括事前、事中和事后对物流成本进行预算制定、执行监督、信息反馈、偏差纠正等全过程的系统控制，以达到预期管理控制目标。综合控制有别于局部控制，具有系统性、综合性、战略性的特点，有较高的控制效率。综合控制的目标是局部控制的集成，是实现企业物流成本最小化的基本条件和保证。

企业物流成本综合控制的主体是企业的物流管理组织和结构，客体是企业经济活动中发生的整体物流费用。在企业财务会计中，向企业外部支付的物流费用能够从账面上反映出来，而企业内部消耗的物流费用一般计入制造费用而难以反映出来，这一部分物流费用比人们想象的要高得多。因此，物流成本控制不仅仅针对向外支付的物流费用，还要控制企业内部的物流费用。具体而言，对物流成本的计算，除了通常提到的运输、包装等传统物流费用外，还包括流通过程中的基础设施建设、商品在库维持、企业物流信息系统投资等一系列费用。对物流费用的管理不能只从物流本身的效率来考虑，费用、质量、价格、销量之间存在联动关系，使费用控制无法单独着眼于费用本身。综合考虑到物流费用与所提供的服务及物流投入所给企业带来的相对竞争优势等因素来分析，理解和确定企业物流成本控制目标要将成本控制放在一个更广阔的背景中来考察，考虑在真正意义上控制物流总成本。

二、物流总成本控制的基本方法

物流成本控制的基本方法在其应用方面具有普遍性，是对物流成本进行分析与控制的基本工具。一般来说，物流总成本（TLC）包括运输成本、存货成本、仓储成本、库存运营成本和信息处理成本，即

物流总成本 = 运输成本 + 存货成本 + 仓储成本 + 库存运营成本 + 信息处理成本

显然，上述物流成本存在相互作用、相互制约的关系。物流供应链成本管理不是降低某一环节的局部成本费用，而是应当在满足一定顾客服务水平的基础上追求物流总成本最低，实现利润最大化。这就需要用系统整合的观点分析和控制物流成本，因此，我们引入总成本分析法。盈亏平衡分析和根据资金成本所作的分析（货币时间价值技术）是物流中经常用到的决策工具。

（一）盈亏平衡分析

盈亏平衡点是销售额恰好弥补变动成本和固定成本之间的点。当各种不确定性因素（如投资、成本、销售量、产品价格、项目建设期等）发生变化时，可能会影响管理部门决策的效果。若管理部门要决定是否应将客户服务水平从90%提高至95%，就需要清楚增加多少销售额才能达到盈亏平衡。如果无法实现足够的销售额增长，则不必提高服务水平。

（二）资金成本

所谓资金成本，是企业取得和使用资金而支付的各种费用，包括资金占用费用和资金筹集费用，它是投资决策的有效工具。一般而言，一个项目的投资回报高于资金成本，该项投资就值得进一步考虑。资金成本的概念在不断地演化发展。在这里，介绍三种简单的资金成本计算法。

1. 简单资金成本

最简单的计算方法是考虑企业从单一渠道筹资，即银行贷款，其计算公式如下：

$$资金成本 = 利息率 \times (1 - 所得税率) / (1 - 筹资费率)$$

2. 加权平均资金成本

加权平均资金成本也称综合资金成本，是企业各种来源资金与该来源资金占全部资金比重的乘积之和，其计算公式为：

$$资金成本 = \sum 各种渠道筹集的资金成本 \times 从该渠道所筹资金总数的比重$$

3. 资金成本

机会成本是把资金投入其他方面而非投入目前考虑的项目时可能产生的报酬率。对于大多数决策而言，机会资金成本对既定决策的重要性要远远大于已经发生的时间资金成本的重要性。如果企业资本有限，利率下限就是由于机会成本的原理所产生的边际投资回报率。下面举例说明机会资金成本。

假设一家企业为获取资金支付了10%的成本，由于资金有限，企业最近边际投资减少，而该边际投资预计年回报率达15%。对该企业而言，投资决策的利率下限为15%，尽管资金成本仅为10%。这意味着相关货币时间价值是由企业意料中的最有利的投资回报率来衡量的，并非最初获得该资金所支付的价格。当然，15%的利率下限在对其进行全面解释的情况下也可以指定为企业的资金成本。

投资回报根据内部报酬率（IRR）来计算决定。IRR是可预见的合理的现金净流量额贴现为现金流出所依据的比率。

有人主张应当根据风险高低对项目进行划分，或者根据所能获知的反映风险水平的回报率来区分项目，可以把各项目分为高风险项目、中等风险项目和低风险项目三类。高风险项目包括：①对新产品进行的投资，因为市场对新产品的接受情况难以预测；②工厂新设备的投资，因为如果技术进步很快，设备就会在较短时间内过时报废。预期高风险项目包括仓库投资、自有车队投资和存货投资，其税后回报率预计可达到10%。如果企业不愿冒风险，就要把因存货减少而节约的资金用于另一项目的低风险投资上。

第五节 物流绩效评估

一、物流绩效评估的目的

有效的物流绩效评估和控制,对资源的监督与配置是非常必要的。当物流能力成为创造和保持企业竞争利益的一个更为关键的因素的时候,盈利与运作的差别越来越小。因此,精确地进行物流绩效评估和控制显得尤为重要。

许多研究确认,高级的评估能力或衡量能力的开发和应用与卓越的绩效是紧密相关的。早在1985年,KearneyA. T. 顾问就指出,进行综合绩效衡量的企业,可提高总体生产率14%~22%。1995年,Michigan State 大学在世界级物流研究中发现,企业高阶主管通常将绩效评估列为企业的重要研究项目。研究还论证了这样的观点:向顶级攀升的企业几乎都展示出对绩效的情不自禁的热情。

发展和实施物流绩效评估系统是为了对物流运作进行监督、控制和掌握。一般说来,构建物流绩效评估系统的目的有以下三种。

1. 监督评估

监督评估(monitoring)是为了追踪以往的物流系统的绩效,并报告给管理者和客户。典型的监督指标是服务水平和物流成本要素。

2. 控制评估

控制评估(controlling)通常是追踪正在进行的工作,用来改进物流程序,以便在超过标准时能将它带入和谐状态。应控制的一个例子是对运输损失的追踪。如果一个系统处于不时地被报告产品有损失的境地,则物流管理层就应去识别其原因,并根据需要调整包装或装货程序。

3. 指导评估

指导评估(directing)主要用于对人进行激励。一个典型的例子就是"按绩效付报酬"的惯例,以此来激励仓库人员或运输人员去达到更高的生产率。

总之,绩效评估具有强烈的导向效应,特别是在当前市场竞争日趋激烈的情况下是驱动人们行为和促进这些行为合理化的内部动力。

物流与供应链绩效评估的意义主要表现在以下几个方面。

(1) 物流与供应链绩效评估具有统一而客观的参照标准,这有利于消除或减少由个人主观因素带来的绩效评价中的不公正、不全面和不客观现象。

(2) 通过绩效评估,有利于及时发现物流与供应链管理过程中存在的疏漏、缺陷和问题,为改善物流与供应链管理系统经济上的合理性和可行性提供依据。

(3) 通过绩效评估,有利于帮助管理人员以及其他活动主体树立正确的价值观和行为取向,尽可能地降低物流与供应链管理过程中的费用,提高经济效益。此外,通过绩效评估,还有利于激发管理人员以及其他活动主体的积极性和主动性。

(4) 通过绩效评估,有利于物流与供应链管理机构的日常管理,如有利于对管理人员的工作质量进行评估和考核;有利于奖勤罚懒、赏优罚劣,并可作为管理人员确定岗位、调整工资和评定职称的参考依据。

（5）通过绩效评估，可以使物流与供应链管理本身的效用在某种程度上得到揭示，从而有利于发挥物流与供应链管理的作用，引导企业对物流与供应链管理工作的重视和监督。

通过绩效评估，有利于企业认清形势、把握方向、抓住机遇、迎接挑战。

二、传统的物流绩效评估

企业传统的绩效衡量体系往往是针对相对独立的组织部门分别制定标准进行考核，也就是说，企业传统的绩效衡量体系基本上是依循企业传统的组织结构来设计的。

传统的物流绩效评估的局限性主要表现在如下方面。

（一）无法及时反映物流供应链的动态运营情况

传统的物流绩效评估基本上是通过财务数据来进行的，在时间上较为滞后，无法及时反映物流供应链的动态运营情况。此外，从成本构成上看，传统的物流绩效评估更多的是计算显性成本，还没涉及隐性成本。例如运输费用、仓储费用，还有可以看得见的一些装修费用等。很多企业甚至连显性成本占年销售总额的百分比都没算过，控制物流成本就更难了。传统的绩效标杆，对物流还是没有引起足够的重视。

物流不仅涉及仓储运输，还涉及管理的方方面面，如预算、决算等。按照物流成本占销售总额的百分比的方式就可以做到动态地控制成本，因为销售在变化，物流成本也会随之变化。

（二）不能客观评估物流运营情况

传统的物流绩效评估主要评估企业职能部门的工作完成情况，而无法对企业物流的整个业务流程进行科学评估，更不能客观地评估整个物流供应链的运营情况。

职能部门的工作完成情况往往局限于本部门，并没有关注部门之间的关系，也没有跟整个供应链的物流运作情况加以比较。比如运输，供货由供应商送过来，厂内运输是各部门各自为政；成品送到顾客那里，又是另外一批人运输，因为运输量小，成本自然降不下来。如果三方用同一个运输车队，运输成本就可以大幅度下降，因为运输量大。

所以，整个供应链都很重要，不能局部地看问题，局部的优化代替不了整体的优化，整体的优化效果会远远超过局部的优化效果。

（三）不能即时分析，只是事后总结

传统的物流绩效评估不能对物流供应链的业务流程进行即时评价与分析，而是侧重于事后总结分析。因此，当发现偏差时，偏差已成事实，其危害和损失已经造成，往往很难补偿。

三、整合供应链总体绩效衡量

对供应链总体绩效的日益重视，要求从整合供应链角度进行绩效衡量。整合供应链绩效衡量必须在企业功能领域及渠道方面是一致与可比较的。如果缺乏供应链总体的绩效衡量，制造商对适当客户服务的定义可以与零售商对适当客户服务的定义完全不同。例如，制造商可能将订货时的可以发运的能力作为衡量服务的可得性能力，而批发商则可能将承诺时的发运能力作为衡量服务的可得性能力。在第一种情况下，对制造商服务能力的衡量是按照满足客户需求的发运能力来分等级的；而在第二种情况下，如果存货不够，批发商可以有一个额外的允诺日期，所以标准较低。下面介绍一个能用于整个供应链的总体衡量方法。这个方法包括四种类型的衡量指标和监督体系，既包括了衡量的结果，也包括对供应链的诊断。整合供应链总体绩效衡量的方法如表9—7所示。

度量指标反映了对有效的供应链管理必须加以监督的绩效。它按客户满意度与质量、时间、成本和资产进行分类,并对每一个指标同时按结果和诊断进行监督。结果指标着重于总过程的结果,如满足客户的过程和管理时间的过程;诊断指标着重于过程内的特定活动。

表9—7 整合供应链总体绩效衡量

结果	诊断
客户满意度与质量	
完美订单的履行	按承诺日期发送
客户满意度	合理费用、退货和折扣
产品质量	回应客户询问的时间
时间	
备货时间	采购、制造周期时间
	供应链反应时间
	生产计划
资产	
资金周转时间	预测准确度
供应存货天数	存货老化
资产绩效	能力利用率

(一) 客户满意度与质量

客户满意度与质量衡量了厂商所能提供的总的客户满意度的能力。以结果为基础的客户满意度与质量的衡量包括了完美订单的履行、客户满意度和产品质量。早先,完美订单的定义为,在规定的时间内,以准确的单证,在完美的情况下完成发送。客户满意度是通过对订单周期时间、完美订单要素,以及对订货状态和询问要求的反应能力等进行衡量而得到的。

在用结果指标衡量整个过程的有效性时,通常同时衡量个别的活动也是有用的。表9—8列出和定义了对关键客户满意度的诊断。

表9—8 对关键客户满意度的诊断

按承诺日期发送:按承诺日期或提前完成订单的百分比
合理费用:以收入的百分比表示的平均合理成本
客户询问反应和解决时间:询问反应时间是从接到客户电话至联系到合适的企业代表的时间;询问解决时间是彻底解决一个客户询问需要的平均时间

(二) 时间

时间指标衡量企业对客户需求的反应能力,即从客户正式购买至客户得到产品需要多少时间。这个备货时间包括了从订单接受到计划的时间、订单准备时间、送达客户的运输时间和客户接受的时间。有效控制时间的绩效要求从客户角度衡量总的过程,并分别衡量个别时间。表9—9列出和定义了对关键时间的诊断。

表9—9 对关键时间的诊断

采购与制造周期时间：如果一开始无存货，则为制造一个可发运的产品累积的外在和内在备货时间
供给链反应时间：辨别市场需求有较大转移的理论时间，发展、重新计划需求和以20%的幅度增加生产的内部转化时间
生产计划：完成生产计划的平均时间频率（上下5%）

（三）成本

供应链成本是第三类衡量指标，单个成本要素包括总的供应链费用。表9—10列出了主要的用于跟踪总的成本结果的组成部分。诊断成本指标通过跟踪每个雇员的增加价值而集中在人力资源的生产率上。增值生产率被定义为总的企业价值增值收入减去从外部得来的原材料的价值，以占企业总的工资额的比例表示。

表9—10 供应链成本组成

A. 订货完成成本	B. 原材料取得成本（仅指生产原料）
1. 新产品投入和维持	1. 货物管理和计划
2. 客户订货生产	2. 供应商质量工程
3. 订单录入和维持	3. 原材料运费和税费
4. 合同与项目管理	4. 接受货物
5. 安装计划	5. 质量检验
6. 订单履行	6. 部件工程
7. 配送	7. 工具
8. 安装	
9. 客户会计	
C. 总的库存持有成本	D. 与物流相关的财务和管理信息系统成本
1. 资本机会成本	1. 财务
2. 收缩	2. 管理信息系统
3. 保险和税收	3. 供应链支持成本
4. 过时	
E. 制造劳动力和库存间接成本	
1. 直接劳力	6. 租赁费用
2. 间接劳力	7. 工厂占有
3. 制造和质量工程	8. 设备维持
4. 信息系统	9. 外在支持
5. 废料和返修	10. 环境

（四）资产

最后的量度集中在资产利用上。因为物流管理是针对相当大的资产，包括库存、设施和设备等，所以整合的绩效测量必须融入资产因素。资产度量基本上集中在特定资产水平支持下的销售量水平上。以结果为基础的资产量度测量从现金到现金的周期时间、库存的供给天数以及资产的绩效。测量现金利用效率的从现金到现金的周期时间，是将1元原材料相应转化成为1元最终产品所需要的理论时间。从现金到现金的周期时间会因购买原材料而发生的支付而减少，或因通过快递向

219

客户交付并从顾客那里收款而减少。

库存供给天数衡量存货速度或周转率。供给天数可定义为以现有活动水平为基础,以工厂产成品和所有的营业区域库存换算成销售的日历天数。销售增长而相应的存货不变,结果是存货周转率提高,这意味着在没有附加的存货持有成本的条件下,也能获取额外利润。

最后的衡量集中于总的资产利用上。资产被定义为销售额与总资产的比率,它受到当前资产的利用率和拥有量的双重影响。表9—11列出和定义了对关键资产的诊断。

表9—11 对关键资产的诊断

预测精确度:使用最近3个月期间的平均产品预测精确度
库存老化:由于存货价值降低而导致的费用,用平均总库存价值百分比表示
能力利用:当前总的可利用能力的百分比,即当前的实际生产除以每天运作24小时取得的生产量

本节提供的是一个衡量跨越供应链的综合绩效和跨越组织确定基准的方法。尽管这并不是唯一的方法,但它正被组织倡导并广泛接受。

四、评估方法

在物流绩效评估的实践中,一个有效的方式就是开发一个竞争性的标杆程序,以此作为物流绩效的评定标准,使之成为企业的努力方向。标杆管理是企业绩效评估的工具,是一种辨识世界上最好的企业的实际情况并进行学习的过程。

企业标杆管理方法由施乐企业于20世纪70年代末首次创新应用于自身的仓储管理中,后经美国生产力与质量中心进行了系统化和规范化。标杆化是一个持续的过程,用来衡量产品、服务和活动是否能抵抗本企业的最大竞争对手或那些处于领先地位的企业。它以最强的竞争企业或那些在行业中居于领先地位和最有名望的企业在产品、服务或流程方面的绩效及实践措施为基准,树立学习和追赶的目标。

物流是实施标杆化最早的业务领域之一。最早的一篇关于标杆化的文章刊登于《哈佛商业评论》上。从那时起,标杆化被广泛接受并予以实践。使标杆化引起人们注意的是美国物流管理协会。在该协会的一次年度会议上,标杆化成为一个重要的议题。

(一)标杆管理方式

标杆管理方式有4种:内部标杆化、竞争性标杆化、功能性标杆化和一般性标杆化。每一种标杆化方式都具有各自不同的优点,同时也会产生特有的效果。

1. 内部标杆化

内部标杆化是最简单且易操作的标杆管理方式之一。在部门组织设置复杂的大企业中,辨识内部绩效标杆的标准,即确立内部标杆管理的主要目标,可以做到企业内部信息共享。实施内部标杆化应当被看作是标杆化的开端,它对实施标杆化起到一个领航的作用。

例如,施乐企业的营销部门想通过设置客户服务小组来迅速、有效地处理客户提出的问题和要求。问题的关键是如何确定最优的组织结构和实施运作系统。经过考查,营销部门发现施乐公司设在加拿大的分公司在这方面的实践成果是最优的。因此,营销部门通过实施标杆化设置了施乐加拿大客户信息中心。

当然,由于单独执行内部标杆化的企业往往持有内向视野,容易产生封闭思维,因此在实践中,内部标杆化应当与外部标杆管理结合起来使用。

2. 竞争性标杆化

竞争性标杆化是通过同最好的竞争对手的工作进行比较来进行的标杆管理。竞争性标杆管理的目标是与有着相同市场的企业在产品、服务及工作流程等方面的绩效和实践进行比较，直接面对竞争者。有时候，发现竞争性标杆化和内部标杆化之间的区别能够确认本企业的优势和劣势。

这类标杆管理实施的困难之处在于要知道竞争对手的实践活动，而除了公共领域的信息容易获得外，其他关于竞争企业的信息一般是较难获得的。

3. 功能性标杆化

功能性标杆化是以行业领先者或某些企业的优秀功能作为标准进行的标杆管理。作为标杆的企业不一定是同行业的，但它们在功能领域中的实践做法通常被认为是最好的。由于不存在直接的竞争关系，因此合作者往往较愿意提供和分享技术与市场信息。不足之处是费用较高，有时难以安排。

4. 一般性标杆化

如果一个企业开始关注质量问题并实施全面质量管理的话，那么一般性标杆化就会为企业带来较上述几种方式更大的效益。已经取得的调查结果表明，当把关注的重点投向工作流程上时，标杆化往往会产生最大的日报。因此，一般性标杆化有时也可以称为流程标杆化管理。可以说，相似的工作流程存在于很多业务活动中，因此，这种类型的标杆化不受特定行业的限制。

虽然这种标杆化方式被认为是最有效的，但也是最难进行的。它一般要求企业对整个工作流程和操作有很详细的了解。

上述四种标杆方法通常按以上的顺序被标杆管理成熟度不同的企业渐次采用。

（二）标杆化的基本原则

实施一项标杆化活动，首先要了解以下基本原则。

1. 要了解自身的业务及存在的优势和劣势。只有对自身具有全面认识，才能正确执行标杆化，对实际工作进行恰当的事前、事中及事后的成效测评。

2. 要了解行业领先者及竞争对手。只有了解了竞争对手的优势和劣势，企业才能认清自身的竞争能力。

3. 要使用恰当的标杆方式，学习最优者，获得优势并超过标杆象。

4. 与合作者进行有效沟通，取得管理上的支持。具体包括以下几个方面：①愿意与合作者分享信息；②避免讨论定价或竞争性的敏感成本等方面的内容；③不向竞争者索要敏感数据；④未经许可，不分享所有者信息；⑤选择一个无偏见的第三者，在不公开企业名称的情况下集成和提供竞争性数据；⑥不用标杆数据通过外界贬低竞争者的业务活动。

（三）标杆化的实施步骤

标杆化的实施可分成5个关键的阶段，共11个步骤，如图9—4所示。下面我们对这5个阶段进行简单介绍。

1. 对标杆管理进行计划

成功的标杆化首先要对本企业的功能领域有充分的了解，然后选出最需要改进的功能领域部分。要确定最需要标杆化的功能领域，就需要揭示出该功能领域目前面临的问题。这些问题主要集中在客户所关注的问题上，包括服务水平、成本、客户期望等。接下来就要确认能够提供具有借鉴、比较价值信息的企业或部门。它们可能是处于其他行业领域，而且在要标杆化的方面都应该是

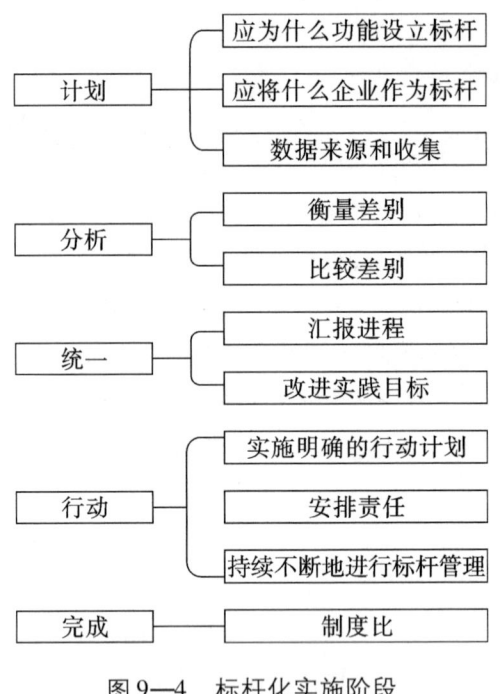

```
                ┌─── 应为什么功能设立标杆
         计划 ──┼─── 应将什么企业作为标杆
                └─── 数据来源和收集

         分析 ──┬─── 衡量差别
                └─── 比较差别

         统一 ──┬─── 汇报进程
                └─── 改进实践目标

                ┌─── 实施明确的行动计划
         行动 ──┼─── 安排责任
                └─── 持续不断地进行标杆管理

         完成 ──── 制度比
```

图9—4 标杆化实施阶段

采取世界顶级做法的企业或部门。

在计划阶段，收集信息无疑是一项必备的工作。标杆所需的信息有两大来源：原始调查和二手资料。二手资料主要经公共途径取得，如专家咨询、公共出版物、研讨会、因特网等。这些公开化的信息在使用过程中应有所保留，注意去伪存真，防止在实施标杆时被一些信息所蒙蔽。在条件适宜时，可选择实施原始调查。显然，实施调查需要较高的资金、时间与人力投入，且难度较大。几种典型的调查方式为顾客反馈、电话访谈、查询服务、电视广播，以及对外部咨询企业的咨询和对标杆对象企业的实地调查。

2. 分析阶段

在对标杆管理进行全面计划后，要对上一阶段获取的信息进行加工，对自身和外部标杆对象进行各项参数的衡量和比较，这是分析最优工作实践的基础。

3. 标杆化的统一工作

作出计划、分析后，总结规划出标杆化的一系列进程。将这一进程告知学习人员，使相关人员在标杆调查的基础上，对标杆化的前景有所认识。仁者见仁，智者见智，学习人员共同改进实践目标，最终达到对标杆比较工作的统一认识。

4. 具体实施标杆化

标杆比较的目的并不是只看自己同标杆对象之间存在的差距，或他们做事如何比自己强，而是改进绩效。要真正将标杆化落实到行动上，定期对工作成果进行测评。标杆参与人员各司其职、各负其责。此外，标杆化并不是一件一劳永逸的工作，它是一个持续不断地进行学习与改进的过程。因此，实施标杆化的企业必须始终跟踪当前行业的最新发展，持续进行标杆工作实践。

5. 标杆工作完成

当最优实践贯穿于企业的所有事务时，可以说标杆化方法已被制度化了，企业的标杆工作进程即可以告一段落。

【经典案例1】

纳贝斯克食品集团企业的作业成本核算法

纳贝斯克食品集团企业是一家以食品为主营业务的企业。它有5家经营企业，产品组合包括坚果、麦片奶酥、A—1牛排调料、人造黄油、灰芥子和狗食饼干等。据1998年公布的财务会计报表可知，纳贝斯克集团企业的年销售额大约为26亿美元。企业的运输费用支出为1.05亿美元，仓储费用支出为3500万美元，管理费用支出为2000万美元。

以往，纳贝斯克集团采用的是标准成本核算方法，划分成本的会计科目如下：

运输——向客户进行运送所费成本　　　　5300万美元
　　　　向仓库补货所费成本　　　　　　5200万美元
仓储——12座普通干货用仓库　　　　　　2600万美元
　　　　13座冷藏库　　　　　　　　　　900万美元
管理——企业总部和一处区域企业　　　　2000万美元

后来，纳贝斯克集团公司将传统的成本控制方法改变为作业成本法，对成本进行了如图9—5所示的转换。

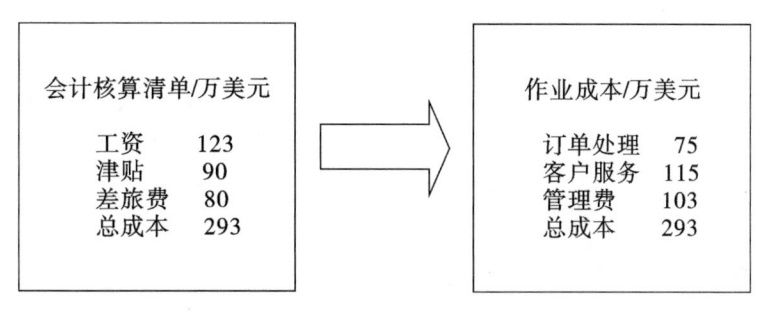

```
会计核算清单/万美元          作业成本/万美元
  工资    123              订单处理   75
  津贴     90      ⇒       客户服务  115
  差旅费   80              管理费    103
  总成本  293              总成本    293
```

图9—5　成本转换

纳贝斯克集团公司采用作业成本法将1.6亿美元的物流成本分摊到5家分支企业不同的产品组合上。在实际应用中，纳贝斯克集团公司运用了两大作业成本体系：①对变动成本采用高级、复杂的核算体系；②对管理费用采用简单的核算体系。

下面是纳贝斯克集团公司对运输成本进行作业成本法核算的具体内容。

在运输成本核算中，重要的是得出正确的运费率。根据企业所提供的运输费用支付凭单，可以得出各种产品单位体积重量的运费率。例如，将产品从工厂A运至仓库1处，运费率计算如表9—12所示。

表9—12　自工厂A运至仓库1的运输成本

库存名称	在总运输体积中所占的比重/（%）	运输成本分摊/美元	单位体积重量/千克	单位体积重量的运费率/（美元/千克）
库存A	30	150	80	1.88
库存B	50	250	50	5.00
库存C	20	100	90	1.11
合计	100	500	220	2.27

货物运送要经历两个阶段：一是从工厂到配送中心，二是从配送中心再配送到客户处。以上所计算的是第一个阶段的运费率，按照此法，可逐一将所有相关的运费率计算得出。因计算过程较烦琐且工作量太大，必须借助计算机来进行。

接下来将运费分摊到不同的产品上。对于产品A，从有关库存A的单据中可得出如图9—6所示的相关信息。

```
存货来源          配送阶段1            配送阶段2

                ┌─────────────┐      ┌─────────────┐
             ┌─→│ 配送中心1 85% │─────→│ 客户   100% │
┌──────────┐ │  └─────────────┘      └─────────────┘
│ 工厂A 100%│─┤
└──────────┘ │  ┌─────────────┐      ┌─────────────┐
             └─→│ 配送中心2 15% │─────→│ 客户   100% │
                └─────────────┘      └─────────────┘
```

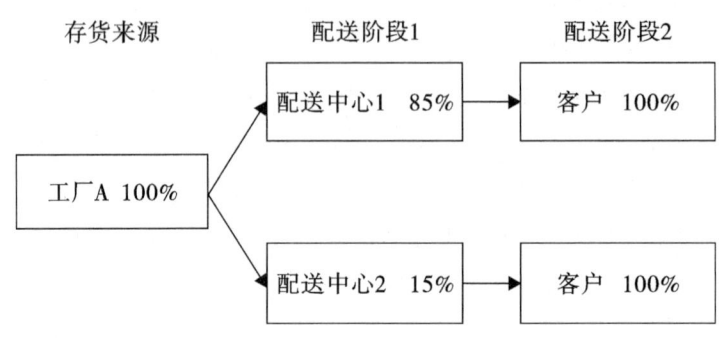

图9—6　库存A所分摊的成本

据此，可以得出库存A所分摊的成本（见表9—13）。

表9—13　库存A所分摊的成本

库存A	100000（单位体积重量）		
存货来源地 工厂A　100000	配送阶段1 配送中心185000 成本/1.88美元 159800美元	配送阶段2 客户　100% 成本/2.20美元 187000美元	总成本 346800美元

按此方法，可依次得出各库存产品所分摊的成本。根据作业成本法提供的资料，纳贝斯克集团的管理者较直接地对制造费用成本的细节有所了解，从而可以更有效地对过程成本进行控制。较以往使用的传统成本核算法，作业成本法的应用使纳贝斯克集团的成本控制效率提高了13%。

【讨论题】

1. 同传统的成本核算法相比，作业成本法的优越性体现在哪里？
2. 纳贝斯克食品集团采用的作业成本法中有什么地方尚待改进？

【经典案例2】

美国施乐公司的物流绩效标杆

在北美，绩效标杆法（benchmarking）这个术语是和施乐公司同义的。以往，有100多家企业去施乐公司学习其在该领域的专门知识。施乐创立绩效标杆法开始于1979年，当时在日本的竞争对手在复印行业中取胜，他们以高质量、低价格的产品，使施乐的市场占有率在几年时间里从49%减少到22%。为了迎接挑战，施乐公司的高级经理们引进了若干质量和生产率计划的创意，其中绩效标杆法就是最有代表性的一项。

所谓"绩效标杆法"，就是对照最强的竞争对手或著名的顶级企业的有关指标对自己的产品、服务和实施过程进行连续不断的衡量。这也是发现和执行最佳行业实践的过程。

施乐公司考虑到了顾客的满意度,绩效标杆法被执行得比原先最佳的实践还要好。达到这个目标的主要实践方法是取悦顾客,使顾客感到与施乐公司做生意是多么容易和愉快。达到这个目标的主要途径是企业与顾客之间的接触点。例如,从领取和填写订货单到开发票的全过程都必须符合保证顾客满意的最佳实践标准。

在施乐公司,绩效标杆法是一个由如下4个阶段和10个步骤组成的程序。第一阶段(3个步骤):识别什么可成为标杆,识别可作为对照或对比的企业,数据的收集。第二阶段(3个步骤):确定当今的绩效水平,制订未来绩效水平计划,标杆的确认。第三阶段(2个步骤):建立改进目标,制订行动计划。第四阶段(2个步骤):执行行动计划和监督进程,修正绩效标杆。

一个绩效标杆作业往往需要经过6~9个月的实践才能达到目标。

需要这么长的时间,是因为绩效标杆既包括战略因素,也包括战术或运作因素。从战略上讲,绩效标杆涉及企业的经营战略和核心竞争力问题;从战术上讲,一个企业必须对其内部运作有充分的了解和洞察,才能以此与外部诸因素相对比。

绩效标杆的实践运作主要包括以下三种类型。①工作任务标杆。比如搬运装车、成组发运、排货出车的时间表等单个物流活动。②广泛的功能标杆。就是要同时评估物流功能中的所有任务,例如改进仓储绩效的标杆(从储存、堆放、订货、挑选到运送等每一个作业)。③管理过程的标杆。把物流的各个功能综合起来,共同关注诸如物流的服务质量、配送中心的运作、库存管理系统、物流信息系统及物流操作人员的培训与薪酬制度等。这种类型的标杆更为复杂,因为它跨越了物流的各项功能。

运用绩效标杆法实际上可以打破以往根深蒂固的不愿改进的传统思考模式,而将企业的经营目标与外部市场有机联系起来,从而使企业的经营目标得到市场确认而更趋合理化。例如,它建立了物流顾客服务标准,鼓励员工培养创造性和竞争性思维,并提高物流运作成本和物流服务绩效意识。

缺乏准备是绩效标杆法失败的最大原因。对别的企业做现场考察,首先要求物流经理能完全理解本公司内部的物流运行程序,这种理解有助于识别哪些是他们要去完成的,哪些是要从绩效标杆中寻求的。

施乐公司物流绩效标杆已取得了显著成效。以前公司花费80%的时间关注市场竞争,现在花费80%的精力集中研究竞争对手的革新与创造性活动。施乐公司更多地致力于产品质量和服务质量的竞争而不是价格的竞争。结果,公司降低了50%的成本,缩短了25%的交货周期,并使员工增加了20%的收入,供应商的无缺陷率从92%提高到95%,采购成本也下降了45%。更可喜的是,公司的市场占有率有了大幅度的增长。

【讨论题】
1. 施乐公司采取的是哪种物流绩效标杆管理方法?它是分哪几个阶段完成的?
2. 成功实施物流标杆管理需要注意哪些问题?
3. 对于不同规模的企业应实施哪种物流标杆管理方法?为什么?

本章小结

物流成本是指为实现物质资料的空间位移而发生的各种活劳动和物化劳动的货币表现。具体来说,就是物资在位移过程中,如运输、包装、仓储、流通加工等各个环节所发生的支出,包括人工费用、物资材料消耗以及资金使用成本等费用的总和。我们了解到,物流成本占制造成本的比例超过25%,随着企业竞争战略的变化和物流管理运作方式的发展,物流成本已经成为企业应对市场竞争和维护客户关系的重要战略性资源。要寻求降低物流总成本,增强企业竞争优势的有效途径,当前的首要任务是对企业的物流成本进行分析。

【本章关键术语】

运输成本、库存成本、成本控制

【复习思考题】

1. 请解释时间效用和空间效用的含义,并确定运输功能是怎样使商品提高效用的。
2. 仓储用于物流过程中的所有阶段存储库存。既然持有存货的成本很高,为什么企业必须存储每种类型的存货?
3. 试述仓储成本与存货成本的区别。存货成本具体包括哪几个部分内容?
4. 在收集计算一家企业的库存持有成本所需的成本信息时,预计会有什么问题?
5. 在什么情况下,一个特定企业内的库存持有成本会发生变化?为什么随着库存周转率的增加,库存持有成本会以递减的速率下降(考虑原材料、在制品和制成品库存)?
6. 什么是作业成本法?它的优点有哪些?作业成本法可能的局限性是什么?
7. 为什么要进行物流成本控制?有哪些成本控制方法?不同的成本控制方法各自具有哪些优缺点?
8. 如何进行盈亏平衡分析?盈亏平衡点是如何确定的?
9. 整合供应链绩效衡量可以从哪些方面进行?
10. 什么是标杆化?实施标杆化对物流工作的意义有哪些?

第十章 现代物流标准化管理战略

本章学习内容

> 我国物流业的标准化起步较晚,缺乏系统性,许多现有的技术标准存在多方面的差异与缺陷,极大地制约了现代物流的协调与运作。所以,我们更要加快物流标准化的进程,加快物流标准化与国际接轨。本章对物流标准化作了简单介绍。

第一节 物流标准与标准化

一、标准与标准化

现代社会中,标准的制定和使用已经遍及人们生产和工作的各个领域,在工业、农业、矿业、建筑、能源、信息、交通运输、水利、科研、教育、贸易、文献、劳动安全、社会安全、广播、电影、电视、测绘、海洋、医药、卫生、环境保护、金融、土地管理等领域都有着不同程度的应用。标准(standard)在国家标准GB3935中的定义是:"标准是对重复性事物和概念所作的统一规定,它以科学、技术和实践经验的综合成果为基础,经有关方面协商一致,由主管机构批准,以特定的形式发布,作为共同遵守的准则和依据。"也就是说,标准是指在一定范围内获得的最佳秩序,对活动或其结果规定共同的和重复使用的规则、导则或特性的文件。该文件将经协商达成一致并经一个公认机构的批准。标准以科学、技术和经验的综合成果为基础,以促进最佳社会效益为目的。按级别,我国标准可分为国家标准、行业标准、地方标准、企业标准四级。例如,GB表示国家标准,JT表示交通部行业标准,DB42表示湖北省地方标准,Q/XXX为企业标准。按性质,我国标准分为强制性标准和推荐性标准。如GB表示国家强制性标准,GB/T表示国家推荐性标准。

标准化是指在经济、技术、科学及管理等社会实践中,对产品、工作、工程、服务等普遍的活动和重复性事物、概念,制定、发布和实施统一的标准的过程。标准化是为了在一定的范围内取得最佳秩序和社会效益而对实际的或潜在的问题制定共同的和重复使用的规则,它包括制定、发布及实施标准的过程。标准化的基本原理是统一、简化、协调和最优化。从微观上看,标准化在现代企业管理中起着重要的作用。标准化为企业实行科学管理和现代化管理奠定了基础;在企业各分系统之间建立统一性,保证企业管理系统功能最佳;使企业管理系统与企业外部约束条件相协调,保证系统稳定运行;使企业管理经验规范化、系统化、科学化。从宏观上看,标准化是国民经济中一项重要的基础性工作,它对改进产品、过程和服务的适用性,防止贸易壁垒,促进技术合作,提高社会经济效益等都具有重要意义。

二、物流标准

根据不同的分类观点可以对物流标准进行不同的分类。根据对象性质,物流标准可以分为物流软件标准和物流硬件标准。物流软件标准包括物流用语统一、单位标准化、钱票收据标准化、应用条码标准化和包装尺寸标准化；物流硬件标准包括托盘标准化、集装箱标准化、叉车标准化、拖车载重量标准化、保管设施标准化及其他物流设备标准化。根据系统的观点，物流标准可以分为大系统基础性标准、分系统技术标准、工作标准与作业规范。我国现在已经制定了的标准有托盘标准、集装箱标准、包装标准、装卸/搬运标准、存储作业标准、条码技术标准、物流信息标准、物流单元编码标准、物流设施与装备编码标准。以下从系统的观点对物流标准进行简单的介绍。

（一）大系统基础性标准

大系统基础性标准是制定其他物流标准应该遵循的具有配合性的、全国统一的基础性标准，是制定物流标准必须遵循的技术基础和方法指南。大系统基础性标准主要包括专业计量单位标准、物流基础模数尺寸标准、物流建筑模数尺寸标准、集装模数尺寸标准、物流专业名词标准等。以下并未将物流系统中需贯彻应用的全部标准化内容列出，仅列举其有物流突出特点的标准化内容。

1. 专业计量单位标准

物流标准是建立在一般标准化基础之上的专业标准化系统。除国家公布的统一计量标准外，物流系统有许多自身独特的专业计量问题，必须在国家及国际标准基础上，确定本身专门的标准。同时，由于物流的国际性很突出，制定物流系统专业计量标准时需要考虑国际计量方式的不一致性，还要考虑国际习惯用法，不能完全以国家计量标准作为唯一依据。

2. 物流基础模数尺寸标准

基础模数尺寸是指标准化的共同单位尺寸或系统各标准尺寸的最小公约尺寸。在制定各个具体的尺寸标准时，需要以基础模数尺寸为依据，选取其整数倍为规定的尺寸标准。以基础模数为出发点来确定尺寸可以大大减小系统的复杂性，使物流系统的各个环节配合协调，并成为系列化的基础。基础模数尺寸一旦确定，设备的制造、设施的建设、物流系统中各环节的配合协调、物流系统与其他系统的配合就有了依据。物流基础模数尺寸的确定，需要同时考虑国内物流系统与国际物流系统的衔接。目前，国际标准化组织（ISO）认定的物流基础模数尺寸是 600mm×400mm。

3. 物流建筑模数尺寸标准

物流建筑模数尺寸标准主要是指物流系统中各种建筑物所使用的基础模数，它是以物流基础模数尺寸为依据而确定的，也可以选择共同的模数尺寸。该尺寸是设计建筑物长、宽、高尺寸，门窗尺寸，建筑物间距离，跨度，以及进深等尺寸的依据。

4. 集装基础模数尺寸标准

集装基础模数尺寸标准是最小的集装尺寸。它是在物流基础模数尺寸基础上，按整数倍数推导出的各种集装设备的基础尺寸，以此尺寸作为设计集装设备三向尺寸的依据。在物流系统中，由于集装是起贯穿作用的，集装尺寸必须与各环节物流设施、设备、机具相配合，因此，整个物流系统设计时往往是以集装尺寸为核心，然后在满足其他要求的前提下决定设计尺寸。因此，集装模数尺寸影响和决定着与其相关各环节的标准化。

5. 物流专业名词标准

物流专业名词标准，包括物流专业名词的统一化、定义的统一解释、专业名词及术语的统一编码等。为了使整个大系统内各分系统相互配合和统一，尤其是在建立系统信息网络之后，要求所传递的信息具有准确性和唯一性，首先便要求其专用语言及所代表的含义实现标准化。如果同一个指令在不同环节或分系统之间有不同的理解，不仅会造成分系统或单个工作单元的混乱，而且容易导致整个大系统出现大的损失。如 GB/T3716—2000 就是定义托盘术语的标准。

6. 物流核算、统计的标准

物流核算、统计的标准化是建立系统情报网、对系统进行统一管理的重要前提条件，也是对系统进行宏观控制与微观监测的必备前提。主要包括下述内容：

(1) 确定共同的，能反映系统及各环节状况的最少核算项目；
(2) 确定能用于系统进行分析并可供情报系统收集储存的最少的统一项目；
(3) 制定核算、统计的具体方法，确定共同的核算统计计量单位；
(4) 确定核算、统计的管理、发布及储存规范等；
(5) 标志、图示和识别标准。

物流中的物品、工具、机具都处于不断运动中，因此，其识别和区分便十分重要。对于物流中的物流对象，需要有易于识别且易于区分的标志，有时需要自动识别，这就可以用复杂的条形码来代替用肉眼识别的标志。标志、条形码的标准化便成为物流系统中重要的标准化内容。比如，商品条码 GB12904—1998、四一七条码 GB/T17172—1997、交叉二五条码 GB/T l6829—l997、库德巴条码 GB/Tl2907—1991 等。

（二）分系统技术标准

与大系统基础性标准相对应，在物流运作的运输、仓储、包装、配送等环节需要设置各种分系统技术标准。以下列举了一些比较典型的分系统标准。

1. 运输车船标准

运输车船标准的实施对象是物流系统中从事物品空间位置转移的各种运输设备，如火车、货船、拖拉车、卡车、配送车辆等；从各种设备的有效衔接、货物及集装箱的装运、与固定设施的衔接等角度制定的车厢、船舱尺寸标准，载重能力标准，运输环境条件标准等；从物流系统与社会关系角度出发制定噪音等级标准、废气排放标准等。

2. 作业车辆标准

作业车辆标准的实施对象是物流设施内部使用的各种作业车辆，如叉车、台车、手推车等，包括作业车辆尺寸、运行方式、作业范围、作业重量、作业速度等方面的技术标准。

3. 传输机具标准

传输机具标准包括水平、垂直输送的各种机械式、气动式起重机和提升机的尺寸及传输能力等技术标准。

4. 仓库技术标准

仓库技术标准包括仓库尺寸、建筑面积、有效面积、通道比例、单位储存能力、总吞吐能力、温度、湿度等技术标准。如 HG/T20568—1994 是化工固体物料堆场及仓库设计标准，SBJ 01—1988 是商业仓库设计标准。

5. 站台技术标准

站台技术标准包括站台高度、作业能力等技术标准。

6. 包装、托盘、集装箱标准

包装、托盘、集装箱标准包括包装、托盘、集装箱尺寸标准，包装物强度标准，包装、托盘、集装箱重量标准，以及各种集装箱、包装的材料、材质标准等。如 GB/T 4892—1996 规定了硬质直方体运输包装尺寸系列标准，GB/T 2934—1996 规定了联运通用平托盘的主要尺寸及公差标准，

GB/T 1413—1998 规定了集装箱的分类、外部尺寸和额定质量标准。

7. 货架、储罐标准

货架、储罐标准包括货架净空间、载重能力、储罐容积尺寸标准等。

(三) 工作标准与作业规范

工作标准与作业规范是指针对各项工作的内容、方法、程序和质量而制定的统一要求和规范化规定，是实现物流作业规范化、效率化以及保证作业质量的基础。工作标准与作业规范可确定各种岗位职责范围、权利与义务、工作方法、检查监督方法、奖罚方法等。可使全系统统一工作方式，大幅度提高办事效率，方便用户的工作联系，防止在工作及作业中出现遗漏、差错，并有利于监督评比。如 TB 1936.2—1987 是铁路装卸作业标准，规范了桥式、龙门式起重机的作业。主要工作标准及作业规范有：

(1) 岗位责任及权限范围；

(2) 岗位交换程序及工作执行程序，如配运车辆每次出车规定应由司机执行的车检程序，车辆定期车检时间及程序等；

(3) 物流设施、建筑的检查验收规范；

(4) 货车、配送车辆运行时间表及运行速度限制等；

(5) 司机顶岗时间，配送车辆的日配送次数或日配送数量；

(6) 吊钩、索具的使用及放置规定；

(7) 情报资料的收集、处理、使用及更新规定；

(8) 异常情况的处置办法等。

三、物流标准化

物流标准化是现代物流发展的基础，是提高物流效率的重要途径，是构筑全球物流通关的必要前提条件。在国际上，物流标准化已经成为行业发展的关注焦点。迄今为止，国际标准化组织已批准发布了 200 多项与物流设施、运作模式与管理、物流条码标志、数据信息交换等相关的标准，我国有关部门在此基础上也相继出台了与国际标准接轨的系列标准。这些标准是现代物流企业发展进程中必须遵循的准则，否则，将导致物流系统的离散性和信息孤立，最终无法实现物畅其流、快捷准时、经济合理和用户满意的要求。

(一) 物流标准化

物流标准化，指的是以物流为一个大系统，制定系统内部设施、机械装备、专用工具等各个分系统的技术标准；制定系统内各分领域如包装、装卸、运输等方面的工作标准；以系统为出发点，研究各分系统与分领域中技术标准与工作标准的配合性要求，统一整个物流系统的标准；研究物流系统与其他相关系统的配合性，进一步谋求物流大系统的标准统一。简而言之，物流标准化就是统一整个物流系统的标准的过程。

物流标准化主要涉及的方面有：物流设施标准化，包括托盘标准化、集装箱标准化等；物流作业标准化，包括包装标准化、装卸/搬运标准化、运输作业标准化、存储标准化等；物流信息标准化，包括 EDI/XML 标准电子报文标准化、物流单元编码标准化、物流节点编码标准化、物流单证编码标准化、物流设施与装备编码标准化、物流作业编码标准化等。

根据物流标准化定义，可以看出物流标准化具有以下含义。

（1）物流标准化是一个不断循环、螺旋式上升的过程。物流标准化是一个制定标准、贯彻执行标准、随着物流发展的需要修订标准的连续性循环活动过程。每完成这样一个循环，标准的水平就提高一步。具体的物流标准实施后，制定标准的有关部门应根据科学技术的发展和经济建设的需要适时进行复审，以确定现行的物流标准是否继续实施或者进行修订或者予以废止。

（2）物流标准化的效果只有通过在物流生产运作实践中实施标准才能表现出来。在整个物流标准化活动中，贯彻实施物流标准是关键环节，是建立最佳秩序，取得最佳效益的落脚点。只有整个物流系统实现标准化，每一项标准都得到贯彻实施，才能加快运输、装卸速度，降低库存费用，减少中间损失，提高运作效率。

（3）物流标准化是一个相对的概念。从物流标准的深度上看，无论是单个标准，还是系统标准，都要随着科学技术和经济发展状况进行相应调整。每经过一次调整，整个物流标准体系的结构会更加趋于合理，功能水平也会相应提高，并有一个逐步向深层次发展的趋势。从物流标准的广度上看，任何一项孤立的标准，即使设计水平很高、标准设置很完整，标准化的目的也是不容易在实践中实现的。只有将各个独立的相关标准都建立起来，使之形成一个协调的系统，发挥系统整体的作用，标准化的目标才易于实现。这个系统再通过不同的接口与其他系统相互结合、配套，形成更大的系统。因此，物流标准化的活动过程就是系统的建立和系统之间相互协调、同步发展的过程。

（4）物流标准化的产物是物流标准。物流标准化的目的和作用要通过制定并贯彻具体的物流标准来实现。制定物流标准、贯彻物流标准和修订物流标准，是物流标准化工作的基本任务和主要内容，相应的物流标准化工作的产物就是物流标准。

（二）物流标准化的特点

物流标准化的主要特点表现为以下几个方面。

1. 物流标准化的涉及面更为广泛

与一般标准化不同，物流标准化的涉及面更为广泛，其对象也不像一般标准化系统那样单一，而是包括了机电、建筑、工具、工作方法等许多种类。物流标准虽然处于一个大系统中，但缺乏共性，从而造成标准种类繁多、标准内容复杂，也给标准的统一性及物流标准体系内部的配合性带来很大影响。

2. 物流标准化系统属于二次系统

物流标准化系统属于二次系统，或称为后标准化系统。这是由于物流及物流管理思想诞生较晚，而组成物流大系统的各个分系统在过去还没有归入物流系统之前就早已分别实现了本系统的标准化，并经多年的应用、巩固、发展，现在已经十分成熟，很难改变。在推行物流标准化时，必须以备份系统的已有标准为依据，如果有个别情况脱离了现在的生产实际，则可以把旧标准推翻，按物流系统所提出的要求重新建立标准化体系。总的来说，通常是在各个分系统标准化基础上建立物流标准化系统。这就必然从适应及协调角度建立新的物流标准化系统，而不可能全部创新。

3. 物流标准化体现科学性、民主性和经济性

物流标准化更应体现科学性、民主性和经济性。这既是标准的共性，也是物流标准化的特殊性所要求的。科学性是指要体现现代科技成果，以科学实验为基础，在物流系统中则还要求与物流的现代化相适应，要求能将现代科技成果联结成物流大系统。这既包含单项技术的高水平，还表现在整体协调与适应能力方面，即综合的科技水平最优。民主性是指标准的制定采用协商一致的办法，广泛考虑各种现实条件，听取各方意见，使标准更具权威，以减少标准实施的阻力，使之易于贯彻

执行。经济性是物流标准化的主要目标之一，也是标准生命力的决定因素。物流过程增值是有限度的，效益主要靠减少成本来获得，物流中的成本支出过多必然会影响效益。因此，不能片面追求物流运作的高科技化，以免引起物流成本的过分增加，会使标准失去生命力。

4. 物流标准化具有非常强的国际性

自我国实行改革开放政策以来，对外贸易和交流有了大幅度上升。特别是在加入 WTO 以后，国际交往和对外贸易显得越来越重要，对外贸易对我国国民经济发展起着举足轻重的作用。而国际贸易都是靠国际物流来完成的，只有各个国家之间的物流相互配合衔接，国际物流才会畅通无阻。参与国际物流的国家应力求使本国标准与国际物流标准体系相一致，否则，会加大国际交往的难度，阻碍国际贸易的发展。因此，物流标准化的国际性也是区别于其他产品标准的重要特点。

（三）物流标准化应遵循的基本原则

物流标准化应遵循以下基本原则。

1. 科学性、系统性、完整性原则

所制定的物流标准体系要科学、系统地表示物流各系统、行业、技术领域的内在联系，全面涵盖相关各行业、专业、技术领域。

2. 以现代物流为特征原则

物流标准体系要能够体现现代物流整体化运作规律和供应链管理理念，摈弃独立、分段、自成体系的传统运作方式，对少量原有的传统作业标准应予以修订。

3. 以市场需求为导向原则

物流标准的制定要体现物流市场对物流技术、服务、管理、信息的实际需求。物流是社会化大生产分工专业化的产物，与经济水平和市场发达程度密切相关，物流标准化在我国也由"行政需求"转向"市场需求"，只有满足市场需求的标准才是有价值的标准。

4. 实用性、可操作性、良好的拓展性原则

物流标准体系要能够表明物流标准化的发展趋势与重点，指导各部门、行业的具体工作，不改变现行标准管理体制，充分发挥各部门、各行业的作用。要借鉴、汲取其他行业标准体系研究的经验，为今后物流标准吸收物流科学新的研究成果留出余地。

5. 推进企业创新原则

通过科学系统的通用性、基础性国家标准的贯彻实施，鼓励和推动企业制定自己的技术、服务规范。物流标准化的目的不是要限制或制约企业正常的生产经营活动，相反，标准化就是要通过标准的实施促进企业在规范中发展，并不断进行提升和创新，推进企业顺利融入国际化的大舞台，充分发挥自己的优势和特点，不断成长壮大。因此，对于企业来讲，除了强制推广涉及安全、环保、基础信息、产业衔接等方面的标准外，更要鼓励企业制定和完善企业标准，如企业物流规划、物流作业规程、物流服务模式等方面的标准。

四、物流标准化的方法

（一）物流标准化的形式

标准化的形式是标准化内容的具体表现形式。标准化有多种形式，每种形式都有不同的标准化内容。在实际工作中，要根据不同的标准化任务选用适当的标准化形式。标准化的主要形式有简化、统一化、系列化、通用化和组合化。

（1）简化是在一定范围内缩减对象事物的类型数目，使之在既定时间内足以满足一般性需要的标准化形式。在物流运作的对象中，存在一些无用的、低功能的产品或品种，对这些产品需要增加运输、包装、储存等环节中的工具、装备和人力等资源，在流通过程中造成社会资源和生产力的浪费。简化是人类对社会产品的类型、流通手段和方法进行有意识的自我控制的一种有效形式。

（2）统一化是把同类事物两种以上的表现形态归并为一种或限定在一定范围内的标准化形式。统一化的目的是为了消除混乱，建立共同的规则。与简化着眼于精炼不同，统一化着眼于取得一致性，比简化更加深刻，更具有普遍性。在物流系统中，各种编码、符号、代号、标志、名称、运输机具的品种、规格、系列等必须实现统一。比如铁路的轨距被统一为1435mm。

（3）系列化是对同一类产品中的一组产品同时进行标准化的一种形式，是使某一类产品系统的结构优化、功能最佳的标准化形式，是标准化的高级形式。它按照用途和结构将同类型产品归并在一起，再根据同类型产品的主要参数、尺寸等，按照优先数理论进行分级，使同类产品易于与其配套产品协调，达到将其系列化的目的。系列化是改善物流、促进物流技术发展的有效方法。

（4）通用化是指在互相独立的系统中，选择和确定具有功能互换性或尺寸互换性的子系统或功能单元的标准化形式。其中，具有互换性是通用化的前提，不同的子系统或单元只有拥有功能上或者尺寸上的互换性时，通用化才有可能实施。通用化的目的在于最大限度地减少不必要的重复劳动，提高生产效率。通用化的程度越高，对市场的适应能力也就越强。

（5）组合化是按照标准化原则，设计并制造出若干组通用性较强的单元，并根据需要拼合成不同用途的物品的标准化形式。组合化的运用是以系统分解和组合理论为基础，将通用性较强的功能单元进行不同的组合，生产出功能更多、性能更优、效率更高和更加合理的产品。对于物流系统中的物品编码系统和相应的计算机信息系统就可以采用组合化的方法使之更加合理。

（二）物流标准化的思路

1. 确定标准化的基点

物流是一个非常复杂的系统，涉及面又很广泛，过去构成物流这个大系统的许多组成部分也并非完全达到标准化，而只是形成了局部标准化或与物流某一局部有关的横向系统的标准化。从物流系统来看，这些互相缺乏联系的局部标准化之间缺乏配合性，不能形成纵向的标准化体系。要形成整个物流体系的标准化，必须在这个局部中寻找一个共同的基点，这个基点能贯穿物流全过程，形成物流标准化工作的核心。这个基点的标准化成了衡量物流全系统的基准，是各个局部标准化的准绳。

为了确定这个基点，人们将进入物流领域的产品（货物）分成三类，即零星货物、散装货物与集装货物三类。这三种产品的标准化难易程度不同：零星货物和散装货物在换载、装卸等作业时，因为其品种形态多样，要实现操作及处理的标准化是相当困难的；集装货物在流转过程中始终都以集装体为基本单位，其集装形态在运输、储存、装卸搬运各个阶段基本上不会发生变化，也就是说，集装货物比较容易实现标准化处理。人们经过调查物流现状及对其发展趋势进行预测，肯定了集装形式是物流通行的主导形式，而散装只在某些专用领域可能会有所发展，而在这些专用领域很容易建立独立的标准化系统。至于零星货物，一部分可以向集装靠拢，另一部分还会保持其多样化的形态而难以实现标准化。

集装系统使物流全过程贯通而形成体系，是保持物流各环节上所使用的设备、装置及机械之间的整体性及配合性的核心，所以集装系统是使物流过程连贯而建立标准化体系的基点。

2. 体系的配合性

配合性是建立物流标准化体系必须体现的要求。要衡量物流系统标准化体系的成败，配合性是重要标准。配合性的好坏直接影响到物流系统的效率和经济效果。

上文讲到选取集装系统作为物流标准化的基点，整个物流体系的配合性就要以此为基点来进行设计。具体来说，物流系统中配合性的主要范围如下。

（1）集装与生产企业最后工序至包装环节的配合性。为此要研究集装的"分割系列"；以此来确定包装环节的要求。如包装材料及其强度、包装方式、规格尺寸等。

（2）集装与装卸机具、装卸场所、装卸小工具（如索具、跳板）的配合性。

（3）集装与仓库站台、货架、搬运机械、保管设施乃至仓库建筑的配合性。

（4）集装与保管条件、工具、操作方式的配合性。

（5）集装与运输设备、设施的载重、有效空间尺寸等的配合性。在以集装为基本单位的物流系统中，经常使用许多基本集装单元组成大集装单位。例如：将集装托盘货载放入大集装箱或国际集装箱，就组成了以大型集装箱为整体的更大的集装单位；将集装托盘货载或小型集装箱放入货车车厢，货车车厢就组成了运输单位。

（6）集装与末端物流的配合性。根据当前状况和对未来发展趋势的预测，整个经济活动越来越以消费者为中心，越来越关注消费者需求，逐渐形成了"用户第一"的观念。这在物流系统中的反映，就是末端物流越来越受到重视，集装物流转变为末端物流，一方面对简单性的集装容易地进行多样化的分割，就必须研究集装的"分割系列"；另一方面是进行"流通加工"活动，以解决集装的简单化与末端物流多样化要求的矛盾。衔接消费者的"分割系列"与衔接生产者的"分割系列"有时是有矛盾的，所以对于集装的配合性不能孤立地进行研究，要与生产的包装的配合性结合起来进行研究，这样就增加了复杂性。

（7）集装与国际物流的配合性。由于国际贸易额的急剧增加及跨国企业的建立，对集装与国际物流的配合性的研究成为物流标准化的重要方面。标准化空间越大，标准化的利益就越大。国际标准逐渐统一，国际标准化空间日益扩大，已是大势所趋。向国际标准靠拢，积极采用国际标准，将是今后最有益的途径。标准化在国际贸易中将发挥越来越大的作用。

3. 传统、习惯及经济效果的统一性

物流活动是和产品生产系统，车辆、设备制造系统，消费使用系统等密切联系的。早在物流的系统思想建立之前，这些与物流密切联系的系统就已经建立起各自的标准体系，或者形成了一定的习惯。在这种情况下，物流标准体系的建立，只考虑本系统的要求是不行的，还必须适应这些既成事实，或改变这些既成事实。这就势必与早已实现标准化的各个系统、与长期形成的习惯及社会的认识产生矛盾，这些矛盾涉及人的看法、习惯，也涉及宏观和微观的经济效果。

所以，单从技术角度来研究个别标准的配合性虽然是必要的，但最后不一定以研究的结论作为定论。因为上述问题涉及物流系统标准化经济效果的计算问题。如上所述，由于物流系统标准化往往牵动其他系统，所以标准化经济效果的计算是十分复杂而困难的事情。目前，物流系统标准化工作进展较快的日本等国，也正在研究经济效果的计算方法，但还没有形成一套成熟的东西。

4. 与环境及社会的适应性

物流对环境的影响在近些年来表现出尖锐化和异常突出的倾向，主要原因是物流量加大，物流速度增加，物流设施及工具大型化之后，使环境受到影响。对环境的影响主要表现为噪音对人的精

神、情绪、健康等方面的影响，废气对空气、水的污染，以及运输车辆对人身的伤害等。这些影响与物流标准化有关，尤其是在推行标准化过程中，人们往往只重视设施、设备、工具、车辆技术标准等内在标准的研究，而忽视物流对环境及社会的影响，从而强化了上述矛盾，这是有悖于物流标准化的宗旨的。

所以，在推行物流标准化时，必须将物流对环境的影响放在标准化的重要位置上，除了有反映设备能力、效率、性质的技术标准外，还要对安全标准、噪音标准、排放标准、车速标准等作出具体规定，否则，再高的标准化水平如果不被社会接受，甚至受到居民及社会的抵制，也很难发挥作用。

5. 贯彻安全与保险的原则

物流安全问题也是近些年来非常突出的问题，往往是一个安全事故会使一个企业蒙受巨大损失，几十万吨的超级油轮、货轮遭受灭顶之灾的事例并不少见。当然，除了经济方面的损失外，人身伤害也是物流过程中经常出现的，如交通事故的伤害，物品对人的碰撞伤害，以及危险品的爆炸、腐蚀、毒害等伤害。所以，物流标准化中的一项重要工作是对物流安全性、可靠性的规定和为安全性、可靠性统一技术标准和工作标准。

物流保险的规定也是与安全性、可靠性标准有关的标准化内容。在物流中，尤其在国际物流中，都有世界公认的保险险别与保险条款。虽然许多规定并不是以标准化形式出现的，而是以立法形式出现的，但是，其共同约定及共同遵循的原则是通用的，是具有标准化内涵的，其中不少手续、申报、文件等都有具体的标准化规定，保险费用等的计算也受标准规定的约束。因此，物流保险的相关标准化工作，也是物流标准化的重要内容。

（三）物流标准化的方法

从世界范围来看，各国物流体系的标准化都还处于初始阶段。在初始阶段，标准化的重点在于通过制定标准规格尺寸来实现物流系统的全面贯通，取得提高物流效率的初步成果。这里介绍标准化的一些方法。

1. 确定物流基础模数尺寸

物流基础模数尺寸的作用和建筑模数尺寸的作用大体是相同的，其考虑的基点主要是简单化。基础模数尺寸一旦确定，设备的制造、设施的建设、物流系统中各环节的配合协调、物流系统与其他系统的配合就有所依据。目前，国际标准化组织中央秘书处及欧洲各国已基本认定600mm×400mm为基础模数尺寸。

那么，600mm×400mm的基础模数尺寸是如何确定的呢？由于物流标准化系统较之其他标准化系统建立较晚，所以，确定基础模数尺寸主要考虑了目前对物流系统影响最大而又最难改变的事物，即输送设备。基础模数尺寸是通过采取"逆推法"，由输送设备的尺寸来逆推出最佳的尺寸。另外，在确定基础模数尺寸时也考虑到了现在通行的包装模数和使用的集装设备，并从行为科学的角度研究了对人及社会的影响。从其与人的关系看，基础模数尺寸是适合人体操作的高限尺寸。

2. 确定物流模数

物流模数即集装基础模数尺寸。已知物流标准化的基点建立在集装的基础上，所以，在基础模数尺寸之外，还要确定集装的基础模数尺寸（即最小的集装尺寸）。

集装基础模数尺寸可以由600mm×400mm按倍数系列推导出来，也可以在满足600mm×400mm的基础模数的前提下，从卡车或大型集装箱的分割系列推导出来。日本在确定物流模数尺寸时，就是采用后一种方法，以早已大量生产并实现了标准化的卡车车厢宽度作为确定物流模数的起点，推导出集装基础模数尺寸。根据2500mm的卡车车厢外壁宽度，减去车厢壁宽和作业空间，确定1200mm×1000mm为其物流模数。

3. 以分割及组合的方法确定系列尺寸

物流模数作为物流系统各环节标准化的核心，是形成系列化的基础。依据物流模数进一步确定有关系列的大小及尺寸，再从中选择全部或部分，确定为定型的生产制造尺寸，这就完成了某一环节的标准系列。

根据物流模数可以推导出大量的系列尺寸。例如，按照1200mm×1000mm推算出的最小尺寸为200mm×200mm的整数分割系列尺寸就有32个，这32个尺寸被日本工业标准JIS规定为"运输包装系列尺寸"（见表10—1）。

表10—1 运输包装系列尺寸

单位：mm

名称编号	长×宽	长/宽	堆码层数×单层堆码数量	堆码模型
12—1	1200×1000	1.2	1×1	B
12—2	1200×500	2.4	1×2	B
12—3	1200×333	3.6	1×3	B
12—4	1200×250	4.8	1×4	B
12—5	1200×200	6	1×5	B
12—6	1000×600	1.6	1×2	B
12—7	1000×400	2.5	1×3	B
12—8	1000×300	3.333	1×4	B
12—9	1000×240	4.166	1×5	B
12—10	1000×200	5	1×6	B
12—11	600×500	1.2	2×2	B
12—12	600×400	1.5	5	B、R
12—13	600×333	1.8	2×3	B
12—14	600×250	2.4	2×4	B
12—15	600×200	3	10	B、R
12—16	500×400	1.25	2×3	B
12—17	500×300	1.666	2×4	B
12—18	500×240	2.083	2×5	B
12—19	500×200	2.5	2×6	B
12—20	400×333	1.2	3×3	B
12—21	400×300	1.333	10	B、R
12—22	400×250	1.6	3×4	B
12—23	400×200	2.0	15	B、R
12—24	333×300	1.111	3×4	B
12—25	333×240	1.388	3×5	B
12—26	333×200	1.666	3×6	B
12—27	300×250	1.2	4×4	B
12—28	300×200	1.5	20	B、R
12—29	250×240	1.041	4×5	B
12—30	250×200	1.25	4×6	B
12—31	240×200	1.2	5×5	B
12—32	200×200	1.0	5×5	B

目前，国际物流模数尺寸的标准化正在研究制定中，但与物流有关的许多设施、设备的技术标准大多早已发布，并有专门的专业委员会负责制定新的国际标准。ISO 对物流标准化的研究工作也还在进行中。对于物流标准化的重要模数尺寸已大体取得了一致意见或拟订出了初步方案。以下是几种基础模数尺寸。

（1）物流基础模数尺寸：600mm×400mm。

（2）物流模数尺寸（集装基础模数尺寸）：以 1200mm×1000mm 为主，也允许为 1200mm×800mm 及 1100mm×1100mm。

（3）物流基础模数尺寸与集装基础模数尺寸的配合关系。以 1200mm×1000mm 为例，采取 600mm×400mm 的集装尺寸，如图 10—1 所示。

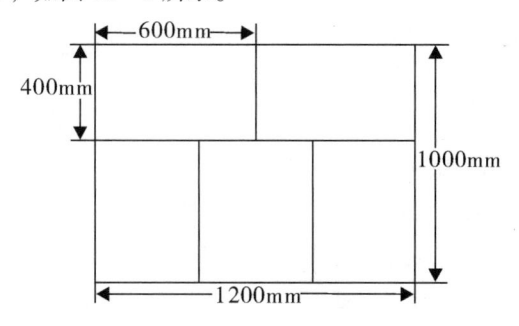

图 10—1　模数尺寸配合关系

和其他领域不同，我国物流尚处于起步阶段，还没有形成被全国普遍接受的标准化体系。我国已经制定了一些分系统的标准，其中，汽车、叉车、吊车等已经全部实现了标准化，对包装模数及包装尺寸、联运用平托盘等也制定了国家标准。参照国际标准，我国还制定了运输包装部位标示方法的国家标准。其中，联运平托盘外部尺寸系列规定了两种优先选用尺寸，分别为 TP 2800mm×1200mm 和 TP 3100mm×1200mm；可选用尺寸一种，即 TP 800mm×1000mm。我国要以本国基准为基础，与国际发展趋势相吻合，从而发展我国的标准化体系。

第二节　物流标准化的重要性

一、国际物流标准化发展现状

（一）两大标准化体系

国际物流标准化是伴随着科学技术和国际贸易交换的发展而发展起来的。1875 年，17 个国家缔结了《米制公约》，这是国际标准化活动的第一项重大成果，统一了国际范围内的物体尺寸度量标准。世界性两大标准化组织——国际电工委员会（TEC）和国际标准化组织（ISO）于 1906 年、1947 年分别成立，开展了世界范围内的国际标准化活动。以国际标准为基础制定本国标准，已经成为 WTO 对其各成员的要求。目前，世界上约有近 300 个国际性和区域性组织，制定标准和技术规则。其中，最大的是国际标准化组织（ISO）、国际电工委员会（IEC）、国际电信联盟（ITU）、国际物品编码协会（EAN）与美国统一代码委员会（UCC）联盟等，它们创立的 ISO、IEC、ITU、EAN/UCC 均为国际标准。

从世界范围看，各个国家物流体系的标准化都还处于初始阶段，标准化的重点在于通过制定标准规格尺寸来实现全物流系统的贯通，提高物流效率。与物流密切相关的有两大标准化体系：ISO

和 EAN/UCC。

1. ISO

目前，ISO/IEC 下设了多个物流标准化的技术委员会，负责全球的物流相关标准的制修订工作。已经制定了 200 多项与物流设施、运作模式与管理、基础模数、物流标志、数据信息交换相关的标准。ISO 与联合国欧洲经济委员会（UN/ECE）共同承担电子数据交换（EDI）标准的制定工作，ISO 负责语法规则和数据标准制定，UN/ECE 负责报文标准的制定。在 ISO 现有的标准体系中，与物流相关的标准约有 2000 条，主要是运输、包装、流通加工、信息等方面的标准，侧重于物流模数系统的标准化，包括包装、单元货物、装卸设备、托盘、仓储装置、运输装备等，以考虑各方面尺寸的协调。其中，运输方面的标准有 181 条、包装方面的标准有 42 条、流通方面的标准有 2 条、仓储方面的标准有 93 条、配送方面的标准有 53 条、信息方面的标准有 1605 条。

2. EAN/UCC

物流标准化的很重要的一个方面就是物流信息的标准化，包括物流信息标志标准化、物流信息自动采集标准化、自动交换标准化等。

EAN 的管理对象主要是北美以外的地区，它是对货物、运输、服务和位置进行唯一有效编码并推动其应用的国际组织，是国际上从事物流信息标准化的重要国际组织。而美国统一代码委员会（UCC）是北美地区与 EAN 对应的组织。近两年来，两个组织加强合作，达成了 EAN/UCC 联盟，以共同管理和推广 EAN/UCC 系统，意在全球范围内推广物流信息标准化。其中，推广商品条码技术是其系统的核心，为商品提供了用标准条码表示的有效、标准的编码，而且商品编码的唯一性使其可以在世界范围内被跟踪。

EAN 开发的对物流单元和物流节点的编码，可以用确定的报文格式通信，国际化的 EAN/UCC。标准是 EDI 的保证，是电子商务的前提，也是物流现代化的基础。

（二）发达国家物流标准化发展现状

随着信息技术与电子商务、电子数据交换技术、供应链的快速发展，国际物流业已经进入快速发展阶段。而物流系统的标准化和规范化，已经成为先进国家提高物流运作效率和效益，增强竞争力的必备手段。在国际集装箱和 EDI 技术发展的基础上，各国开始进一步在物流的交易条件、技术装备规格，特别是单证、法律环境、管理手段等方面推行国际的统一标准，使国内物流与国际物流融为一体。

1. 日本

日本很重视物流标准化，标准化的速度也很快。日本企业对物流技术平台的应用极为重视，几乎所有的专业物流企业都通过信息管理系统来处理和控制物流信息，为客户提供全方位的信息服务。日本在标准体系研究中注重与美国和欧洲进行合作，将重点放在标准的国际通用性上。

日本政府工业技术院委托日本物流管理协会调查研究物流机械、设备的标准化，已提出日本工业标准（JIS）关于物流方面的若干草案，草案内容涉及物流模数体系、集装箱的基本尺寸、物流用语、物流设施的设备基准、输送用包装的系列尺寸（包装模数）、包装用语、大型集装箱、塑料制通用箱、平托盘、卡车车厢内壁尺寸等。在日本现有的标准体系中，与物流相关的标准有 400 余条，其中，运输方面的标准有 24 条、包装方面的标准有 29 条、流通方面的标准有 4 条、仓储方面的标准有 38 条、配送方面的标准有 20 条、信息方面的标准有 302 条。

2. 美国

美国作为北大西洋公约组织成员之一，参加了北大西洋公约组织的物流标准制定工作，制定出了物流结构、基本词汇、物流定义、物流技术规范、海上多国部队物流、物流信息识别系统等标准。美国国防部建立了军用和民用物流的数据记录、信息管理等方面的标准规范。美国国家标准协会（ANSI）积极推进物流的运输、供应链、配送、仓储、EDI 和进出口等方面的标准化工作。美国与物流相关的标准有 1200 余条，其中，运输方面的标准有 91 条、包装方面的标准有 314 条、装卸方面的标准有 8 条、流通方面的标准有 33 条、仓储方面的标准有 487 条、配送方面的标准有 121 条、信息方面的标准有 123 条。

在参加国际标准化活动方面，美国积极加入 ISO/TCl 04，在美国国内设立了相应的第一分委会（负责普通多用途集装箱）、第二分委会（负责特殊用途集装箱）和第四分委会（识别和通信）。美国还加入了 ISO/TCl22，ISO/TCl54 管理、商业及工业中的文件和数据元素等委员会。美国参加了 ISO/TC204 技术委员会，并由美国智能运输系统协会（ITS America）作为其技术咨询委员会，负责召集所有制定智能运输系统相关标准的机构成员共同制定美国国内的 ITS 标准。

美国统一代码委员会（UCC）为给供应商和零售商提供一种标准化的库存单元（SKU）数据，早在 1996 年就发布了 UPC 数据通信指导性文件，美国标准协会也于同年制定了装运单元和运输包装的标签标准，用于物流单元的发货、收货、跟踪及分拣，规定了如何在标签上应用条码技术，甚至包括用二维条码四一七和 MAXICODE，通过标签来传递各种信息，实现了 EDI 报文的传递，即所谓的"纸面 EDI"，做到了物流和信息流的统一。

3. 其他国家

在英国现有的标准体系中，与物流相关的标准约有 2500 条，其中，运输方面的标准有 733 条、包装方面的标准有 432 条、装卸方面的标准有 51 条、流通方面的标准有 51 条、仓储方面的标准有 400 条、配送方面的标准有 400 条、信息方面的标准有 400 条。在德国，也形成了较为完善的物流标准体系，该体系包含的与物流相关的标准约有 2480 条，其中，运输方面的标准有 788 条、包装方面的标准有 40 条、流通方面的标准有 124 条、仓储方面的标准有 500 条、配送方面的标准有 499 条、信息方面的标准有 499 条。在澳大利亚现有的标准体系中，与物流相关的标准约有 700 条，其中，运输方面的标准有 6 条、包装方面的标准有 33 条、流通方面的标准有 5 条、仓储方面的标准有 101 条、配送方面的标准有 36 条、信息方面的标准有 501 条。

如果把在标题中含有"物流"的标准称为专门标准，把针对物流活动的技术标准称为业务标准，大体上可将美国、德国和英国归为一类，其特点是在已有的业务标准基础上制定了专门标准；可将日本和澳大利亚归为一类，其特点是注重完善业务标准。它们的共同特点是涉及的新领域的标准如 EDI 标准、GPS 标准和条码技术标准等，都在积极引进和采用国际标准。第一类的优势在于能够在系统的国家标准基础上，较快地建立物流系统的标准体系，在国家标准尚未覆盖的领域，优先引进和采用国际先进标准。第二类的优势在于业务标准的行业覆盖面较宽，适应范围较广，达到这一目标需要较长的时间，涉及的行业也较多。

二、我国国内物流标准化发展现状

标准化是现代物流的基础，也是我国政府促进现代物流业加快发展的一项重要的产业政策。近年来，我国物流标准化得到了较快的发展，特别是全国物流标准化技术委员会和全国物流信息管理标准化技术委员会成立后，物流标准化工作发生了显著变化。在政府部门和全社会物流业界的共同努力下，物流标准发展规划制定完成，一批重要的基础性和通用性标准的制定和修订步伐大大加快，物流标准的制定和修订过程逐步与国际接轨，物流的标准化和信息化结合更加紧密，标准直接推动经济规范发展的作用更加明显，企业参与标准化工作的意识普遍提高，许多大企业和重点企业正在成为物流标准化工作的骨干。以八部委联合发布《全国物流标准2005—2010年发展规划》为标志，我国的物流标准科学体系已经初步建立，物流标准化工作正在取得多方面的突破性发展。

（一）建立物流相关的标准化组织、机构

我国已经建立了一套以国家技术监督局为首的全国性标准化研究管理机构体系，这中间有许多机构和组织从事着与物流标准化相关的工作，如机械部标准化研究所、中国标准化与信息分类编码研究所以及全国物流标准化技术委员会和全国物流信息管理标准化技术委员会等。

为了加强物流标准化的组织工作，2003年，经过各有关部门的积极努力和多方协调，国家标准化管理委员会批准成立了全国物流信息管理标准化技术委员会和全国物流标准化技术委员会。全国物流信息管理标准化技术委员会主要负责物流信息基础、物流信息系统、物流信息安全、物流信息管理、物流信息应用等领域的标准化工作，秘书处设在中国物品编码中心。全国物流标准化技术委员会主要负责物流信息以外的物流基础、物流技术、物流管理和物流服务等领域的标准化工作，秘书处挂靠在中国物流与采购联合会。这两个标准化技术委员会同受国家标准化管理委员会的直接领导。自此，困扰我国物流标准化工作多年的没有统一的物流标准化归口单位问题终于解决，为在我国系统开展物流标准化工作奠定了组织保证。

（二）物流标准科学体系初步形成

从2003年下半年开始，在国务院有关部门支持下，国家标准化管理委员会委托全国物流标准化技术委员会和全国物流信息管理标准化技术委员会组建课题组，确定以制定"物流标准体系表"为核心，研制我国的物流标准规划。规划研究制定历时约两年，其间，政府部门、科研院校、技术组织、行业协会和企业界先后有300多人次参与了课题的研究、论证和起草工作，国家发改委、商务部、铁道部、交通部、信息产业部、民航总局、海关总署以及邮政、机械、包装和军队等有关机构给予了大力支持。在此基础上，形成了一套较为完善的物流标准体系。以这个体系为基础，2005年6月28日，国家标准委、国家发改委、商务部、铁道部、交通部、国家质检总局、民航总局、国家统计局等八个部门联合印发了《全国物流标准2005—2010年发展规划》（以下简称《规划》）。这个《规划》同时也是国务院全国现代物流工作协调机制的重要协调成果。《规划》与国家"十一五"规划相衔接，依据国际现代物流业发展趋势和我国物流业发展现状，提出了2005～2010年我国物流标准化工作的指导思想、总体目标、重点任务、主要措施和302项具体的标准制定和修订项目。《规划》的出台，不仅为各部门、各行业编制物流标准中长期规划和年度计划提供了依据，对"十一五"期间物流标准化工作具有重要指导意义，而且从根本上改变了过去我国物流标准工作分散、零乱、衔接性不好、跟不上经济发展需要的落后状况，标志着我国现代物流科学体系已经初步建立和发展起来，从标准技术层面为我国物流业的快速发展夯实了基础。

（三）物流标准化研究和标准制定方面成绩显著

物流活动涉及国民经济的众多部门。现代物流在我国各行业的普遍发展开始于20世纪90年代末，物流标准化的进展由此可以分为两个阶段：第一阶段，在20世纪末之前的长期发展过程中，物流标准化问题尚未被提出，运输、仓储、信息、邮政、商贸、机械等物流相关行业，按照传统流通方式制定本行业的技术装备和作业环节标准，没有充分考虑行业衔接与整合运作的需要。在现有与物流业相关的标准中，这一阶段的标准占据了主要部分。第二阶段，从20世纪初开始，随着我国物

流产业的逐渐形成，物流业在国民经济中的地位日益突显，物流标准化问题开始受到各有关方面的重视。按照供应链管理理论和现代物流发展的内在规律，建立完整、系统、相互衔接、相互联系的物流标准体系，推进物流业的健康发展，成为迫切需要解决的问题。这一阶段，在国家标准化主管部门的指导下，各相关部门制定的物流方面的技术标准无论在产业衔接方面还是在各相关行业普遍应用性方面都有了一定程度的进步，但是由于起步较晚，这方面发布和实施的标准数量较少。

近几年来，我国物流基础性和通用性标准的制定和修订步伐加快。在国家标准化管理委员会的统一规划下，全国物流标准化技术委员会和全国物流信息管理标准化技术委员会积极申报和安排项目，提出了一批现代物流业发展急需的、通用性好、基础性强的重点标准制定和修订项目。其中，包括物流术语、物流成本构成与计算、物流中心作业通用规范、联运平托盘尺寸及公差等。国家标准物流术语自2001年公布以来，在规范我国物流业发展、推动我国物流产业进步等方面发挥了重要作用。随着物流管理和物流技术的日益进步，国际物流企业逐步向国内物流市场的渗透，以及现代物流理念的不断发展，原有的不少条目已经大大落后于物流实践的发展，不少新的物流现象与理论也需要通过标准作出规定性的解释。2005年，全国物流标准化技术委员会和全国物流信息管理标准化技术委员会对物流术语进行较大幅度的修订，词条由原145条增加到260余条，并对原有的一半以上的术语进行了重新定义。托盘应用水平是现代物流发展的重要标志。与发达国家相比，我国的托盘标准化和社会化应用水平仍存在较大差距，如何缩短这一差距，是降低我国物流总成本、提高物流运作效率的重要环节。2005年，全国物流信息管理标准化技术委员会牵头修订《联运平托盘尺寸及公差》国家标准，除拟等效采用国际标准规定的6种规格的托盘尺寸外，还将考虑重点推广一两种规格尺寸符合我国及亚洲地区特点的托盘规格标准，为托盘的社会化应用创造条件。此外，物流成本构成与计算、物流中心作业通用规范等政府部门和社会广泛关注的通用性和基础性标准也完成了调研和论证，进入项目审核阶段。

根据对与物流相关的标准化工作情况的统计，截至2003年底，我国已发布国家标准、行业标准522项，其中，国家标准331项，行业标准191项；国家标准中，涉及物流设备的标准40项，涉及物流技术方法的标准36项，涉及物流管理的标准153项，涉及物流信息的标准101项；行业标准中，涉及物流设备的标准49项，涉及物流技术方法的标准27项，涉及物流管理的标准112项，涉及物流信息的标准3项。

在已发布的国家标准中，强制性标准105项，占31.7%，推荐性标准226项，占68.3%。行业标准中，强制性标准65项，占34%，推荐性标准126项，占66%。

（四）企业积极参与物流标准化

近年来，企业参与物流标准化的积极性比以前显著提高。首先，企业积极参与标准的制定。如中储物流在线有限企业已经制定了数码仓库应用系统规范、物资银行、物流仓储业务服务规范等标准。另外，企业在物流管理过程中积极采用物流标准，提高物流效率。如鉴于条码技术在物流管理过程中的作用，国内企业在物流管理过程中积极推广条码技术的应用。杭州华商集团有限企业为提高自动化管理的程度，建立国内先进的物流配送中心，准备使用ITF—14条码进行分拣和配送。上海联华超市也在积极建立基于条码应用的现代化配送中心。

（五）推进物流标准逐步与国际接轨，积极参与国际物流标准化活动

建立完整科学的物流标准体系，必须认真借鉴国际物流标准化工作的先进经验，积极采用推进国际物流界通行的共同遵守的国际标准，推进我国的物流标准化，加快融入国际物流标准化体系的

步伐,加快与国际接轨,早日达到国际先进水平。目前,我国在推进物流标准与国际接轨方面有了进一步发展。

(1) 大力开展学术研究。全国物流标准化技术委员会承接的《物流标准化体系》建设、《物流标准化与现代物流业的发展》研究课题于2005年分别完成。这些研究成果对我国物流标准化发展的历史与现状、发达国家物流标准化的发展状况、中外物流标准化发展状况等进行了深入的调查、分析、研究和对比,提出了中国物流标准化战略实施的构想,对推动我国物流与国际物流标准化接轨具有较强的参考价值。

(2) 努力推进与发达国家物流组织在标准化领域的合作。为建立亚洲共同的托盘流通体系、降低国际物流成本,2004~2005年,中国物流与采购联合会和日本托盘协会、韩国托盘协会合作,召开了多次中日韩标准专家会议,确定三国共同推进亚洲一贯输送用平托盘,并明确了共用托盘的两种采用规格,为实现托盘的区域化、国际化流通和共用奠定了良好的基础。

(3) 积极采用国际先进标准。推动与国际物流标准技术的统一,是实现我国物流业与国际物流业全面接轨的重要途径。目前,我国物流业重要装备的制造如集装箱、叉车、托盘等,已普遍采用通行的国际标准。在包装、标志、运输、储存方面的77个国家标准中,已采用国际标准的有29个,占37.7%;公路、水路运输方面的66个国际标准中,已采用国际标准1个,占1.51%;铁路方面的125个国际标准中,已采用国际标准24个,占19.2%;车辆方面的265个国际标准中,已采用国际标准73个,占27.5%。2005年,在国家标准化管理委员会的提倡和组织下,物流业的国际采标率进一步提高。例如,我国托盘标准原采用的是国际标准化组织的4种推荐性标准,随着全球物流业的发展,国际标准化组织已将托盘的4种规格修订为6种。2005年,全国物流标准化技术委员会在组织修订我国托盘标准的过程中,已确定继续等效采用6种规格的国际标准,使我国在托盘的制造和使用上继续达到和国际标准的完全接轨,进而为建立托盘的全球共用系统准备条件。

另外,我国还积极参加了ISO和IEC与物流有关的各技术委员会及技术处,并明确了各自的技术归口单位,详见表10—2。

表10—2 ISO、IEC与物流有关的标准及我国归口技术单位

编 号	名 称	秘书国	我国归口技术单位
ISO/TC7	造船	荷兰	全国船舶标准化技术委员会秘书处
ISO/TC22	公路车辆	法国	机械部长春汽车研究所
ISO/TC51	托盘	英国	铁道部标准所
ISO/TC63	玻璃包装容器	捷克斯洛伐克	轻工部玻璃研究所
ISO/TC96	起重机	澳大利亚	机械部起重运输机械研究所
ISO/TC100	链条及链轮	英国	机械部标准所
ISO/TC101	连续装卸设备	法国	机械部起重运输机械研究所
ISO/TC104	集装箱	美国	全国集装箱标准化技术委员会秘书处
ISO/TC110	产业车辆	法国	机械部起重运输机械研究所
ISO/TC122	包装	加拿大	中国出口商品包装研究所
ISO/TD4	物流(协调有关标准)	英国	国家经贸委综合运输所
EC/TC9	牵引电气设备	英国	常州牵引电机厂
EC/TC18	船用电器设备	英国	船舶总企业604所、上海电器所
EC/T69	电汽车和电卡车	英国	长春汽车所、湘潭牵引电器所

尽管我国在物流标准化工作中取得了显著的成绩，但还是不可避免地存在着如下一些问题。

(1) 我国虽然已经建立了物流标志标准体系，但这些标准的应用和推广仍存在着严重问题。我国已经建立了物流标志标准体系，并制定了一些重要的国家标准，如商品条码、储运单元条码、物流单元条码等，但这些标准的应用推广存在着严重问题。以储运单元条码为例，储运单元条码国家标准可以起到对货物储运过程中物流条码的规范作用，在实际应用中又具有标志货运单元的功能，是物流条码标准体系中一个重要的基础应用标准，但其应用正确率不足15%。

(2) 货物在运输过程中缺乏基本设备的统一规范。现有托盘标准与各种运输装备、装卸设备标准之间缺乏有效衔接，降低了托盘在整个物流过程中的通用性，也在一定程度上阻碍了货物运输、储存、搬运等过程的机械化和自动化水平的提高。其中，托盘标准存在的问题较为典型，我国的物流企业的托盘标准有的采用欧美标准，有的采用日韩标准，还有的干脆自己定制，由于与产品包装箱尺寸不匹配，严重影响了物流配送系统的运作效率。而且各种运输方式之间装备标准也不统一。

(3) 物流包装标准与物流设施标准之间缺乏同步协调性。虽然目前我国对商品包装已有初步的国家和行业标准，但在与各种运输装备、装卸设施、仓储设施相衔接的物流单元化包装标准方面还比较欠缺，这对提升各种运输工具的装载率、装卸设备的荷载率、仓储设施空间的利用率方面影响较大。

(4) 我国许多部门和单位都在建设自己的商品信息数据库，但数据库字符组合的字段、类型和长度都不一致，形成一个个信息孤岛。

总的来说，我国从物流系统角度开展物流标准研究还处于起步阶段，物流系统中已有的标准主要来自于各行业子系统的国家标准，而且现有标准多集中于技术层面，对于物流各子系统的作业标准涉及不多。作业标准主要是指对各项物流工作制定的统一要求和规范化规定，这在以后的标准化工作中应重点研究。

我国的物流业是由传统的运输、仓储等行业发展而来的，距离现代物流的要求还有一段距离，而且与国外的物流发展相比也存在很大差距。在现有的标准中，物流管理、物流系统建设和物流服务等方面的标准几乎还是空白。我们制定物流标准体系不仅要把现在的标准集成汇总，更要从物流系统的角度使标准完整化，找到标准发展的方向，并在此基础上指导我国物流市场和物流企业的健康发展。

三、物流标准化的重要性

物流是一个大系统，系统的统一性、一致性和系统内部各环节的有机联系是系统能否生存的首要条件。物流标准为物流系统服务，物流标准化是保证物流系统统一和协调的必要条件。只有加快实现物流标准化，才能有效实施物流系统的科学管理，加快物流系统建设，促进物流系统与其他系统及国际系统的衔接，有效降低物流成本，提高物流系统的经济效益和社会效益。物流标准化的发展对整个物流业的发展起着重要作用。

(一) 物流标准化是实现物流管理现代化的重要手段和必要条件

物流系统是一个综合的大系统，分工越来越细，但对系统的统一性和一致性以及各环节的有机联系的要求越来越高，要使整个物流系统形成一个统一的有机整体，从技术和管理的角度上来讲，物流标准化起着纽带作用。只有制定各种物流标准并严格执行，才能实现整个物流大系统的高度协调统一，使各项工作有条不紊地进行。而方法、手段健全与否又会反过来影响指挥能力及决策水平。例如，由于我国目前物资编码尚未实现标准化，各个领域又分别制定了自己领域的统一物资编码，造成不同领域之间信息不能有效的交换，妨碍了系统物流管理的实施。

（二）物流标准化可保证整个物流系统功能的发挥

生产企业为实现自身的管理目标，必须对生产每一环节通过制定标准以建立生产技术上的统一性，以保证企业整个管理系统功能的发挥。尤其是开展管理业务标准化，把物流和其他业务活动内容衔接起来，承担各自责任。将工作程序等用标准形式确定下来，这样使物流操作、管理实现规范化、程序化、科学化，使企业形成一个有机的整体，以增加企业管理效能、降低生产成本、提高服务质量。

（三）物流标准化是产品在流通中的质量保证

物流工作中的重要任务是在规定的时间内把工厂生产的合格产品保质保量地送到用户手中。物流标准化对运输、包装之装卸搬运、储存、配送等各个子系统都制定了各种响应标准，形成物流质量保证体系，只要严格执行这些标准，就能有效保证将合格的产品安全地送到用户手中。

（四）物流标准化是降低物流成本，提高经济效益的有效措施

标准化可以带来效益，这在技术领域早已被公认，在物流领域也是如此。整个物流系统实现标准化后，可以加快运输、装卸搬运的速度，降低暂存费用，减少中间损失，提高工作效率，实现一通到户的物流，从而获得直接或间接经济效益。如果其中某一个环节的标准化工作没有做好，就会造成整个物流系统成本的提高，形成经济损失。例如，我国铁路、交通集装箱由于未实行统一标准，双方衔接时要增加一道"倒箱"工作，为此，每吨物资效益损失一元左右，相当于火车30千米以上的运费，这在广泛采用集装箱运输、物资运量加大后，效益损失是很大的。

（五）物流标准化可消除贸易壁垒，促进国际贸易的发展

在国际贸易中，一种很重要的障碍就是由于各国或地区标准不一而造成的技术壁垒。因为技术上的障碍，会影响产品出口或影响国外商品进口。因此，为了使国际贸易顺利发展，必须在运输工具、包装、装卸、仓储、信息，甚至资金结算等方面都采用国际标准，实现国际物流标准统一化，消除国际物流中因各国物流作业标准不一致的技术障碍。例如，集装箱的尺寸规格一定要与国际上相一致，与国外物流设施、设备、机具相配套，保证运输、装卸、仓储等物流活动顺畅进行。

全球经济一体化浪潮的到来，使世界各国的跨国企业开始把发展的目光集中在我国的市场。特别是我国加入WTO之后，物流业首先受到来自国外的物流企业的冲击。所以，我国的物流业必须全面与国际接轨，接纳先进思想，运用最科学的运作管理方法，改造我国的物流企业，提高自身的竞争力。物流标准化建设是引导我国物流企业与国际物流接轨的最佳途径。

第三节 物流标准体系表

一、物流标准体系表

物流标准体系是指在物流标准化活动范围内，各类标准按其内在联系形成科学的有机整体。这个定义包含了以下几方面的含义。

（1）标准体系的覆盖面是物流标准化活动的全部范围，也就是说，物流标准体系包括了物流过程所需要的全部标准。确定物流标准的对象及其涵盖的范围是建立物流标准体系的要点。总的来

说，只要属于物流活动范围，与技术、管理有关的重复性事物和概念，都可以作为物流标准的对象，纳入物流标准体系。

（2）物流标准体系的组成是各类标准。"各类"的一个含义是指物流标准体系包括不同级别的标准，亦即包括国家标准、行业标准、地方标准和企业标准；"各类"的另一个含义，是指物流标准化体系包括技术标准、管理标准和工作标准。

（3）从全国物流系统来看，物流标准体系内的标准，既包括现有标准，也包括应有和预计发展的标准，并随着物流技术的发展而不断更新和充实。可以说，物流标准体系是物流标准化工作的蓝图。

（4）物流标准体系内的各类、各项标准，都有一定的服务对象，起不同的作用。它们之间相互依存、相互关联，形成一个整体的功能。建立标准体系是一项系统工程，应运用系统工程的思想、方法、工具来研究和处理这些标准之间的关系，按一定的科学规律使之形成一个有机的整体。

近年来，随着我国物流产业的迅速发展，物流标准化建设滞后的问题日益突出，主要表现在物流标准化基础薄弱，物流标准的制定、修订跟不上经济发展的需要，已经出台的物流标准总体质量不高，与物流相关的标准化工作分散在不同的部门和行业，缺乏系统和有效的衔接等。针对我国物流标准化工作的不足，对物流标准化进行总体研究，编制系统的物流标准体系表，使物流标准化工作有规划、有重点、协调一致地发展，最终建立完善、规范、符合国际惯例的物流标准体系，已成为加快推进我国物流产业发展的迫切需求。

为了加强物流标准化的组织工作，2003年9月，在国家质检总局的领导下，国家标准化管理委员会牵头组建了全国物流标准化技术委员会和全国物流信息管理标准化技术委员会，并将编制物流标准体系表列为两个技术委员会的重点研究课题正式向国家标准委提出申报。我国的物流标准体系表如图10—2所示。

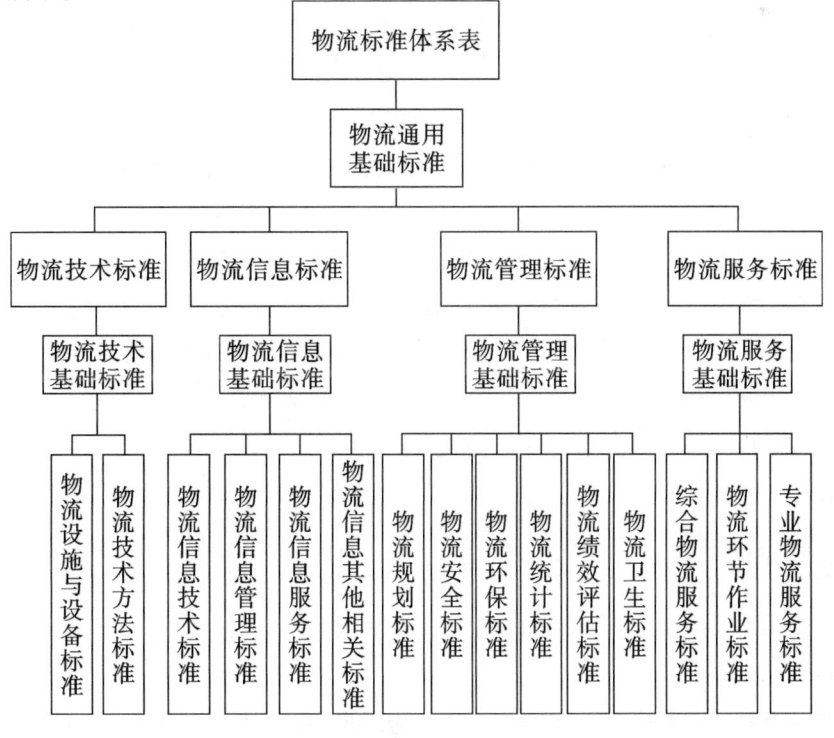

图10—2 我国的物流标准体系表

该物流标准体系表是在研究涉及物流领域各相关行业标准和各有关方面已有工作的基础上，充分吸收各项研究成果，对物流现代经营理念、操作方式、运营模式进行了较为系统的分析、研究，并经过有关部门、行业、科研机构和高等院校的反复讨论、修改之后，按照国家标准体系表编制的要求进行编制的。物流标准体系表突出了物流是系统资源整合、集成、优化的特点，重点放在相互的接口和物流需求派生的新物流服务方式涉及的标准制定上，对于传统的物流操作环节标准则作为相关标准处理。物流活动采用的技术装备和设施的标准，除安全、作业衔接要求等通用基础标准外，均不单独列出，由企业自行制定。

从我国情况看，涉及物流的标准在国家生产、流通、农业、建筑、军事等各部门和领域中均有体现，因此，本标准体系表所列标准应适用于农业、建筑业、加工制造业、交通运输业、商贸流通业、采矿业、邮政业、金融与保险业等各行业领域。

二、物流标准体系表的编制

物流标准体系表是依据 GB/T13016—91"标准体系表的编制原则和要求"、GB/T1524.1—2003"服务标准化工作指南"、GB/T18354—2001"物流术语"所编制的。这些国标是在我国 30 多个行业完成标准体系表的编制之后制定的，是我国标准化工作的经验总结，是我国标准化理论发展与实践经验相结合的重要科研成果。

（一）物流标准体系表编制的基本原则

在编制现代物流标准体系表的过程中，要始终考虑标准体系表本身以及相关指导部门对课题的要求，以全面性、系统性、先进性、预见性和拓展性为编制原则。

1. 全面性

应将物流过程中使用的各项标准分门别类，纳入相应的分体系之中，使这些标准之间协调一致、相互配套，构成一个完整、全面的体系结构。

2. 系统性

编制物流标准体系，在内容、层次上要充分体现系统性。按物流过程，恰当地将标准项目安排在相应的分体系之中，做到层次合理、分明，各作业标准之间尽可能体现出互相依存、衔接配套的关系。

3. 先进性

标准体系表中的标准项目，应充分体现等同或等效采用国际标准和国外先进标准的精神，保持我国标准与国外标准的一致性和兼容性，以保证我国的物流系统与国际标准的逐步接轨；要体现物流整体化运作规律和供应链管理理念，摒弃独立、分段、自成体系的传统运作方式，对少量原传统作业标准应予以修订。

4. 预见性

在编制标准体系表中的项目时，既要考虑到目前普遍使用的传统习惯和技术水平，也要对未来的发展有所预见，能够表明物流标准化的发展趋势与重点，使物流标准体系能适应物流业的发展，指导各部门、各行业的具体工作，不改变现行标准管理体制，充分发挥各部门、行业的作用。

5. 拓展性

物流标准体系框架并不是一成不变的，它将随着现代物流的发展和国际标准的不断完善而进行更新和充实，同时，也要体现出适合我国物流实际需求的原则，因此，对标准体系的扩充、维护和完善工作是必然要考虑的重要因素。要借鉴、汲取其他行业标准体系研究的经验，为今后物流标准吸收物流科学新的研究成果留出余地。

（二）物流标准体系表编制的目的和意义

1. 编制现代物流标准体系表的目的

研究和编制标准体系表是系统科学在标准化工作中的一种应用，是对标准化工作的一种现代化管理方法。标准体系表是在对一定范围的标准内涵作系统分析的基础上，对未来的标准发展蓝图和达到的目标，用一目了然的图表形式表示出来的科学、合理的安排。换句话说，标准体系表是一种现有和预计的标准发展的全面蓝图，是指导标准制定和修订计划的依据与基础，通过标准体系表可以找出同国外标准的差距及自己体系中的空白处，明确标准化工作的主攻方向和工作重点。因此，编制物流国家标准体系表的目的是按照体系表内的全部标准项目，有计划、积极稳妥地制定标准，并通过贯彻标准取得实效，深入开发标准化的市场竞争价值，提高标准化在国内外市场中的竞争地位和市场利益，逐步建立、完善物流标准体系，从而不断推进各项物流现代化工作的发展，加速技术进步，优化经营管理，提高经济效益和社会效益，为实施大物流战略服务。

2. 编制物流标准体系表的意义

（1）带动我国物流国家标准的全面制定，加快我国物流标准化的步伐。物流标准体系的制定，是我国开展物流标准化的基础性工作，通过制定物流标准体系，对物流行业所涉及的国内外全部应有标准有了全面的了解，用图表描绘出今后应发展的蓝图，可以明确努力方向和工作重点。我国物流业相关标准的制定将根据该体系表的框架有条理、有步骤地相继展开，最终形成全面、合理的现代物流标准体系。

（2）推动我国物流发展的标准化、合理化和现代化。物流标准体系的制定是我国物流工作全面标准化的关键，它必将带动我国物流国家标准的全面制定，这些标准规范的制定直接影响着我国企业内部和企业之间的采购、生产、销售、储存、运输、配送等各个环节的运作。在我国大力发展现代物流业的情况下，制定我国物流标准体系无疑能大大推动我国物流发展的标准化、合理化和现代化进程。

（3）推动我国物流发展的国际化。随着经济全球化和物流国际化的迅速发展，物流的标准化和规范化愈来愈重要，它是实现物流合理化、高效化的基础条件，对促进我国现代物流发展，提高物流服务质量和效率具有重要意义。由于我国物流标准化总体上落后于世界先进水平，影响了我国物流一体化和电子商务的发展，不利于我国加入WTO后物流业的发展和我国物流系统之间以及与国际物流之间的兼容。所以，从研究物流标准体系开始，逐步完善我国物流标准，适应了我国作为WTO成员国以及经济全球化、市场一体化和物流共同化的要求，必将推动我国物流发展的国际化水平。

三、物流标准体系表的内容

物流标准体系表突出与时俱进的特点，其目的是为了构筑一个物流业标准的有机体系，能反映出物流标准的现状、未来应该发展和制定的标准，具有一定的前瞻性。在参考了大量有关资料的情况下，按照标准化原理的指导并结合物流业本身的特点，对其进行系统的分析和相对合理的分类，从而勾画出物流标准体系的整体轮廓。物流国家标准按其内在的联系所形成的科学有机整体称为物流标准体系，这个体系必然有一个从复杂的交叉与重叠状态，向科学、简化、合理的方向发展的过程，必须经过多次修订和调整才能逐步形成层次分明、结构合理、划分明确的物流标准体系。

物流标准体系表按现在使用和将要发展、制定的标准，大体分为物流业通用基础标准和物流技术标准、物流信息标准、物流管理标准、物流服务标准，再分别将专业和门类标准划分为对应的子集标准。

（一）物流通用基础标准

在现代物流标准化体系表中，对需要协调统一的基础性物流事项所制定的标准，称为通用基础标准。它包括专业计量单位标准、物流基础模数尺寸标准、物流建筑基础模数尺寸标准、物流术语标准、优先数标准、物流单元符号标准等。物流基础标准在物流行业内作为其他标准的基础，具有通用性和广泛指导意义。

物流基础模数尺寸是标准化的基础，它的作用和建筑模数尺寸大体相同，物流基础模数尺寸确定后，物流系统中各个环节的配合协调、物流系统与其他系统的配合就有了依据。在专业计量单位中除国家公布的统一计量单位外，物流系统还有许多专业的计量问题，必须在国家及国际标准的基础上，确定本身的专业标准；同时，在国际物流中还应考虑国际惯例，不能完全以本地化计量标准作为唯一依据。物流基础模数尺寸标准是物流系统中各种设施建设和设备制造的尺寸依据，在此基础上可以确定出集装与集成基础模数尺寸，进而确定物流的模数体系。

物流专业计量单位的标准化，是物流作业定量化的基础。物流术语国家标准于 2001 年 4 月 17 日正式发布。该标准确定了物流活动中的基本概念术语、物流作业术语、物流技术与设施术语、物流管理术语及其定义。而物流标准体系不仅包括了物流术语标准，并充分考虑到科学性、民主性、经济性的"三性"要素，同时也从业务、技术、国际接轨等发展的观点考虑，将今后新业务中可能产生的术语的子集融合到术语标准中。它的出台对于规范当前我国物流业发展中的基本概念，促进物流业的迅速发展并与国际接轨起到了重要作用。

（二）物流技术标准

物流技术标准主要包括运输标准、装卸搬运标准、包装托盘集装箱标准、仓储标准等。

其中，运输标准主要包括火车、拖挂车、卡车、配送车等各种运输车辆的标准；装卸搬运标准包括作业车辆标准（叉车、台车、手车标准）和传输机具标准（各种起重机、传送机、提升机标准）；包装、托盘、集装箱标准包括各种包装、托盘、集装箱（系列）标准，包装机械标准、包装方法标准，以及包装材料、集装箱零件等标准；仓储标准包括库房设计、验收规范，仓库技术标准，站台技术标准，以及货架、储罐标准等。

（三）物流信息标准

物流信息是物流不可缺少的要素之一，物流信息技术是物流现代化的重要标志，在现代物流中占有极其重要的位置。物流信息技术的标准化对于推动整个物流行业的发展起到了至关重要的作用。就物流系统而言，物流信息管理系统是保障整个物流系统正常运作的关键，是物流系统的"心脏"。

物流信息标准体系主要包括物流信息技术标准、物流信息管理标准、物流信息服务标准等（见图 10—3）。

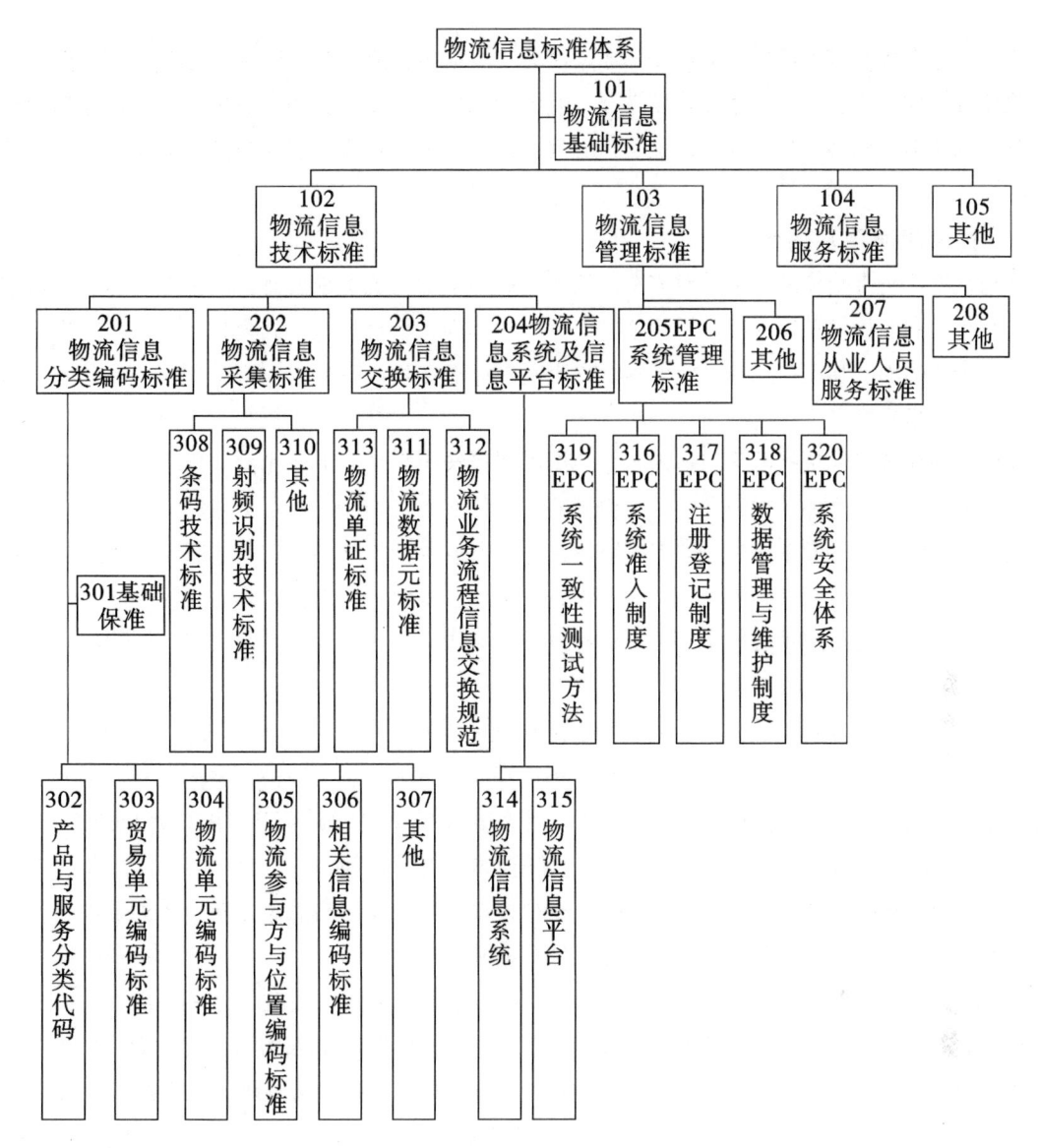

图10—3 物流信息标准体系

1. 物流信息基础标准

物流信息标准体系的第一层为物流信息基础标准，物流信息基础标准是物流信息系统建设中的通用标准，当前主要是指物流信息术语。物流信息基础标准应包括物流信息技术术语、物流信息管理术语、物流信息服务术语的定义等。为规范物流信息的应用，当前急需制定物流信息基础标准。

2. 物流信息技术标准

物流信息技术标准主要包括物流信息分类编码标准、物流信息采集标准、物流信息交换标准、物流信息系统及信息平台标准等。

（1）物流信息分类编码标准。物流信息首先要在代码化基础上，再经自动数据采集技术才能进入物流信息系统，从而为物流现代化提供技术支持。物流信息的代码化要运用物流信息分类编码技术。物流信息分类编码标准包括物流信息分类标准和物流信息编码标准。

物流信息分类标准主要有全球产品分类代码（GPC）、中国产品分类代码（CPC）和国际上用于海关税收的 HS 代码。

物流信息编码标准主要有 EAN/UCC 标准和产品电子代码（EPC）标准。EAN/UCC 标准主要包括贸易单元编码标准、物流单元编码标准、物流信息属性编码标准、物流节点编码标准、物流设施与装备编码标准、物流单证编码标准等。EPC 标准主要包括贸易单元编码标准、物流单元编码标准、物流设施与装备编码标准等。位置码、物流单元的编码与符号标记及 EAN/UCC、系统应用标识符标准已经制定和颁布，并已成为国家标准，但由于我国电子商务尚未普及，物流管理的现代化程度不高，这些标准一直没有得到很好的推广和应用。

物流信息分类编码标准有通用的基础标准，它们是"信息分类和编码的基本原则与方法"、"分类与编码通用术语"。"标准编写规则第 3 部分：信息分类编码"等。

物流信息分类编码的应用标准又分为产品与服务分类代码标准、贸易单元编码标准、物流单元编码标准、物流参与方与位置编码标准、相关信息编码标准和其他相关标准。

（2）物流信息采集标准。物流信息采集技术解决了物流信息进入物流信息管理系统的瓶颈问题，是实现物流自动化的关键。当前，用在物流领域的信息采集技术主要是条码技术和射频识别技术。

条码技术标准主要包括条码基础标准、物流条码应用系统设计通用规范、条码标签规范以及条码识读器标准等。

条码基础标准主要包括"条码术语"标准和码制标准。码制标准主要包括 EAN 码制、UPC 码制、128 码制、UCC/EAN—128 码制、三九条码、库德巴条码等一维条码标准以及 PDF417 条码、QR 矩阵码等二维条码标准。条码标签标准有"包装用于发货、运输和收货标签的一维条码和二维条码"、"车辆识别代码条码标签"、"商品条码符号位置"等国家标准。

射频技术能够帮助我们弥补物理世界与数字世界之间的沟壑，创建实时的、更加智能化的、具有更高响应度和更具适应性的供应网络，在国外物流管理中已经有非常广泛的应用。在国内由于企业的技术条件以及经济条件和管理观念的影响一直没有被广泛应用，还没有相应的国家标准。

当前，在物流过程中的 EPC 系统就是射频识别技术的一种应用。在物流信息标准体系中，射频识别技术标准围绕 EPC 系统应用的标准主要有：基础标准（EPC 系统术语，EPC 网络管理软件标准，EPC 对象名称解析服务系统，EPC 实体标记语言标准等），物流射频识别应用系统设计通用规范（EPC 系统设计规范），射频标签技术规范（EPC 标签技术规范，EPC 标签封装技术规范），射频识读器标准（射频识读器通用规范，EPC 识读器规范），以及射频识别过程通信规范（主要指 EPC 通信规范）等。

（3）物流信息交换标准。物流信息交换标准主要包括三个层面的标准：物流数据元标准、物流信息交换业务流程规范以及物流单证标准。

物流数据元是物流信息的基本描述单元。在电子数据交换中，关于物流信息的交换要以物流数据元的标准化为基础。当前，基于 EDIFACT 的用于行政、商业和运输业的电子数据交换的各种数据元的国家标准已经制定，但针对物流本身的特点，专属于物流本身的数据元标准尚需制定。这需要通过对我国电子商务和物流过程的应用需求进行研究与分析，并结合国际上各个标准组织的研究成果和应用经验，制定物流信息国家标准体系中的数据元体系结构、分类方法、层次关系，分析、确定物流系统中的独立数据元，确定定义、名称、标记符号、数据结构、EDI 或 XML 等多种形式下的描述方式。并制定物流过程基础数据元的国家标准。包括：贸易过程基础数据元、配送业务基础数据元、仓储业务基础数据元、运输业务基础数据元以及流通加工业务基础数据元。制定物流信息数据元标准必须参考《全球数据字典》。

物流信息交换业务流程规范是指物流过程中基于计算机及网络技术的物流业务流程信息交换规范。为规范现代物流业务流程，需要开展基于信息技术的上述业务流程研究，制定业务流程规范，主要包括交易过程业务流程信息交换规范、配送过程业务流程信息交换规范、仓储过程业务流程信息交换规范、运输过程业务流程信息交换规范等。

物流单证标准主要包括纸面单证和电子单证。电子单证标准主要包括 EDI 标准和 XML 标准等。EDI 标准和 XML 标准包括基础标准、通用语法标准、电子报文标准、安全技术标准、业务处理与信息传输技术标准。

（4）物流信息系统及信息平台标准。物流信息系统及信息平台标准用以规范物流信息系统和信息平台的建设，指出物流信息系统和信息平台的设计原则和基本功能。相关标准主要指：物流信息平台的基本架构，物流信息平台的基本功能，物流信息平台与海关、税务、商贸、金融、商检等领域信息系统的接口规范以及与企业物流信息系统之间的接口规范等。

3. 物流信息管理标准

当前，物流信息管理标准的核心是 EPC 系统的管理标准。EPC 系统要在我国推广和应用，相应的管理过程也要标准化，其中主要包括 EPC 系统准入制度、EPC 注册登记制度、EPC 数据管理和维护制度、EPC 系统一致性测试方法和 EPC 系统安全体系等。

4. 物流信息服务标准

物流信息服务标准主要包括物流信息企业服务标准和物流信息从业人员服务标准。随着越来越多的人从事物流信息服务，为了规范从业人员的素质，急需制定相关标准。

（四）物流管理标准

物流管理是为了以最低的物流成本达到客户所满意的服务水平而对物流活动进行的计划、组织、协调与控制。在物流标准化领域中对需要协调统一的通用管理事项所制定的标准称为物流管理标准。从一般属性上来概括，管理标准是管理机构为行使其管理职能而制定的具有特定管理功能的标准。例如，物流主管部门对物流相关业务行使其计划、组织、监督、调节、控制等管理职能而制定的管理功能的标准。人们为了取得工作的结果，常常把成功的经验和失败的教训加以总结，从而形成大家共同遵守的工作准则，这就是人们所说的管理标准。

物流管理标准包括物流企业分类、物流规划、园区建设的基础标准，物流中心、配送中心、仓库与设施的设计规范，物流安全标准，物流环保标准，特殊物品物流业务安全标准，以及宏观管理与企业内部科学化管理共同需要的统计等方面的标准。

（五）物流服务标准

企业的任何业务，其产生和发展的基础是向顾客提供服务并尽力满足其需要。在当前市场竞争激烈的情况下，很多企业都提供了在价格、特性和质量方面比较接近的产品，这时，物流服务的差异将为企业提供超越竞争对手的竞争优势。制定与实施企业服务标准，是企业拥有旺盛的竞争力与盈利能力的表现。面对日益激烈的国内和国际市场竞争和消费者价值取向的多元化，企业管理者已发现加强物流管理、改进物流服务是创造持久的竞争优势的有效手段。物流实质上是对存货的时空位置及其外在形态进行有效的控制和管理。物流服务水平直接影响着企业的市场份额和物流总成本，并最终影响其盈利能力。物流服务对企业来说是至关重要的环节，其标准化对于促进物流企业的发展也是必不可少的。一般来说，提供标准化的服务易于形成规模经济，从而能够降低成本。对于企业日常性的、数量较大的需求，可以采取标准化服务，对于需要特殊服务的客户则需要提供定制化服务。

物流服务标准包括综合物流服务标准、物流环节作业标准、专业物流服务标准三大类。具体包括对物流服务提供的内容：如存货服务、订货服务、送货服务和信息服务制定的标准及标准化工作规范；对增加便利性的服务、加快反应速度的服务、降低成本的服务和延伸服务等方面的工作制定的相关标准；物流企业标志及工作人员着装标准，市场需求预测、目标市场确定、物流服务拓展和客户关系管理等方面的标准；物流服务差异管理标准、物流服务质量管理标准等。

第四节 物流标准化组织

一、我国国内物流标准化组织

（一）中国国家标准化管理委员会

中国国家标准化管理委员会（Standardization Administration of the People's Republic of China）是国务院授权的履行行政管理职能、统一管理全国标准化工作的主管机构。国务院有关行政主管部门和有关行业协会设有标准化管理机构，分工管理本部门和本行业的标准化工作。各省、自治区、直辖市和市、县政府部门也设有标准化管理机构，由质量技术监督局统一管理本行政区域的标准化工作。国家标准化管理委员会对省、自治区、直辖市质量技术监督局的标准化工作实行业务领导。

中国国家标准化管理委员会的主要职责如下。

（1）参与起草、修订国家标准化法律法规的工作，拟定和贯彻执行国家标准化工作的方针、政策，拟定全国标准化管理规章，制定相关制度，组织实施标准化法律法规和规章制度。

（2）负责制定国家标准化事业发展规划，负责组织、协调和编制国家标准（含国家标准样品）的制定、修订计划。

（3）负责组织国家标准的制定、修订工作，负责国家标准的统一审查、批准、编号和发布。

（4）统一管理制定、修订国家标准的经费和标准研究、标准化专项经费。

（5）管理和指导标准化科技工作及有关的宣传、教育、培训工作。

（6）负责协调和管理全国标准化技术委员会的有关工作。

（7）协调和指导行业、地方标准化工作，负责行业标准和地方标准的备案工作。

（8）代表国家参加国际标准化组织（ISO）、国际电工委员会（IEC）和其他国际或区域性标准化组织，负责组织 ISO、IEC 中国国家委员会的工作；负责管理国内各部门、各地区参与国际或区域性标准化组织活动的工作；负责签订并执行标准化国际合作协议，审批和组织实施标准化国际合作与交流项目；负责参与与标准化业务相关的国际活动的审核工作。

（9）管理全国组织机构代码和商品条码工作。

（10）负责国家标准的宣传、贯彻和推广工作，监督国家标准的贯彻执行情况。

（11）管理全国标准化信息工作。

（12）在质检总局的统一安排和协调下，做好世界贸易组织技术性贸易壁垒协议（WTO/TBT 协议））执行中有关标准的通报和咨询工作。

（13）承担质检总局交办的其他工作。

（二）全国物流标准化技术委员会

以前我国的物流管理体制是分割的，物流的政府管理职能是分散的，公路、铁路、民航等部门都可以管物流，也都在搞物流规划和建设，但缺乏统筹和整体协调。这些不协调、不统一的规划，不仅不适应现代物流的发展要求，而且还会导致重复投资、重复建设，造成巨大的浪费。中国物流业的规格、标准不统一，有关物流的标准涉及很多部门，各部门多从自身利益出发，制定各自的物流标准，阻碍了全国统一的物流标准体系的形成，也阻碍了成立全国性的物流标准化委员会的计划。

2003年，根据物流标准化工作的需要，经与有关部门协商，国家标准化管理委员会决定成立"全国物流标准化技术委员会"，其国内编号为SAC/TC 269。全国物流标准化技术委员会由39名委员组成，由国家标准化管理委员会直接管理，秘书处挂靠在中国物流与采购联合会，具体负责物流基础、物流技术、物流管理、物流服务方面的标准化工作，委员单位包括有关的科研机构、标准化技术委员会、行业协会、物流企业，涵盖铁路、民航、机械、贸易、邮政、出版、粮食、医药、信息产业、军事后勤等多个行业。针对物流标准化工作中存在的问题，全国物流标准化技术委员会将发挥组织、协调、归口管理的作用，组织制定全国物流标准体系表和具体实施规划，建立物流标准化工作交流机制，组织有关行业研究解决物流标准化的重大问题和急需项目。为了实现工作目标，全国物流标准化技术委员会将设立若干分会，充分发挥行业机构、物流企业的作用，同时，积极争取国家有关部门与其他行业技术机构的支持与配合，共同开创物流标准化工作的新局面。

（三）全国物流信息管理标准化技术委员会

全国物流信息管理标准化技术委员会（China Logistics Information Standardization Committee，简称CLISC）。主要负责物流信息基础、物流信息系统、物流信息安全、物流信息管理、物流信息应用等领域的标准化工作。其宗旨是：向国内企业引进世界最新的现代物流管理运作理念，推广现代物流管理新技术与成功的物流管理经验；协调、制定并推广相应的标准。其秘书处设在中国物品编码中心，受国家标准化管理委员会的直接领导。

全国物流信息管理标准化技术委员会统筹制定我国物流信息标准化建设规划，协调部门、行业、国家与地方标准之间的衔接，维护物流信息标准的国内统一并与国际接轨，在协调、制定并推广现代物流信息方面的标准、向国内企业引进世界最新的现代物流信息管理运作理念方面，发挥了重要的作用。

二、国际上的物流标准化组织

1. GSI

GSI（全球第一贸易标准化组织）由国际物品编码协会（EAN）和美国统一代码委员会（UCC）合并而成。它将自身定位为全球第一商务标准化组织，其宗旨是推广"全球商务语言——EAN/UCC系统"（在我国称为ANCC全球统一标志系统，简称ANCC系统）。

EAN/UCC系统是一套国际通行的关于商品、物流单元、资产、位置和服务关系等的全球统一标准及相关的包括信息采集技术标准、信息交换技术标准和信息应用标准等商务标准。

EAN成立于1977年，是基于比利时法律规定建立的一个非营利性质的国际组织，总部设在比利时首都布鲁塞尔。UCC是北美地区EAN的对应机构。

EAN的前身是欧洲物品编码协会，主要负责除北美以外的EAN/UCC系统的统一管理及推广工作，其会员遍及100多个国家和地区，全世界已有约百万家企业通过各国或地区的编码组织加入到EAN/UCC系统。

EAN自建立以来，始终致力于建立全球跨行业的产品、运输单元、资产、位置和服务的标志标准体系和通信标准体系。其目标是向物流参与方和系统用户提供增值服务，提高整个供应链的效率，加快实现包括全方位跟踪在内的电子商务进程。

从20世纪90年代起，为了使北美的标志系统尽快纳入EAN/UCC系统，EAN加强了与UCC的合作，达成联盟，以共同开发、管理EAN/UCC系统。2004年初，EAN与UCC正式合并，并更名GSl。

当前，GSl作为一个用于商贸和供应链管理的世界第一大实用性的标准化组织，致力于开发全球的、开放的、多行业的标准，通过建立标准和促进标准在全球的应用，来改进供应链和需求链的效率，真正在全球商务中起到"引领未来"的作用。GS1具有自身的特点：非营利性、中立性、开放性、用户需求驱动性、动态实时性、国际性。主要任务有：发展开放的多方参与的全球标准，开展标准方面的培训工作，通过帮助和提升标准的应用来促进最佳商务方案的实施。

目前，GSl全球性的产品和服务主要包括：

（1）条码；

（2）E—商务（EANCOM & EAN/UCC—XML）；

（3）全球数据同步网络GDSN；

（4）全球注册GR；

（5）全球产品分类GPC；

（6）电子产品标签EPC；

（7）供应链物品追溯方案。

2. GCI

GCI（全球商务联盟）是1999年创建的一个自愿性论坛，其发起机构主要有：代表制造商与零售商利益的AIM（自动识别制造商协会）、IES（全球食品行业论坛）、GMA（美国杂货制造商协会）和FMI（美国食品营销协会），ECR和VICS（自愿性跨行业商业标准组织），国际物品编码协会和美国统一代码委员会。GCI通过一个执行委员会运作，执行委员由50个以上的制造商和零售商的高层代表组成，他们代表着约上百万家企业的利益。

执行委员会中的零售商有：AEON，Auchan，Boots，Carrefour，Delhaize Group，Federated Merchandising Croup，Kingfisher，Marks & Spencer，Metro，Pao De Acucar，Pick'n Pay，Royal Ahold，Sears Roebuck，Target Group，Tesco，Wal—Mart Stores Inc.，Wegman Food Markets，E. Wong S. A。执行委员会中的制造商有：Ajinomoto，British American Tobacco，the Coca—Cola Company，Danone，Georgia—Pacific Corporation，Gillette，H. J. Heinz Company，Henkel，Johnson & Johnson，Kao，Eastman Kodak，Kraft Foods，L'Oreal，Mars，Nestle，Philips，Procter & Gamble，Reckitt—Benckiser，Sara Lee，Unilever。

GCI虽不是一个标准机构，但作为一个全球用户组织，它的工作是鼓励和推行EAN/UCC标准以及最佳实践的全球执行，目的是通过协作发展和采用统一标准来提高国际消费品供应链的性能。

GCI将全世界的制造商和零售商摆到全球平等的位置上，以简化全球商务并在整个零售供应链中提高消费者价值。它致力于解决洲际商业流程的壁垒，并促进最佳商务过程的分享。当前，GCI

主要关注以下两方面。

（1）全球性的标准和实施指南。建议对现有全球标准进行相互兼容的全球实施，并在实施这些标准的过程中消除分歧，例如，在产品标志和电子数据交换方面的现有标准。

为发展像 XML 和射频标签这样的新标准而鼓励全球相关行业中的最佳企业加入本标准。现有的标准化组织将继续开发这些标准，相信它们可得到全球用户的广泛支持。

（2）业务进程的推荐标准。为了统一全球业务流程的推荐标准并消除地域间的流程壁垒，兼容并扩展现有的业务流程推荐标准，例如，把现有的多个国家和地区使用的 ECR 积分卡合并到全球积分卡中；研发新的全球最优业务流程的推荐标准和实施指南（如 CPFR 和全球数据同步）。

GCI 的研究内容主要包括三个大的方面：全球产品分类（global product classification，GPC）、全球数据字典（global data dictionary，GDD）、全球数据同步（global data synchronization，GDS）。前两者都是为了能够实现全球数据同步而制定的数据标准。

3. ISO/IEC/JTC1/SC31

自动识别与数据采集技术为信息化管理带来了高效率、高可靠性及自动化，是国际商品流通乃至全球供应链管理中普遍采用的技术，为了保证供应链上各环节的无缝连接和高效运行，需要将自动识别与数据采集所涉及的数据元、读写设备、检测方法、系统平台及其运行等进行标准化、规范化。

自动识别与数据采集技术标准化以各种自动识别技术（条码识别、射频识别、光字符识别、磁识别、影响识别等）为基础，主要在项目信息化编码（包括编码的数据格式、语法、结构）、编码在自动识别技术载体中的存储处理、识别处理及相关识别设备和识别系统的一致性等方面进行标准化研究。

国际标准化组织（ISO）和国际电工协会（IEC）共同组建了 JTC1 联合技术委员会（ISO/IEC JTCl），其下设的 SC31 分技术委员会，即信息技术标准化技术委员会自动识别与数据采集技术分会，是自动识别和数据采集技术及应用的标准化工作组织。

SC31 共有四个工作组来分别承担相关工作。

（1）工作组 1。主要负责开发数据采集器的规范，撰写线性和二维码的标识符号。

（2）工作组 2。主要负责自动识别与数据采集系统中数据结构的标准化工作。

（3）工作组 3。主要负责自动识别与数据采集系统中一致性评价，包括检测方法和检测规范。

（4）工作组 4。主要负责射频识别在项目管理中的应用工作。为无线电，非接触式射频识别设备提供标准，使其能在全球可自由使用的频率范围内接收、存储和传输数据，使得这项技术能在供应链管理，如成品管理、原材料管理、物品跟踪、库存管理、物品电子监控、生产控制以及设备管理中发挥作用。

中国自动识别与数据采集技术标准化分会秘书处设在中国物品编码中心。秘书处的主要职责是：为国家建立自动识别与数据采集技术标准化体系提供技术支持，组织本专业国家标准的制定，为自动识别与数据采集技术在各领域中的应用提供技术支持，做好与其他分技术委员会的协调工作，向国际标准组织提出国际标准。

4. RosettaNet

RosettaNet 为非营利性组织，致力于建立、应用并提倡开放性的电子商务标准，旨在形成共同的电子商务语言，以使全球各贸易伙伴间的各类程序一致化。

RosettaNet 管理委员会包括 28 个成员，分别代表 IT 供应链的全球成员，包括硬件制造商、软件开发商、销售商、分销商、系统集成商、终端用户、技术提供者、金融机构、运输商等。一些世界知名的大企业，如 Cisco、Compaq、HP、IBM、Intel、Microsoft、Netscape、Oracle、Toshiba 等都是其成员。

RosettaNet 的成员分为 4 类：联盟成员、设计成员、执行成员、解决成员。其中，联盟成员负责扩大该组织的支持面与赞助者，设计成员负责提供专家与人力资源，执行成员负责支持标准的实施过程，解决成员负责提供工具与服务以帮助企业或企业采纳 RosettaNet 的标准。由此，扩大了 RosettaNet 全套标准在全球的影响，实现了电子商务供应链贸易伙伴间共同的商务接口，大幅节省成本、提高效率。

RosettaNet 标准有如下特点：非独占性的解决方案，包容性的资料结构、方案采用架构和商务信息的程序规范。RosettNet 在其网站免费提供 RosettaNet 商务字典、RosettaNet 技术字典、RosettaNet Implementation Framework（RNIF）和 RosettaNet Partner Interface Processes（PIPs）。

RosettaNet 将会持续专注于提供采用 PIP 的标准及延伸高科技产业流程的准则。RosettaNet 仍将继续向全球推广其标准，并鼓励更多的企业接受和使用。RosettaNet 计划在欧亚主要科技市场以及澳洲发布一系列标准，并在一些相关产业如汽车工业、消费电子和通信业发掘更多的应用场景。

【经典案例 1】

云南白药集团：物按标准"流"

云南白药集团是一个典型的国有制药集团企业，既有生产部门，又有销售部门；既有独立核算单元，又有非独立核算单元。现有全资和控、参股企业十余家，集团总资产 8 亿多元，净资产 4 亿多元，年销售额 8 亿多元，是云南省实力最强、规模最大、品牌最优的大型医药企业集团。

一、存在问题

在快速发展的同时，由于物流运转效率低下等原因，云南白药集团遇到了严峻的管理难题。具体表现为：在采购管理中，盲目采购导致物资、流动资金积压浪费严重；供应商管理混乱，常常是"一朝天子一朝臣"，供应商随着供应部经理而变换，供应商的资质无法保证；仓储管理中物资积压严重，有的物资买回来后十年都不一定能用得上，手工方式下，无法统计库存物资的使用效率；有的物资因为吸水、吸湿、风干、挥发而导致库存的自然报损；在销售中，销售预测不准，经常发生变动，不仅不能指导生产的进行，反而给生产带来很多麻烦；各地区串货现象非常严重，企业无法进行有效控制；常常车间物流非常不通畅，有大量的半成品、原材料积压在车间里，而从企业的账目中又很难查询到这些资产。

二、解决方案

根据云南白药集团的实际需求，采用 PM3 系统，通过管理咨询、标准化实施与维护，为云南白药集团量身定做了一个物流信息化解决方案，对核心部门的信息流、物流、资金流、知识流进行并行处理，消除了信息孤岛，实现了一体化管理。

1. 对物流中心进行整合

先将各个物流中心按区域、商品类型、客户类型进行业务划分，由分企业分别出资、出人成立物流管理办公室，主要负责制订采购计划、商品采购、各物流中心的商品调配、仓储和运输资源的合理规划和调配等工作。各个物流中心的商品采购原则上由物流管理办公室统一采购，但对于个别品种可以由各个物流中心分别采购，各个物流中心分别进行商品成本核算，在各个分企业之间还是按现行销售情况和进货情况进行结算。

时机成熟时，集团企业进行业务流程管理重组（BPR），将各个物流中心合并成一个大型物流中心，物流中心进行独立核算，成立财务中心对各分企业和物流中心进行内部往来结算，各分企业只是一个销售业务和管理部门，也分别进行独立核算。

2. 高效、快速的连锁配送物流体系管理

建立一个快速的物流响应系统，通过准确、高效的请货、配货、运输体系，达到降低成本、优化库存结构、减少资金占压的目的；提供库存下限报警生成请货的功能，配送对象和调配中心可以自动根据库存情况报警生成请货，并不需要人工干预，快捷准确。支持配送中心影像配送对象库存，并主动补货。配送中心是一个完整的大系统，在系统里可将门店的所有库存都影像（涵盖）过来。配送中心包含了所有门店的所有库存，可分开查询。

3. 高效、科学、快速的仓储、运输物流管理

假定出库过程为：允许配货→拣货→发货。配货过程由计算机按先入先出原则自动配位生成拣货单，加速货物周转。拣货指按指令将货物从仓位移到配发区的过程。发货指将货品交给客户或运输部门的过程。这些出库业务操作，在PM3系统中均有明确的操作提示，从而提高了库管人员的工作效率，并可以有效地降低错发、记录错误的可能。为提高对客户的服务质量提供保障。

三、实施效果

1. 可量化的实施效果

通过实施ERP，云南白药集团销售收入增加了14%、库存下降了15%，降低了企业的资金占用；延期交货减少了30%，提高了企业在市场竞争中的信誉度；企业采购提前期缩短2周，节省了采购费用；生产成本降低10%，有效增加了企业的生产利润与市场竞争力。

2. 非量化的实施效果

（1）加强了企业生产的计划性。通过ERP系统的实施，基本上防止了手工生产计划模式下安排生产任务的随意性，而变为制造中心按集团内部订单安排生产任务单，车间见任务单进行生产，使得企业的生产更加贴近市场的需要。

（2）提高了企业采购的针对性，降低原材料的库存。使用ERP系统物料需求计划来安排采购部门的采购行为，使得企业的采购严格与生产物料需求联动，从而有效降低了原材料的库存。

（3）提供严格的物料消耗手段，有效降低车间的物料消耗。通过执行按料率限额领料、每批生产进行物料日结、严格成本考核等手段，杜绝了车间超料率领料、内部压料或藏料等行为，降低了车间的物料耗用。

（4）通过采用PM/BMS技术，基于计算机强大的计算功能和信息传递的及时性和准确性，现已做到单品核算，更精确地计算出单品成本、毛利等，便于统计企业销售业绩。

（5）消除信息孤岛。利用远程通信联网PM/DBCOPY（数据库远程复制系统），清除了企业中存在的信息孤岛，加强了内部协作实现业务数据相互传递和监督管理的深入性和实时性。

四、点评

该系统结合云南白药集团的经营情况提出了系统解决方案，经组织实施取得了一定的效益，规范了管理，提高了云南白药集团的竞争能力和市场影响面。

该系统涉及标准化思想，采用管理插件技术与原子化任务技术，将企业管理的业务流程中的各个业务环节抽象形成一系列的原子任务，在抽象出具有普遍意义的企业组织结构模型基础之上，引入了"独立单元"概念。一方面适应了管理集团内多级独立企业的业务与财务工作需要；另一方面支持客户系统的动态重构，既适应不同客户的管理需要及同一客户的业务重组，也适应企业未来管理、经营的变革及组织结构的不断调整。此种设计具有一定的创新性，能够满足用户目前与未来的发展需求。

【讨论题】

1. 云南白药集团存在哪些问题？
2. 分析其运用了哪些系统解决方案？
3. 对实施效果如何评价？

本章小结

中国加入WTO之后，2005年已经允许外商独资企业进入中国物流业，外资物流企业进入中国市场已经成为事实。中国物流市场发展还很不成熟，物流的标准化日益成为亟待重视的问题。信息化、标准化是推动现代物流的两个轮子，信息化和标准化水平的高低是区别现代物流与传统物流的主要标志，并日益受到各部门的重视。

【本章关键术语】

标准、标准化、物流标准、国际标准化组织

【复习思考题】

1. 请简要介绍物流标准和物流标准化，并说明两者有何不同。
2. 物流标准化系统有何特点？
3. 物流标准化有哪些主要形式？
4. 物流标准化的重要作用表现在哪些方面？
5. 物流信息标准体系的主要内容是什么？

第十一章 现代物流信息技术管理战略

本章学习内容

> 信息共享是实现现代物流管理的基础。现代物流的协调运行建立在各个节点企业高质量的信息传递与共享的基础之上,因此,有效的现代物流管理离不开信息技术(Information 简称 IT)系统提供可靠的支持。IT 的应用有效地推动了现代物流管理的发展,它可以节省时间和提高企业信息交换的准确性,减少了在复杂、重复工作中的人为错误,因而减少了由于失误而导致的时间浪费和经济损失,提高了现代物流管理的运行效率。在这一章中,我们主要讨论 IT 在现代物流管理中的应用问题,具体阐述了基于 EDI、Internet/Intrane 及电子商务的现代物流信息技术管理战略。

第一节 现代物流信息技术管理概述

随着全球竞争的加剧、经济的不确定性增大、信息技术的高速发展以及消费者需求的个性化增加等环境的变化,当今世界已经由以机器和原材料为特征的工业时代进入了以计算机和信息为特征的信息时代,原有的企业组织与管理模式越来越不能适应激烈的市场竞争,从而开始了探索能够提高企业竞争力的新型管理模式的艰苦历程。

在信息社会中,信息已成为企业生存和发展的最重要资源。为了在市场竞争中获得更有利的竞争地位,企业要树立"人才是企业的支柱,信息是企业的生命"的经营思想。企业是一个多层次多系统的结构,信息是企业各系统和成员间密切配合、协同工作的黏合剂。为了实现企业的目标,必须通过信息的不断传递,一方面进行纵向的上下信息传递,把不同层次的经济行为协调起来;另一方面进行横向的信息传递,把各部门、各岗位的经济行为协调起来,通过信息技术处理人、财、物和产、供、销之间的复杂关系,因此,企业就有一个信息的集成问题。现代物流作为一种"扩展"的企业,其信息流动和获取方式不同于单个企业下的情况。在一个由网络信息系统组成的信息社会里,各种各样的企业在发展的过程中相互依赖,形成了一个生物化企业环境,现代物流就是这样的"生态系统"中的"食物链"。企业通过网络从内外两个信息源中收集和传播信息,捕捉最能创造价值的经营方式、技术和方法,创建网络化的企业运作模式。在这种企业运作模式下的信息系统和传统的企业信息系统是不同的,需要新的信息组织模式和规划策略。因此,我们研究现代物流管理模式,首先要从改变原有的企业信息系统结构、建立面向现代物流管理的新的企业信息系统入手,这是实施现代物流管理的前提和保证。

为了实现信息共享,需要考虑以下几个方面的问题:为系统功能和结构建立统一的业务标准;对信息系统定义、设计和实施建立连续的实验、检测方法;实现供应商和用户之间的计划信息的集成;运用合适的技术和方法,提高现代物流系统运作的可靠性,降低运行总成本;确保信息要求与关键业务指标一致。

信息管理对于任何现代物流管理都是必须的，而不仅仅是针对复杂的现代物流。在现代物流成员企业之间传输数据主要有手工、半自动化（如E—mail）、自动化（如EDI）三种方式。利用EDI等信息技术可以快速获得信息，提供更好的用户服务和加强客户联系，可以提高现代物流企业运行状况的跟踪能力、直至提高整体竞争优势。当然，现代物流企业之间的信息交换要克服不同文化造成的障碍，信息本身是不能"做"任何事的，只有人利用信息去做事。

安德理·温利和斯浦瑞纳·福茨（Andrea Vinelli 和 CiprianoForza）提出在企业建立快速反应（Quick Response，简称QR）策略，以使企业能更好地面对竞争激烈、快速变化、不确定因素增多的市场环境。通过QR策略获得缩短整个提前期，实现风险共享、提高服务水平等目的，而IT在QR策略中担任了不可替代的角色。

一、现代物流系统的数据模型与数据库

现代物流系统横跨了生产、流通和消费三大领域，呈现出时间和空间跨度都很大的特点，从而导致了对信息的依赖性。正确的物流决策需要资金、履约期和物流流量等方面的数据，也需要了解系统运行的状态。在物流运作中，物流的效率取决于物流信息沟通的效率。只有通过物流信息系统，才可以同时完成对物流的确认、跟踪和控制，它不仅使企业自身的决策快、反映灵、对市场的应变能力强，而且会增加与客户的联系沟通，能最大可能地满足客户的需要，为客户创造更多的价值，因而易锁定原有的客户，吸引潜在的客户，从而大大增强企业的竞争优势。

数据库中的数据是有结构的，这种结构反映出概念世界与计算机世界之间的联系。任何一个数据库管理系统都是基于某种数据模型的，它不仅管理数据的值，而且要按照模型，管理数据间的联系。因此，了解数据模型的基本概念是应用数据库的基础。

（一）数据模型

1. 数据分类

物流系统的数据可根据下列原则分类：

①按数据类型，分为数字型、字符型、日期型及其他数据类型；
②按表现形态，分为语言型、图像型和书写型；
③按格式，分为表格型和非表格型；
④按数据加工流程，分为输入数据和输出数据；
⑤按应用，分为核心数据、衍生数据、文件、库存数据、运输数据和备忘数据。

2. 数据组织

由于同一数据可应用于不同的计算机程序，因此，数据的组织可以按应用程序进行组织，也可按数据库进行组织。

如果将数据作为计算程序的一部分进行组织，使数据和程序完全结合成一个不可分割的整体，如图11—1所示，即使两个不同的应用程序涉及相同的数据，也必须各自定义，无法互相参照和使用，从而使数据大量冗余，造成了存储成本的增加并加重了变更数据的难度。

如果将数据看作与程序无关，通过数据库组织数据，使数据不再面向应用，而是面向系统，则可实现数据的共享，使数据冗余度明显减少。通过数据库管理程序可保证数据和程序之间的物理独立性和逻辑独立性，当数据的存储结构改变、数据总体逻辑结构改变时，应用程序不需要修改。用户只需关心自己的局部逻辑结构，而不必关心数据在系统内的表示与存储。

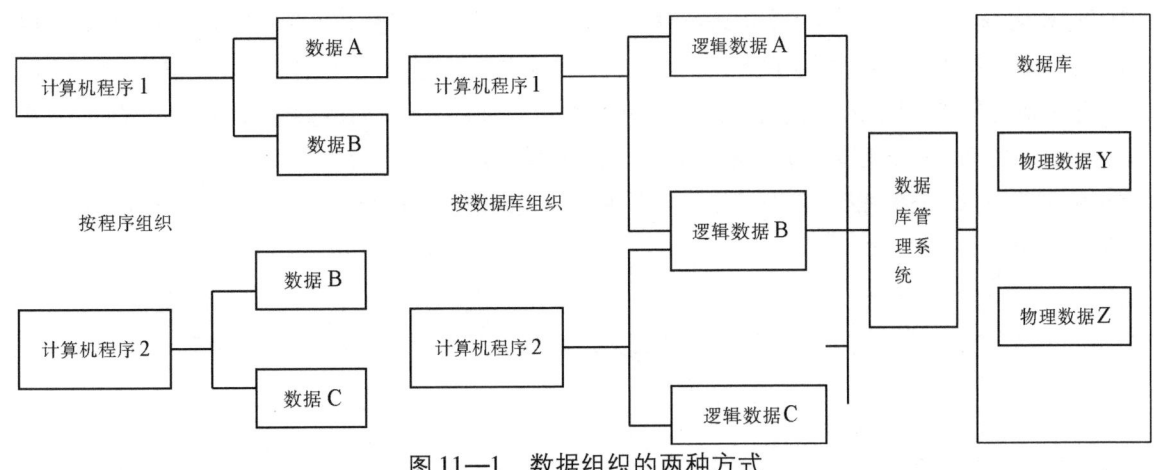

图 11—1　数据组织的两种方式

3. 数据的概念模型

数据库的构建一般可以分为三步，首先要求在一个抽象层面上，建立与数据库类型无关的概念模型；第二步将所得的概念模型改造成与数据库系统所要求的数据模型；第三步将所得的数据模型按数据描述语言写成数据库所要求的格式。

概念模型是现实世界到信息世界的第一层抽象，是用户和数据设计人员之间进行交流的语言，概念结构的设计是整个数据库设计的关键。描述概念模型的有力工具是 E—R 模型（Entity—Relationship Model），根据这种方法，描述某一对象如库存的商品，首先要将其抽象成一个实体，该实体可通过商品的属性和编码，如商品规格、单价和序号进行描述。将同型的实体集合，就得到实体集，如库存的所有商品就是一个实体集。

通过矩形表示实体，通过菱形表示关系类型及通过矩形、菱形相连的椭圆表示属性，可得到如图 11—2 所示 E—R 模型示意图。

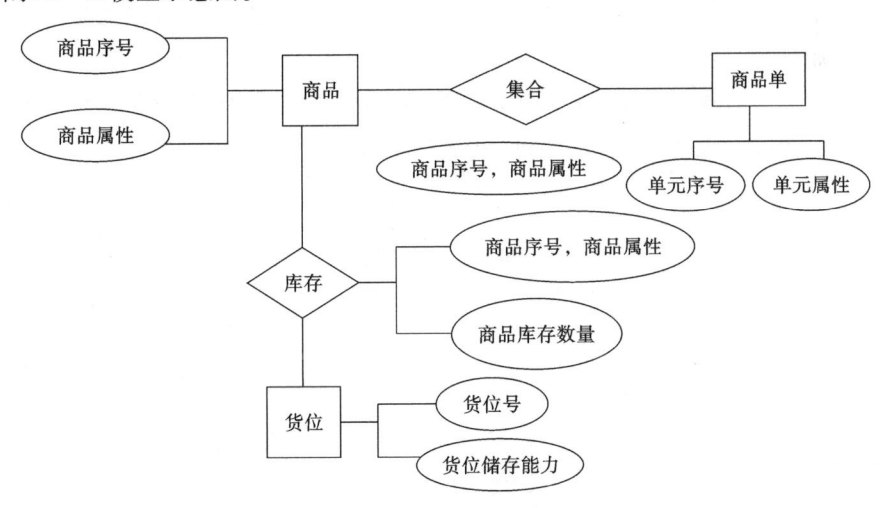

图 11—2　E—R 模型示意图

（二）数据库

根据数据库所能支持的数据模型，数据库可以分为层次数据库、网状数据库、关系数据库和面向对象的数据库。

1. 层次数据库

树是以分支关系定义的层次结构，由于树结构的每一层都可与某种实体存在对应关系，而存取实体数据的路径是预先设计好了的，因此采用树结构表示数据间的关系，可清楚表达出每个实体到达上一层实体的路径。该结构中仅有一个结点没有父结点，而其他结点仅有一个父结点。

层次数据库的局限性在于，处于上一层的实体与下一层的实体间的关系只能是固定的1∶1或1∶n的关系，如图11—3所示。要表示m∶n关系时，必须按1∶n的关系，进行m次的分解，从而导致冗余度增加。层次数据库是在数据库技术出现的早期推出的，其典型代表是IBM公司的大型数据库管理系统DL/I。

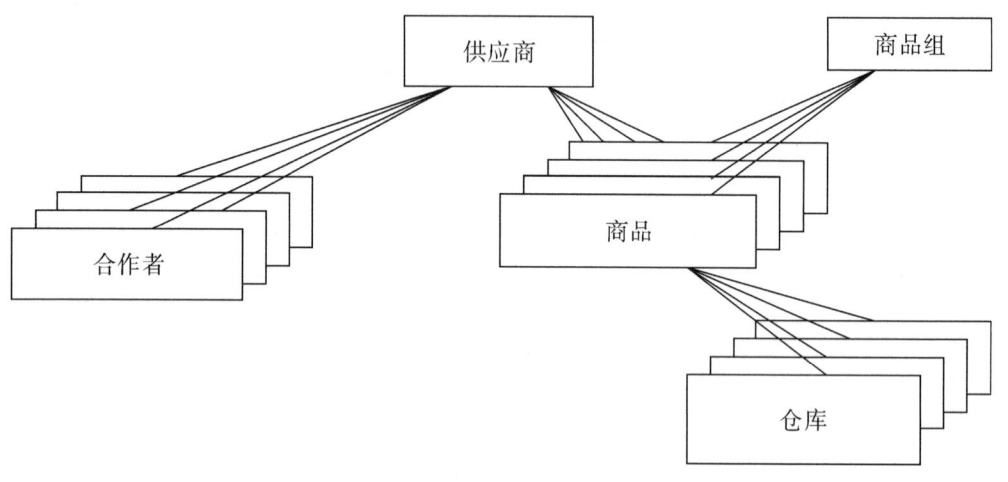

图11—3 层次数据库的结构

2. 网状数据库

网状数据库和层次数据库在本质上是一样的。图11—4给出了一个简单的网状结构，与层次结构不同，结构允许结点有多于一个以上的交结点，允许有一个以上的结点没有交结点。从逻辑上看，它们都是基本层次联系的集合，用节点表示实体，用有向边表示实体间的联系；从物理上看，其中的每一个节点都是一个存储记录，用链接指针实现记录之间的联系。在存储数据时，这些链接指针就固定下来，因此，数据检索时必须预先设计存取路径。当数据更新时，会涉及链接指针的调整，因此系统的扩充相当麻烦。而网状结构中，指针更多，从而使数据结构更加复杂。网状数据库的典型代表有CODASYL、DECD的DBTG和HP的Image等。

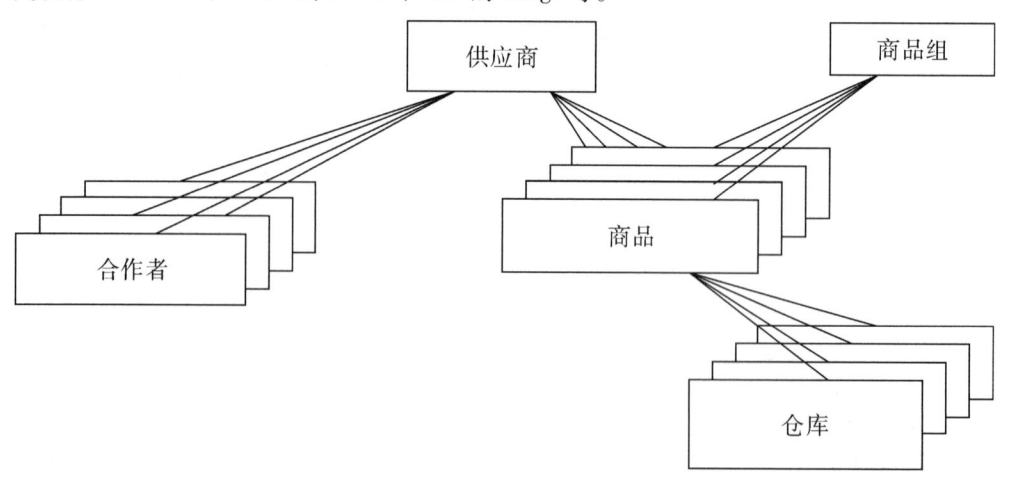

图11—4 网状数据库的结构

3. 关系数据库

物流数据的存储一般采用的是关系数据库，通过关系数据库可以集成企业进行生产计划、生产控制所需要的各种数据，如原材料、半成品和最终产品（如库存、订单、任务）及各种技术数据。

关系数据库以表的形式或行列矩阵的形式查看数据，从用户观点来看关系数据库，其逻辑结构就是一个二维表。表中的列也称为域，可以代表不同的数据类；行也称为记录，包含真正的数据值。关系数据库的表结构如表11—1所示。

表11—1 关系数据库的表结构

商品—代码	商品—名称	货物—类别	商品—价格	商品—代码	商品—名称	货物—类别	商品—价格
15003	QE1300	A	598.00	23676	QE1700	A	715.50
37111	CDP100A	B	898.60	40400	QuattroB	D	5100.00
34590	Sound7	C	193.70				

关系数据库通过的列值匹配建立记录之间的关系，将库表中的唯一记录使用主键标识；与另一表中的主键建立关联的列使用外键标识，把数据的存取路径向用户隐蔽起来，用户只要能指出"做什么"或"找什么"，不要详细说明"怎么做"或"怎么找"，大大提高了数据的独立性，提高了用户的使用效率。图11—5表示的是某贸易公司的物流数据库中的匹配关系。

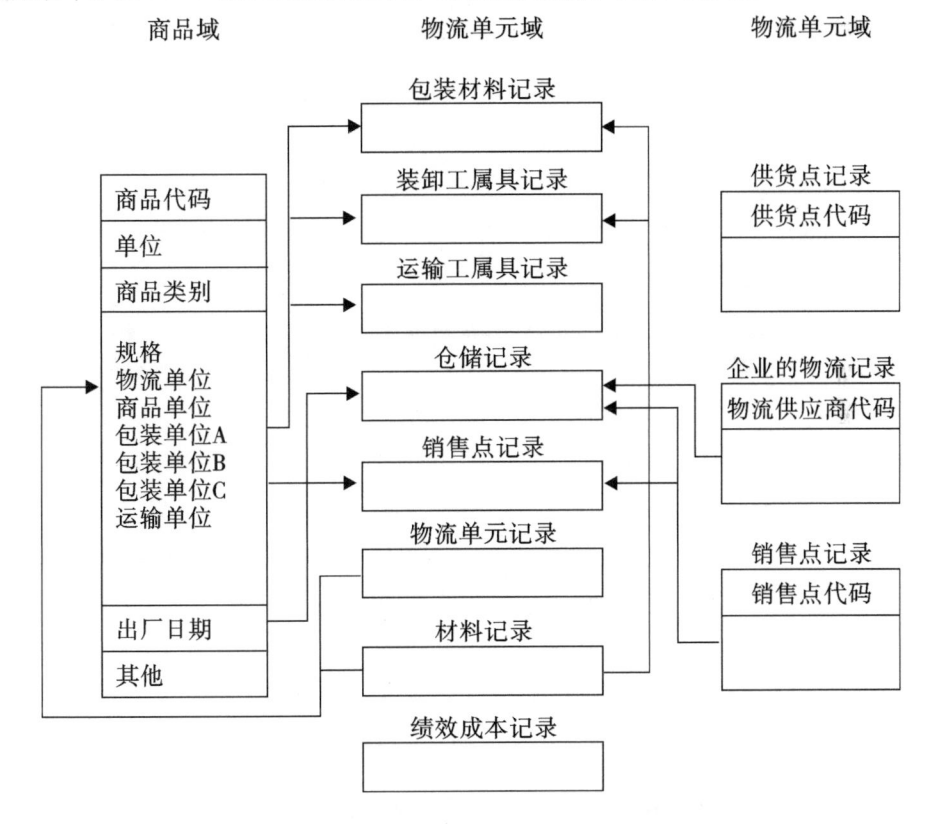

图11—5 某贸易公司的物流数据库中的匹配关系

由于关系数据库的用户界面简单，有严格的设计理论和在此基础上发展起来的关系数据理论，简化了程序员的工作和数据库的开发建立工作，因而成为深受用户欢迎的数据库。其典型代表有Oracle、DB2、RDB、SQL/DS、Sybase、Informix、Unify和Progress等。关系数据库产品的选择，主要考虑是否具有良好的应用系统；是否支持SQL语言，有相当数量的用户等。表11—2给出了关系数据库总的评比结果。

表 11—2 关系数据库总的评比结果

数据库系统	评分	优/缺点	数据库系统	评分	优/缺点
Sybase	48.5	先进的 RDBMS 性能/默认前后的工具	Informix	44.7	SQL 语言功能/用户界面不友好
Oracle	47.5	格式生成/价格和支持无优势	SQL/DS	43.6	查询能力/性能欠佳
RDB	45.6	使用容易/反应慢	DB2	43.3	数据恢复能力/性能欠佳

综合看来，Sybase 和 Oracle 性能优良。其中 Oracle 能在多种主机、多种操作环境中运行。具有分部式的查询能力，并能支持大型数据库的开发与应用，是国际主流的数据库管理系统。Sybase 在中国的历史长，应用范围广，金融、电信、交通和军事等部门的大型数据多是用 Sybase 开发的。

4. 面向对象的数据库

在很多领域中，一个对象要由多个属性进行描述，而某些属性本身又是另一个对象，也有自身的内部结构，构成复杂对象，从而对数据库技术提出了许多新的要求。面向对象的数据库就是面向对象的概念与数据库技术相结合的产物。面向对象数据库中最基本的概念是对象（object）和类（class）。每个对象有一个唯一的标识符，每个类由两部分组成，一部分是对象的类型，另一部分是对这个对象进行操作的方法。图 11—6 表示了关系数据库和面向对象数据库的对比。

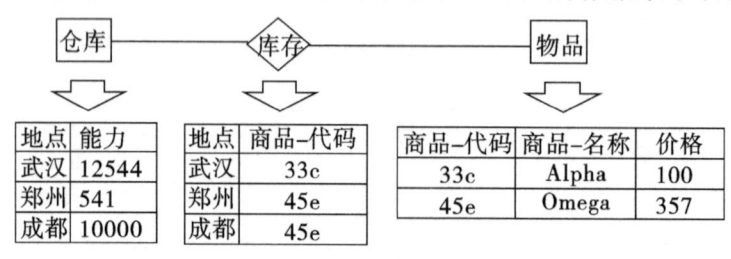

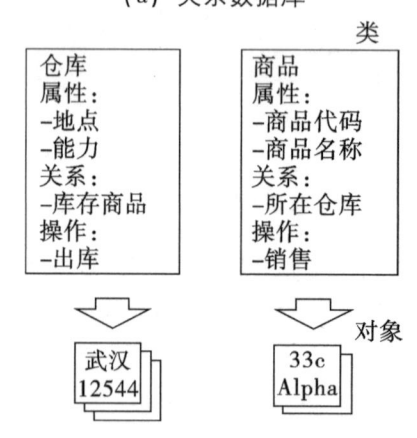

图 11—6 关系数据库和面向对象数据库的对比

面向对象数据库的最大优点在于数据的检索操作速度高，不需要像关系数据库那样，还需要从原来的表中再产生一张新表。由于面向对象模型中不仅包括描述对象状态的属性，还包括类的方法，具有更加丰富的表达能力。因此，比层次、网状和关系数据库使用方便。但由于面向对象数据库具有丰富的表达能力，模型相对复杂，实现起来较困难，所以，尽管面向对象的数据库很多，但大多数是实验型的或专用的，尚未通用化。

（三）数据仓库

数据仓库（Data Warehousing，简称 DW）是以单一的数据资源，即数据库为中心，对数据进行操作型处理和分析型处理的专门技术。操作型的处理也叫事务处理，是指对数据库联机的日常操作，通常是对一个或一组记录的查询和修改，主要为企业的特定应用服务的。分析型处理则用于管理人员的决策分析，这经常要访问大量的历史数据。传统数据库系统难于实现对数据分析处理要求，使操作型处理和分析型处理的分离成为必然。近年来，随着数据库技术的应用和发展，人们尝试对 DB 中的数据进行再加工，形成一个综合的、面向分析的环境，以更好支持决策分析，从而形成了数据仓库技术。作为决策支持综合体系的一部分，数据仓库系统包括：数据仓库技术，联机分析处理技术（On—Line Analytical Processing，简称 OLAP），数据挖掘技术（Data Mining，一简称 DM）。

1. 数据仓库的特点

对于 DW 的概念可以从两个层次予以理解。首先，DW 用于支持决策，面向分析型数据处理，它不同于企业现有的操作型数据库；其次，DW 是对多个异构的数据源有效集成。集成后按照主题进行了重组，并包含历史数据，而且存放在 DW 中的数据一般不再修改。

与传统数据库比较，DW 是面向主题的、集成的、与时间相关且不可修改的数据集合。DW 是一个环境，而不是一件产品，可为用户提供用于决策支持的当前数据和历史数据，这些数据在传统的操作型数据库中很难或不能得到。

（1）"面向主题的"。主题是一个抽象的概念，是在较高层次上将信息系统中的数据综合、归类并进行分析利用的抽象，是决策者所关心的问题。传统数据库主要是为应用程序进行数据处理，未必按照同一主题存储数据；DW 侧重于数据分析工作，因此需要按照主题存储数据。以商场为例，它所以应用的主题包括供应商、商品和顾客等，这三个主题所包含的内容如下。①商品：商品固有信息、商品采购信息、商品销售信息和商品库存信息。②供应商：供应商固有信息、供应商信息。③顾客：顾客固有信息、采购商品信息。

在商场数据库中商品的这些信息分散在不同的子系统中，如商品的采购信息存在采购子系统中，商品的销售信息则存在销售子系统中，商品的库存信息又存在库存管理子系统中，根本没有形成一个关于商品的完整一致的描述。同时也可看到不同主题之间的内容重叠，如"商品"主题中的商品采购信息同"供应商"主题的供应商品信息是相同的，它们都来自采购子系统，这表现了"供应商"和"商品"这两个主题之间的联系。但要强调的是，主题之间的重叠只是逻辑上的重叠，而不是同一数据内容的重复物理存储。

面向主题的数据组织就是强调关于商品的完整一致的描述，以便在此基础上对"商品"这一分析对象进行分析处理。为此，在 DW 中将每个主题划分成多个表，基于一个主题的表都含有一个称为公共码键的属性作为其主码的一部分，然后通过公共码键将各个表统一联系起来，体现它们是属于同一主题。

（2）"集成"。DW 中的数据并不是最新的，而是来源于原有的分散的数据库。两者之间的差别在于 DW 的每一个主题所对应的源数据在原有的各自分散的数据库中有很多重复和不一致的地方，且都和应用逻辑捆绑在一起。因此在数据进入 DW 前，要经过统一与综合，这是 DW 建设中最关键、最复杂的一步。

（3）"不可修改"。DW 的数据主要供企业决策分析之用，所涉及的数据操作主要是数据查询，一般情况下并不进行修改操作。DW 的数据反映的是一段相当长的时间内的历史信息，是不同时点的数库快照的集合，以及基于这些快照进行统计、综合和重组导出的数据，而不是联机处理的日常事务数据，因此，DW 中的数据是极少或根本不修改的，但在 DW 存放的数据超过了 DW 的数据的

265

存储期限（如 5～10 年）后，这些数据就要从 DW 中删去。

（4）"与时间相关"。数据库保存信息的时候，并不强调一定有时间信息。DW 则不同，出于决策的需要，DW 中的数据经常需要按照时间段进行综合，或隔一定的时间进行抽样等，因此，DW 中的数据都要标明时间属性，以标明数据的历史时期。

2. 数据仓库系统的结构

一个典型的数据仓库系统通常包含数据源、数据存储与管理、OLAP 服务器以及前端工具与应用四个部分，具体结构见图 11—7。

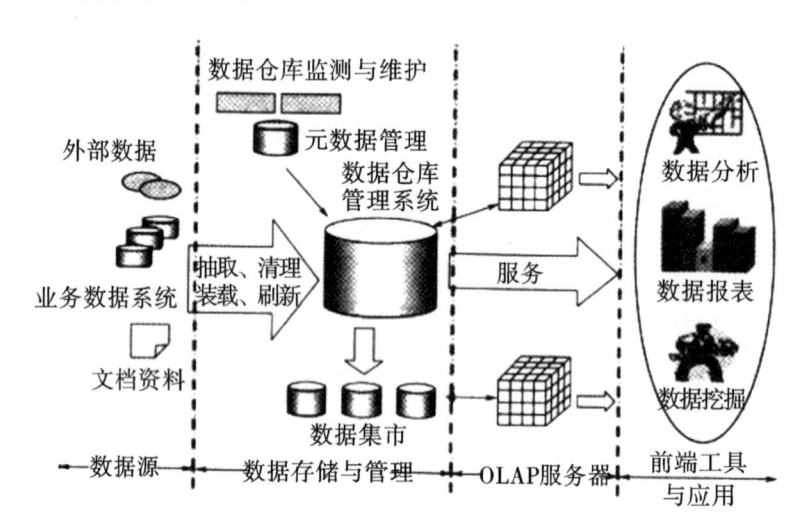

图 11—7　数据仓库系统体系结构

（1）数据源。是数据仓库系统的基础，是系统的数据源泉。通常包括企业内部信息和外部信息。内部信息包括存放于企业操作型数据库中（通常存放在 RDBMS 中）的各种业务数据和办公自动化（OA）系统包含的各类文档数据。外部信息包括各类法律法规、市场信息、竞争对手的信息以及各类外部统计数据及各类文档等。

（2）数据的存储与管理。是整个数据仓库系统的核心。在现有各业务系统的基础上，对数据进行抽取、清理，并有效集成，按照主题进行重新组织，最终确定 DW 的物理存储结构，同时组织存储数据仓库元数据（具体包括数据仓库的数据字典、记录系统定义、数据转换规则、数据加载频率以及业务规则等信息）。按照数据的覆盖范围，数据仓库存储可以分为企业级数据仓库和部门级数据仓库（通常称为"数据集市"，Data Darkt）。DW 的管理包括数据的安全、归档、备份、维护、恢复等工作。这些功能与数据库管理系统基本一致。

（3）OLAP 服务器。随着数据库技术的发展和应用，数据库存储的数据量越来越大，用户的查询需求也越来越复杂，涉及的已不仅是查询或操作一张关系表中的一条或几条记录，而是要对多张表中的千万条记录的数据进行分析和信息综合。OLAP 就是针对特定问题的联机数据访问和分析的快速软件技术。它通过对分析需要的数据建立多维数据模型，采取切片、切换、旋转等各种分析方法，剖析数据，使最终用户能从多个角度、多侧面地观察数据库中的数据，发现数据趋势，并以一种直观易懂的形式将结果可视化表现给决策人员。

（4）前端工具与应用。前端工具主要包括各种数据分析工具、报表工具、查询工具、数据挖掘工具以及各种基于数据仓库或数据集市开发的应用。其中数据分析工具主要针对 OLAP 服务器，报表工具、数据挖掘工具既针对数据仓库，同时也针对 OLAP 服务器。

3. 数据仓库工具软件

DW 不仅仅是个数据的储存仓库，更重要的是它要提供丰富的各种应用工具。各种功能强大的完整工具体系，是 DW 实现应用的基础。目前一些商家推销的数据仓库软件都带有各自的工具软件，也具有各自的特色。

（1）数据获取工具。在数据获取层的一些工具，用来清洗、转换和从别处提取数据，"去其糟粕、取其精华"，将真实的、对决策有用的数据保留下来，使得放在 DW 的数据有条有理，帮助决策者再通过其他分析工具方便地使用这些数据。

（2）多维分析工具。通常，每一个分析的角度可以叫作一个维。因此，多角度分析方式称为多维分析。管理人员往往希望从不同的角度来审视业务数值，例如银行往往从时间、地域、功能、效益、利润来看同一类储蓄的总额。以前，针对每个分析的角度需要制作一张报表。现在，利用在线多维分析工具，可以根据用户常用的多种分析角度，事先分析、考虑构架好一些辅助结构。以便在查询时能尽快抽取到所要的记录，并快速地从一维转变到另一维，从而迅速将不同角度的信息展现出来。

（3）前台分析工具。前台分析工具包括联机分析处理工具（OLAP），可以提供各种分析处理操作功能以及简单易用的图形化界面。图形化界面可以将数据仓库的结果以数字、直方图、饼图、曲线等方式直观地提供给管理决策人员。管理决策人员也可以自由选择要分析的数据、定义分析角度、显示分析结果。前台分析工具往往需要与多维分析工具配合，作为多维分析服务器的前台界面。

数据获取工具、多维分析工具及前台分析工具，是 DW 支持进行决策处理的基础性工具，它们完成对用户数据的整理、观察和总结，其作用是"掌握过去"，知道"是什么"。在此基础上，再利用数据挖掘，通过挖掘发现问题、找出规律，知道"为什么"，从而预测未来，达到真正智能化决策的效果。

二、物流数据采集系统选择

物流数据的采集就是按给定的数据加工要求，在物流过程中收集数据的过程。采集的数据包含了数据的物理内容、数据的形式及数据采集的时间和地点。物流数据一般采用编码，通过物质型的数据载体将编码附着在货物上，根据数据读出的物理原理，数据载体可以是机械式的、磁力式的、光学式的和电子式的。

（一）数据采集系统的需求分析

根据自动化程度的不同，物流数据采集的方式可分为人工采集方式、半自动采集方式和自动采集方式。

1. 不同数据采集的方式比较

表 11—3 介绍了物流数据采集三种方式的工作特点。表 11—4 比较了设备输入与键盘输入。

表 11—3　物流数据采集的三种方式的工作特点

采集方式	条码取出	编码输入	举例
人工采集	工作人员	工作人员	键盘输入、声音输入
半自动采集	工作人员	数据识别设备	手持 CCD 识别器
自动采集	数据识别设备	数据识别设备	固定式激光扫描仪

表11—4 设备输入与键盘输入的比较

输入方式	速度（每字符）	差错率	费用
键盘输入	6s	1/300	高
设备输入	0.3~2s	1/1500~1/36000000000	低

可见采用半自动化和自动化方式，可有效解决信息系统的数据录入"瓶颈"。但自动化方式的采用，必须满足下列条件：①通过固定信息录入点的货物通过率要相当高；②商品所带的数据载体和编码一样；③要满足数据采集设备对数据载体的位置和方向的要求。

2. 数据采集方法的需求分析

物流数据的采集有多种方法和多种设备，为了完成相应的物流任务，首先应对数据采集的需求进行分析，选出合适的数据采集方式，然后再选择合适的识读设备。

(1) 照度。人工识别和采用光学识别设备进行识别时，数据载体和货物的可辨性取决于编码处的照度。根据人的视觉要求，该照度不能小于200勒克斯（1x），设计的推荐值可取为500lx。如果环境照度很大，强烈的环境光也会干扰识别编码的光信号，所以在数据采集点还应设置明亮的识别光源，或选择其他方法降低对环境的要求。

(2) 温度。过高或过低的温度都可使编码写入装置、读出装置和数据载体的损坏。

(3) 人机环境。采用人工采集和半自动采集方式时，环境噪声不能大于85dB；数据采集的工作强度也不能太高，否则会使操作人员的注意力过度集中，很快疲劳从而发生错误。

(4) 识别距离和差错率。每种识别技术都有不同的应用范围，在选择识别方法时，特别要注意识别距离，在选择设备时要注意许用的差错率。

(5) 识别响应时间。识别响应时间的大小会影响到物流系统的通过率和所需要的人力资源。自动采集方式和半自动采集方式的识读响应时间一般都不会超过10s，明显高于人工识别方式，但投资较大。

(6) 数据的类型。不同的采集方式针对不同的数据类型。语言型和文字型的数据一般只能通过人工方式采集；如果信息的篇幅越大，则通过人工识别的时间越长，产生错误的可能性也越大。

3. 数据采集设备的需求分析

数据采集设备的需求分析包含：①自动识别，采集设备能独立地识读和解码不同的条码；②对操作人员的保护，采集设备发出激光的强度应不会对人体器官造成伤害；③景深，许用识读距离的误差；④方向性；⑤分辨率；⑥识读宽度。

(二) 数据采集系统的选择

数据采集系统选择可按图11—8所示的步骤进行。出发点是由物流过程组织所确定的数据采集任务，如采集数据的种类、数量和采集点。第一步将自动采集方式作为首选方式，其确定原则可见前述的自动采集方式的实现条件，然后考虑不同系统的费用，提出可能的数据采集的实现方式。第二步就给出的采集方式，分析数据采集的需求，进一步缩小选择范围。在此基础上进行粗略的经济分析，比较投资的费用和运营费用，选出合适的采集方法。

投资的费用主要包括如下几个方面：①数据采集设备的采购费用和安装费用；②数据载体的采购费用和安装费用；③数据传输设备的采购费用和安装费用；④数据采集设备的培训费用；⑤由于新系统使用，造成困难所产生的前期费用。该项费用与现有的组织结构和引进的数据采集方法密切相关。

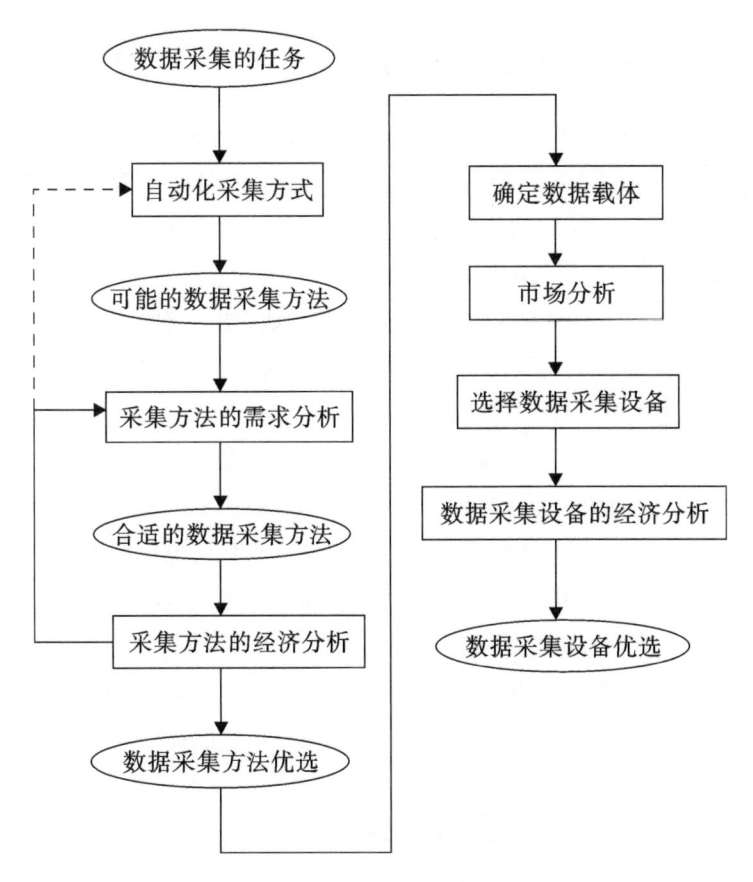

图 11—8　数据采集系统的选择

注：虚线表示一种可能的选择

企业的运营费用主要包括：①数据采集所需要的人力费用；②数据载体的耗材费用；③数据采集系统的维护费用；④由于货物错读、错入库和错存所造成的费用。

然后通过市场调查，了解所需要的数据采集设备的技术水平和价格，再通过比较设备的采购价格和人力需求，选择合适的数据采集设备。

第二节　信息技术的发展及其在现代物流管理中的应用

一、现代信息技术的发展

现代信息技术奠定了信息时代发展的基础，同时又促进了信息时代的到来，它的发展以及全球信息网络的兴起，把全球的经济、文化联结在一起。任何一个新的发现、新的产品、新的思想、新的概念都可以立即通过网络、通过先进的信息技术传遍世界。经济国际化趋势的日渐显著，使得信息网络、信息产业发展更加迅速，使各行业、产业结构乃至整个社会的管理体系发生深刻变化。现代信息技术是一个内容十分广泛的技术群，它包括微电子技术、光电子技术、通信技术、网络技术、感测技术、控制技术、显示技术等。在 21 世纪，企业管理的核心必然是围绕信息管理来进行的。最近几年，技术创新成为企业改革的最主要形式，而 IT 的发展直接影响企业改革和管理的成败。不管是计算机集成制造（CIM）、电子数据交换（EDI）、计算机辅助设计（CAD），还是制造业执行信息系统（Executive Information System），信息技术革新都已经成为企业组织变化的主要途径。

二、信息技术在现代物流管理中的应用

IT 在现代物流管理中的应用可以从两个方面理解：一是 IT 的功能对现代物流管理的作用（如 Internet、多媒体、EDI、CAD/CAM、ISDN 等的应用），二是 IT 技术本身所发挥的作用（如 CD—ROM、ATM、光纤等的应用）。IT 特别是最新 IT（如多媒体、图像处理和专家系统）在现代物流中的应用，可以大大减少现代物流运行中的不增值行为。

根据 IT 在现代物流管理主要领域的应用，可以很容易地看出，现代物流管理涉及的主要领域有产品、生产、财务与成本、市场营销/销售、策略流程、支持服务、人力资源等多个方面，通过采用不同的 IT，可以提高这些领域的运作绩效。

（1）EDI 是现代物流管理的主要信息手段之一，特别是在国际贸易中有大量文件传输的条件下。它是计算机与计算机之间的相关业务数据的交换工具，它有一致的标准以使交换成为可能。典型的数据交换是传向供应商的订单。EDI 的应用较为复杂，其费用也很昂贵，不过最新开发的软件包、远程通讯技术使 EDI 更为通用。利用 EDI 能清除职能部门之间的障碍，使信息在不同职能部门之间通畅、可靠地流通，能有效减少低效工作和非增值业务（Non—Value Added）。同时可以通过 EDI 快速地获得信息，更好地进行通讯联系、交流和更好地为用户提供服务。

（2）CAD/CAE/CAM、EFT 和多媒体的应用可以缩短订单流的提前期。如果把交货看作一个项目，为了消除物料流和信息流之间的障碍，就需要应用多媒体技术、共享数据库技术、人工智能、专家系统和 CIM。这些技术可以改善企业内和企业之间计算机支持的合作工作，从而提高整个现代物流系统的效率。

（3）企业的内部联系与企业外部联系是同样重要的。比如在企业内建立企业内部网络（Intranet）并设立电子邮件（E—mail）系统，使得职工能便捷地相互收发信息。像 Netscape 和 WWW 的应用可以方便地从其他地方获得有用数据，这些信息使企业在全球竞争中获得成功，使企业能在准确可靠的信息帮助下做出准确决策。信息流的提前期也可以通过 E—mail 和传真的应用得到缩短。信息时代的发展需要企业在各业务领域中适当运用相关的 IT。

（4）战略规划受到内部（生产能力、技能、职工合作、管理方式）和外部的信息因素的影响。而且现代物流管理强调战略伙伴关系的管理，这意味着要处理大量的数据和信息才能做出正确的决策去实现企业目标。如电话会议、Netscape、多媒体、网络通讯、数据库、专家系统等，可以用以收集和处理数据。决策的准确度取决于收集的内、外部数据的精确度和信息交换的难易度。

（5）产品设计和工程、流程计划可被当作一个业务流程，产品本身需要产品、工程、流程计划的设计，这些阶段可以用 QFD、CE、CAD/CAE 和 CAPP 集成在产品开发中，考虑缩短设计提前期和在产品周期每个阶段的生产中减少非增值业务。

（6）市场营销和销售是信息处理量较大的两个职能部门。市场研究在一定程度上是 IT 革新的主要受益者。市场营销和销售作为一个流程需要集成市场研究、预测和反馈等方面的信息，EDI 在采购订单、付款、预测等事务处理中的应用，可以提高用户和销售部门之间数据交换工作效率，保证为用户提供高质量的产品和服务。

（7）会计业务包括产品成本、买卖决策、资本投资决策、财务和产品组决策等。计算机信息系统包括在线成本信息系统和数据库，主要采用在线共享数据库技术和计算机信息系统完成信息的收集和处理。技术分析专家系统（Expert System forTechnology Analysis，ESTA）、财务专家系统能提高企业

的整体投资管理能力，而且在ESTA中应用人工智能（AI）和神经网络技术可以增强某些非结构性问题的专家决策。AI的应用可以提高质量、柔性、利用率和可靠性，EDI和EFT（Electronic Funds Transfer）应用在现代物流管理当中可以提高现代物流节点企业之间资金流的安全和交换的快速性。

（8）生产过程中的信息量大而且繁杂，如果处理不及时或处理不当，就有可能出现生产的混乱、停滞等现象，MRPII、JIT、CIMS、MIS等技术的应用就可以解决企业生产中出现的多种复杂问题，提高企业生产和整个现代物流的柔性，保证生产及现代物流的正常运行。

（9）客户/服务技术可以应用于企业之间的信息共享，以改善企业的服务水平，同时各种网络新技术的应用也可以改善企业之间的信息交互使用情况。信息自动化系统提高了分销、后勤、运输等工作的效率，减少了纸面作业，从而可降低成本和提高用户服务水平。

（10）现代物流设计当中运用CIM、CAD、Internet、E—mail、专家支持系统等技术，有助于现代物流节点企业的选择、定位和资源、设备的配置。决策支持系统（DSS）有助于核心企业决策的及时性和正确性。

（11）人力资源管理当中，人类行为工程（Human PerformanceEngineering，HPE）也开始在企业管理当中得到应用，它的主要职能是组织、开发、激励企业的人力资源。在企业系统的工作设计、培训、组织重构中应用HPE可以帮助企业提高从最高领导层到车间的人力效率，同时多媒体、CAD/CAM和Internet等技术的应用可以改善职工之间的合作水平与降低工作压力。

三、现代物流管理中物流数据的传输与交换

信息的有效管理与共享是实现现代物流管理的基础，只有建立起系统中信息的高质量传输与交换，实现信息的有效管理，才能保证物流系统的协调运行。在过去，物流和信息流两者是合而为一的，但在物流发展过程中，物流和信息流逐渐产生了分离，如图11—9所示。

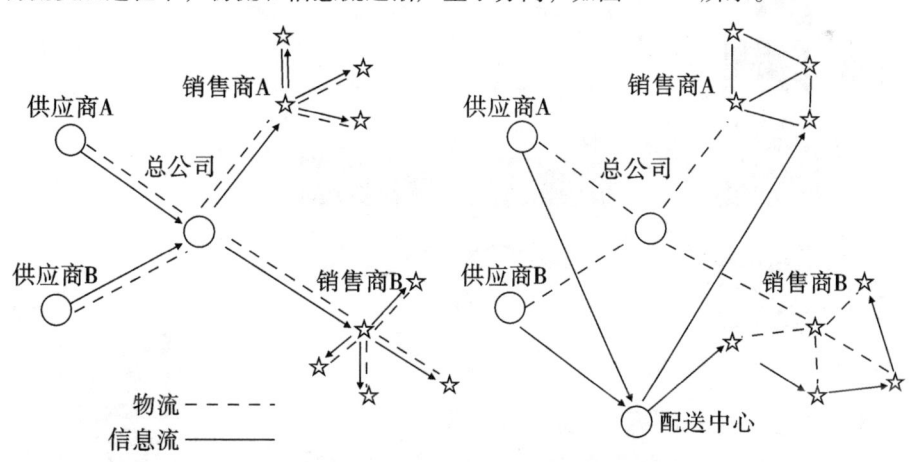

图11—9 物流与信息流

由于信息技术的巨大进步，物流数据的传输由单一的电信发展为数据通信，企业开始在内部使用互联网技术，构建企业内部网（Intranet），在企业间构建企业外部网（Extranet），使物流信息实现了实时交换、共享、汇总、交流、控制、运筹、计划等以前不可能实现的功能。本节仅介绍与物流作业密切相关的几种物流数据的传输与交换方式。

（一）基于互联网技术的数据传输与交换

与普通商务系统中的数据交换一样，物流系统中的数据交换必须具有处理下列需求的能力：减

少商务活动的开支；减少进入电子商务的成本；提供更加简便的用户操作工具；提高数据的完整性和可访问性；适当的安全和控制；提供可扩展和可控制技术；与现有的应用系统相集成；利用开放标准；提供 X12/EDIFACT 的替换升级以及与 X12/EDIFACT 进行互操作的 XML 语法；全球可部署以及全球可维护。

下面分别介绍现今用于电子商务事务处理的三种主流技术电子数据交换（EDI）、XML/EDI 和 ebXML。

1. 电子数据交换

（1）电子数据交换系统的工作流程与基本结构。EDI 作为一种快速可靠的文件资料交换方式，一直在需要传递大量文件的国际贸易中起着举足轻重的作用，它利用计算机的资料处理及通讯功能，将交易往来的商业文件，如订单、订单回复、清款对账单或付款明细表等，按照协议译为标准的 EDI 报文格式。实际应用时，用户系统从数据库中取出符合内部格式的源数据，通过一个映射程序（Mapper）转化为平面文件（Flat—file，一种无格式的数据文件），然后由翻译软件（Translator）将无格式的数据添加到 EDI 报文的相应字段中完成翻译。同样，接收系统对接收到的报文需经过"EDI 报文、翻译软件、平面文件、映射程序、系统内部数据格式"的转换才能使用。传统的 EDI 系统中企业间的连接是一对一的，这意味着某 EDI 用户如果要与两家不同的企业交换数据，就需要建立两个物理连接，两个连接不能相互访问。随着贸易伙伴数目的增加，当多家企业直接进存计算机通信时，会出现由于计算机厂家不同，通讯协议相异及工作时间不易配合等问题，造成相当大的困难。为了克服这些问题，许多应用 EDI 的企业逐渐采用第三方网络与贸易伙伴进行通信，即增值网络（VAN）方式。增值网络类似于邮局，为发送者与接收者维护邮箱，并提供存储转送、记忆保管、通讯协议转换、格式转换、安全管制等功能。采用增值网络的 EDI 系统通讯模型见图 11—10。

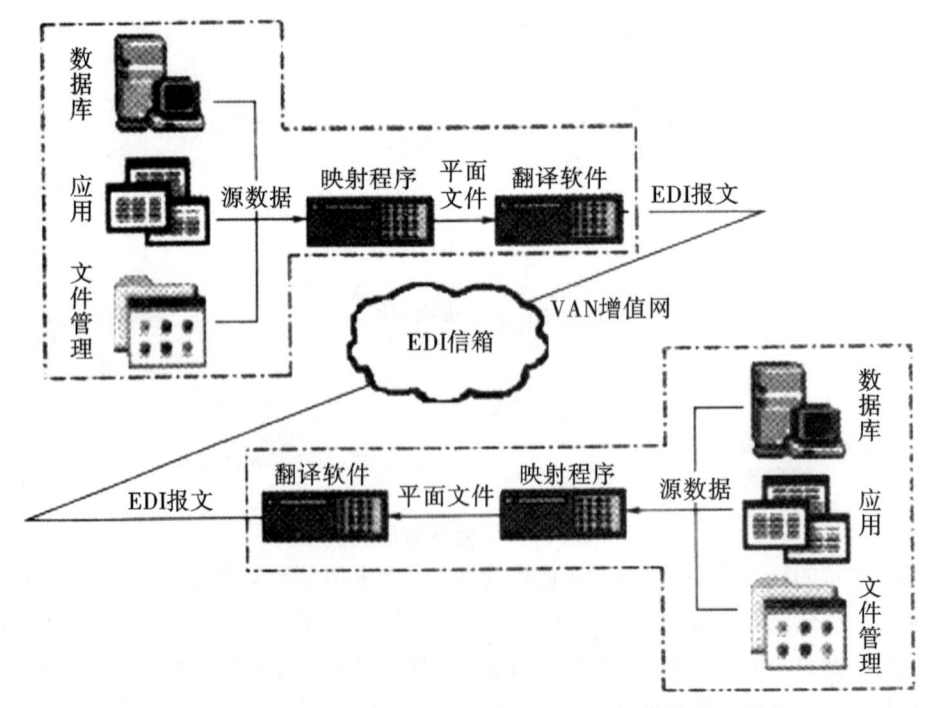

图 11—10　采用增值网络的 EDI 系统通讯模型

（2）电子数据交换系统与管理信息系统的关系。从技术的角度讲，管理信息系统（MIS）提供了 EDI 系统交换的内容，完成了 EDI 系统的数据加工，而 EDI 系统可以看作是 MIS 的通讯手段。

EDI 系统要发送、接收的报文由 MIS 提交、处理。通过应用定义，通用的 EDI 系统可以适应不同的 MIS。

应用单位一般应先开发内部的 MIS，然后与其他单位实现 EDI 连接，MIS 是 EDI 应用的前提；但对于信息应用不成熟的单位，为了与已实现 EDI 的公司或机构进行交易，也可先引进一个仅仅与对方 EDI 系统相连的简单数据录入、打印及通讯的"制单系统"，尔后逐步发展自己的 MIS。

2. 可扩展标记语言（XMI）与 XMIJ/EDI

经过几十年的发展，EDI 虽然在技术上日趋成熟，但始终无法得到广泛的商业应用，究其原因有如下几点：费用高，需租用专用的 VAN，定制一对一的转换系统，增加了企业的信息处理成本；覆盖面低，采用封闭的专用增值网络，因此只能与有限的贸易伙伴连接；EDI 标准的结构灵活性差，不能随着与其对应的业务环境的变化相同步；EDI 报文的传输有较多限制，只能使用指定的网络协议和安全保密协议；EDI 标准基于传统的商业事务规则，由于社会发展，规则的进步，有许多商务应用已无法用早期的 EDI 标准规范化表示。

近年来，由于 XMI 和 Internet 迅速发展，另一方面由于中小企业的作用越来越大，因此，让中小企业能够顺利使用 EDI，使传统 EDI 走出困惑，显得必要而且可能。XMI 比起 EDI 具有如下优势：比 EDI 简单；拥有更多用途，而不只是在公司之间交换数据；可以很容易地找到熟悉它的开发人员；是一种独立于平台的语言；良好的跨平台性，可以在任何地方构建读取和发送 XMI 的应用程序。

XMI 使用树型结构来表示传统数据库中的关系系统，一棵"树"可以表示多个相互专囊的关系表，这样做使得以往复杂的关系变得清晰和明了。如下是三个相互关联的关系。

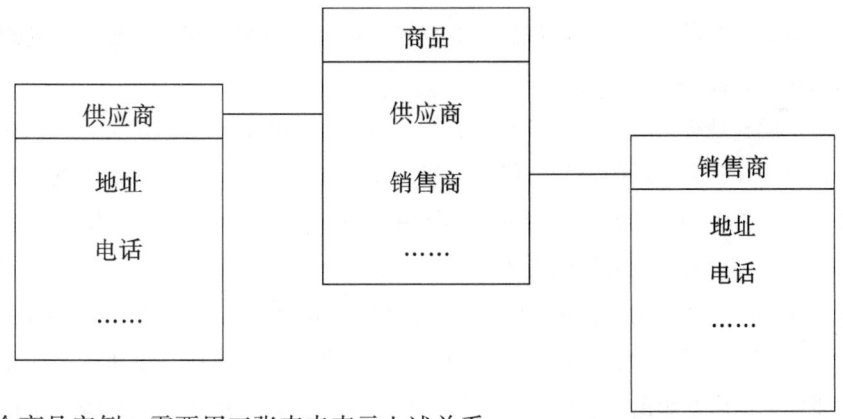

对于每个商品实例；需要用三张表来表示上述关系。

商品	电灯	供应商	南京 01	销售商	武汉 01
供应商	南京 01	地址	南京市 XX	地址	武汉市
销售商	武汉 01	电话	025—XX	电话	027—XX
……	……	……	……	……	……

使用一个 XML 文档就可以完整地表示上述关系，如

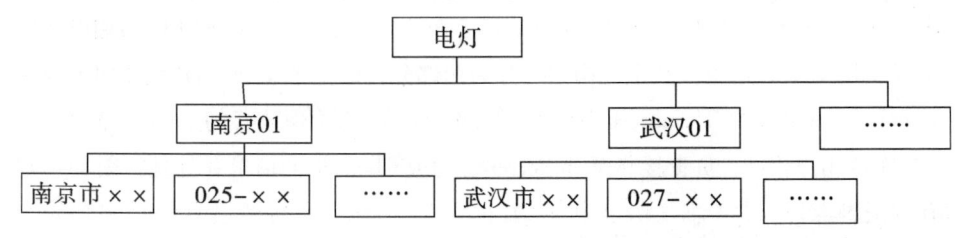

273

XML 代表了 B2B 电子商务应用的未来，不过作为一种成熟的电子数据交换技术，EDI 在许多方面的研究仍然是领先的，而基于 XML 的商务应用标准仍处于发展研究的初期，要在短期内取代 EDI 是不现实的。在这种情况下，可以用 XML 取代 EDI 的不足，即在现有的 EDI 系统中引入 XML，通过二者某种程度的结合来实现对 EDI 的改造和扩展，这种基于 XML 的 EDI 方案称之为 XML/EDI。

XML 和 EDI 结合的可能在于 EDI 和 XML 两者本质上都是封装在标记格式和结构中的数据和元数据。因此现有的 EDI 机制可以用 XML 语法来表示，而且能够创建新的更为灵活的方法。EDI 传统上使用独特的类似标记的段落标识来分隔和标识消息中的数据项。XML 使用同样的基于标记的方法，但允许动态的标记和对象结构。因此，用 Internet 标记替换段落标识使得 XML 充分表现 EDI，而且可以通过 Internet 传送 EDI 单证。

但只是简单地重新定义消息格式使得消息可以在 Internet 上传递还是不够的，传统的 EDI 单证机构由于自身的固定性和不灵活性将面临被淘汰的危险。为此 XML/EDI 工作组增加了三个额外的关键组件：处理模板（Process Template），软件代理（software Agent），全球实体知识库（Global Entity Repositories）。这三个额外的组件将传统的 EDI 转变为 XML/EDI，允许业务伙伴间开展完整的动态的电子商务，并且每个组件增加了利用其他部分的独特工具。过去，EDI 是静态的，而 XML/EDI 提供了令人激动的动态的处理过程，可以无限扩展。

处理模板提供了将整个 XML/EDI 结合在一起的黏合剂。如果没有处理模板，用户将无法单独使用 XML 语法表达所有需要进行的工作细节。模板是全局应用，或者在 XML 中作为特殊的段落或标记集合向前传播，而且容易读取和解释。它们在布局和内容上将传统的处理控制语言语法集中起来，并对 XML 中所声称的文档类型定义提供补充。文档类型定义（DTD, Document Type Definition）通过定义结构和内容，提供交易的互操作性。DTD 还允许两个组织相互理解数据。处理模板定义了数据上发生的动作，并提供交易处理。

软件代理不仅解释处理模板，执行必要的工作，而且与 EDI 交易数据定义、用户业务应用相互作用，为每一特定的任务创建新的模板。代理也能访问全局知识库，为现有工作查找并配属恰当的模板。软件代理也能参考 DTD，决定窗体的显示特征。这是 Java 和 Ac—tiveX 所擅长的领域。当前，这两个技术为创建代理提供最好的中介。

全球互联网知识库已经应用于传统 EDI 了，如 BSI 的 BEACON 系统。它使用 BEA—CON 字典，用户可以手工查找 EDI 元素的含义和定义。当前，全球互联网知识库概念已进入下一层次，提供自动查找功能，正如当前较高级的互联网搜索引擎一样。该组件为全球业务交易提供了语义基础，并为软件代理正确的实体交叉引用提供支撑。

XML/EDI 实现了 XML 与 EDI 的联合，同时又保留各自在电子商务上面的优势，以 Internet 代替 VAN 与 EDIFACT 通讯，从而可越过专有网络拓展潜在用户的基础。与传统的 EDI 系统相比，XML/EDI 系统的变化主要体现在以下几点：①以 XML 作为数据交换格式，以 XSL 作为表示格式；②XML/EDI 运行在 Internet 上，可使用标准的 TCP/IP 协议和 HTTP 等应用层协议；③XML/EDL 数据运行与 EDIFACT 格式可互相转换；④使用 DTD/Schema 定制消息，不再需要传统 EDI 中的翻译软件。

在实际的 XML/EDI 应用中，其系统构架可分为两部分，即基于 VAN 的传统 EDI 商务系统与基于互联网的 XML Network。XML Network 是一个以 XML Server 为管理核心的 Internet 商贸子网，其中 XML Server 或企业用户相连，负责接收 Web Server 页面或 Client 端的请求并处理。图 11—11 是典型的 XML/EDI 应用框架。

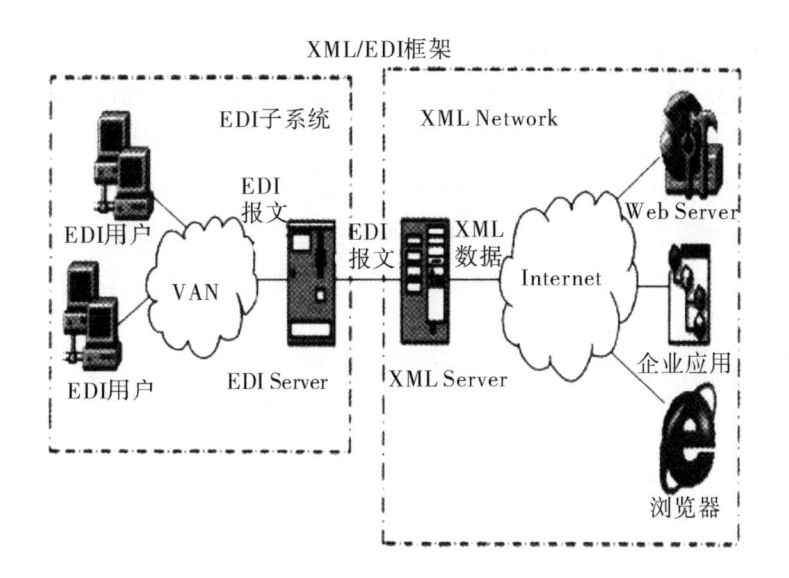

图11—11 典型的 XML/EDI 应用框架

XML/EDI 充分发挥了已有 EDI 商务系统的潜力，尤其为中小企业提供了在不同层面上使用 EDI 的电子数据交换方案。企业可通过浏览器与 XML Server 相连，以 Web 表单的形式提供提交需要传递的商业数据，而 EDI 的消息转换及传输都由服务器服务处理。这对于一些拥有少量单证、数据需要交换的企业是一种非常合适的方式。

XML/EDI 的出现使 EDI 的一对多成为可能。以图 11—11 为例，将 XML Server 与 EDL Server 看作一个虚拟的 Server 交换平台，则此平台具备了不同 EDI 报文转换能力（EDI 报文（XML 数据（EDI 报文）此时 EDI 可将报文发至 EDI Server，由 XML Server 转换处理后返回 EDI Server，并送到制定用户的 EDI 信箱。传统的 EDI 连接遵循严谨的业务规则及通信构架，由于缺少方便通用的中间标准，一旦确定后就难以改变，功能的扩展只可能通过代理，而基于 XML/EDI 的 XML Server 则为此提供了理想选择。

3. ebXML

另外一种需要提及的数据交换与处理技术是 ebXML。它主要用来解决可以构建 Web 服务来跨越多个应用程序和供应商进行通信的问题。ebXML 由一组相关的规范构成，这些规范由联合国贸易促进/电子商务中心（UN/CEFACT，EDI 监督者）和 OASIS 维护。与许多其他 XML 派生物（如 MathML）不同，ebXML 不仅定义了完整的 XML 语法和词汇表，还定义了思考业务的新方法，并记录下来。'

用户可以使用业务过程规范（Business Process Specification）中的特定词汇表来定义公司如何开展业务。预先定义的文档是从核心组件构建的。消息是使用标准格式和协议发送的。所有这些事件都存储在 ebXML 注册中心，公司可以从中找到他们需要的信息和结构而不必从头干起。

注册中心还存有另一个重要项目：有关潜在贸易伙伴的信息。使用 ebXML，公司通过文档交换来开展业务，这些文档的形式可以是采购订单、管理信息甚至是商品本身。例如，零售公司可以向供应商发送采购订单，然后在响应中接收商品的项目列表。

注册中心以协作协议概要文件（CPP）的形式保存关于潜在贸易伙伴的信息。CPP 是一种 XML 文档，它使用特定词汇表来标识公司愿意且能够参与的业务过程、公司可以扮演的角色以及有关公司能力的技术信息。例如，在 ebXML 注册中心中搜索 CPP 可以通过 HTTP 接口提供所需产品的企业，而且该企业愿意在线接受采购订单。

接下来，通过使用协作协议协定（CPA）可以配置两个系统一起工作以完成适当的事务：CPA是由每个贸易伙伴的CPP组成的，它指定发生什么协作以及具体细节。这些细节包括有关技术问题的信息（例如要使用的协议），或者它们可能包括的需求（例如认可和验证）。

一旦公司同意并生成了CPA，就可以使用这个单一文档在双方配置应用程序或业务端各接口（Business Service Interface）。用这种方法，两个贸易伙伴使用相同的信息工作，不会混淆谁应当做什么。

以上介绍的仅是ebXML的简单工作原理（图11—12），由于ebXML的具体内容超越了本书范畴，因此不再做介绍。

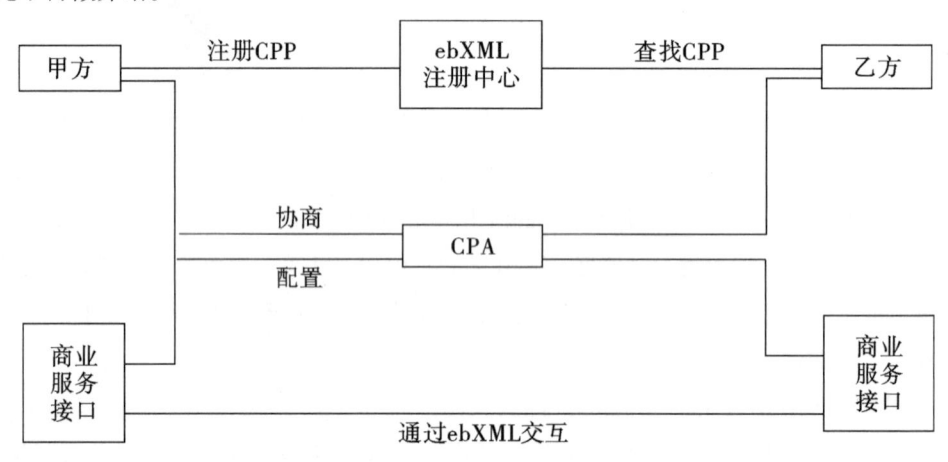

图11—12 ebXML 工作原理

总的来说，ebXML与XML/EDI要解决的问题和自身的目标是基本一致的，它们都关注于商务流程的模型化，关注于如何使用XML来传输商务信息，进行商务流程处理。只是使用了不同的解决问题的思考方式，一个是从标准到应用，一个是从应用到普及。由于ebXML地位的特殊性，在将来的应用中，ebXML会具备极大的优势。

（二）无线局域网络的数据传输

从信息传输方式上看，前述结构采用有线传输方式，对于大型超市或物流配送中心，特别在操作区域分散、管理货品繁杂的情况下，就不宜采用这些结构了。近年来，以RF技术为基础的无线局域网络得到了普遍应用。目前无线局域网络采用的拓扑结构主要有网桥连接型、访问节点连接型、HUB接入型和无中心型四种。

在自动化仓储管理系统中，针对仓储管理的需求，移动节点之间无须通信，设计的无线RF网络拓扑结构为访问节点连接型。RF移动终端的操作区域遍及仓库的各个角落，要求移动终端在仓库内部的任何地点，都能和服务器主机保持实时的通讯。因此，在系统网络架构中，必须保证安装的AP（Access Point）能对整个仓库进行无线信号的全覆盖。如果仓库的面积较大，在进行无线网络设计时，可以充分利用无线RF技术的网络扩展能力和无缝漫游特性，对仓库的无线信号进行多个AP的组合，即通过设置多个AP，做到信号的全覆盖，而且相邻AP之间互相覆盖，提高无线网络的可靠性。同时考虑到大型仓储的办公区可能与储存地不在同一区域，而且不便使用有线网络连接，因此储存与办公区之间可以采用无线网桥连接，使之成为统一的网络体系，便于网络的扩展和拆除。以配送为主的通过型仓库可以参照这个模式进行设计。图11—13是无线局域网络结构示意。

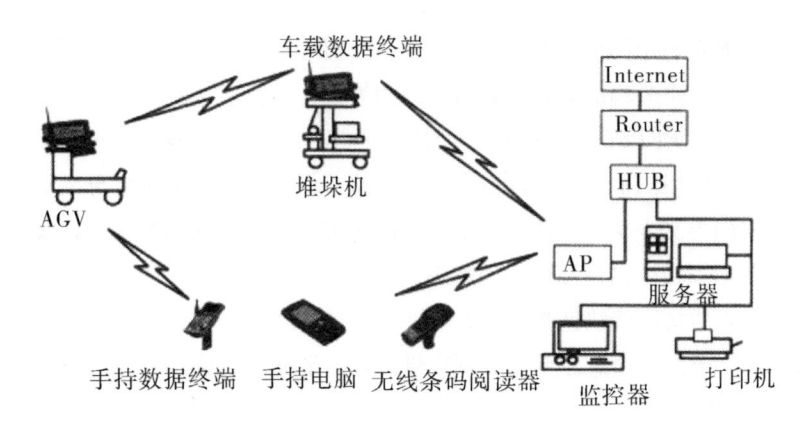

图 11—13 无线局域网络结构示意

(三) 空间数据的传输

数据形式分为空间数据和非空间数据两种，80%以上的数据都具有空间的属性。并且这些空间属性的应用非常广泛，增加地理数据的支持能力，将有效地提高决策的效率和准确性。通过地理信息系统（GIS）和全球定位系统（GPS）等技术能够对物料移动的空间数据进行有效管理，通过优化算法等先进的物流管理方法和技术，可优化运输作业的运力、路线、人员，实现运力资源的合理配置，扩展运营商的服务领域和品质，强化客户凝聚力，增强赢利水平，提高竞争实力。而大容量行车记录器的应用，可为挖掘资源潜力、强化管理、科学决策提供物流数据。

1. 地理信息系统

GIS（Geographical Information System）脱胎于地图，并成为地图信息的又一种新的载体形式，具有存储、分析、显示等功能。利用 GIS，人们可以在数字地图、影响和其他图形的显示中，来分析它们所表达的各种类型的空间关系。GIS 可简单定义为用于采集、模拟、处理、检索、分析和表达地理空间数据的计算机信息系统。与一般的管理信息系统相比，GIS 使用了空间数据与非空间数据，并通过 DBMS 将两者联系在一起；而 MIS 只有非空间数据库的管理，即使存储了图形，也往往以文件形式等机械形式存储，不能进行有关空间数据的操作，如空间查询、检索、相邻分析等，不能进行复杂的空间分析。通过 GIS 可回答与解决以下五类问题。

（1）位置，可表示为地方名、邮政编码、地理坐标。

（2）条件，即符合某些条件的实体在哪里的问题。

（3）趋势，即某个地方发生的某个事件及其随时间的变化过程。

（4）模式，即某个地方存在的空间实体的分布模式的问题。通过模式分析可揭示地理实体之间的空间关系。

（5）模拟，即某个地方如果具备某种条件会发生什么问题。

完整的 GIS 物流分析软件集成了车辆路线模型、最短路径模型、网络物流模型、分配集合模型和设施定位模型等。

（1）车辆路线模型。用于解决一个起始点、多个终点的货物运输中如何降低物流作业费用，并保证服务质量的问题，包括决定使用多少辆车，每辆车的路线等。

（2）网络物流模型。用于解决寻求最有效的分配货物路径问题，也就是物流网点布局问题。如将货物从 N 个仓库运往到 M 个商店，每个商店都有固定的需求量，因此需要确定由哪个仓库提货送给哪个商店，所耗的运输代价最小。

（3）分配集合模型。可以根据各个要素的相似点把同一层上的所有或部分要素分为几个组，用以解决确定服务范围和销售市场范围等问题。如某一公司要设立 X 个分销点，要求这些分销点要覆盖某一地区，而且要使每个分销点的顾客数目大致相等。

（4）设施定位模型。用于确定一个或多个设施的位置。在物流系统中，仓库和运输线共同组成了物流网络，仓库处于网络的节点上，节点决定着线路，如何根据供求的实际需要并结合经济效益等原则，在既定区域内设立多少个仓库，每个仓库的位置，每个仓库的规模，以及仓库之间的物流关系等问题，运用此模型均能很容易地得到解决。

由于 GIS 应用时，所访问的数据相当多，特别是进行空间分析和显示时，因而对网络的通过能力提出了很高的要求。考虑网络配置时，必须提供足够的带宽以满足 GIS 应用的要求。

2. 全球卫星定位系统

全球卫星定位系统（GPS）是美军 20 世纪 70 年代初在"子午仪卫星导航定位"技术上发展起来的具有全球性、全能性（陆地、海洋、航空与航天）、全天候优势的导航定位、定时、测速系统，由空间卫星系统、地面监控系统、用户接收系统三大子系统构成，已广泛应用于军事和民用等众多领域。在发达国家，GPS 技术已经开始应用于交通运输和道路工程之中。目前，我国在这方面的应用还刚刚起步。

GPS 导航是由 GPS 接收机接收 GPS 卫星信号（三颗以上），得到该点的经纬度坐标、速度、时间等信息。为提高汽车导航定位的精度，通常采用差分 GPS 技术。当汽车行驶到地下隧道、高层楼群、高速公路等遮掩物而捕捉不到 GPS 卫星信号时，系统可自动导入自律导航系统，此时由车速传感器检测出汽车的行进速度，通过微处理单元的数据处理，从速度和时间中直接算出前进的距离，陀螺传感器直接检测出前进的方向，陀螺仪还能自动存储各种数据，即使在更换轮胎暂时停车时，系统也可以重新设定。

GPS 系统在现代物流中的主要用途有：配送车辆的自定位、跟踪调度、陆地救援；内河及远洋轮船的最佳航程和安全航线的测定、航向的实时调度、监测及水上救援；航空的空中交通管理、精密进场着陆、航路导航和监视。

GPS 借助于覆盖广阔的 GSM 网络，利用移动电话的短信息方式传送 GPS 定位信息和相关信息，实现在途配送车辆、物流控制中心和货主的联系。GSM 网覆盖面积大，可以实现全国甚至全球范围内的调度、管理。具体应用流程如下：当货主交付货物后，物流公司将提货单和密码交给货主，同时将货单输入到因特网 GPS 物流平台中；当货物装到运输车辆后，将代表该车辆的 SIM 卡号与货单联系起来，这样，货主和物流公司都可以随时随地通过互联网按货单号和密码查询货物当前的运输地理位置。现代物流中的物流企业则提供物流车辆。每辆车都有一部移动电话（每辆车都有固定的 SIM 卡卡号）。在操作过程中录入货单。订货单号与承担运输车辆的 SIM 卡号联系起来，给货主每张单据的密码，以便货主随时查询，货物交付后，转移单据保存，撤销密码。GPS 应用无线/有线通信提供定位信息，同时利用短信和话音信道传送大量数据信息和报警信号。存储器采用预存定位信息的方式，减少 GSM 网常见的"盲区"问题，降低短消息费用，对车辆的工作路径进行有效管理。

GPS 有效利用话音信道，在回传大数据量时，可以减少传输数据费用；发送报警信号时，可防止由于短消息延迟造成的阻塞。

第三节 基于 EDI 的现代物流信息技术管理战略

国际标准化组织（ISO）将 EDI 定义为"将商业或行政事务处理，按照一个公认的标准，形成结构化的事务处理或信息数据格式，从计算机到计算机的数据传输"。

在现代物流管理的应用中，EDI 是现代物流企业信息集成的一种重要工具，一种在合作伙伴企业之间交互信息的有效技术手段，特别是在全球进行合作贸易时，它是在现代物流中连接节点企业的商业应用系统的媒介。通过 EDI，可以快速获得信息，提供更好的服务，减少纸面作业，更好地沟通和通讯，提高生产率，降低成本，并且能为企业提供实质性的、战略性的好处，如改善运作、改善与客户的关系、提高对客户的响应、缩短事务处理周期、减少订货周期，减少订货周期中的不确定性，增强企业的国际竞争力等。

现代物流中的不确定因素是最终消费者的需求，必须对最终消费者的需求做出尽可能准确的预测，现代物流中的需求信息都源于而且依赖于这种需求预测。利用 EDI 相关数据进行预测，可以减少现代物流系统的冗余性，因为这种冗余可能导致时间的浪费和成本的增加。通过预测信息的利用，用户和供应商可以一起努力缩短订单周期时间。

将 EDI 和企业的信息系统集成起来能显著提高企业的经营管理水平。如美国的福特公司把 EDI 视为"精细调整 JIT 的关键"，DEC 公司也是把 EDI 和 MRP 连接起来，使 MRP 系统实现了电子化，公司库存因而减少 80%，交货时间减少 50%。GE 通用电器公司通过采用 EDI，采购部门的工作效率提高了，节约了订货费用和人力成本。

EDI 由于投资大，缺乏开放性等原因，发展很慢，在美国也只是 5% 左右的少数大公司能采用，只能在大公司之间使用专用数据交换网。我国 EDI 应用起步较晚，目前主要在一些沿海省市如广东、上海、江苏、浙江、山东、北京、天津等地试点，还有海关总署，中远集团公司等。

基于 EDI 的物流信息组织与集成模式如图 11—14 所示。其中财务结算中心是一个连接所有节点

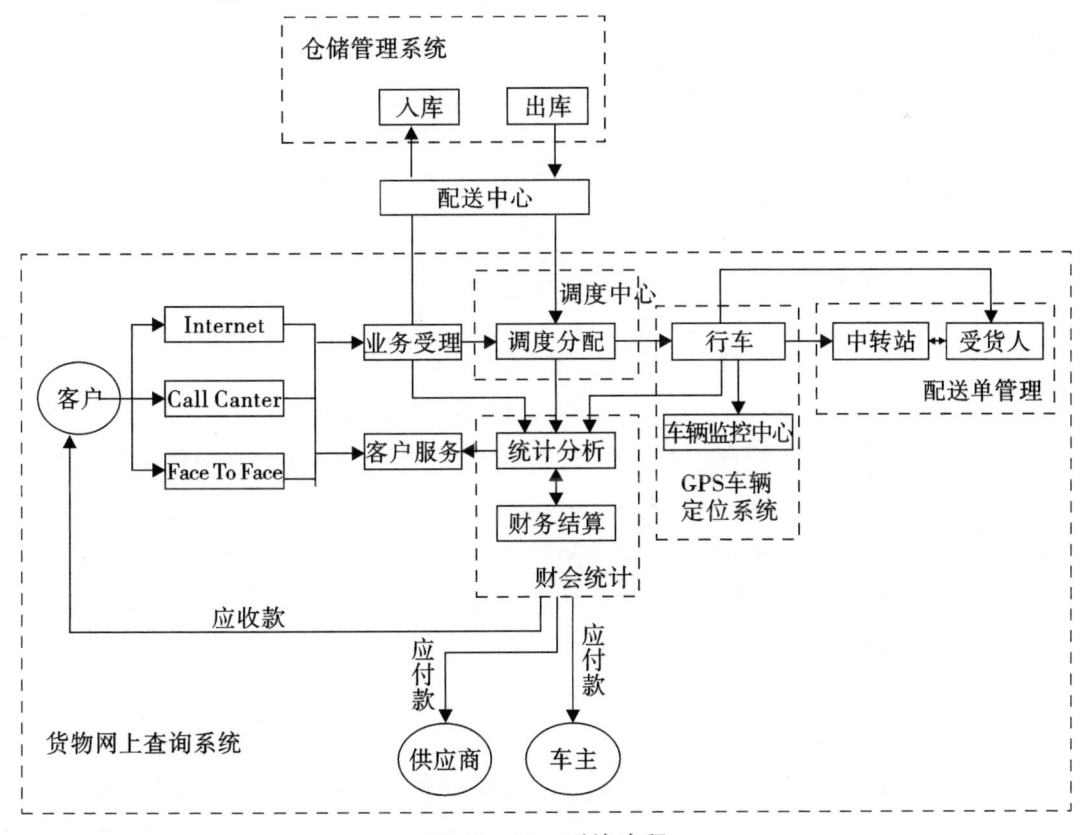

图 11—14 系统流程

的增值网络。包含所有商务信息的EDI数据信息发送到结算中心后，结算中心根据不同节点的要求做出处理，处理完毕后，将有关文档输送回相关节点。

基于EDI的信息集成后，物流节点企业之间与有关商务部门之间也实现了一个集成，形成一个集成化的物流网络，如图11—15所示。其基本过程是先将企业各子公司和部门的信息系统组成局域网（LAN），在局域网的基础上组建企业级广域网（WAN），BCL Computers工具软件/相当于Intranet，再和其他相关的企业和单位连接。和其他企业的通信连接方式通过增值网（EDI中心）或Internet网。随着Internet的发展，传统的客户/服务器模式EDI也将向Browser/server模式转变。

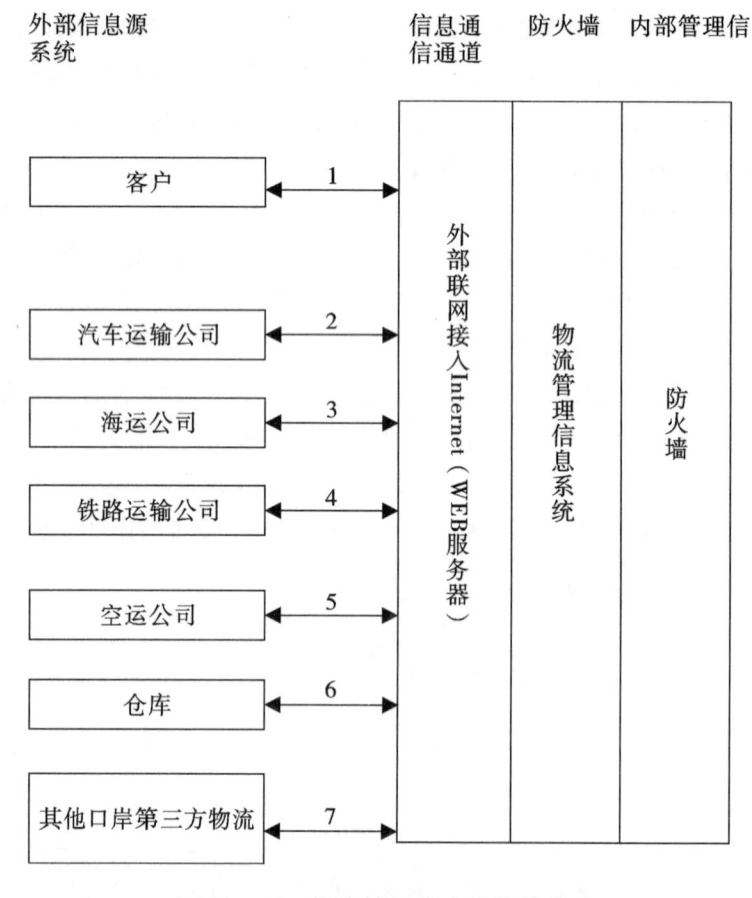

图11—15 物流管理信息系统的构成

建立基于EDI的现代物流信息组织和传递模式，各企业都必须遵守统一的商业操作模式（标准），采用标准的报文形式和传输方式，目前广泛采用的是联合国贸易数据交换标准——UN/EDIFACT。

供应商和用户（分销商、批发商）一起协商确定标准报文，首先用户（分销商、批发商）提供商品的数据结构，然后由EDI标准专业人员在EDIFACT标准中选取相关的报文、段和数据元。

以下为"进货通知单"报文模板结构的示例。

除了传统的EDI数据交换模式外，随着因特网的出现，也可以采用一种新的基于因特网的EDI模式：Internet/MIME的EDI模式。因为Internet灵活多样的入网方式和开放统一的通信标准，消除了贸易伙伴之间的通信壁垒，而且收费标准低，带宽高，有利于降低EDI的通信成本和时间，因此利用Internet传输EDI单证，更适合于供应商对零散用户的库存管理。另外，采用Internet/EDI模式，一方面丰富了EDI单证的交换方式，另一方面可以利用电子邮件传送多媒体的能力，丰富EDI

的内容，把传统的基于文本格式的单证扩展成多媒体形式，使单证图文并茂。如供应商向用户提供报价信息时，也提供商品的外观图像，有助于用户选择商品。

采用 Internet 电子邮件传输 EDI 单证需要特殊的封装技术。首先是对 EDI 的传输编码处理，并封装在 Internet/MIME 电子邮件的本体，然后利用 Internet 电子邮件传输系统进行传输。

安全性也是 EDI 应用需要考虑的问题，基于 Internet 的 EDI，其报文的安全性可以通过 Internet/MIME 的安全框架和 Internet/MIME 的安全协议来实现。

鉴于我国目前企业的条件和我国信息基础条件，对我国绝大多数企业来说，实现企业之间商贸业务的电子化的最直接、最快的途径是进入当今全球共有的信息高速公路——Internet。通过因特网，实现如中国技术进出口总公司提出的所谓 4E 战略，即电子沟通（E—communication）、电子贸易（E—trade）、电子调研（E—research）和电子促销（E—marketing）。因此，研究适合于中国国情的集成化现代物流技术支持工具应建立在 Internet/Intranet 基础上，研究以 Internet/Intranet 为工具的企业信息组织与集成，使 MRPII 等信息支持系统不再是仅限于一个企业内部，而是能够通过 Internet 和相关的企业进行信息的共享和无缝连接的开放性的信息系统，实现集成化现代物流管理下的信息共享目的。

第四节　基于 Internet 的现代物流信息技术管理战略

信息技术尤其是网络技术的迅速发展，使当今世界进入网络社会的前沿，集电话、电视、电脑、传真为一体的网络通信方式已成为社会的时尚。网络社会的来临，将促进经济的合作与发展。1997 年惠普公司副总裁索佐诺夫阐述全球信息产业发展的四大趋势时指出，除了信息需求的增加，PC 能力的增强，对可靠性、可扩展性及简化复杂计算机元件的需求增加的三大趋势外，他认为，Internet 将被历史学家看作工业革命及汽车发明以来最重要的发展，随着网络安全性的提高，Internet 将成为电子交易会的全面处理工具，整个市场现代物流将被重组；今天的 Internet 所带给人类的，已不是单纯的 E—mail 或仅仅是宣传企业形象的工具而已，运用 Internet 开拓商机，已是今天 Internet 最热门的话题。

事实告诉我们，全球性的新的网络时代已经来临。计算机模式的变化以螺旋方式发展。在计算机应用初期，中央计算模式占据绝对主导地位，它的特点是维护简单，但弊端是终端用户对资源和数据几乎没有控制权。随着 PC 机和网络计算的广泛应用，Client/Server 模式（简称 C/S）受到用户的推崇，它在把控制权交给最终用户的同时，仍然保持了对后台数据和资源的集中控制与管理，求得了灵活与可管理性之间的平衡。然而，随着应用需求和客户端数量的激增，C/S 模式面临着许多难以解决的问题，主要体现在以下三个方面：

（1）客户端整体拥有成本上升。用户在使用过程中需要花费大量的时间和经费来维护客户端的正常运行，包括硬件的升级换代和软件的修改与升级。据统计，普通的计算机用户平均要花费 27% 的工作时间用于对付 Windows 操作系统出线的问题，再加上应用程序可能出现的问题，用户可能1/3 的时间无法正常工作。Gartner 公司的调查表明，在美国，一台 PC 机的年维护费用高达 9800 美元。

（2）数据散乱、难以控制。采用 C/S 模式时，大型企业的每个独立的部门都要配置服务器以支持该部门的业务运作，这种做法除了导致维护费用的上升外，还带来了另一个严重的问题——数据分散。例如，一家集团公司里有销售、生产、运输等部门，各部门分别有自己的服务器系统，当公司总裁需要了解整个公司的运作情况时，他必须要对这些数据进行集中管理，公司需要额外配备其他的数据收集、整理软件，导致成本上升。

（3）系统维护困难。为了保证客户机和服务器的正常运行，IT系统管理员常常是疲于奔命，解决系统出现的软、硬件问题。而Internet的出现无疑为解决以上问题展现了一条新的途径，这就是100%基于Internet的计算模式，即所谓的Browse/Server（浏览器/服务器，简称B/S）模式。这种新兴的计算模式将桌面端繁杂的工作完完全全转移到集中管理的服务器上，终端用户只需要浏览器就可以轻松访问所有的应用。同时，由于终端用户采用的浏览器是标准软件，因此，大大降低了维护和培训需求，从而也相应地降低了企业IT系统的整体拥有成本。

采用B/S结构设计、基于Internet/Intranet的现代物流企业管理信息系统，以更好地在信息时代实现企业内部与企业之间信息的组织与集成。

一、三层B/S（浏览器/服务器）体系结构思想

三层C/S（客户/服务器）结构系统（Three—Tier Architecture C/S）的性能概念。

第一层是表示层，完成用户接口的功能；第二层是功能层，利用服务器完成客户的应用功能；第三层是数据层，服务器应客户请求独立地进行各种处理。

该结构的特点是：把应用从客户机中分离出来，使之不再支持应用，变成一个简单的客户机；系统维护简单，摆脱了由于客户有多个应用而造成的复杂运行环境的维护；应用的增加、删除、更新不影响用户个数和执行环境；当来自客户端的频繁访问，造成第三层的服务器负荷过重时，可分散、均匀负荷而不影响客户环境。

可以采用基于Internet/Intranet集成环境下的WWW的B/S体系结构来实现现代物流企业之间分布数据库的连接。其结构实际上就是三层结构的C/S系统。

第一层是表示层。表示层通过WWW浏览器实现信息浏览的功能。在客户端，向由URL（Uniform Recourse Locator）所指定的Web服务器提出服务申请。在Web服务器对用户进行身份验证后，用HTTP协议把所需的文件资料传送给用户，客户端只是接受文件资料，并显示在WWW浏览器上，这样使客户端真正成为"瘦"客户机。

第二层是功能层。功能层是在具有CGI（Common GatewayInterface，公共网关接口）的Web服务器上实现的。Web服务器接受客户申请，首先需要执行CGI程序，以与数据库连接，进行申请处理。而后将处理结果返回Web服务器，再由Web服务器传至客户端。

第三层是数据库。它采用B/S结构，综合了浏览器、信息服务和Web等多项技术。通过一个浏览器可以访问多个应用服务器，形成点到多点、多点到多点的结构模式。使用浏览器就可以与某一台主机或WWW的B/S体系结构来实现现代物流企业之间分布数据库的连接一点到多点、多点到多点应用软件结构可以使得开发人员在前端的浏览器方面减少很多工作量，而把注意力转移到怎样更合理组织信息、提供对用户的服务上来。

信息管理系统的网络拓扑结构如图11—16所示：

（1）采用Internet/Intranet网络体系结构，在企业内部用多模光纤或大对数双绞线作为传输媒体，遵循综合布线的原则，完成内部网络设计；在企业外部，通过防火墙和路由器与国际互联网相连。

（2）企业内部网络采用Client/Server结构，文件服务器、代理服务器、数据库服务器、应用服

务器、备份服务器等依次连接到主干网上，将整个应用系统有机地结合在一起。

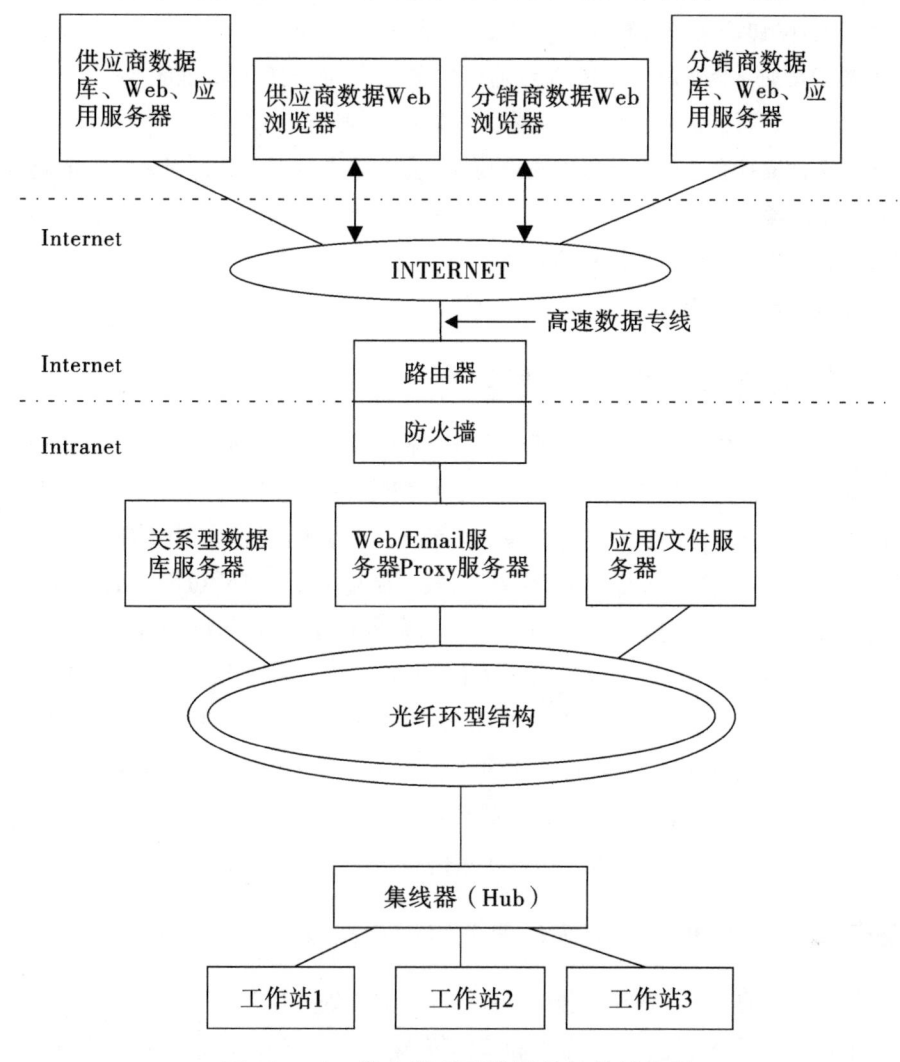

图 11—16　信息管理系统网络拓扑结构图

（3）制造商、分销商、供应商通过 E—Mail 或 WWW 浏览器可以相互迅速交换、共享信息。

（4）Intranet 采用易于维护的星型拓扑结构或环型与星型混合拓扑结构。

二、Internet/Intranet 集成思想

Internet 在现代物流企业中的应用以及与 Intranet 的集成，是不可避免的趋势。虽然因为目前基于 TCP/IP 协议和 WWW 规范的软件工具还不能完全满足管理信息系统范畴中的一些处理较为复杂的数据处理、信息统计、管理方法和分析模型的要求，导致暂时功能上还有较大差距。但目前基于 LAN 和 C/S 的 MRP 将迟早要被基于 TCP/IP 协议和 WWW 规范的 Internet/Intranet 集成模式所取代。如果将管理信息系统的部分功能移到 Internet 上，或者是基于 Internet/Intranet 技术和思路开发管理信息系统，则实现后的管理信息系统将与传统的管理信息系统在操作运行模式上有相当多的不同。

Internet 面对的是全球的用户，是企业走向全球市场的"桥梁"，而 Intranet 面向企业内部，是企业内部凝聚各个部门、每个职工的"蜘蛛网"。通过 Internet/Intranet 的集成，实现企业全球化的信息资源网络，提高企业网络的整体运行效率和管理效率，实现从传统管理信息系统向 Internet/Intranet 集成模式的转变。

Internet/Intranet 集成基础上的管理信息系统的技术特点是：

（1）基于 TCP/IP 协议和 WWW 规范，在技术上与 Internet 同源；

（2）主要功能是加强企业内/外部信息沟通，共享资源，协同信息处理能力；

（3）双向、全面，而且是不分地域、不限时间的信息沟通；

（4）对内可全面支持企业的经营管理决策和日常办公事务处理工作，对外可形成企业对外信息发布和产品宣传以及营销策略的工具；

（5）超文本链接简化了信息查询和检索；

（6）无所不在的浏览器窗口。

三、Web 数据库技术、动态数据库应用

在 Internet/Intranet 集成网络环境下，现代物流企业内部与企业之间的信息交流通常都是通过双方的 IP 和主页来完成的。这种信息沟通方式无论从效率上，还是从时间上都是传统方式无法比拟的。

在 Internet/Intranet 集成环境下开发的管理信息系统，必须提供高效的数据库与 Web 相接，利用可视化开发工具，采用有效方式（API、CGI 等）与数据库端连接。通过 CGI，HTTPDaemon 将描述的主页中的标准输入 stdin 和环境变量（Environment Variable）传递给指定的 CGI 应用程序，并启动此应用程序，由它进行各种处理，将结果通过标准输出 stdout 返回给 HTTPDaemon，由它返回给客户端。

采用先进的网络数据库引擎技术，并与 Web 技术结合，可实现企业动态、交互的信息管理系统，实现基于 Web 的信息网络。各种信息交流更为及时，经营成本将进一步降低。数据库的无缝连接技术，使企业内外部信息环境成为一个统一的平台，实现内外部及内部各个业务部门之间的信息共享，以提供组织、管理和决策的工具，提高决策的科学性、可行性。

四、基于 Internet 的现代物流企业信息组织与集成模式

实施现代物流管理的企业在构建管理信息系统时，要正确处理各种关系，并充分考虑各种因素的影响程度。根据企业所处环境、自身条件和营销策略，建立一种现代企业的管理信息系统，这包括企业经营观念、方式和手段的转变，它将产生新的深层次变革。一般企业可以通过高速数据专用线连接到 Internet 骨干网中，通过路由器与自己的 Intranet 相连，再由 Intranet 内主机或服务器为其内部各部门提供存取服务。

在现代物流企业的管理信息系统中，计算机（个人计算机、工作站、服务器）可以既是 Internet 的节点，又是 Intranet 的节点，它们之间范围的界定由服务范围和防火墙限定，基于 Internet/Intranet 的现代物流企业信息组织与集成模式，这也就是基于现代物流管理的 Internet/Intranet 集成化管理信息系统的网络结构模型。

根据该结构，我们可以在现代物流企业中充分利用 Internet 和 Intranet 建立三个层次的管理信息系统。

（一）外部信息交换

企业首先应当建立一个 Web 服务器（Internet 和 Intranet 软件的主要部分）。通过 Internet，一方面完成对企业在不同地域的分销商、分支机构、合作伙伴的信息沟通与控制，实现对重要客户的及时访问与信息收集；另一方面可以实现企业的电子贸易，在网上进行售前、售中、售后服务和金融交易。这一层的工作主要由企业外部的 Internet 信息交换来完成。企业需要与交换对象签订协议，

规定信息交换的种类、格式和标准。

(二) 内部信息交换

管理信息系统的核心是企业的 Intranet，因为企业的事务处理、信息共享、协同计算都是建立在 Intranet 上的，要与外部交换信息也是以 Intranet 组织的信息为基础的。因此，企业建立了硬件框架之后的关键工作就是要决定在 Internet 上共享信息的组织形式。信息处理系统主要完成数据处理、状态统计、趋势分析等任务。它们以往大部分由企业部门内部独立的个人计算机应用系统组成，主要涉及企业内部所有部门的业务流程。它们所处理的信息是企业内部 Intranet 信息共享的主要对象。

(三) 信息系统的集成

集成化现代物流管理环境下，要实现企业内部独立的信息处理系统之间的信息交换，就需要设计系统之间信息交换的数据接口。以往企业各部门的信息系统之间往往由于系统结构、网络通信协议、文件标准等环节的不统一而呈现分离的局面，而通过 Internet 的"标准化"技术，Intranet 将以更方便、更低成本的方式来集成各类信息系统，更容易达到数据库的无缝连接，使企业通过现代物流管理软件使内外部信息环境集成为一个统一的平台整体。

系统信息处理流程：当客户用浏览器浏览页面时，通过 Web 服务器 CGI 激活应用服务器，调用其中已定义好的应用处理（CGI 脚本或 PB60 应用等），处理完毕，执行结果以 HTML 格式返回 Web 服务器，Web 服务器再将 HTML 发布给用户，客户端用浏览器接收结果。

同样，在实现信息基于 Internet/Intranet 的组织与集成以后，现代物流企业之间也形成了一个基于 Internet/Intranet 的集成网络模型。如图 11—17 所示。

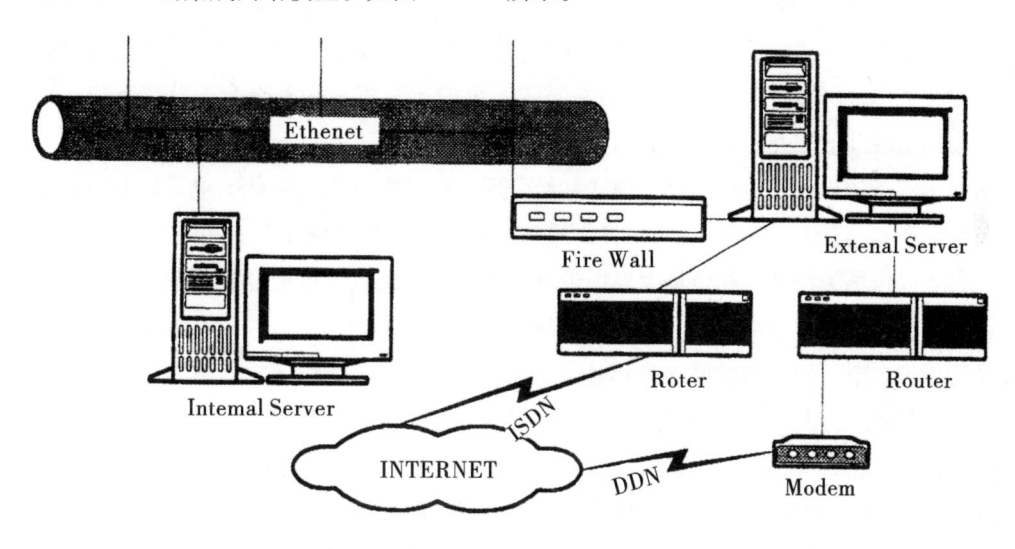

图 11—17 网络构成

最后还要注意网络安全问题。安全问题至关重要，安全性是一个多方面的问题，系统必须保证只允许适当的人访问适当的信息，同时，必须解决 Web 服务器为服务器和浏览器之间的通信提供保密（Socket）层加密（SSL），这可以保证有效地获取信息并防止信息被截取。

第五节 电子商务与现代物流信息技术管理战略

随着 21 世纪的到来，集成化现代物流管理将成为企业进入 21 世纪后适应全球竞争的一种有效途径。在现代物流中，所有的节点企业基于为用户提供质量最好、价值最高的产品或服务的共同目标而相互紧密地联结在一起，而松散的连接是不能增值的，不管链中哪一点的失误，都可能导致整个现代物流出现产品或服务的质量问题，而 EC、QR、ECR 等的出现与应用，则消除了用户和供应商之间的障碍。

知识经济时代的到来，信息替代劳动力和库存成为提高生产力的主要因素，而企业用于提高决策水平的信息更多的来源于 EC。供应商通过 EDI 给其用户发出船运通知单，通知用户什么产品将于什么时候出运，用户利用这条信息更改其库存水平。而分销商把销售点和预测信息传送给他们的供应商，供应商再根据这些信息进行计划和生产。当现代物流中节点企业能很好地通过 EC 达到信息共享后，企业就可以提高生产力，提高质量，为产品提供更大的附加值。

通过 EC 的运用，能有效连接供应商、制造商、分销商和用户之间在现代物流中的关系，而且在企业内部，EC 也可以改善部门之间的联系。如 Internet 加强了用户"pull"机制，使用户可以直接从供应商那里获得产品的同时，获得有用信息，而且通过 Internet，企业能以更低的成本加入到现代物流联盟中。

一、电子商务概述

（一）电子商务的发展及应用现状

随着计算机、网络、通信技术的发展和日益融合，以及 Internet 的普及，包括电子商务（EC）、视频会议、远程医疗等在内的一些应用已开始引起社会的关注，并逐步走进人们的日常生活。进入 20 世纪 90 年代以来，随着计算机网络、通信技术和 Internet 的普及应用，电子商务作为商业贸易领域中一种先进的交易方式，已经风靡全球，并对该领域中传统的观念和行为方式产生着巨大的冲击和影响。它在 Internet 的广阔联系与传统信息技术系统的丰富资源相互结合的背景下应运而生，是一种在互联网上展开的相互关联的动态商务活动。

由于电子商务的出现，传统的经营模式和经营理念将发生巨大的变化。电子商务将市场的空间形态、时间形态和虚拟形态结合起来，将物质流、现金流、信息流汇集成开放的、良性循环的环路，使经营者以市场为纽带，在市场上发挥最佳的作用，得到最大的效益、创造更多的机会。可以肯定，电子商务的发展会带给我们一个经济更加繁荣的时代。

在发达国家，电子商务的发展非常迅速，通过 Internet 进行交易已成为潮流。基于电子商务而推出的商品交易系统方案、金融电子化方案和信息安全方案等，已形成了多种新的产业，给信息技术带来许多新的机会，并逐渐成为国际信息技术市场竞争的焦点。

在我国，电子商务刚刚起步，有待成为各行业进行产品或商品交易的一种方式，为我国商品经济的发展和贸易的扩大创造巨大的效益。但由于目前国内网络建设尚处于起步阶段，网络应用还不够普遍，因此，电子商务的普及应用进程还不理想。

（二）电子商务的本质

传统商务的本质特征，是生产者和消费者之间，存在一个物理空间上的中间第三方——商场；而电子商务中，生产者和消费者之间的关系是直接的，电子商务不是搬来一些电子形式的物体，在物理时空中的商店收款台上完成交易，而是对生产者和消费者之间的各种中间（迂回）环节、中间成本进行彻底的削减；两点之间直线距离最短的数学理念变为商务理念，把工业时代形成的只有拉长迂回路径，增加中间环节，才能提高附加值的传统理念，变为只有快速拉近与顾客的距离，减少中间环节，才能提高附加值的信息价值观。

电子商务始于网络计算。网络计算提供了实现电子商务的技术平台，而 EC 是网络计算的最新应用和最终目标。电子商务利用 Internet 技术，将企业、用户、供应商以及其他商业和贸易所需环节连接到现有的信息技术系统上，从专用 Internet 到共享 Intranet，再到公共 Internet，以前所未有的方式，将商业活动纳入网上，彻底改变了现有的业务作业方式和手段，从而实现了充分利用有限资源、缩短商业环节和周期、提高效率、降低成本、提高用户服务质量的目标。更重要的是，电子商务提出了一种全新的商业机会、需求、规则和挑战，是下一个世纪全球经济与社会发展的朝阳领域。

IBM 认为，电子商务简单地说，是一种存在于企业与客户之间，企业与企业之间以及企业内部的联系网络，其中：

（1）Internet 为企业和客户提供了一条相互沟通的新渠道。它不仅能让全球的消费者了解企业的产品和服务，还可以促进企业和客户之间的关系；

（2）Internet 是公司的企业内部网络，可让内部员工共享重要的程序和信息，增强员工之间的互助与合作，简化工作流程，让企业内部的运作更有效；

（3）Extranet 是指涵盖企业和与其相关的协作厂商之间的网络，它可以让协作厂商通过网络相互沟通，真正成为企业团队的一分子。

（三）电子商务的内容

电子商务所强调的是在网络计算环境下的商业化应用，不仅仅是硬件和软件的结合，也不仅仅是电子商务，而是把买家、卖家、厂商和合作伙伴在 Internet、Intranet 和 Extranet 结合起来的应用。电子商务的应用可以概括为"3C"，即内容管理（ContentManagement）、协同及信息（Collaboration and Messaging）和电子商务（Electronic Commerce）三个层次的应用。内容管理是通过更好地利用信息来增加产品的品牌价值，主要体现在通信和服务方面。内容管理具体包括以下三个方面：信息的安全渠道和分布、客户信息服务、安全可靠、高效的服务。协同及信息是指自动处理商业流程，以减少成本和开发周期。它由四个方面组成：邮件与信息共享、写作与发行、人事和内部工作管理与流程、销售自动化。电子商务包括四个方面的具体应用：市场与售前服务，主要是通过建立主页等手段树立产品的品牌形象；销售活动，如 POS 机管理、智能目录、安全付款等；客户服务，即完成电子订单及售后服务；电子购物和电子交易。

电子商务范围广阔，涉及 LAN、Intranet 和 Internet 等领域。它利用一种前所未有的网络方式将顾客、销售商、供货商和雇员联系在一起。简而言之，电子商务系统能够将有价值的信息迅速传递给需要的人们。

在我国，由于网络建设处在起步阶段，网络应用还不够普遍，金融电子化程度还不理想，因此电子商务的推行仍需要一些时间。但是我们不能观望等待。理清电子商务的概念内涵，交流国际电子商务的进展情况，研讨我国推行电子商务面临的难题，做好观念与技术上的准备，迎接电子商务时代的到来已变得非常重要。

（四）电子商务的安全与效益问题

20 世纪 90 年代是 Internet 蓬勃发展的时代，浏览器的出现使我们可以在 Internet 上方便地进行查询，企业感兴趣的也就是这种便利性。在美国和欧洲，连小学生都可以方便地上网查询。我国每年都要组织企业家到国外办展览，为的是如何表现自己、宣传自己，否则做不成买卖。做生意就是要将产品打到客户的面前来，贴近客户。企业希望能够有一个开放的环境，让它们进行灵活的查找，也希望有很多地方都能查找到它们，这对发展和促进贸易很重要。但是，开放的环境也会引起企业的某些担心。

企业最担心什么？是安全问题。在进行电子贸易的过程中，必然有一些内容是不能公开的。比如，我的产品上网了，有人来询价，我会打一个电话，和他进行单线联系，但不在网上公布报价。因为在竞争激烈的市场环境下，什么人访问过我的网址，访问过多少次，对哪些产品感兴趣等，这些都可能属于商业机密。也许很多人不相信，但从电子商务的角度讲，安全问题尤其重要。一旦信息失窃，损失将不可估量。

二、电子商务在现代物流管理中应用的主要技术手段

（一）EDI 销售点和预测

EDI 是一种在合作伙伴企业之间交互信息的有效技术手段。它是在现代物流中连接节点企业的商业应用系统的媒介。现代物流环境中不确知的是最终消费者的需求，必须对最终消费者的需求作出好的预测，现代物流中的需求大都来源于这种需求预测。虽然预测的方法有上百种，但通过 EDI 预测，可以最有效地减少现代物流系统的冗余性，这种冗余可能导致时间的浪费和成本的增加。通过利用预测信息，用户和供应商可以一起努力缩短订单周期（循环时间）。

（二）财务技术手段

1. EFT（Electronic Funds Transfer）

财务 EC 广泛应用于业务和他们的财务机构之间，用户可以通过汇款通知系统结账，而不是通过支票。汇款通知数据包括银行账号、发票号、价格折扣和付款额，用户的财务机构将用 EFT 系统将汇通知信息传递给供应商的财务机构，供应商的财务机构将付款确认信息传送给供应商，并收款结账，供应商则根据付款信息更改应收账款等数据。

2. Lockboxs

另一种广泛应用的财务 EC 是 Lockboxs。用户将支票或电子付款单传送到供应商的 Lockboxs，供应商的财务机构会处理这一付款单，将付款存入供应商的账号，同时从用户的财务机构扣除此款，财务机构通过 EDI—Lockboxs 将付款单信息传送给用户和供应商。

3. ECR（Evaluated Cash Receipt）

ECR 是一种有效的减少发票的技术手段。用户可以在接收到产品或服务时自动地以共同商定的单位价格付款给供应商。通过 ECR 改善现金流管理和减少纸面工作。

（三）非技术型企业的 EC

大企业不希望同时拥有具有相同功能的多个系统，所以希望通过 EC 实现商业交流的标准化，而忽略了商业伙伴的 EC 能力。没有 EC 系统的小企业，将采用 E—mail 或传真的服务实现 EC 功能。

1. E—mail

企业内部的 E—mail 系统通过 Internet 与其他企业的 E—mail 系统联接在一起，Internet E—mail 可以发送文本、图像，如 CAD 和 Word 处理的文件。

2. 电子会议

在世界不同地点的人可以通过 Internet 实现实时的电子会议，可以通过 Internet Relay Chat（IRC）系统实现基于文本的讨论，Multi—User Dimension（MUD）可以用于讨论文本、高精度图像和声音（通过 WWW 客户服务器系统）。

3. 电子市场营销（电子广告）

企业可以通过 Internet 在网络上发布产品和服务的促销广告，包括高精度图像、文本、声音的超文本文件等可以建立在 WWW 服务器上并连接到 Internet 上。这种广告可以被世界各地的网络客户浏览到（通过客户端浏览程序软件等）。计算机软件生产商还可把产品演示版软件挂在网络上让用户下载试用。

4. 电子用户支持系统（Electronic Customer Support）

许多企业都把最常见问题（Frequent Asked Question，FAQ）的解答挂在网络上，而当用户需求得到更多的信息时，用户可以把问题或需求通过 E—mail 发给企业的用户支持领域（Customer Support Area）。

5. 用户网上采购

在浏览企业的广告之后，用户可以通过网络进行订购。在 WWW 服务上，用户只要输入信用卡帐号、名字、地址和电话号码等信息就可以直接实现网上购物，而订购信息通过网络传递到供应商服务器上，确认信息将通过 E—mail 返回给用户，同时货运通知或服务信息也将随后通过网络传递给用户。

（四）共享数据库技术

战略合作伙伴如果知道需要相互之间的某些快速更新的数据，他们将共享部分数据库。合作伙伴可以通过一定的技术手段在一定的约束条件下相互共享特定的数据库。如有邮购业务的企业将与其供应商共享运输计划数据库，JIT 装配制造商将与他们的主要供应商共享生产作业计划和库存数据。

三、基于电子商务的信息组织与集成模式

根据电子商务与现代物流信息技术管理战略的结合应用，可以建立基于电子商务的信息组织与集成模式。

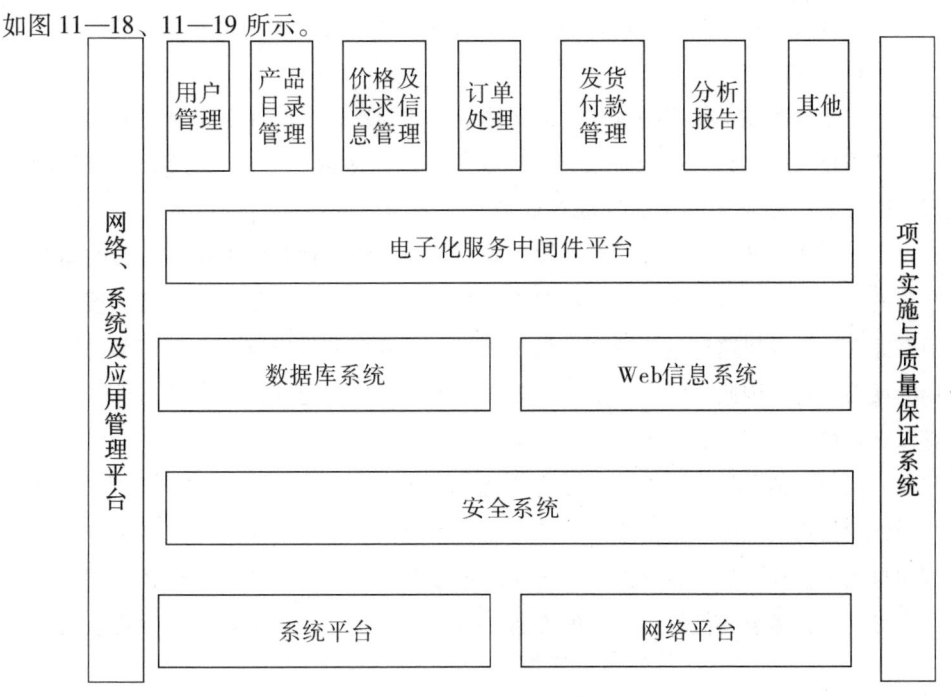

如图 11—18、11—19 所示。

图 11—18 电子化服务系统体系结构

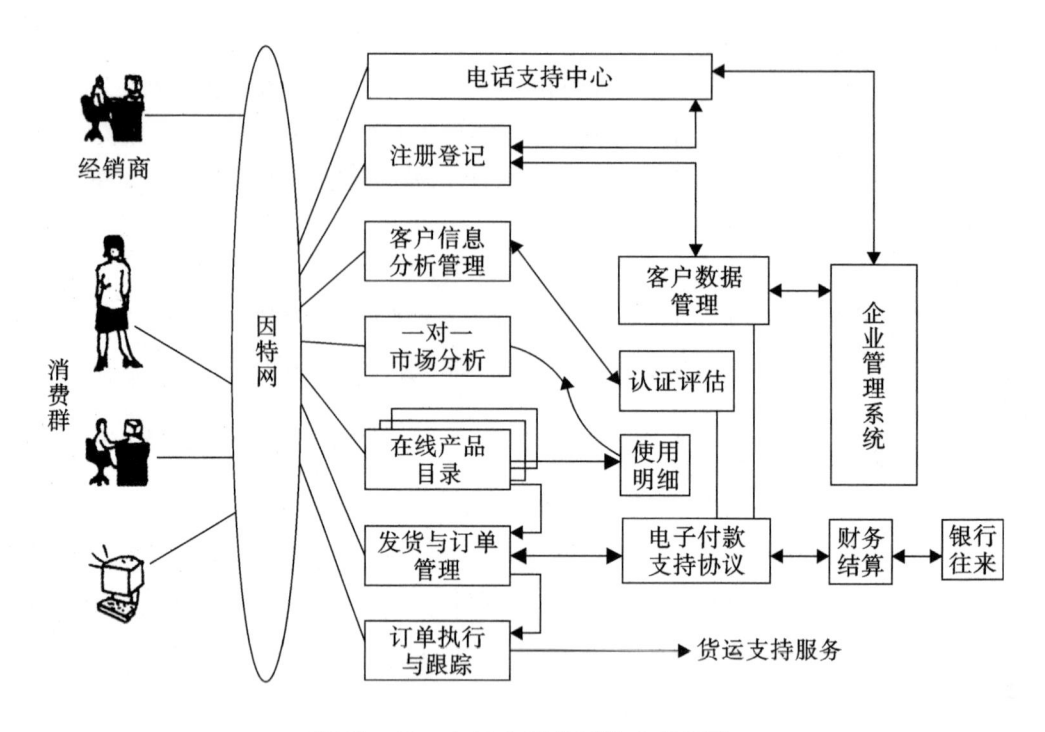

图 11—19　电子化服务系统应用框架

四、神龙公司基于 EDI 和 Internet 的信息组织模式

(一) 概述

神龙汽车有限公司由东风汽车集团、法国雪铁龙汽车集团、法国国民银行和法国兴业银行共同出资于 1992 年初成立于湖北省武汉市（中方投资占 70%）。神龙公司经历了 5 年的发展历程，目前拥有零件加工、装配、包装、运输、销售等一整套设备、设施、人员及组织机构。随着国内轿车市场竞争越来越激烈，该公司感到原有管理方法已严重钳制了企业的发展，尤其是在和合作企业的信息沟通上，存在着较大的问题。

神龙公司的信息管理存在一些影响现代物流运作效率的问题。生产计划中所需的关键数据（如制造明细表、订货信息、库存状态、缺货报警、运输安排、在途物资等）只有部分地集成和共享，决策者在进行生产计划安排时无法快速获取有效数据。公司内部各部门信息系统在联网、系统接口、共享方面以及与公司外部联系等方面存在较大难度，缺乏统一性和协调性。现行的新车销售系统侧重于资金流的管理和售后服务的跟踪，而对于公司外部信息，主要是用户数据的搜集、分析和处理等功能不够完善，缺少快速有效的顾客信息反馈机制，故而使供应部门、生产部门无法充分地获取来自市场的反馈信息。因此，供应、生产和需求缺乏必要的沟通，公司内部与外部之间的信息共享不够，难以真正按市场需求安排生产。

另外，神龙公司与其他合作企业之间的信息交流尚未建立规范体系，无共同遵守的工作准则。如神龙公司与雪铁龙公司的业务往来是通过 EDI 进行数据交换，双方规定必须严格遵守文件的标准格式，任一方擅自改动格式都将导致对方的系统无法正常工作。1992 年 2 月雪铁龙公司更改了发货合同的格式，未提前与神龙公司做好技术上的准备，从而导致神龙公司的翻译软件无法工作，无法获取数据。

因此，从神龙公司在现代物流中所处的核心企业的角度来看，该公司的管理信息系统既要接受来自不同体系的信息，又要对之进行处理，用以计划、组织和控制本企业的行为，然后将现有的状态反馈给不同的企业成员，因此，神龙公司的管理信息必须高度集成，为通过现代物流管理实现企业经营目标提供可靠保证。为此，要从以下几个方面考虑采取新的措施：

（1）信息必须规范化，有统一的名称、明确的定义、标准的格式和字段要求，信息之间的关系也必须明确定义。

（2）信息的处理程序必须规范化，处理信息要遵守一定的规程，不因人而异。

（3）信息的采集、处理和报告有专人负责，责任明确，没有冗余的信息采集处理工作，保证信息的及时性、准确性和完整性。

（4）各种管理信息来自统一的数据库，既能为企业各有关部门的管理人员所共享，又有使用权限和安全保密措施。各部门按照统一数据库提供的信息和处理管理事务的准则进行管理决策，实现企业的总体经营目标。

（二）解决问题的途径

在激烈的市场竞争中，神龙公司认识到应以自身为核心，与供应商、供应商的供应商乃至一切向前的关系，与用户、用户的用户乃至一切向后的关系组建一个链网结构，建立战略合作伙伴关系，委托链网上的每一个个体完成一部分业务工作，那么神龙公司则可轻装上阵，集中精力和各种资源，通过技术程序重新设计，做好本企业能创造特殊价值的、比竞争对手更擅长的关键性业务工作，从而极大地提高神龙公司的竞争力，取得期望的经济效益。

这就是神龙公司采用现代物流管理模式的初衷。神龙公司作为现代物流上的核心企业，发挥着信息处理中心的作用，向供应商产生层层需求信息，供应商向神龙公司反馈供应信息，由分销商产生需求信息，再向分销商提供供货信息。只有通过改变原有的企业信息系统模型，建立面向现代物流管理的企业信息系统，才能保证现代物流生产计划同步化和实现企业之间的信息共享，这也是实施现代物流管理模式的前提和保证。

（1）组织结构重组，职能部门集成神龙公司需围绕核心业务对物流实施集成化管理，对组织实行业务流程重组，实现职能部门的优化集成，避免不同部门条块分割或职能相互渗透。根据神龙公司的核心业务活动流程，从职能可以划分为产品开发与设计、供应、生产作业、销售、财务结算、信息组织6大部分。物料供应部门与供应商的管理部门集成、销售商务部门与销售商管理部门的集成有利于对供应商、经销商的管理和考核。生产作业部门与设备能源部门的集成有利于生产能力和设备能力的协调，而信息组织部门与财务结算部门则宜相对独立，这样，也便于物流、信息流、资金流的管理，协调公司内部各职能部门之间的合作关系。

（2）生产计划和控制系统的集成从现代物流中节点企业的供需关系分析，神龙公司采取订单驱动其他企业的活动，如，供应部门围绕订单而动，生产部门围绕制造订单而动，销售部门围绕商业订单而动，这就是订单驱动原理。

（3）建立 EDI 和 Internet 相融合的信息组织模式将 EDI、Internet 和企业的信息系统集成起来能提高企业的经营管理水平。如：法国雪铁龙汽车集团与美国通用电气公司建立了长期合作伙伴关系，雪铁龙通过 EDI 与供应商实现了订单、发票、发货信息电子文件传输方式。欧洲汽车行业都遵守统一的商业操作模式，采用 GALIA 标准的报文形式和传输方式。在 EDI 传输系统中，通过翻译软件正向与反向的翻译功能实现 GALIA 报文与企业内局域网数据模式的相互转换。到 2000 年雪铁龙与欧洲各汽车行业将从 GALIA 标准过渡到 EDIFACT 标准，EDIFACT 是美、日等国家现使用的标准，这将促使全球 EDI 报文的标准化。

神龙公司于 1997 年底建立了 GEIS 专线，1998 年 4 月份开始在进口件采购业务中使用 EDI 技术，采用 GALIA 标准与雪铁龙公司进行要货令、发票、发货通知等数据交换，2000 年将与雪铁龙公司一起升级采用 EDIFACT 标准。

神龙公司采用基于局域网和 Internet/EDI 的企业信息组织方式，如图 11—20 所示。其基本原理是先将企业各部门的信息系统组成局域网 LAN，在 LAN 的基础上组建企业级广域网 WAN（相当于 Intranet），再和其他相关的企业和单位连接。根据合作企业的实力，采用不同的连接方式，例如，与雪铁龙公司通过 EDI，与国内供应商主要通过 Internet 连接。神龙公司应用改造后的信息系统结构示意如图 11—21 所示。

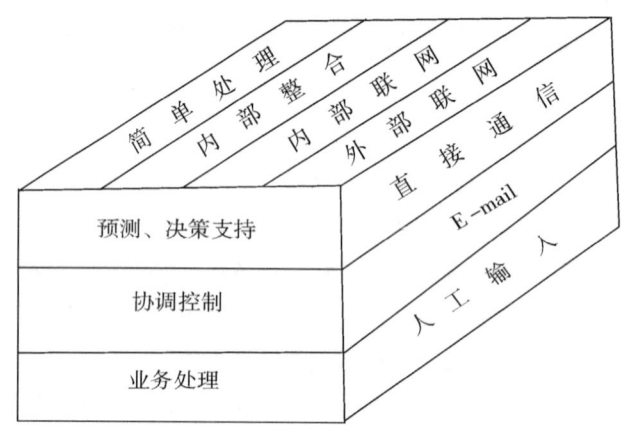

图 11—20 物流信息系统的结构

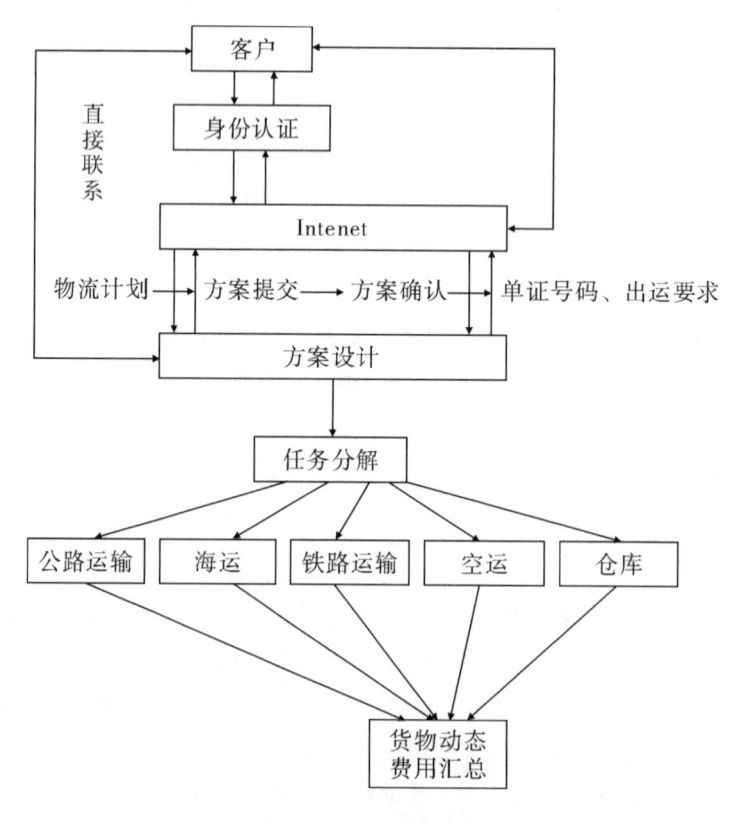

图 11—21 系统流程

（三）效果

采用 EDI 技术是神龙公司 KD 件按件供应的前提。如果不采用 EDI 技术，雪铁龙与神龙公司对一千余种零件需将要货令、发货、发票信息手工维护到自己的系统中，不仅周期长，且无法保证准确性。采用 EDI 技术则使工作变得得心应手。神龙公司发出要货令电子文件 2 小时之内，雪铁龙便可在它的终端上接收，经翻译后转化为其系统的数据文件而直接使用。通过系统的分析，可以迅速地检查各种差异，并通过 Internet 及时反馈给神龙公司，有效地保障了工作质量。

采用 EDI 技术大大减少了纸质单据的传递，据估算，每月发货对应的发票、发货通知、装箱单等纸质文件（一式六份）就重达几百公斤，而所有信息通过 EDI 技术进行交换，大大减少了纸质单据的传递工作量，节省了信息传递的时间。在神龙和雪铁龙的国际贸易中采用 EDI 技术，使订单、发货通知、发票等大量的数据、文件信息传递变得可靠和通畅，减少了低效工作和非增值活动，并使双方快速获得信息，更方便地进行交流和联系，提高了相互的服务水平。

随着网络技术的发展，神龙公司现代物流管理采用基于 Internet/EDI 的运作模式成为必然。对于大部分国内的供应商或分销商来说，最经济、最实用的方式就是通过建立 Internet 来达到电子商务、同步作业、资源共享的目的。

管理信息集成绝不是简单的数量叠加，而是管理水平和人员素质在质量上的飞跃。信息集成和规范化管理是相辅相成的，规范化管理是现代物流运行的结果，也是其运行的条件。应当按照统一的程序和准则进行管理，既不因人而异，随心所欲，也要机动灵活，适应变化的环境。

以神龙公司为核心企业，与供应商、分销商用户形成网链状现代物流，实行基于现代物流的集成化信息管理，有重要的实用价值。仅从缩短提前期、降低库存、加快资金流转、提高响应市场应变能力这些方面来看，就已发挥了巨大作用。

【经典案例 1】

海尔集团对 JIT 物流管理模式的应用

随着经济全球化和知识经济时代的到来，带来了全球化的竞争，同时也带来了全球化的资源空间。在高科技迅速发展、市场竞争日趋激烈、顾客需求不断变化的今天，企业间竞争已转变成供应链的竞争、物流的竞争、速度的竞争。海尔集团现代物流在经历了企业 4 年的业务流程再造后，已着眼于在国际化、开放的系统中，为全球客户提供增值服务。

海尔现代物流先后经历了物流重组、供应链管理和物流产业化三个阶段，并以骄人的成绩被授予首家"中国物流示范基地"的美誉。

一、物流重组阶段

在物流重组阶段，海尔集团（以下简称海尔）整合了集团内分散在 23 个产品事业部的采购、原材料仓储配送、成品仓储配送的职能，并率先提出了 3 种 JIT（just in time）管理，即 JIT 采购管理、JIT 原材料配送管理、JIT 成品分拨物流管理。

1. JIT 采购管理

海尔集团进行物流整合的第一步就是整合采购，将集团的采购活动全部集中，在全球范围内采购质优价廉的零部件。海尔每年要采购 26 万种物料，供货商有 2000 多家。海尔通过整合采购，加强采购管理，全球集合竞价，使成本每年同比降低 6%。

海尔集团物流整合了集团内分散在28个产品事业部的采购及原材料仓储配送，通过整合内部资源，来获取更优的外部资源，建立起强大的供应链资源网络。经过整合，供应商的结构得到了根本优化，能够参与到前端设计与开发的国际化供应商比例从整合前的不到20%提高到目前的82%，GE、爱默生公司、巴斯夫、DOW等59家世界500强企业都已成为海尔的合作伙伴。

海尔集团实行并行工程，一批跨国企业以其高科技和新技术参与到海尔产品的前端设计中，不但保证了海尔产品技术的领先性，增加了产品的技术含量，同时也大大加快了开发速度。

海尔集团采购订单滚动下达到供应商，一般订单的交付周期为10天，加急订单的交付周期为7天。战略性物资如钢材，每个月采购一次，但要用3个月与供应商谈判协商价格。另有一些供应商通过寄售等方式为海尔供应物资，即将物资存放在海尔物流中心，但在海尔使用后才结算，供应商可通过B2B网站查询寄售物资的使用情况，属于寄售订单的，海尔不收取相关仓储费用。

JIT采购要考虑销售的淡季和旺季问题。在旺季到来之前要提前预算，海尔目前1个月的预测精度可达到80%，3个月的预测精度为50%。另外，海尔的JIT采购一般不能退货，无逆向物流，不能取消订单。

2. JIT原材料配送管理

海尔集团实施"物流革命"的核心是"围绕订单进行仓库革命"，即一切以订单为核心，没有订单的生产就是为库存而生产，也就是为亏损而生产。所以，海尔物流建立了两个国际化物流中心，"革"了传统仓库的"命"，减少了20万平方米的平面仓库。同时不断推进看板拉动料件配送，着手建立快速响应订单的生产组织系统。

对于海尔内部来讲，产业链的建设使海尔供应链的响应速度更快、成本更低，在竞争中不断超越竞争对手。供应商在周边地区建厂后，由于距离的缩短，实现了JIT的准时供货。园区内的供应商生产完成之后，直接向海尔的生产线按订单补货，实现线到线（line to line）的供货，以最快的速度响应全球用户的订单。同时，供应商参与到海尔产品的前端设计与开发中，海尔能够根据用户的需求与供应商零距离沟通，保障了海尔整机技术的领先性。例如：爱默生公司参与到海尔洗衣机电机的开发中，形成技术领先的变频洗衣机；三洋公司参与到海尔冰箱的设计开发中，为技术领先的变频冰箱创造了市场；另外，一些电源线、电脑钣厂参与到海尔标准化的整合工作中，使海尔零部件的数量大大减少，通用化大大提高，增强了海尔在物流成本方面的竞争力。由于零距离的响应，在物流成本与物流质量方面实现了零库存与零缺陷，做到了与供应商的双赢，增强了整条供应链的竞争力。

3. JIT成品分拨物流管理

在采购整合后，海尔整合全球配送网络，将产品准时配送到用户手中，并逐步通过与国家邮政局、中运集团等专业物流企业的强强联手和配送速度的不断提高，来建立全国最大的成品分拨物流体系。

随着产品销售网络的扩大，海尔集团的分销物流网络不断延伸，从城市到农村，从沿海到内地，从国内到国际，海尔物流正在向全球进军。从国际方面来说，海尔集团目前已在海外发展了62个经销商，销售网点达3万多个，产品出口到160多个国家和地区。1999年，海尔在迪拜和德国汉堡港设立了物流分拨中心。通过汉堡物流分拨中心，海尔向欧洲客户供货的时间缩短一半以上。在国内，海尔已拥有全国网络化的配送体系，共设立42个配送中心，形成了全国最大的家电分拨物流体系、返回物流体系和备件物流体系。

海尔在全国建有42个配送中心，每天能够将上百个品种3万多个产品配送至全国1550个专卖店和9000余个营销网点。配送到全国各地的货物原来平均需7天时间，现在中心城市可实现8小时配送到位，区域内24小时配送到位，全国各地4天内配送到位。海尔成品配送实施PTD（pull to door）模式，配送任务按订单执行。由于是按订单生产，产品从生产线下线直发到用户，实现了库存行驶在高速公路上的目标，海尔成品库只是某些特别产品的中转配置库，基本实现了零库存管理。

三种JIT管理的实施使海尔物流在瞬息万变的市场上，赢得了基于速度的竞争优势。

二、供应链管理阶段

在供应链管理阶段，海尔物流创新性提出了"一流三网"的管理模式。海尔集团特色物流管理的"一流三网"充分体现了现代物流的特征："一流"是以订单信息流为中心；"三网"分别是全球供应链资源网络、全球配送资源网络和计算机信息网络。"三网"同步流动，为订单信息流的增值提供支持。

1. 以订单信息流为中心，实现JIT过站式物流

在海尔集团，仓库不再是储存物资的水库，而是一条流动的河，河中流动的是按单采购来生产必需的物资，这样，从根本上消除呆滞物资，消灭库存。

目前，海尔集团每个月平均接到60000多个销售订单，这些订单的定制产品品种达7000多个，需要采购的物料品种达26万余种。在这种复杂的情况下，海尔进行物流自整合以来，呆滞物资降低了73.8%，仓库面积减少了50%，库存资金减少了67%。海尔集团建立两个国际化物流中心，改存储物资的仓库为过站式配送中心，从最基本的物流容器单元化、标准化、集装化、通用化到物料搬运机械化，逐步深入到工位的"五定送料管理"、"日清管理"系统的全面改革，看板拉动式管理实现了柔性生产，每条生产线每天可以生产销往几十个国家的上百种规格的产品，实现了JIT过站式物流。

2. 全球供应链资源网的整合使海尔获得了快速满足用户需求的能力

海尔集团通过整合内部资源、优化外部资源，建立起强大的全球供应链网络，供应商由原来的2200多家优化至721家，而目前世界500强企业中有59家已成为海尔的合作伙伴。海尔实行并行工程，更有一批国际化大企业已经以其高科技和新技术参与到海尔产品的前端设计中，不但保证了海尔产品技术的领先性，增加了产品的技术含量，同时开发的速度也大大加快。另外，海尔还引进爱默生等国际供应商在当地投资建厂，为政府实现招商引资40多亿元。

3. 整合全球配送网络，形成全国最大的分拨物流体系

海尔集团整合全球配送网络，现在，海尔物流配送网络已从城市扩展到农村，从沿海扩展到内地，从国内扩展到国际，国内可调配车辆16000辆。在全国建有42个配送中心，每天向1550个专卖店与9000多个网点配送50000多台产品；同时，B2C产品与备件配送全面开展，形成了完善的成品分拨物流体系、备件配送体系与返回物流体系。

4. 通过建立信息高速公路，实现以信息替代库存

海尔集团在内部实施了ERP（企业资源计划）信息系统，建立了企业内部的信息高速公路，将用户信息同步转化为企业内部的信息，实现以信息替代库存，零资金占用。在企业外部，CRM与BBP平台搭建起企业与用户、企业与供应商沟通的桥梁。所有的供应商均在网上接收订单、查询计划与库存、招标，与招商银行合作进行网上支付，大大加快了订单响应速度。目前，海尔集团第三

方物流采用信息化集成程度最高的LES物流执行系统，成功地将运输管理、仓库管理和订单管理系统进行高度一体化的整合，从而提高对客户的响应速度和实现及时配送。计算机网络搭建了海尔集团内部的信息高速公路，能将在电子商务平台上上传的信息迅速转化为企业内部的信息，以信息代替库存，实现零营运资本。

三、物流产业化阶段

"好的企业满足需求。伟大的企业创造市场。"目前，海尔集团物流在拥有了三种JIT管理、"一流三网"的资源和信息化平台的支持，在不断完善内部业务运作的同时，大力拓展社会化物流业务，目标是以客户为中心，建立起高效的供应链体系。海尔的社会化物流业务分为三部分，即社会化第三方采购、社会化第三方物流和第四方物流。

1. 社会化第三方采购——叫"买"又叫"卖"

海尔集团物流搭建起全球供应链资源网络，拥有庞大的国际化供应商信息库、先进的SCM经验，构建起能够快速满足质量、成本、交货期的全方位供应关系，可以帮助客户优化采购渠道，实现全新的电子化采购，使客户由策略采购转向采购决策电子化。海尔社会化第三方采购叫"买"又叫"卖"的模式，成为同行及众多媒体追捧的焦点。

2. 社会化第三方物流——为客户提供增值

海尔集团第三方物流通过全球配送网络、先进的SAP/LES可视灵活管理系统和海尔集团物料管理运作的经验能力，来提高对客户的响应速度和及时配送。海尔第三方物流将致力于向其他行业和单位提供全程物流服务，解决成本、响应速度的问题，以客户为中心提供全方位的物流增值服务。目前，海尔集团已为40多家跨国企业提供物流服务。

3. 第四方物流——进军咨询领域

海尔集团在不断拓展第三方物流业务的同时开始涉足第四方物流业务——咨询业。海尔物流通过自身的物流业务流程再造与发展，在开放的系统中拥有了巨大的资源，在企业物流管理、供应链管理、流程再造方面积累了宝贵的经验，可以为客户提供社会化产业拉动资源，可以帮助客户规划、实施和执行供应链的程序，并先后为制造业、航空业等提供物流增值服务。

海尔集团物流目前已逐步从原先的企业物流迈向现代化的社会化物流。

【经典案例2】

UPS公司——以快速、安全制胜

UPS（United Parcel Service）公司是一家大型的国际快递公司，它除了自身拥有几百架货物运输飞机之外，还租用了几百架货物运输飞机，每天运货量达1000多万件。UPS公司在全世界建立了10多个航空运输中转中心，在200多个国家和地区建立了几万个快递中心。UPS公司的员工总数达到几十万，年营业额达几百亿美元，在世界快递行业中享有较高的声誉。

UPS公司是从事信函、文件及包裹快递业务的公司，它在世界大部分国家取得了进出的航空权。在中国，它已建立了许多快递中心。从2001年4月起，它可以直航整个中国内地，这样一来，它在中国的业务量在2001年二季度同比猛增25%，初步尝到了直航的甜头。此外，为了适应中国业务量快速增长的要求，UPS公司又采取了多种措施，包括增加直航中国的运力和航班。在上海浦东机场快件中心大仓库，UPS公司还安装了包裹处理流水线，这条流水线于2001年9月初投入使用。从

2001年8月下旬开始，UPS公司在上海安装了上百台速递资料收集器，这些收集器取代了传统的纸上传送记录。

UPS公司在世界各地发展迅速，效益显著上升。UPS公司之所以能够取得如此可观的成果，这与它的特点有关，那就是，它能够真正做到将遍布在世界各地的快递物品迅速、安全地送达目的地。迅速是快递公司的主要特点。UPS公司能够实现国际快件3日内达到，国内快件1小时取件和24小时下个航班到达的承诺，满足了较高的服务质量要求。安全是快递公司的另一个特点。UPS公司能够实现每天1万多个网上文件跟踪查询，每天2万多人的电话文件跟踪查询。

UPS公司之所以能够达到以上服务标准，究其原因：一是公司对内具有严格的管理制度和规范的业务处理流程；二是公司充分运用了高科技手段，在互联网上建立了快递文件跟踪系统，同时又建立了进行快递文件数据汇总的数据中心，实现了对快递档案的管理；三是建立了EDI（电子数据交换）等系统。

UPS公司除了从事信函、文件及包裹的物流快递业务之外，还为客户提供代理报关服务，减轻了客户报关负担，缩短了报关时间；此外，UPS公司也为客户代理特殊物品的包装服务，解决了客户在物品包装上的困难，节省了包装材料费用。UPS公司的物流服务内容越来越广泛，其国际第三方物流的形象也越来越完美。

国际物流不仅仅只是商务活动中出现的物流，还存在一些面向社会实现物品流通的社会物流，全球快递业务即属于这种物流，而UPS公司就是一个国际物流企业。除了UPS公司外，还有联邦快递（Fed Ex）等许多快递公司。每年通过全球快递业务所实现的特快专递物流业务金额高达几千亿美元，从而使从事这项业务的快递企业迅速崛起。

【讨论题】
1. 海尔集团是如何使用物流信息系统管理的？有哪些特点？
2. UPS公司的快速、安全对你有哪些启发？

本章小结

本章对物流信息系统的基本知识进行了介绍，分析了物流信息的特点、作用，信息管理的主要内容，在此基础上对物流信息的采集与跟踪方法、物流信息的运输与交换技术、物流信息安全与开发技术等进行了全面介绍，最终对物流信息系统、物流决策支持系统的原理与结构、设计思路、开发步骤、实现方法等进行了系统分析，并对实际应用系统进行了介绍。

【本章关键术语】

信息共享、现代物流信息技术、EDI、Internet/Intranet、集成模式、电子商务

【复习思考题】

1. 分析目前在现代物流管理中应用信息技术存在的问题，并提出解决的方法。
2. 信息技术的发展与现代物流管理间的关系如何？
3. 分析目前电子商务与现代物流管理的结合现状及发展趋势？
4. 试述物流管理信息系统的开发方法。
5. 物流信息技术主要有哪几种？它们的主要内容是什么？

6. 简述物流信息标准体系。
7. 请分析物流决策支持系统与物流管理信息系统的异同。
8. 请描述仓储管理信息系统的结构与主要功能，其与配送中心信息系统有什么不同？

第十二章 现代物流的人力资源管理战略

本章学习内容

随着全球经济一体化的发展,物流企业之间的竞争更加剧烈,这对各物流企业的管理工作提出了新的挑战,必须对物流企业人力资源管理进行创新。物流企业人力资源管理创新的基本目标是为了造就一支优秀的员工队伍,建立起最优质的服务组织,创造良好的人事环境,通过从人力资源战略管理的角度创新使员工的积极性得到最大程度的发挥,促使物流企业能取得最佳的经济、社会、环境效益,在激烈的市场竞争中立于不败之地,从而保持永久生命力。

在这一章中,我们主要讨论人力资源的含义与特点,人力资源开发与管理的内容,人力资源开发与管理的发展,物流企业人力资源管理的目标,物流企业人力资源管理的模式,人力资源管理与传统人事管理,物流企业人力资源规划,企业职工的招聘和选拔,人力资源的开发和培训,绩效考评的内涵,报酬与福利原则,激励过程与理论,激励机制的作用。

第一节 人力资源管理概述

一、人力资源的含义与特点

(一) 人力资源的含义

所谓人力资源,是指能够推动整个经济和社会发展的劳动者的能力,即处在劳动年龄的已直接投入建设和尚未投入建设的人口的能力。

人力资源在宏观意义上的概念是以国家或地区为单位进行划分和计量的,在微观意义上的概念则是以部门和企、事业单位进行划分和计量。

人力的最基本方面,包括体力和智力。如果从现实的应用形态来看,则包括体质、智力、知识和技能四个方面。

人力资源数量构成包括8个方面:

1. 处于劳动年龄之内、正在从事社会劳动的人口,它占据人力资源的大部分,可称为"适龄就业人口"。

2. 尚未达到劳动年龄、已经从事社会劳动的人口,即"未成年劳动者"或"未成年就业人口"。

3. 已经超过劳动年龄、继续从事社会劳动的人口,即"老年劳动者"或"老年就业人口"。

以上三部分人,构成就业人口的总体。

4. 处于劳动年龄之内、具有劳动能力并要求参加社会劳动的人口,这部分可以称作"求业人口"或"待业人口",它与前三部分一起构成经济活动人口。

5. 处于劳动年龄之内、正在从事学习的人口，即"就学人口"。

6. 处于劳动年龄之内、正在从事家务劳动的人口。

7. 处于劳动年龄之内、正在军队服役的人口。

8. 处于劳动年龄之内的其他人口。

人力资源的构成，如图12—1所示。

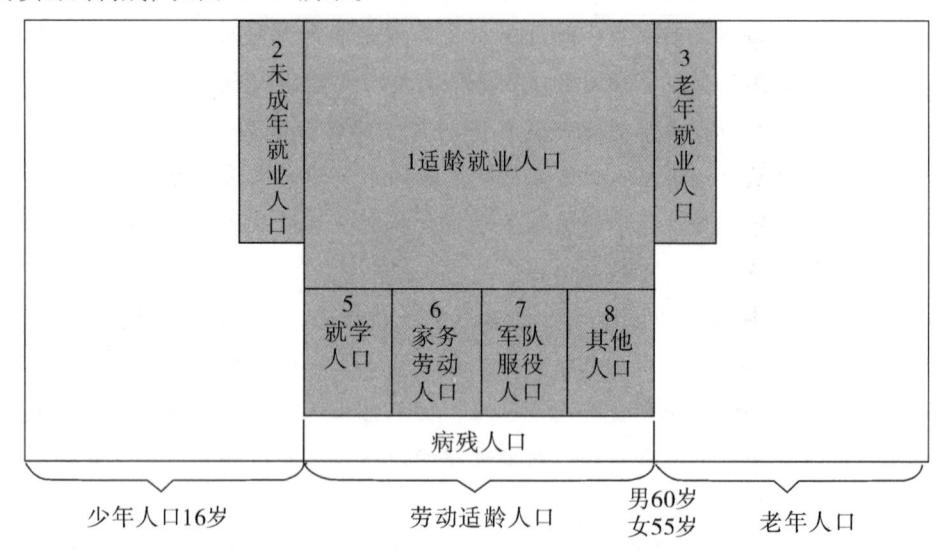

图12—1 人力资源数量构成图

（二）人力资源的特点

要进行社会生产，就必须具备人、财、物三种基本资源。由于财力（即资金）是人力和物力的货币表现，因此，社会生产的最基本要素或基本资源，就是人力和物力。

人力资源作为国民经济资源中的一个特殊部分，有以下6个特点。

1. 人力资源的生物性

它存在于人体之中，是有生命的"活"资源，与人的自然生理特征相联系。

2. 人力资源的能动性

（1）自我强化。人类的教育和学习活动，是人力资源自我强化的主要手段。人们通过正规教育、非正规教育和各种培训，努力学习理论知识和实际技能，刻苦锻炼意志和身体。使自己获得更高的劳动素质和能力，这就是自我强化过程。

（2）选择职业。在市场经济环境中，人力资源主要靠市场来调节。人作为劳动力的所有者可以自主择业，选择职业是人力资源主动与物质资源结合的过程。

（3）积极劳动。敬业、爱业、积极工作，创造性地劳动，这是人力资源能动性的最主要方面，也是人力资源发挥潜能的决定性因素。

3. 人力资源的动态性

由于人作为生物有机体，有其生命周期，能从事劳动的自然时间被限定在生命周期的中间一段；人的劳动能力随时间而变化，在青年、壮年、老年各个年龄组人口的数量及其相互联系，特别是"劳动人口与被抚养人口"比例，都是不断变化的。因此，必须研究人力资源形成、开发、分配和使用的时效性、动态性。

4. 人力资源的智力性

人类在劳动中创造了机器和工具，通过开发智力，使器官等效地得以延长，从而使得自身的功能迅速扩大。人类的智力具有继承性。人力资源所具有的劳动能力随着时间的推移而得以积累、延续和增强。

5. 人力资源的再生性

经济资源分为可再生性资源和非再生性资源两大类。非再生性资源最典型的是矿藏，如煤矿、金矿、铁矿、石油等，每开发和使用一批，其总量就减少一批，决不可凭借自身机制恢复。另一些资源，如森林，在开发和使用过后，只要保持必要的条件，可以再生，保持资源总量的数量。人力资源也具有再生性。它基于人口的再生产和劳动力的再生产，通过人口总体内个体的不断更替和"劳动力耗费→劳动力生产→劳动力再次耗费→劳动力再次生产"的过程得以实现。当然，人力资源的再生性不同于一般生物资源的再生性，除了遵守一般生物学规律之外，它还受人类意识的支配和人类活动的影响。

6. 人力资源的社会性

从人类社会经济活动角度看，人类劳动是群体劳动，不同的劳动者一般都分别处于各个劳动集体之中，构成了人力资源社会性的微观基础。从宏观上看，人力资源总是与一定的社会环境相联系的。它的形成、配置、开发和使用都是一种社会活动。从本质上讲，人力资源是一种社会资源，应当归整个社会所有，而不仅仅归属于某一个具体的社会经济单位。

二、人力资源开发与管理的内容

（一）人力资源开发与管理的含义

作为最主要的资源——人力资源必须进行科学而有效的开发和管理，才可能最大限度地造福社会、造福人类。我们可以从两个方面去理解人力资源的开发与管理。

1. 对人力资源外在要素——量的管理

凡社会化大生产都要求人力与物力按比例合理配置，在生产过程中人力与物力在价值量上的比例是客观存在的。

对人力资源进行量的管理，就是根据人力与物力及其变化，对人力进行恰当的培训、组织和协调，使二者经常保持最佳比例和有机的结合，使人和物都充分发挥出最佳效应。

2. 对人力资源内在要素——质的管理：指对人的心理和行为的管理

就人的个体而言，主观能动性是积极性和创造性的基础，而人的思想、心理活动和行为都是人的主观能动性的表现。

就人的群体而言，每一个个体的主观能动性，并不一定都能形成群体功能的最佳效应。因为这里有一个内耗的问题（1+1<1，1+1=0。一个和尚挑水吃，两个和尚抬水吃，三个和尚没水吃）：只有群体在思想观念上一致，在感情上融洽，在行动上协作，才能使群体的功能等于或大于每一个个体功能的总和。

对人力资源质的管理，就是指采用现代化的科学方法，对人的思想、心理和行为进行有效的管理（包括对个体和群体的思想、心理、行为的协调、控制与管理），充分发挥人的主观能动性，以达到组织目标。

总之，人力资源的开发与管理，指运用现代化的科学方法，对与一定物力相结合的人力进行合理的培训、组织与调配，使人力、物力经常保持最佳比例，同时对人的思想、心理和行为进行恰当的诱导、控制和协调，充分发挥人的主观能动性，使人尽其才，事得其人，人事相宜，以实现组织目标。

（二）人力资源开发与管理的特点

人力资源开发与管理，作为一个学科，具有几个明显的特点。

1. 综合性

人力资源的开发与管理是一门相当复杂的综合性的科学，需要综合考虑种种因素，如：经济因素、政治因素、文化因素、组织因素、心理因素、生理因素、民族因素、地缘因素等等。它涉及经济学、社会学、人类学、心理学、人才学、管理学等多种学科，是一门综合科学。

2. 实践性

人力资源开发与管理的理论，来源于实际生活中对人力管理的经验，是对这些经验的概括和总结，并反过来指导实践，接受实践的检验。

人力资源开发与管理成为一门科学，仅仅是最近二三十年的事情，它是现代社会化大生产高度发达、市场竞争全球化和白热化的产物，其主要理论诞生于发达国家。

3. 发展性

各个学科都不是封闭的、停滞的体系，而是开放的、发展的认识体系。作为一个新兴学科，人力资源开发与管理更是如此。其理论的来源，大体上可以归纳为三个部分（或三个发展阶段）。

（1）古代的人事管理思想——包括中国古代的人事管理思想，其中有许多闪光的东西。至于西方古代的人事管理思想，则大体上以量的管理为主，不系统。

（2）科学管理思想——以泰勒、法约尔和韦伯为代表，以"经济人"假设为基础，以效率为中心，把人当作物去管理，管理的重点是量上的配合，并使之科学化，系统化。

（3）现代管理思想——把科学管理与行为科学相结合，以"社会人"、"自我实现的人"假设为基础，以人为中心，量与质并重地管理人力资源，并逐步过渡到以质的管理（即观念的管理）为主，使这门科学更多地深入到人才学、心理学领域。

4. 民族性

人毕竟不同于物，人的行为深受其思想观念和感情的影响，而人的思想感情无不受到民族文化传统的制约。因此，对人力资源的开发和管理带有鲜明的民族特色。不顾民族特点对他国的经验盲目搬用，在人力资源开发管理领域最为有害。

美、日在人力资源开发与管理上的差异，就其主导的方面而言，是东西方文化差异的集中表现，都无法主观地加以改变。

专栏

美国和日本的人力资源开发与管理差异

以美国和日本为例，它们皆为资本主义制度，都搞市场经济，但两国在人力资源开发与管理上差别甚大。美国是个人主义的资本主义，人力资源的特点是"契约人"，"按契约办事"是美国人的通行原则。相应地，在人力资源开发与管理上，实行的是自由雇佣制。这是一种个人之间高度竞争的"压力型"劳动制度。日本则不同，它是家族主义的资本主义。儒家文化重群体、尊长辈、讲内和的传统，使其人力资源的特点是"家族人"，"忠于企业大家庭"是日本人的行为准则。相应地，在人力资源开发与管理上，实行的是终身雇佣制，这是一种个人之间密切合作的"吸力型"劳动制度。

5. 社会性

作为宏观文化环境的一部分，社会制度是民族文化之外的另一重要因素。现代经济是社会文化程度非常高的经济，影响劳动者工作积极性和工作效率的诸因素中，生产关系（分配制度、领导方式、劳动关系、所有制关系等）和意识形态是两个重要因素，而它们都与社会制度密切相关。我们在借鉴和研究不同国家的人力资源开发管理经验时。千万不要忘记一点。

> 专栏
>
> **中国和日本的人力资源开发与管理社会性差异**
>
> 中国与日本同为东方民族，都具有以儒家文化为主的民族文化传统。在人力资源开发与管理上，都在一定程度上把"家庭"观念移植到企业中，形成团结、内和外争的格局。但由于二者的社会制度不同：中国实行社会主义制度，职工是国家的主人，企业的主人，经理（厂长）与职工地位完全平等；在日本则不同，本质上仍然是资本主义的雇佣关系，是老板与雇员的关系，因而是不平等的。在中国和日本企业中，都提倡"以厂为家"，但在企业这个大家庭中，管理者与被管理者之间，在中国是"同志关系"，在日本则是"父子关系"。

（三）人力资源开发与管理的目标和任务

在一切资源中，人力资源是第一宝贵的，自然成了现代管理的核心。不断提高人力资源开发与管理的水平，不仅是当前发展经济、提高竞争力的需要，也是一个国家、一个民族、一个地区、一个单位长期兴旺发达的重要保证。

具体来讲，人力资源开发与管理的目标和任务如下。

1. 取得最大的使用价值

根据价值工程理论：$V（价值）=\dfrac{F（功能）}{C（成本）}$

价值等于功能成本比，若 V 使最大，有四种办法：

（1）功能提高，成本不变；

（2）成本降低，功能不变；

（3）成本提高，功能提得更高；

（4）提高功能，降低成本。

其中第四种办法最理想，被称作大、高、低目标管理原则，即大价值、高功能、低成本。

在人力资源方面，就是通过合理的开发和管理，实现人力资源的精干和高效。我国劳动人事制度的改革，其根本目标就在于此。具体化即：

人的使用价值达到最大 = 人的有效技能最大地发挥

2. 发挥最大的主观能动性

影响人的主观能动性发挥的因素主要有三方面。

（1）基本因素——价值标准和基本信念。众所周知，需要产生动机，动机导致行为。人的需要带有客观性，而人们的动机则是纯主观的，但它却是行为产生的直接原因。人的主观能动性的大小，主要受动机驱动。对人的行为动机产生深刻影响的是人的价值标准和基本信念。"为国捐躯最光荣"的价值标准和"有我无敌"、"人在阵地在"的坚强信念，是产生以一当十、视死如归的战斗英雄和一系列可歌可泣英雄事迹的真正动力。反过来,"保命最重要"的价值标准和"趋利避害乃人之本能"的基本信念,则是产生逃兵、胆小鬼和战场上一系列怯懦行为的温床。市场如战场,经济活动与军事活动有许多相通之处,价值标准和基本信念对人的主观能动性的制约作用即是其一。

专栏

发挥主观能动性的重要性

美国学者通过调查发现:按时计酬的职工每天只需发挥自己20%~30%的能力,就足以保住个人的饭碗。但若充分调动其积极性、创造性、其潜力可发挥出80%~90%。两相比较,差距如此悬殊,可见发挥人的主观能动性是人力资源管理的十分重要的目标和任务。

具体而言,价值观有三个层次:

①社会价值观。每个社会都有自己的主导价值观,它决定了社会风气的性质和方向,也决定了社会对个人行为的评价,因此对人们的主观能动性发挥的影响十分巨大。台湾《天下》杂志曾登载一篇论文,讨论"日本经济背后的文化现象",作者指出:"一种清晰的被社会认同的价值观,使日本人具有超强的整合力和刚韧的凝聚力。这种价值观念来自于对团体的忠诚。日本人多遵循儒家的社会伦理观念,忠诚于老师、忠诚于团体的教育。

②群体价值观。在同样的社会大气候下,每个具体的企业、事业单位可能会形成不同的传统、风气,其背后是不同的群体价值观。组织内部的群体价值观构成组织的心理气氛和文化氛围,它随时随地影响着每个组织成员的能动性的发挥。世界著名的"电脑王国"——美国 IBM 公司,有三条群体价值观:第一,尊重个人;第二,顾客至上;第三,追求卓越。几十年来,企业外部环境发生了剧烈变化,但这三条群体价值观却从未改变。正是这种积极向上的价值观,激励着 IBM 的员工不仅创造出质量最好的产品,而且创造出使用户满意的最佳服务。有人形容 IBM 员工的积极状态"可以与狂热的教徒"媲美。

③个人价值观。在一个组织或群体内部,各个成员的主观能动性发挥程度并不一样,这与组织结构、人员任用、激励方法、领导作风、人际关系等客观因素密切相关。从主观因素来讲,个人价值观之差异是一个关键。有些人的价值观指向个人和金钱,而另一些人指向集体和事业,这两部分人的积极性、创造性、责任感、事业心都会有巨大的差异。所谓忠臣与奸臣,君子与小人,先进与落后,其本质上的差别就在于个人价值观的不同。它不仅决定了个人能动性的大小,而且决定了个人能动性的取向。

(2) 实际因素——现实的激励因素。现实的激励因素之优劣,决定了对员工工作动机激发的强弱,只有强有力的激励,才会出现员工主观能动性的高涨。一般而言,现实的激励因素主要包括八方面内容:

①任用情况。如果领导善于用人,量才而用,用其所长,补其所短,就会使事得其人,人尽其才,人事相宜,人们的主观能动性就会得到充分发挥。

这要求领导者知人善用。知人即善于观察人,较快地认识到每个人的兴趣、爱好、志向、才能、知识的水平和倾向;善用即按事选人,平等竞争,使每个人都有同样的机会找到最适合发挥自己才干的舞台。

②信任程度。"民无信不立"。领导者与被领导者的互相理解、互相信任,是同心协力、发挥下

级能动性的前提。为此，上级对下级应贯彻"用人不疑，疑人不用"的原则，应该充分地信任下级，给他们足够的权力，鼓励他们放手大胆地开展工作。

③晋升制度。每个人都希望得到晋升，获得更大一些的舞台，使自己的潜能充分地释放出来，但由于职位有限，不可能全面满足各人的晋升需求，这就要求有一个合理的晋升制度，其要点是公正、公平，严格考核，重视业绩与成效，平等竞争，择优晋升。晋升制度合理就会激励大家不断提高自己，充实自己，以自己的优秀绩效在竞争中取胜，自然就会发挥出自己的主观能动性。

④工资制度。工资是员工取得劳动报酬的主要形式，是维持一定生活水平的物质基础。在我国，温饱问题尚未完全解决，生活质量还不高的情况下，工资仍然是一种有效的激励手段。工资制度的改革，主要是破除"大锅饭"，破除分配上的平均主义，真正做到合理地"按劳取酬"。

真正贯彻按劳取酬的原则是不容易的。在当前，应该恰当地解决以下几个问题：第一，按劳分配中"劳"的计量问题，即劳动数量、质量的考核问题。对脑力劳动的计量和考核更具复杂性。第二，处理好工资关系问题，包括不同工种，不同岗位，不同职位之间的工资差距；脑力劳动与体力劳动工资报酬的合理区别；管理者与被管理者的工资差距等。从宏观上，应该处理好不同所有制的企业之间、不同地区之间的工资关系问题。

⑤奖励制度。奖励包括物质奖励和精神奖励，用来满足职工的生存、社交、自尊和自我实现的需要，进而不同程度地提高其主观能动性。

其要点是：第一，考核制度是奖励制度的前提，没有公平的考核，就不会有公平的奖励；第二，正确处理物质奖励与精神奖励的关系，根据员工的需要层次和结构，选择物质奖励与精神奖励的合理比例结构；第三，随着人员温饱问题的解决，应该将重点由物质奖励向精神奖励转移，在保持一定外激水平的基础上，着重提高内激的强度。

⑥处罚制度。处罚作为一种负强化手段，与奖励这种正强化手段是共生的，二者缺一不可。它可以有效地防止和纠正各种非期望行为，藉以保护多数员工的主动性和积极性。

规定合理的处罚制度应注意以下几点：第一，处罚制度应严肃，内容在调查研究的基础上反复推敲，应宽严适度，严得合理，并经过职代会讨论通过；第二，处罚制度一旦制定，就应有章必循，违章必纠，但必须按章行事，防止以言代法；第三，处罚制度主要是针对少数人的，而且是一种辅助手段，应防止过分夸大惩罚作用和以罚代管的倾向。

⑦参与程度。一个单位的每个成员，不管地位多低，也都有各自的自尊，希望得到他人（包括上级）的尊重、理解和平等的对待，希望自己对工作的看法和建议有人倾听并被采纳。总而言之，他们不希望别人仅把自己看作会说话的工具，而是把自己当作平等的伙伴；他们不希望别人仅把自己看作消极的执行者，而是把自己当作决策的参与者，以施展个人的聪明才智，实现个人价值。因此，决策过程应该鼓励下级民主参与，参与程度越深，越易于发挥下级的主观能动性。

当然，参与程度有许多限制条件——诸如问题的性质、职权范围、人员素质、时间条件、参与成本等。在条件许可的情况下，应尽量加大民主参与的程度。

⑧福利状况。生活福利包括住房、医疗保障、养老保障、工作环境、福利设施（食堂、浴室、理发厅、卡拉OK厅、文化宫、图书馆、剧院、体育场馆）等，是满足员工生存、安全、社交需要的重要途径，也是外在激励的组成部分。良好的福利条件，会使员工感到组织的温暖，增强组织的凝聚力，从而激发员工更积极地工作，自觉发挥出个人的主动性、创造性和能动性。

(3) 偶发因素。偶发因素指在组织中发生的一些偶然事件，会影响组织成员主观能动性的发挥。如称赞、表扬、友好的表示、善意的交往、尊重的举动，这些积极的偶发事件，会加强组织成员的满意感、归属感、成就感、责任感，激发出更大的主观能动性。反之，讽刺、挖苦、批评、贬损、冷落、不公正地对待、不友好的举动、恶意的中伤等消极的偶发事件，则会减弱或破坏组织成员的满意感、归属感、成就感和责任感，甚至产生不满和敌意，其主观能动作用也就无从谈起了。

3. 培养全面发展的人

人类社会的发展，无论是经济的、政治的、军事的、文化的发展，最终的目的都要落实到人——一切为了人本身的发展。为了不断地提高人的工作、生活质量，使人变得更富裕、更文明、更有教养、更趋完美。

因此，教育与培训在人力资源的开发管理中的地位越来越高。教育不仅是提高社会生产力的一种方法，而且是造就全面发展的人的唯一方法。

随着市场经济的发展，国家民族间的竞争、企业间的竞争，透过产品的质量、价格和服务竞争的层层迷雾，我们看到的是不同国家、不同民族、不同企业之间人力资源的竞争。因此，无论是国家领导人，还是企业家，均把培养高素质的人当作首要任务。

"造物之前先造人"，是日本松下公司的座右铭。松下幸之助指出："松下电器公司与其他公司最大不同的地方，就是在员工的培育与训练上。""这种'造就人才'的风气，竟成为推动公司发展的原动力。"松下要培养的人才，是德、智、体全面发展的，他把这三育称作人类的三根支柱。他特别重视德育，指出："德育从某种意义来说，比智育、体育还要重要。""只有五位员工的商店，可以靠精神信条，赶上没有店训的大商店。"

美国学者布雷德福和科恩在《追求卓越的管理》一书中，把传统的领导模式概括为"师傅型领导"（人治）和"指挥型领导"（法治），这两种模式的共同点是由领导者控制一切、指挥一切，也统称为"英雄型领导"，不利于下级素质的提高，不利于人才的培养。他们认为现代的领导模式应该是"育才型领导"，它具有以下特点。

（1）同舟共济，以部属为中心，由上级和下级共同决策，领导者充当教练的角色。

（2）组织的目标有两个：第一，完成工作任务；第二，使部属不断进步，提高素质。

（3）实行"育才型领导"应具备三个要素：第一，建立起共同负责的团队；第二，持续培养每个人的才干（技术才干、合作精神、管理能力等）；第三，确立共同的目标。

（4）以育才为导向，使培养人成为组织的出发点和归宿。

这两位美国学者从管理理论上论证了：现代组织的一个重要目标，就是培养高素质的、全面发展的人。

三、人力资源开发与管理的发展

纵观企业管理的全部历史，大致经历了经验管理、科学管理、文化管理三个阶段，总的趋势是管理的软化。能否清醒地认识到这一点，对于能否自觉地提高我国企业的管理现代化进程是至关重要的。

（一）从经验管理、科学管理到文化管理

1. 从经验管理到科学管理是企业管理的第一次飞跃

1911年，泰罗的《科学管理原理》问世，标志着企业管理由漫长的经验管理阶段，迈进了划时代的科学管理新阶段。

调查研究的科学方法代替了个人经验;"时间和动作研究"提供了精确地计算定额的方法;生产工具、操作工艺、作业环境、原材料的标准化,为生产效率的提高开辟了广阔的前景;"工作挑选工人"的原则和系统的培训,为各个生产岗位提供了一流的工人;"计划(即管理)与执行相分离"的原则,大大加强了企业的管理职能,使依法治厂成为可能。总之,泰罗的科学管理理论使企业管理由经验上升为科学,很快在欧美推广。以福特汽车厂的流水线生产为标志,科学管理极大地推动了生产效率的提高。

2. 从科学管理到文化管理是企业管理的第二次飞跃

科学管理使企业管理走上了规范化、制度化和科学化的轨道,极大地推动了生产效率的提高。同时,在实践中暴露出其本质的弱点——对职工的忽视。与生产高效化伴生的是人的工具化,以及工人对工作的厌烦、劳资矛盾的激化。

发端于上世纪30年代,流传在六七十年代的行为科学,力图纠正和补充科学管理的不足,80年代兴起的企业文化理论,是这种努力的最新成果,它完整地提出了与科学管理不同的管理思想和管理框架。这种以企业文化建设为龙头的企业管理模式已经成为世界管理的大趋势。其原因有以下五个方面。

(1) 温饱问题的解决与"经济人假设"的困境。在泰罗所处的时代,即19世纪末20世纪初,生产力低下,工人远远没有解决温饱问题,也许"经济人假设"在当时不无道理。但即使在当时,有觉悟的工人也绝不是纯粹的"经济人",轰轰烈烈的工会运动就是明证。随着生产力的迅速提高,发达国家的工人逐步解决了温饱问题,"经济人假设"陷入困境,工人的劳动士气低落重新困扰着企业主。30年代,在霍桑试验的基础上,美国管理学家梅奥提出了"人群关系论",正式指出:工人不是经济人,而是社会人。他们除了经济需要之外,还有社会需要,精神需要。影响职工士气的主要原因不是物质条件,而是社会条件,特别是职工上下左右的人际关系。在此基础上发展起来的行为科学,进一步把人的需要划分为五个层次——生存、安全、社交、自尊、自我实现。对于解决了温饱问题的职工,满足其生存需要和安全需要的物质激励杠杆,已越来越乏力,而设法满足职工的社交、自尊、自我实现等高层次的精神需要,成为激励职工、赢得优势的关键手段。文化管理强调尊重人、培养人、满足人的精神需要,以人为中心进行管理,完全适应职工队伍需要层次的提高。

(2) 脑力劳动比重的增加与"外部控制"方式的局限。随着生产自动化程度的提高,白领职工比例越来越高,蓝领职工比例越来越低,即使是蓝领工人也逐渐摆脱了笨重的体力劳动。现代化钢铁企业的钢铁工人,已不再是昔日挥汗如雨、高温作业的形象,而是坐在计算机前穿白大褂操作按键的崭新面貌。脑力劳动在劳动构成中的含量越来越高,已经是不可逆转的历史潮流。在无形的脑力劳动面前,泰罗的时间和动作研究已无用武之地。如果说,泰罗的从严治厂、加强监督的外部控制方法,对有形的体力劳动曾经卓有成效的话,那么对待复杂的、无形的脑力劳动,则必需转移到进行"自我控制"的轨道上来。这就是要注重满足职工自我实现需要的内在激励,注意更充分地尊重职工,鼓励职工的敬业精神和创新精神,并且在价值观上取得共识。而培育共同价值观正是企业文化建设的核心内容。可以说,文化管理是对脑力劳动为主的信息时代的唯一适用的管理模式。

(3) 服务制胜时代的到来与"理性管理"传统的没落。作为生产力迅速发展的另一个结果,是产业结构调整的加速和第三产业的兴起。目前,欧美发达国家的职工中,50%以上在第三产业工作。第三产业的特点是一般没有物质产品,其主要产品是服务。服务质量的竞争是第三产业竞争的主要形式。即使在第二产业，工业产品的市场竞争，焦点也越来越转移到服务上来。因此许多企业家和管理学家认为，服务制胜的时代已经到来。

那么，优质服务从何而来？靠泰罗的重奖重罚和严格的外部监督只能治标不治本。西方管理学家认为，微笑服务应具备两个条件：一是职工具有良好的服务意识和敬业精神；二是职工在工作时心情愉快。这只能依赖在长期的生产经营活动中形成一种共同价值观，一种心理环境，一种良好的传统和风气，相互感染熏陶，亦即形成一种良好的企业文化才能够实现。

（4）战略管理的崛起与企业哲学的导航作用。随着市场竞争的白热化，通讯手段的现代化，世界变小了，决策加快了，决策的复杂程度大大地提高了。这使战略管理的地位空前地重要，而战略管理的基础，则是企业家对企业参与市场竞争的哲学思考。众所周知，企业哲学是企业文化的重要内容。

（5）分权管理的发展与企业文化的凝聚作用。同时，决策快速性、准确性的要求，导致决策权力下放，各种形式的分权管理应运而生。特别是近20年来，跨国公司大量涌现，这种分权化的趋势更为明显。过去，泰罗时代以效率著称的直线职能制组织形式，即金字塔组织，由于缺乏灵活性而逐渐失去了活力。代之而起的是联邦分权制（即事业部制）、矩阵式组织，以及重心移至基层的镇尺型组织。随着金字塔的倒塌、柔性组织和分权管理的发展，企业的控制方式也发生了巨大的变化。

泰罗的科学管理是依靠金字塔的等级森严的组织和行政命令的方式，实施集中统一指挥和控制的，权力和责任大多集中在上层。现在，权力下放给各事业部或跨国公司的地方分（子）公司了，地理位置又往往相隔十万八千里，直接监督已不可能，行政命令已不适宜，那么，靠什么维持庞大的企业（或跨国公司）的统一呢？靠什么形成数万职工的整体感？靠什么把分散在世界各地的、不同民族、不同语言、不同文化背景的职工队伍凝聚起来呢？只能依靠共同的价值观、共同的企业目标、共同的企业制度、共同的企业传统、共同的仪式、共同的建筑式样等等，亦即共同的企业文化。

综上所述，我们可以得出结论：从科学管理到文化管理是企业管理的第二次飞跃（表12—1）。

表12—1 经验管理、科学管理和文化管理

特征＼模式	经验管理	科学管理	文化管理
年代	1769～1910	1911～1980	1981以来
特点	人治	法治	文治
组织	直线式	职能式	学习型组织
控制	外部控制	外部控制	自我控制
领导	师傅型	指挥型	育人型
管理中心	物	物	人
人性假设	经济人	经济人	自动人、观念人
激励方式	外激为主	外激为主	内激为主
管理重点	行为	行为	思想
管理性质	非理性	纯理性	非理性与理性相结合

（二）人力资源开发与管理的兴起

与经验管理、科学管理、文化管理相对应的人力资源管理，大体上可以概括为雇佣管理、劳动人事管理和人力资源开发与管理。

在雇佣管理阶段，人们把员工与机器、工具一样，看成是简单的生产手段和成本。实行以录用、安置、调动、退职和教育训练为中心的劳动力管理。

在劳动人事管理阶段，重点放在劳动效率的提高上。诸如如何挑选和招募第一流的工人，如何培训员工以提高生产效率，如何建立员工档案，更科学地调配和使用员工，如何正确进行考核和给付薪酬，如何妥善处理劳资纠纷，如何维护劳动力以维持再生产，等等，成为管理的重要内容。

在人力资源开发与管理阶段，有几个明显的变化。

第一，员工不仅仅是生产的成本，还是投资的对象，开发的对象，是一种资源。

第二，正如著名经济学家舒尔茨所说，人力资源是效益最高的投资领域。

第三，教育和培训是人力资源开发的主要手段，也成为人力资源部门的重要职能。

第四，人力资源开发与管理，不仅仅是人力资源管理部门的事，更是直线部门经理的事。

第五，随着文化管理的兴起，人已经成为企业管理的中心，人力资源开发与管理的重要性日益增强，人力资源部已经同财务部一起，成为企业的战略支持部门。

第二节 物流人力资源管理模式与组织形式

一、物流企业人力资源管理的目标

现代物流管理是面向企业物流流程的全过程的管理，涵盖企业采购物流与生产物流以及销售物流等许多方面，这使得物流企业员工的岗位流动性大，工作自主性强，故而对员工的自觉性要求就越高，那么对物流企业人力资源的管理就显得尤为重要。

（一）物流企业人力资源管理的含义

物流企业人力资源管理是指为完成企业管理工作和总体目标，影响员工的行为、态度和绩效的各种企业管理政策、实践及制度安排，是对企业的人力资源规划、招聘、培养、使用及组织等各项管理工作的总称。

物流企业人力资源管理的目的是探索最大限度利用人力资源的规律和方法，正确处理和协调经营过程中人与人的关系，人和事的关系，充分调动人的积极性，做到人事相宜，人尽其才，人尽其用，以实现企业的经营目标。

（二）物流企业人力资源管理的目标

具体来说，物流企业人力资源管理的目标，就是要实现三个最大化：

第一，雇主从人力资源生产潜力的充分发挥中获得最大可能的利益，取得最大的使用价值（收益最大化）；

第二，公司员工通过劳动从企业组织中获得预期的物质和心理两方面的最大回报（效用最大化）；

第三，通过员工与雇主的良好互动关系，形成企业长期的顾客满意最大化，也就是发挥人的最大的主观能动性。为了达到上述目标，所有的人力资源管理活动必须相互配合、支持并与企业的战略经营目标保持一致。

20世纪80年代初，美国通用电气公司总裁杰克·韦尔奇曾提出这样的口号："人，是我们最重要的资产！"人才是利益最高的资本，只要恰当地开发并善加利用，就能给企业带来几倍甚至是几十倍的利润。可见人力资源管理对企业发展有着举足轻重的作用。

二、物流企业人力资源管理的模式

（一）物流企业人力资源管理的内容

物流企业人力资源管理的内容有以下几个方面：

1. 人力资源规划

根据企业长期经营发展的要求，预测人才需求，制定企业人力资源规划及发展战略，并组织落实的各项措施。

2. 招聘和选拔人才

招聘前进行职务设计和分析，提高招聘与录用工作质量。吸引并网罗企业所需人才，为企业配备符合职务（岗位）要求，能够认真履行岗位职责的合格人才。处理好物流企业员工与岗位的匹配问题。

3. 培训与开发

加强教育与培训工作，适应当代社会的各方面发展，提高员工的思想道德水平、科技文化知识水平、专业技能水平，不断提高员工素质。

4. 激励管理

运用激励理论，以各种有效的方法充分调动员工的积极性，以提高员工的工作满意度。

5. 绩酬管理

健全人员绩效的考评体系，规范岗位工作标准。劳动纪律和员工的工作行为，完善奖酬管理体系，保证奖励与惩罚的公平和公正，激励员工不断提高工作绩效水平。

6. 为直线部门服务

为业务（直线）部门提供有关人员管理的专业服务，为员工提供咨询和帮助，沟通部门之间、上下级之间和员工之间的各种联系，改善人际关系，创造和谐的劳动环境。

（二）人力资源管理的原则

1. 系统组合原则

企业的人力资源开发与管理是企业整体系统的一个重要的子系统，作为一个子系统，它又是由众多相互联系、相互制约的工作环节所构成，任何一个工作环节出现问题，都会对人力资源管理系统乃至企业的整体系统产生不利的影响。因此，在这个系统中各项工作的开展都必须考虑整体效能的实现。

2. 能位匹配原则

人力资源管理的核心即员工——岗位的匹配。"能"是指人的才能，"位"是指工作岗位、职位。能位匹配原理就是根据人的才能把人安排到相应的职位上，保证员工能力与工作要求相匹配，这决定了安置到岗位上的员工是否有能力按时按质完成工作；同时还要使得员工意愿与组织报酬相匹配，这取决于企业各项制度对员工行为、意愿的引导和激发水平，由此而达到工作的高效率，并促进员工能力的提高和发展。

3. 公平竞争原则

把竞争机制引入人力资源管理，激发人的动机，鼓励人发挥内在动力，提高劳动积极性，激励员工提高自身素质，朝着期望的目标努力行动。注意竞争必须建立在公平的基础之上，才能产生应有的激励作用。

4. 动态管理原则

现代物流企业面对的环境具有复杂多变的特点，这就要求企业的人力资源管理应保持与企业内外部条件变化的动态适应性，要善于根据企业经营的实际需要，对岗位和人员进行动态调整；要做到合理用才，促进人员的合理流动；使人力资源得到合理的使用和保护。

（三）人力资源管理与传统人事管理

现代人力资源管理经历了从传统人事管理向战略人力资源管理转变的过程（见图12—2）。

19世纪后半期福利人事阶段 → 20世纪初~20世纪70年代人事管理阶段 → 20世纪80年代以后人力资源管理阶段

图12—2　人力资源管理发展的三个阶段

"人力资源管理"与传统的"人事管理"有许多相同的地方，但它们有着很大差别（见表12—2）。

表12—2　人力资源管理与人事管理的异同

	人力资源管理	人事管理
相同点	内容基本相同，主要包括：组织内的人员配备、培训和开发、报酬制度、产业关系	
不同点	●强调的是对人"心"的管理 ●以人为本的管理，更强调对人的价值、需要的关怀，其管理目标不仅仅在于实现企业利益最大化，还在于满足员工在组织内的心理和物质需要。是以谋求人的全面、自由发展为终极目标的管理	●对人事关系的管理，强调"事"而忽略人 ●以通过对人的管理达成企业的经营目标，强调对人力和人事制度的控制和组织化管理

三、物流企业人力资源管理的组织形式

（一）物流组织的产生与发展

物流组织是指专门从事物流经营和管理活动的组织机构。从广义上讲，既包括企业内部的物流管理和运作部门、企业间的物流联盟组织，也包括从事物流及其中介服务的部门、企业以及政府物流管理机构。

从企业物流组织的发展历程来看，企业物流组织大体上经历了三个发展时期：物流职能分散阶段、物流职能集合阶段以及物流一体化阶段。图12—3描述了物流组织发展的过程。

```
物流职能   职能集合   职能集合   职能集合      物流职能一   物流过程一
分散阶段   初级阶段   中级阶段   高级阶段      体化阶段    体化阶段

分散阶段        职能集合阶段              物流职能一体化阶段
```

图 12—3 物流组织发展的过程

1. 物流职能分散阶段

在 20 世纪 50 年代以前的企业中，物流管理呈现出完全分散化的状态，物流活动分散在各个管理职能中，分别从属于市场营销部、制造部和财务部等传统的职能部门。图 12—4 是物流职能分散阶段典型的组织结构形式。

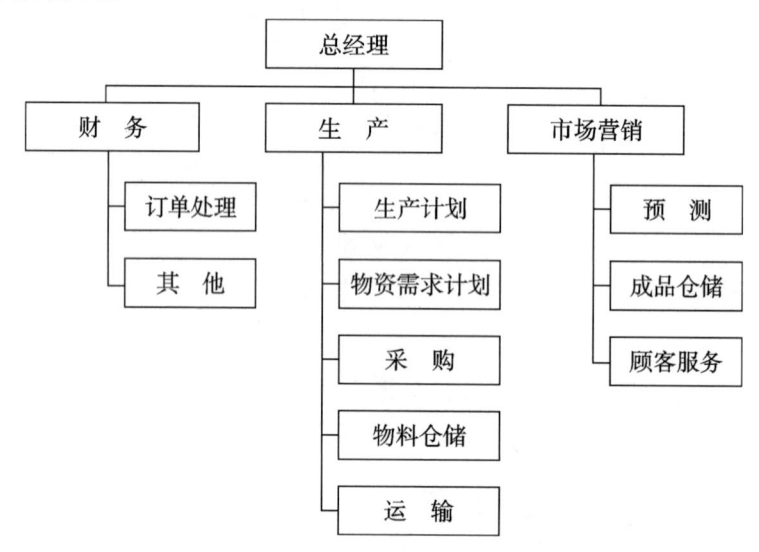

```
                    总经理
        ┌─────────────┼─────────────┐
      财 务          生 产         市场营销
       │              │              │
     订单处理      生产计划         预 测
       │              │              │
      其 他      物资需求计划      成品仓储
                      │              │
                    采 购          顾客服务
                      │
                   物料仓储
                      │
                    运 输
```

图 12—4 物流功能分散阶段的组织结构形式

在这样的企业中，物流还没有实现专业化，各个职能部门都有物流人员，他们同时兼顾着包括物流在内的多种职责，专业业务水平较差。另外，由于没有专门的组织统一指挥物流业务流程的各个相关环节，缺乏跨职能的协调，从而导致重复和浪费，信息常常被扭曲或延迟，物流组织效率低下。企业的物流系统无法取得较好的总体效益。

2. 物流职能集中管理阶段

20 世纪 50 年代末至 60 年代初期，企业开始了对分散的物流活动进行归类、集中管理的尝试，从此，企业物流组织作为专业化的分工组织开始从企业其他组织部门中分离出来。这一时期物流组织发展演变的特点是各种专业化的物流职能被不断的集合，逐渐发展成为相对独立的分工组织。这一阶段可以分为三个小的发展阶段：

(1) 集中管理的初级阶段

在这一阶段，企业物流职能的集中围绕着两个集中点展开：一个集中点发生在市场营销领域，另一个集中点发生在生产部门。目的是为产品的销售和生产提供支持。

但是，这一阶段的集中还只是初级的，大多数的传统部门并没有改变，组织层次也没有做大的调整，物流组织的专业化只是在企业内部的较低层次得到了实现，但这种集中避免了以往的分散管理，专业化分工也被进一步细化了。

图 12—5 说明了这一阶段的典型组织结构。

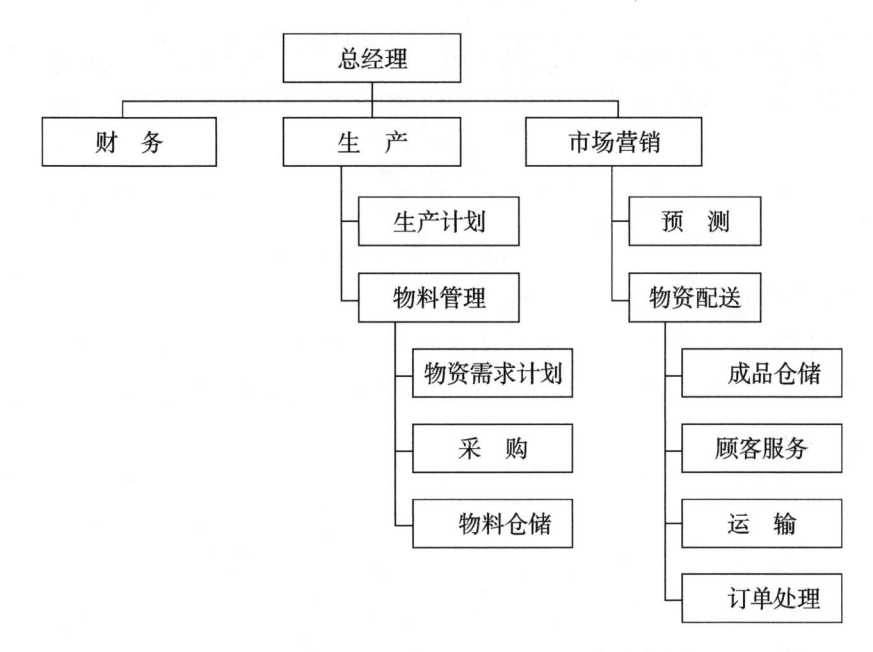

图 12—5 物流功能集中初级阶段的组织结构形式

（2）集中管理的中级阶段

在这个阶段，物资配送职能被独立出来，它的地位有了突破性的提高，即由总经理负责，与财务、制造和市场营销等传统组织职能并列起来。很明显，这种组织结构的优势在于负责物流配送的部门经理可以直接参与公司决策，有利于实现高效、优质、低成本地为顾客服务。在这个阶段，物流职能具备更高的组织权力和责任，逐渐拥有了独立的地位，并开始被作为一种核心能力来处理。

图 12—6 标明了这个阶段的典型组织结构形式。

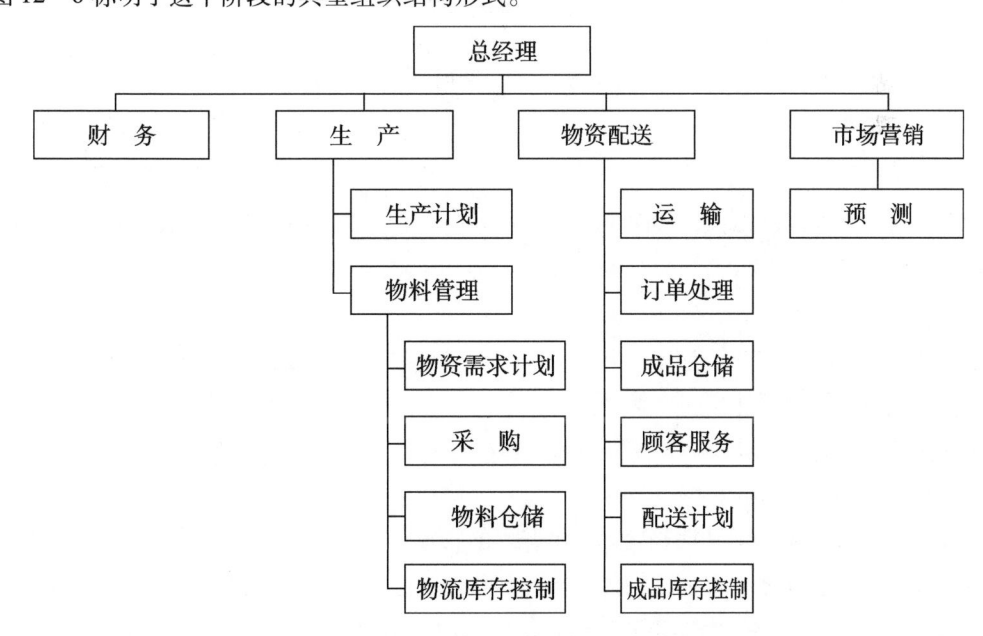

图 12—6 物流功能集中中级阶段的组织结构形式

（3）集中管理的高级阶段

在这个阶段，企业将所有的物流功能集中在物流经理的管辖之下，物流经理与负责财务、生产、营销等部门的经理们作为总经理的直接下属协同作战，同时又拥有独立开展工作的空间。这个

313

阶段的物流经理作为一个完整职能的部门经理比前一阶段的权力和责任更为完整，企业的各项物流功能也从最初的分散化演变为完整统一的整体职能。图12—7表明了这个阶段的典型组织结构形式。

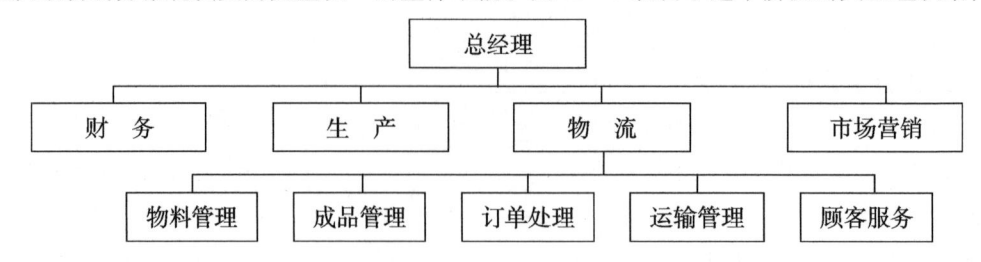

图12—7 物流功能集中高级阶段的组织结构形式

3. 物流一体化阶段

20世纪80年代以来，由于物流职能的集中管理为企业带来了巨大的效益，企业开始尝试将所有的物流工作整合到一个组织中去，将实际上可操作的许多物流计划和运作功能归类于一个权力和责任主体之下，目的是对所有原材料和制成品的运输和储存进行战略管理，以使其对企业产生最大的利益，这个过程就是物流的一体化过程。按照组织发展的时间顺序，这个阶段可以被分为两个小阶段：即以职能管理为重点的物流职能一体化阶段和着眼于过程的物流过程一体化阶段。

（1）物流职能一体化阶段

所谓物流职能一体化组织就是在一个高层物流经理的领导下，统一所有的物流功能和运作，将采购、储运、配送、物料管理等物流的各个领域组合构成一体化运作的组织单元，形成总的企业内部一体化物流框架。

图12—8是物流职能一体化的典型组织结构形式。

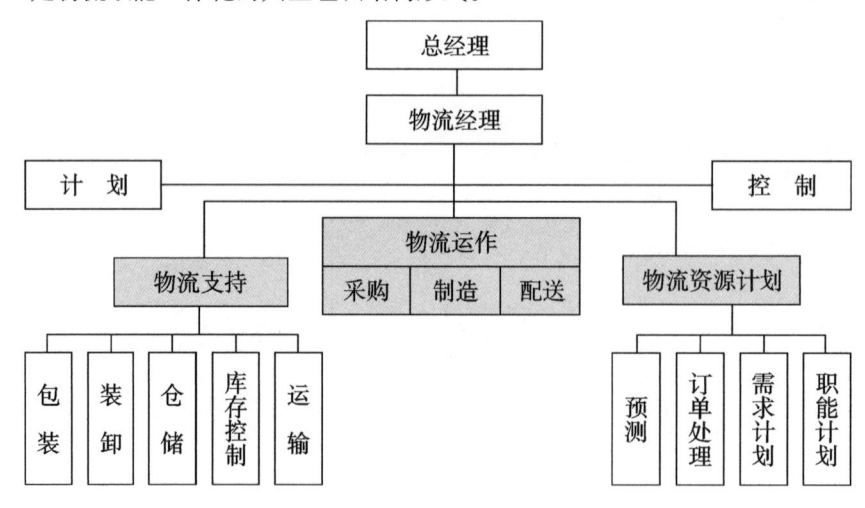

图12—8 物流功能一体化阶段的组织结构形式

该组织结构将所有的物流功能整合为三个并列的物流部门，即物流支持部门、物流运作部门和物流资源计划部门，强调各个部门之间的协同和利益互换，使整个企业物流系统的运作绩效得到了提升。同时，在组织的最高层次设置了计划和控制部门，从总体上负责企业物流发展的战略定位、物流系统的优化和重组、物流成本和客户服务绩效的控制与衡量等，更好地为企业经营决策提供必要的信息。

（2）物流过程一体化阶段

在这一阶段，物流组织不再局限于功能集合或分割的影响，开始由功能一体化的垂直结构向以过程为导向的水平结构转变，由纵向一体化结构向横向一体化结构转换，由内部一体化结构向内外部一体化结构转变。这一阶段比较典型的物流组织结构形式有矩阵型物流组织、团队型物流组织以及联盟型物流组织等。

（二）物流组织的基本类型

为了将企业物流组织的基本类型更好的区分，我们下面将物流组织划分为传统物流组织和现代物流组织两大类，其中传统物流组织主要指以职能管理为核心的纵向一体化组织，主要包括职能型组织和事业部型组织；现代物流组织主要指以过程管理为核心的横向一体化组织，主要包括矩阵型组织、网络结构、委员会结构和任务小组。

1. 传统物流组织

（1）职能型组织

早期的物流管理方式是以职能管理为核心的，在这个发展阶段，企业将生产、营销、财务和物流等活动划分为企业的不同职能部门，物流部门经理负责企业的物流活动。

职能型物流组织的组织结构如图12—9所示。

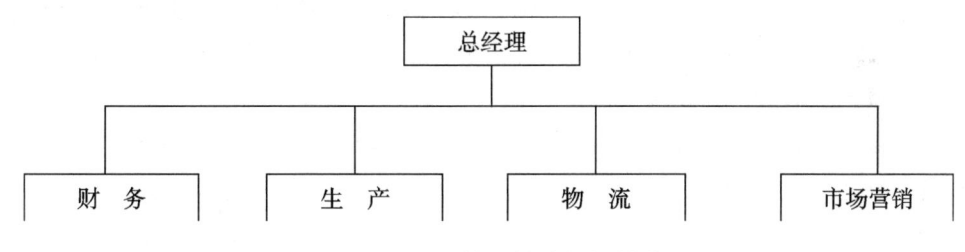

图12—9 职能型物流组织结构

职能型物流组织的优缺点

优点：使各种物流功能集中到一个部门进行管理，避免了以往物流功能分散在不同部门带来的重复浪费与效率低下，能够发挥专业化的优势，从而从劳动分工中取得效率性。

缺点：组织中的各个部门往往缺乏协作，容易产生本位主义，无法按部门进行利益管理，并实现从生产到营销等各个经营阶段的成本计算和控制，因而也根本无法实现物流成本的控制，无法使企业获得物流系统化带来的经济效益。

（2）事业部型组织

事业部制的主要特点是"集中政策，分散经营"，即在集权领导下实行分权管理，每一个事业部一般都是独立的，由事业部经理对全面绩效负责，并同时拥有充分的战略和运营决策的权力。在这种组织结构中，对物流活动的管理也被分配到各个事业部单独进行。

事业部组织的优缺点

优点：各事业部经理对一种产品负完全的责任，管理责任明确并容易实施成本控制，同时也提高了企业的灵活性。

缺点：在这种组织结构下，每一个事业部都设有物流部门，这导致了相同的活动和资源出现了重复浪费，无法实现整个企业物流成本的最低。

见图12—10 传统事业部织物流组织结构

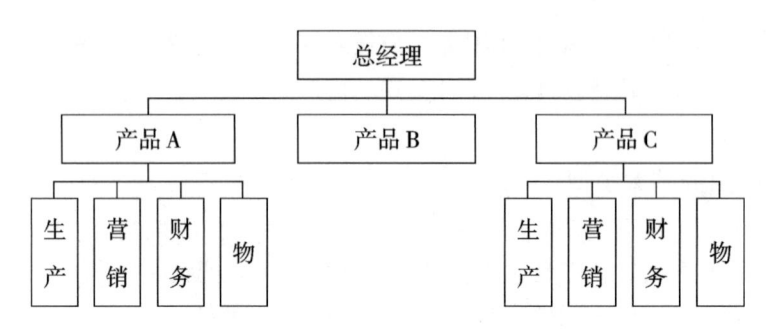

图 12—10 传统事业部制物流组织结构

现代事业部制物流组织

针对传统事业部制的缺点与不足，通过把各个事业部的物流职能整合成一个更高层次的物流部门，则可以避免这种浪费，使物流部门的管理者可以从整个企业着眼进行物流战略规划，可以实现更高的物流效率，这就是对传统事业部组织结构进行改革的新事业部制组织结构（现代事业部制）。

这种结构既可以保证企业经营的灵活性，又有利于物流战略管理的统一性。但在这种组织形式下，物流总部的设立并不是将所有事业部的物流功能集中到总部进行，物流总部的职能是从企业全局的角度来建立基本的物流体系，决定物流发展战略，并在与现场作业相吻合的条件下不断完善物流管理体系，不断推动其发展。

现代事业部制物流组织结构见图 12—11。

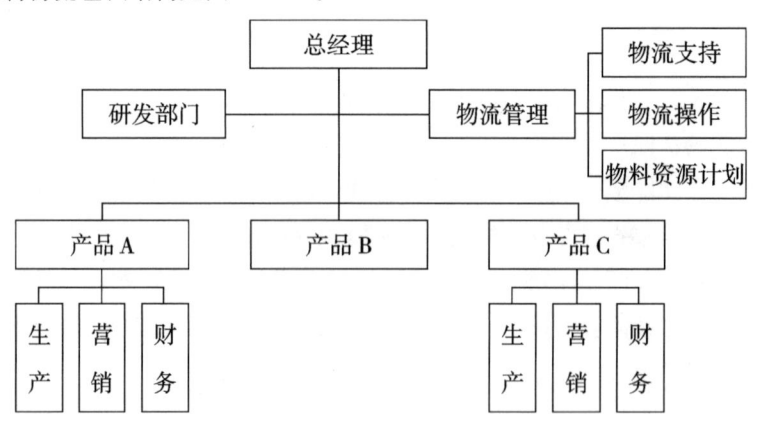

图 12—11 现代事业部制物流组织结构

2. 现代物流组织

（1）矩阵型组织结构

职能型组织具有专业化的优势，事业部组织能够灵活应对市场的变化，并且管理责任分明，但却存在资源重复配置的问题。矩阵型组织是兼有二者优点并避免了其各自缺陷的一种二维组织结构。

在这种组织结构中，物流管理人员负责包括物流与其他相关职能部门相交叉的合作项目，物流经理仍然负责整个物流系统，但对各个项目组的活动没有直接的管辖权。

但值得注意的是，这种组织结构由于放弃了统一指挥的原则，对权力和责任的界定含糊不清，因此有可能造成混乱。

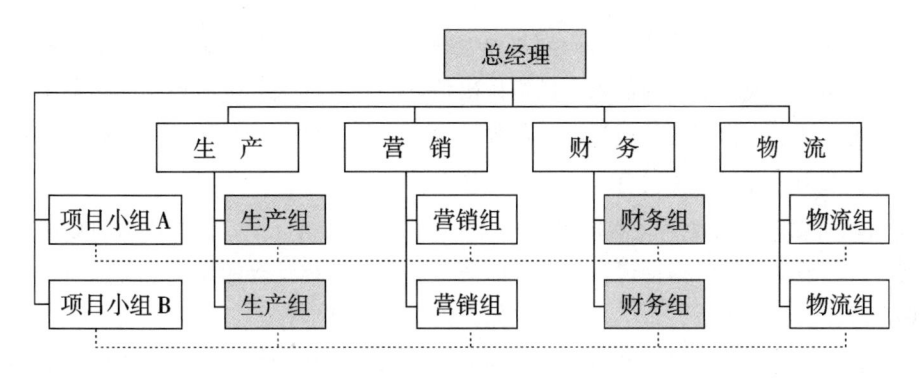

图 12—12　矩阵型物流组织结构

（2）网络型组织结构

网络组织结构是计算机网络技术的产物，它是一种只有很小的中心组织，依靠其他组织以合同为基础进行制造、营销、物流或其他关键业务的经营活动的组织结构。

这种组织不仅适用于将非核心业务外包的大型企业，也适用于中小型企业。

它们可以利用网络组织与外界合作，迅速获取所需资源。在网络型组织结构中，企业将物流、制造等职能外包出去，集中资源做自己擅长的事，这就给企业以高度的灵活性来适应不断变化的市场环境。

但这种结构中的管理者往往无法像其他传统组织那样具有对这些外包活动紧密的控制力，所以管理当局需要有更加有效的协调与沟通能力。

网络型组织结构如图 12—13 所示。

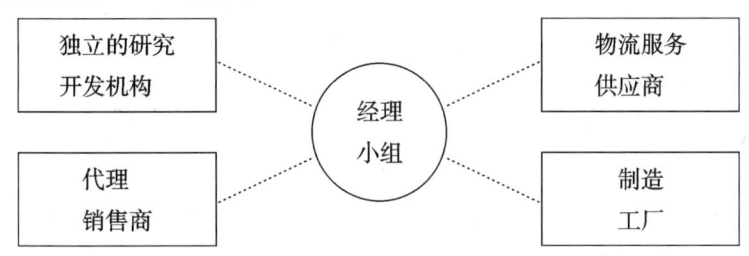

图 12—13　网络型物流组织结构

（3）委员会结构和任务小组结构

任务小组结构是一种临时性的结构，其设计用来达成某种特定的、明确规定的复杂任务。它涉及许多组织单位人员的介入，可以被看作是临时性矩阵结构的一种简版。委员会结构是可以将多个人的经验和背景结合起来，跨职能界限地处理一些复杂问题的另一种设计选择。委员会结构可以是临时性的，也可以是永久性的。委员会和任务小组都可以解决特定情况下出现的问题，如新的物流设施的选址问题等。

第三节　物流企业人力资源的开发与管理

一、物流企业人力资源规划

（一）人力资源规划的含义和作用

人力资源规划又称人力资源计划，是指组织根据内外环境的发展制定出的有关计划或方案，以保证组织在适当的时候获得合适数量、质量和种类的人员补充，满足组织和个人的需求。物流企业的人力资源规划能对物流企业人力需求与供给做出估计。并且，人力资源计划的对象不仅是指人力资源的数量，还包括了人力资源的质量以及各种类型工作所配置的人力资源（结构）等。

具体地说，人力资源规划主要有三个层次的含义：

1. 一个组织所处的环境是不断变化的。如果在这种变化的情况下，组织不对自己的发展做长远规划，只会导致失败的结果。俗话说：人无远虑必有近忧。现代社会的发展之快前所未有，在风云变幻的市场竞争中，没有规划，走一步算一步的组织必定难以生存。

2. 一个组织应制定必要的人力资源的政策和措施，以确保组织对个人资源需求的如期实现。例如，内部人员的调动补缺、晋升或降职，外部招聘和培训以及奖惩都要切实可行，否则就无法保证人力资源计划的实现。

3. 在实现组织目标的同时，要满足员工个人的利益。这是指组织的人力资源计划还要创造良好的条件，充分发挥组织中每个人的主动性、积极性和创造性，使每个人提高自己的工作效率，从而使组织的目标得以实现。

人力资源计划是一种整体性的、综合性的工作，它通常是由人力资源部或战略规划部的专业人员来设计的。

知识卡

人力资源规划的作用

1. 有利于组织制定长远的战略目标和发展规划。
2. 有助于管理人员预测员工短缺或过剩的情况。
3. 有利于人力资源管理活动的有序化。
4. 有助于降低用人成本。
5. 有助于员工提高生产力，达到组织目标。

（二）制定人力资源规划的原则

1. 充分考虑内部、外部环境的变化

人力资源规划只有充分考虑了内外环境的变化，才能适应形势的发展，真正做到为企业发展的目标服务。任何时候，规划都是面向未来，而未来总是含有多种不确定的因素，包括内部和外部的不确定因素。内部变化包括发展战略的变化、员工流动的变化等；外部变化包括政府人力资源政策的变化、人力供需矛盾的变化，以及竞争对手的变化。为了能够更好地适应这些变化，在人力资源规划中应该对可能出现的情况做出预测和风险分析，最好有面对风险的应急策略。所以，规避风险就成为企业需要格外小心的事情。

2. 开放性原则

开放性原则实际上强调的就是企业在制定发展战略中，要消除考虑问题的思路的狭窄性，在各个方面考虑得不是那么开放的狭窄性。没有一种开放的理念，设计出来的发展战略就很难具有前瞻性，或者实施计划的阻力就要大一些。所以，必须要坚持开放性的原则。

3. 动态性原则

是指在组织发展战略的设计中一定要把预期搞好，就是对未来的预期一定要搞清楚。这里所讲的预期，就是对未来组织的发展环境以及组织内部本身的一些变革，要有科学的预期性。因为一般来讲，组织在发展战略上的频繁调整是不可行的，组织发展战略的作用期一般来讲是五年，所以，组织对未来发展的预期一定要搞清楚。动态性原则既强调预期，也强调组织的动态发展。组织在大体判断正确的条件下，做一点战略调整是应该的，这个调整是小部分的调整而不是整个战略的调整。这就要求有动态性原则。

4. 使企业和员工共同发展

人力资源管理不仅为企业服务，而且要促进员工发展。企业的发展和员工的发展是互相促进的关系。在知识经济时代，随着人力资源素质的提高，企业员工越来越重视自身的职业前途。人的劳动，被赋予神圣的意义，劳动不再仅仅是谋生的手段，而是生活本身，是一种学习和创造的过程。这种过程，自然是和谐的、身心愉悦的，是为自己，也为他人而活着，人的生命价值才能得以体现。优秀的人力资源规划，一定是能够使企业和员工同时得到长期利益的计划，也一定是能够使企业和员工共同发展的好计划。

（三）物流企业人力资源规划的内容

物流企业人力资源规划一般包括岗位职务规划、人员补充规划、教育培训规划、人力分配规划。

其中岗位职务规划主要解决物流企业定员定编问题，物流企业依据近远期目标、劳动生产率、技术设备工艺要求等状况，确立相应的组织机构、岗位职务标准，进行定员定编；人员补充规划就是在中长期内使岗位职务空缺能从质量上和数量上得到合理的补充，人员补充规划要具体指出各级各类人员所需的资历、年龄等要求；教育培训规划就是依据物流企业发展的需要，通过各种教育培训途径，为物流企业培养当前和未来所需要的各级各类的合格人员；人力分配规划是依据物流企业各级组织机构、岗位职务的专业分工来配置所需人员，包括工种分配、干部职务调配及工作调动等内容。

对人力资源进行规划，必须先对人力资源的需求与供给进行预测。通过预测，我们可以对未来的供求状况做出尽可能贴近实际的描述，为规划提供依据。

1. 物流企业职工的需求预测

物流企业职工的需求预测是根据物流企业发展的要求，对将来某个时期内企业所需职工的数量和质量进行预测。职工需求预测是物流企业编制人力规划的核心和前提条件。对职工需求预测要考虑预测期内劳动生产率的提高、工作方法的改进及机械化、自动化水平的提高等变化因素。职工需求预测的基本方法有以下三种：

（1）经验估计法。经验估计法就是利用现有的信息和资料，根据有关人员的经验，结合本物流企业的特点，对物流企业职工的需求加以预测。

经验估计法有"自上而下"和"自下而上"两种方式。"自下而上"就是由直线部门（即具体用人部门）的经理向自己的上级主管提出用人要求和建议，征得上级主管的同意后再作安排。"自上而下"的预测方式就是先由物流企业经理拟定出物流企业总体的用人目标和建议，然后由各级部门自行确定用人计划。

（2）比例趋势分析法。这种方法通过研究历史统计资料中各种比例关系，如管理人员同工人之间的比例关系，考虑未来情况的变动，估计预测期内的比例关系，从而预测未来各类职工的需要量。这种方法简单易行，关键就在于历史资料的准确性和对未来的情况变动的估计准确率。

（3）工作研究预测法。这种方法就是通过工作研究（包括动作研究和时间研究），来计算完成某项工作或某件产品的工时定额和时间定额，并考虑到预测期内的变动因素，确定物流企业的职工需求数。

2. 物流企业职工的供给预测

供给预测可以分析在计划期内的人力供给来源、数量和结构。人力资源的供给分为内部供给和外部供给。物流企业职工供给预测一般包括以下几方面的内容：

（1）分析企业目前的职工状况，如职工的部门分布、技术水平、工种年龄构成等。

（2）分析目前物流企业职工流动的情况及其原因，预测将来职工流动的态势，以便采取相应的措施避免不必要的流动，或及时给予替补。

（3）掌握物流企业职工的提拔和内部调动的情况，保证工作和职务的连续性。

（4）分析工作条件（如作息制度、轮班制等）的改变和出勤率的变动对职工供给的影响。

（5）掌握物流企业职工的供给来源和渠道。职工可以来源于物流企业内部（如富余职工的安排、职工潜力的发挥等），也可来自于物流企业外部。

物流企业职工的供求平衡是编制物流企业人力规划的一项重要内容。通过对职工的需求供给预测，对职工潜力进行分析，能实现职工素质、类别等供求结构上的平衡，从而消除物流企业人浮于事的人力浪费现象，从质量上提高职工的素质，充分发挥现有职工的潜力。

（四）人力资源规划的分类

物流企业人力资源规划都与企业组织整体战略计划的编制紧密相连。

按照规划时间的长短分类，人力资源规划可以分为短期规划、中期规划和长期规划三种。一般来说，一年内的计划为短期计划。这种计划要求明确，任务具体，措施落实。中期规划一般为1～5年的时间跨度，其目标、任务的明确与清晰程度介于长期与短期两种规划之间，主要是根据战略来制定战术。长期规划指跨度为5年或5年以上的具有战略意义的规划，它为组织的人力资源的发展和使用指明了方向、目标和基本政策。长期规划的制定需要对内外环境的变化做出有效的预测，才能对组织的发展具有指导性作用。

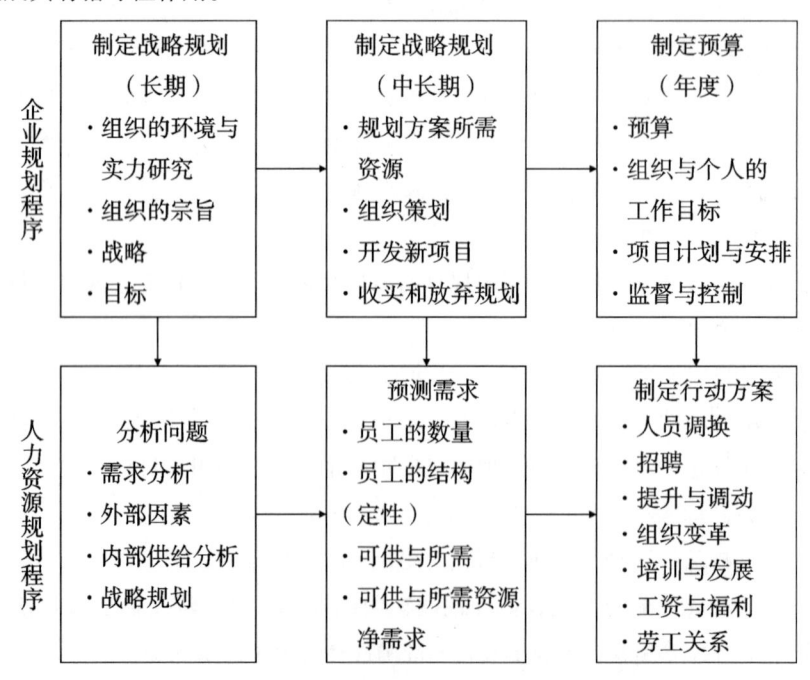

图12—14　物流功能分散阶段的组织结构形式

人力资源规划要真正奏效，又应与企业的规划密切相关，并受到企业规划的制约。从图12—14可以看出，企业的规划是如何影响人力资源规划的。

当人力资源的供给、需求及有关项目取得了预测数据后，物流企业人力资源计划工作就可以适应企业战略计划的要求按程序进入项目规划阶段，并在人力资源规划的指导下进行人才吸收。

二、企业职工的招聘和选拔

物流企业挑选职工的主要目的就是争取以较小的代价去获得能满足物流企业需要的合格职工。物流企业职工的挑选过程可以分为三个主要阶段：确定物流企业的用人需求阶段、招聘阶段、选拔吸收阶段。

（一）确定物流企业的用人需求

确定物流企业用人需求是职工挑选的第一阶段。在这个阶段，主要是在物流企业人力规划指导下，根据物流企业的需要，通过工作分析，确定物流企业用人的数量、类别、工作条件、工作规程，为下一阶段的工作做好准备。

（二）招聘阶段

员工招聘是获取人力资源的具体体现，它是按照企业经营战略规划、人力资源规划的要求把优秀、合适的人员招聘到企业，安置在合适的岗位。这是企业成败的关键环节。

1. 招聘的概念

所谓人力资源招聘，就是通过种种信息途径寻找和确定工作候选人，以充足的质量和数量来满足组织的人力资源需求的过程。

招聘工作在组织的人力资源管理中占有首要地位；招聘工作是激发人才活力的最佳战略；招聘工作直接影响着人事管理费用；招聘工作有利于劳动力的合理流动。

2. 员工招聘的内容

员工招聘主要是由招聘、选择、录用等一系列活动构成。招聘是组织为了吸引更多更好的候选人来应聘而进行的若干活动。包括：招聘计划的制订与审批、招聘信息的发布、应聘者申请等。选拔则是挑选出最合适的人来担当某一职位，它包括：资格审查、初选、面试、考试、体检、人员甄选等环节。而录用主要涉及员工的初始安置、试用、正式录用。

3. 员工招聘的原则

招聘工作是保证员工队伍素质的重要一环，是提高员工劳动效率的一项重要工作，需要遵守以下原则：择优、全面原则、公开、竞争原则、宁缺毋滥原则、能级原则、全面考核原则。

（三）选拔吸收阶段

各个物流企业的规模不同、技术特点不同、招聘规模和应聘人数不同，因此，各物流企业职工选拔吸收工作繁简也就不同。一般来说，职工挑选工作可按以下步骤进行：

第一步：确定招聘的职位及人数。即需招收多少人，各自需要掌握哪些技能，空缺职位的性质和要求是什么等，以此作为招聘活动的指导。

第二步：确定招聘方法。对需求的岗位分析后，依据劳动力的供应状况，确定招聘渠道。

第三步：人力资源部门开展招聘的宣传广告及其他准备工作。

第四步：应聘资料审查。将应聘者分为可能入选的、勉强合格、明显不合格三类。

第五步：考试通知。明显不合格者不发通知。

第六步：考试。一般可分为笔试、专业考试、面试、心理测评等。

第七步：对拟录用的候选人进行体验和背景调查。

第八步：录用通知。及时发布录用信息，赢得好人才。

第九步：试用。

第十步：录用决策、签订劳动合同。

一个物流企业能否吸引人们前来应聘取决于许多因素。其中主要有物流企业的目标与发展前景、物流企业的形象与声誉、物流企业的工资福利待遇、物流企业中培训和提拔的机会、工作地点与条件、物流企业所属的行业的状况及物流企业空缺的职位类型等等。

三、人力资源的开发和培训

（一）人力资源开发的含义

"人力资源开发"一词通常用来描述企业改进员工能力水平和业绩的一种有计划、连续性的努力，有时也称为培训与开发，或培训。也有很多专家区别了培训（Training）与开发（Development），他们认为，培训的目的是短期的业绩改善，关注的内容较为狭窄。开发是指学习目前工作及未来工作所需的知识和能力，意在使员工能承担未来更大的责任。它使员工能跟上组织变化、技术发展和工作方式的变化，及时地、连续地、有计划地培训开发人力资源，是保持和增进企业活力的可行、有效的途径；也是提高生产力，增加就业能力，挽留人才避免跳槽的一个重要途径。

（二）职工培训的内容

职工培训的完整内容应该通过各种教导或经验的方式，在知识、技能、态度等诸方面改进职工的行为方式，以达到期望的标准。

一个物流企业完整的职工培训工作应包括以下三个方面的内容。

1. 职工知识的培训

通过培训，使职工具备完成本职工作所必需的基本知识，并了解企业经营的基本情况，如企业的发展战略、经营方针、规章制度等，便于职工参与企业活动，增加主人翁精神。

2. 职工技能的培训

通过培训，使职工掌握完成本职工作所必备的技能，如谈判技能、操作技能、人际关系技能等，以此也能培养、开发职工的潜能。

3. 职工态度的培训

职工的态度如何对职工的士气及物流企业的绩效影响甚大。必须通过培训建立起物流企业与职工之间的相互信任，培养职工对企业的忠诚，增加物流企业集体主人翁精神。

（三）培训方法和技术

常用的培训方法有以下几种：

1. 在职培训、脱产培训

在职培训是指为使下级具备有效完成工作所需的知识、技能和态度，在工作进行中，由上级有计划地对下级进行的教育培训。脱产培训是指离开现场，由直接领导以外的人就履行职务所必要的基础的、共同的知识，技能和态度进行的教育训练。职工上岗前培训就是一种脱产培训，主要内容有：（1）物流企业概况（如企业的历史、方针、产品等）的说明；（2）讲授职工必须掌握的共同知识（如怎样写报告、做接待等）；（3）培训职工应具备的精神准备和态度。

2. 直接传授式培训方式

这种方法的主要特征就是信息交流的单项性和培训对象的被动性。其具体形式主要有：

（1）个别指导，类似于传统的"师傅带徒弟"。这种方法能清楚地掌握培训进度，让培训对象注意力能集中到所学的技能上去，很快适应工作要求。

（2）开办讲座，主要是向众多的培训对象同时介绍同一个专题知识，比较省时省事，但是如果没有一定的技巧，讲座就不能达到应有的效果。

3. 参与式培训方法

这类方法的主要特征是：每个培训对象从亲身参与培训的活动中获得知识、技能。

（1）会议。参加会议能使人们相互交流信息，启发思维，了解到某一领域的最新情况，开阔视野。

（2）小组培训。小组培训的目的是树立参加者的集体观念和协作意识，教会他们自觉地与他人沟通与协作，同心协力实现企业目标。一般小组培训的效果要在一段时期之后才能显现出来。

（3）参观访问。有计划、有组织地安排职工到有关单位参观访问，这也是一种培训方式。职工有针对性地参观访问，可以从其他单位得到启发，巩固自己的知识和技能。

另外还可以通过开展案例研究，模拟训练，参加函授，业余进修等方式使员工得到训练。

（四）培训的原则一般包括以下几个方面

1. 因材施教原则

员工在能力、人格与技能方面均存在个体差异。所以，在培训时，要考虑到因人施教的培训特点。海尔根据每个人的职业生涯设计为每个人制订了个性化的培训计划，搭建了个性化发展的空间，提供了充分的培训机会，并实行培训与上岗资格相结合，收到了良好的效果。

2. 实践原则

培训既然是为了提高人的工作能力，就要为接受培训的人员提供实践或操作的机会，使他们从实际操作中提高能力。海尔集团特别注意实战技能培训，海尔在进行技能培训时重点是通过案例"即时培训"模式来进行。

3. 培训过程中的反馈和强化原则

在培训过程中要注意对培训效果的反馈和强化，以便对培训内容作相应的变动以适应工作需要。

4. 明确培训目标原则

目标管理是组织行为管理的有效手段之一，培训也自然应顺从这一原则。

5. 有利于个人发展原则

员工在培训中所学习和掌握的知识、能力和技能应有利于个人职业的发展。作为一项培训的基本原则，它同时也是调动员工参加培训积极性的有效砝码。

21世纪是知识经济时代，信息和知识是绝大多数组织前进的推动力量，而培训则常常是提供信息、知识及相关技能的重要途径。要跟上时代的发展，必须建立学习型组织。所以，培训开发是给人才最好的礼物，是对人才最好的培养方式，只有培养好人才，才能够不断为组织创造价值。

四、物流企业专业人员的能力开发

（一）物流作业人员的能力开发

1. 物流作业人员的基本技能与素质要求

物流作业人员需要具备的基本技能主要有职能技能、管理技能和相互协调技能等。

(1) 职能技能

职能技能是物流作业人员必须掌握的各种物流作业技术的能力，它是由作业人员所在的工作岗位决定的。对于企业的物流作业人员来说，这是一项最基本的技能要求。只有掌握一项或几项过硬的作业技能才能胜任本职工作，适应激烈的市场竞争要求。

(2) 管理技能

这些管理技能包括为进行卓有成效的物流运作活动而进行的人力、物力的组织，如何成功地制定自己的物流工作计划，如何从实物和财务方面进行基本的管理活动，如何为实现物流作业目标而卓有成效地工作等。

(3) 协调沟通能力

物流作业人员不仅需要具备独立工作和管理的基本技能，还必须具备与其他人员进行配合和相互协调的技能。

2. 物流从业人员的基本素质要求

物流作业人员除了需要具备上述的几项基本技能外，还应具备以下几项基本素质：(1) 思想的前瞻性。(2) 系统思考能力。(3) 战略性思维。(4) 挑战精神。

(二) 物流作业人员的培训与开发

1. 物流作业人员培训与开发的原则与内容

(1) 物流作业人员培训与开发的原则。一般而言，根据物流作业人员的工作性质，对物流作业人员的培训与开发要掌握如下原则：①理论联系实际，学以致用的原则。②按需施教，讲求实效的原则。③专业技能培训与员工品质相结合的原则。④注重投入产出的效益原则。

(2) 物流作业人员培训与开发的内容。物流作业人员培训与开发的完整内容应该是通过各种教导或经验的方式，在知识、技能和态度等方面改进作业人员的行为方式，以期达到期望的标准。①物流作业人员必备的基本知识。②物流作业人员必备的基本技能。③企业文化与物流工作态度。

2. 物流作业人员培训与开发的主要方式

(1) 物流作业人员的培训方式。企业物流作业人员的培训方式主要有在职培训、脱产培训、自学和岗位轮换四种。①在职培训。在职培训主要由平时指导、会议、项目小组、集体活动等几种方式。②脱产培训。脱产培训的主要形式是物流作业人员参加本企业或者其他专业培训机构举行的各种培训班。③自学。④岗位轮换。有计划的组织岗位轮换是一种有效的培养全面技术人才的途径。

(2) 物流作业人员培训与开发的主要方法。包括：①讲授法。②操作示范法。③实例研究法。④视听法。以上各种培训方法主要是群体培训方法。还有一种在企业物流作业人员培训中广泛应用的个体培训方法：师傅带徒弟。

3. 物流作业人员培训与开发的意义

(1) 无谓的损失与浪费的减少。

(2) 工作方法的改善。

(3) 员工人际关系的改善。

(4) 减轻管理人员的负担。

(5) 改善物流部门的服务质量。

(6) 提高员工士气。

（三）物流管理人员的能力开发

1. 基层物流管理人员的能力构成

企业的物流基层管理人员处于企业物流运营系统指挥链条的最底端，直接接触物流运作的现场，一般需要他们具备专业技能、处理人际关系的能力以及物流业务的管理能力。①物流技术能力。由于基层物流管理人员直接与物流作业现场相联系，所以基层物流管理人员必须具备相关的物流专业知识和技能。②处理人际关系能力。③物流业务管理能力。

2. 高层物流管理人员的能力构成

主要能力构成体现在：①物流决策技能。决策能力是高层管理者最重要的能力。②物流战略管理能力。高层物流管理者是企业物流战略规划的制定者，因此，他们必须具备战略性的思维和眼光，能够正确预料到企业在未来将要面临的市场环境，在此基础上为企业的物流发展规划制定一个远大的战略目标。③物流创新能力。创新能力是优秀管理者最重要的能力之一。④物流财务管理技能。高层管理者的财务管理技能主要是掌握给予活动的 ABC 成本分析和 VCA 价值链分析等战略性的财务工具。

（四）物流管理人员的培训与开发

1. 物流管理人员培训与开发的时机

主要有：①物流管理人员的调入或晋升。②物流经营环境有重大改变。③企业物流系统有重大变化。

2. 物流管理人员培训与开发的内容

企业物流管理人员的职责是对整个企业的物流经营管理全面负责，因而他们的知识、能力以及思维和行为方式对整个企业的物流运作影响极大。对企业物流管理人员培训的重点是引导其合理利用自己的经验以充分发挥自己的才能，帮助其发现和理解企业外部环境和内部条件的变化，以及根据个人情况补充相关欠缺的专门技能。①物流专业知识与技能培训。②经济管理知识培训。③战略思维与创新精神培训。

3. 物流管理人员培训与开发的方法

企业物流管理人员是企业物流运作计划的制订者，同时也是计划实施情况的控制者，因此，对物流管理人员的培训与开发所采用的方法不同于对物流作业人员所采用的方法。但在一般的培训与开发方法中，适用于物流作业人员的讲授法、讨论法、操作示范法和视听法等方法也可以用于物流管理人员的培训与开发，但主要用于物流管理人员的培训与开发方法有讨论法、案例研究法、职位扮演法和管理游戏法等。

具体方法：①讨论法。讨论法是对某一专题进行深入探讨的培训方法，其目的是为了解决某些复杂的问题，或者通过讨论的形式使众多的受训者就某个主题进行沟通，谋求观念和看法的一致性。讨论法适用于以研究问题为主的内容，能够培养物流管理人员研究解决问题的能力和团队协作精神。②案例研究法。案例研究法也是用集体讨论方式进行培训的方法，它与讨论法不同的特点在于，通过研究案例不单是为了解决问题，而是侧重于培养受训人员对问题的分析判断和解决能力。案例研究法适用的对象是中层以上的物流管理人员，目的是训练他们具有良好的决策能力，帮助他们学习如何在紧急情况下处理各类事件。③职位扮演法。④管理游戏法。这是一种比较新颖的培训方法，适合的培训对象是中高层物流管理人员。

第四节 物流企业的绩酬管理与激励机制

物流企业的绩酬管理指的是对物流企业员工的工作绩效的考评和工作报酬、福利等方面的管理。绩酬管理是人力资源管理的重要环节，激励机制发挥着重要的作用。

一、绩效考评的内涵

（一）绩效考评的含义

绩效一般包括两个方面的含义：一方面是指员工的工作结果；另一方面，是指影响员工工作结果的行为、表现及素质。绩效考评是指企业按一定的标准，采用科学的方法对员工的思想、品德、业务、学识、工作能力、工作态度和成绩，以及身体状况等方面进行的考核和评定。

（二）绩效考评的作用

绩效考评，作为人力资源管理的一个职能，为各项人事决策提供客观依据，是人力资源管理不可缺少的一个环节。其主要作用有：通过绩效评估，反映员工的贡献程度，有助于提高企业的生产率和竞争力。同时为员工的薪酬、职务调整提供依据，为培训工作提供方向，并有助于更好地进行自我管理。

（三）绩效考评的原则

根据国内外企业管理的实践经验，在绩效考评中应注意把握以下原则：

1. 透明原则

考评前公布考评标准细则，让员工知道考评的条件与过程，对考评工作产生信任感，对考评结果抱着理解、接受的态度。

2. 具体可衡量原则

即考评目标要具体明确绝不含糊。绩效管理的指标应当是可以衡量的。考核的目标应当分解为一个个可以度量的指标。比如，对于销售人员进行考核时，考核"销售成果"显然不如考核新市场占有率、销售成本率、资金回笼率等具体指标更有效。

3. 反馈原则

考核与员工的收入挂钩，更重要的是改善员工的工作绩效，使员工认识到工作上的不足，并加以改善。所以，结果应反馈给员工，以明确其努力方向。

在现代物流企业人力资源管理系统中，缺少反馈的评估考核不能发挥能力开发的功能作用，而顺应人力资源管理系统变革的需要，就必须构筑起反馈系统。

4. 客观、公正原则

在制定绩效考评标准时，应从客观、公正的原则出发，坚持定量与定性相结合的方法，建立科学适用的绩效指标评价体系。这就要求制定绩效考评标准时多采用可以量化的客观尺度，尽量减少个人主观臆断的影响，要用事实说话，切忌主观武断或长官意志。

5. 定期化与制度化

评估考核是一种连续性的管理过程，因而必须定期化、制度化。评估考核既是对员工能力、工作绩效、工作态度的评价，也是对他们未来行为表现的一种预测。因此，只有程序化、制度化地进行评估考核，才能真正了解员工的潜能，才能发现组织的问题，从而有利于组织的有效管理。

（四）工作实绩评估的主要方法

工作实绩评估的方法有很多种，各种方法都有它的适用范围，都有它的优点和局限性。

1. 排列法

又叫做排除法，这种方法是在工作实绩评估中，采用被评估人之间进行相互比较的方式，进行由最优到最差的排列。例如，要对一个工作小组中五个被评估人的工作表现进行评估，评估人从这五位被评估人中挑选出一个工作表现最好的和一个工作表现最差的，接着排出第二个好的和第二个差的。这种方法是以被评估的人的总的表现为基础，对其工作的总体表现进行排列比较，分为最好的、次好的、中等的和最差的。这种方法简便，也常被广泛采用。其缺点是：（1）评估人不是拿被评人的工作实绩与每项评估标准进行对照比较打分，而是根据总的表现进行被评人之间的比较，这种比较缺乏信度和效度；（2）无法鉴别处于中间状态的人员之间的差别；（3）在同一物流企业中的不同单位或小组之间无法进行排列比较。

2. 等级法

等级法与排列法不一样，它对被评估人工作实绩的评估不是拿某一被评估人与另一被评估人进行比较，而是先制定具体的衡量标准。在进行工作实绩评估时，以已制定的有关各项衡量标准来评估每个人的各方面工作表现。因此，等级评估法首先要明确和确定哪些方面和表现是与工作密切相联系的，然后在每个相关方面明确地制定出具体的衡量标准和要求。此种方法适用于对同一种或类似工种的人员的评估。如对中级管理人员进行评估时，一般制定的评估项目有政策水平、责任心、决策能力、组织能力、协调能力、管理能力、应变能力和社交能力等方面。对每项又设立评分级数，一般评分等级为五级：最优为五分，次之为四分，依此类推。最后把各项得分相加，总评分越高，工作成绩就越好。这种评估方法比排列法科学得多。

3. 因素比较法

因素比较法又叫要素比较法。这种方法是把被评估者的工作表现分为若干因素或要求（或项目），将每个要素方面的评分又分成若干等级，一般分为三个等级或五个等级。三个等级即好、中、差，五个等级为优、良、中、及格、差。使用因素比较法时，评委们根据自己对被评估者的了解，在每一个等级中，选择一个最符合被评估人实际情况的答案，并在该等级中做标记。这种评估法适用范围很广，既可用来对管理干部的工作实绩作评估，也可用来对一般工人或职员的工作表现作评估；既可用来评估一个人的全面工作表现，也可用来评估其业务水平和业务能力等。

4. 自我—他人评估法

自我—他人评估法指在工作实绩评估过程中，首先由被评者本人对自己在某一时期内（如一年或半年）的工作表现情况进行自我对照总结和自我评估。所谓自我对照进行评估，就是指评估人的直接上司根据自己对被评估人的了解，对被评估人的自评提出意见，再由上一级主管人根据被评估人的自评和其直接上司的意见提出最后的评估意见。采用这种方法的好处是：一是被评估人通过自我评估可以看到自己的工作成绩和存在的问题，二是小组民主评议中可以当面听取他人对自己的意见和看法，有利于自己发挥成绩和明确今后的努力方向。一般来说，只要制定的评估标准合理，这种方法的评估准确性就高。

（五）绩效考评的程序

绩效考评一般包括如下四个步骤：

制定绩效考评标准 → 评定绩效 → 绩效考评反馈 → 考评结果运用

1. 制定绩效考评标准

绩效考评要发挥作用,首先要有合理的绩效标准。这种标准必须得到考核者和被考核者的共同认可,标准的内容必须准确化、具体化和定量化。为此,制定标准时应注意两个方面:一是以职务分析中制定的职务说明与职务规范为依据,因为那是对员工所应尽的职责的正式要求;二是管理者与被考核者沟通,以使标准能够被共同认可。

2. 评定绩效

将员工实际工作绩效与工作期望进行对比和衡量,然后依照对比的结果来评定员工的工作绩效。绩效考核指标可以分为许多类别,比如,业绩绩效考核指标和行为考核指标等,考核工作也需从不同方面取得事实材料。

> **专栏**
>
> **通用电器的"360度评价"**
>
> "360度评价"可以称之为通用电器的一大特色。每个员工都要接受上司、同事、部下以及顾客的全方位评价,由大约15个人分五个阶段做出。同样,评价的标准也是工作中是否按照公司的价值观行事。

3. 绩效考评反馈

绩效考评反馈是指考评的意见反馈给被考评者。一是绩效考评意见认可;二是绩效考评面谈。所谓绩效考评意见认可,是考评者将书面的考评意见反馈给被考评者,由被考评者予以同意认可,并签名盖章。绩效考评面谈,则是通过考评者与被考评者之间的谈话,将考评意见反馈给被考评者,征求被考评者的看法,与其一起回顾和讨论工作绩效考评结果,对不明确或不理解之处做出解释,有助于被考评者接受考评结果,通过分析,更好地理解对工作的改进,并共同探讨出最佳的改进方案。考评结果的反馈具有两个主要的特征:一是向员工传递相关的信息;二是激励和警醒,促使员工对上一阶段工作进行回顾,对被肯定的,使他获得动力,而对不足的,使他反省并加以改正。最后,根据绩效反馈的结果,重新审视和订立自己的新目标。

4. 考评结果的运用

绩效考评的结果可用于人事安排、薪酬安排、激励安排以及员工培训指导、员工职业生涯发展等诸多方面,但更重要的是将考评结果与期望的绩效目标相比较,找出差距,分析原因,以便寻找提高绩效的方法,从而使工作得以改进。

二、物流企业专业人员的绩效管理

(一)物流作业人员的绩效管理

企业人力资源的绩效管理是由绩效计划、绩效实施与管理、绩效评估与绩效反馈面谈等四个环节构成的一个系统。其中,绩效评估是整个绩效管理的核心环节。

1. 物流作业人员绩效评估的基本内容

在对物流作业人员的绩效评估中,主要应该围绕其所担当的工作结果及工作表现来进行。物流作业人员绩效评估的基本内容包括物流工作能力、从事物流工作的态度以及所担当的物流工作的成果三个方面。

（1）物流工作能力。

对物流作业人员工作能力的评估包括其具备的物流专业知识情况、物流专业技能如何、从事相关物流工作的经验以及该员工的身体素质等内容。

（2）从事物流工作的态度。

物流作业人员所从事的是大量现场操作性工作，这种工作的性质决定了其工作态度的好坏对物流运作的效率和质量影响极大，因此，物流作业人员从事物流工作的态度也是其绩效评估的重要内容。

（3）所担当物流工作的成果。

这是对物流作业人员进行绩效评估的首要内容，它是对物流作业人员在其现任岗位上所取得的工作成果进行考核和评价，也就是评估其对企业的贡献。

2. 物流作业人员绩效评估的方法

（1）自我评定法。

企业物流管理人员及负责绩效评估的人员将评估的内容以问题的形式向物流作业人员提出，让其自己做出评价报告。这种方法在绩效评估中应用比较广泛。

（2）排序法。

这种评价方法又称排队法，是在评估过程中，采用被评估人员之间相互比较的方法进行排序。

（3）两两比较法。

这种方法是由评估者将每一个被评估者与其他被评估者一一比较，"好于"记"＋"，"不如"记"－"，最后比较出每个被评估者的优劣，排出次序。

（4）强制正态分布法。

强制正态分布法是将员工绩效分成若干等级，每一个等级强制规定一个类似正态分布的百分比，然后按照每个人的相对优劣程度，列入其中的一定等级。

（5）评级量表法。

这是在绩效评估中最普遍被采用的方法。其具体做法是先设计等级量表，表中列出有关的绩效评估的项目，如基本能力、业务能力、工作态度等，并说明各个项目的具体含义，然后将每一个绩效评估项目分成若干等级并给出分数。评估者根据量表对评估人员进行打分或评定等级，最后加总得出总的评估结果。这种评估方法中对被评估者的定性和定量评价均比较全面，所以被广泛应用。

（6）行为对照表法。

这种方法是将被评估者的状况与行为描述表一一对照，选出合适的描述语言，作为被评估者的评语。这种方法简单易行，但行为描述表的设计要科学合理，能够准确描述各种类型员工的行为特点。

3. 影响物流作业人员绩效评估的因素

影响物流作业人员绩效评估的因素很多，既有绩效评估系统设计的问题，如评估标准的信度、效度以及评估方法等，也有评估人员的问题，如评估人员的晕轮效应、近期效应、感情效应以及暗示效应等，还有被评估者，即物流作业人员本身的影响因素等。

（二）物流管理人员的绩效管理

1. 物流管理人员绩效评估的内容

物流管理人员属于企业的管理人员，根据我国企业的具体情况，对物流管理人员绩效评估的基本内容包括德、能、勤、绩四个方面。

2. 物流管理人员绩效评估的方法

(1) 民意测验法。

(2) 因素评分法。

(3) 关联矩阵法。

(4) 综合考评法。

(5) 360度反馈评价法。

3. 影响物流管理人员绩效评估的主要因素

一般而言，影响物流作业人员评估的因素，如评估系统的设计、评估人员和被评估人员的主观影响等因素也同样会对物流管理人员的绩效评估工作造成影响。但由于管理人员在组织中所处的位置的特殊性和管理工作本身的特点，决定了评估者和被评估者的主观因素会对物流管理人员的评估产生更大的影响。例如，参与评估人员的晕轮效应、近期效应、偏见效应、感情效应以及暗示效应都会对物流管理人员的评估产生不利影响，同时，管理人员之间的复杂的人际关系又会使这种影响得到放大或使之复杂化。

三、报酬与福利的管理原则

(一) 报酬与福利的内容与形式

报酬与福利都是激励员工的重要手段。合理而具有吸引力的报酬与福利不但能有效地激发员工的积极性、促进员工努力去完成组织的目标，提高组织的效益，而且能在人力资源竞争日益激烈的环境中吸引和保留住一支素质良好，且具有竞争力的员工队伍。

1. 报酬

报酬主要包括工资和各种形式的奖金。而工资又是其最重要的部分。工资是依据员工的技能、工作强度、责任、工作条件和实际工作贡献，以倾向的形式分配给个人的报酬。我国物流企业的工资形式主要有计时工资、计件工资、奖金和津贴等，前两种是基本形式，后两种是辅助形式。目前，我国物流企业实行的工资制度有技术等级工资制、岗位技能工资制、职务等级工资制、定级升级制度和晋级增薪、降级减薪的办法等。

2. 保险

保险是社会保险的主要内容之一，它是物流企业为保护和增进员工身体健康，保障员工在暂时或永久丧失工作能力时的基本生活需要而建立的一种物质保障制度。员工享受的保险待遇和工资、奖金、津贴都属于员工物质利益的内容，但两者的性质是不同的。保险具有社会互助性质，它不是员工从事工作获得的报酬，而是根据国家法律规定筹集的保险基金。

3. 职工福利

福利是物流企业主要依靠自己力量兴办集体福利和设施，提供个人福利补贴等，其目的是帮助员工解决生活中的困难，改善员工生活环境，保证员工正常和有效地进行劳动。员工福利是个人消费品分配的一种形式，是间接的劳动报酬，但不属于按劳分配范畴，而属于社会消费基金的分配的范畴；它起着满足员工生活需要，促进物流企业生产率提高的重要作用。

(二) 工资报酬方面的政策和原则

1. 善用工资方面的政策与原则

在我国物流企业中，员工的工资报酬依据国家有关法律进行宏观性的调整。我国工资报酬的基本原则概括起来有：

（1）坚持多劳多得的按劳分配原则。

（2）坚持在提高劳动生产率的基础上，遵循兼顾国家、集体和个人利益的原则，逐步提高员工的工资报酬水平。

（3）工资标准的确定和工资的增长，应全面考虑各方面的关系，统筹兼顾、适当安排，以处理好各种差别，增加员工之间的团结，鼓励员工提高技术，促进劳动生产率的不断提高。

（4）努力做好思想政治工作，坚持精神鼓励与物质激励相结合的原则。

2. 合理地确定工资标准的因素

（1）经济实力，工资标准的水平要与国民经济发展水平和消费品的可供量相适应。

（2）员工的生活费用，这主要是指要保证员工本人及其赡养家属物质文化生活的基本需要。

（3）劳动质量和程度。工资标准要与劳动复杂程度、精确程度以及责任大小相适应。

（4）劳动力的供求状况，要利用工资标准的确定来引导劳动力的合理流动。

（三）关于福利方面的政策与原则

福利方面涉及的内容很多，就我国而言，在福利中涉及的方面都有相应的政策和原则。

1. 在劳动保护方面

应注意：（1）坚持安全第一，预防为主的原则；（2）坚持"安全教育"先行的原则；（3）坚持安全检查制度的原则；（4）坚持伤亡事故逐级上报的原则；（5）坚持"先培训，后上岗"的原则；（6）坚持员工劳逸结合，保证劳动者的娱乐和休息时间；（7）对女工和残废员工实行特殊劳动保护的原则；（8）坚持劳动保险的原则。

2. 在员工的文化娱乐方面

应坚持：（1）内容和形式多样化，有利于培养员工高尚情操的原则；（2）坚持少花钱，多办实事的原则；（3）坚持有组织与自愿选择参加相结合的原则。

四、激励机制与作用

（一）激励的含义

"激励"从字面上看是激发和鼓励的意思，在管理工作中，可以把"激励"定义为调动人们积极性的过程。激励是激发人的行为动机，鼓励人充分发挥内在动力，使之朝组织特定目标采取行动的过程。激发动机是指通过各种客观因素的刺激来引发和增强人的行为的内在驱动力。

激励是行为的钥匙。因而，每个人都需要自我激励，需要得到来自同事、团体、组织方面的激励和相互之间的激励。在一般情况下，激励表现为外界所施加的吸引力或推动力，激发成自身的推动力，使得组织目标变为个人目标。

激励过程，是指激发人的动机的心理过程。激励的基本模式如图12—15所示。

图12—15 激励过程的基本模式

从图12—15可以看出，激励的过程是从个人的需要开始的。所谓需要就是人们对某种事物或目标的渴望，包括基本需要（如各种生理需要：衣、食、住、空气等）。所谓人的动机，就是诱发活跃、推动并指导和引导行为指向目标的一种内在动力。当人有了动机之后就会导致一系列寻找、接近和达到目标的行为。如果人的行为达到了目标，就会产生心理和生理上的满足。随后，又产生新的需要，引起新的动机和行为。行为的基本心理过程就是一个激励过程，通过有意识地设置需要，使被激励的人产生动机，进而引起行为，满足需要，实现目标。

（二）激励的基本方法

只有满足人的需要才能激发人们的动机，调动人的积极性。常见的激励方法有：

1. 目标激励方法

目标是人们有意识活动所指向而要达到的目的，是人们活动所追求的预期效果。目标激励方法，就是通过设置一定的目标来调动和激发员工积极性的一种方法。

2. 产权激励方法

产权激励主要是通过建立规范的内部员工持股制度，使员工持有了本公司的股票，享有选举权、参与决策管理权、资产受益权等。使个人利益与公司兴衰紧密联系，重新确立主人翁的地位感和责任感，物流企业的凝聚力也就随之大大增强。

3. 强化激励方法

强化激励方法是通过对人们的某种行为给予肯定、奖励或否定、惩罚，以克服消极因素、发挥人的积极性的一种激励方法。强化激励有正强化和负强化之分，如表扬、奖励都是正强化；批评、惩罚都是负强化。正因为强化激励具有双重作用，所以，成为人们最常用的一种激励方法。

> **知识卡**
>
> **强化激励的双重作用**
>
> 强化激励有正强化和负强化之分，如表扬、奖励都是正强化；批评、惩罚都是负强化。正强化可以使好的行为再接再厉；负强化能使不良的行为改弦易辙，向好的方面转化。

4. 组织激励方法

组织激励就是尽可能地明确每个组织成员的责任，并让他们多承担责任，同时享有相应的权力，做到责、权、利的统一。这种激励形式包括：组织在建立严格的责任制的同时，积极推进各种形式的民主管理；还可以运用组织的各种规章制度激励员工。

5. 参与激励方法

参与激励，是指让职工参与企业管理，使职工产生主人翁责任感，从而激励职工发挥自己的积极性。激励职工全身心地投入到企业的事业中来。

6. 关心激励方法

关心激励，是指企业领导者通过对职工的关心而产生的对职工的激励。企业中的职工，以企业为其生存的主要空间，把企业当作自己的归属。现在很多企业给职工赠送生日礼品，举行生日派对，都是用关心来激励职工的方式。

7. 公平激励方法

公平激励，是指在企业中的各种待遇上，对每一项公平对待所产生的激励作用。职工等量劳动成果给予等量待遇，多劳多得，少劳少得，职工要获得更多的待遇（包括工资、奖金、福利、职位、工作环境等），不能通过人情、后门等不正当的手段，只有扎扎实实的劳动。因此，可以利用职工追求高待遇的心理，激励职工更有效地工作。

8. 认同激励方法

认同激励，是指领导者认同职工的成绩而产生的对职工的激励作用。虽然有一些人愿做无名英雄，但那毕竟是少数，而多数人都不愿意默默无闻。因此，需要领导者及时发现职工的成绩并表示认同，这种激励既不必花费，效果又好。

9. 危机激励方法

常言道"人无远虑，必有近忧"。面对着变幻无常的市场环境，面对着激烈的、甚至是残酷的市场竞争，物流企业家要不断强化危机意识，看到实际存在的危机随时都会制约物流的生存和发展，主动激发奋进，做到防患于未然。

总之，激励的方式多种多样，每一种方式既适应于个体，又适应于群体，关键在于企业管理人员灵活运用，能恰当地用好每一种方法，从而有效地激励职工的行为。可以毫不夸张地说，激励的有效与否与企业的兴衰成败是息息相关的。

（三）激励机制的作用

1. 激励是开发个人潜能的重要手段

人的潜能是蕴藏于人体内的潜在能力，在人的行为活动中尚未显露出来，人的潜能是一个储量巨大的"人力资源库"，而激励机制正是发掘人的潜能的重要途径。

2. 激励可以提高工作效率

工作效率的高低和工作成果的大小，通常取决于两个基本因素：一是能不能做；二是去不去做。在人力资源开发与管理的过程中，大量艰巨的工作就是解决干不干和以多大积极性去干的问题。而激励机制正是充分调动人的积极性，发挥人的主动性、创造性的主要手段。歌德说："你若要喜爱自己的价值，你就得给世界创造价值"，讲的就是人有创造欲、贡献欲。

3. 激励是激发员工创造力和革新精神的动力

美国著名的企业管理学家彼得斯认为，企业在未来竞争中取胜的关键在于其产品的"品质至上"。而由于当今世界上，每一个企业的产品生命周期越来越短，因此不断创新便成为维系企业生命的活力。海尔集团规定，凡集团内员工发明、改革的工具明显提高了劳动生产效率，可由所在部门逐级上报厂职代会讨论通过并以发明或改革者的名字命名工具，公开表彰宣传，并给予现金奖励。这种激励机制是对员工工作成果的一种充分肯定，极大地激发了员工的创造性。

【经典案例1】

一份艰难的人力资源计划

绿色公司的总经理要求人力资源部经理在10天内拟出一份公司的人力资源五年计划。人力资源部经理花了3天时间来收集制订计划所需的资料。

人力资源部的职员向经理提供了下列一些资料：①本公司现状。公司共有生产与维修工人825人，行政和文秘型白领职员143人，基层与中层管理干部79人，工程技术人员38人，销售员23人。②据统计，公司近五年来职工的平均离职率为4%，没理由预计会有什么改变。不过，不同类的职工的离职率并不一样，生产工人离职率高达8%，而技术和管理干部则只有3%。

人力资源部经理召开了一个由公司各职能部门负责人参加的小会，会议议题是根据公司既定的发展计划和扩产计划，分析各部门所需下属的人员数的变化情况。会后总结为：白领职员和销售员要新增10%到15%，工程技术人员要增加到5%到6%，中、基层干部不增也不减，而生产与维修的蓝领工人要增加5%。

人力资源部经理又向公共关系部经理了解行业和政府的情况，获悉最近本地政府颁布了一项政策，要求当地企业招收新职工时，要优先照顾妇女和下岗职工。人力资源部经理知道本公司的政策一直未曾有意识地排斥妇女或下岗职工，只要他们来申请，就会按同一标准进行选拔，并无歧视，但也未予特别照顾。人力资源部的职员又因此统计了相关的数据：目前公司销售员几乎全是男性，只有1位是女性；中、基层管理干部除2人是妇女外，其余也都是男性；工程师里只有3位是妇女；蓝领工人中约有11%是妇女或下岗职工，而且都集中在最底层的劳动岗位上。

第四天早晨，人力资源部经理又获悉公司刚刚验证通过了几种有吸引力的新产品，所以预计公司的销售额五年内会翻一番。

人力资源部经理还有7天就要交出计划，其中包括各类干部和职工的人数，要从外界招收的各类人员的人数以及如何贯彻政府关于照顾妇女与下岗人员政策的计划，此外还得提出一份应变计划以应付销售的快速增长。

【讨论题】

1. 作为一个五年的人力资源计划，你认为还需要哪些信息来支持人力资源经理的分析与决策？
2. 可以采用哪些分析计算技术来进行该次人力资源的需求预测？请试一下。

（提示：一项人力资源计划需要和公司的战略计划相适应，还要包括人力资源供给预测，以及供需平衡）

【经典案例2】

宝钢岗位培训的经验

宝钢引进20世纪80年代初世界先进的技术装备，现在仍保持20世纪90年代的先进水平。一条重要经验是：走"引进—消化—跟踪—创新"之路。要创世界一流技术经济指标，永久保持先进，要靠一流人才，一流培训来保障。把引进建立在培养人才基础上，把培训工作当作企业的一种经济行为。宝钢领导抓培训像抓生产、财务一样，把培训列入议事日程，及时作出决策。每年的培训计划，同生产、经营、科研计划一样列入宝钢年度计划，下达给各部门，并作为考核依据。宝钢一把手每个季度要检查一次培训工作，专题讨论职工培训问题。

1. 企业岗位培训是职工培训的中心

很多国企连年亏损，资金短缺，主要是产品质量低、成本高，低价销售就要亏损。相反，国内洋货横市，国人购物，以进口原装为上品，担心国货的伪劣假冒。根本原因除体制问题外，主要是企业职工素质低，企业决策者没有把提高职工素质视为企业生产经营成败的第一要素。

2. 培训是提高生产率的基本手段

宝钢通过培训，提高和扩大职工操作技能，达到实现减员提高劳动生产率的目的。凡到宝钢考察过的培训劳动人事工作的人，无不称赞宝钢通过培训减员，提高效率的经验好。宝钢自1989年起，五年多时间里对4374名中级工，进行了为期4～5个月的按工种培训，教材是宝钢组织编写的，培训后还要跟踪考核。培训工程完成，收到减员效果。如宝钢70万千瓦的发电厂目前只有400多定员，有些工种比日本同工种岗位还少。现又在深化大工种的区域工培训。

【讨论题】

1. 你认为一个企业要真正搞好培训工作需要哪些条件？
2. 怎样看待培训对企业造成的成本费用与效益改善。
3. 怎样看待培训对员工产生的影响？特别是员工接受培训后"跳槽"。

（提示：A. 培训在企业不应被看作一项人事活动，而应看作为一项人力资源管理的基本职能；B. 培训是对人力资源进行的一项持续的长期的投资；C. 对培训的作用要从企业的战略角度和长远眼光来看，当然就必须通过一些可衡量的指标进行短期的评估；D. 培训是企业和员工共同参与的过程，培训的效果同企业和员工对培训的积极性和投入之间是一个循环的过程；E. 从激励理论和学习理论来分析员工对培训的态度以及培训对员工忠诚度的影响）

本章小结

人力资源是指能够推动整个经济和社会发展的劳动者的能力，即处在劳动年龄的已直接投入建设和尚未投入建设的人口的能力。

人力资源具有生物性、能动性、动态性、智力性、再生性和社会性的特点。

人力资源开发与管理包括对人力资源量和质两方面的开发和管理。

人力资源开发与管理具有综合性、实践性、发展性、民族性和社会性的特点。

人力资源开发与管理的目标和任务有三个方面：第一，取得最大的使用价值；第二，发挥最大的主观能动性；第三，培养全面发展的人。

影响人的主观能动性发挥的，主要有三方面因素。其中基本因素是价值标准和基本信念，实际因素是实现的激励因素，还有一些表现各异的偶发因素。

企业管理经历了两次大的飞跃：第一次飞跃是从经验管理到科学管理；第二次飞跃是从科学管理到文化管理。

随着文化管理的兴起，人已经成为企业管理的中心，人力资源开发与管理的重要性日益增强，人力资源部已经同财务部一起，成为企业的战略支持部门。

人力资源是指能够推动整个经济和社会发展的劳动者的能力，包括具有智力劳动和体力劳动的能力，它具能动性、动态性、智力性、可控性、社会性、内耗性的特征。

人力资源管理是指为完成企业管理工作和总结目标，影响员工的行为、态度和绩效的各种企业管理政策、实践及制度安排，是对企业的人力资源规划、招聘、培养、使用及组织等各种管理工作的总称。

人力资源管理的基本原理有：系统组合原理、能位匹配原理、公平竞争原则、动态管理原则。

人力资源规划又称人力资源计划，是指组织根据内外环境的发展制定出的有关计划或方案，以保证组织在适当的时候获得合适数量、质量和种类的人员补充，满足组织和个人的需要。物流企业人力资源规划一般包括岗位职务规划、人员补充规划、教育培训规划、人力分配规划。

人力资源开发是指学习目前工作及未来工作所需的知识和能力，意在使员工能承担未来更大的责任。

激励是激发人的行为动机，鼓励人充分发挥内在动力，使之朝组织特定目标采取行动的过程。典型激励的激励理论有：马斯洛的"需要层次理论"、弗鲁姆期望机率模式理论、赫茨伯格的"双因素理论"。

常见的激励方法有：目标激励方法、产权激励方法、强化激励方法、组织激励方法、参与激励、关心激励、公平激励、认同激励、危机激励方法。激励的方式多种多样，每一种方式既适用于个体，又适用于群体，关键在于企业管理人员灵活运用，恰当的用好每一种方法，有效激励职工的行为。

物流企业的绩酬管理指的是对物流企业员工的工作绩效的考评和工作报酬、福利等方面的管理。绩酬管理是人力资源管理的重要环节。

工作实绩评估的主要方法有排列法、等级法、因素比较法、自我—他人评估法。

【本章关键术语】

人力资源管理模式、物流企业人力资源规划、招聘和选拔、开发和培训、"360度评价"、绩效考评与激励机制

【复习思考题】

1. 结合实例说明：怎样取得物流企业人力资源最大的使用价值？
2. 试举例说明中国物流企业人力资源开发与管理存在的主要问题，并列举出主要对策。
3. 物流组织是如何产生与发展的？有哪些类型？
4. 怎样做好物流企业人才的招聘和培训开发工作？
5. 物流企业绩酬管理的内容有哪些？应遵循哪些原则？
6. 物流企业激励的基本方法有哪些？
7. 你对物流作业人员的能力开发与绩效管理的理解？
8. 你对物流管理人员的能力开发与绩效管理的理解？

第十三章 供应链管理与第三方物流战略

本章学习内容

> 通过对本章的学习，了解供应链和供应链管理的基本含义，理解供应链管理中核心企业的重要作用；了解企业外包的主要原因、外包对促进企业竞争力的影响；掌握第三方物流的定义；了解第三方物流企业的主要构成；领会物流企业所提供的主要服务内容；理解使用第三方物流服务的优势和劣势；了解第四方物流概念的基本内容及其实践中的主要问题。

第一节 供应链管理和外包

20世纪90年代以来，伴随着通信、数据处理和网络技术的不断发展，全球商业竞争环境呈现出巨大的变化，促使现代管理思想不断革新发展，越来越多的企业开始运用供应链管理（Supply Chain Management）战略来促进企业内部和外部各环节的协作与融合，加强一体化管理，不断提高运作效率，提升客户满意度，进而占据市场竞争优势。有人曾说"21世纪的竞争将不是产品的竞争，而是供应链的竞争"，足见供应链管理在新世纪管理领域中占据的重要地位。

一、供应链

所谓供应链，简单来说就是以一定关系联系在一起的一系列企业。供应链的复杂程度会随行业的差异有所不同，但都指由最终产品联系起来的一系列生产、经销企业，是一个由生产、配送设施组成的网络。"包括满足顾客需要所直接或间接涉及的所有环节……它是一个动态系统，包括不同环节之间持续不断的信息流、产品流和资金流"。[1]

供应链有广义和狭义的区别。美国供应链协会认为"供应链包括所有与最终产品或服务的生产和运送相关的活动，从供应商的供应商到顾客的顾客"。（The supply chain…encompasses every effort involved in producing and delivering a final product or service, from the supplier's supplier to the customer's customer.[2]）从某种角度上讲这是对供应链管理最宽泛的定义。

以图13—1为例，按照这个定义，薯片的供应链从最初农场种植土豆开始，一直到成熟的土豆进入薯片生产厂进行生产加工、制成薯片，并包装后成为成品。成品薯片经过分销渠道（由经销商和批发商、零售商组成）进入零售环节，在超市或小卖部、便利店销售给顾客，也就是消费者。当然，在这一过程中必然也有一些其他供应链协作者，如包装环节中包装材料的提供者包装厂、标签生产厂，包装厂的供应商纸厂，甚至纸厂的原料提供者木材厂、林场。同样，加工过程也会涉及众

---

[1] Sunil Chopra, Peter Meiddl. Supply Chain Management. 北京：清华大学出版社, 2001. 3~4
[2] http://www.Supply—Chain.org, 访问时间2006年4月20日。

多的香精生产厂、盐场等一系列供应源，构成一个异常庞大的企业群体。群体中的每个企业各自独立，又相互关联。各个供应商是更上游企业的客户，每个客户又都是更下游企业的供应商，依此类推。所有供应链向上最终都可追溯到"地球母亲"，她是供应链网络中所有材料（诸如，铁矿石、煤炭、石油、木材等）的最根本来源。向下则可一直延伸到最终用户的手中，如果可能甚至还可以通达废弃物的处理和再循环使用过程。

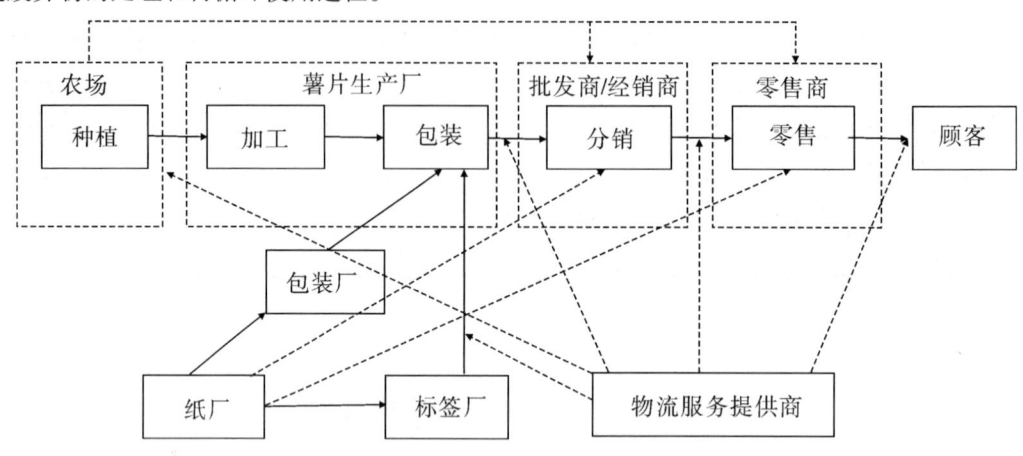

图 13—1　薯片的供应链

不仅如此，供应链的参与者也并不限于制造、流通企业，一些服务企业也可以成为供应链的有机组成部分，如物流服务供应商、广告制作人、各种类型的咨询公司等。此外，供应链参与企业之间也并不完全呈现出链条状供应与需求或上游与下游的前后衔接关系，他们之间存在众多的交叉。如，纸厂同时向包装厂和标签厂提供原料，同时也可能向零售店或经销商提供其他纸制品，而农场也可能直接面向经销商提供农产品，因此有人认为供应链的提法有一定的缺憾，也许称供应网络更为确切（Supply Chain Web）。哈佛商学院的 Shapiro 就认为："在现今的世界，我们已经逐渐超越了这样一种认识：供应链表明了企业间一整套线性关系……，我们正在等待人们不再说'供应链'而代之以'供应网络'的时刻的到来……"[①]

狭义的供应链往往从单个企业的角度看待供应链，因此常常存在一家对整个供应链起重要影响作用的企业，又称为核心企业（Tocal Firm）。传统上，核心企业往往是制造企业，这些企业掌握着一定的核心技术或核心工艺，并与其上游的供应商和下游的客户组成较为紧密的协作关系。近年来，零售业态出现革命性变革，大型零售企业、连锁企业的出现和买方市场的进一步强化加剧了供应链势力方向下游转移的趋势，因此，一些零售企业也逐渐成为供应链核心企业，如经营超市的沃尔玛、经营电器的国美集团等，他们以其巨大的影响力左右着供应链发展的方向。

与核心企业紧密联系的上游供应商和下游的客户构成狭义供应链的主体，也是供应链管理实践的主要对象。

二、供应链管理

和很多新型管理理念、管理方法一样，"供应链管理"（Supply Chain Management，SCM）的概

[①] Roy Shapiro，Faculty Interview：Moving From Supply chains to Supply Networks，Havard Business School，转引自 Michel R. Leenders，Harold E. Fearon. 采购与供应管理. 北京：机械工业出版社，2003

念最早由企业管理顾问在 20 世纪 80 年代初期提出，首次出现在学术文章中是在 1982 年。[①] 而研究者第一次真正从理论角度来定义供应链管理大约在 1990 年。虽然供应链管理的概念较新，但其渊源可以追溯到 20 世纪 50 年代后的系统论和整体论、企业运作管理理论、市场渠道理论，随后企业信息系统管理理论提出的组织间信息共享和即时信息交换技术又为供应链管理提供了必要的技术保障。

总的来说，供应链管理是以一种整体管理的思路对从供应商到最终用户的分拨渠道的整体流程进行管理，即：

"为持久保持竞争优势，对所有与产品从原料到最终用户的移动过程所涉及的活动进行的成功协调和一体化管理"。[②]

更为广泛使用的供应链论坛（The Supply Chain Forum）的定义指出：

"供应链管理是从最终用户到最初供应商的所有为客户及其他利益相关方提供价值增值的产品、服务和信息的关键业务流程的一体化管理。"

（Supply chain management is the integration of key business processes from the end user through original suppliers that provides products, services, and information that add value for customers and other stakeholders。）

除此之外，还有众多学者、研究部门试图对供应链管理给出更为准确、更为满意的定义，这些定义各有所长，综观起来，他们的共同点包括：

认为供应链管理的发展经过组织内、组织间的协作，一体化管理逐步形成和加强。从供应链管理最广泛的意义来看，从最初供应点（供应商的供应商）直到最终消费者（客户的客户），覆盖整个供应链。

认为供应链管理强调上下游企业之间的协作关系，供应链伙伴之间不再推崇"零和游戏"，而应该通过强化各组织内部和组织之间的关系管理创造"共赢"局面。

认为供应链管理的对象包括产品（物料和服务）和信息的双向流动，以及相关的管理和运作活动。

认为供应链管理的宗旨是以适度的资源耗费，提供较高的客户服务水平，通过减少浪费、提高效率构筑供应链竞争优势。

由此可以看出，供应链管理的核心就是强调在战略上对企业经营活动进行整合，协调各部门、各相关企业的运作管理，增加最终客户的总体满意程度，提高企业竞争力和获利能力。

理论上，供应链管理不仅仅是"物流管理的另一个新名字"，[③] 它还包括与供应商协同进行新产品设计等更广泛的内容。而在实践中，供应链伙伴之间在物流管理中的协作仍然是供应链管理的重要组成部分，这中间既包括供应商管理方式的革新，也包括信息系统、订单处理、库存管理等一系列物流管理方法上的变化。如以沃尔玛和宝洁为代表的制造企业与零售企业之间 VMI（供应商管理

---

① Oliver, R. Kerth, Michael D Webber. Supply Chain Management: Logistics Catches Up with Strategy. Outlook, 1982. cit. Martin G. Christopher. Logistics, The Strategic Issue, London: Chapman and Hall, 1992. Cit. Douglas M. Lanber, Martha C. Cooper, Janus D. Pagh, Supply Chain Management: Implementation Issues and Research Opportunities. The International Logistics Management, 1998. 9 (2)

② James A. Cooke. Supply Chain Management Review, 1997, 1 (1): 3

③ Martha C. Cooper, Douglas M. Lambert, Janus: D. Pagh (1997). Supply Chain Manangement: More That a New Name for Logistics. The International Journal of Logistics Management, Volume Number 1.

库存）管理方法的推广，零售企业中使用的 QR（Quick Response）和 ECR（Efficient Customer Response）管理模式；以及最新的协同预测技术等等，无一不以物流管理为供应链协作的主要内容。

三、外包

20世纪后期，西方社会曾经广泛开展企业"核心竞争力"的探讨，虽然由于所讨论内容的复杂性，至今也没有人能给出"核心竞争力"令人满意的定义，但 Prahalad 和 Hamel（1990）的研究认为核心竞争力应该可以：

给最终用户带来较多的价值增值，或对客户所重视的价值有关键性贡献；

独树一帜，很难被竞争对手所模仿；

支持企业在其所从事的多个市场对抗竞争对手，具有延展性和持久旺盛的生命力。

因此，挖掘核心竞争力，努力提升核心竞争力，就成为企业不断追求的目标，也被认为是企业成功发展的重要保障。

关于核心竞争力的讨论同时引发了人们进一步的思考，核心竞争力是企业赢得成功的关键，是企业有别于竞争对手的重要标志之一，但它又是不可捉摸，难以辨别的。在业务中，核心竞争力往往表现为企业经营所围绕的核心业务，或企业所提供的核心产品或核心服务，同时"核心"竞争力、"核心"业务的判别也意味着认可企业经营中存在的大量非核心业务。在此基础上，鉴于企业资源的有限性，"Make or Buy"（自产或采购）就成为企业决策者所面临的重要课题，外包（Out—sourcing）也成为越来越常见的重要管理手段。

简单来讲，外包就是将某些生产、经营活动交由企业外部的产品或服务提供者来完成，或者是将一部分职能管理和控制交由与本企业无关的第三方企业。它可能表明企业要从外部供应商那里采购原材料、零配件，还可能表现为企业利用专业的外贸公司实施进出口计划，利用独立的营销策划公司协助完成企业形象、产品形象的设计，乃至制订整体营销计划。

准确地讲，外包并不是全新的概念。一直以来，很多企业就借助外部供应商的支持完成企业的生产、销售过程。不同的是，传统上的外包只是作为内部资源不足情况下的补充手段，由外部供应商从事企业所不能从事的活动，或者帮助企业解决旺季生产能力不足的问题。

随着企业越来越专注于核心业务，外购产品和服务的比例逐渐增高，外包活动越来越普遍。例如，福特汽车公司与其他大型汽车制造厂正在将零配件供应体系大量外包，从车架到座椅，从发动机到音响无所不包，福特公司仅仅保留最后组装的责任，南非的福特公司1999年甚至对外宣布要全车外包。在这种生产作业模式之下，影响企业竞争优势的就不仅仅是个别企业的业绩和效率，外包企业与供应商之间的相互依赖在逐步加强，两者的命运变得息息相关，供应链管理的效率随之成为影响企业的生死存亡的重要因素。

正是在这样的背景下，20世纪90年代以来"战略性外包被提升到一个新的层次"，[①] 此时企业外包的范围不再仅限于采购企业自身无法生产，而生产经营又必须利用的原材料、配件或相关服务，而是成为企业战略定位的重要手段，即企业有意识地将资源（资金、人才等）集中于核心业务，而将非核心业务外包，利用供应商"……明显的竞争优势……更大的规模，更低的成本结构，

---

① Anderson Matthew G., Paul B. Katz. Strategic Sourcing. The International Journal of Logistics Management, 1996.9（1）：88~97

或者更优异的绩效水平",① 提高本企业相关业务的竞争力。实施战略性外包的企业更加充分认识到与外包伙伴之间的共存关系，力图通过双方之间的供应链协作强化各自的业务优势——核心竞争力，甩开竞争对手，赢得最终用户。

企业外包协会②曾经就企业寻求外包的原因进行调查，发现位于前列的原因分别是：

□降低和控制运营成本；

□改善企业核心领域；

□达到世界最佳绩效；

□为其他原因释放内部资源；

□促进流程重组获得的收益；

□处置管理困难/难以控制的业务；

□获取资本；

□分摊风险；

□注入现金。

当然，外包也并不一定都是一帆风顺的，相反某研究表明，外包交易中超过35%的交易以失败告终，此时"……导致重大的潜在成本和服务水平的下降。服务供应厂商处于有利的位置，企业雇主因为无法掌控自身信息技术而导致损失。企业雇主因为未和供应厂商维持良好关系，只得不情愿地更换供应厂商，同时付出高额的成本"。③

尽管如此，外包所体现的专业化发展的思路还是逐渐赢得了企业的普遍重视，外包管理也成为当代企业管理的重要课题。可以说，外包是供应链管理产生发展的重要基本条件之一。有了外包，供应链管理的思想才得以真正实施，外包的发展也促成了供应链管理的发展。

第二节 第三方物流

一、第三方物流服务

（一）第三方物流服务的概念及其发展

1. 第三方物流服务的概念

物流是一个时间十分久远的概念，以运输、仓储、包装等为核心的物流活动自人类开始社会经济活动以来就伴随着社会的变迁而不断发展。与很多经营活动不同的是，物流活动（如运输、仓储、包装、搬运等）一直是专业化水平较高的活动，而以原材料采购、运输、存储为核心内容的内向物流（Inbound Logistics）和以产成品配送为主体的外向物流（Outbound Logistics），又是几乎各行业所不可或缺的基本经营活动（Primary Activity）。④ 基于此，在供应链管理逐渐成熟，非核心业务外包模式被广泛推广的20世纪90年代，物流企业或第三方物流服务企业勃然兴起。

---

① Vankatesan, Ravi. Strategic Sourcing: To Make or Not To Make. Harvard Business Review, 1992 (11~12): 98~107

② Survey of Current and Potential Outsourcing End—Users. The Outsourcing Institute Membership, 1998

③ 查尔斯·盖伊，詹姆斯·艾辛格. 企业外包模式. 北京：机械工业出胝社，2003

④ Porter, Michael E. Competitive Advantage, New York: Simon & Schuster, 1985 37~40

第三方物流（Third—Party Logistics，TPL 或 3 PL），是随着战略性外包的推广而逐渐深入人心的。该术语最早出现在 20 世纪 80 年代，被用于描述工商企业经营过程中外包物流活动的承担者或协议执行人。1988 年，美国物流协会在一次有关客户服务的调查中首先正式采用"第三方服务提供商"（the Third—Party Providers）的称呼，后得到普遍关注，该术语也被广泛采用。现在，一般认为：

工商企业外包以前由本企业机构承担的全部物流功能或物流某一环节的做法称作第三方物流或称契约物流。

提供这一服务的企业就是第三方物流企业或第三方物流服务供应商。[①]

20 世纪 90 年代，第三方物流开始在西方大行其道。有研究表明欧洲第三方物流服务的比例已经达到 76％，美国则已经达到 58％，而且需求还在不断增长。[②] 虽然到目前为止大家对第三方物流业的规模、范围还有争议，但第三方物流业逐渐发展壮大的势头是得到普遍首肯的。有趣的是，这并不意味着人们已经对第三方物流有了清晰的认识。恰恰相反，"人们对第三方物流的发展规模各执己见的原因之一就是文献对它的定义各不相同"。[③]

Berglund（1999）等认为"由物流服务提供商以货主的名义实施物流活动，活动的内容至少包括运输和仓储（如果仓储活动是流程的一个组成部分）管理业务"。[④] 而 Lieb 和 Randall（1995）认为"（第三方物流）包括外包原来由企业内部完成的物流活动。第三方物流企业的作用可以包括整个物流流程，或者更普遍的做法是流程中某些选定的活动"。[⑤] Stank 和 Maltz（1996）的定义则更加宽泛，认为"……任何向买方提供买方所不拥有的产品或服务的企业都可以定义为第三方物流服务商"。[⑥]

国内首次对第三方物流进行研究的具体时间不得而知，但一般认为国内在 20 世纪 90 年代中后期引入了这一概念。由于西方文献中对第三方物流的定义并没有一个权威的解释，所以国内在引入概念的时候也出现了很多不同的术语对此进行描述，如协议物流、物流联盟等，但一般无论业界人士，还是研究人员都认为第三方物流应该指"……传统的组织内履行的物流职能现在由外部公司履行"。[⑦] 基于此，中国国家标准术语对第三方物流进行了如下定义，即第三方物流指：

由供方与需方以外的物流企业提供物流服务的业务形式[⑧]毋庸讳言，该定义似乎留给我们过多的想象空间。

[①] Gardner, R. William, Johnson, C. Lee. Third—party Logistics. The Logistics Handbook. in James F. Roberson, William C. Copacino. The Logistics Handbook, New York：The Free Press, 1995. 835

[②] 赵林度. 供应链与物流管理：理论与实务. 北京：机械工业出版社, 2003

[③] Murphy, Paul R., Richard F. Poist. Third—party Logistics：some user Versus provider perspective. Journal of Business Logistics, 2000. 21（1）：121～133

[④] Magnus Berglund, Peter van Laarhoven, Graham Sharman, Sten Wandel. Third—Party Logistics：Is There a Future. The International Journal of Logistics Management, 1999. 10（1）：59～70

[⑤] Lieb, Robert. C., H. L. Randall. A Comparison of the Use of Third—party Logistics Services By Large American Manufacturers, 1991, 1994, 1995. Journal of Business Logistics, 1996. 17（1）：305～320

[⑥] Stank, T. P., A. B. Maltz. Some Propositions on Third—Party Choice：Domestic vs. International Logistics Providers. Journal of Marketing Theory and Practice, 1996. 4（2）：45～54

[⑦] 骆温平. 第三方物流：理论、操作与案例. 上海：上海社会科学院出版社, 2001. 32

[⑧] 见《中华人民共和国国家标准术语》，编号 GB/T 18354～2001。

2. 第三方物流服务的发展

从第三方物流在西方世界的发展来看，经历了三个发展高潮：①

第一个高潮在20世纪80年代。此时，物流企业出现。这些企业借助它们在传统运输、仓储行业所占据的优势，应货主要求或为赢得竞争而开展延伸服务和"一站式"服务，受到广大工商企业的拥护，获得其外包的物流业务。

第二个发展高潮在20世纪90年代初期出现，这一期间网络运营商大规模出现。新兴的第三方物流服务企业在全国，乃至全球构筑起庞大的物流运营网络，与客户签订全程物流服务协议，利用统一的网络资源协助跨国公司实现全球采购、全球配送的国际物流战略，成为物流服务的中坚力量。

第三个发展高潮自20世纪90年代后期开始，这一阶段信息技术在企业管理中扮演着越来越重要的角色。在此阶段，第一、第二阶段兴起的物流企业大量投资于信息技术，如利用射频技术采集实时信息，利用网络技术和无线通讯技术、卫星定位技术相结合提供货物或订单的跟踪查询，利用数据处理技术为物流决策提供准确而翔实的数据等，提高物流系统的可视性和物流管理的快速反应能力成为很多物流企业在这一阶段的重要发展目标。

进入21世纪，从世界范围看第三方物流服务的发展更加引人注目。一方面，随着社会分工的进一步分化，物流服务专业化已经成为必然的趋势，使用物流服务的企业在增加，外包物流的业务量也在逐渐提高。另一方面，供应链管理水平普遍提高，越来越多的工商企业与物流企业之间形成战略合作伙伴关系，物流服务的深度和差异化日渐突出。第三方物流越来越脱离传统的物流活动服务商的角色，向多功能、一体化的物流方案提供者、执行者转化。

（二）物流企业

1. 物流企业的定义

第三方物流企业或者称物流企业的定义和第三方物流服务的定义一样模糊不清。《中国国家标准术语》认为物流企业（或第三方物流服务提供商）是"从事物流活动的经济组织"，从事与"物流诸功能的实施与管理过程"② 相关的物流活动。显然，这样的定义并不能帮助我们在传统的产业目录中寻找到现代物流企业的踪迹。

与此同时，我国政府有关文件中对"物流企业"赋予了操作性更强的定义，他们认为：

"物流企业是指具备或租用必要的运输工具和仓储设施，至少从事运输（或运输代理）和仓储两种以上经营范围，能够提供运输、代理、仓储、装卸、加工、整理、配送等一体化服务，并具有与自身业务相适应的信息管理系统，经工商行政管理部门登记注册，实行独立核算、自负盈亏、独立承担民事责任的经济组织。"③

2. 物流企业的构成

按照这一定义，物流企业首先有传统的公路、铁路、海运、航空运输企业，以及承揽多式联运服务的多式联运经营人、仓储企业，这些企业在发展传统业务的同时为更好地服务于客户，为在激

---

① Berglund M., Laarhoven P. Third party logistice: Is there a fufure? . International Journal of Logistics Management, Vol. 10

② 见《中华人民共和国国家标准术语》，编号 GB/T 18354—2001。

③ 《关于促进我国现代物流业发展政策措施的若干意见》，发改委、商务部、交通部、铁道部、民航总局等九部委联合印发，2004年8月。

烈的竞争中取胜,纷纷转型涌入第三方物流服务提供商的行列。其中,传统的大型仓储企业如 GATX Logistics,国内的中国物资储运总公司等。传统运输企业的来源则有些复杂,因为货物运输方式多样化造成了承运人的多种形态。成功进行物流服务的佼佼者如从事航运服务的马士基物流、[①] 中远物流,从事航空运输服务的美国联邦快递公司、国内的大田集团,从事铁路运输的中铁快运、Union Pacific 从事卡车运输的 Schneider National,从事邮政运输的德国邮政、中邮物流等。这类物流企业是第三方物流服务市场主要的服务提供者,也是物流市场的重要支撑力量,全球主要的第三方物流企业(见表13—1)也由这些企业构成。

表13—1　全球主要的第三方物流企业

	企业	业务	销售额(百万美元)	净利润(百万美元)	利润增长率(%)
1	Deutshe Post/Danzas Group	快递,货代,物流,空运等	30858	2245	7.3
2	UPS	快递,货代,物流,空运等	29771	2934	15.2
3	FedEx	航空货运,快递,物流等	19629	584	5.5
4	Nippon Express	卡车运输,货代,物流等	14211	215	2
5	Union Pacific	铁路运输	11878	842	16
6	Stinnes/Schenker	货代,物流等	11345	142	2.5
7	TPC/TNT/CTI Group	快递,物流等	9374	496	9.3
8	A. P. Moller	航运,物流等	9338	119	3.5
9	BNSF	铁路,物流等	9025	1019	23.4
10	NYK	航运,物流等	9152	287	7.7

(Source:American Shipper,Oct. 2003,p26)

第二类物流企业来源于传统的运输代理人,无船承运人。这在国际物流领域更为明显。一些大型国际货运代理公司依托自己出色的专业化服务网络和人才资源成为优秀的第三方物流服务提供商,如 Schenker AG,国内的中国对外贸易运输总公司等。

另一类物流企业来自某些工商企业的物流部门,他们依靠为本集团提供物流服务所积累的经验成功转型,逐渐摆脱对内服务的局限,成为物流市场的一股新生力量。这类企业虽然不多,但其特点非常鲜明,如 Caterpillar Logistics,国内的安得物流等,他们曾经拥有的行业背景使得其比一般的物流公司更能为某些行业提供特殊的个性化服务。

当然,除此之外还有众多来源各不相同的各种物流企业,他们有的提供专业化物流技术服务,有的擅长地区性配送服务,还有的专门从事物流咨询服务等。近年,有些从事搬家服务的企业利用富余运力为零售家电企业提供家电配送服务,也应该属于此种类型。

(三)第三方物流服务的主要内容

在第三方物流的发展过程中以下服务内容得到普遍的重视:

(1)运输服务,无论是单一运输方式,还是多式联运;也无论是普通货物运输,还是专业化的危险品运输、冷冻品运输;无论整车,还是零担服务,运输服务始终都是第三方物流服务的重要内

---

① A. P. Moller 是其母公司。

容。

（2）仓储服务。包括仓库保管服务，库存管理与控制等。

（3）信息服务，如订单处理、货物跟踪查询等。

（4）咨询与管理服务，如运费管理、物流方案提供等。

（5）其他增值服务，如配送中心业务中经常涉及的分拣与打包，刷唛头，贴标签，刷牌，退货处理，重新包装，简单的组装、加工、修理、安装等。

这些都是常见的物流服务内容。下面总结了根据美国某次调查得到的第三方物流企业通常提供的服务内容：

☐ 仓库管理（Warehousing Management）；

☐ 合并运输（Shipment Consolidation）；

☐ 物流信息系统（Logistics Information Systems）；

☐ 车队管理或运输管理（Fleet Management/Operations）；

☐ 运费谈判（Rate Negotiation）；

☐ 选择承运人（Carrier Selection）；

☐ 订单完成（Order Fulfillment）；

☐ 进口或出口服务（Import/Export）；

☐ 退货处理（Product Returns）；

☐ 订单处理（Order Processing）；

☐ 产品组装或安装（Product Assembiy/Installation）。

（Source：Lieb and Randall，Journal of Business Logistice，Vol. 17，No. 1，1996）

二、使用第三方物流服务的收益与风险

（一）使用第三方物流服务的收益

在外包物流业务的过程中，工商企业希望获得以下收益：

1. 使企业能集中精力于主业

这是多数企业使用第三方物流服务时首先期望达到的目的。虽然直到目前为止，大家对核心竞争力的具体表现还存在分歧，但通常认为企业的技术研发能力、新产品的研制推出能力、生产或服务质量控制能力、对销售渠道的控制能力等都可能构成企业的核心竞争力。

专业化分工理论认为企业通过将资源集中于具有相对优势的领域就可以获得竞争优势，并且通过不断强化自身优势，取得长期收益。因此，在激烈的市场竞争环境中，服装厂专注于新款式服装的推出，制药厂主要关注新药的研发和产品质量的控制方面……而对运输、仓储为代表的物流活动常常无暇顾及，或者无法达到专业物流公司所具有的水准。供应链管理强调通过企业之间的协作取长补短，以获得整体水平的提升，因此外包自身所不擅长的物流管理就成为很多工商企业的理所当然的选择。

2. 改进物流管理技术，利用最新科技成果

与一般的工商企业相反，物流企业以优化物流活动为主要目标。因此他们可以快速吸收科学技术的最新成就，不断尝试改进物流系统运作效率，提高物流设施的运作能力。如世界知名的物流企业很早就开始在运载工具上使用卫星定位系统（GPS）跟踪车辆，同时在商品进入配送系统之前就

利用条码技术给货物配以唯一的识别编码，在随后的各个流程环节中利用最新的射频技术即时采集货物信息，再借助仓储管理系统、车辆管理系统、库存管理系统、客户管理系统等计算机软件随时向客户通报信息，便于工商企业 JIT 配送模式的开展，有效地提高物流运作效率。

3. 减少资源占用，降低投资风险

经营风险来自多个方面。自营物流最主要的风险体现在物流基础设施的投资风险和存货风险。对于后者，第三方物流企业的专业化物流服务可以有效提高运作效率，提高库存管理水平，最终加快库存周转速度，减少存货风险。

对于前者，主要表现为物流基础设施投资巨大，容易造成企业资金周转困难，投资回报率下降。同时，一方面基础设施建设的规模效益明显，使得企业往往倾向于扩大建设规模；另一方面由于设施的专用性较强，所以一旦企业调整物流网络就会造成某些物流设施闲置，或者面临固定资产投资无法如愿收回的风险。即使物流设施仍在使用当中，但如果利用效率低下，一样会导致企业整体的资产运营效率过低，遭到投资者的质疑。解决这一方法的途径之一就是充分利用社会资源，即通过外包物流服务充分利用物流企业现有资源，这样一方面避免了巨额投资，另一方面更具经营的灵活性。这对于货物周转量低，市场运作不平稳的工商企业尤其意义重大。通过调整外包合同，工商企业既可以迅速扩大或缩小某地区市场配送服务能力，也可以迅速调整配送模式，改变物流网络的布局、各物流节点的生产能力，而不必产生庞大的转换成本。

4. 降低或更好地控制物流运作成本

这是很多企业使用第三方物流的主要原因。自营物流虽然可以对物流运作环节进行有效的控制、监督，但在某些时候可能产生成本的不确定性，或者整体成本过高。外包物流借助物流企业的专业化服务可以有效降低各项成本，以运输为例，自营运输的车辆利用率要远低于专业化物流企业的车辆利用率，原因之一就是物流企业可以利用不同用户之间淡旺季的差异、运输方向的差异统一调配车辆，充分利用合并运输产生的规模经济。

同样是在运输领域，20 世纪 90 年代以来，很多跨国公司在进入中国市场之初都不约而同使用了外包内陆卡车运输服务的方式，这些跨国公司的主要顾虑就是无法准确核算内地公路运输成本的水平，这与我国各地公路收费方式、收费方法混乱，甚至乱收费现象是分不开的。

5. 解决内部物流设施不足问题

即使自营物流的工商企业，也经常利用第三方物流解决内部设施不足的问题。

很多企业经营在追求专业化的同时，也兼顾产品的多元化。这些多样化的产品可能在物流需求方面存在差异。举例来讲，小型家电对物流产品的要求就比较单一，但奶制品的物流需求就恰好相反。在温控上，有的奶酪要求冷冻处理，有的鲜奶需要冷藏处理，还有的可能在常温下就可以进行存储和运输；在产品的特性上，有的是液体，有的是固体，还有的处于半凝固状态，所有这些都意味着物流管理中需要使用不同的运载工具和仓储设施。因此，企业在尽量利用自有设施之外，还不得不利用第三方物流服务企业的服务来弥补某些专用仓储、运输设施不足的问题。

还有的时候，企业在销售淡季利用自有设施管理物流活动，而在旺季利用第三方物流企业弥补运力或存储能力的不足，或者在主要的市场自建物流设施以更好地服务于市场，但在一些边缘市场利用物流企业完成物流服务，这样既可以保证主体市场服务的稳定性，也可以充分利用第三方物流服务的灵活性和低成本特征。如沃尔玛在全球以自营物流著称，但它同时在旺季租用物流企业的仓储设施以更好地供给市场。

(二) 使用第三方物流服务的风险

俗话说凡事有利就必有弊。第三方物流服务也是如此。工商企业使用第三方物流服务可以借助更加专业化的分工，提升运作效率，在提高客户服务水平的同时，降低运营成本，提高赢利能力，提升自身的核心竞争能力。但同时，使用第三方物流服务也可能引发一系列的问题。

1. 协调成本过高

这是所有外包服务都具有的通病。外包物流服务，要求第三方物流企业的各项服务要和工商企业内部的物流活动相互协调，顺利衔接，才能保证客户物流管理的优化，保障市场供应。

物流活动与企业多项基本经营活动密切相关，如成品配送与销售之间的关系就非常典型。企业各项营销、促销计划需要物流管理部门的配合才能收到良好的效果。但由于物流企业是独立于工商企业之外的经济实体，行政约束力基本无效，各项工作完全依靠双方人员相互沟通、协调以达成共识，并遵照执行。尽管双方之间可能有着长期的合作基础，但各自利益的不同，内部机构设置、企业文化的差异都可能导致双方在协调沟通中的困难，乃至出现误解。因此，使用第三方物流的协调成本普遍高于自营物流。

2. 对物流企业过于依赖，丧失内部管理能力和政策建议权

外包物流的初衷是充分利用专业化分工的优势，提高物流运作效率和服务水平。但过于依赖外部资源也可能导致企业丧失物流管理的能力。

过度使用第三方物流服务，会造成工商企业对物流企业的严重依赖。这样，对内工商企业丧失内部物流管理的能力，完全听命于物流企业的策划和安排，丧失管理经营中的主动性。对外，由于企业完全退出运输、仓储等物流经营活动，相关领域的政策建议受到极大限制。

3. 导致与最终客户的沟通渠道不畅

物流活动中，企业与供应商、客户的流程相对接，这是企业与供应商、客户沟通的良好时机，如果完全借助他人之手完成，可能会导致与供应链合作伙伴的信息沟通问题。特别是在成品配送阶段，送货上门既满足了用户对客户服务的要求，又可以通过交接过程中听取客户的反馈意见及时调整产品和相应的服务策略，对市场变化快速反应。完全依赖第三方物流服务，可能会造成这条与客户直接沟通的信息通道闭塞，导致出现供应链协调问题。近来，一些供应链管理信息系统在试图弥补这一缺憾，通过供应链多方参与的虚拟世界的信息交流，力图拓展各方之间的沟通渠道，实现即时的信息交换，应对随时出现的问题。

4. 内部敏感性商业信息或数据泄露

保密问题一直是第三方物流发展中的障碍。现代物流企业提供的往往是综合性的物流服务，从海、陆、空运输到仓储保管，从客户订单跟踪查询到提供最新库存信息，这中间牵扯很多会被归入商业秘密的敏感性信息，如存货数量、新产品款型等。能否保证信息安全是很多企业在外包物流业务前首先会考虑的问题，而且随着第三方物流服务逐步走向深入，可能涉及的机密信息会更多，更为广泛。因此，多数第三方物流服务协议中都会包含保密协议，而对异常敏感信息企业则倾向于利用内部资源完成。

当然，除此之外，工商企业使用第三方物流服务时还会有更多的顾虑，如有的企业认为物流企业面对多个客户，在资源有限的情况下必然有些客户无法得到优先服务，还有的企业认为因为物流服务牵扯面广，内容繁杂，因此很难对物流企业的服务进行全面而有效的评估……所有这些都可能是我们使用第三方物流服务过程中可能遇到的风险。

三、第四方物流

1996年，著名的咨询公司Accenture Consulting公司首先提出"第四方物流"（4 PL）的概念，他们认为第三方物流服务的概念已经不足以反映物流领域出现的新的变化，因而创造这新兴词汇来描述那些新型的服务"集成商"，这些集成商：将本企业的资源、产能和技术与其他企业的整合起来，设计、构筑、运行供应链管理解决方案。换言之，这一来自（工商）企业之外的企业将突破自身的限制，协调管理其他第三方服务企业以实现企业间管理效率的最优。[①]

这一概念的提出反映了当时美国客户期望得到比现有的3PL更优质服务的意愿。

与此同时，第三方物流服务企业之间的同质化日益严重，竞争的压力迫使物流企业寻求业务模式的创新。同样是在20世纪90年代，网络大步迈进工商企业的日常管理活动之中，新的管理软件不断涌现，为企业提供了前所未有的信息处理和信息管理能力。正是在这样的背景下，第四方物流概念一经推出就引起了广泛的关注。无论工商企业，还是第三方物流企业都希望以此为契机，进一步优化物流管理，扩大物流服务市场。

在后来的实践中，人们更多地将第四方物流企业理解为工商企业与第三方物流企业的"中间人"，[②] 它集成了管理咨询和第三方物流服务商的业务协调能力，利用对客户需求的充分理解和对外部资源（既包括运输、仓储等物流服务的供给能力、技术支持能力，也包括物流管理方案的设计、实施能力）的控制能力向客户提供类似"交钥匙工程"的全方位服务。

与第三方物流相比，第四方物流更加强调企业对客户需求的总体把握，以及对各项物流活动的整体策划、协调，而类似搬运等细节的运作则往往借助外力，通过分包的方式完成，因此充分的外包充斥着第四方物流发展的历史，正如Bibby分销业务开发主管Iain Speak曾经说道"……成为第四方物流，你无需任何资产，只需要管理技术和适当的合作伙伴"，[③] "第四方物流提供商相较与第三方物流提供商的另一大优势在于，可以不受约束地去寻找每个领域的'行业最佳'提供商，把这些不同的物流服务整合，以形成最优方案"。[④]

第四方物流作为一种新的模式受到了多方面的关注，但第四方物流广泛利用社会资源的特性也导致第四方物流的概念遭到普遍的质疑，"……货主对第四方物流采取谨慎态度的原因之一：缺乏实际操作经验的第四方物流能否优质高效的对供应链进行统筹……"[⑤] "至今为止，第四方物流的设想，更多的是表达了商品的生产商和经营商们对提高物流效率，从而能进一步拓展利润空间的一种愿望……通过自身业务的扩展第三方物流完全可以扮演物流集成商的角色，因此第四方物流纯粹多余。"[⑥]

即使对第四方物流充满希望者也会对第四方物流的发展提出质疑。如Berglund（1999）等认为竞争压力和对核心竞争力的追求成为第三方物流发展的重要推动力，在各方因素的作用下，第三方

---

① Cannons, Kempton, Jon Bumstead. From 4PL to Managed Supply Chain Operations. www.accenture.Com, 2002.5. （2004.6.7访问）
② 冉敬雯. 第四方物流整合供应链. 商业研究，2004（6）：151~152。
③ "第四方物流的兴起"，《中国电子商务》，第15期，2001，p48。
④ 浅谈第四方物流的特点与优势. 商品储运与养护. 2001（5）：21~23。
⑤ 同上。
⑥ 曾亚强. 物流业：从第三方到第四方的发展——现代物流业发展评述之一. 企业经济，2002（2）：7~8

物流业的发展已经开始走向成熟。在第三方物流企业中间,专业化和社会分工的规律仍然会使得专注于某些服务的企业得以实现更低的成本结构,"最终,这样的局面会产生:少数物流方案的提供者作为领头羊将管理运输和仓储网络,他们与客户紧密联系,而大量的服务提供商将作为第二层的服务商与方案提供者相连"。[1] 不过,作者同时提出谨慎的怀疑,认为对第四方物流服务可行性的顾虑主要来自货主,即一旦允许第三方物流服务企业行使本企业的部分管理职能,或者在某种程度上控制了供应链将对工商企业的战略地位造成的威胁。

不仅如此,第四方物流常常提到"综合供应链管理方案",[2] 意味着不仅仅包含物流计划、订单管理、存货管理活动,还包括产品设计等一系列非实物管理的服务活动,需要构造跨行业、多客户的协作体系,这种协作虽然能提高企业赢利能力,不断保持、发展企业的创造性,但如何计算所获得的收益,并在4PL企业和协作各成员之间进行合理分配则是实践过程中的巨大挑战,这将关系到4PL企业的赢利模式,也是发展4PL所面临的最大障碍之一。

典型案例[3]

Exel Logistics是德国邮政集团旗下一家国际性物流服务企业。作为DHL的姐妹企业,它的服务网络覆盖全球,仅在北美就有2.5万雇员,为制造企业、零售企业等提供一体化的物流—供应链服务。

Harcourt Education International是英国领先的教育出版商,主要向大学和学院提供教材和其他各种学习资料,也为老师提供书目和教学资料样本。该公司拥有广泛的客户群,与3万所大学有着业务联系。公司同时为普通版图书的发行人供货,并且有很大的海外出口业务。在激烈的市场竞争中,Harcourt公司一方面要保证提供高品质的产品,另一方面要应对复杂的仓储和配送服务的要求,需要及时、专业的供应链服务保证Harcourt 10个品牌的产品销往6个教育市场。

Exel为Harcourt提供的物流解决方案集中在其国内专门的配送中心Rushden和Northamptonshire。公司与Harcourt联合设计和开发了130000平方英尺的设备,加上16000个散装货架和23000个柜式货架支持着21500种产品的存储和配送工作。

在配送中心,Exel为Harcourt提供的核心服务包括:

□进出口运输管理;

□包装管理,对发往不同国家的产品适用不同的包装,有些采用合并包装。有些采用专门包装,同时在包装中插入广告宣传单,根据需要重新贴标签;

□管理宣传资料来支持新产品的推出;

□库存控制。

在运作方面,Exel必须保证人力资源和其他可利用资源方面保有最大限度的弹性来适应需求的季节性变化。

迄今为止,双方的合作已经将近10年。通过Exel的服务,Harcourt:

□每小时书籍的配送总数上升了29%;

---

[1] Magnus Berglund, Peter van Laarhoven, Graham Sharman, Sten Wandel. Third—Part Logistice: Is There a Future. The International Journal of Logistics Management, 1999. 10 (1): 59~70

[2] John Gattorna. 供应链管理手册. 第五版. 北京: 电子工业出版社, 2004. 300

[3] 改编自Excel Logistics官方网站相应案例, http: //www. exel. Com, 访问时间2006年2月20日。

□每本书的平均成本降低18%；
□所有配送所用的包装都100%符合KPI标准。

【经典案例1】

雅芳集团供应链物流管理的突破

日化行业的竞争残酷已经成为不争的事实，只是广告战已打得不亦乐乎。企业的竞争已经从质量、价格的竞争延伸到渠道的争夺和分销成本上的竞争。如何根据自身的特点不断提高对经销商的服务水平和获利能力？国际著名的雅芳公司在中国全面推行的"直达配送"的物流管理系统，让业界眼界大开。

一、雅芳在中国的发展之路

雅芳在中国的发展之路，并非一帆风顺。

1990年，雅芳进入中国，成立了雅芳中国有限公司，总部设在广州，并在中国各城市建立了75个销售分公司，并聘用了近两万名雅芳销售小姐进行门到门的直销服务。

然而，这种直销模式在1998年我国政府大力打击"非法传销"的背景下终止了。雅芳不得不寻找一条适合中国国情的本土化销售道路。雅芳中国有限公司（简称雅芳）的办法是"两条腿走路"，通过在商业街开设专卖店、在百货商场和超市建立销售专柜这两种方式在中国迅速铺设销售网络。到2000年，雅芳在中国已经有了5000多家专卖店、1600多个专柜及多个零售网点。

雅芳的供应链流程，也由"工厂仓库—各分公司仓库—雅芳小姐"变成"工厂仓库—各分公司仓库—经销商自提"。后者即雅芳通过长途陆运或空运的方式，将货物从广州运到全国75个分公司的仓库，然后由经销商到所属区域的各个分公司提取货物，并在专卖店或专柜向顾客出售。

在新的供应链模式下，雅芳向中国国内销售了近1000余种产品，2001年的销售收入达到了8亿元人民币。然而随着雅芳在中国销售额的扩大，各地仓库的库存额也随之增加。由于仓库分散以及信息不畅通，使货物库存的周转天数越积越多，库存额居高不下。此外，分散在各地75个大大小小的仓库，使得雅芳不得不投入大量的人力成本从事仓储、出纳、打单等营运作业。显然，这种以"分公司仓库"为中心的物流模式消耗大、速度慢、管理难，越来越不能跟上销售的步伐。

另一方面，物流不畅直接导致经销商的满意度发生偏移。有数据表明，从1999年到2002年，雅芳经销商的流失率一度高达20%。有一个例子是，一位住在新疆南部和田地区的雅芳经销商，去位于乌鲁木齐的雅芳分公司取货，必须带着钱，坐整整一天的火车到喀什，然后再坐12小时的汽车才能到达目的地，而这样来回离店的时间差不多需要一个星期。这给经销商造成了很大困难并且浪费了他们的销售时间。而当经销商的满意度发生偏移时，又将直接影响到雅芳对顾客服务品质的承诺。

就这样，雅芳走到了一个十字路口。

二、雅芳物流系统再造

1. 流程再造

坐等只能待毙。

面对激烈的竞争，雅芳必须依托一个高效的供应链体系来支撑成本控制、运作效率、客户服务等一系列环节。

从 2000 年年底开始，雅芳经过将近一年的摸索、研究，决定通过重新整合物流来提高竞争力。为此，雅芳自行开发了一套基于互联网的经销商管理系统（简称 DRM 系统），并拟定了一份集信息流、资金流、物流于一体的企业物流解决方案。雅芳称这套方案为"直达配送"。

在"直达配送"项目的脚本下，雅芳给自己设定了三个目标：提升顾客满意度、降低企业库存量、信息流资金流的整合借助物流改革一步到位。

这是一个风险重重的改革。成者，蓝图实现；败者，就此没落。

2000 年 10 月，雅芳开始率先构筑基于互联网的 DRM 系统，实现企业组织与庞大业务体系的在线管理。通过 DRM 系统，经销商可以在互联网上查询产品信息，了解最新的市场促销活动。此外，借助 DRM 中的支付功能，经销商可以在网上订购产品，并通过银行的网上支付业务实行网上结算。

为配合 DRM 系统的推广，雅芳取消了原来在各分公司设立的 75 个大大小小的仓库，改在北京、上海、广州、重庆、沈阳、郑州、西安、武汉这 8 个城市设立 8 个区域服务中心。每个区域服务中心覆盖相邻省市的产品配送。雅芳生产线上的货物直接从广州运输并存放到 8 个区域服务中心，各地经销商通过 DRM 系统直接向雅芳总部订购货物，然后由总部将这些订货信息传到区域服务中心，各中心根据经销商所定货物，进行包装、分拣、验货，然后，由第三方物流公司在规定的时间内送到经销商手中。目前，这种门对门的送货服务在 48 小时内的到达率已接近 87%。

此时，雅芳的供应链体系已转变为"工厂生产—区域服务中心—送达经销商"模式。那位住在新疆南部和田地区的雅芳经销商，如今进货时，再也不需要长途跋涉、肩扛手提了，只需要上互联网下订单，在线通过银行网上支付业务付款，然后就等着第三方物流公司在 72 小时内将货物送到店里，最后在网上签收就可以了。

2. 引入第三方物流

中国地域广阔，如何解决物流配送是颇令企业头痛的难题。对此，雅芳借第三方物流之力为己所用。雅芳率先在日用消费品行业与中国邮政、中国大通等国内知名的大型第三方物流公司建立了战略伙伴关系。通过"门对门服务"为所有经销商解决进货耗时、费力、缠身的难题，让雅芳能从烦琐的运营事务中解脱出来。物流公司在送货前还会向经销商预约送货时间，并且随时更新在途信息，让经销商在接受配送时仍然处于主动。

3. 数据管理给经销商科学指导

为了及时了解专卖店的"店情"，雅芳又启用了"GIS 中国雅芳地理信息系统"。该系统涵盖的经济地理信息，包括有关人口、人均收入、消费指数和行业市场态势的数据，在此基础上加入雅芳销售渠道的各项业务数据。雅芳总部的销售发展专业人士利用该地理信息系统综合测评分析，考察每一份开店申请；同时根据及时更新的数据信息，确保销售人员的工作量合理均衡；监测销售渠道的发展态势，为经销商提供科学的创业经营指导。

【讨论题】

1. 你如何看待国内打击非法传销后，雅芳改变销售模式的做法？
2. 雅芳设定的物流系统改造目标是什么？它是如何实现的？

【经典案例2】

联想的供应链整合

"21世纪的竞争是供应链与供应链的竞争。"对以PC硬件为主营业务的联想集团来说,这句话的重要性毋庸置疑。1997年以来,联想一直稳居中国PC市场销量第一,业绩的持续增长背后,自2000年开始的供应链整合与优化工作居功至伟。

2000年,联想在国内企业中率先成功实施了ERP,随后在当时的供应链管理部的领导下,又历时两年完成了SCM系统项目。与此同时,联想开始着手建立供应链组织管理体系。经过2002~2004年的一系列优化,联想在中国市场打造的黄金供应链,其响应速度和成本控制方面已经超越了戴尔,联想在中国的成本只是戴尔的1/4左右,其响应速度只需要4天(戴尔为1周)。这一供应链为之后联想中国区业务的厚积薄发奠定了基础。

在完成对IBM PC的收购后,来自原IBM和戴尔的供应链高管对联想中国的供应链均表示叹服。联想现在面临的一个新难题是,如何将中国区供应链与全球供应链对接。

2005年5月完成收购IBM PC后,新联想的国际业务业绩扭亏压力极大。"要业绩就要先改供应链",老联想和联想国际的供应链整合成为首要的工作。

准时交付、成本控制和保障质量,是当时联想确定的供应链整合的目标体系。联想发现,在一个遍及全球的供应链下,准时交付和物流成本压力两者之间的矛盾被"放大"。准时交付会增大成本,低成本物流又很可能增加库存积压。而因为计划不准或供应链运行不畅所造成的库存积压,会吃掉企业本就不高的毛利。在产品的生命周期很短、关键零部件月平均贬值2%、行业毛利率降至5%以下的PC行业,以上情形是相当可怕的。

在效率与成本之间,联想尝试了很多解决之道,比如签下价格更有竞争力的物流商,拒绝海外工厂的空运要求,降低销售成本等,但其实问题的根本在于,国际业务现有IT系统的预测能力有限。长远来看,治本之策只能是提高销售端(前端)与供应链(后端)之间的"协同"能力,提高销售端对几个星期之后市场需求的预测能力。

谁都知道,改造一个旧世界往往比建立一个新世界更加复杂和痛苦。联想对此的感触恐怕格外地深。因此,联想的海外业务目前仍使用IBM早年自己开发的系统,原IBM PC的IT系统无法单独从整个IBM的系统中分离出来。由于IBM的产品线非常长,除了PC,还有大型机、服务器等产品,其供应链并不是专门为PC设计的,成本高且效率低,无法适应PC产品的激烈市场竞争对于效率和成本的需要。

系统的分而治之给联想造成的额外成本是巨大的。两个系统之间的差距有几组数据可以反映:比如市场上有新的CPU产品推出,联想要发布一个新型号或新配置,在联想国际的系统里要花4至5星期才能完成,而在联想中国的系统里,仅仅需要两小时;对供应链中核心的资源需求计划,联想国际的系统只能一周调整一次,而联想中国则是一天两次;在原IBM PC的系统,客户退货的信息通过IT系统反馈到后端,往往是在一两周之后。而且分布在欧美高成本地区的供应链资源(人员、工厂等)的成本比联想要高很多。

联想CEO阿梅里奥曾对新联想的全球供应链系统提出两项要求:一是达到供需平衡,二是达到成本最低。供应链的优化存在"木桶理论"效应,不能有短板,其效率提升对企业每一个环节精准性的要求都很高，一定要得到企业方方面面环环相扣的支持与配合才能实现良好的运转状态，哪一个环节做不好，都会影响整个系统的效率。

2006年8月成立的卓越中心（COE）的职责就是平衡供需计划。COE成立之后的主要工作有三件，一是管理存货；二是管理前端到后端的预测；三是降低产品线的复杂度，新联想的系统中一共有5000多个整机型号，实际上订单集中在其中的1500个，但每次下单都要在系统中全部"跑一遍"，加大了额外成本。联想正在对产品机型和设计工序进行调整，逐渐减少对某些供货商的依赖。

新联想的业务覆盖100多个国家和地区，全球物流网络效率的提升颇为重要。全球物流团队为联想全球原材料及产成品的运输、进出口贸易、分拨及配送提供支持。整合一年后，全球物流部门通过组织和流程重组，以及与物流合作伙伴战略合作关系的建立，极大地缩短和稳定了物流发货到交付的周期，使得物流成本下降超过15%，通过运输质量控制使货物丢失/货损降低了50%。

供应链网络优化是新联想供应链实现效率提升和成本控制的必要条件，在供应链战略部门的领导下，新联想充分考虑贸易环境、税收、客户需求分布、运作成本等因素，已经完成了新的网络设计，并逐步开始实施。据悉，实施完成后，联想将在中国、美国和欧洲拥有三大供货中心。

很多人将戴尔和联想的供应链作比较，但应该说，客观上很难评价哪一家公司的供应链是最好的，只有更适合的。供应链作为企业价值链中非常重要的一个环节，必须与公司战略、业务发展及业务模式相匹配。

联想在供应链上的复杂度更高。联想是一家定位于不断创新的公司，有着很长的产品线并不断发布新品，创新文化带来的产品多样化，必然给其供应链带来压力；联想必须基于多种业务模式和多种客户覆盖的前提下去设计和提升供应链。

【讨论题】
1. 联想在中国区的供应链优势主要表现在什么地方？
2. 联想在收购IBM PC业务后所面临的主要压力是什么？又是如何进行解决的？

本章小结

本章首先介绍了供应链和供应链管理的基本含义，供应链管理中核心企业的重要作用，以及企业为提高核心竞争力而采取的战略性外包决策。其次，介绍了第三方物流服务和物流企业的含义，第三方物流发展的主要阶段。随后举例说明了第三方物流企业的主要构成，物流企业所提供的主要服务内容，分析了使用第三方物流服务的优势和问题。最后，对近年来引起广泛关注的"第四方物流"的基本概念和发展背景、遇到的问题进行了简单介绍。

【本章关键术语】

供应链；供应链管理；第三方物流；外包；第四方物流

【复习思考题】

1. 什么是供应链？为什么有人认为"供应网络"的名字更加贴切？
2. 供应链管理定义的基本内容都包括哪些？
3. 企业进行战略性外包的主要原因是什么？
4. 什么是第三方物流？我国是如何定义物流企业的？

5. 物流企业主要有哪些类型？他们提供哪些服务？
6. 为什么企业选择使用第三方物流服务？
7. 企业使用第三方物流服务的主要风险有哪些？
8. 第四方物流服务的基本特征是什么？

第四篇
实践模式

第十四章　现代物流管理与战略发展趋势

本章学习内容

本章首先探讨了 21 世纪物流发展的新特点。在此基础上，论述了物流能力的相关问题，包括物流能力的概念、构成要素、分类、体系结构和物流能力的优化问题。然后，分析探讨了电子商务环境下的物流管理，主要包括电子商务与物流的关系、电子商务物流的特点。最后，深入分析了物流管理发展的又一新趋势——基于时间竞争的供应链物流管理，介绍了基于时间竞争的起源，同时，探讨了时间与供应链竞争力的关系，以及供应链物流管理的时间战略问题。具体包括以下几个方面的问题：（1）探讨了 21 世纪物流发展的新特点；（2）提出了物流能力的概念，并分析了物流能力的内涵；（3）深入分析了物流能力的构成要素、物流能力的分类以及物流能力的体系结构等问题；（4）讨论了基于能力的物流发展观下的物流能力优化问题；（5）分析了电子商务环境下，物流与电子商务的关系以及电子商务物流的特点；（6）介绍了基于时间竞争的起源问题，同时深入分析了时间与供应链竞争力的关系；（7）讨论了基于时间竞争环境下，供应链物流管理的时间战略问题。

第一节　21 世纪物流发展新特点

进入新世纪，由于全球经济一体化进程日益加快，企业面临着更加激烈的竞争环境，资源在全球范围内的流动和配置大大加强，世界各国更加重视物流发展对于本国经济发展、国民生活素质和军事实力增强的影响，都十分重视物流业的现代化，从而使现代物流呈现出一系列新的发展趋势。根据国内外物流发展的新情况，21 世纪物流的发展趋势可以归纳为信息化、网络化、自动化、电子化、共享化、协同化、集成化、智能化、柔性化、标准化、社会化和全球化十二大新特点。

一、信息化

现代社会已经步入了信息时代，物流的信息化是整个社会信息化的必然要求和重要组成部分。物流信息化表现为：物流信息的商品化，物流信息收集的代码化和数据库化，物流信息处理的电子化和计算机化，物流信息传递的标准化和实时化，物流信息存储的数字化和物流业务数据的共享化等。信息化是现代物流发展的基础，没有物流的信息化，任何先进的技术装备都无法应用于物流领域，信息技术在物流中的应用将会彻底改变世界物流的面貌，一些新的物流信息技术在未来的物流中将会得到普遍采用。

信息化的来临为人们带来了一种新的生活方式和工作方式，这些新方式又导致了物流功能的改变。信息化使得那些在工业社会里的产品生产中心、商业贸易中心发挥的主导功能随着传统生产功能的转移而消失。物流不再仅仅传输产品，同时也在传输信息，各种信息被聚集在物流中心，经过加工、处理、再传播出去。传统的工业社会物流以物为对象，聚集扩散的是物；信息社会是以信息为对象，物流中心的聚集扩散功能的对象除实物之外，还包括各种信息。总之，信息社会使物流的功能更强大，并形成一个社会经济的综合服务中心。

二、网络化

网络化是指物流配送系统逐步形成组织网络和信息网络体系。从组织上来讲，组织网络是指供应链成员间的物理联系和业务体系。如台湾的电脑业在20世纪90年代创立的"全球运筹式产销模式"，是按客户订单采取分散形式组织生产，将全球的制造资源都利用起来，将电脑的所有零部件、元器件、芯片发往同一个物流配送中心进行组装，由该物流配送中心将组装的电脑迅速发送给订户。这种过程需要有高效的物流网络作支持。而信息网络的形成是指供应链上企业之间的业务运作通过互联网实现信息的传递和共享，并运用电子方式完成操作。例如，配送中心向供应商发放订单就可以利用网上的电子订货系统通过 Internet 和 EDI 来实现，对下游分销商的送货通知也可通过网上的分销系统来实现，等等。

三、自动化

物流自动化的基础是信息化，核心是机电一体化，其外在表现是无人化，效果是省力化。此外，物流自动化的效果还有扩大物流作业能力、提高劳动生产率、减少物流作业的差错等。物流自动化的技术很多，如条码技术，射频自动识别技术，自动化立体仓库技术，自动存取技术，自动分拣技术，自动导向和自动定位技术，货物自动跟踪技术等。这些技术在经济发达国家已经普遍应用于物流作业中，在我国，虽然某些自动化技术已被采用，但达到普遍应用还需要相当长的时间。

四、电子化

所谓电子化是指商业过程实现电子化，即电子商务。它同样也是以信息化和网络化为基础的。电子化的具体表现为：实现业务流程及其每一步骤的电子化、无纸化，所有商务涉及的货币实现数字化和电子化，交易商品实现符号化、数字化，业务处理过程实现全程自动化和透明化，交易场所和市场空间实现虚拟化，消费行为实现个性化，企业之间或供应链之间实现无边界化，市场结构实现网络化和全球化，等等。作为电子商务发展关键性因素之一的物流，是商流、信息流和资金流的基础与载体。全球电子商务的推广和普及将使得跨国和跨区域物流更加频繁，对物流的需求会更加强烈。物流中心不仅要成为信息聚散中心，而且还会成为管理决策中心、观念与技术创新中心、市场和消费中心。

五、共享化

供应链管理强调链上成员的协作和社会整体资源的高效利用，以最合理的、最少的资源来最大化地满足整体市场的需求。而供应链上的企业只有在建立互惠互利的共赢伙伴关系的基础上，才能实现业务过程间的高度协作和资源的高效利用；只有通过资源共享、信息共享、技术共享、知识共享、业务流程共享等，才能实现社会资源优化配置和供应链上物流业务的优势互补以及更快地对终端市场和整个供应链上的需求作出响应。近年来，一些新型的供应链管理策略，如供应商管理库存VMI、第四方物流4 PL、JIT、协同计划、预测和供给CPFR、零售商—供应商伙伴关系RSP以及分销商一体化等，都能使供应链上的企业有效地实现信息、技术、知识、客户和市场等资源的共享。

六、协同化

市场需求的瞬息万变、竞争环境的日益激烈都要求企业和整个供应链具有更快的响应速度和协同运作的能力，以及对供应链的前向洞察力。通过与供应商和客户的实时沟通与协同，企业一方面能使供应商对自己的需求具有可预见能力，使其能提供更好的价格和服务，同时，对其供应能力也有较好的预见性，为自己长期、充足的供给业务提供了保障；另一方面，自己也能及时了解客户的需求信息，在多变的市场环境中保持更快的响应能力，跟踪和监控需求满足的过程，准确、及时、优质地将产品和服务递交到客户手中。为了实现物流作业的协同预测、规划和供应，以及快速响应和供应链上总库存的最佳配置等目标，需要做到与客户和合作伙伴间业务流程的紧密集成，达成零阻力、无时差的协作，共同分享业务数据，联合进行预测和计划，实现管理执行，以及完成绩效评估等。而只有企业间真正达到了彼此协同，才能使物流作业的响应速度更快、更具有前向预见性、更好地共同抵御各种风险，降低成本和提高产出，满足客户的需求。

七、集成化

供应链物流业务是由多个成员、多个环节组成的，全球化和协同化的物流运作方式要求物流业务中所有成员和环节在整个流程上的业务运作衔接得更加紧密，因此，必须对这些成员和环节的业务以及业务处理过程中的信息进行高度集成，实现供应链的整体化和集成化运作，缩短供应链的相对长度，使供应链上的物流作业更流畅、产出率更高、响应速度更快，使各环节的业务更加接近客户和客户的需求。这种集成化的基础是业务过程的优化和管理信息系统的集成，而二者都需要有完善的信息系统解决方案，通过决策、优化、计划、执行等方法和功能予以支持，并使所有成员各自的信息系统进行无缝连接，实现系统集成、信息集成、业务集成、流程集成、资源集成。同时，集成化也是共享化和协同化的基础，如果不首先实现集成化，就无法实现共享化和协作化。

八、智能化

智能化是自动化、信息化的一种高层次应用。物流作业过程涉及大量的运筹和决策，如物流网络的设计与优化、运输（搬运）路径的选择、每次运输的装载量选择、多种货物的拼装优化、运输工具的排程和调度、库存水平的确定、补货策略的选择、有限资源的调配、配送策略的选择等问题都需要进行优化处理，这些都需要管理者借助智能工具和大量的现代物流知识来解决。同时，近年来专家系统、人工智能、仿真学、运筹学、智能商务、数据挖掘和机器人等相关技术在国际上已经有比较成熟的研究成果，并在实际物流作业中得到了较好的应用。因此，物流的智能化已经成为物流发展的一个新趋势。

九、标准化

标准化技术也是现代物流技术的一个显著特征和发展趋势，同时，也是现代物流技术得以应用的根本保证。货物的运输配送、存储保管、装卸搬运、分类包装、流通加工等各个环节中信息技术的应用，都要求必须有一套科学的作业标准。例如，物流设施、设备及商品包装的标准化等，只有实现了物流系统各个环节的标准化，才能真正实现物流技术的信息化、自动化、网络化、智能化等。特别是在经济全球化和贸易全球化的21世纪，如果在国际上没有形成物流作业的标准化，就无法实现高效的全球化物流运作，这将阻碍经济全球化的发展进程。

十、柔性化

柔性化本来是由生产领域提出来的。20世纪90年代，在生产领域，为了更好地满足消费者的个性化需求，实现多品种、小批量以及灵活多变的生产方式，国际制造业推出柔性制造系统（flexible manufacturing System，FMS），实行柔性化生产。随后，柔性化作业又扩展到了流通领域，根据供应链末端市场的需求组织生产、安排物流活动。物流作业的柔性化是生产领域柔性化的进一步延长，它可以帮助物流企业更好地适应消费需求的"多品种、小批量、多批次、短周期"趋势，灵活地组织和完成物流作业，为客户提供定制化的物流服务来满足其个性化需求。

十一、社会化

物流的社会化也是今后物流发展的方向，其最明显的趋势就是物流业中出现"第三方物流"和"第四方物流"等方式。物流合理化的一个重要方面就是物流活动的社会化。物流的社会化一方面是为了满足企业物流活动的社会化要求而形成的，另一方面又为企业的物流活动提供了社会保障。而第三方、第四方乃至未来发展形成的第N方物流是物流业发展到一定阶段必然出现的产物，在某种意义上可以说它是物流过程产业化和专业化的一种形式。因此，学术界预测下阶段的物流将向虚拟物流和第N方物流发展，除了物流活动外，物流管理也将逐渐被外包出去。这将使企业告别"小而全、大而全"的纵向一体化运作模式，转向新型的横向一体化的运作模式，集中精力去从事自己最擅长的业务，增强自己的核心竞争力。

十二、全球化

为了实现资源和商品在国际上的高效流动与交换，促进区域经济的发展和全球资源优化配置的要求，物流运作必须要向全球化的方向发展。在全球化趋势下，物流目标是为国际贸易和跨国经营提供服务，选择最佳的方式与路径，以最低的费用和最小的风险，保质、保量、准时地将货物从某国的供方运到另一国的需方，使各国物流系统相互"接轨"，它代表物流发展的更高阶段。

进入新世纪的中国，正肩负着实现工业化、加快现代化的艰巨的历史重任。面对着信息全球化的浪潮，信息化已成为加快实现工业化和现代化的必然选择。中国提出要走新型工业化道路，其实质就是以信息化带动工业化、以工业化促进信息化，达到互动并进，实现跨越式发展。中国自加入WTO后，资源在全球范围内的流动和配置大大加强，企业面临的国内、国际市场的竞争更加激烈，越来越多的跨国企业正加快对中国的投资进程，纷纷到中国设立或扩大加工基地与研发基地，一大批中国企业也将真正融入全球产业链，有些还将直接成为跨国企业的配套企业。这些都将大大加快中国经济与国际经济接轨的步伐，加剧中国企业在本土和国际范围内与外商的竞争，从而对我国的物流企业提出更高的要求。在这种新环境下，我国的物流企业必须把握好现代物流的发展趋势，运用先进的管理技术和信息技术，提升自己的竞争力和整体优势，提高物流作业的管理能力和创新能力，在新型工业化的道路上不懈努力。

第二节 基于能力的物流发展观——物流能力

经济全球化和电子商务的蓬勃发展，使得企业面临越来越严峻的竞争形势。经济全球化要求企业更好地运用物流资源，协调地理上分散的制造和分销活动，同时要求对供应链的物流运作进行有效组织以获得供应链的长期竞争优势。供应商管理库存（VMI）、准时生产方式（JIT）等理论是加强供应链成员之间物流协作的具体体现。电子商务对企业的物流网络提出了新的要求：处理小批量、多频次的订单，及时交付订单，与顾客交流运输信息，通过基于Web的电子订单处理系统完整处理订单，以及同分销渠道中的其他成员就物流信息进行分享等。

因此，物流过程组织得好坏及其所反映的物流能力的高低，直接影响着企业乃至供应链的整体竞争力。然而，传统的物流管理观很难满足提高整体竞争力的要求，经济全球化和电子商务的蓬勃发展给物流管理带来了更为严峻的挑战。因此，对企业和供应链系统中的各种物流活动进行基于能力基础上的匹配，在为各种物流活动提供依托基础的同时，为企业和供应链整体竞争力提供更高的物流能力支持就显得尤为重要。

一、物流能力的概念

"能力"从一般意义上讲，是指使一个企业实现出色的绩效并且维持在竞争者中的优势的品质、本领、组织方法以及知识和技能，包括为客户服务、客户响应和订单循环时间之类的商业绩效和过程。基于资源的理论认为，能力是为了达成渴望的结果而组合配置资源的各种主、客观条件。能力是一个企业所特有的，是他人无法模仿的，能力也是不断发展的，是企业形成竞争优势的强大基础。

那么，什么是物流能力呢？不同的学者给出了不同的定义。

基于资源的理论认为，一个企业的物流能力是企业资源的一部分，这里的企业资源包括所有的资产、能力、组织过程、企业标志、信息、知识等，它们是由企业控制的，使企业能够构想和执行改进其效率和效果的战略。

Bowersox和Closs认为，物流能力是对厂商能否在尽可能低的总成本下提供有竞争优势的客户服务的一种相对评估。

汪鸣和冯浩认为，物流能力通常是指开展物流运作和提供物流服务的企业在实现创造顾客价值的过程中所具备的对物流的计划、控制及过程实施的能力。物流能力既包含了企业物流设施、设备的生产能力等静态能力，也包含了企业管理与经营物流的动态能力，以及企业对上述二者协调运作的综合控制能力。

谭清美等认为，物流能力是指物流供给主体提供物流服务的能力。

方钢认为，物流能力是对企业在物流成本和所提供的顾客服务之间平衡能力的评估。

上述对物流能力的理解主要集中在单个企业层面，并未从供应链高度对一般物流系统的能力进行普遍性分析。如图14—1所示，在物流系统中，将待运送的物资、从事物流运作的设施与设备、劳动力、能源与燃料，以及支持系统运作的资金、信息等作为系统处理的对象进行输入，通过物资系统与网络的作业、加工等活动对其输入进行转化处理，从而实现物资的时空价值，满足客户的物流需求。

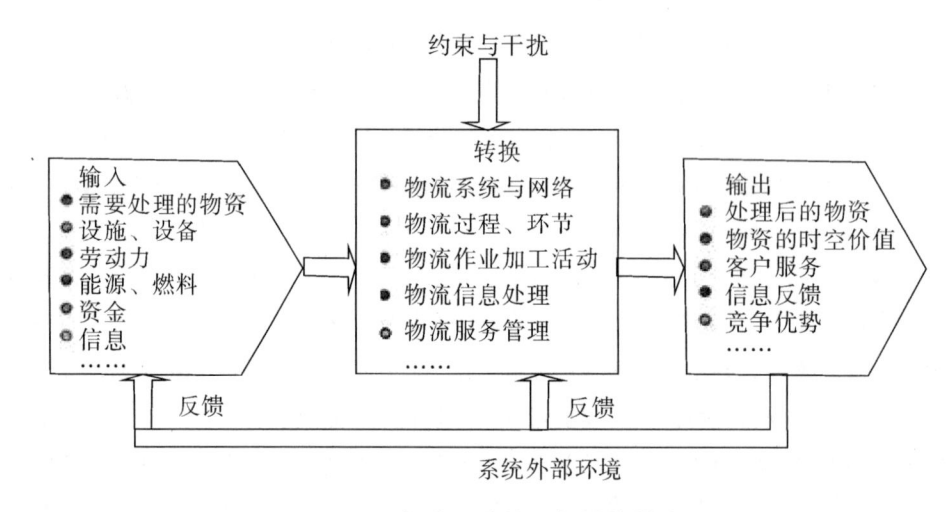

图 14—1　物流系统的一般结构模式

在进行研究分析的基础上，本教材给出一个物流能力的定义：物流能力（logistics capability）是指某个特定的物流系统，从接受客户需求、处理订单、分拣货物、运输到将产品交付给客户的全过程中，在响应速度、物流成本、订单完成准时性和订单交付可靠性等方面的综合反映。物流能力是由物流系统的物资结构（如配送中心数量与规模、运输能力、分拣处理的设备能力等）所形成的客观能力，以及管理者对物流运作过程（logistics process）的组织与管理能力的综合反映。因此，物流能力既包括能够运送货物的能力（有形要素），也包括执行物流过程的组织和管理能力（无形要素）。

另外，对物流能力概念的理解应注意把握如下内涵。

（1）物流能力的独特性。物流能力是某供应链或某企业的物流系统所特有的，不同的物流系统其物流能力在质与量上存在着一定的差别。物流能力是供应链或企业核心能力的重要组成，是实现竞争优势的重要手段。

（2）物流能力的整体性。物流能力是物流系统整体能力的综合反映，并不是系统内部各功能要素能力的简单叠加。供应链物流能力更不是各成员企业物流能力的简单叠加，通过各成员企业物流资源的有效整合和良好的组织、协调，供应链物流系统可以产生更加强大的整体物流能力。

（3）物流能力的时效性。随着外部环境和竞争战略的变化，物流系统中各种软、硬件资源的状况都在不断变化与调整，从而导致物流能力的变化。例如，增加某一物流组织瓶颈作业的硬件设施，会有效提高该物流系统的物流能力。另外，物流系统内部某些硬件由于长期使用造成处理能力下降，也可能会导致整个物流系统某方面能力的降低。

（4）物流能力的相对稳定性。物流能力是相对稳定的，尤其在物流系统软、硬件资源保持不变的情况下，物流系统的物流能力不会发生很大的变化，其能力只会在一个较小的范围内波动。也正因为物流能力具有相对稳定性，对物流能力的相关研究才更有意义。

二、物流能力的构成要素

通过上述关于物流能力的定义可知，物流能力最终是由有形要素、无形要素构成的。部分有形要素和无形要素构成具有特定功能的综合要素。由于单纯由有形要素和无形要素组建的物流能力体系并不能全面反映物流能力的内涵，并且综合要素并不是有形要素和无形要素的简单叠加，而是具有新的内涵，因此，物流能力的要素体系中除了一些有形要素和无形要素外，还要包含一些必要的综合要素。由此可以认为，开展物流活动的企业的物流能力要素体系，就要素性质而言包含有形要素、无形要素和综合要素。另外，还可以根据要素层次将物流能力的构成要素划分为战略层物流能力要素、战术层物流能力要素和作业层物流能力要素。其中，战略层物流能力要素主要侧重于反映企业的物流能力的发展战略和战略目标，运作层的物流能力要素主要是指一些必要的物流作业活动要素，这些要素是物流系统日常运作必不可少的。另外，有些能力要素既是战略要素、战术要素，也同时是运作要素。

  本教材通过结合前人的研究成果，把物流能力的构成要素划分为运输管理能力、仓储与库存管理能力、装卸和搬运能力、配送管理能力、包装管理能力、信息管理能力、流通加工能力7项物流功能能力要素。虽然这些能力要素是物流能力的基础，但是这些能力只能反映物流系统中某些功能子系统的能力，并不能全面反映整个物流能力系统的全貌，不能反映由这些功能子系统所构成的物流系统的物流能力所具有的新特点。这就需要一些基于全局的物流能力要素来进一步予以反映。要想实现物流系统的总体服务目标，需要在物流能力要素体系中增加下面一些全局性要素：配置能力、创新能力、敏捷能力、集成能力、成本管理能力、质量管理能力、时间管理能力、测评能力等。各要素的具体内容如表14—1所示。通过这些物流能力要素的完美结合和协调运作，最终实现最优的客户服务。

表14—1 企业物流能力构成要素体系的具体内容

要素名称	类别	层次	具体内容
运输管理能力	综合要素	战略、战术、运作	运输战略规划能力，物料运输方式选择、运输网络规划、运输计划制订的能力，企业物流网络中两个物流节点之间连线的运输能力和网络的整体流通能力，也包括逆向运输的能力
仓储与库存管理能力	综合要素	战略、战术、运作	仓储战略规划的能力，仓储设施规划的能力，采购管理的能力，采购与供应决策的能力，存储与搬运决策的能力，存储点和企业物流网络的库存管理能力，各种仓储设施的储存能力
装卸、搬运能力	综合要素	战术、运作	装卸、搬运系统设计规划的能力，物料装卸、搬运硬件设备和人员的共同处理能力（包括逆向物流）
配送能力	综合要素	战略、战术、运作	配送网络的规划设计能力，配送作业的管理能力
包装能力	综合要素	战术、运作	包装设计与决策能力，对原材料、半成品、成品包装作业的处理和管理能力
信息管理能力	综合要素	战略、战术、运作	物流信息系统规划、二次开发及实施的能力，与相关企业和客户之间信息及时交流的能力，与相关企业和客户之间信息共享的能力，企业内部和企业间信息标准化的能力。订单处理能力，保障信息安全的能力，采用先进信息技术的能力，需求预测的能力
流通加工能力	综合要素	战略、战术、运作	流通加工战略决策的能力，流通加工系统的规划设计能力，流通加工作业的处理能力
配置能力	综合要素	战略、战术	物流战略制定的能力，物流客户服务目标确立的能力，物流系统总体规划的能力，企业内部各物流功能子系统相互匹配的能力，企业物流系统与供应商、分销商相关物流系统界面相匹配的能力，人员、设备等物流资源有效配置的能力

要素名称	类别	层次	具体内容
集成能力	综合要素	战术、运作	企业内部和企业之间物流系统各相关流程之间无缝连接的能力，包括信息的共享与集成能力，企业内部和企业间信息和运作标准化的能力
成本管理能力	无形要素	战术、运作	按照物流服务的目标控制和不断减少物流运作成本的能力
质量管理能力	无形要素	战略、战术、运作	按照物流服务的目标控制物流各项作业质量，最终满足物流服务整体质量要求的能力，控制物流服务质量和各项物流作业质量稳定性的能力
时间管理能力	无形要素	战略、战术、运作	通过各功能要素的快速、协调运作，提供快捷的物流服务的能力
敏捷能力	无形要素	战略、战术、运作	物流系统适应客户需求变化的能力，对客户特殊服务的响应能力，物流系统对意外环境的适应能力
测评能力	无形要素	战略、战术、运作	适用、高效的物流系统绩效衡量指标体系的开发能力，运用物流绩效衡量体系对物流系统绩效进行定期准确衡量和评估的能力
创新能力	无形要素	战略、战术、运作	物流服务的创新能力，物流流程的创新能力，物流增值服务的开发能力，不断改进物流运作的能力

这些物流能力要素的相互关系如图14—2所示。物流能力要素集是由各种各样的物流能力要素组成的集合，由于各种物流能力要素之间存在众多的组合，从不同角度划分的物流能力要素也千差万别，因此，物流能力要素集可以被认为是一个具有无穷元素的集合。以物流能力功能要素和物流能力全局要素组成的物流要素体系可以反映物流能力要素集中的所有关键要素。当然，还可以从其他角度找到其他一些要素，由这些要素所构成的要素体系同样可以反映物流能力要素集中的所有关键要素。

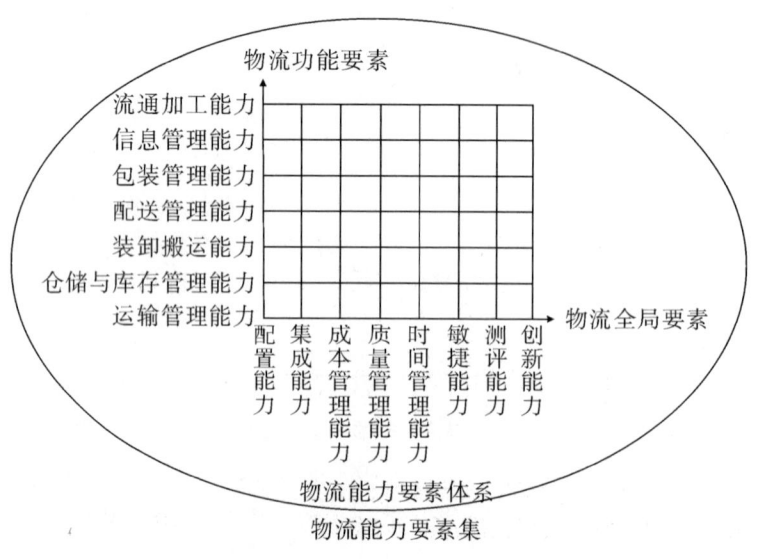

图14—2 物流能力要素集和物流能力要素体系

在确定物流能力要素时，要注意到不同行业、不同规模企业的物流能力要素是有所不同的，即使属于同一行业且规模相似的企业，由于企业战略的不同，企业的核心物流能力要素也会有所不同。因此，这些要素只是一些最基本的要素，在具体运用到各企业时还需要根据实际需要进行细化和调整。

三、物流能力的分类

（一）按研究的范围大小进行分类

由于物流可以按照研究范围的大小划分为宏观物流、中观物流和微观物流，相应地，物流能力也可以划分为宏观物流能力、中观物流能力和微观物流能力。宏观物流能力指社会再生产总体的物流能力，是从经济社会整体上去认识和研究物流能力。宏观物流能力是指大的范围内的物流能力。如一个国家的国民经济物流能力可以称为国内物流能力（社会物流能力）。中观物流能力是指区域性社会再生产过程中的区域性物流能力。如特定经济区的物流能力、城市物流能力等。微观物流能力是指于微观物流能力的范畴。从物流系统的抽象特征出发可以把微观物流能力划分为点能力、线能力和网络能力。点能力是指物流网络中某一个配送中心、仓库等物流节点的能力；线能力是指物流网络中两个相互联系的节点之间连线的物流能力；网络能力是指整个物流网络的综合物流能力。微观物流系统网络中各节点的点能力和节点之间的线能力是构成微观物流系统的微观物流能力的基础，但是微观物流系统的网络能力并不是系统内部各节点的点能力和节点之间的线能力的简单叠加，而是具有新的特点。

（二）按物流能力的内涵进行分类

根据物流能力的内涵，物流能力可以划分为设计能力、额定能力、实际能力。

（三）按物流活动的性质进行分类

按物流活动的性质可以将物流能力划分为供应物流能力、生产物流能力、分销物流能力、进出口物流能力、回收物流能力、废弃物物流能力。具体到某个企业，就是企业供应物流能力、企业生产物流能力、企业分销物流能力、企业进出口物流能力、企业回收物流能力、企业废弃物物流能力。按物流业务活动的性质同样可以将供应链物流能力划分为供应链供应物流能力、供应链生产物流能力、供应链分销物流能力、供应链进出口物流能力、供应链回收物流能力、供应链废弃物物流能力。

（四）按物流能力的应用场合进行分类

按物流能力的应用场合可以将物流能力划分为条件物流能力和绝对物流能力。

（五）按物流能力的层次进行分类

按物流能力的层次可以将物流能力划分为战略物流能力、战术物流能力和运作物流能力。

（六）按物流能力各构成要素的特点分类

物流能力不仅包括物流系统中的仓储设备、运输设备、分拣设备、IT设备等物流硬件资源（有形要素）的处理能力，而且包括物流系统中的管理者对物流活动的计划、组织与控制（无形要素）的能力，物流能力是这二者结合的结果。无形要素在某种程度上决定了整个物流系统的物流能力效能水平。根据物流能力各构成要素的特点，可以认为物流能力是由物流要素能力（capacity）和物流运作能力（capability）综合而成的。其中，物流要素是指输入物流系统的各种资源，包括各种物流机械设备、物流设施、劳动力、资金、信息等。从可评价性的角度讲，物流要素能力主要是指物流硬件设施的处理能力（是机械设备或仓储设施的面积、数量、生产率、劳动时间等诸要素的综合）。物流运作能力是指物流管理者通过采用物流计划、组织与控制等手段，优化物流资源配置，为供应链提供高效率、低成本的物流服务的能力。如果说物流要素能力是一种静态能力，那么，物流运作能力就是基于这种静态能力的一种动态提升，是一种对物流活动进行管理的能力。

（七）按物流能力对组织作用的不同进行分类

按照物流能力对组织作用的不同，可以将物流能力划分为物流处理能力和物流价值增值能力。物流处理能力是指根据组织内部其他系统的要求或者来自客户的要求需要物流系统具备的基本物流能力。物流价值增值能力是指物流系统为了提高物流服务的效益，或为了给组织带来更好的效益所开展的额外的、特殊的物流服务的能力。

四、物流能力的体系结构

根据上述对物流能力的分类，对于微观层次的物流能力，还有如下三种不同的划分方法。

（一）根据物流活动的性质分类

根据物流活动的性质，可以将物流能力划分为供应物流能力、生产物流能力、分销物流能力、回收物流能力和废弃物物流能力，具体到某企业，就是企业供应物流能力、企业生产物流能力、企业分销物流能力、企业回收物流能力和企业废弃物物流能力。同样，按照物流业务活动的性质，可以将供应链物流能力划分为供应链供应物流能力、供应链生产物流能力、供应链分销物流能力、供应链回收物流能力和供应链废弃物物流能力。

（二）根据物流系统的抽象特征分类

从物流系统的抽象特征角度，可以把微观物流能力划分为物流节点能力、线能力和网络能力（简称为点能力、线能力和网能力）。按照供应链网络的实体形态，点能力可指物流网络中某一个配送中心、仓库等物流据点。另外，也可以根据物流系统的功能特性，将那些在较小区域内进行的物流功能视为节点，其能力表现视为点能力，如装载、包装、拣选、存储等。

线能力也有两种不同的划分方法：一是按照供应链网络的实体形态，指物流网络中两个或两个以上相互联系的节点之间的连线的物流能力；二是根据物流系统的功能特性，将那些需要经过较长空间位移的物流功能视为路线，其能力表现视为线能力，如运输、配送等。

网能力是指整个物流系统网络的综合物流能力。物流系统网络中的点能力和线能力是构成物流系统的网能力的重要基础，但是物流系统的网能力并不是系统内各点能力和线能力的简单叠加，而是它们之间基于物流作业流程的有机合成。

（三）根据物流能力各构成要素的特点分类

根据构成物流能力的要素的存在形态可以分为：①有形要素，如各种物流设备、设施的能力，信息系统的能力，物流设施的布局等；②无形要素，如物流操作人员的技术水平，物流管理者的计划、组织、优化与控制能力等。

物流能力不是单纯地指物流系统中的仓储设备、运输设备、分拣设备、IT设备等物流硬件资源（有形要素）的处理能力，还包括物流系统中的管理者对物流活动的计划、组织与控制（无形要素）能力。物流能力对物流系统有形要素能力和无形要素能力的综合，尤其是无形要素对整个物流系统的物流能力效能水平的高低具有重大的影响，是体现物流能力独特性的关键所在。

根据物流能力各构成要素的特点，可以认为，物流能力是由物流要素能力和物流运作能力综合而成的。其中，物流要素是指输入物流系统的各种资源，包括各种物流机械设备、物流设施、劳动力、资金、信息等。从可评价性的角度讲，物流要素能力主要是指物流硬件资源的处理能力，是机械设备、仓储设施等有形物流要素在面积、数量、生产率、劳动时间等诸要素上的综合。

物流运作能力是指物流管理者通过采用物流计划、组织与控制等手段，优化物流资源配置，为供应链提供高效率、低成本的物流服务的能力。如果说物流要素能力是一种静态能力，那么，物流运作能力就是基于这种静态能力的一种动态提升，是一种对物流活动进行管理的能力。

以上从不同角度对微观物流能力进行了分类，但是这些分类之间并不矛盾，而是相互联系的。如物流各要素能力在点能力、线能力和网能力中均有不同的体现，而要素能力和运作能力在供应、生产、分销、回收和废弃物物流能力中也各有其特征与表现。

根据上述分析，可归纳总结出物流能力的构成体系（见图14—3）。

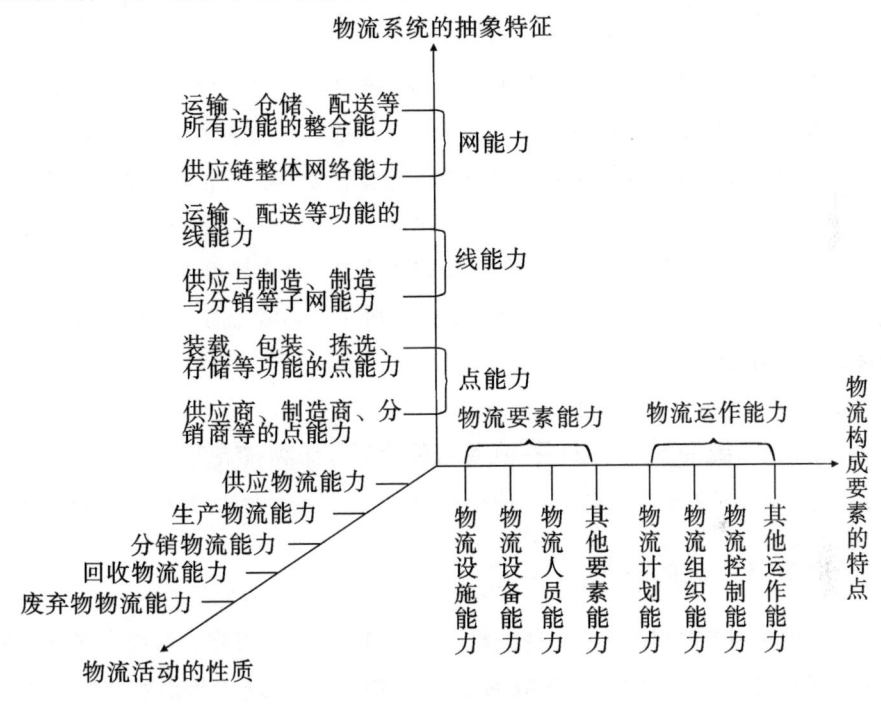

图14—3 物流能力构成的体系结构

五、物流能力的优化问题

（一）关键节点物流能力的优化

在供应链物流能力体系结构中，节点物流能力是构成路线物流能力和网络物流能力的基础，是最为基本的构成要素。因此，能力的优化首先需要对节点物流能力进行优化。在节点物流能力中，由于装载是出现频率最高的作业活动，因此是关键能力之一，应予以重点分析研究。

目前，关于该类问题的研究方法主要有两大类。一是基于组合优化理论的各种探索方法。该方法对求解小规模货物装载问题相当有效，但是由于该算法的计算量随装入货物数目的增加呈指数式增长，不太适合大规模货物的装载。二是基于整数规划基础上的各种数学解析方法。该类方法主要通过在算法设计过程中，对目标和约束条件进行转换，从而在计算精度和计算时间上达成平衡。

（二）关键路线物流能力的优化

在供应链物流能力体系结构中，路线物流能力由节点物流能力组合而成，是网络物流能力的基础。在路线物流能力中，分销系统包含配送中心、分销商、零售商等物流节点，节点与节点之间通过运输路线连接。分销系统的物流能力是响应客户需求的重要组成部分，直接体现了供应链的服务水平，是路线物流能力优化的关键所在。

存储论作为运筹学中的一个重要分支，应用量化手段建立存储模型，研究各类存储问题的存储方案并对存储控制方法进行积极探索。在人类社会活动的经济、军事等领域中，库存问题都普遍存在。为了维持企业正常的生产或经营活动，需要一定数量的储备资源来支持。例如，工厂要实现连续生产，就要储备一定的原材料或半成品；零售商为了满足顾客的需求，需要一定的产品库存；银行为了进行正常的营业，需要一定的货币余额以供周转。因此，对各种实际问题进行抽象，建立存储模型，分析库存费用，一直是存储论研究的重要方法。在供应链分销系统，由于库存的大量存在，因此存储论的应用更为广泛和集中。

（三）供应链网络物流能力的优化

激烈的市场竞争、快速变化的消费者口味、越来越短的产品寿命等是当今企业面临的市场环境，这就迫使企业以更低的成本、更短的生产周期更好地满足消费者的需求。为了实现这个目标，企业不再仅专注于改进其内部的生产流程，而纷纷将管理的触角延伸至企业之外，亦即要控制、规划和管理与其产品相关的整个供应链。

供应链观念的深入和信息技术的进步，使得供应链管理在企业界得以推广和应用。如何从整体角度对产品的供应链网络进行规划和设计，如供应商的选择、制造商的确定、分销路网的设计等，是供应链管理研究的重点和热点问题。

第三节 电子商务环境下的物流管理

一、电子商务与物流的关系

过去，人们对电子商务过程的认识往往只局限于信息流、商流和资金流的电子化、网络化，而忽视了物流的电子化过程，认为对于大多数商品和服务来说，物流仍然是通过传统的经销渠道流动。但随着电子商务的进一步推广与应用，物流的重要性对电子商务活动的影响日益明显。试想，在电子商务条件下，消费者进行网上浏览后，通过点击就完成了网上购物，但所购货物却迟迟不能送到手中，其结果可想而知，消费者只好放弃电子商务而选择更为安全可靠的传统购物方式。

在电子商务中，一些电子出版物，如软件、CD 等可以通过网络以电子的方式送给购买者，但绝大多数商品仍要通过各种方式完成从供应商到购买者的物流过程。我国的许多网上商店由于解决不了物流问题，只好告诉购买者送货必须在一定的地域范围内进行，否则，就不要在此处购买，这就失去了应该占有的市场，电子商务的跨地域优势也就无法体现。

（一）物流是电子商务的重要组成部分

电子商务在美国出现之初，有人将电子商务定义为商务活动的电子化。在这类电子商务的定义中，电子化工具主要是指计算机和网络通信技术；电子化对象主要是信息流、商流和资金流，并没有提到物流。

但要注意的是，此类电子商务概念的提出首先是在美国，而美国的物流管理技术自 1915 年发展至今已有 90 多年的历史，通过利用各种机械化、自动化工具及计算机和网络通信设备，已日臻完善。同时，美国作为一个发达国家，其技术创新的本源是需求，即所谓的需求拉动技术创新。作为电子商务前身的电子数据互换的产生是为了简化烦琐、耗时的订单处理等过程，以加快物流的速度，提高物资的利用率。即电子商务的提出最终是为了解决信息流、商流和资金流在处理程序上的烦琐而对现代化物流过程造成的延缓，进一步提高现代化的物流速度。可见，美国在定义电子商务概念之初，就有强大的现代化物流作为支持，只需将电子商务与其进行对接即可，而并非电子商务过程不需要物流的电子化。我国作为一个发展中国家，物流业起步晚、水平低，在引进电子商务时，并不具备能够支持电子商务活动的现代化物流水平，所以，在引入时，一定要注意配备相应的支持技术和现代化的物流模式，否则，电子商务活动难以推广。

因此，有些专家在定义电子商务时，注意将国外的定义与中国的现状相结合，扩大了美国原始电子商务定义的范围，提出了涵盖物流电子化过程的第二类电子商务概念，主要包括以下几点：

（1）电子商务是实施整个贸易活动的电子化；
（2）电子商务是一组电子工具在商务活动中的应用；
（3）电子商务是电子化的购物市场；
（4）电子商务是对从售前到售后支持的各个环节实现电子化、自动化。

在第二类电子商务定义中，电子化的对象是整个交易过程，不仅包括信息流、商流、资金流，而且包括物流；电子化的工具也不仅仅指计算机和网络通信技术，还包括叉车、自动导向车、机械手臂等自动化工具。

可见，从根本上来说，物流电子化应是电子商务概念不可或缺的组成部分。

（二）物流是电子商务概念模型的基本要素

电子商务概念模型（见图14—4）是对现实世界中电子商务活动的一般抽象描述，它由电子商务实体（交易主体）、电子市场、交易事务，以及信息流、商流、资金流、物流等基本要素构成。

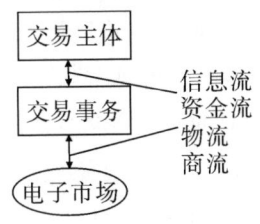

图14—4　电子商务概念模型

在电子商务概念模型中，电子商务实体是指能够从事电子商务的客观对象，它可以是企业、银行、商店，政府机构和个人等。电子市场是指电子商务实体从事商品和服务交换的场所，它由各种各样的商务活动参与者，利用各种通信装置，通过网络连接成一个统一的整体。交易事务是指电子商务实体之间所从事的具体的商务活动的内容，例如询价、报价、转账支付、广告宣传、商品运输等。

电子商务中的任何一笔交易，都包含着几种基本的"流"，即信息流、商流、资金流、物流。其中，信息流既包括商品信息的提供、促销行销、技术支持、售后服务等内容，也包括诸如询价单、报价单、付款通知单、转账通知等商业贸易单证，还包括交易方的支付能力、支付信誉等。商流是指商品在购、销之间进行交易和商品所有权转移的运动过程，具体是指商品交易的一系列活动。资金流主要是指资金的转移过程，包括付款、转账等过程。

信息流、商流、资金流的处理都可以通过计算机和网络通信设备实现。物流，作为4种"流"

中最为特殊的一种，是指物质实体（商品或服务）的流动过程，具体指运输、存储、配送、装卸、保管、物流信息管理等各种活动。对于少数商品和服务来说，可以直接通过网络传输的方式进行配送，如各种电子出版物、信息咨询服务、有价信息软件等。对于大多数商品和服务来说物流仍要经由物理方式传输，但由于一系列机械化、自动化工具的应用，准确、及时的物流信息对物流过程的监控，将使物流的流动速度加快、准确率提高，从而有效地减少库存、缩短生产周期。

在电子商务概念模型的建立过程中，强调信息流、商流、资金流和物流的整合。其中，信息流最为重要，它在一个更高的位置上实现对流通过程的监控。

（三）物流是实现电子商务的保证

物流是实现电子商务的重要环节和基本保证。

1. 物流保障生产

无论在传统的贸易方式下，还是在电子商务环境下，生产都是商品流通之本，而生产的顺利进行需要各类物流活动的支持。生产的全过程从原材料的采购开始，便要求有相应的供应物流活动，使所采购的材料到位，否则，生产就难以进行；在生产的各工艺流程之间，也需要原材料、半成品的物流过程，即所谓的生产物流，以实现生产的流动性；部分余料、可重复利用的物资的回收，也需要所谓的回收物流；废弃物的处理则需要废弃物物流。可见，整个生产过程实际上就是系列化的物流活动。

合理化、现代化的物流，通过降低费用从而缩减成本、优化库存结构、减少资金占用、缩短生产周期，保障了现代化生产的高效进行。相反，缺少了现代化的物流，生产将难以顺利进行。

2. 物流服务于商流

在商流活动中，商品所有权在购销合同签订的那一刻起，便由供方转移到需方，而商品实体并没有因此而移动。在传统的交易过程中，除了非实物交割的期货交易，一般的商流都必须伴随相应的物流活动，即按照需方（购方）的需求将商品实体由供方（卖方）以适当的方式、途径向需方（购方）转移。而在电子商务下，消费者通过上网点击购物，完成了商品所有权的交割过程，即商流过程。但电子商务的活动并未结束，只有商品和服务真正转移到消费者手中，商务活动才告以终结。

在整个电子商务的交易过程中，物流实际上是商流的后续者和服务者。没有现代化的物流，在网络经济社会中，商流活动将难以为继。

3. 物流是实现"以顾客为中心"理念的根本保证

电子商务的出现，在最大限度上方便了最终消费者。消费不必再去拥挤的商业街，一家又一家地挑选自己所需的商品，而只要坐在家里，在因特网上搜索、查看、挑选，就可以完成购物过程。但试想，他们所购的商品迟迟不能送到，或者商家所送的并非是自己购买的商品，那消费者还会选择网上购物吗？网上购物的不安全性和不确定性，一直是电子商务难以推广的重要原因。

物流是电子商务中实现"以顾客为中心"理念的最终保证，缺少了现代化的物流技术，电子商务给消费者带来的购物便捷将等于零，消费者必然会转向他们认为更为安全的传统购物方式。

从以上的分析中可见，物流是电子商务重要的组成部分。我们必须摒弃原有的"重信息流、商流和资金流的电子化，而忽视物流的电子化"的观念，大力发展现代化物流，以进一步推广电子商务。

二、电子商务物流的特点

电子商务时代的来临,给全球物流带来了新的发展,使现代物流具备了一系列新特点。

1. 信息化

电子商务时代,物流信息化是电子商务的必然要求。物流信息化表现为物流信息的商品化、物流信息收集的数据库化和代码化、物流信息处理的电子化和计算机化、物流信息传递的标准化和实时化、物流信息存储的数字化等。因此,条码(bar code)技术、数据库(database)技术、电子订货系统(electronic ordering system,EOS)、电子数据互换(electronic data interchange,EDI)、快速反应(quick response,QR)及有效的客户反应(effective customer response,ECR)、企业资源计划(enterprise resource planning,ERP)等技术与观念在我国的物流中将会得到普遍的应用。因此,信息化是一切的基础,没有物流的信息化,任何先进的技术设备都不可能应用于物流领域。信息技术及计算机技术在物流中的应用将会彻底改变世界物流的面貌。

2. 网络化

物流信息化的高层次应用首先表现为网络化。这里所指的网络化有以下两层含义。①物流配送系统的计算机通信网络。包括物流配送中心与供应商和制造商的联系要通过计算机通信网络来实现,与下游顾客之间的联系也要通过计算机通信网络来实现。比如,物流配送中心向供应商提交订单的过程,就可以应用计算机通信方式,借助于增殖网上的电子订货系统(EOS)和电子数据交换(EDI)技术来自动实现。物流配送中心通过计算机网络收集下游客户的订货信息的过程也可以自动完成;②组织的网络化。即所谓的企业内部网(Intranet)。比如,台湾的电脑业在20世纪90年代创造出了"全球运筹式产销模式",这种模式的基本点是按照客户订单组织生产,生产采取分散形式,即将全世界的电脑资源都利用起来,采取外包的形式将一台电脑的所有零部件、元器件、芯片外包给世界各地的制造商去生产;然后,通过全球的物流网络将这些零部件、元器件和芯片发往同一个物流配送中心进行组装,再由该物流配送中心将组装的电脑迅速发给客户,这一过程需要有高效的物流网络支持,当然物流网络的基础是信息、电脑网络。

3. 智能化

物流信息化的高层次应用表现为智能化。物流作业过程大量的运筹和决策,如库存水平的确定、运输(搬运)路径的选择、自动导向车的运行轨迹和作业控制、自动分拣机的运行、物流配送中心经营管理的决策支持等问题,都需要借助于大量的知识才能解决。在物流自动化的进程中,物流智能化是不可回避的技术难题。如今,专家系统、机器人等相关智能技术在国际上已经取得比较成熟的研究成果。为了提高物流现代化的水平,物流的智能化已成为电子商务下物流发展的一个新趋势。

4. 柔性化

随着市场变化的加快,产品寿命周期正在逐步缩短,小批量、多品种的生产已经成为企业生存的关键。目前,国外许多适用于大批量制造的刚性生产线正在逐步改造为小批量、多品种的柔性生产线。

5. 虚拟物流系统走向应用

随着全球卫星定位系统(GPS)的应用,社会大物流系统的动态调度、动态储存和动态运输将逐渐代替企业的静态固定仓库。由于物流系统的优化目的是减少库存直到零库存,这种动态仓储运输体系借助于全球卫星定位系统，充分体现了未来宏观物流系统的发展趋势。随着虚拟企业、虚拟制造技术的不断深入，虚拟物流系统已经成为企业内部虚拟制造系统的一个重要组成部分。英国一家企业采用三维仿真系统对拟建的一条汽车装配线及其相关的仓储输送系统进行了虚拟仿真，经过不断完善和修改，最终形成的系统降低了成本、提高了效率。

6. 绿色物流

随着环境资源恶化程度的加深，人类生存和发展的威胁日益扩大，因此，人们对资源的利用和环境的保护越来越重视。物流系统中的托盘、包装箱、货架等资源消耗大的环节出现了以下几个方面的趋势：

（1）包装箱采用可降解材料；

（2）托盘的标准化使得可重用性提高；

（3）为了降低托盘和包装箱的使用频率，采用供应链管理技术成为趋势。

三、电子商务环境下的物流运作案例

下面从制造商、网站以及物流企业三个角度来分析电子商务时代的物流作业流程和物流管理。

（一）IT 产品制造商 Dell 企业的直销流程

制造商从事电子商务的情况比较普遍，虽然不同的制造商其电子化的模式也不一样，但我们可以以 Dell 公司的直销网站（http://www.dell.com）为例来分析和说明其物流过程。Dell 公司的直销网站实际提供了一个跟踪和查询消费者订货状况的接口，消费者可以查询从发出订单到产品送到消费者手中整个过程的订货状况，Dell 公司对待任何消费者（个人、公司或单位）都采用定制的方式销售计算机，所以其物流服务也是配合这一政策而制定的。

Dell 公司的物流从确认订货开始，确认订货以收到货款为标志，在收到货款之后需要两天时间进行生产准备、生产、测试、包装、发运准备等。Dell 公司在中国的工厂设在厦门，其物流的发货委托了一家货运公司，并承诺在款到后 2~5 天送货上门，对某些偏远地区的用户每台计算机还要加收 200~300 元运费。此种类型的物流与商流模式为 Dell 公司带来的好处是显而易见的。一方面可以先拿到用户预付款，运费还要用户自己支付；另一方面，还有可能在货运企业将货运到后再结算运费。

Dell 公司的电子商务型直销方式对用户的价值体现在个性化生产上，同时，利用精简的生产、销售、物流过程可以省去一些中间成本。一个覆盖面较大、反应迅速、成本有效的物流网络和系统成为 Dell 公司直销系统成功的关键。如果 Dell 公司按照承诺将所有的订货都直接从工厂送货上门，必然会造成过高的物流成本。由于用户分布的区域很广，订货量又少，这种系统因库存降低而减少的费用无法弥补因送货不经济导致的运作及其他相关成本上升所增加的费用。

（二）网上书店 Amazon

从网站来看，网站企业的主要业务是负责网站的建立与管理、网页设计与更新、网上销售及售后服务设计、组织与管理等。在这种方式下，网站成为电子商务的主体，对于已经存在有形店铺的企业来讲，已有的物流系统和销售渠道可以为电子商务所用。但对于一个新近投入到电子商务行业的公司而言，必须新建物流系统，这个工作是当今实施电子商务过程中最具挑战性的。

下面分析一下著名的亚马孙书店（Amazon）的物流与配送方面的一些情况。Amazon 是全球最大的网上书店、网上音乐盒带商店和网上录像带店，其网上销售的方式有网上直销和网上拍卖。

Amazon 网上销售的配送中心在实现其经营业绩的过程中功不可没，具有以下特点。

（1）拥有完整的物流、配送网络。到 1999 年，Amazon 在美国（佐治亚、堪萨斯、内华达、特拉华、肯塔基等州）、欧洲和亚洲共建立了 15 个配送中心，总面积超过 3 300 000 平方米，其中，在佐治亚州的配送中心占地 70 000 平方米，机械化程度很高，它也是 Amazon 最大的配送中心。由于建立了完善的配送中心网络，订货和配送中心作业处理及送货过程更加快速，从而使得市场上的用户送货的标准时间更短、缺货更少。

（2）以全资子企业的形式经营和管理配送中心。Amazon 认为，配送中心是能接触到客户订单的最后一环，也是实现销售的关键环节，Amazon 不想因为配送环节的失误而损失任何销售机会。这一做法未必可以推广，但这可以说明，对电子商务来讲，物流配送对整个电子商务系统具有决定性的意义。

（3）高层管理人员经验丰富。为了加强 Amazon 物流、配送系统的规划与管理，Amazon 在 1998 年 7 月任命世界上最大的零售商 Wal—Mart 的前任物流总裁怀特（Wright）为 Amazon 的副总裁，而怀特在 Wal—Mart 时管理的配送中心有 30 个，总面积大约 3 530 000 平方米，雇员约 32 000 人。这说明 Amazon 的配送中心的高层管理人员具有极高的素质和丰富的经验。

（4）Amazon 提供了多种送货方式和送货期限供消费者选择，对应的送货费用也各不相同。送货方式有两种：一是以陆运和海运为基本运输工具的标准送货，二是空运。根据目的地是国内还是国外的不同以及所订的商品是否有现货（决定集货时间），送货期限可以具有很大的区别。如选择基本送货方式，并且商品有库存，在美国国内需要 3～7 个工作日才能送货上门；而在国外，加上通关的时间，需要 2～12 个星期才能送货上门。如果选择空运，美国国内用户等待 1～2 个工作日就可以得到货物，而国外用户则需要等待 1～4 个工作日。交货时间的长短反映了配送系统的竞争力的大小，Amazon 设计了比较灵活的送货方案，使用户具有更大的选择余地，从而受到了用户的欢迎。

（三）快件运输商 FedEx 公司

从物流企业的角度来看，物流企业在电子商务中可以扮演两种角色：一是可以像制造商和销售商那样，从建立电子商务网站开始，独立从事电子商务业务；二是为电子商务提供物流、配送服务。其中以第二种角色为主，物流作业要配合电子商务的需求，提供细致的配送服务。下面以世界快件运输商 FedEx（联邦快递）为例来进行简单的分析。

总部位于美国田纳西州的 FedEx 成立于 1973 年 4 月，是全球规模最大的快递企业之一，到 1999 年，在全球 211 个国家和地区通过 366 座机场经营快运业务，它的物流网络覆盖了占全世界各国的国内生产总值 90% 的国家和地区。该企业拥有营运货机 624 架，货车 42 500 辆，全球员工 145 000 人，为全球用户提供 24～48 小时之内的门到门配送服务。企业通过信息网络与 100 多万个客户保持联系，全球使用统一的 FedEx 物流管理软件，其中投入使用的 Powerships 系统超过 10 万套，FedEx Ships 及 Internet Ships 系统超过 100 万套。FedEx 建立了大约 1 400 个全球服务中心，大约 34 000 个投递箱，7 000 个授权服务中心及附属机构，7 000 个授权寄件中心。FedEx 的全球投递地点超过 2 000 个，全球平均处理货件量每天超过 310 万件，运输量每天大约 9 400 吨，航空货运量每天大约 260 万吨，平均处理通话次数每天超过 50 万次，平均电子传输次数每天大约 6 300 万份。1999 年，该公司第二季会计年度营业收入达 35 亿美元。1999 年 11 月，该公司宣布在中国成立第一家合资快递公司，并且 5 年内在中国 100 个城市开设办事处。

FedEx 主要以第三方物流和配送企业的身份参与电子商务。FedEx 于 1997 年初就开始像一家纯粹的电子商务公司一样从事电子商务业务，但不同的是，该公司在物流网络和信息网络以及客户资源上远比一般的电子商务企业更具优势。该公司认为，既然公司已经具备了从信息、销售到配送所需的全部资源和经验，那么，公司就必须拓展电子商务业务。FedEx 完全可以获得电子商务方面的成功，因为 FedEx 控制了电子商务最为重要的环节——配送，这是其他多数电子商务公司无法比拟的。

电子商务物流的研究、起步和实际应用在中国还处于刚刚起步阶段，尽管很多思想和做法可以参照国际上成功的经验和惯例，但毕竟中国有自己的特殊国情和特点，作为发展中国家，基础设施和人们的观念这两大问题必然制约着电子商务物流的发展，从经营的角度和经济的视角去研究中国物流体系的建立更是值得我国物流研究工作者重视的问题。

第四节　基于时间竞争的供应链物流管理

一、基于时间竞争的起源

随着经济的发展，影响企业在市场上获取竞争力的重要因素也在发生着变化。认清主要竞争因素的影响力，对于企业管理者把握资源应用和获取最大竞争优势具有非常重要的意义。竞争、技术进步和消费者需求的变化导致竞争模式的不断发展，在这个过程中，基于时间的竞争成为 20 世纪 90 年代主流的竞争模式。

在 1988 年，波士顿咨询集团 BCG 的常务副总裁 Stalk 在《哈佛商业评论》上发表了一篇具有里程碑意义的文章《时间：下一个竞争优势资源》，他在该文中首次提出了"基于时间的竞争（time—based Competition，TBC）"一词。该文是最早发表的详细讨论基于时间的竞争问题的文章。该文描述了竞争模式的演变过程，重点讨论了时间作为竞争优势关键资源的重要性，并给出了基于时间的制造、销售、配送、创新和战略的本质。文中并指出，日益激烈的竞争要求竞争者在非常短的时间内引进新产品和扩大品种种类，导致今天最新的竞争模式——基于时间的竞争——的出现。

1990 年，Stalk 和 Hout 在其合著的《争分夺秒地竞争：TBC 如何重塑全球市场》中对 TBC 进行了全面深入的描述，分析了它与商务、资金、顾客和创新的关系，并指出以最少的时间、最低的成本提供最大的价值是企业成功的新模式。1993 年，Daniels 和 Essaides 描述了基于时间企业（time—based company）的特征，认为：基于时间企业有一个扁平的管理结构和快速广泛的决策方法，可充分利用信息技术，减少所有业务时间，减少成本，增加生产率；顾客比竞争者更重要，可提供低成本的品种，提供宽广的产品系列，能够覆盖产业的每一个市场区划，提供快速响应，提高新产品推出频度，捕捉竞争者非防守区；可快速实施新产品计划与创意，比竞争者有更新的产品供给，快速增加产品的创新含量，提供当前技术性最前端的产品。

2000 年，Alberto 和 Antonella 在《TBC 的常规与创新研究路线》一文中介绍了 TBC 的三种类型：产品 TBC，加工 TBC，产品和加工 TBC。提出了传统企业向 TBC 转化的两种路线：传统路线，创新路线。描述了 TBC 与基于成本竞争（cost—based competition）的市场敏感性矩阵。指出表征外部时间变量有新产品推出频度、交付时间；表征内部时间变量有采购、制造、分销等提前期，以及市场反应时间（又称上市时间）。

2001 年，Christopher 在《速度的第二代》中按照先后顺序将 TBC 划分为两代。第一代 TBC 去掉工作流程中非必需的时间，使得组织变得更加轻便、浓缩和灵活，例如减少批量、"拉动（Pull）"的哲理、并行工程、计算机辅助设计等。这是 TBC 的最低要求，是直线式的。第二代 TBC 是快速决策，它与第一阶段有着本质的差别，是非理性的和曲线性的。快速决策的依据是顾客的需求和对将来的远见。

TBC 是一种压缩产品计划、开发、制造、营销和运输时间的竞争战略，根据产品的价值流动过程，可分为基于时间创新、基于时间制造、基于时间销售、基于时间服务四部分，分别对应着创新时间、制造时间、销售时间和服务时间的缩短，有利于增强企业的市场竞争能力。

与 20 世纪的市场竞争特点相比，21 世纪的竞争又有了新的特点：产品生命周期越来越短，产品品种数量飞速膨胀，对订单的响应时间要求越来越短，对产品和服务的期望越来越高。因此，技术进步和客户需求的个性化使得产品生命周期不断缩短，企业必须面临不断缩短响应周期的巨大压力，竞争力的决定因素最终转移到时间上来。毋庸置疑，谁能对市场的变化作出快速反应，迅速将新产品推向市场，以最快的速度满足顾客的需求，谁就能在市场中获得竞争优势。因此，各国企业纷纷在时间基础上，出现了基于时间竞争的思想。实施基于时间的竞争战略旨在改善企业的各种与时间有关的绩效指标，快速地对市场变化作出反应以取得竞争优势。

二、时间与供应链竞争力的关系

时间已经成为一种满足顾客需求的有效武器，这已经成为一个事实，所以，供应链必须追求基于时间的发展和执行基于时间的战略以维持竞争优势。如今的供应链不得不为柔性和速度而努力，以应对苛刻的市场环境。

供应链竞争力是指某一供应链在市场竞争中所表现的一种外在市场力量，是与竞争对手抗争、赢得市场份额、获取利润时所表现出来的力量或能力。它是供应链外部资源与内部资源实力、能力、素质综合作用，最终在市场竞争上所体现出的力量。供应链这种在竞争中表现出来的市场力量的直接结果便是供应链不断扩张的市场份额或超额利润。所以，供应链竞争力在市场上的最终表现形式就是市场占有率、利润率。当然，供应链竞争力主要受其占有市场的能力、创造价值的能力、创造利润的能力和创新发展的能力所决定。供应链竞争力的最终表现形式和决定因素共同组成了供应链竞争力的模型，如图 14—5 所示。

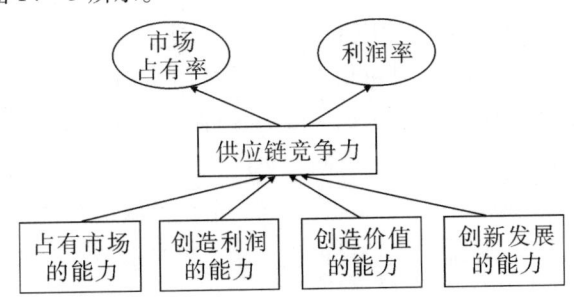

图 14—5　供应链竞争力的模型

1999 年，Jayaram 等通过对北美三大汽车供应链中的 150 个一级供应商进行调查，并采用分段回归方法分析时间绩效与企业绩效的关系（见表 14—2）。

表14—2 时间绩效与企业绩效的关系

时间绩效＼β	竞争力					
	ROA（税前）	ROA（税后）	ROI	ROI（增长率）	市场份额	市场份额（增长率）
新产品开发时间	0.134	0.192	0.112	0.058	0.207	0.214
制造提前期	0.340	0.340	0.298	0.267	0.379	0.284
交货可靠性	0.113	0.082	0.096	0.030	0.242	0.088
交货速度	0.210	0.239	0.113	0.103	0.303	0.145
顾客响应性	0.204	0.224	0.234	0.235	0.314	0.260

注：① ROA——资产回报率（return of assets，ROA）
② ROI——投资回报率（return of investment，ROI）；
③ β——线性回归系数。

Thomas 认为，时间是影响供应链管理绩效的重要因素之一。他对北美、欧洲和日本汽车供应链关于周期时间压缩对供应链管理绩效的影响关系进行了调查和分析，通过研究发现，压缩供应链时间促使供应链所有重要的管理绩效指标有了显著的提高，如图14—6所示。

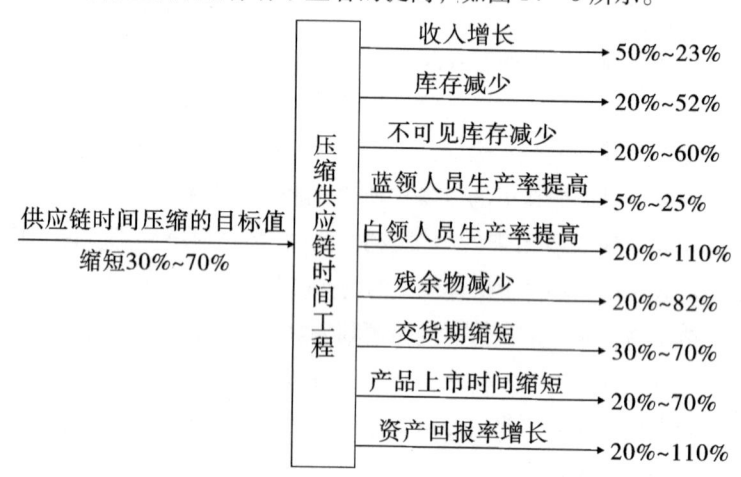

```
供应链时间压缩的目标值      压    收入增长         →50%~23%
                          缩    库存减少         →20%~52%
   缩短30%~70%            供    不可见库存减少    →20%~60%
                          应    蓝领人员生产率提高 →5%~25%
                          链    白领人员生产率提高 →20%~110%
                          时    残余物减少        →20%~82%
                          间    交货期缩短        →30%~70%
                          工    产品上市时间缩短   →20%~70%
                          程    资产回报率增长     →20%~110%
```

图14—6 时间压缩与供应链管理绩效的关系

基于时间绩效指标与竞争力的各个评价指标有很好的正相关性，即它们之间存在直接的因果关系，尤其是制造提前期表现得更明显。因为供应链的时间压缩是指压缩产品计划、开发、制造、营销和运输的周期，时间压缩对供应链的响应时间、交货可靠性、交货速度和顾客响应性有着决定性的影响，所以，时间压缩与供应链系统的 ROA、ROI、市场份额也存在着直接的因果关系。同时，分析图14—6也可以发现，时间压缩对供应链的生产率、库存水平、市场份额、ROI、ROA 等的影响非常显著。

因为供应链竞争力在市场上的最终表现形式就是市场占有率和利润率，所以，由表14—2和图14—6可以得出以下结论：时间压缩与供应链竞争力之间存在着直接的因果关系，时间压缩对供应链整体竞争力的形成有着直接的影响。

在研究分析的基础上，可以总结出时间压缩形成供应链竞争力的关系模型（见图14—7）。其中，时间压缩是系统模型的输入，也是系统模型的动力源；模型的输出是供应链竞争力；系统模型中的供应链绩效反馈了时间压缩后供应链系统运行的整体效益。

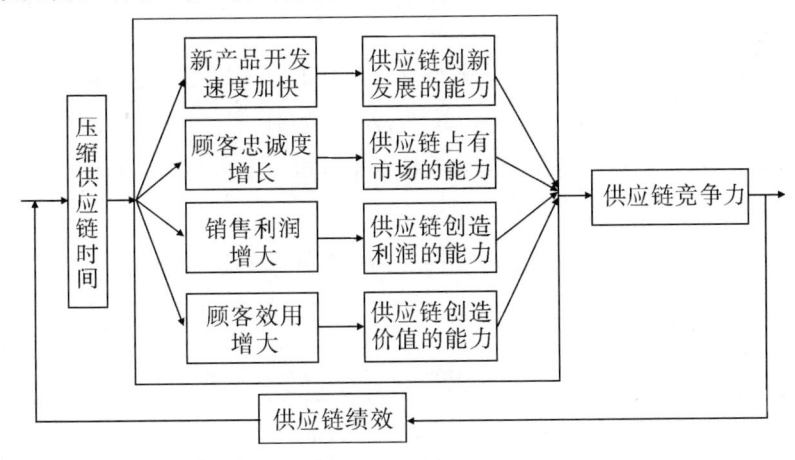

图 14—7 时间压缩形成供应链竞争力的关系模型

通过图 14—7 分析可知，时间压缩形成供应链竞争力的关系模型主要包括以下 4 个方面的内容。

（1）通过时间压缩提高供应链创新发展的能力。时间压缩加速了新产品开发，使得供应链创新发展的能力得到提高，让供应链始终走在竞争对手的前面，能够保持持续的市场竞争优势。

（2）通过时间压缩提高供应链占有市场的能力。供应链的时间压缩，缩短了产品到达市场的时间，提高了顾客服务水平，使得供应链具有更强的留住现有顾客及吸引新顾客的能力，从而提高了供应链占有市场的能力。

（3）通过时间压缩提高供应链创造利润的能力。时间压缩减少了供应链总成本，这使得供应链能够获得更大的销售利润，从而提高了供应链创造利润的能力。

（4）通过时间压缩提高供应链创造价值的能力。时间压缩使得产品质量提高、产品个性化程度提高和顾客服务水平提高，从而提高供应链为顾客创造价值的能力。

速度已经成为竞争中占据领先地位的关键，资源的竞争正逐渐被发展速度的竞争所代替。21 世纪的竞争是供应链与供应链间的竞争，所以，供应链应该构建加速机制，不断提高自身对市场和技术的反应速度，通过采用时间战略不断提高竞争能力。因此，关于时间与供应链竞争力之间的关系将成为企业界和学术界关注的焦点，将逐渐成为学者们研究的重点课题。

三、供应链物流管理的时间战略问题

（一）供应链管理环境下的物流环境

企业竞争环境的变化导致企业管理模式的转变，供应链管理思想就是在新的竞争环境下出现的。新的竞争环境体现了企业竞争环境优势要素的改变。在 20 世纪 70 年代以前是以成本作为重要的竞争优势。20 世纪 80 年代是以质量作为竞争优势。20 世纪 90 年代是以交货时间作为竞争优势。到 21 世纪，这种竞争优势会转移至敏捷性方面。在这种环境下，企业的竞争就表现为如何以最快的速度响应市场要求，满足不断变化的多样化需求。企业必须能在实时的需求信息下，快速组织生产资源，把产品送到用户手中，并提高产品的用户满意度。在激烈的市场竞争中，企业普遍感受到一种资源饥渴的无奈，传统的单一企业竞争模式已经很难使企业在市场竞争中保持绝对的竞争优势。信息时代的到来，进一步加深了企业竞争的压力。信息资源的开放性，打破了企业的界限，建立了一种超越企业界限的新的合作关系，为创造新的竞争优势提供了有利的条件。供应链管理的出现就

迎合了这种趋势，顺应了新的竞争环境的需要，使企业从资源的约束中解放出来，创造新的竞争优势。

供应链管理实际上是一个被扩展了的企业概念。其基本原理和思想体现在以下几个方面：①横向思维（战略联盟）；②核心能力；③资源扩展/共享；④群体与工作流（团队管理）；⑤竞争性合作；⑥同步化运作；⑦用户驱动。这几个方面的特点不可避免地影响到物流环境。归纳起来，供应链管理环境下的物流环境有如下几个特点（见表14—3）。

表14—3 供应链管理环境下的物流环境的特点

竞争的需求	竞争特征	物流策略要素
对顾客化产品的开发、制造和交货速度	敏捷性	通过畅通的运输快速交货
资源动态重组能力	合作性	通过即插即用的信息网络获得信息共享与知识支持
物流系统对变化的实时响应能力	柔性	多种形式的运输网络，多点信息获取路径
用户服务能力的要求	满意度	多样化产品，亲和服务，可靠质量

（二）供应链物流和信息流的时间战略管理

市场经历了产品和服务价格（更便宜、成本合理化）、质量（更好质量）竞争的发展阶段，如今正在向时间（更快与速度）竞争转变。时间作为一种战略武器，与资本、生产率、质量甚至创新同等重要，供应链竞争优势产生于以更低的价格、更快的速度为顾客提供更多的价值。由于市场对产品的需求不断发生变化，也由于技术发展为产品更新提供了可能，产品的生命周期越来越短，产品的市场寿命短于企业花费在计划、采购、制造与分销上的时间的情况屡见不鲜。在20世纪70年代，汽车的市场生命周期为12年，80年代为4年，到90年代仅为18个月；电子产品的市场生命周期更短，如今电脑几乎一进入市场就过时了。欧洲企业界流行的一句口号是"现代企业比快不比大"。今后的竞争，不再是大鱼吃小鱼，而是快鱼吃慢鱼，速度或时间将在大多数市场上成为一个主要的竞争变量。戴尔公司的飞速发展是美国高新技术企业经营管理的一个奇迹，被行家视为推动美国个人计算机业发展的一种动力。戴尔公司经营上的最大特色就是强调速度：制造快、销售快、赢利快，亦即"速度决定一切"。所以，经济全球化带给供应链企业更大机遇的同时，也对经营管理提出了新的挑战。供应链如何在取得标准化成本优势的同时，高效率地满足市场的多样化、个性化需求？如何在全球市场内快速进行原材料、零部件的购买获取，产品制造，以及分销与配送？如何减少产品从原材料阶段到产品完成阶段直至交付给顾客的整个过程中的多余环节与时间？如何对市场作出更快的响应，从而解决产品生命周期缩短、更新换代速度加快的问题？

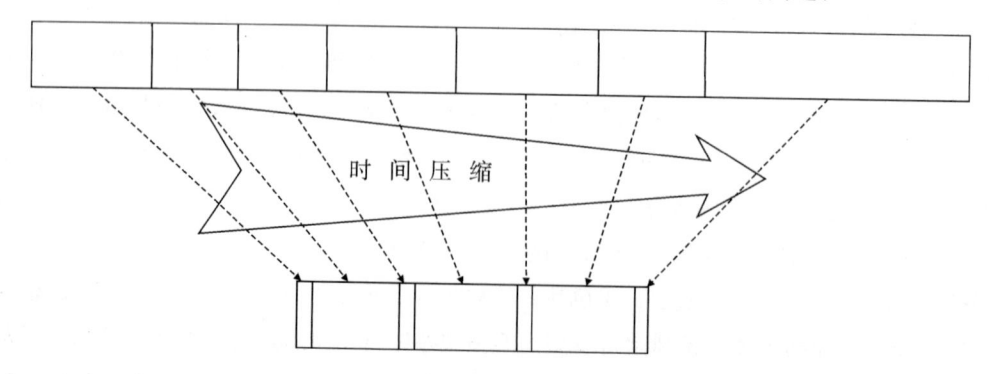

图14—8 通过压缩供应链业务非增值时间实现供应链增值的过程

供应链物流和信息流的时间战略管理在于构筑时间竞争优势，其核心是时间压缩，即寻求各种手段压缩、减少供应链业务非增值时间来实现供应链增值（见图14—8），因为供应链中95%的时间是非增值时间。供应链时间压缩战略，作为供应链管理的有力工具，能够很好地减轻传统供应链中的牛鞭效应。例如，可获得更短的响应时间、更好的订货控制、更低的库存水平，以及更加适应现代社会消费者对产品多样性的需求，等等。所有的供应链有两条响应时间渠道（pipeline）：①订货信息传递渠道；②产品传递渠道，指从原材料转变为成品并流向最终顾客的渠道，即物流的传递渠道。供应链物流和信息流的时间战略管理就是对物流的时间压缩和信息流的时间压缩。

1. 供应链物流管理的时间压缩策略

供应链物流管理中的时间战略是供应链管理的重要战略之一。物流管理的最终目的就是满足顾客需求。具体来说，从企业的外部供应链来看，有三个方面的含义：①满足时间要求；②物流要有合适的数量；③使成本最小化。从企业的内部供应链来看，产品的质量控制与生产调度同样重要。只有生产满足顾客需求的产品，顾客才会认可企业所在的供应链向顾客提供的产品，企业所在的供应链才能获利。

（1）产品设计阶段的时间压缩。物流的时间压缩战略的起点应是产品的设计阶段，即产品在最初设计时就应考虑多种产品在物流管理、生产、分销、实际使用中的优化问题。产品的优化设计能有效推动供应链中的时间压缩战略，例如较大比例的产品标准化设计可以大量减少生产过程中的改动。另外，生产循环时间的压缩也是至关重要的。许多企业多年来致力于压缩生产循环时间，即对物流提前期进行压缩，并总结了许多策略。下面的4个基本策略是企业中常用的用来压缩生产时间的方法：①消除物流中无用的工序；②压缩工序中冗余的时间；③在连续的流程中再造工序的连接过程；④并行地运行流程。

值得注意的是，许多企业只关注于其内部生产时间的压缩而忽略物流中其他提前期的压缩（如分销时间的压缩），结果是在生产中节约出来的时间都被分销过程浪费掉了。供应链管理强调整体绩效，主张通过供应链中各成员的积极合作来完成时间压缩战略，每个企业都应积极帮助上、下游企业减少物流流动时间，使整个供应链中的物流时间达到优化与平衡。

（2）产品供应链中的时间压缩。供应链中各成员的即时化原则是成功实行物流时间战略的保证。时间工序规划图（time—based process mapping，TBPM）是一种重要的时间压缩工具，它能将产品在整个供应链的时间用图形清晰地表达，以便发现问题，提高时间的压缩效率。

（3）供应链合作伙伴关系中的时间压缩。这主要反映企业间合作时的运输、库存等各种基于时间的优化问题以及供应链契约问题。

（4）供应链管理中的物流时间压缩的基本原则。供应链管理中的物流时间压缩的基本原则有：只生产能够快速运送给顾客并快速收回货款的产品；在本阶段只生产下阶段组装所需的组件；最小化原料生产时间；使用最短的计划周期；从供货商处小批量购买流程、组装所需的组件，即外包策略。

2. 信息流的时间压缩策略

信息流不仅包括订货的定量信息，还包括反应顾客需求的定性信息。在信息流中，压缩时间有更大的发挥余地，当然也有更大的风险。有更大的发挥余地是因为信息流与生产工序不同，无提前期限制。理论上，通过信息技术，信息流动可即刻从供应链一端流向另一端。而说压缩时间有更大的风险是因为缓慢的信息提前期可能给企业带来巨大的损失，即一旦信息过期，它就失去了价值，会引起旧有资料的扩张、延迟。解决这种问题的唯一方法是压缩信息流的传递时间，以使系统内传播的信息保持最新和有意义，并且能够被有效地理解。

在传统的供应链中，每个成员所得到的需求信息都来源于其下游企业，而这种需求信息不仅是滞后的，而且往往不是最终消费者的真实需求，它是经过下游企业成员加工后得到的需求，或者是加上了安全库存，或者根据预测结果修改了的需求。买者与卖者之间的敌对关系，也使得下游企业避免让上游企业了解真实的需求信息。因此，在许多供应链中，只有最接近最终顾客的成员才能感受到真实的需求。市场信息在供应链上传播时遭受逐步的延迟与曲解，越是处于传统供应链上游的企业，所了解到的关于最终顾客的需求信息就越不真实。而供应链管理中的真实信息是至关重要的战略资产。供应链中每个成员都是为了满足最终顾客需求而工作的，每个成员都有权利获得快速真实的顾客需求。

为了在信息流（如市场信息）中压缩时间，一种有效的方法是将市场销售数据（market sales data）实时提供给供应链上的每一成员，这样，每个成员就可以根据其下游企业的订货信息和最终消费者的需求信息来作出准确而快捷的生产、存货决策，有利于企业实现即时化（JIT）生产和材料、制造或市场资源计划（MRPII）等技术，进而减少库存、降低成本。提高信息流运作绩效的主要技术是电子数据交换（EDI）系统，它可以使供应链上各成员在进行合作的同时实现信息共享。

值得注意的是：一方面在同一时间获取市场信息的两个不同企业，由于在理解信息时存在能力方面的差别，这将导致企业的快速反应能力和最终结果大相径庭；另一方面，具有相同快速反应能力的两个不同企业在获取信息的优势方面的差异，在许多决策过程中存在阻碍信息传递障碍的不同，这也可以导致企业表现出各不相同的竞争力。因此，在时间压缩战略中信息流的价值体现在信息价值的时间性和提取有用信息的能力两方面。信息共享不等于理解了信息。

物流和信息流的时间压缩并不是各自独立进行的，只有两者的密切合作才能使全部循环时间达到最小。物流的时间压缩通常伴随着开放的信息，而信息流中时间的压缩将直接影响物流的运作。

【经典案例 1】

青啤集团的现代物流管理

青啤集团引入现代物流管理方式，加快产成品走向市场的速度，同时使库存占用资金、仓储费用及周转运输在一年多的时间里降低了 3900 万元。青啤集团从开票、批条子的计划调拨，到在全国建立代理经销商制，是青啤集团为适应市场竞争的一次重大调整。但在运作中却发现，由代理商控制市场局面，在市场上倒来倒去的做法，只能牵着企业的鼻子走，加上目前市场的信誉度较差，使青啤集团在组织生产和销售时遇到很大困难。

1998 年第一季度，青啤集团以新鲜度管理为中心的物流管理系统开始启动，当时青岛啤酒的产量不过 30 多万吨，但库存就高达 3 万吨，限产处理积压，按市场需求组织生产成为当时的主要任务。青啤集团将"让青岛人民喝上当周酒，让全国人民喝上当月酒"作为目标，先后派出两批业务骨干到国外考察、学习，提出了优化产成品物流渠道的具体做法和规划方案。这项以消费者为中心，以市场为导向，以实现"新鲜度管理"为载体，以提高供应链运行效率为目标的物流管理改革，建立起了集团与各销售点物流、信息流和资金流全部由计算机网络管理的智能化配送体系。

青啤集团首先成立了仓储调度中心，对全国市场区域的仓储活动进行重新规划，对产品的仓储、转库实行统一管理和控制。由提供单一的仓储服务，到对产成品的市场区域分布、流通时间等全面的调整、平衡和控制，仓储调度成为销售过程中降低成本、增加效益的重要一环。以原运输公司为基础，青啤集团注册成立了具有独立法人资格的物流有限公司，引进现代物流理念和技术，完全按照市场机制运作。作为提供运输服务的卖方，物流公司能够确保按规定要求，以最短的时间、最少的环节和最经济的运送方式，将产品送至目的地。同时，青啤集团应用建立在Internet信息传输基础上的ERP系统，筹建了青岛啤酒集团技术中心，将物流、信息流、资金流统一在计算机网络的智能化管理之下，建立起各分公司与总公司之间的快速信息通道，及时掌握各地最新的市场库存、货物和资金流动情况，为制定市场策略提供准确的依据，并简化了业务运行程序，提高了销售系统的运作效率，增强了企业的应变能力。青啤集团还对运输仓储过程中的各个环节进行了重新整合、优化，以减少运输周转次数，压缩库存，缩短产品仓储和周转时间等。具体做法是根据客户订单，产品从生产厂直接运往港、站；省内订货从生产厂直接运到客户仓库。仅此一项，每箱的成本就下降了0.5元。同时对仓储的存量作了科学的界定，并规定了上限和下限，上限为1.2万吨。低于下限发出要货指令，高于上限再安排生产，这样使仓储成为生产调度的平衡器，从根本上改变了淡季库存积压、旺季市场断档的局面，满足了市场对新鲜度的需求。

目前，青啤集团仓库面积由70000m^2下降到29260m^2，产成品库存量平均降到6000t。这个产品物流体系实现了环环相扣，销售部门根据各地销售网络的要货计划和市场预测，制订销售计划；仓储部门根据销售计划和库存，及时向生产企业传递要货信息；生产厂有针对性地组织生产，物流公司则及时地调度运力，确保交货质量和交货期。同时销售代理商在有了稳定的货源供应后，可以从人、财、物等方面进一步降低销售成本，增加效益。经过一年多的运转，青岛啤酒物流网已取得了阶段性成果。先是市场销售的产品新鲜度提高，青岛及山东市场的消费者可以喝上当天酒、当周酒；省外市场的东北、广东及沿海城市的消费者，可以喝上当周酒、当月酒。其次是产成品周转速度加快，库存下降使资金占用下降了3500多万元；再是仓储面积降低，仓储费用下降187万元，市内周转运输费降低了189.6元。

现代物流管理体系的建立，使青啤集团的整体营销水平和市场竞争能力大大提高，1999年，青岛啤酒集团产销量达到107万吨，再登国内榜首。其建立的信息网络系统还具有较强的扩展性，为企业在拥有完善的物流配送体系和成熟的市场供求关系时开展电子商务准备了必要的条件。

【讨论题】

1. 简述青啤集团仓储管理的特点。

【经典案例2】

沃尔玛的供应链制胜：比对手更好地控制成本

在沃尔玛的超市里，"天天低价"是其最醒目的标签，但这只是沃尔玛的表象。虽然薄利多销是沃尔玛恒久的原则。就像沃尔玛的创始人山姆·沃尔顿的名言："一件商品，成本8角，如果标价1元，可是销量却是1.2元时的3倍，我在一件商品上所赚不多，但卖多了，我就有利可图。"

但沃尔玛从来都以合理的利润率决定价格，而非刻意低价。中国国内某些企业也一度把"低价策略"奉为圭臬，却成了价格战的牺牲品。沃尔玛"天天平价"的背后有一整套完善的物流管理系统。因为它的成本永远控制在最低，才得以保持"天天平价"。高效的物流配送体系是沃尔玛保持最大销售量和低成本的存货周转的核心竞争力。

供应链制胜

山姆·沃尔顿有句话说："供应链制胜的关键——永远都要比对手更好地控制成本"。

沃尔玛起步之初，其商店就一直远离中心城市，大都选址在小城镇和郊区，以避免残酷的商业竞争。但随之而来的难题就是配送问题。供货商大都在中心城市，郊区的配送更为迟缓，从商店发出订单到收到货物，耗时往往要长达30天之久。

这迫使沃尔玛不得不创新配送理念。最终，沃尔玛放弃了通行的直接送货到商店的方式，创建了集中管理的配送中心。沃尔玛的供应商根据各分店的订单将货品送至沃尔玛的配送中心，配送中心则负责完成对商品的筛选、包装和分拣工作。配送中心高度现代化，85%的商品都采用机械处理，大大减少了人工处理商品的费用。

如今，从任何一个配送中心出发，汽车只需一天就能抵达它所服务的商店。当沃尔玛的商店用计算机发出订单，到它的商品补充完毕，这个过程平均只需2天。比以往大大缩短了时日。

沃尔玛中国市场总监曾这样描述沃尔玛的配送中心："一个面积为110000平方英尺的建筑，相当于23个足球场那么大。你再把自己能够想象到的各种各样的商品都放进去，从牙膏到电视机，从卫生纸到玩具，应有尽有。"

"在配送中心里，每件货品都贴有条形码，当一件商品储存进来或者运出去时，有一台计算机专门追踪它所处的方位和变动情况。配送中心有600~800名员工，提供24小时不间断的服务。这些商品通过长约13.7km的激光控制的传送带在库房里进进出出。激光识别出物品上的条形码，然后把它引向正待当晚完成某家商店定购任务的卡车。任务繁重的时候，这些传送带一天处理约200000件商品。"

这应验了山姆的那句话："比对手更好地控制成本"。沃尔玛把货品送到商店的成本低于3，而其竞争对手做同样的事情一般要付出4.5~5。也就是说，当沃尔玛以同样的价格零售同样的商品时，他们比竞争对手多得2.5的利润。

沃尔玛一直没有请第三方的运输公司帮助自己运送货物，而组建了自己的高效的运输车队。至今沃尔玛的机动运输车队是其供货系统的另一无可比拟的优势。沃尔玛已拥有40多个配送中心，4000多辆运货卡车，保证进货从仓库到任何一家商店的时间不超过48小时，相对于其他同业商店平均两周补货一次，沃尔玛可保证分店货架平均一周补两次。沃尔玛可以在全美范围内快速地送货，使沃尔玛各分店即使只维持极少存货也能保持正常销售，从而大大节省了存储空间和费用。由于这套快捷运输系统的有效运作，沃尔玛85%的商品通过自己的配送中心运输，而竞争对手凯马特只有5%。结果是沃尔玛的销售成本因此低于同行业平均销售成本的2%~3%，成为沃尔玛全年低价策略的坚实基石。

沃尔玛的卫星通信系统也是完善的物流管理系统的重要一环。沃尔玛投资4亿美元由休斯公司发射了一颗商用卫星，实现了全球联网，在全球4000多家店面通过全球网络可在1小时之内对每种商品的库存、上架、销售量全部盘点一遍，并把销售情况传送给上千家供应商。并通知货车驾驶员最新的路况信息，调整车辆送货的最佳线路。

这样沃尔玛通过自己的卫星通信系统，把配送中心、供应商和每家分店更紧密的联成一体。既提高了工作效率，也降低了成本，把营业的高效和准确提升到极致。也使得沃尔玛超市所售货物在价格上占有绝对优势。

中国物流瓶颈

谈到沃尔玛的成功,供人参考的还是美国的经验。在中国,沃尔玛却没有成为美国沃尔玛的翻版。

1996年沃尔玛进入中国,相比家乐福等对手,沃尔玛的开店速度要慢得多。至今,沃尔玛在中国不过26家店,以广东、福建等南部沿海城市为据点,难以深入北方京津腹地。

全球物流和采购体系就像沃尔玛的两条腿,在中国,物流和采购体系不完善,滞缓了沃尔玛的前进。同时,因为中国政策环境、商业环境与美国的差异,沃尔玛许多在美国的经典策略没法在中国完全施展。

比如沃尔玛建店的"市场饱和战略"——每扩张一个区域,会以20mile左右为间隔,让沃尔玛的分店遍地开花,使该地区的零售市场趋于饱和。这样做,既可以充分发挥配送中心的效率。降低配货成本;也避免了竞争对手的进入,和自己争夺该地区的市场和顾客。

2004年之前,沃尔玛在中国市场的发展几乎就是一个磨合期。根据中国加入世贸组织的承诺,2003年将是国内商业领域开放即将告别试点的阶段,在结束试点后,零售业将转入正常开放,在外资商业企业的数量、布局上进一步放开限制。沃尔玛遍地开花的开店速度首先要受限于政策壁垒,没有足够的店面支撑,配送中心降低成本的作用失去了意义。

在美国,沃尔玛投资建设一个物流配送中心大约要8千万~1亿美元,配送中心辐射的范围大约100家店。只有店面达到了一定的数量,配送中心才起作用。

目前,沃尔玛只在深圳蛇口有一家配送中心。其规模、效果和投入还难以与美国本土的配送中心相媲美。而且在中国沃尔玛只有26家分店,规模效果显现不出来。建立的物流配送中心不但起不到降低成本的作用,近10亿人民币的建设费用反而会使成本上升。

除了市场准入条件尚不明朗,究竟采取何种形式实现本土化经营,沃尔玛也在摸索。摸索的过程中,美国沃尔玛的一些策略在中国发生了"变通"。

国内的众多零售连锁商,大多通过压榨供货商的利益来赢利。如向供应商收取上架费、服务费等,也使供货商叫苦不迭。沃尔玛一直秉承着传统的"供应链制胜"的理念,不向供应商收取上架费。

因为沃尔玛绕开中间环节直接从供货商进货,就更加注意保护供应商的利益——以最短时间和供应商结账,帮助供应商改进工艺、提高质量、降低劳动力成本、分享沃尔玛的信息系统等,由此博得了供应商的信赖。

但有业内人士对记者表示,在中国,沃尔玛对供应商的付款结算周期也在延长。在深圳,店面最初的铺货某些费用也要由供应商负责。

此外,沃尔玛的惯常原则是避开中间环节从制造商处直接进货。而2002年9月,沃尔玛中国公司的高级总监艾文纳在厦门也和400多家中小型进出口贸易商洽谈合作事宜。沃尔玛把贸易商当成合作伙伴,依靠贸易商和制造商的亲密关系,以解决沃尔玛的采购问题。虽然,直购是沃尔玛的原则,但降低成本才是根本。如果沃尔玛单个搜寻制造商,采购成本会更高。

2002年,沃尔玛的全球采购办从香港迁到了深圳,10月在上海成立了采购分部。也有意在天津建立北方区物流配送中心,满足沃尔玛在中国北区各店的配货需求。随着中国零售业、进出口贸易权、物流业的进一步开放,也会有助于沃尔玛中国脚步的提速。

【讨论题】

1. 简要分析沃尔玛的供应链中,各个环节是如何进行有效管理的?

2. 结合物流成本管理相关知识，阐述沃尔玛供应链的特点。

本章小结

物流推动企业逐步形成以流程为导向的思想和理念。近年来，为了尽可能满足客户的需求和解决客户的问题，不但需要企业内部跨职能、跨部门的分工合作，也需要企业之间的紧密结合。物流在此变化趋势中充当着重要的角色，而且随着市场竞争环境的变化，物流管理也出现了新的变化。

【本章关键术语】

物流能力、物流能力优化、电子商务、基于时间的竞争

【复习思考题】

1. 21世纪物流发展的新特点有哪些？
2. 请简述物流能力的概念，物流能力包括哪些内涵问题？
3. 请简述物流能力的分类，并阐述物流能力的构成要素及其体系结构。
4. 如何进行物流能力的优化？
5. 请分析物流与电子商务的关系。
6. 请分析时间与供应链竞争力的关系，并讨论供应链物流管理的时间战略问题。

第十五章　现代物流管理与战略模式典范

附录一：海尔物流——制造业物流典范

一、什么是海尔物流的"一流三网"

（一）"一流三网"的概念

海尔是第一个被美国评为五星级服务的中国大陆企业，其物流是市场链概念中延伸出来的一个比较典型的模式和管理方法，去年海尔被中国物流与采购协会授予"物流示范基地"的美誉。海尔物流的流程再造提出了"一流三网"。

1. "一流"——订单信息流

"一流"就是订单信息流。即含义是：

→ 没有订单不生产

→ 要生产订单，不要生产库存

2. "三网"

→ 计算机信息网

物流操作基本上在计算机信息网络平台上运作，这就为物流效率的提高提供了很好的基础。

→ 全球供应资源网

海尔的供应是全球化的。海尔已经是国际性的企业了，它在国外有很多工厂，那些工厂利用当地的资源、资金，在当地市场进行销售。其供应资源网络符合经济全球化趋势，资源得到了更合理的配置。

→ 全球配送资源网

企业管理的精髓在于怎样有效地整合，或者是充分利用有限的资源，这是企业管理的出发点。既然供应是全球化的网络，它的配送也要全球配送，形成全球配送资源网络。

（二）"一流三网"的理念基础

有的人认为，我们跟海尔不是一个重量级，我们的营业额才几个亿、几十个亿，而海尔有几百个亿。可是如果了解海尔发展历史的话，就不应该这么说。

〔案例〕…

海尔在1984年的时候还是一个亏损企业，它定的第一条厂规是"不准在车间大小便"。一年里换了四任厂长，张瑞敏就是第四任厂长。工资发不出，工人把门窗、窗框都拆掉拿回家当柴烧。

张瑞敏上任后第一抓质量，第二抓服务。只要客户打一个电话，剩下事都由海尔来做，这种服务意识使得企业迅速发展。

在广州，有人要求冰箱送货上门。当时是夏天，温度高达38℃，车子又堵得很厉害。眼看就迟到了，怎么办呢？这个送货人员就下车，背着冰箱走了几十分钟的路，送到顾客家里，结果还是迟到了。顾客抱怨，他却什么话都没说，只是微笑着说："实在对不起"，没有解释一句。当然这件事后来媒体报道了。物流人员在配送的时候有这样的敬业精神，企业的物流绩效就可想而知了。所以说,"一流三网"是在为人民服务、为顾客服务的企业理念的基础上发展起来的。

二、海尔为什么要进行物流流程再造

1. 挖物流金矿,提高销售竞争力

海尔充分认识到物流是个金矿,是提高市场销售竞争力很重要的因素,所以一定要在这方面大做文章。海尔的物流经理梁海山先生是海尔的副总裁,副总裁直接管物流,可见他们已经把物流问题提升到战略层来考虑了。

2. 通过成本最小化实现利润最大化

现在家电行业的净利润薄得可怜,所以一定要从成本上挖潜力。管理出效益,要从成本上控制,通过降低成本来达到利润的最大化,而不是提高销售价格。当然提高销售价格要建立在提高质量基础上,质量里也包含了物流的质量。

3. 提高物流效率,加快市场反应速度

一个企业对市场的反应速度快慢,可以说直接决定了企业在市场中发展的潜力大小。

【案例】…

有一个小故事叫"冷水煮青蛙"。如果是烫水,把青蛙放在水里,青蛙就跳出来了;如果是冷水,青蛙放下去以后,它就慢慢游。然后温火慢炖,火一点一点加大,不知不觉中青蛙就游不动了,最后被煮熟了。

如果企业对市场需求反应慢的话,就像那只青蛙,被煮熟了还不知道,被淘汰出局了还蒙在鼓里。所以要建立起对市场需求的快速反应机制,以市场需求拉动一切工作,工作的出发点是市场需求,工作的终结点是顾客满意。远离市场,关起门来做事是不可取的。

三、物流流程再造如何成为海尔超常规发展的新利器

1. 统一采购

因为集团大,海尔采取了统一采购的方式。

2. 统一配送

统一配送由配送中心来运作,这样它的成本和效率都可以达到预期的目的。

3. 统一仓储

这三个统一使得海尔的物流流程得到适当的调整,从而推动其更快的发展。现在,物流可以成为海尔真正的第三力量源,即为全球范围的海尔集团提供服务,也可以作为一个新的经济增长点来增加海尔的利润,还可以更好地传播海尔文化。

四、三个 JIT 同步流程

(一)什么是三个 JIT 同步流程

JIT(just in time)就是及时制,传统译为准时制,是不太准确的。比如运输途中突然间轮胎爆了,或突然间刮风下雨或大雪封路,有各种各样很难预测的情况,所以很难做到准时。

(二)什么是海尔的三个 JIT

1. JIT 采购

何时需要就何时采购,采购的是订单,不是库存,是需求拉动采购。这就会对采购提出较高的

要求，要求原有的供应网络要比较完善，可以保证随时需要随时能采购得到。

2. JIT 生产

JIT 生产也是生产订单，不生产库存。顾客下了订单以后，开始生产。答应五天或者六天交货，在这个期限内可以安排生产计划。完成生产计划需要怎样的原料供应，只要原料供应的进度能够保证，生产计划就会如期完成。

3. JIT 配送

JIT 配送流程跟传统做法不一样，它完全是一体化的运作。海尔对物流高度重视，把它提升到战略高度，也很舍得投资，去过海尔现场观察的人都会对它的立体仓储挑指称赞。

4. JIT 流程的三个基本特色

→ 流程化

→ 数字化

→ 一体化

（三）海尔怎么做 JIT 采购

1. 全球统一采购

海尔产品所需的材料有 1.5 万个品种，这 1.5 万个品种的原材料基本上要进行统一采购，而且是全球范围的采购，这样不仅能达到规模经济，而且还可以寻找全球范围的最低价格。所以它的 JIT 采购是全球范围里最低价格进行统一采购，采购价格的降低对物流成本的降低有非常直接的影响。

2. 招标竞价

海尔每年的采购金额差不多有 100 多亿人民币，它通过竞标、竞价，要把采购价格下降 5%。每年下降 100 亿的 5%，就可以直接提高利润，或者说其价格在市场上就更有竞争力。

3. 网络优化供应商

网络优化供应商就是通过网络、通过 IT 平台在全球选择和评估供应商。网络优化供应商比单纯压价要重要得多，因为它的选择余地很大，真正国际化的企业在国际大背景下运作，就可以有很多资源供它选择。

总之，海尔的 JIT 采购实现了网络化、全球化和规模化，采取统一采购和招标竞标的方式来不断地寻求物流采购成本的降低。

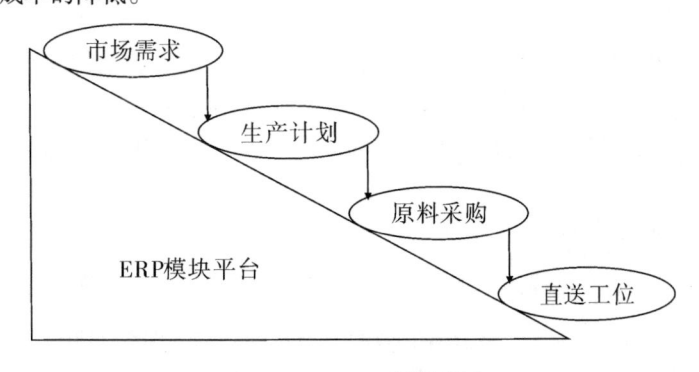

图 15—1　ERP 模块平台

（四）海尔怎么做 JIT 生产

{图解} …

→ 上图的操作平台是 ERP 模块，它由市场需求来拉动生产计划，由生产计划来拉动原料采购，再要求供应商直送工位，一环紧扣一环。

→ 其基础是 ERP 的操作平台，有 IT 技术作为舞台，在这个舞台上演 JIT 生产这台戏。

→ 其前提就决定了生产速度会快，成本会低，效率会高，相反，如果靠传统模式去实现 JIT 生产难度就会很大。

海尔完全是物流的一体化，包括采购、生产、销售、配送等等的一体化，物流部门的组织结构已经调整过来，由物流部门来控制整个集团下面的物流。

（五）海尔怎么做 JIT 配送

1. 用 JIT 配送来控制 JIT 生产、JIT 采购

→ 目前海尔物流部门在中国大陆有四个配送中心，在欧洲的德国有配送中心，在美国也有配送中心，通过这些总的中转驿站——配送中心来控制生产。

→ 不做 JIT 采购就做不了 JIT 生产，而要做 JIT 生产和 JIT 采购，还必须有 JIT 配送。

→ JIT 配送与 JIT 运输不同，运输是长距离的，配送是短距离的。

→ 货物配送时间要扣得准，JIT 生产、JIT 采购、JIT 配送就是要达到零库存。

零库存不是库存等于零，而是在于库存的周转速度，周转速度越快，相对来说库存量就越少。所以 JIT 配送是这一切的基础，采购、生产与配送必须同时具备 JIT 的条件，因此叫同步流程，流程再造的时候就要考虑到这三个方面。

2. 制造业可借鉴的 JIT 配送项经验

→ 24 小时随时配送，保证生产的需求。

→ 小批量、多批次、多品种的配送，在库存上成本可以大幅度下降，即使配送的成本略高一点也不算什么，因为物流总成本还是下降了。这是一个整体优化和局部优化的关系。

→ 以配送的速度降低库存水平。

为了挑战零库存，为了把库存降低到极限，配送速度就要快；配送运作的速度越快，生产线上的原材料、零部件的库存量相对就越少。

五、海尔如何进行物流观念再造

要再造流程先得把观念调整好。因为人的行为是由观念来指导的，观念没有改变的话，操作和战术等就无法调整，必须先从战略上、观念上调整好。海尔的物流观念有：

1. 无订单的生产就是生产"亏损"

没有订单的生产就是生产"亏损"。生产计划是按照什么排出来的？是按照销售预测，还是按照订单。从严格意义上说，任何预测都是有错误的，都不可能做到 100%，能做到 80%~85%，预测准确度已经是非常高了。

2. 生产订单，不生产库存

基于这样的思考海尔提出没有订单不生产的观念。市场变化很快，竞争对手不断推出新产品，库存时间长了，款式、性能等方面都跟不上市场的最新发展，就只能折价销售，造成亏损。所以没有订单的生产，不光是生产亏损，而且生产库存。

3. 市场需求拉动

→ 物流是由市场需求拉动生产作业，由生产作业的需求来拉动采购活动，由采购活动拉动供应商的合作，一环紧扣一环，并保证最终产品有销路。

→ 80年代以前在中国大陆是商品紧缺的时代，但现在是买方市场，顾客是上帝，再好的产品也要做广告，必须对顾客进行深入研究，其中大有文章可做。

→ 以市场需求拉动生产，生产、采购和配送之间，也可以形成内部顾客。

①对采购来说，顾客是生产线，生产线的每个需求都是采购要考虑的；

②配送的顾客是采购人员，采购对交货期、质量等级、采购量、小批量多批次的要求，配送都要满足。所以海尔提出市场链的概念。

4. 物流革命

观念的改造就是把固有观念清除掉。每个人都有自己的习惯和个性，改变原有的旧习惯非常困难。所以观念的再造也是一种企业文化、一种价值观、人生观的改造，海尔公司能够超常规的发展，跟这种观念、文化和价值观是很有关系的。因此物流也要进行一次思想的革命，虽然做起来很困难，但是一定要这样做。

{案例}…

中国一个研究佛学的教授到日本一个小庙里，跟小和尚聊天。小和尚往杯子里倒水，倒得满地都是。教授很纳闷，问："你怎么倒得满地都是？"他说："你杯子里的水不喝掉。而我当然要倒进去。"这是禅学，解禅学很复杂，它说明一个问题：你是佛学教授，我是一个小庙的和尚，我们要沟通你先得把你思想里的知识经验暂且忘掉，我们才能平等地沟通，否则我跟你没话谈。可见，不光要学会新的理念，更重要的是要把老观念忘掉，这样才能保证物流再造顺利进行。

六、海尔如何进行物流机制再造

1. 市场链基于OEC管理模式

市场链就是企业的外部需求拉动内部运作，企业内部也有顾客之间的关系，这样层层拉动。海尔的整个管理模式的基础是OEC管理模式，OEC就是"日事日毕，日清日高"，今天的事一定要今天做完，而且每天都要有进步。

2. "三零"目标

基于这样一种管理模式，物流机制再造提出了"三零"目标，对物流的整个机制进行了比较彻底的改变。即：

→ 服务零距离

服务零距离就是，只要顾客拨打一个800免费电话，把要求说清楚了，剩下的事都由海尔来做。

→ 质量零缺陷

质量零缺陷要求很高。经过砸冰箱事件，质量问题在海尔引起了高度重视，不合格品是严禁出厂的。海尔的产品只有两个等级，合格品和不合格品，没有优、良、合格、次品等。

→ 运营零资本

运营零资本是在并购方面，运作的时候资本成本要达到最低的极限。零资本指一种极限，不是真的一分钱都不花，那是做不到的。

3. 三全管理

→ 全面的资金预算

物流成本有严格的预算制度，可以预见将来的物流成本应该是多少，从财务上安排资金，才能有针对性。

→ 全面的设备预防

全面的设备预防，物流过程中的一些设备要预防好，ISO9000里也讲到了，检测仪器是用来检测产品的性能是否合格，检测仪器本身也要定期接受检测。

→ 全面的质量管理

七、海尔如何进行物流竞争力再造

1. 零库存创造零缺陷

库存量几乎等于零的时候，质量一定要零缺陷。如果质量有问题，零库存就做不到了。

2. 零距离服务，最快地满足市场需求

因为现在顾客需求个性化、多样化，而且很注重速度，再加上现在销售产品的品种、销售点可供选择的余地很大，所以不能让顾客等，速度很重要。

3. 没有"仓库"概念，只有配送中心

仓库是储存东西用的，不应该有这样的思想，应该只是一个驿站，一个很短暂的中转站，不能停留很长时间，所以要用配送中心代替仓库。

八、海尔再造前后的比较

1. 物流职能结构有何变化

表15—1　海尔再造前后物流职能结构的比较

再造前	再造后
外包物流： 较早的时候是外包给中国储运总公司来帮它配送、仓储货物的	自营物流： 现在它统一采购、统一生产、统一销售、统一配送，物流一体化，因为已经形成规模，完全能够做到专业物流
无	满足自营物流同时又是TPL（第三方物流）： 在满足自己物流配送需求的同时，它又可以把物流作为新的经济增长点，以第三方物流公司的组织结构和身份介入市场，以大型的制造业、零售业和电子商务集团作为它的服务对象
各分公司独立物流	集团统一物流

2. 作业模式有何变化

再造以后海尔辞掉了原来的第三方物流公司，不用它服务，自己建立一个物流操作的信息平台。

3. 取得了哪些明显的经济效益

不管是物流观念再造、竞争力再造，还是机制再造，最终的目的是提高效益或降低成本。降低成本是通过物流再造实现的。

→ 库存周转快，占用资金少

下面用一组数据来清晰地描述海尔物流再造取得的经济效益：

表 15—2　海尔的库存变化

年度	库存周转时间（天）	库存资金（亿元）
1999	30	15
2000	13	7
2001	7	3

{表析}…

库存周转率就是货物在物流过程中，周转的速度如何，其基数是以天来计算的。以销售总额或销售总量为分子，库存量为分母，所得的结果就是库存周转率。周转时间越长，则周转率越低。从上表可见，1999 年到 2001 年，周转时间从 30 天下降到 13 天，又从 13 天下降到 7 天，周转率上升幅度非常大。

另外，库存周转的时间直接影响到库存周转的金额。1999 年到 2001 年，其库存资金从 15 亿下降到 7 亿，又下降到 3 亿。可见物流成本的下降对整个经营成本的下降有直接的作用。

→ 资金周转速度加快

从整个企业的运作高度去看，原来被压着的资金现在活了，使企业别的职能部门的资金运作更灵活，然后从点到面，带动整个企业运作的资金周转非常灵活，增强了产品的竞争力。

附录二：沃尔玛物流——零售业物流典范

一、物流如何使沃尔玛腾飞

1. 沃尔玛是全球第一个发射物流通信卫星的企业

物流通信卫星使得沃尔玛产生了跳跃性的发展，很快就超过了美国零售业的龙头——凯玛特和西尔斯。沃尔玛从乡村起家，而凯玛特和西尔斯在战略上以大中小城市为主。沃尔玛通过便捷的信息技术急起直追，终于获得了成功。

2. 建立全球第一个物流数据的处理中心

沃尔玛在全球第一个实现集团内部 24 小时计算机物流网络化监控，使采购库存、订货、配送和销售一体化。

{举例}…

顾客到沃尔玛店里购物，然后通过 POS 机打印发票，与此同时负责生产计划、采购计划的人以及供应商的电脑上就会同时显示信息，各个环节就会通过信息及时完成本职工作，从而减少了很多不必要的时间浪费，加快了物流的循环。

二、沃尔玛物流如何借助信息技术

→ 20 世纪 70 年代沃尔玛建立了物流的信息系统 MIS（management information system），也叫管理信息系统，这个系统负责处理系统报表，加快了运作速度。

→ 80 年代与休斯公司合作发射物流通讯卫星。

→ 1983 年的时候采用了 POS 机，全称 Point of Sale，就是销售始点数据系统。

→ 1985 年建立了 EDI，即电子数据交换系统，进行无纸化作业，所有信息全部在电脑上运作。

→ 1986年的时候它又建立了QR，称为快速反应机制，对市场快速拉动需求。

凭借这些信息技术，沃尔玛如虎添翼，取得了长足的发展。

三、沃尔玛物流应用的信息技术

→ 射频技术/RF（Radio Frenquency），在日常的运作过程中可以跟条形码结合起来应用。

→ 便携式数据终端设备/PDF。传统的方式到货以后要打电话、发 E—mail 或者发报表，通过便携式数据终端设备可以直接查询货物情况。

→ 物流条形码/BC。这里要注意物流条形码与商品条形码的区别。

表15—3　物流条形码与商品条形码的区别

名称	应用对象	数字构成	包装形状	应用领域
商品条形码	向消费者销售的各种商品	13位数字	单个商品包装	POS，CR
物流条形码	物流过程中的原料产品商品	14位数字	集合包装纸/木/集装箱	出入库/运输配送

四、神奇的配送中心

1. 沃尔玛如何建立配送中心

→ 配送中心是设立在100多家零售店的中央位置，也就是配送中心设立在销售主市场。这使得一个配送中心可以满足100多个附近周边城市的销售网点的需求。另外运输的半径基本上比较短，比较均匀。

→ 以320公里为一个商圈建立一个配送中心。

2. 沃尔玛配送中心采用的作业方式

→ 配送中心就是一个大型的仓库，但是概念上与仓库有所区别。配送中心的一端是装货的月台，另外一端是卸货的月台，两项作业分开。看似与装卸一起的方式没有什么区别，但是运作效率由此提高很多。

→ 交叉配送 CD（Cross Docking）。交叉配送的作业方式非常独特，而且效率极高，进货时直接装车出货，没有入库储存与分拣作业，降低了成本，加速了流通。

→ 800名员工24小时倒班装卸搬运配送。沃尔玛的工人的工资并不高，因为这些工人基本上是初中生和高中生，只是经过了沃尔玛的特别培训。

→ 商品在配送中心停留不超过48小时。沃尔玛要卖的产品有几万个品种，吃、穿、住、用、行各方面都有。尤其像食品、快速消费品这些商品的停留时间直接影响到使用。

3. 沃尔玛如何不断完善其配送中心的组织结构

→ 每家店每天送1次货（竞争对手每5天1次）

至少一天送货一次意味着可以减少商店或者零售店里的库存。这就使得零售场地和人力管理成本都大大降低。要达到这样的目标就要通过不断地完善组织结构，使得建立一种运作模式能够满足这样的需求。

→ 谨慎建立配送中心

1990年的时候在全球有14个配送中心，发展到2001年一共建立了70个配送中心。沃尔玛作为世界500强企业，到现在为止它只在几个国家运作，只在它看准有发展的地区经营，沃尔玛在经营方面十分谨慎，在这样的情况下发展到70个，说明它的物流配送中心的组织结构调整做得比较到位。

→ 配送成本占销售额2%

沃尔玛的配送成本占销售额的2%，而一般来说物流成本占整个销售额一般都要达到10%左右，有些食品行业甚至达到20%或者30%。沃尔玛始终如一的思想就是要把最好的东西用最低的价格卖给消费者。

→ 集中配送在90%以上

另外竞争对手一般只有50%的货物进行集中配送，而沃尔玛百分之九十几是进行集中配送的，只有少数可以从加工厂直接送到店里去，这样成本与对手就相差很多了。

五、IT在物流中的应用（一）：RF

射频技术（Radio Frequency）在物流中主要有以下职能：

→ 这种技术具有识别距离远、读写能力强、携带数据大的优点。

→ 用于物料的跟踪、运载工具、货架的识别。

→ 还可对随身携带的大量数据库进行随时更改，减少了日常的繁琐作业，操作效率高，与物流控制的总部连在一起，就像打手机那样方便。

→ 往往安装在运输线的一个检查点或者仓库、车站、码头、机场等物流中转的地方，这些地方的控制室可以直接联网运作，大大提高物流运作的效率和数据的准确性、及时性。

{案例}…

仓库里存放货物的货架，淡季的时候有些货架可以拉远一点，旺季的时候可以并在一块，这样仓库面积利用率就很高，否则平时淡季的时候仓库太大，旺季的时候仓库不够用。货架里有A、B、C、D的分区，A区里又分A1、A2、A3等，人工识别起来效率比较低，用读写器就很方便了，可以直接用电脑运作。

六、IT在物流中的应用（二）：BC

1. 条形码的数字标识

→ 物流条形码与商品条形码的区别

二者的一个明显的区别就是物流条形码是14位数字，商品条形码是13位数字。物流条形码除第一位表示物流识别号码之外，其他的13位数字跟商品条形码一样是商品条形码。

→ 物流条形码的14位数字的含义

①第1位数字表示物流识别代码

②第2~3位国家/地区代码

③第4~8位厂家代码

④第9~13位是商品代码

⑤第14位是防止机器误读码

→ 条形码的好处

条形码的应用是非常普及的，尤其是在速递行业，大量使用条形码，使得运作的速度、效率比较高。

{举例}…

出货的时候可以直接用条形码读取，十分方便，不用再登记品名、规格、尺码、颜色等等，只要一扫条形码一切都知道了。更好的一个功能是，可以键盘输入，可以更改数据。像沃尔玛配送中心有时候在第一天的下半夜让电脑打印条形码，第二天早上用机器手把条形码贴到产品上去，速度很快。

2. 条形码在物流方面的应用

→ 直接印刷在货架上、货签上

→ 直接印在标贴上

→ 在货架上贴一个条形码，说明货架是什么样的商品

七、IT 在物流中的应用（三）：AR

1. 什么是 AR

AR（Automatic Replenishment）是自动补货系统，就是供应方随时掌握销售的变化情况，自动补货。AR 是 CR（Continuous Replenishment，连续补货）的一种延伸。供应商基于供应链库存的动态信息，可以在整个供应链上生产、采购，各环节随用随补。

2. 实施 AR 的前提条件

要做到 AR 的前提条件必须是供应链的库存信息是透明的，而且是动态的，这样才能够自动补货。销售抛物线就像股票走势图一样，是适时的。几个小时以后准备要多少，电脑自动打出一个送货清单，清单里列出送什么货、送到什么地方、什么时间送等等，供货方出一个装货报告，电脑就把相应的数据减掉，及时更改库存的信息。

八、IT 在物流中的应用（四）：POS

POS（Point of Sale）系统即销售时点信息系统，就是销售的动态数据要及时地传送到生产、采购、供应环节，POS 机通过收银机自动读取数据，实现整个供应链即时数据的共享，在收银台的作业效率可以大大提高，顾客的满意度也就提高了。

{举例}…

现在很多超市也采用了会员卡制，付钱的时候卡插进去自动扣钱就行了，速度很快，就不用排很长的队了。收银台的作业效率提高意味着顾客的满意度提高了，同时也意味着经营管理成本下降了，减少了收银台和收银人员。

九、IT 在物流中的应用（五）：EOS

EOS（Electronic Ordering System），即电子订货系统，其作用有：

→ 在线连接订货信息，24 小时宽带，实施网络生存，而且实现信息的适时交换。

→ 这个做法直接带来的结果是使交货周期缩短，成本降低，效率提高。

→ 从更深层次来分析，它促进了采购计划、库存计划与配送计划的一体化，乃至于延伸到生产线上去，整个生产计划安排也容易了，就会做到生产订单不用生产库存，因为信息是共享的。

十、IT在物流中的应用（六）：EDI

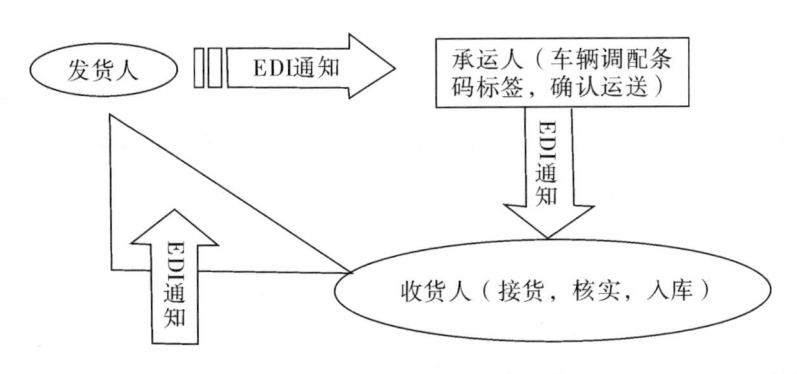

图 15—2　电子数据交换系统

1. 什么是 EDI

EDI（Electronic Data Inter change）就是电子数据交换系统。用最简洁的一句话来概括 EDI，就是无纸化。发货人发货以后通过 EDI 把发货清单数据自动传给承运人，承运人就知道车辆的调配情况，可以提前准备条码标签。

2. EDI 的使用方式

→　货物运出去以后要确认运输，把确认信息告诉收货人，收货人才可以准备接货、准备入库的事项。否则入库的速度就慢了。

→　入库以后也要通过 EDI 通知发货人数量和质量等等是否符合，如果少了数量，或者损坏，退货信息就会重新更新，货款上怎样重新调整等等。

→　相关的数据都有了，就能提高财务上的效率，这种物流服务是零距离的服务，不论在地球的哪个角落，都是即时性的。

十一、IT在物流中的应用（七）：ECR

1. 什么是 ECR

ECR（Efficient Customer Response）是有效顾客反应，这在我国零售业还是个新事物。对顾客的反应速度要加快，这是美国零售业操作的一场革命，它是市场导向的物流决策、物流策略。

2. ECR 的使用方式

通过无纸化 EDI 把生产线和零售店的收银台链接起来，大大地促进新产品的开发上市，提高促销活动的成功率，有利于实施 DSD（Direct Store Delivery），即店铺直送。店铺直送尤其适用于保鲜的货物直送，能够保证它的保鲜度。

〔案例〕…

国外有些啤酒要打入日本市场，就全部空运到日本。空运的成本很高，刚开始的时候公司领导层的一些人想不通。结果到了日本销售量急剧上升，一下子把日本当地的啤酒市场份额压下去了。日本人爱喝啤酒，又喜欢吃海鲜，空运啤酒的新鲜度不低于当地的啤酒，而且欧洲啤酒很受欢迎，制造工艺很先进，物流配送用 DSD，效益极好。

十二、IT在物流中的应用（八）：QR

1. 什么是QR

QR（Ouick Response）即订货付款业务系统。通过EDI发出订货的明细单和受理付款的通知，先设计好POS输送的格式，并且格式要一致，通过EDI的传送，供方可以按照这个数据安排生产计划、物料采购计划和成品配送计划。

2. QR的使用方式

厂家成品出来以后，可以发出ASM（Advance Shipping Notice），即预先发货清单，通知什么时候发货，收货人看到以后，就可以预先做好接货准备。读取条形码，入库以后，按照ASM清单上所列的产品支付货款；使整个运作形成一体化的模式。

附录三：德国物流业——物流企业与配送中心

德国有关人士认为，物流使人产生对认识问题的标新立异和寻求解决问题的新途径。伴随着社会的发展，物流业的革新，人们对物流研究的深化和认识的不断加深，物流的定义和概念将进一步完善，物流的理论也将进一步丰富。

物流业的基本内容是为厂家和商家及消费者提供运输、装卸、仓储、堆存、包装、配送、简易加工、代理和信息反馈等相关服务，既可以是这些项目和环节的总集合，也可以是某些项目的组合。物流来源于运输、仓储，并通过运输或仓储得以延伸和扩展。物流企业不是完全的运输、仓储经营者，但多数是从运输、仓储业转过来，并从配送、仓储管理和运输代理起家的。

现代工业中从工业生产上进行技术创新、提高效益、降低成本的难度很大，余地也很小。然而，在流通过程中降低物流成本成为人们关注的课题，在物流成本中降低10个百分点，使得产品销售价格降低，大大地提高产品的竞争力。所以，从生产中压缩成本远不如从物流中降低成本。因此，发达国家工业界竞相研究物流，成立专门的物流研究机构，开发物流技术，推动了物流的发展。20世纪80年代是物流发展的高峰时期，电子技术及计算机的使用，信息、通信网络技术在物流中的应用，现代物流逐步展现在人们眼前，其速度非常迅猛，引起了人们的高度重视，并将可能引发一场社会变革。

随着物流向着规模化、网络化、专业化方面发展，特别是工业化社会竞争日益激烈——适者生存，物流企业之间竞争也趋白热化。物流企业必须向着规模化、网络化方向发展，才能为用户提供更好的服务。经济全球化，带来了物流的一体化。物流专家们预言，在将来的10年间，物流企业将朝着更大规模和更广泛的网络方向发展，欧洲物流市场80%的份额将被20家特大型的跨国物流企业所垄断。

德国政府在促进和引导物流发展中做了大量的工作：

（1）做好物流的发展规划、建设和协调工作，在全国规划了40个物流中心及货运中心。合理的规划，使物流中心形成网络，各州政府和地方政府围绕着规划中的物流中心，积极做好选址、征地工作，并负责物流中心地面以下的基础设施建设，以及连通物流中心的道路、铁路的建设，同时，通过政策调整、引导企业从事专业物流业务，为物流企业提供一个良好的经营环境。

（2）推动各种运输方式协调发展，形成综合运输网。由于德国的公路上车辆多、道路拥挤，公路运输的压力大，政府一方面通过增加燃油税，另一方面建立物流中心，并考虑环境保护问题，将一部分货源从公路引向铁路，使铁路运输为公路运输分流。所以，在促进物流发展的过程中，货物的位移要合理地通过各种运输方式进行，充分发挥综合运输的作用。

（3）加强公路、铁路、港口的基础建设，所有的运输基础设施均由政府投资建设，政府的资金一方面通过税收转为投入，另一方面通过土地的置换来获得。德国的高速公路成网，又与欧洲的高速公路连通，水运资源丰富，河流交叉，又与国际大港相连；铁路网密集，通达欧洲各大城市。优越的交通运输环境是物流发展的先决条件。

（4）政府监督物流中心的建设，引导有条件的企业进入物流中心，吸引大企业和国际性的物流企业进入物流中心。不来梅市政府为推动当地的经济发展，促进物流的发展，由政府出面进行招商，如争取不来梅港、不来梅物流中心成为韩国大宇汽车公司在欧洲的大宇汽车转运中心，南非新鲜水果在欧洲的分销批发中心的招商引资过程中，政府做了大量的工作。

物流中心的发展推动和促进了当地的经济发展，既解决了当地的就业问题，又增加了税收，促进了其他行业的发展。政府在物流中，一是宏观经济的调控，包括规划与协调，负责物流相关的基础建设的工作；二是抓微观经济工作，让科研机构和咨询机构介入物流，为物流企业进行物流工艺设计和物流技术的研究、开发工作，制订具体的物流实施方案。

德国联邦政府在1980年左右，规划在全国建26个物流中心（原称货运中心），后又修改规划，扩信息＋通信网络＋优质服务，调整为40个物流中心。现已有20多个物流中心已建成并投入使用，还有一些正在建设中。各州和地方政府在物流中心的建设方式、经营组织形式各不相同。下面以不来梅物流中心为例介绍德国物流中心的发展情况。

物流中心的投资和建设——不来梅物流中心的建设是在15年前提出的。德国运输与物流研究所艾克斯坦因教授提出了物流中心的建设方案，并获得不来梅州政府的同意，于1985年开始物流中心的建设。不来梅州政府通过直接投资和土地置换的方式对物流中心投资。物流中心的原址是一片盐碱地，州政府从当地农、牧民手中以低的价格征用土地200hm^2，由"经济促进公司"负责物流中心的基建工作，经济促进公司是由不来梅州政府的经济部、交通部、海关和工商部等部门的人员组成，是私营的事业单位，进入经济促进公司的人员失去公务员身份。经济促进公司主要负责物流中心的"三通一平"和与物流中心相连的公路、铁路的基础设施的建设工作。还代表州政府负责物流中心的招商工作，进入物流中心的企业承担地面以上的建筑、设施的建设。经过"三通一平"的土地变卖和租用给进入物流中心的企业。利用土地的置换及卖土地的差价和政府的税收，不来梅州政府投资5亿马克，进入物流中心的企业也投资5亿马克，第一期共投资10亿马克。政府从租用土地的租金中和装卸费中收回投资，收回的租金又投放到物流中心的其他基础设施建设中。

物流中心的选址与功能——德国政府对物流中心的选址和功能很重视，要求物流中心紧邻港口，靠近铁路编组站，周围有高速公路网，中心内至少有两种以上运输方式相连；该区域内有许多大型的工业和商业企业，工、商企业是物流中心生存的基础；附近有从事运输、仓储的物流企业，特别是国际著名的大型物流企业，还有银行、保险等机构；要远离闹市区，面积至少在100hm^{2}以上，周围要有发展空间，为工业企业的发展留有余地。

物流中心的功能主要为区域的工业、销售企业提供物流服务，成为当地的货物集散地，通过其良好的集散条件，积极吸引物资到该区域，形成某种物资的交易中心，促进当地的经济发展。如不来梅市是欧洲的棉花交易中心，物流中心有多家从事棉花业务的物流企业；不来梅外港是奔驰汽车在德国北部的销售集散中心，港口堆场有成片的汽车堆放地，有多家从事奔驰汽车零部件的物流企业。

不来梅物流中心临近不来梅内港及内河港口，距港口约20多km，靠近不来梅铁路编组站。中心内有公铁联运装卸站，周围高速公路网发达，紧临联邦27号高速公路，距不来梅市5km，交通十分便利。流经不来梅市的威悉河两岸有242家物流企业，不来梅新港至不来梅市的沿途有1400多家运输、仓储和物流企业，其中从事航运的占3%，港口的占10%，公路运输的占45%，铁路运输的占1%，物流企业的占38%。物流中心自1985年开始建设，设计要求建成后8年内年吞吐量达到1000~1200万t。物流中心分5个区域，用不同的颜色进行标记，如公铁联运装卸站占地20hm^2，有9条铁路线，每条750m，中心内铁路线长8km多。

物流中心的组织机构及形式——不来梅物流中心现有52家物流企业，其中较大的企业有14家，由这些物流企业按资产组成物流中心股东大会，股东大会下设物流中心发展公司，公司总经理由股东大会聘任，候选人一般是10多家大物流企业的经理，其他人员由发展公司聘用。发展公司负责物流中心的对外联系、招商，统一安排和解决供电、供水及电话等共享的资源问题，负责中心内的加油、车辆维修和洗车，并解决食堂等后勤问题；发展公司的费用一方面来自会费，会费按企业的人数来交，大企业一年最多交600马克，另一方面从加油、车辆维修、食堂的服务中获得一些赢利。发展公司不以营利为目的，以服务为主，再一方面由州政府补贴一点。另外，物流中心还成立监事会，监事会由企业和政府有关部门组成，包括若干家企业代表、州交通部、经济部、经济促进公司、研究机构的代表和有关专家。监事会负责监督股东大会。

不来梅州政府不干预物流中心的经营，物流中心发展公司也不介入企业的经营活动，但从节约能源、充分利用资源出发，发展公司进行协调，如25家企业合建汽车清洗车间，清洗车间利用雨水（不来梅地区雨量大），建造了250t的雨水集中罐，并采用循环水技术，清洗车间符合德国环境保护标准。同一类的企业相互合作，两家从事冷藏运输的运输企业共享一个冷冻库，提高冷库的利用率。

物流协会——随着物流业的发展，物流企业间的交流进一步加强，物流界的沟通又促进了物流的发展。德国的20多个物流中心相继建成，物流企业在业务间的联系是十分必要的，但企业间的相互交流、共同促进也是十分重要的，而且企业间形成松散的联合体，更能发挥物流企业的作用，提高物流业在国民经济中的地位和作用。

德国的物流中心协会于1993年成立，由不来梅物流中心牵头组建，现有协会成员15个，德国联邦政府交通部赋予物流中心协会负责物流方面经验交流的任务。物流中心协会成立后，担负起物流中心建设的咨询服务、对外联系与宣传及民间与官方的联系，负责寻求国外的合作伙伴，在互联网上建立了物流中心协会的网页，并于1999年加入了欧洲物流协会。德国的物流中心是由民间或私营企业负责建设，物流中心协会向企业收取少量的会员费。而丹麦、法国、意大利、西班牙等国家的物流中心由国家出资建设，因而向企业收取租金，从租金中拿出一部分作为协会经费。

德国物流企业的模式也各不相同，其投资、融资渠道和组织形式也不一样。只要有利于物流的发展，任何投资、融资和组织形式或模式都可以探讨，政府要从政策上予以指导或引导，但不要包办代替。为企业创造一个适合物流发展的大舞台，让物流企业去施展本领，充分表现才智。

物流技术——物流技术是一门综合技术，是由运输、仓储、装卸、配送和包装等技术综合而成，但又不是这些技术的简单叠加，而应是1+1>2，甚至是其的若干倍。除了这些硬技术外，还有物流管理的软技术。物流管理在物流中占据重要地位，物流管理是将物流运行过程中的各个环节/接口进行疏通，使得环节简单化、一体化，变成一个整体、一个系统。人们又在传统的物流技术中融入了信息、通信和模拟等技术，使得物流发展成为一门综合性的技术。

城市物流中的配送物流——物流分类较多，按生产过程分类，可分为原材料物流、产（成）品物流、销售物流、废品物流和回收物流，统称工业物流。由于生产地主要在城市，人们又将工业物流的一部分和建筑物流合称为城市物流。在城市物流中配送物流又是物流中最早开展的业务。配送物流开始是生产厂家为其产品送到分销点而组织的运输，由于成本较高，销售企业开始自行组织产品的运输，将几家的产品统一进行配送，降低了配送成本。随着配送的发展，生产和销售企业都不搞配送，由配送企业或运输企业负责商品的专业配送，亦称第三方物流。由于专业运输企业承担商品的配送任务，大大地降低了配送成本，由此形成生产厂家、商家和配送企业三方各自负责一摊，既合理分工，又相互合作，配送物流由此而发展起来。

配送企业开始直接从厂家接货再送到商店或送到商店的仓库。商家为节约成本，尽量不设仓库，要求及时供货，于是产生了及时运输、及时供货的概念。厂家也不想要仓库，这样配送企业要建立自己的仓库，将生产厂家的产品运到配送企业的仓库，再从仓库按要求分送到各个商店，配送企业以仓库为中心建成了配送物流中心。所以，人们称物流中心就像一个插座的"接头"，货物进入了"接头"，通过"插座"的网络流向各方。据德国经验，通过建立配送中心，可以减少60%的车流量，运输效率能提高90%。

配送物流有3种形式：

第1种形式是整个城市的物流由几家物流企业承担。

第2种形式是整个城市的物流由若干个物流企业组成的配送公司来承担。不来梅市的物流原先由若干家物流企业负责，由于配送车辆多，增加了城市的交通拥挤，大气污染严重。不来梅市政府委托运输与物流研究所对不来梅的城市物流进行研究，不来梅市政府提供26%的课题经费，其余由参加物流服务的企业负担。运输与物流研究所通过对不来梅市的调查，收集了4家零售商、16个种类、9万多个品种的商品，共计540万个资料，通过计算机对资料进行处理，产生了不来梅市物流的分布情况，并提出了统一组织配送的方案：由不来梅物流中心发展公司牵头，14家物流企业共同组成城市物流配送有限公司，将分散的配送变为统一的配送，车辆实行统一调度，并在每辆车上安装GPS（全球定位）装置。实施这个方案后，每天只需12辆车向市区送货，每天能减少400辆车次，节省运力80%。

第3种形式是在城市的中心附近建一分拨站，商品按需送到分拨站，再由分拨站运送到商店或货架上，从物流中心用中型车运货到分拨站，分拨站只需1~2辆车辆连续运输。这种形式能大大地减少运输车辆，降低物流成本。不来梅运输与物流研究所在完成不来梅市城市配送物流研究后，又给纽伦堡市做城市物流的研究课题，在纽伦堡市区附近建一分拨中心，纽伦堡的城市物流方案实施后，效果比不来梅市的物流方案好。

由此可知，配送物流的第3种形式优于第2种形式。

条形码技术——条形码主要用于货物的识别，便于分拣，将用于识别的货物信息输入计算机，能对货物进行跟踪。条形码的识别方式有人工和自动两种。人工识别是通过手工将识码器在条形码上划动，读取条形码上的信息并贮存在计算机内。自动识别是通过固定的识别读码器，当货物在传送带上通过时，货物上的条形码被识码器识别，然后经拨叉将货物送往指定的信道，同时将信息贮存在计算机内。物流中货物的条形码一方面反映货物的名称、性质和生产日期等信息，另一方面则反映货物的发货人、收货人、货物的起讫地点、批量和交货日期等信息。它既反映了货物的属性，又反映了货物的运输信息。条形码技术减轻了劳动强度，避免了差错，又提高了工作效率，并与计算机联结，将识别的信息输入计算机系统，实质上是对货物信息的查验和跟踪。

模拟技术——模拟技术及仿真技术就是按照真实情况，用科学的手段模仿实际的生产过程，并将实际的情况与期望达到目的的情形反复对比、实验，使之达到最佳的状态。模拟一般在计算机上进行，通过开发的模拟软件进行优化处理。运输与物流研究所自1989年就开始研究开发模拟软件，目前这套模拟软件技术已经成熟，被世界上多家港口所采用。

运输与物流研究所和不来梅哈芬高等学院共同开发了不来梅港港口集装箱装卸系统和港口汽车装卸系统等。如在物流仓库中，模拟叉车数量和最佳起重量，模拟不同要求的货物堆放较长期或短期、临时堆放，采用托盘、高架、平面堆放，设计仓库的门、装卸门与高平台搭板的数量比例，使装卸等待时间最短，考虑装卸的不平衡性，准备一些辅助装卸设备，通过模拟使装卸门的效率提高20%，车辆装卸效率提高40%，在模拟中不断地优化，达到最佳状态。

在物流及运输、仓储中开发模拟技术，通过模拟物流的实际情况，找出问题的症结所在，提出解决问题的办法，提高物流的管理水平和生产效率。模拟技术既经济，方法又简单，通过模拟可提高生产效率，非常实用。

信息技术与通信传输技术——信息和通信技术与物流紧密关联，现代物流离不开信息，信息的传输离不开通信技术。物流信息是保证及时运输、及时供货以及零库存的关键，使物流过程中的生产、运输、仓储管理最优化，充分发挥物流资源的配置作用。德国的物流信息是生产厂家、商家和物流企业相联通的，用户与厂家签订合同后，从产品一下订单起，产品的信息就联通了。反过来，用户在商家买了产品，产品销售后，商家就将信息告诉了厂家，厂家再组织生产。德国厂家、商家和物流企业共同开发了EIR系统、AIM系统，EIR系统是通过信息的反馈，生产厂家了解市场销售的情况，合理地安排生产任务，达到厂家、商家和物流企业之间的最佳组合；AIM系统在不改变和不影响原有各企业的计算机应用系统，合理安排运输、仓储、货物跟踪、查询，提高了物流各个环节的工作效率。德国的信息标准采用EDIFACT。厂家、商家和物流企业都有自己独立的信息系统，但又相互关联。因各信息系统建立在公用、开放性的平台上，信息的传输采用专线传输、互联网、电子邮件和GPS等各种形式。

丽德公司仓库配送中心——位于内卡斯沃尔姆的配送中心，是德国丽德（LiDi）连锁店的仓库配送中心之一。丽德公司在每个地区都有这样一个仓库作为当地连锁店的配送中心，负责向所辖地区的连锁店配送食品。

该配送中心配送的食品，由丽德公司自制的占40%，其余向专业食品厂订购。该中心在经济上实行独立核算，它的仓储面积为7000m^2，设有9000个货位，库存商品每年周转20次左右，每月出库商品达2000万马克，货损价值3000马克，货损率只有0.05%。仓库内采用五层高架货仓，每个货位都有各自的编号，垂直的五层放置同样商品的集装单元托盘，其中最下面的一层是供配货使用，其他四层作为商品配货备用。全库由信息管理系统实行统一指挥，每天计算机显示需进的货，以及需进多少、货物什么时间到达。由于食品的时效性强，计算机还出示一份报告，列出将要到保质期的商品名称及位置，提醒工作人员尽早出库。在进货时，计算机打印出标签，贴在集装单元托盘上，标签上有货位号、小包装数量及其他相关的信息。计算机通过库内及铲车上安装的红外线发射、接收装置等，适时通知负责货物进出库的职工，什么货在哪个库门进库，应放在什么位置；什么货在什么位置需要出库，出哪个库门，以及哪种配货商品已经用完，是从什么位置取下的，应予以补充多少等。

其次，该配送中心的配货职工根据订单的要求进行配装，将货物集装单元放到指定的位置。配货职工每个工作日的基本工作量是200个小包装，但平均都能完成1000个小包装的配货量。该中心负责向80个食品店供货，每个食品店在报订单后30个小时内便可收到所需的商品。该中心还拥有自己的车队，其运量占总量的70%，对一些单程运输的商品则委托其他专业运输公司或第三方物流企业去完成。

维尔特公司配送中心——维尔特集团是一家物流配送私人公司，总部设在斯图加特。它建于1945年，目前在全球有40余家分公司，每家公司都有一个配件（送）中心。

维尔特公司配送中心的主要特点：

（1）经营商品的种类较多。主要经营的商品有电子组件、各类五金、电动工具和黏合剂等。

（2）订购批量大。根据市场情况，从世界各地大批量订购各类型商品，其中从我国订购的有电动工具、五金等。

（3）重视本公司的形象宣传。按照客户对各种产品的需求订单，对订购来的产品重新包装并组配成各种包装单元，贴上该公司的商标送到客户手中。

（4）送达速度快。从客户发出订单，到货物运至客户手中，一般只需要两天时间，急件可在36小时内送到，且不另收费。

（5）自动化水平高。可以用机器人运输车运输的货物全都用机器人运输车来运输。这种机器人价值120万美元，其工作效率相当于8个工人的工作量，整进整出的集装单元托盘集中储存在五层高架的无人全自动库内，每小时可处理集装单元托盘52个。零散品种的运输全都通过有7km长的传送带来完成。总之，整个工作流程全都是在中央计算机指挥下进行的。

该仓库有员工600余人，每天配7.5万种商品，每个配货的工作台每20分钟由计算机传送一份配货单，传送带根据计算机的指令将不同品种的商品送到需要该品种商品的配货员工的工作台前，配送员工依据配货单进行包装，贴上客户的地址，传送到下道工序。货物配好后，公司的车队负责按时送到客户的手中。

卡什塔公司配送中心——卡什塔公司设有165个分店，25个专业店，共计6400名员工，物流成本占总成本的8%，是目前欧洲最大的百货公司之一。它的物流配送特点是集中采购与有效渠道紧密结合。集中采购的商品有四大类，占全部商品的93%，分别是常用大宗商品占48%，服装占23%，食品占14%，家电与家具等大件商品占15%。这四类商品分别由几个不同地区的仓库（供应）中心负责供货。这些供货中心直接面对分店中心，各分店、商店的仓储设施部分向分店中心提供，并作为分店中心仓储设施的一部分。计算机管理手段与条形码技术广泛采用。因此，每个分店或商店及公司都能够随时了解到某一时刻、某一种商品的库存量与销售情况，并及时分析、预测销售趋势，从而对经营决策提供了坚实的依据，为分店（商店）向分店中心，分店中心向仓库中心订货及反过来及时供货提供了第一手信息材料，进而有效地降低资金占有率，节省了仓储面积，使物流成本不断下降。

由德国物流企业和配送中心可有以下几点启示：

第一，物流的发展离不开政府的支持和引导。

第二，加快物流企业配送中心的建设是提高物流业经济效益的有效途径。随着贸易的全球化，需要组织实施全球化物流，有时需要全球性的采购和配送，从客观上要求必须加快物流企业配送中心的建设，提高其组织化程度。德国一些物流企业不断提高物流组织化程度和水平，应用物流设施技术，细化物流管理与分工，从而推动了企业不断发展。

第三，现代物流管理与配送技术是提高物流企业经济效益和物流组织化程度的基本手段。现代物流离不开计算机、网络等技术的支撑。因此，物流信息管理系统及网络化建设是企业技术改革的核心。德国企业在高新技术的应用与推广方面，促进了物流业组织化程度的提高和作业过程的优化，从而降低库存，节约了开支和物流成本，实现准确、合理、有效的配送。

第四，物流企业的配送中心发展不应固守一种模式。德国物流企业是国有与私有、专一性商品配送企业与综合性商品配送企业并存，这样，有助于企业优势互补，共同促进物流业的发展。

附录四：国外典型案例——现代物流服务模式

案例一：物流服务地点优化选择

劳拉·阿什利（Laura Ashley）公司，生产妇女和儿童时装，窗帘和室内装潢纤维、墙纸、亚麻制品，以及带有花状图案商标的装饰附件。虽然它在产品设计和开发方面始终保持优势，但劳拉·阿什利公司却由于其复杂、昂贵和无效率的物流系统而面临着利润下降。该公司发现对过多的承运人和过多的系统正在造成全面失去管理控制。为了重新获得控制，该公司不得不重新组织其物流作业。劳拉·阿什利公司新的物流结构的实施是以其将全部的内部物流作业都转移到联邦速递（Federal Express）的一家分支机构——商业物流公司（Business Logistics）为开端的。商业物流公司的任务是要重新构造、改善和管理在劳拉·阿什利公司供应链上的货物和信息流动的每一个方面。

在重新组织之前，劳拉·阿什利公司有5个大型仓库，8家最重要的承运人和10个互不联系的管理系统。其结果是从顾客订货到向顾客交货之间存在漫长的时间、巨大的存货及太多的缺货。如果一位顾客向德国一家仓库寻求一种销售很快的商品，他会被告知该商品已经脱销，新的供应品要过几个月才会运到。与此同时，该商品却在威尔士的一家仓库里积压着。按平均计算，所有的生产线中有16%的产品在零售店脱销。

劳拉·阿什利公司认识到它需要重新分析其现有设施的地点位置。其建议是，除一家外，关闭所有在英国的仓库，它们将从仅为当地顾客服务转变为向全球顾客服务。单一的地点位于新城（Newtown），靠近英国的制造工厂现场。新城的设施是一个世界性的"处理中心"，充当着劳拉·阿什利公司产品的物流交换所。虽然这种单一的中心概念有可能要花费较高的运输成本，但是劳拉·阿什利公司认为，这种代价将会由增加的效率来补偿。在过去，意想不到的需求问题导致更高的存货，以弥补不确定性和维持顾客服务。

劳拉·阿什利公司知道，单一的服务地点与若干小型的服务地点相比，会有更多可以预料的流动。现在随机的需求会在整个市场领域内普遍存在，使得某个领域的水平提高就会降低另一个领域内的需求水平。运输成本通过存货的周转率得到弥补。事实上，劳拉·阿什利公司发现，由于减少了交叉装运的总量，单一中心系统实际降低了运输成本。从英国仓库直接装运到零售店，虽然从订货到交付的前置时间大致相同，但是产品只需一次装运，而不是在许多不同的地点进行装运和搬运。

劳拉·阿什利公司得到的认识已超出了仅仅降低成本的范围。该公司现在正瞄准机会增加服务和灵活性，计划在24~48小时之内，向位于世界上任何地点的商店进行再供货。先进的系统和通信将被用于监督和控制世界范围的存货。联邦速递的全球化承运人网络将确保货物及时抵达目的地。劳拉·阿什利公司还计划发动一项邮购业务，其特色是在48小时内将货物递送到世界上任何地点的最终顾客的家门口。它当前的1000万美元的邮购业务已经变得越来越强大，但是直到如今，该公司还必须限制其发展，因为它难以跟得上不断扩大的订货。新的优越地点网络将会使这种发展成为可能并有利可图。

重新设计地点位置将有助于企业的发展。

案例二：物流服务强调商品的时效性

市场的激烈竞争，促使零售企业十分注意降低成本和商品的时效性。萨克斯第五大道百货公司将其销售规划与物流结合起来。如果按照在孟加拉国裁剪，在意大利缝制成衣的生产模式进行销售规划，然后将成品运到美国的豪华商店进行销售，收益十分显著。对旺销的产品来讲，赢利与亏损之间可能只是7~10天的差别，所以必须依靠出色的物流服务使这些款式恰好在最需要的时候出现在卖场。那么萨克斯公司是怎样做的呢？

公司的69家商店仅由两个分拨中心供货。一个在纽约州的扬克斯，距离纽约市第五大街上萨克斯公司最大的商店很近，另一个在加利福尼亚州的安大略，是供应新潮前卫的南加州市场的绝好位置。货物能够在供应渠道中快速移动是赢利的重要保证因素。分拨中心24小时日夜运转，分拨货物。

萨克斯80%的进口货物通过空运到达分拨中心，来自欧洲的货物在扬克斯处理，来自远东的货物在安大略处理。两个中心之间的货物交换也通过空运，每个营业日，还在纽约和洛杉矶之间安排一个专用航班。分拨中心对各地商店的供货采用了空运和公路运输相结合的方法。

萨克斯公司的物流服务强调商品的时效性运作。

案例三：电子商务和高效快速的供应链组合

贝纳通（Benetton）是意大利的运动服生产公司，主要销售针织品，位于意大利的彭泽诺，每年面向全球生产、分销5000万件服装，大多是套衫、休闲裤和女裙。

贝纳通发现，要使分销系统运行快捷，最好的办法就是在销售代理、工厂和仓库之间建立电子连接，见图15—3。

图15—3 贝纳通的配送渠道

假如贝纳通在洛杉矶某分店的售货员发现十月初旺销的某款红色套衫将缺货，就会给贝纳通80个销售代理中的一个打电话，销售代理会将订单录入到他或她的个人计算机中，传给意大利的主机。由于红色套衫最初是由计算机辅助设计系统设计的，主机中会有这款服装的所有数码形式的尺寸，并能够传输给编织机。机器生产出套衫后，工厂的工人将其放入包装箱，送往仓库，包装箱上的条形码中含有洛杉矶分店的地址信息。贝纳通仅有一家仓库供应世界上60个国家的5000多个商店。仓库耗资3000万美元，但这个分拨中心只有8个工作人员，每天处理23万件服装。

一旦红色套衫被安置在仓库的30万个货位中的一个之上，计算机马上就会让机器人运行起来，阅读条形码．找出这箱货物以及其他运往洛杉矶商店的所有货物，将这些货物拣出来，装上卡车。包括生产时间在内，贝纳通可以在4周内将所订购的货物运到洛杉矶。如果公司仓库有红色套衫的存货，就只需1周。这在以运作速度缓慢著称的服装行业是相当出色的成绩。如果贝纳通突然发现今年没有生产黑色羊毛衫或紫色裤子，但它们销售很旺，公司就会在几周内紧急生产大量黑色羊毛衫、紫色裤子，快速运往销售地点。

贝纳通公司的物流系统强调电子商务及高效快速的供应链组合。

案例四：寻求双赢的合作伙伴

如今的托运人在寻找运输供货商时，更多的是考虑成本和服务。LOF公司是一家建筑和汽车玻璃制造商，它所面临的挑战是要搬运和运输大量棘手的产品。LOF公司对顾客的服务承诺使其需要这样一种承运人，即既有竞争性价格，又能提供优越的物流服务。这些服务需求要求LOF公司去寻找有创新意识的承运人和势力强大的渠道伙伴关系。

玻璃运输往往需要使用专门化设备，以使玻璃损坏降到最低程度，但如果使用专门化设备，则意味着LOF公司无法提供回程运输的产品，因此，承运人要么以竞争性低价揽取回程运输产品，要么LOF公司支付空载回程费用。LOF公司通过与两位承运人的联盟，解决了这个问题。所有零担装运货物全部安排给罗德威物流服务公司（Roadway Logistics Services，ROLS）承担。ROLS公司负责与装运有关的所有日常事务、跟踪和支付。这种安排使LOF公司向其供货商提供免费电话号码，对所有装运给予协作。这种"礼仪线路"（Rite Route）系统为装运都选择了最低成本的运输方式和承运人。该系统已在300万美元的运费预算中减少了50万美元，并排除了7万件的书面工作。此外，凯斯物流公司（Cass Logistics）提供第三方的付款服务，负责用电子手段处理所有账单信息。

尽管成本是LOF联盟所要考虑的一个因素，但在建筑玻璃的整车运输中依然存在着强烈的质量意识。Schneider National公司的专门化卡车营运需要经过18个月试运，才获准成为LOF公司主要的整车承运人之一，Schneider National公司总裁唐·斯纳德（Don Schneider）声称，这是他所经历的最严格的资格审查之一。Schneider National公司与拖车制造商wabash National公司是合伙关系，他们对一种专业拖车申请了专利，用来运输LOF公司的玻璃。这种拖车是一种A字形设计，改变了标准的平板卡车结构，也排除了专门化设备所产生的问题，但不适合做其他货物的回程运输。在LOF公司、Schneider National公司以及wabash National公司之间的排他性安排，确保了所有的设备都可以为三方合作人所利用，任何一家公司都不会承担发展总量紊乱的风险或财务风险。由于这种独特的运输伙伴关系，使所有这三家公司都分别享受各自在其行业中的竞争优势。

除技术方面外，LOF公司在其他承诺上也确定了非常高的服务期望和要求。LOF公司不是利用价格来刺激业务，而是致力于降低总成本。LOF公司认识到它的合伙人在业务上必须要有充分的回报，同时，LOF公司在所有的组织层次上与其合伙人之间进行广泛沟通，这有助于进一步了解合伙关系的价值和状况。LOF公司这种合伙关系的处理为其顾客创造了重大的价值，并为本公司开拓了市场。

LOF公司在玻璃运输中寻找双赢的合作伙伴，使这三家公司都分别享受各自在其行业中的竞争优势。

案例五：公共仓库合理使用策略

对于任何一个组织来说，计划、建造和经营一个新的配送中心，意味着是一笔巨额的投资。因此，有许多公司把公共仓库看作是一项可行性选择，以期获得管理上的专门知识和提高经营效率。公共仓库可以通过以下途径提供竞争优势：

（1）减少企业管理费，可以使公司资金从其他的投资领域里解脱出来。
（2）使公司把精力集中到具体的主业上去。
（3）使投产公司和外国制造商毫不费力地进入美国市场。
（4）使公司能够加强其产品品种，并获得优化的物流效率。

在20世纪80年代初，当哈里戴维森公司（Harley—Davidson）把公共仓库作为一种物流选择时，它期望能提高现有设施的生产率。于是，简化手续并采取更有效率的作业方式、缩减生产时间及存货控制等手段，改善了公司的竞争地位。如今控制了60%的摩托车重型货物的市场份额，与1982年的20%的市场份额相比有了很大的增长。销售量的增长迫使该公司考虑各种可选方案来转移其在宾夕法尼亚纽约克工厂内的预售存货（即产品已出售给顾客或经销商，但还没有交付，或顾客还没有要求交付），以便增加其生产能力。

通过把预售存货转移到公共仓库，有了额外能力。而且更重要的是拥有了所需要的专门化存货管理。预售存货的储存期有的要高达几个月。存货通常要包括，500至1000辆摩托车。每辆摩托车都有一个具体的顾客，需要有详细的识别标签，以区分具体的顾客和按具体的要求进行递送。公共仓库有责任确保每一辆摩托车都能准确地托运到顾客手中。这就需要对每一辆摩托车都必须按要求进行储存，以便于能够让人轻易地看到它的识别标签。

公共仓储的优点是内在的，当你的公司需要时，你只需要为你所需要的空间支付费用。而公司自设的仓库即使在市场低迷时期，员工不得不维持现有状态，以弥补在销售量重新增长时的劳动力不足。

哈里—戴维森公司通过向公共仓库转移预售存货，保持对劳动成本更加严密的控制。

案例六：充分发挥第三方物流的作用

科布·格莱瑟姆担任分拨服务有限公司（DSL）的执行主管，该公司和一批第三方集拼与分拨公司一起，正改变着诸如沃尔玛和宜家等大规模进口商们管理物流的方式。

大零售商和制造商们需要进口货物来充实货架或厂房，对DSL等公司的利用便不断增加：他们雇用像DSL这样的第三方物流公司来完成从质量检测、出入海关到往男式套装的袖口上贴条形编码的一切工作。

这种倾向也受到"服从零售"的推动，"服从零售"这个词的含义是：零售商日益坚持进口商必须为其货架上的必备货物如鞋、服装等提供细致的服务。甚至如果进口商未能把标签贴到纸箱上的准确位置，零售商都会要求赔偿。

20世纪80年代中期，DSL专门从事的开放存货式加工方式开始缓慢发展。90年代中期，第三方集拼公司着手在货物离开亚洲前给包装箱贴上条形码，于是该行业向前迈出了一大步。而据格莱瑟姆称，高度一体化的第三方加工工业直至两三年后才流行起来。目前它正在飞速发展。

这是一个已长期存在的行业的变化。多年来，诸如Ryder物流、Exel物流、Customized运输公司、SCO物流及GATX物流等第三方物流公司已为汽车制造商和其他制造商提供包装、集拼、组装前的服务项目。

从外表看，第三方物流宽大的建筑和其他任何仓库没什么差别，但走进里面，你就能体会到增值物流的真正含义。

在DSL位于卡森的设施内，数以千计的箱子堆放在高及屋顶的货架上，里面装满各种款式、尺码和颜色的鞋袜，和一堆堆斜纹牛仔服正等着在6月份的销售旺季被及时送往各个零售店。昂贵的服装也被装在袋子里，贴上零售店的标签，挂在架子上被运往商店。

仓库工作人员手持无线电频率鉴定器，驾车经过一排排货架，以便找到待运的货物。因为每件货物都是按存货单位号储存的，所以工作人员能立刻注意到他们要寻找的货物。

随着物流业的发展，越来越多的工作将要求第三方物流去做，物流业的宗旨就是服务，这样将有广阔的天地。

案例七：优化仓库布局和运输流程

20世纪80年代中期，床垫及弹子箱生产商Simmons公司在美国维持着40个仓库和8个大工厂。不幸的是，Simmons使用的分销网络导致了过多的库存和糟糕的客户服务。问题出在大多数床垫展览室面临着一个困难的市场营销和物流问题：有限的空间。

在大商场的卧具商店通常并不具有许多储存区域，因此他们被迫依靠供货商在计划或约定的日子里补充库存。当其竞争对手的床垫制造商提高了竞争能力，Simmons决定彻底地重新设计和改进其生产及物流战略。

在Simmons的新计划下，公司急剧地减少了库存和关闭了许多仓库。目前公司有15个制造工厂，每一家都有着最小的库存，而没有隔离的仓库。生产是根据零售订单而定的。从订单送入生产到发送的订货周期时间通常是4~5天，有时会更快。大多数床垫刚从生产线上下来就准备马上向客户运输。

一个允许Simmons公司采纳高度灵活生产及物流战略的至关重要的因素是计算机模型。公司利用了地点选择软件来管理涉及好几百万美元的生产工厂面临的复杂问题，公司同样在没有一个仓库网络和支持库存的情况下，使用运输软件来提供有效的、及时的客房服务。

为了多重目的，Simmons使用了一个选址最优化程序：

第一，程序将每一个客户分配给战略定位的生产工厂之一。这种能力允许公司迁移到更小和更便宜的建筑设施中。

第二，最优化程序从一个地理角度来检验公司的现今比较了劳工费率、运输工具的可用性和输入原料的流动等因素。

程序为每一个工厂建立了最优的生产量，并能决定一个特定的地理区域能否支持一个附加的设施。

为了支持选址程序，Simmons通过使用路线最优软件检查了总体的运输影响。模型研究了客户分配的改变是如何影响Simmons运输队大小和对它的驾驶司机、运输时间和拖车的利用的。同样计算了从工厂到客户发送的最好的路线，以及相应的运输工具、设备和最优装载计划等。

　　Simmons公司通过对地点选择和运输路线模型的使用，使Simmons减少库存下运作，公司能够结合装载量、速度和敏感度分析的现代模型特征和人脑的直觉作出决策，以减少仓库和运输成本，尤其最重要的是，减少产品周期时间。这将改进客户服务，并增加市场占有率。

参考文献及推荐阅读

参考文献

[1] Blackburn J D. Time—based competition: The next battleground in American manufacturing [M]. Homewood: Business One Irwin, 1991.

[2] Caprara A, Toth P, Fischetti M. Algorithms for the set covering problem [J]. Annals of Operations Research, 2000, 98: 353 – 371.

[3] Christine Harland. International comparrison of supply relationships. Logistics Information Management [J]. 1996, 9(4): 35 – 38.

[4] Christine Harland. Supply Chain Operational Performance Roles [J]. Integrated Manufacturing System, 1997.

[5] Christophter Martin. Logistics and Supply Chain Management [M]. New York Richard D. Irwin, Inc. , 1994.

[6] Clark, Scarf. Optimal Policies for a Multi—Echelon Inventory Problem [J]. Management Science, 1960, (6): 475 – 49.

[7] Clinton S, Closs D. Logistics strategy: does it sxist? [J]. Journal of Business Logistics, 1997, 18(1): 19 – 44.

[8] Culpan. Multinational Strategic Alliance [M]. The Howorth Press, Inc. 1993.

[9] D. Thomas. Coordinated Supply Chain Management [J]. European Journal of Operation Research, 1996, 2: 1 – 15.

[10] Daugherty P, Stank T, Ellinger A. Lerveraging logistics/distribution capabilities: the effect of logistics service on market share [J]. Journal of Business Logistics. 1998, 19(2): 35 – 51.

[11] Daughery PJ, Pittman PH. Utilization of time—based strategies: creating distribution flexibility/ responsiveness [J]. International. Journal of Operations &. Production Management, 1995, 15(2): 54 – 60.

[12] David J. Bloomberg, Adrian Murray. The Management of Intergrated Logistics [M]. Sprint print, 1996.

[13] David J. Bloomberg, Stephen LeMay, Joe B. Hanna. Logistic [M]. Prentice—Hall. Inc. 2002.

[14] Donald J. Bowersox, David J Closs, M Bixby Cooper. Supply Chain Logistics Management [M]. New York: McGraw—Hill, 2002.

[15] Douglas Lambert, James Stocks, Lisa Ellram. Fundamentals of Logistics Management [M]. McGraw—Hill Companies. Inc, 0 – 256 – 14117 – 7, 1998.

[16] Edgar—M Hoover. The location of economic activity [M]. New York: McGraw—Hill, 1948, pp. 11.

[17] Eli Goldratt. Follow—Up [J]. Fortune Magazine, 1984, 3(5).

[18] Fawcett S, Stanley L, Smith S. Developing a logistics capability to improve the performance of international operations [J]. Journal of Business Logistics, 1997, 18(2): 101 – 127.

[19] Frank Chen, Jennifer K Ryan, David Simchi2Levi. The impact of ewxponential smoothing forecasts on the bullwhip effect [J]. Naval Research Logistics, 2000(47):269 - 286.

[20] Frank Chen, Zvi Drezner, Jennifer K Ryan, et al. Quantifying the bullwhip effect in a simple supply chain: the impact of forecasting, lead time, and information [J]. Management Science, 2000, 46(3):436 - 443.

[21] Graham C Stevens. Successful Supply Chain Management. Management Decision [J]. 1992, 28(8): 25 - 31.

[22] Gregory N Stock. Logistics, Strategy and Structure [J]. International Journal of Operation and Production Management, 1998, 1.

[23] Jari Juga. Case Study: Organizing for Order—based Logistics [J]. European Journal of Purchasing and Management, 1994, 1(3):181 - 190.

[24] Lynch D, Keller S, Ozment J. The effects of logistics capabilities and strategy on firm performance [J]. Journal of Business Logistics, 2000, 21(2):47 - 67.

[25] Michael Quayle, Bryan Jones. Logistics: an Integrated Approach [M]. Great Britain: Tudor Business Publishing Limited, 1999.

[26] Mulligan, Robert M. EDI in Foreign Trade: Case studies in Utilization: A Coordination perspective. Journal of Business Logistics [J] 18, 1998, No. 1, pp:57 - 141.

[27] Peter kelle, Alistair Milne. The effect of (s, S) ordering policy on the suppiy chain [J]. Production Economics, 1999(59):113 - 122.

[28] Rhonda R Lumus, Robert J Vokurka. Strategic Supply Chain Planning [J]. Production and Inventory Management Journal, 1998:49 - 58.

[29] Richard L. Daft. Essentials of Organization Theory and Design [M]. South—Western College Publishing, 1998.

[30] Rohde, J, Meyr, H, Wanger, M. Die Supply Chain Planning Matrix [M]. PPS—Management, 2000.

[31] Ronald N. Ashkenas, Suzanne C. Francis, Integration Managers: Special Leaders for Special Times [J]. Harvard Business Review, 2002(11):12.

[32] Salahuddin. Strategic Alliance [J]. Business and Economic Review, 1993.

[33] Schilling D A, Vaidyanathan J, Barkhi L R. A review of covering problems infacility location [J]. Location Science(Now is included in Transportation Science), 1993, 1:25 - 55.

[34] Shang Kuo—chung, Marlow Peter B. Logistics capability and performance in Taiwan's major manufacturing fims [J]. Transportation Research Part E: Logistics and Transportation Review, 2005, 41(3):217 - 234.

[35] Stalk G J, Time—the next source of competitive advantage [J]. Harvard Business Review, 1988, 66(4):41 - 51.

[36] Stalk G J, Hout T M. Competing against time: How time based competition is reshaping global markets [M]. New York: Free Press, 1990.

[37] Stank T, Lackey C, Enhancing performance through logistical capabilities in Mexican maquiladora firms [J]. Journal of Business Logistics, 1997, 18(1):91 - 123.

［38］Stephen P Robbins. Organization Behavior［M］. Prentice Hall,1997.

［39］Theodore P Stank,Patrick A. Traichal. Logistics Strategy,Organizational Design,and Performance in a Cross—border Environment［J］. Transportation Research Part E:Logistics and Transportition Review,1998,34(1):75－86.

［40］Tschiya Tomoaki,Tsuchiya Shigehisa. Policy exercise:An essential enabler of virtual corporation［J］. International Journal of Production Economics,1999,(60－61)20:221－228.

［41］蔡临宁. 物流系统规划:建模及实例分析［M］. 北京:机械工业出版社,2003.

［42］陈兵兵. 供应链管理策略、技术与实务［M］. 北京:电子工业出版社,2004.

［43］杜文,任民. 第三方物流［M］. 北京:机械工业出版社,2004.

［44］冯耕中. 现代物流与供应链管理［M］. 西安:西安交通大学出版社,2008.

［45］格哈特·克诺尔迈尔,彼得·默滕斯,亚历山大·泽埃尔. 供应链管理与SAP系统实现［M］. 中国研究院,译. 北京:机械工业出版社,2004.

［46］李军,胡宗武等. 企业物流配送网络系统设计及优化［J］. 工业工程与管理,2002,3.

［47］罗纳德. H. 巴罗. 企业物流管理——供应链的规划、组织与控制［M］. 王晓东,等译. 北京:机械工业出版社,2002.

［48］马士华,林勇. 供应链管理［M］. 2版. 北京:机械工业出版社,2005.

［49］屈冠银主编. 电子商务物流管理［M］. 北京:机械工业出版社,2003.

［50］森尼尔·乔普瑞,彼得·梅因德尔. 供应链管理:战略、规划与运营［M］. 北京:社会科学文献出版社,2003.

［51］唐纳德J. 鲍尔索克斯,戴维J. 克劳斯,M. 比克斯比·库珀. 供应链物流管理［M］. 李习文,等译. 北京:机械工业出版社,2004.

［52］唐纳德J. 鲍尔索克斯,戴维J. 克劳斯. 物流管理——供应链过程的一体化［M］. 林国龙,等译. 北京:机械工业出版社,1999.

［53］田晓燕,董进全. 探析我国第三方物流业的发展现状及对策［J］. 内蒙古科技与经济,2006(1):28－29.

［54］王迎军,郭亚军. 供应链中的信息流［J］. 工业工程与管理,2000,3.

［55］王智明. 物流管理案例与实训［M］. 北京:机械工业出版社,2003.

［56］吴清一,陈梅君,任豪祥. 现代物流概论［M］. 北京:中国物资出版社,2005.

［57］吴娅雄. 物流发展新趋势——第四方物流［J］. 价值工程,2003(3):37－39.

［58］吴志惠. 2005年全球第三方物流的发展［J］. 中国物流与采购,2006,10:48－51.

［59］詹姆士. R. 斯托克. 战略物流管理［M］. 绍晓东,等译. 北京:中国财政出版社,2003.

［60］赵启兰,刘宏志. 生产计划与供应链中的库存管理［M］. 北京:电子工业出版社,2003.

［61］朱伟生,张洪革. 物流成本管理［M］. 北京:机械工业出版社,2003.

推荐阅读

[1] Beech, J. (1998) 'The supply—demand nexus', in Gattorna, J. (ed), Strategic Supply Chain Alignment, pp. 92 – 103. Aldershot: Gower.

[2] Cousins, P (2005) 'The alignment of appropriate firm and supply strategies for competitive advantage', International Journal of Production and Operations Management, Vol. 25, No. 5, pp. 403 – 28.

[3] Eggleton, D. J. (1990) 'JIT in a distribution environment', International Journal of Logistics and Distribution Management, V01. 9, No. 1, pp. 32 – 4.

[4] Fisher, M. (1997) 'What is the right supply chain for your product?', Harvard Business Review, March/April, pp. 105 – 16.

[5] Gattorna, J. (ed) (1998) Strategic Supply Chain Alignment: Best practice in supply chain management. Aldershot: Gower.

[6] Harland, C., (1997) 'Talleres Auto', in Johnston, R., Chambers, S., Harland, C., Harrison, A. and Chambers, S. (eds) (1997) Cases in Operations Management, 2nd edn, pp. 420 – 8. London: Pitman.

[7] Harland, C., Lamming, R., Zheng, J. and Johnsen, T. (2001) 'A taxonomy of supply networks', Journal of Supply Management, Fall, pp. 21 – 7.

[8] Harrison, A. (1996) 'An investigation of the impact of schedule stability on supplier responsiVeness', International Journal of Logistics Management, Vol. 7, No. 1, pp. 83 – 91.

[9] Hayes, R. H. and Wheelwright, S. C. (1984) Restoring Our Competitive Edge. New York: John Wiley.

[10] Hill, T. (2000) Manufacturing Strategy, 2nd edn. London: Macmillan.

[11] Knill. B. (1992) 'Continuous flow manufacturing'. Material Handling Engineering, May, pp. 54 – 7.

[12] Latour, A. (2001) 'Trial by fire: a blaze in Albuquerque sets off major crisis for cell phone giants', Wall Street Journal. 29 January, P. A1.

[13] Oliver, R. K. and Webber, M. D. (1982) 'Supply chain management: logistics catches up with strategy' Outlook, 6, pp. 42 – 7.

[14] Porter, M. (1984) Competitive Advantage. New York: Free Press.

[15] Sawhney, R. (2006) 'Interplay between uncertainty and flexibility across the value chain: towards a transformational model of manufacturing flexibility', Journal of Operations Management, Vol. 24, pp. 476 – 93.

[16] Sheffi, Y. (2005) Resilient Enterprise: Overcoming vulnerability for competitive advantage. Cambridge, MA: MIT Press.

[17] Slack, N., Chambers, S., Harland, C., Harrison, A. and Johnston. R. (1997) Operations Management, 2nd edn. Harlow: FT/Prentice Hall.

[18] Thompson, K. M. (2002) 'Variability and uncertainty meet risk management and risk communication', Risk Analysis, V01. 22, No. 3, pp. 647 – 54.

[19] Upton, D. M. (1995) 'What makes factories flexible?', Harvard Business Review, July/Aug.,

pp. 74 – 84.

[20] Whittington, R. (2000) What is Strategy and Does it Matter? London Thompson International Business Press.

[21] Zheng, J. , Hat! and, C. , Johnsen, T. and Lamming, R. (1998) 'Initial conceptual framework for creation and operation of supply networks', Proceedings of 14th AMP Conference, Turku, 3 – 5 September, Vol. 3, PP. 591 – 613.

[22] Christopher, M. (2005) Logistics and Supply Chain Management: Strategies for reducing cost and improving service, 3rd edn. London: Financial Times Prentice Hall.

[23] Christopher, M. and Peck, H. (2003) Marketing Logistics, 2nd edn. Oxford: Butterworth. Heinemann.

[24] Doyle, P. (2000) Value—Based Marketing: Mrketing strategies for corporate growth and share – holder value. Chic hester: Wiley.

[25] McDonald, M. and Dunbar, I. (2001) Market Segmentation, 3rd edn. Oxford: Butterworth Heinemann.

[26] Dicken, P. (2003) Global Shift: Reshaping the global economic map in the 21st century. London: Sage Publications.

[27] Dyckhoff, H. , Reese, J. and Lackes, R. (2004) Supply Chain Management and Reverse Logistics. New York: Springer.

[28] Gourdin, K. N. (2006) Global Logistics Management: A competitive advantage for. the 21st century, 2nd edn. Oxford: Blackwell Publishing.

[29] Grayson, D. and Hodges, A. (2004) Corporate Social Opportunity! : Seven steps to make corporate social responsibility work for your business. Sheffield: Greenleaf Publishing.

[30] Galloway, D. (1994) Mapping Work Processes. Milwaukee, WT : ASQC Quality Press.

[31] Hammer, M. (2007) 'The process audit', Harvard Business Review, April, pp. 111 – 23.

[32] Rother, M. and Shook, J. (1999) Learning to See, Version 1. 3. Brookline, MA: The Lean Enterprise Institute Inc.

[33] Cusumano, M. Nobeoka, K. (1998) Thinking Beyond Lean . New York: Free Press.

[34] Goldman, S. , Nagel, R. and Preiss, K. (1995) Agile Competitors and Virtual Organizations New York: Van Nostrand Reinhold.

[35] Gunasekaran, A, (2001) Agile Manufacturing: the 21st century competitive strategy. Oxford: Elsevier.

[36] Cousins, P. , Handfield, R. , Lawson, B. and Petersen, K. (2006) 'Creating supply chain relational capital: the impact of formal and informal socialisation processes', Journal of Operations Management, Vol. 24, No. 6. , pp. 851 – 63.

[37] Das, T. K. and Teng, B. S. (1998) 'Between trust and control: developing confidence in partner co—operation in alliances', Academy of Management Review, Vol. 23, pp. 491 – 513.

[38] Li, S. , Ragu – Nathan, B. , Ragu – Nathan, T. and Subba Rao, S. (2006) 'The impact of supply chain management practices on competitive advantage and organisational performance' Omega, Vol. 43, No. 2,

pp. 107 – 24.

[39] van Hoek, R. and Chapman, P. (2006). 'From tinkering around the edge to enhancing revenue growth: supply chain—new product development alignment', Supply chain management, An International Journal, Vol. 11, No. 5, PP. 385 – 89.

[40] van Hoek, R. I. , Chatham, R. and Wilding, R. D. (2002). 'People in supply chains: the critical dimension', Supply Chain Management, An International Journal, Vol. 7. No. 3. pp. 119 – 25.

[41] van Hoek. R. and Mitchell. A. (2006) 'Why supply chain efforts fail; the crisis of misalignment'. International Journal of Logistics, Research and Applications, Vol. 9, No. 3, PP. 269 – 81.

[42] van Hoek, R. and Pegels. K. (2006) 'Growing by cutting sku's at Clorox', Harvard Business Review, April, P. 23.

[43] 2016: The future value chain, Global Commerce Initiative. Capgemini. Intel. Harrison, A. and White, A. (2006) Intelligent distribution and logistics, lEE Proceedings of Intelligent Transportation Systems, Vol. 153, No. 2, pp. 167 – 80.

教学支持说明

尊敬的老师：

您好！为方便教学，我们为采用本书作为教材的老师提供教学辅助资源。鉴于部分资源仅提供给授课教师使用，请您填写如下信息，致电或传真给我们，我们将会及时提供给您教学资源或使用说明。

课程信息

书　　名			
作　　者		书号（ISBN）	
课程名称		学生人数	
学生类型	□本科　　□研究生　　□MBA/EMBA　　□在职培训		
本书作为	□主要教材　　□参考教材		

您的信息

学　　校			
学　　院		系/专业	
姓　　名		职称/职务	
电　　话		电子邮件	
通信地址		邮　　编	
对本教材建议			
有何出版计划			

　　　　　　　　　　　　　　　　　　　　　　　　＿＿＿＿年＿＿月＿＿日

陕西人民出版社

网址：http://www.sxrmbook.com
电话：029—87205173　　　　　传真：029—87262240
地址：陕西省西安市北大街 147 号　　邮编：710003